中央编译局文库出版工作领导小组（编委会）

主　　任：贾高建
副 主 任：俞可平　魏海生　陈和平　柴方国　杨金海
委　　员：崔友平　沈红文　杨雪冬　季正聚　陈家刚
　　　　　赖海榕　郗卫东　张文成　刘明清

中央编译局文库出版工作领导小组办公室

主　　任：薛晓源
成　　员：徐向梅　苗永姝

中央编译出版社文库编辑中心编辑小组

刘明清　薛晓源　谭　洁　董　巍　贾宇琰
冯　章　曲建文　苗永姝　邓　彤　杜永明
盛菊艳　李媛媛　薛迎春　董　妍

国家"十二五"重点图书

马克思主义研究资料

第30卷

主　编　杨金海
副主编　冯　雷(常务)　薛晓源

经典著作编译研究

本卷主编　武锡申

《马克思主义研究资料》顾问委员会

贾高建　俞可平　宋书声　殷叙彝　詹汝琮　张钟朴

李洙泗　冯文光　赵家祥　严书翰　梁树发　郭建宁

《马克思主义研究资料》编辑委员会

主　编：杨金海

副主编：冯　雷（常务）　薛晓源

编　委（按姓名拼音排序）

陈喜贵　冯　章　黄晓武　江　洋　李百玲　李义天

李媛媛　林进平　刘仁胜　刘　英　刘元琪　吕增奎

马　瑞　苗永姝　彭萍萍　盛菊艳　史清竹　武锡申

姚　颖　苑　洁　郑　锦　郑天喆　周艳辉

参加本卷编辑出版工作的有

盛菊艳　苗永姝　董　巍

总　序

呈献给读者的这套《马克思主义研究资料》丛书，旨在服务于我国正在实施的马克思主义理论研究和建设工程，积极吸收和借鉴国外马克思主义研究成果，对改革开放以来中央编译局编译的有关国外学者研究马克思主义的成果，以及少量相关的国内学者的研究成果整理出版，为我国马克思主义研究提供基础性的参考资料。本丛书计划出版37卷，三年内陆续完成编辑和出版工作。

编译国外学者关于马克思主义的研究成果，并对相关问题展开深入探讨，是马克思主义经典著作编译研究的基础性工作。中央编译局作为马克思主义经典著作编译研究的专门机构，历来十分重视这项工作。20世纪50年代以来，特别是改革开放以来，中央编译局的同志们编译了大量国外学者关于马克思主义的研究文献，也发表了不少自己的相关研究成果。这些成果曾经在中央编译局编辑的《马列著作编译资料》、《马列主义研究资料》、《马克思主义与现实》等刊物公开发表，或在内部刊物《马克思恩格斯研究》、《列宁研究》等刊载。这些成果对于推进马克思主义经典著作的编译和研究工作发挥了重要作用，时至今日，一些学者仍然把它们当做研究马克思主义的珍贵资料。

然而，随着近年来中央实施马克思主义理论研究和建设工程的深入推进以及马克思主义学科建设的快速发展，这些研究资料的留存情况已经远远不能适应形势发展的需要了。《马列著作编译资料》和《马列主义研究资料》早已停止出版，很多人难以找到原有资料；《马克思恩格斯研究》等内部刊物刊载的文章没有公开面世，也难以为人们广泛使用；而新编译的文献资料又很零散。因而，希望中央编译局提供马克思主义研究资料的呼声越来越高。

为了继承前辈的事业，适应学界的需要，尽可能全面系统地收集整理中央编译局近几十年来编译的国外学者关于马克思主义的研究成果以及相关的国内学者的研究成果，中央编译局专门成立了《马克思主义研究资料》丛书课题组，并对该项工作提供了基金资助。课题组不仅在局内组织力量进行工作，而且争取到社会力量的支持。经过课题组同仁两年多努力，已经形成一批编辑成果，还将继续补充、完善并陆续推出。这套《马克思主义研究资料》丛书就是这些成果的集中体现。

本丛书力求体现如下四个特点，这也是丛书编辑工作所力求遵循的四条原则：第一，保证文献性。本丛书主要收集改革开放以来中央编译局刊物发表的有关马克思主义理论编译和研究方面的成果，这些刊物包括公开出版的《马列著作编译资料》、《马列主义研究资料》、《马克思主义与现实》、《当代世界与社会主义》、《经济社会体制比较》、《国外理论动态》等，也包括内部刊物《马克思恩格斯研究》、《列宁研究》、《斯大林研究》、《马克思恩格斯列宁斯大林研究》等；少量收集其他杂志发表的中央编译局学者编译或撰写的有关文章；个别收集与中央编译局长期合作的其他学者的相关文章；对所收商榷性文章涉及的其他学者的成果，也作为附文收入，以示对相关学者的尊重，也便于读者在阅读正文时参考。收集整理这些学术成果的目的主要是为学界研究马克思主义提供参考资料，同时帮助人们了解马克思主义研究的历史进程和思想脉络。因此，本丛书所收文献力求保持其历史原貌，包括其中的人名、地名、术语、引文等，都不作改动，以便读者进行文献考证之用，只对个别错漏文字等进行校正，对于文中可能产生歧义的地方，以"本丛书编者注"的方式加以说明。其中读者特别应当留意的是译名、术语的不统一问题，例如关于《马克思恩格斯全集》历史考证版，就有多种表达方式：原文版、国际版和MEGA版，其中，往往又以"老"、"新"、"$MEGA^1$"、"$MEGA^2$"、"MEGA1"、"MEGA2"等来区分历史考证版第1版和第2版。第二，突出编译性。本丛书所收文献中，以国外学者的成果为主，包括国外学者关于马克思主义经典作家的著作、思想、生平事业，乃至书信往来、工作生活等方面的研究文献，凡比较有资料价值的，均在收集之列。如上所述，国内学者的相关考证性成果，包括经典著作翻译、版本、传播、重要术语考据等文献，凡具有资料价值的，也一并收入，但这部分内容所占比例较小。第三，力求系统性。上述几十年来形成的这些编译研究资料繁茂芜杂，十分零散，使用起来很不方便，编辑整理就更为困难。为把这些宝贵文献整理面世，使之更好地发挥作用，编辑人员下了很大功夫。在收集整理中，我们力图分门别类，尽可能将同类资料按照一定逻辑顺序编排，使之呈现一定的系统性，以便读者全面掌握有关资料。第四，力争权威性。本丛书力争选编国内外在相关研究领域具有一定权威性的专家学者的具有代表性和影响力的文献。为保证文献的权威性和准确性，我们对文献的引文进行了校订，特别是对有关马克思主义经典著作的引文进行了原版原文核对，并对注释尽可能地作了规范化处理，以便读者更准确地了解引文及其出处。

基于上述考虑，本丛书的编排体系大体分四个部分。第一部分是经典著作研究，包括关于《共产党宣言》、《资本论》等手稿、创作、版本、传播诸方面的研究文献；第二部分是基本理论研究，包括哲学、政治经济学、科学社会主义以及政治学、法学等方面的研究文献；第三部分是版本和传播、编译以及生平事业研究；第四部分是国外马克思主义研究。每一部分包括若干卷。每一卷都有本卷编辑说明，对本卷编辑的思路、内容和有关技术问题作简要交代。各卷内容按照逻辑顺序进行编排，在此基础上再按照时间顺序编排。各卷内容一般要作分类，并加分类标题，以便读者阅读研究。

需要说明的是，由于本丛书是整理编辑已有的文献，而且主要限于整理编辑中央编译局学者编译和研究的部分成果，这就决定了本丛书不可避免地存在一些缺憾。一是这些文献中有的观点不一定正确。选编这些文献并不意味着编者赞同其中的观点，我们的目的仅仅在于为人们研究马克思主义提供参考资料，其中正确的思想成果可以作为我们研究借鉴的思想资源，而错误的观点可以作为我们研究批评的对象。例如，对有关马恩对立论的观点，我们是不赞成的，但为了让研究者了解、研究和批评这种观点，也收入了相关文章。所以，谨请读者在使用这些文献时注意辨别是非。二是这些文献存在质量参差不齐的情况。由于这些文章的作者、译者水平不同，写作时间、背景、针对的问题、产生的影响以及发表的刊物等不同，其质量也就有一定差别。例如，有的概念和译文在今天看来不一定科学、准确，有的文献曾经很有价值而在今天看来最多只有学术史的价值。在选编过程中，我们尽量收入那些分量较重、影响较大的文献，但为了比较全面地反映学术史的原貌并提供尽可能详细的研究参考资料，也收入了一些篇幅较短、影响不大但有一定资料或史料价值的文献。另外，有少量比较重要的文献，由于作者或译者不同意收入，也不得不忍痛割爱。三是这些文献的系统性、规范性不太强。尽管我们努力按照上述编辑原则工作，对这些文献进行了分类整理，力求全面系统地提供给读者相关方面的文献资料，但由于这些资料十分繁杂，彼此之间的关联性不强，有的方面资料较多，有的较少，且发表的刊物、时间等不同，体例也很不统一，整理起来难度极大，加之各位编者的研究角度不同，水平各异，所以，每一卷书的结构、篇章、内容、观点等都不尽相同，其规范程度也不尽一致。对本丛书存在的以上不足或缺憾，谨请读者鉴谅；对其中可能存在的疏漏和错误之处，谨请读者批评指正。

本丛书在编写和出版过程中，得到了各个方面的大力支持。中央编译局对此项工作高度重视，始终给予鼎力支持。国家出版基金将本丛书列入 2013 年度资助项目。中央编译出版社为本丛书申报国家出版基金项目并最终立项，以及为丛书出版做了大量工作。本丛书所收文献的译者、作者和出版者，凡已联系上的，均给予我们大力支持，同意使用这些文献；对尚未联系上的，我们将尽力联系，也请相关同仁主动联系我们。丛书顾问委员会的专家对丛书的编写工作给予热情指导，编委会成员和课题组同仁为丛书的编写付出了辛勤劳动。在此一并致以衷心的谢意！

《马克思主义研究资料》

编辑委员会

2013 年 12 月 10 日

编辑说明

本卷收录有关经典著作编译工作的研究文章共 71 篇，分为经典著作编译事业、编辑与修订、译法研究三个部分。

需要注意的是，本卷内容和文本格式繁杂，为了尊重原文和方便中国读者阅读，有些原有的标点符号保留了下来，有些文中注释由于和正文结合紧密或出于版本、译法对比的需要，也保留原貌。

第一部分收录的 9 篇文章探讨了马克思和恩格斯的翻译思想、经典著作编译的历史情况、经典著作编译的原则和要求以及在经典著作编译中体现出的高尚精神。第二部分收录的 32 篇文章涉及对编辑方案的探讨、经典著作的译文修订情况以及对部分著作的作者的考证。第三部分收录的 30 篇文章讨论了翻译理论、翻译技巧以及部分术语或句子的翻译方案。

为保持文献性，本丛书的注释尽量保持原貌，不作改动；但对原注释有错误或有遗漏的，我们尽可能查阅了有关文献，作了必要的规范和完善；对有些查找不到的，保留原来的内容和格式。

目 录

经典著作编译事业 ··· 1

马克思和恩格斯论翻译

　　林　放 ·· 3

关于马列著作编译工作的历史、现状及问题

　　——访中共中央编译局顾问顾锦屏 ······················· 13

用生命擎起思想的火炬

　　——马克思主义经典著作编译事业百年回顾

　　韦建桦 ·· 24

马克思恩格斯著作的编辑与翻译

　　〔德〕理查德·施佩尔 ······································ 72

马克思文本的翻译和解释

　　〔英〕特雷尔·卡弗 ·· 84

未完成的经典：马克思和其他社会科学经典作家的编辑语文学现状

　　〔德〕格拉尔德·胡布曼 ·································· 104

近访《共产党宣言》中文本首译者陈望道的故居

　　朱中龙 ·· 122

我翻译《哲学之贫乏》的经过
　　许德珩·· 131
对河上肇先生的回忆
　　王学文·· 142

编辑与修订·· 147

关于1863—1865年经济学手稿第2册和第3册前三章的写作顺序
　　〔德〕米夏埃尔·亨利希··· 149
《马恩文库》第十四卷俄文版编者是怎样利用注释为沙皇开脱
　　罪责的？
　　吴惕安·· 156
一封信怎么会变成两封信？
　　——编辑《马克思恩格斯全集》原文版第3部分书信卷的体会
　　〔苏〕Я.Г.罗基扬斯基··· 168
关于《马克思恩格斯全集》中的两个题注
　　马　兵·· 172
新版《列宁全集》恢复一篇重要文献的原貌
　　——谈列宁关于租让的报告的增补情况
　　杨祝华·· 178
在校订《马克思恩格斯全集》中文第2版工作中的思考
　　鲍世修·· 185
《马克思恩格斯全集》中文第2版第30卷的译文校订情况
　　张钟朴·· 198

《马克思恩格斯全集》中文第 2 版第 32 卷介绍

　　冯文光 ································· 216

《马克思恩格斯全集》中文第 2 版第 32 卷校订实例

　　冯文光 ································· 229

马列著作译文有哪些新的改动？ ··················· 255

　　《哥达纲领批判》译文修改情况 ················ 256

　　《社会主义从空想到科学的发展》译文修改情况 ········ 261

马列著作译文有哪些新的改动？ ··················· 270

　　《费尔巴哈和德国古典哲学的终结》译文的修改情况 ····· 270

　　政治经济学批判《导言》（摘自 1857—1858 年经济学手稿）

　　　译文的修改情况 ·························· 277

《反杜林论》译文有哪些主要修改？

　　顾锦屏 ································· 284

马克思恩格斯关于历史唯物主义的部分书信的译文修改情况

　　《马克思恩格斯关于历史唯物主义的部分书信》校订组 ···· 301

关于马克思《法国工人党纲领导言》一文的翻译和版本

　　李兴耕 ································· 306

《帝国主义是资本主义的最高阶段》（第七至十章）译文修改情况

　　《帝国主义是资本主义的最高阶段》译文校订组 ········ 311

漏掉的字母

　　——对《资本论》及其评论文章的研读札记

　　〔德〕沃尔夫冈·弗里茨·豪格 ··············· 323

《路德是施特劳斯和费尔巴哈的仲裁人》一文的作者究竟
  是谁？ ································ 333
是费尔巴哈而不是马克思
  ——关于《路德是施特劳斯和费尔巴哈的仲裁人》
    一文的作者 ···························· 335
是马克思还是费尔巴哈？关于《路德是施特劳斯和费尔巴哈的
  仲裁人》一文的作者 ······················· 349
马克思为《德国科学和艺术年鉴》和《德国现代哲学和政论界
  轶文集》撰稿 ···························· 379
关于马克思在《德国现代哲学和政论界轶文集》上发表
  的文章 ································· 384
《美国新百科全书》的《美学》条目是不是马克思写的 ········ 388
  《美学》条目 ······························ 390
  《美学》条目的特点（摘要）···················· 398
  论据违反事实 ····························· 402
  《美国新百科全书》的《美学》条目是不是马克思写的？ ···· 411
《马克思恩格斯全集》俄文第二版中《美国新百科全书》的某些
  条目非恩格斯所写
    马 兵 ······························· 417
关于《美国新百科全书》中若干条目的恩格斯的作者身份问题
    〔俄〕伊娜·奥索波娃 ····················· 425
对《欧洲战争问题》和《评塞瓦斯托波尔的围攻》两篇文章的
  作者的考证
    阎月梅 ······························ 458

关于《沉默寡言的司令部饶舌家毛奇和一位不久前从莱比锡给他写信的人》一文的作者问题
　　马　兵 ··· 463
恩格斯不是《品特是怎样造谣的》一文的作者
　　王学东 ··· 469
关于《列宁全集》第二版中一个人物的订正
　　戴成钧 ··· 470

译法研究 ··· 473

校订撷零
　　闻　文 ··· 475
探究词语的"历史沿革"
　　——词义辨析散论（一）
　　韦建桦 ··· 488
考察词语的"生存环境"
　　——词义辨析散论（二）
　　韦建桦 ··· 501
审视词语的"文化背景"
　　——词义辨析散论（三）
　　韦建桦 ··· 521
有关经济危机各阶段译名的几点意见（一）
　　林　放 ··· 548
有关经济危机各阶段译名的几点意见（二）
　　——关于萧条、衰退、衰落等词的译法
　　林　放 ··· 555

5

有关经济危机各阶段译名的几点意见（三）
　　——关于复苏和高涨的译法
　　　林　放 …………………………………………… 569
银行信用中一些用语的译法初探
　　　陈瑞林 …………………………………………… 580
术语"Verwertung"在马克思经济理论中的意义及其译名
　　　冯文光 …………………………………………… 608
浅谈马克思的"经济的社会形态"概念
　　　卢晓萍 …………………………………………… 637
对所谓马克思"市民理论"的质疑
　　——沈越同志《"资产阶级权利"应译为"市民权利"》一文商榷
　　　刘晖星 …………………………………………… 643
从"个人崇拜"和"个人迷信"的译法谈起
　　　微　言 …………………………………………… 660
理想主义还是唯心主义
　　——兼论"Idealismus"一词的形成和发展及其在马克思主义
　　　哲学史中内涵和外延的变迁
　　　张念东 …………………………………………… 668
关于 Idealismus 等词在哲学史上的形成和使用情况的考察
　　——兼论"唯心主义"这个译名
　　　王若水 …………………………………………… 692
也谈"auf deutsch heisst"的译法
　　——与韦建桦同志商榷
　　　李俊聪 …………………………………………… 713
"народность"一词应该怎样译？
　　　何宏江　整理 …………………………………… 719

"丘必特的脑袋"还是"雅努斯的脑袋"?
　　李俊聪 ················ 730
"丘必特的脑袋"不能随便更换
　　耿睿勤 ················ 736
是"丘必特的脑袋",不是"雅努斯的脑袋"!
　　晓　鸣 ················ 739
关于"孤鸿哀鸣"的译法
　　晓　鸣 ················ 743
关于"资本主义积累的一般规律"的"订正"
　　〔日〕佐藤金三郎 ········· 745
《资本论》英文版第一卷中有一处把"资本"译成了"资本主义"
　　周东华 ················ 756
关于马克思喜爱的一句格言
　　王以铸 ················ 760
关于《通告信》中"苏黎世三人团"的译法
　　王宏道 ················ 763
两段马克思和恩格斯引语的翻译问题
　　马　哲 ················ 768
关于《反杜林论》的几处译文
　　——与刘相安同志商榷
　　微　之 ················ 773
对马克思《摩尔根〈古代社会〉一书摘要》一处译文的一点意见
　　林　放 ················ 779
思考与辨析
　　——《布鲁诺·鲍威尔和早期基督教》校订札记
　　韦建桦 ················ 782

关于《费尔巴哈和德国古典哲学的终结》标题的译法
  屏 羽 …………………………………………………… 792
"辩证法的要素"第11、12条新译新解
  顾锦屏 ……………………………………………………… 803

经典著作编译事业

马克思和恩格斯论翻译*

林 放

伟大导师马克思和恩格斯,在战斗的一生中创立了马克思主义学说,给无产阶级争取自身解放和实现共产主义的斗争提供了指路明灯和精神武器;同时,在研究、创立和宣传无产阶级革命理论以及同资产阶级和各种机会主义进行斗争的过程中,勤奋地学习多种外文,出色地从事翻译活动,也为我们树立了光辉榜样。我们从革命导师战斗生活的一个侧面,可以看出,他们非常重视翻译工作,并且对翻译他们的著作的性质、意义、任务、标准、原则、方法以及对译者应具备的工作能力和态度等等,都提出了极为宝贵的意见。这些意见,是我们做好翻译工作的指针。

他们认为,翻译是意义重大的革命工作。《资本论》第一卷问世以后,马克思就打算出版该书的法译文,他希望能够"使法国人摆脱蒲鲁东用对小资产阶级的理想化把他们引入的谬误观点"①。马克思逝世后不久,恩格斯就明显地感到了这部著作需要一个英文版本。他曾对劳·拉法格说,"只要英国目前的运动,不因本身的空虚而像戳破的皮球那

---

* 本文选自《马列著作编译资料》1979年第4辑。

① 《马克思恩格斯全集》第1版第31卷第546页。

样泄气，这部译著是绝对需要的。"① 后来事实完全证实了这一点。正如他在《资本论》英文版序言中所说的那样，"本书所作的结论日益成为伟大的工人阶级运动的基本原则"，许多国家的"工人阶级都越来越把这些结论看成是对自己的状况和自己的期望所作的最真切的表述。而在英国，马克思的理论正是在目前对社会主义运动产生着巨大的影响"②。1894年恩格斯在《资本论》第三卷序言中回顾他和马克思的著作的出版和翻译情况时，提到："谁要是稍为注意一下最近十年国际社会主义文献的巨大增长，特别是马克思和我以前的著作的译本的数量，他就会同意我下面的看法：我很庆幸自己只能在有限的几种文字上对译者有所帮助，因而只能在有限的几种文字上不容推卸校订的责任。但是文献的增加不过是国际工人运动本身相应发展的一个象征。而国际工人运动的发展又赋予我新的责任"③。这说明，两位革命导师从事翻译工作，是国际工人运动的需要。这项工作是他们革命活动的不可分割的组成部分。因而，他们的许多译本，同样也是壮丽的战斗诗篇。

恩格斯又认为，翻译工作是"重要而艰巨的"科学工作。他在《不应该这样翻译马克思的著作》一文中说："《资本论》不是一本可以根据合同来翻译的书。"这本书应由"卓越的翻译家们"进行翻译。恩格斯批评英译者约·布罗德豪斯没译好这本书，说他"远远没有忠实地表达原文"，"无论在哪一方面都不是一个能够翻译马克思著作的人，特别是因为他显然根本不了解什么是真正老老实实的科学工作。"④

---

① 《马克思恩格斯全集》第1版第36卷第141页。
② 《马克思恩格斯全集》第1版第23卷第36页。
③ 《马克思恩格斯全集》第1版第25卷第3页。
④ 《马克思恩格斯全集》第1版第21卷第266、276页。

马克思和恩格斯以严格的科学态度对待翻译工作。他们认为，正确理解原著，是正确表达原著的前提。为此，译者翻译时必须深入研究并准确把握原著内容。恩格斯在谈到《家庭、私有制和国家的起源》时说，此书"出版后，保尔一定很想译它，因为那里面的东西正好是他所熟悉的；如果他要译的话，他必须把握住德文字的原意。"① 恩格斯在《路易·波拿巴的雾月十八日》第一章译文札记中指出，皮佩尔的英译文出现许多错误，就是由于他对原著"不求甚解"，翻译时"回避困难"造成的。②

恩格斯在《资本论》第三卷序言中讲过，他和马克思"以前各种著作的重新出版和翻译，就是说要订正、作序、增补等等，而这些工作没有新的研究是往往不可能进行的"③。他认为，在没有完全弄清所要译的东西以前，是决不动笔的。恩格斯在校订马克思《哲学的贫困》的德译文时，他认为，有关黑格尔和黑格尔主义的地方，只有在伦敦才能校阅，因为他还需要看黑格尔的东西。④

翻译必须坚持科学态度，翻译必须和研究相结合，这是他们一贯坚持的原则。

马克思和恩格斯认为，"忠实而流畅"是翻译的原则和标准。1894年巴黎的杂志《新纪元》第4期和第5期登载了恩格斯的《路德维希·费尔巴哈和德国古典哲学的终结》的法译文。这篇法译文是劳拉·拉法格翻译并经恩格斯校审过的。恩格斯看过劳拉的译稿后，

---

① 《马克思恩格斯全集》第1版第36卷第156页。
② 《马克思恩格斯全集》第1版第28卷第143页。
③ 《马克思恩格斯全集》第1版第25卷第3页。
④ 《马克思恩格斯全集》第1版第36卷第202页。

非常高兴，夸奖"她的译文忠实而流畅"。①

恩格斯指出，译者的任务是忠实地表达原著。1893年7月他写信给菲·屠拉梯说："我校对了几段，主要是第一章和倒数第二章（资本主义积累的总趋势）中的几段。……我对照过的部分，译文表达是相当忠实的"②。1884年3月，他在信中告诉保·拉法格，"尽量更准确地表达原文"，并让"劳拉力求做到把原文译得又好又确切"③。他读过劳拉的《共产党宣言》法译文后，认为是"可以引为骄傲并能给读者提供原著概念的第一个法文本"④。从这些话中可以看出，所谓"忠实"，就是准确地表达原著的概念。

马克思和恩格斯认为，译者要创造性地表达原文⑤，而不应把翻译当成"创作"活动。马克思指出，《路易·波拿巴的雾月十八日》第一章的英译者皮佩尔不应该"把翻译当成他的创作"。⑥ 恩格斯也批评过皮佩尔，在翻译时"让他那迷人的轻率自由驰骋"。⑦ 但他们认为，翻译也不能逐字死译。恩格斯说："如果遇到难句，宁可空着，也别像皮佩尔自己明明知道的那样，写一堆东西，似乎是逐字逐句的翻译，其实却是完全荒谬的东西。"⑧ 马克思在《资本论》法文版跋中谈到："约·鲁瓦先生保证尽可能准确地、甚至逐字逐句地进行翻译。他非常认真地

---

① 《马克思恩格斯全集》第1版第39卷第190页。
② 《马克思恩格斯全集》第1版第39卷第91—92页。
③ 《马克思恩格斯全集》第1版第36卷第129页。
④ 《马克思恩格斯全集》第1版第36卷第361页。
⑤ 《马克思恩格斯全集》第1版第21卷第267页。
⑥ 《马克思恩格斯全集》第1版第27卷第406页。
⑦ 《马克思恩格斯全集》第1版第28卷第124页。
⑧ 《马克思恩格斯全集》第1版第28卷第138页。

完成了自己的任务。但正因为他那样认真，我不得不对表述方法作些修改，使读者容易理解"。① 可见，他们在翻译方法上既反对乱译，又反对死译。

他们反对译者随意增删或歪曲原文。恩格斯在谈到1885年出版的《共产党宣言》新的丹麦文译本时说："可惜这一译本不够完备；有几个重要的地方大概是因为译者感到难译而被删掉了，并且在不少地方可以看到草率从事的痕迹。"② 1870年4月18日，马克思写信给保·拉法格，让他尽快在《自由思想》发表国际章程的正确的和准确的译文，因为国际章程的"法译本是我们的第一个巴黎委员会及托伦之流出版的，里面充满**故意歪曲**的错误。他们删去了所有他们不喜欢的地方。"③

马克思和恩格斯指出，译文不仅意思要准确，而且语言也要流畅，"读起来要像原著一样"。④ 为此，他们要求译者所使用的语言，必须合乎规范，语法必须正确。1883年6月29日，恩格斯写信给阿·左尔格说，"如果用英文发表，我给你翻译，因为《共产党宣言》的译文再次表明，你们那里看来没有人能够至少是把**我们的**德文译成规范的、语法正确的英文。"⑤ 1884年2月5日他在信中提醒译者要在遣词造句上花些功夫："您用德文把意思译出后，再通读一遍译稿，简化一下句子结构，并且记住，那种深深印在我们脑子里的、副句中动词一定要放在末尾的学生腔的累赘句法，尽可能都不要用"。⑥

---

① 《马克思恩格斯全集》第1版第23卷第29页。
② 《马克思恩格斯全集》第1版第22卷第63页。
③ 《马克思恩格斯全集》第1版第32卷第659页。
④ 《马克思恩格斯全集》第1版第39卷第83页。
⑤ 《马克思恩格斯全集》第1版第36卷第46页。
⑥ 《马克思恩格斯全集》第1版第36卷第99页。

恩格斯特别欣赏劳拉·拉法格的法语水平。他读了劳拉校订的《家庭、私有制和国家的起源》法译文后，曾对别人说过："在巴黎市内外只有一个人懂得法文，这个人既不是法国人也不是男人，而是劳拉。"①所以，恩格斯除了自己对译文字斟句酌、仔细推敲外，还常常请她加工润色。1884年2月21日，他在信中对劳拉·拉法格说，"为了使我的译文（指马克思《论蒲鲁东》的法译文。——笔者）法语化，请你和保尔校订一下"。②

恩格斯高度评价劳·拉法格的译文。他称赞《共产党宣言》和其他著作的法译文，"译得恰到好处"，"越是接近结尾部分，实践将使你的工作越加完善，你就越来越不是翻译，而是用另一种语言再现了。"③他认为这些译文，读起来使他"十分入迷"，"真正心满意足"。

恩格斯痛恨文理不通的译文，反对出版语文水平低、质量差的译本。1867年9月9日，他写信给马克思说："《蜂房》上发表的可耻的、文理不通的译文是谁译的？……我担心这会损害你在比斯利等人的心目中的威信，他们会以为，这篇译文是你自己译的。"④ 1883年4月24日，他在写给阿·左尔格的信中说："魏德迈现在懂英文了吗？他过去的译作无论在语法上或修辞上都是根本不够出版水平的。这样的译作会大大损害我们的名誉，并且会使作者处于可笑的地位。"⑤

马克思和恩格斯还要求译者必须保持原著的风格。恩格斯在校订译文时十分注意保持原著的文体。他在1884年2月5日的一封信中说：

---

① 《马克思恩格斯全集》第1版第39卷第83页。
② 《马克思恩格斯全集》第1版第36卷第117页。
③ 《马克思恩格斯全集》第1版第36卷第361—362页。
④ 《马克思恩格斯全集》第1版第31卷第346页。
⑤ 《马克思恩格斯全集》第1版第36卷第16页。

"在第一个印张中,您力求把意思译得忠实、确切,而有点忽视了文体。""我希望在译文中把马克思所特有的而你所不习惯的文体表达出来,因而作了许多修改。"① 恩格斯认为,原著不同的体裁,不同的风格,译时必须区别对待。1893年10月14日,他在写给劳·拉法格的信中谈到,福尔坦打算翻译马克思的《黑格尔法哲学批判》。恩格斯觉得翻译这本书,"非常困难","首先是摩尔那种警句式的文风",福尔坦很难表达出来,所以"由他翻译非常不合适"。② 恩格斯强调《资本论》的译文不能丧失鲜明和生动的特点。在1873年11月29日的信中,他对马克思说:"昨天我读了工厂立法这一章的法译文。我虽然极为尊重用优雅的法语翻译这一章的艺术,但仍然为这出色的一章抱屈。力量、活力、生命力——统统见鬼去了。平庸的作家为了能够用某种优雅的形式来表达自己的思想,是不惜阉割语言的。用这种拘谨的现代法语,是愈来愈难于表述思想了。学究式的形式逻辑几乎到处都要求把语句重新排列,单是这一点就使叙述失去了鲜明性和生动性。"③

总之,译者在翻译原著时要做到:"忠实而流畅",即用流畅的语言准确地表达原著的思想和风格。这是马克思和恩格斯所坚持的翻译标准。

马克思和恩格斯对译者的业务能力和翻译态度,提出了严格的要求。

他们为了党的利益,在翻译事业中始终坚持党性原则,首先把政治思想条件作为选定译者的标准。他们让政治思想上信得过、靠得住的人

---

① 《马克思恩格斯全集》第1版第36卷第99页。
② 《马克思恩格斯全集》第1版第39卷第145页。
③ 《马克思恩格斯全集》第1版第33卷第99—100页。

翻译自己的著作，而绝不让它们落入机会主义者和资产者手里去摆弄。1867年马克思起初同意国际会员埃·勒克律作为《资本论》法译本的译者。后来，他弄清这个人是巴枯宁的社会民主同盟的一个领导人，就立即取消了他的翻译资格。马克思绝不期望一个巴枯宁主义者能正确翻译他的著作。1883年麦·克瓦尔克写信给恩格斯，要求由他把《哲学的贫困》译成德文。这个人一面极力吹捧霍亨索伦王朝的社会帝国，吹捧洛贝尔图斯，反对马克思，一面又妄图从马克思这边捞到好处。恩格斯非常讨厌这个"无赖"，毅然拒绝他的翻译要求。恩格斯说："如果我同意这个招摇过市的霍亨索伦王朝的崇拜者和保守的国家主义者翻译《贫困》的话，那马克思会把我在睡梦中掐死的。"[①]

其次，恩格斯认为，译者不仅要精通外国语言，而且要了解外国人的生活。他在《不应该这样翻译马克思的著作》一文中还说，要把《资本论》译成英文，"只是通晓标准德语是不够的。马克思精于使用日常生活用语和各地方言的成语；他创造新词，他举例时涉及一切科学部门，他援引十几种文字的书刊；要理解他的著作，必须彻底精通德语——口头语和标准语，另外还要知道一些德国人的生活。"[②] 他批评布罗德豪斯因为不了解德国人的生活，在翻译中闹了不少笑话。

此外，马克思和恩格斯还要求译者精通本国语言。恩格斯说："马克思是当代具有最简洁最有力的风格的作家之一。为了确切地表达这种风格，不仅要精通德语，而且要精通英语。布罗德豪斯先生看来虽然是个相当有才能的新闻工作者，但他所掌握的英语只限于满足于一般的写作要求。对于这种目的，他的英语知识足够了，但是，这种英语却不能

---

① 《马克思恩格斯全集》第1版第36卷第73页。
② 《马克思恩格斯全集》第1版第21卷第266页。

用来翻译《资本论》。富有表现力的德语应该用富有表现力的英语来表达，必须使用最好的词汇，新创造的德文名词要求创造相应的英文名词。"①

恩格斯提出，译者必须精通原著的理论并熟悉原著所引用的事实。他说，翻译《资本论》，"译者不但必须精通德文，而且还要精通政治经济学。"② 1884年5月26日，恩格斯在写给劳·拉法格的信中谈到翻译《资本论》部分内容时说，译者"虽有极好的心愿，但他要译的东西，对他来说是生疏的题材，而且要从他所不熟悉的一种德文译成他同样不熟悉的一种英文。如果这是自然科学，那对他来说是相当容易的，但这是政治经济学和工业方面的事实，在这方面他甚至连最普通的用语都不知道！"③

恩格斯认为，赛·穆尔是《资本论》英译文的理想的译者。他除了理论修养和语文水平等符合要求外，还具有严肃认真、勤勉可靠的工作态度，所以能完全正确理解原著内容，很快地熟悉原著的风格。④ 马克思非常信任他，恩格斯也说他"对〈《资本论》〉了解得最扎实"⑤，译得很好，是"所认识的最好的翻译"⑥。

马克思和恩格斯在译校工作上倾注了巨大的革命热情。对于有人翻译出版他们的著作，总是非常高兴，甚至把译本出版的日子，当作"一个节日"。他们不但自己不辞劳苦献身于翻译事业，而且还勉励别人热

---

① 《马克思恩格斯全集》第1版第21卷第267页。
② 《马克思恩格斯全集》第1版第39卷第80页。
③ 《马克思恩格斯全集》第1版第36卷第155—156页。
④ 《马克思恩格斯全集》第1版第31卷第314页。
⑤ 《马克思恩格斯全集》第1版第36卷第430页。
⑥ 《马克思恩格斯全集》第1版第37卷第25页。

爱这项工作。1885年9月22日，恩格斯对劳·拉法格说："既然我们那些土生土长的法国人显然不能懂德语，你终于不再埋没自己的才能，而开始帮助我们把一些重要的东西译成法文，我感到高兴。既然你已经着手这一工作，那就按照惯性律继续做下去，并逐渐爱上这种单调的劳动吧。"① 同时，他还在另一封信中希望从事《资本论》这项翻译工作，"既要有愿望、有能力，又要能坚定不移地干到底"。②

革命导师马克思和恩格斯，在翻译工作中把高度的革命性和严格的科学态度完美地统一起来，译文始终坚持了"忠实而流畅"的重要原则，是我们学习的典范。今天，我们翻译马列著作和其他著作，是党交给我们的严肃的政治任务，既光荣而又艰巨。我们现有的水平，距离伟大导师和党的要求相差很远。但是，只要我们认真执行革命导师的指示，并且"爱上"这项劳动，"坚定不移地干到底"，把毕生力量献给翻译事业，我们就一定能做到：不但"有愿望"，而且"有能力"，多快好省地完成翻译任务。

---

① 《马克思恩格斯全集》第1版第36卷第354—355页。
② 《马克思恩格斯全集》第1版第39卷第92页。

关于马列著作编译工作的历史、现状及问题

——访中共中央编译局顾问顾锦屏*

[编者按] 2002年12月3日上海《社会科学报》记者就马列著作编译工作的有关问题采访了中央编译局原副局长顾锦屏研究员。2003年1月9日该报以《"代圣人立言"甘苦谁知》为题发表了采访内容。这次谈话对于了解马恩列斯三大全集的编译历史，尤其对了解目前正在进行的《马恩全集》第二版的编译工作情况和问题，很有帮助。谈话还对《共产党宣言》中"消灭私有制"译法是否正确问题作了系统分析，对于澄清争论和准确理解马恩原意也很有启发。我们征得顾锦屏研究员的同意，将这次谈话记录原始稿在本刊发表。

马列著作翻译工作的历史

记者：顾老师，请您谈谈马列原著翻译的历史。

顾锦屏：马列著作的翻译，从陈望道翻译的《共产党宣言》第一个全译本算起，到现在已有80多年历史了。这80多年是很不容易的，

---

* 本文选自《马克思恩格斯列宁斯大林研究》2002年第2辑。作者单位：中共中央编译局。

我们的很多先辈在处境极其险恶的白色恐怖下,不顾个人安危为传播马克思主义真理进行了艰苦卓绝的斗争。我们党从成立之时起就把马列主义作为党的指导思想写在自己的旗帜上,因此十分重视马列著作的翻译工作,尽管条件十分艰难,仍千方百计地支持马列著作的翻译和出版工作。就说延安时期吧,1938年,延安成立马列学院,并专门在学院里设立一个编译部,负责马列著作的翻译,院长张闻天同志兼任编译部主任。1938—1942年延安出版了一套《马克思恩格斯丛书》和一套《列宁选集》。延安整风开始以后,在毛主席的提议下,中央通过了关于翻译工作的决定,并决定成立翻译校阅委员会,以审查和提高马列著作译文的质量。中央要求把这项工作作为对党最负责的工作做好。毛主席还勉励翻译工作者,说"学个唐三藏和鲁迅,实是功德无量的"。由于党中央的重视,尽管当时条件很困难,翻译人员少,工具书又有限,但还是翻译出版了马恩列斯的一些主要著作。

真正系统地编译马列著作是在建国以后,1953年1月中央决定成立中共中央马恩列斯著作编译局,任务是有计划地系统地翻译《马克思恩格斯全集》、《列宁全集》和《斯大林全集》。当时从事这项工作的人不多,大概有100来人,除少数延安来的老同志外其余都是刚从学校出来的年轻人,承担这样的任务既非常光荣又十分艰巨。同志们夜以继日地工作,在实践中锻炼出人才。经过大家的努力,1958年就完成了《斯大林全集》的翻译出版,共13卷,约300万字。《列宁全集》有38卷,数量多,难度大,翻译进度慢。1956年中央指示要加快《列宁全集》的翻译,很多老同志也给编译局提意见,他们希望在有生之年能看到《列宁全集》。中央的指示和老同志的期望,给全局同志极大鼓舞。局领导决定1959年将《列宁全集》38卷全部译成中文出版,"向国庆十周年献礼"。人民出版社也通力合作,保证按时出版。经过全局同志日夜苦战，《列宁全集》38卷的翻译任务终于在国庆十周年时全部完成，约1600万字。《列宁全集》中文第一版实际有39卷，因俄文版第39卷出得晚，这一卷是两年后才翻译出版的。而《马克思恩格斯全集》的翻译任务更为艰巨，俄文版先出版39卷，后又出版11卷补卷，共50卷。每卷50万字左右。《马恩全集》不仅篇幅宏大，而且内容艰深。翻译确实不容易。我们从1955年开始翻译，到"文革"开始，共出版了21卷。"文革"开始后，这项工作被耽搁了几年。

记者：这是中央交给的任务，还会受冲击吗？

顾锦屏：那时野心家林彪别有用心地鼓吹"毛主席的话一句顶一万句"，"要百分之九十九读毛主席的书"。所以我们编译好的马列著作被束之高阁。毛主席针对林彪一伙的胡言乱语，多次指出要认真学习马列主义。1969年马列著作的编译工作得到恢复。全局同志全身心地投入《马恩全集》的翻译工作。到1985年，50卷全部出版，约3200万字。编译局同志历尽千辛万苦，终于完成了党中央交给的翻译三大全集的任务。

《马恩全集》和《列宁全集》第一、二版有何不同

记者：你们在《列宁全集》第一版之后又出了第二版，现在你们又在编译《马恩全集》第二版，为什么要搞第二版呢？

顾锦屏：1982年党中央决定编译《列宁全集》第二版。为什么编第二版？因为39卷本的《列宁全集》所收的文献远远不全。原苏联在出版39卷本全集的基础上又出版了55卷本的全集，另外还有不少列宁文献尚未包括在内。我局作了大量调查和搜集工作，编辑了60卷本的《列宁全集》，重新校订了译文，编写了注释、人名索引等各种资料，

于1990年全部出版。这是我国自行编辑、收录文献最全的一套《列宁全集》。1986年中央又决定编译《马恩全集》第二版。

记者： 为什么？与第一版有何不同？

顾锦屏： 第一，原来的《马恩全集》除了一些重点著作外，绝大部分都是从俄文转译的。虽然俄文版的质量相当好，但不根据马恩原著文字翻译，译文质量总有不少不尽如人意之处。二版决定根据原著文字重新校订。马恩著作60%左右是用德文写的，30%左右是用英文写的，还有10%左右是用法文和其他文字写的。第二，在第一版中误收了一些非马恩的文章，例如：《路德是施特劳斯和费尔巴哈的仲裁人》（收入第1卷），《马志尼和科苏特的活动。同路易-拿破仑的联盟。——帕麦斯顿》（收入第8卷），《人民得肥皂，〈泰晤士报〉得贿赂，——联合内阁的预算》（收入第9卷），《沉默寡言的司令部饶舌家毛奇和一位不久前从莱比锡给他写信的人》（收入第18卷），《品特是怎样造谣的》、《论美国资本的积累》（收入第19卷）。还有一些文章，如《西西里和西西里人》（收入第15卷）、《费·威·克鲁马赫尔关于约书亚的讲道》、《参加巴登议会的辩论》、《弗·威·安德烈埃和〈德国的高等贵族〉》、《柏林杂记》、《集权和自由》（均收入第41卷），经过考证，没有充分证据确认这些文章是马克思或恩格斯的著作，它们当然不能收入《马恩全集》。第三，还有一些马恩著作没有收入第一版。第四，从编辑体例来说，第一版分正卷和补卷，这种编法不科学。第二版和第一版不同，第二版分四个部分：第一部分为普通著作卷（1—29卷）；第二部分为《资本论》及其手稿卷（30—46卷）；第三部分为书信卷（47—60卷）；第四部分为笔记卷（编成多少卷尚未确定）。

《马恩全集》第二版的编译工作任重道远

记者：《马恩全集》第二版的进展情况怎样？

顾锦屏：编译《马恩全集》第二版，是编译局的一项重中之重的任务，目前马列部的同志正紧张地工作。到目前为止，已经出版了11卷，即第1、3、10、11、12、13、25、30、31、32、44卷。已经付排的有6卷，即第2、21、33、45、46、47卷。我们计划2020年基本完成，这是个跨世纪的宏伟工程。马恩著作卷帙浩繁，内容博大精深，翻译起来难度很大。翻译经典著作，可以说是"代圣人立言"，责任重大，真是笔重千钧啊！这项工作对翻译的要求很高。译者不仅要外语水平高，还要理论功底好；不仅汉语水平要好，还要知识面广。几十年来我局许多同志甘心寂寞，安于清苦，不为名不为利，皓首穷经，为传播马列主义科学真理奉献了毕生精力。他们捧着一颗红心而来，带着两袖清风而去。现在还有一些年过花甲或年近古稀的同志仍在为《马恩全集》二版呕心沥血。今后这副重担要落到中青年同志肩上。现在最大的困难是中青年骨干力量严重不足。在引进人才方面困难重重。上面说过，我们的工作对干部条件的要求很高。而我们单位比较清苦，对人才缺乏吸引力。

记者：国家有没有针对这种情况拨款资助？

顾锦屏：有的，中央财政每年都为二版拨专款，但毕竟有限。尽管面临的困难很大，我局的领导为保证完成中央交给的任务，正在千方百计地解决编译人才短缺问题，一是积极调动现有人员的积极性，二是想方设法引进合适人才。这里还有个社会支持问题。毋庸讳言，现在社会上很多人的价值观念在变，对我们的工作不理解。其实，马列著作编译工作无论过去和现在都是党的事业的一个重要组成部分。党中央领导同志一再强调老祖宗不能丢，马列主义基本原理必须坚持，同时强调必须结合实际发展马克思主义。从坚持和发展马克思主义来说，马列著作还是要读，马恩的思想还是要研究。另外从发展先进文化来说，中央提出必须坚持马克思列宁主义、毛泽东思想和邓小平理论在意识形态领域的指导地位，用"三个代表"重要思想统领社会主义文化建设。为此我们也应该认真学习和研究马列著作。我们现在编译的《马恩全集》就是个集中了人类先进文明成果的宏伟文化宝库。因此，我们的工作是十分重要的。我们自己要充分理解它的价值，也希望得到社会的理解和支持。

关于马恩著作译文方面的争议

记者：听了您的介绍，马列著作编译工作的确很重要，同时也十分艰巨。近来在报刊上也看到对马列著作中的某些译文提出批评意见，您是怎样看的？

顾锦屏：把马列著作译成中文，的确很难。这不是简单的文字搬家，而是一项严肃的科学工作。我们一贯强调翻译一定要忠于原文，翻译必须和研究相结合，在弄清原著思想的基础上，用规范化的汉语把原著准确地翻译过来。我们一贯是这样做的。但是，马恩著作内容艰深，译者因限于自己的水平常有误译或不确切的翻译。因此，我们自己在不断改进自己的译文，同时我们也十分欢迎读者提出批评，这对我们提高译文质量很有帮助。但是，有的学者从个人的理解或者从我国现行政策出发来解读马恩原著，从而对译文提出批评。有些批评是不公允的。这里我只谈一个例子，就是关于《共产党宣言》中"消灭私有制"的译法问题。

《共产党宣言》中有句名言:"从这个意义上说,共产党人可以把自己的理论概括为一句话:消灭私有制。"① 有的学者说:"消灭私有制"应当改译为"扬弃私有制",即扬其精华,弃其糟粕。还说:这种误译为"左"的路线提供了理论依据。其改译的理由是这里的"消灭"两字,马恩原文用的是德文"Aufhebung",该词是个哲学术语,应译"扬弃",而且对"扬弃"作了他自己的解释。对这一批评意见我是不能苟同的。

第一,Aufhebung 是个多义词,有废除、取消、撤销、结束、举起、保存和扬弃等多种含义。但在这里只能是"废除"的意思。为什么?首先请看《宣言》中这句话的上下文。上文说:"废除先前存在的所有制关系,并不是共产主义所独具的特征。……例如,法国革命废除了封建的所有制,代之以资产阶级的所有制。共产主义的特征并不是要废除一般的所有制,而是要废除资产阶级的所有制。"接着马恩得出结论说:"从这个意义上说,共产党人可以把自己的理论概括为一句话:消灭私有制。"上文中的"废除",原文为 Abschaffung。显然 Aufhebung 与 Abschaffung 的含义是一致的,只是用词的不同而已。再看下文,下文中马恩列举了资产阶级对共产党人的责难和攻击,说你们共产党人要"消灭个性","消灭家庭"等等。这里"消灭"两字原文均为 Aufhebung。如果照批评者的意见都译成他所解释的"扬弃",那么资产阶级的这种责难就不成为责难了。其次,这样的理解可以从恩格斯写的《共产主义原理》得到证明。该文是在《共产党宣言》之前恩格斯为共产主义者同盟起草的纲领草案。它以问答体形式来阐明共产党人的理论主张。该文

---

① 《马克思恩格斯选集》第 2 版第 1 卷第 286 页。

在第十四个问题中说:"废除私有制甚至是工业发展必然引起的改造整个社会制度的最简明扼要的概括。"接着提了3个问题:"第十五个问题:这么说,过去废除私有制是不可能的?""第十六个问题:能不能用和平的办法废除私有制?""第十七个问题:能不能一下子就把私有制废除?"在第十四、十五、十七个问题中"废除"的原文为Abschaffung,在第十六个问题中"废除"的原文为Aufhebung。这里清楚地表明,Aufhebung和Abschaffung是在一个意义上使用的,不可能作别的解释和引申。

第二,《宣言》英法文本的译法也证明Aufhebung就是"废除"之意。1888年的英译本是赛·穆尔翻译、恩格斯亲自校订并作序的。1885年的法译本是马克思的女儿劳拉·拉法格翻译、恩格斯亲自校订的。这两个译本应当说是《宣言》的权威译本。英文版和法文版将上述引文中的Abschaffung和Aufhebung都译为Abolition。Abolition在英法文中只有废除、取消之意,通常讲消灭人剥削人的制度,用的就是这个词,哲学上讲的"扬弃",英文为sublation。

第三,判断《宣言》中"消灭私有制"的译法是否正确,还要联系马恩其他著作中的提法来考察。在《宣言》发表两年后,马恩在《共产主义者同盟中央委员会告同盟书》中说:"对我们说来,问题不在于改变私有制,而只在于消灭私有制,不在于掩盖阶级对立,而在于消灭阶级……"这里讲到"消灭私有制"时德文用的是Vernichtung,该词只有"消灭、根除"之意,而讲到"消灭阶级"时德文用的是Aufhebung。可见Aufhebung和Vernichtung是相通的。如果说《宣言》中因为用Aufhebung一词而引起争议,那么在这里马恩用了Vernichtung一词,就只能译为"消灭私有制",别无他解。因此《宣言》中"消灭私有制"的译法并非有悖马恩的原意。

第四,理解"废除私有制"或"消灭私有制"的思想还应当同《宣言》的基本思想联系起来。马恩在《宣言》中用唯物史观分析了资本主义的基本矛盾,论证了资本主义为共产主义取代的历史必然性。要实现共产主义伟大理想,就要废除生产资料私有制而代之以生产资料公有制,否则就不成为共产主义了。所以恩格斯在1882年《宣言》俄文版的序言中说:"《共产党宣言》的任务,是宣告现代资产阶级所有制必然灭亡。"消灭资产阶级私有制是马恩从当时发达的资本主义社会的现实出发,根据对资本主义基本矛盾的分析提出来的,是他们为无产阶级指明的奋斗目标。他们当时没有提出如何消灭私有制,更没有料到未来的社会主义革命发生在经济文化落后的俄国、中国等国家,因而也不可能考虑到这些国家如何对待私有制的问题。

至于中国社会主义实践中曾经发生的对待私有制问题上的"左"的错误,这不是因为没有把"消灭私有制"译成"扬弃私有制",而是因为对马克思主义采取教条主义态度。马恩在解决所有制问题上始终坚持以生产力发展水平为前提。而过去我们不顾中国国情,不考虑我国生产力发展水平还十分低下,而在所有制关系上盲目追求一"大"二"公",结果犯了"左"的错误。党的十一届三中全会以后,党中央纠正了过去"左"的错误,党的十五大明确提出以公有制为主体、多种所有制经济共同发展是我国社会主义初级阶段的基本经济制度,强调社会主义国家必须坚持以公有制为主体,同时强调多种所有制经济共同发展,积极鼓励和引导非公有制经济健康发展。这是我们党对马克思主义的创造性发展。如果用我国社会主义初级阶段对待非公有制经济的现行政策来解读《宣言》中的思想,是不妥当的。

我之所以用较多的篇幅谈《宣言》中"消灭私有制"的翻译问题,因为这里涉及马克思主义的一个基本理论问题,理论界也十分关心这个问题。当然，这是我个人的看法，如有不妥，希望得到指正。尽管在这个问题上我不同意批评者的意见，但我们也从中得到启示，就是一定要十分严肃认真地翻译马列经典著作，对原著必须句斟字酌，吃透原意，来不得半点马虎。

记者：你们在马列著作翻译工作中是否受过"左"的影响呢？

顾锦屏：就翻译而言，不能说受"左"的或右的影响。翻译工作的基本原则是忠实于原文，特别是翻译马列经典著作，更是如此。编译局几十年来一贯信守的原则是：意思准确，译文通顺。为了保证马列著作译文准确，我们的工作有严密的工作程序，经过多道环节，层层把关。有些难题还要经过业务会议讨论决定，有些问题还向中外专家请教。个别重点著作，如《共产党宣言》，校订组成员以德文原著为根据，参照各种外文版本，逐字逐句集体讨论定稿。尽管这样，翻译如同对任何事物的认识一样，难免出现这样或者那样的错误。这是由于原著内容艰深，译者理解水平有限或者工作中疏忽造成的，而不是因为受到某种思潮的影响。至于编书，有个选材问题，选什么不选什么，是有倾向性的。在"文革"时期，编译局曾经编译过一套《马恩选集》，收录了马克思主义三个组成部分方面的基本著作，对于当时干部系统学习马克思主义起了积极作用。但这套《选集》在选材上难免带有"以阶级斗争为纲"那个年代的烙印。

例如，恩格斯在1895年写的一篇重要著作《卡·马克思〈1848年至1849年的法兰西阶级斗争〉一书导言》就没有收入《马恩选集》。他在这篇文章中分析了1848年以来欧洲的经济发展情况，指出当时的资本主义生产还有很大的扩展能力，还远没有成熟到可以铲除的程度。恩格斯还作了自我批评，承认他和马克思关于无产阶级与资产阶级大决战已经开始的估计是不切实际的。他还总结了德国社会民主党利用普选权取得的成就，肯定普选权是无产阶级的一种崭新的斗争形式，应当利用普选权这一合法斗争形式为未来的决战积累力量。这篇本来是表明马克思主义与时俱进的文章，在《选集》选目送审时被当时把持意识形态领导大权的张春桥枪毙了。在党的十一届三中全会以后，党中央纠正了过去"左"的错误，重新确立了解放思想、实事求是的思想路线。编译局以党的思想路线为指导，重新编辑了一套《马恩选集》，新《选集》以科学的态度调整了选材，重新校订了译文。这套《选集》是学习和研究马克思主义不可缺少的基本读物。

记者：谢谢。

用生命擎起思想的火炬

——马克思主义经典著作编译事业百年回顾*

韦建桦

[摘　要] 马克思主义经典著作编译史是中国共产党理论建设史的组成部分，同时也是中国现代思想文化变迁史的重要篇章。经典文献的编译和传播，既是马克思主义政党理论建设的基础工程，又是推动中华民族的思想文化实现彻底变革，从传统形态向现代科学形态转变的关键环节。回顾百年风雨历程，可以使我们从一个特定的视角进一步了解马克思主义中国化、时代化、大众化的必要条件和途径，认识前辈创业的艰辛和我们这一代人肩负的使命。

[关键词] 马克思主义　经典著作　文本迻译　真理传播

在希腊神话中，普罗米修斯是为造福人类而盗取天火、忍受千难万劫而目标始终如一的英雄。马克思在他的博士论文序言中热情赞颂普罗米修斯是"哲学历书上最高尚的圣者和殉道者"[①]，并在数十年奋斗生涯中高扬普罗米修斯精神。近百年来，这种精神在为传播马克思主义真

---

* 本文选自《马克思主义与现实》2010年第6期。

作者：马克思主义理论研究和建设工程经典作家重点著作译文审核和修订课题组首席专家，《马克思恩格斯文集》和《列宁专题文集》主编。

① 参看《马克思恩格斯全集》第2版第1卷第12页。

理而奋斗不息的中国几代翻译家身上得到了体现。这是一个前仆后继、默默奉献的群体,一个肩负着历史重任、创建了历史功绩而又往往在历史的记忆中被忽略、被淡忘的群体,正是他们用生命诠释了革命者的普罗米修斯精神。

我今天选择这个题目来同大家交流,是因为马克思主义经典著作编译史不仅是中国共产党理论建设史的组成部分,同时也构成了中国现代思想文化变迁史的重要篇章。我选择这个题目,还因为回顾和总结经典著作编译事业的百年历程,可以使我们从一个特定角度进一步深刻认识马克思主义的本质特征,了解马克思主义中国化的必要条件,铭记前辈创业的艰辛和我们这一代人肩负的使命。

当然,这个题目很大。如果进行探赜索隐、钩深致远的考证,应当写成一部内容丰富的专著。今天我在这里只能对这项世纪工程的整体概况和发展脉络作一个勾勒,希望对大家研读经典有所帮助,也希望藉此呼唤更多的同志进入经典著作编译史研究领域,以便从一个重要的视角去思考当代思想文化建设问题。①

---

① 这个领域迄今为止的研究成果屈指可数,这就使已经发表的一些专著和论文弥足珍贵。我所见到的重要论著有中央编译局殷叙彝、李兴耕等著《第二国际研究》(第15章《第二国际与中国》),中央编译出版社1998年版;中央编译局马恩室胡永钦、耿睿勤、袁延恒编纂的《马克思恩格斯著作在中国的传播》,人民出版社1983年版;北京图书馆马列著作研究室曹鹤龙、苏爱荣、张育平等编纂的《马克思恩格斯著作中译文综录》,书目文献出版社1983年版;中国人民大学庄福龄教授撰写的《中国马克思主义哲学传播史》,中国人民大学出版社1988年版。2009年9月,福建人民出版社出版了王东教授、陈有进编审和贾向云同志合著的《马列著作在中国出版简史》,这是中国学者在这个研究领域的最新收获。目前,从翻译家的具体实践来研究和论述经典著作编译历程的工作,还有待我们深入进行。

我想从经典原著与中文译本的关系谈起。

一、马克思主义是人类文明的瑰宝。马克思主义真理在中国传播和运用的一个重要前提，就是经典文本的中国化，就是马克思主义创始人的原著从欧洲语言向中国语言的转换。实现这种转换的关键，在于研究和领悟经典作家的思想，同时要辨析和判明中西文化的异同。因此，这种转换的过程远远超出了单纯的语言层面。

马克思主义是中国共产党人的旗帜，是全国各族人民团结奋斗的共同思想基础。多年来，我们党的各级领导和广大干部群众十分重视马克思主义经典著作的学习和研究，以求更加完整准确地把握毛泽东思想和中国特色社会主义理论体系的精髓。我们历来强调要阅读原著，这是正确的，因为只有在原著中，我们才能看到经典作家对马克思主义理论的直接而又严谨的阐述，才能具体了解这些理论产生的历史语境和逻辑进程，才能进一步发现历史和现实中种种误读的危害和成因。恩格斯晚年在谈到研究马克思学说的方法时，曾反复强调研读原著的重要性。1890年9月21—22日，他在致约瑟夫·布洛赫的信中写道："我请您根据原著来研究这个理论，而不要根据第二手的材料来进行研究。"① 1894年10月4日，恩格斯在《资本论》第三卷序言中再次指出："一个人如果想研究科学问题，首先要学会按照作者写作的原样去阅读自己要加以利用的著作，并且首先不要读出原著中没有的东西。"② 阅读原著无疑是掌握马克思主义理论的必要途径，这一点毋庸赘述；但是我们应当知道，中国广大读者所阅读的原著，并不是马克思主义创始人生前留下

---

① 见《马克思恩格斯文集》第10卷第593页。
② 见《马克思恩格斯文集》第7卷第26页。

的著作文本本身，而是在他们身后由中国人自己编译的各种中文译本。

我们知道，马克思恩格斯主要是用他们的母语即德文从事著述工作的。他们留给后人的文献遗产，包括大量的专著、论文、时评、演说、笔记、批注、书信，以及散文、诗歌、剧本等文学作品和为各种辞书撰写的条目，内容十分丰富，范围极为广博。现在，国际马克思恩格斯基金会（IMES）正在将这两位科学社会主义创始人的全部著作遗产编成历史考证版逐步出版，总计为114卷，如果全部译成中文，总共约6000万字。在这些著述中，约有65%是用德文写成的，有30%是用英文写成的，另有5%是用法文、意大利文、西班牙文、丹麦文等其他欧洲语言文字撰写的。要使中国广大读者能够阅读马克思恩格斯的著作，领会他们的思想和学说，就必须对这些文献进行编辑、整理和翻译。

这项工作意义深远，责任重大，同时又十分艰巨复杂。中国和欧洲在历史、文化、心理、语言、风俗、习惯、传统等方面的巨大差异，给翻译工作带来了难以想象的困难。由于经典著作涵盖历史和现实生活的广泛领域，涉及哲学、经济、政治、军事、教育、科技、新闻、语言、文学、艺术、民族、宗教等各个学科，这就要求编译工作者具有深厚的理论功底、学术修养和语言造诣。仅就语言方面来说，这项工作就对编译者提出了极其严格甚至非常苛刻的要求，正如恩格斯所说："翻译这样的著作，只是通晓标准德语是不够的。马克思精于使用日常生活用语和各地方言中的成语；他创造新词，他举例时涉及一切科学部门，他援引十几种文字的书刊；要理解他的著作，必须彻底精通德语——口头语和标准语，另外还要知道一些德国人的生活。"恩格斯还说："马克思是当代具有最简洁最有力的风格的作家之一。为了确切地表达这种风格，不仅要精通德语，而且要精通英语。"① 当然，就马克思恩格斯的著述所涉及的语种来说，编译者需要掌握的还不仅仅是这两种语言。除了外语之外，恩格斯还要求翻译者精通本国语言，"必须具备用两种文字写作的经验"②。

马克思主义经典著作的翻译必须具有准确性和权威性，因为这些著作中的理论判断、逻辑思路、概念术语关系到人们对马克思主义科学理论的理解，关系到无产阶级政党如何确定自己的奋斗目标、战略和策略，因此，编译者必须通晓经典作家的理论及其形成与发展历程，通过研精覃思、博考群籍、反复推敲、字锤句炼，确切地反映经典作家的原意，使读者阅读译本就像阅读原著一样；用恩格斯的话来说，就是要使读者能够"按照作者写作的原样"去把握原著的核心内容和整体风格。这真正是一项"代圣人立言"的工作。对于编译者来说，这既是崇高的使命，又是严峻的挑战。

从20世纪初到现在，中国一代又一代马克思主义理论家和翻译家在肩负使命、迎接挑战的实践中艰辛跋涉、勤奋耕耘，把马克思主义经典作家的思想和学说逐步介绍给中国人民。毛泽东同志有一句名言："十月革命一声炮响，给我们送来了马克思列宁主义。"③ 显然，如果没有准确的翻译和认真的编辑，十月革命炮声送来的科学真理就不可能为中国人民所认识和掌握，就不可能在中国广泛传播和切实运用。从这个意义上可以说，马克思主义中国化的一个必要条件，就是经典文本的中国化，就是马克思主义原著从欧洲语言向中国语言（主要是指现代汉

---

① 见《马克思恩格斯全集》第1版第21卷第266、267页。
② 见《马克思恩格斯全集》第1版第36卷第46页。
③ 见《毛泽东选集》第2版第4卷第1471页。

语，同时也包括蒙古文、藏文、维吾尔文、哈萨克文、朝鲜文等少数民族语言文字）的转换。毛泽东同志早就深刻地认识到这项工作的重要性和复杂性，他当年在延安就曾语重心长地强调，编译经典著作是一项"功德无量"的事业；他要求中国理论工作者和翻译工作者"学个唐三藏及鲁迅"，通过锲而不舍的努力，把马克思主义经典从西方介绍到中国来。① 在党的七大召开期间，毛泽东同志严厉批评了轻视翻译工作的倾向，他指出，如果没有翻译工作者的努力，"中国哪晓得什么是马列主义？"②

确实，马克思主义经典著作编译事业是党的思想理论建设的一项重要基础工程，是推动中华民族的思想文化实现彻底变革，从传统形态向现代科学形态转变的一个关键环节。如果没有这样一个伟大工程，我们今天的思维方式和话语体系就会是另外一个样子。新中国成立六十多年来，我们完成了经典著作编译出版的一系列重大任务，为用科学理论武装全党、教育人民做出了贡献。然而，这样的贡献是在前人奠定的基础上取得的，因此，在介绍新中国成立以来经典著作编译工作概况之前，我们不能不首先谈一谈新中国成立以前马克思主义经典著作编译出版的情况。

二、20世纪初，中国人民开始了解科学社会主义创始人的名字及其思想。在十月革命的影响和鼓舞下，随着工人运动的兴起和五四运动的爆发，马克思主义开始在中国广泛传播。中国共产党成立后，马克思主义经典文献编译事业迅速发展，真理之火在严寒和冰雪中燃烧，终于形成燎原之势。

---

① 参看《毛泽东文集》第2卷人民出版社1993年版第441页。
② 参看《毛泽东文集》第3卷人民出版社1996年版第418页。

马克思主义诞生于19世纪40年代。1848年2月，马克思恩格斯为共产主义者同盟撰写的纲领性文献《共产党宣言》公开发表，标志着马克思主义的诞生。而在这一时期，中国刚刚经历了鸦片战争，中国人民在封建王朝和西方列强的双重压迫下，开始在苦难和黑暗中为探寻民族复兴之路而进行艰难而又漫长的求索。19世纪下半叶，《共产党宣言》的思想已经在欧美各国广泛传播。1888年，恩格斯在《宣言》的英文版序言中写道："《宣言》的历史在很大程度上反映着现代工人阶级运动的历史；现在，它无疑是全部社会主义文献中传播最广和最具有国际性的著作，是从西伯利亚到加利福尼亚的千百万工人公认的共同纲领。"① 恩格斯写这段话的时候，正值中国的清王朝光绪十四年。那时候，儒家学说在这个东方文明古国被奉为经典，中国人还根本不知道《宣言》及其作者的名字。这并不奇怪，在那个时期，中国还没有大规模的现代工业，工人阶级还没有作为独立的政治力量登上历史舞台，马克思主义文献当然不可能在中国广泛传播。然而在19世纪末和20世纪初，随着中国民族资本主义的初步发展，一批爱国的先进分子开始积极地向西方学习，以寻找救国救民之道。他们当中的一些人在介绍欧洲各种社会主义学说时，也不同程度地介绍了马克思恩格斯和他们的思想。

中国书刊最早提到马克思和恩格斯的名字，可以追溯到19世纪末。1899年，上海广学会出版的《万国公报》发表了资产阶级进化论者本杰明·颉德的《社会进化》一书前四章的中译文，题为《大同学》，由英国传教士李提摩太节译，蔡尔康笔述。文中首次提到马克思和恩格斯。《万国公报》以宣传基督教为宗旨，没有也不可能对马克思恩格斯

---

① 见《马克思恩格斯文集》第2卷第13页。

的学说进行认真的介绍，因此对于马克思主义理论在中国的传播没有产生实际的影响。

中国人最初在自己的著述中提到马克思恩格斯及其理论，是在20世纪初。1902年9月，中国资产阶级启蒙学者梁启超在《新民丛报》上发表《进化论革命者颉德之学说》一文，对马克思作了简要介绍，称马克思是"社会主义之泰斗"。此后，梁启超在《二十世纪之巨灵托辣斯》、《中国之社会主义》等文章中一再提到马克思的思想，称马克思是"社会主义之鼻祖"。但梁启超认为马克思的社会主义学说不能解决未来的问题，只有颉德的进化论才能给人类带来"光明的前途"。

1905年8月，中国革命的先行者孙中山在东京成立中国同盟会。在孙中山的影响下，同盟会成员积极介绍西欧的社会主义思想，其中包括马克思的科学社会主义思想。著名的资产阶级民主革命家朱执信在同盟会机关报《民报》第2、3号连续发表《德意志社会革命家小传》（署名蛰伸），第一次比较详细地叙述了马克思和恩格斯的生平活动，第一次比较完整地介绍了《共产党宣言》的要点，并且提到了《资本论》。孙中山先生本人也对社会主义发展史进行过深入的研究，并对马克思的历史贡献作出了高度评价。他曾指出："厥后有德国麦克司（即马克思——引者注）者出，苦心孤诣，研究资本问题，垂三十年之久，著为《资本论》一书，发阐真理，不遗余力，而无条理之学说，遂成为有统系之学理。"① 孙中山先生的这些卓越见解，对中国资产阶级民主革命派介绍马克思学说的工作无疑起了积极的推动作用。

辛亥革命前，中国的一些无政府主义团体在宣传无政府主义理论的同时，也译介了马克思恩格斯的部分论著。他们出版的《天义报》陆

---

① 见《孙中山全集》第2卷，中华书局1982年版第506页。

续发表马克思恩格斯著作的一些译文。例如，该刊在1908年1月第15卷刊登了恩格斯1888年为《共产党宣言》英文版撰写的序言，这是在中国发表的第一篇比较完整的恩格斯著作中译文。接着，该刊在第16—19卷合刊上又发表《宣言》第一章《绅士与平民》（即《资产者和无产者》。——本文作者注），同时登载了刘师培（申叔）撰写的论述《宣言》写作背景和发表经过的文章，在当时产生了较为广泛的影响。

总之，在20世纪初，中国的资产阶级启蒙学者、资产界民主革命派以及无政府主义团体从各自的立场出发，在翻译和介绍马克思恩格斯著作方面做了许多工作。虽然他们的译介文字在理论上显得相当肤浅和片面，在表述上也不够准确和畅达，但在当时的中国思想界确实是"空谷足音"。当然，在中国的马克思主义传播史上，上述事实只构成了一段"前史"。五四运动的爆发和中国共产党的诞生，才真正开始奏响马克思主义真理在中国传播的壮丽乐章。

第一次世界大战爆发后，中国工人阶级的成长和工人运动的发展为马克思主义在中国的传播准备了必要的条件。特别是1917年俄国十月革命的伟大胜利，迅速引起中国工人阶级先进分子对马克思主义的热烈向往。毛泽东同志说："十月革命帮助了全世界的也帮助了中国的先进分子，用无产阶级的宇宙观作为观察国家命运的工具，重新考虑自己的问题。"他还强调指出："这时，也只是在这时，中国人从思想到生活，才出现了一个崭新的时期。"①

这个崭新时期的到来以五四运动为历史契机，以马克思主义著作的翻译和介绍为重要开端。五四运动打开思想解放的闸门，引来了汹涌澎湃的思想革命潮流，成为中国旧民主主义革命走向新民主主义革命的转

---

① 见《毛泽东选集》第2版第4卷第1471、1470页。

折点。正如研究中国现代思想史的学者倪邦文在《五四精神对当代青年发展的启示》一文中所说:"历史上任何一次社会变革运动总是以思想革命为其先导的。五四运动倡导民主与科学思想,冲破了中国数千年来教条和习惯势力的束缚,是向封建专制政治、宗教家族制度和纲常礼教思想的宣战。可以说,没有民主和科学思想的启蒙,就不会有后来马克思主义在中国的传播和发展。"① 历史的事实证明了这个论断。正是由于五四精神唤起了中华民族的新觉醒,马克思主义真理才有可能被寻求光明、探索未来的人们所接受,马克思主义著作的翻译介绍工作才具备了必要的历史环境和思想土壤。

在那个时期,李大钊、陈独秀、蔡和森、瞿秋白、李达、恽代英、邓中夏等杰出的革命先驱承担了这一筚路蓝缕的开创性工作,他们在极其艰苦的条件下以各种方式译介和宣传马克思主义理论。但是,在1920年以前,中国还没有一部马克思主义经典著作的全译本。直到1920年8月,由上海"马克思主义研究会"发起人之一、共产主义小组成员陈望道同志翻译的《共产党宣言》正式出版发行,经典著作编译史才揭开了崭新的一页。这是《宣言》在中国的第一个全译本,也是马克思恩格斯著作在中国出版的第一个单行本。《宣言》像一道曙光投射到黑暗的中国大地,在革命队伍和进步人士中引起强烈反响。《共产党宣言》这部科学社会主义纲领性文献在问世72年后,终于全文传播到我们这个东方文明古国,为中国共产党的诞生作了思想上、理论上的重要准备。

中国共产党一成立,就把马克思主义作为指导思想写在自己的旗帜上,并把学习和宣传马克思主义理论确定为全党的重要任务。自此,马

---

① 见《北京教育》(高教版)2009年第5期。

克思主义经典著作开始有领导、有计划地翻译介绍到中国来。在党的第一次全国代表大会上，著名的马克思主义理论家和翻译家李达同志当选为党中央宣传主任，并受命组建出版社，为翻译和传播马克思主义著作而努力奋斗。从20年代到30年代初，除了李达同志主持的人民出版社以外，我们党还先后成立了上海书店、长江书店、华兴书局、昆仑书店、北方人民出版社等出版机构，在极其艰难困苦的条件下，在革命低潮时期，在反动派发动的法西斯主义"文化围剿"中，坚持编译出版了马克思、恩格斯、列宁的数十种重要著作；同时，党的机关刊物《向导》和理论刊物《新青年》以及其他进步刊物，如《先驱》、《少年》、《前锋》、《青年周刊》等也陆续登载了一系列译介马克思主义理论的文章。这些著述的翻译，大都是在工作条件困难、物质生活窘迫的情况下进行的。不仅如此，在反动统治者查禁进步书刊的白色恐怖下，翻译者和出版者还时刻面临被逮捕、被关押、被杀害的危险。

《共产党宣言》的译者陈望道同志就长期受到反动势力无休无止的迫害。1919年，伟大的五四爱国运动爆发，当时正在日本留学的陈望道毅然回到祖国，在浙江第一师范学校任教，并参加了轰轰烈烈的学生运动。反动当局出动大批军警包围学校，制造了震惊全国的"浙江一师流血事件"。事后，陈望道深感没有科学真理的指引，中华民族就不可能打破黑暗的牢笼。于是，他从杭州回到自己的家乡浙江省义乌县分水塘村，潜心研读革命理论书籍。就在这个偏僻山村的一间破旧柴屋里，陈望道怀着追求真理的拳拳之心，依据日文译本并参照英文译本，在寒冷和饥饿的煎迫下，夜以继日地翻译《共产党宣言》，并于1920年3—4月间完成了这项伟大而又艰难的工作。经过无数周折，在上海"马克思主义研究会"的支持下，《共产党宣言》中译本于1920年8月正式出版。初版虽然只印了1000多册，但在大江南北不胫而走，在思想上启迪和哺育了整整一代共产党人和革命志士。陈望道曾将《宣言》中译本寄赠鲁迅先生，请求指正。鲁迅收到赠书后当天就翻阅了一遍，称赞陈望道"对中国做了一件好事"。① 然而从此以后，陈望道同志本人却长期遭到反动当局的跟踪、监视和迫害。他后来回忆说："在反动统治下，马克思主义书籍是'禁书'。反动派常把读马克思主义的书和所谓'公妻'、'共产'、'洪水猛兽'牵连在一起，想以此扼杀马克思主义。"②

在传播革命真理的征途上，遭到反动势力迫害的不止是陈望道同志。1930年11月，江南书店出版了恩格斯的《反杜林论》中译本。此后不久，译者吴黎平同志就被国民党特务逮捕，在暗无天日的牢狱中经受了两年痛苦的煎熬。1932年9月，北平国际学社出版了王思华、侯外庐合译的《资本论》第一卷上册。当年12月，侯外庐即被国民党宪兵三团逮捕，其罪名是"宣传与三民主义不相容的主义"。

但是，真理是扼杀不了的。这里不妨以《共产党宣言》中译本为例。这本书出版后一再翻印，广为传播。在第一次国内革命战争时期，单是平民书社从1926年1月至5月就翻印了10次。在第二次国内革命战争以及抗日战争和解放战争时期，《共产党宣言》中译本曾多次修订和再版。在国民党统治区，为了避开反动势力的耳目，出版者不得不将这本书"伪装"起来，有时标题只写《宣言》二字；译者署名也一再变动，例如把"陈望道"改为"陈佛突"。

---

① 参看邓明以：《〈共产党宣言〉是怎样传播到中国来的》，载中共中央编译局马恩室编：《马克思恩格斯著作在中国的传播》，人民出版社1983年版第17、18页。

② 陈望道：《谈马克思列宁主义在中国的胜利》，载《陈望道文集》第1卷，上海人民出版社1979年版第284页。

在中国的马克思主义传播史上，大批"伪装书"的出现是一个不同寻常而又发人深思的现象，它证明了反动派的凶残，也体现了革命者的智慧。今天，我们在中央编译局图书馆仍可以找到这样的"伪装书"。这些书籍题为《世界全史》、《海上花列传》、《东周列国志》、《秉烛后谈》等等，而翻开封面、目录和前言之后，我们看到的却是马克思主义的重要文献。确实，真理的星星之火是扑不灭的，它在严寒和冰雪中燃烧，终于形成燎原之势。

三、在革命战争的艰苦岁月，党中央和毛泽东同志高度重视、亲自领导和部署马克思主义经典文献编译工程。经典著作翻译工作者不畏艰难，不辱使命，为中国人民革命事业的胜利作出了宝贵贡献。

在党中央的正确领导和关心支持下，经典著作编译出版事业在抗日战争和解放战争时期形成了高潮。在硝烟弥漫的抗战烽火中，延安成为马列著作编译出版的中心。1938年5月5日，是马克思诞生120周年纪念日。延安马列学院在这一天正式成立。根据党中央的决定，张闻天同志任院长并兼任马列主义经典著作编译部主任。在编译部工作的先后有何锡麟、柯柏年、王石巍（即王实味）、景林、赵飞克、王学文、张仲实和陈絜，参与编译工作的还有成仿吾、艾思奇、徐冰、吴黎平、王思华、何思敬、曾涌泉和曹汀等同志。这是由党中央正式组建和直接领导的第一个经典著作编译机构。这个机构的诞生，是中国马克思主义传播史上的创举。

从此，马列著作的编译出版工作开始系统地展开，从而呈现出前所未有的气象和规模。从1938年到1942年，延安解放社陆续出版了《马克思恩格斯丛书》、《列宁选集》和《斯大林选集》。翻译工作者在窑洞里，在油灯下，潜心思索，相互切磋，日积月累，将一部部博大精深的马列著作字斟句酌地译成中文。出版工作者在缺乏印刷设备、缺乏油墨纸张、缺乏技术力量的情况下，克服了常人无法想象的困难，完成了马列著作的印制任务。今天，当我们重新翻阅当年在延安出版的那些经典著作时，我们透过粗糙的纸张、简陋的装帧和字迹模糊的版面能够看到什么呢？我们看到了当时物质条件的艰难，更重要的是看到了前辈的精神境界和崇高追求，看到了真理的魅力和思想的光辉。谁能想到，就是这样一些质朴无华的书籍，使千百万共产党人和革命战士获得了锐利的理论武器，创造了亘古未有的人间奇迹！

1942年延安整风开始后，为了适应全党理论武装工作的需要，马克思主义理论著作的编译事业进一步发展。毛泽东同志建议成立一个规模较大的翻译部，大批翻译马恩列斯著作。1943年5月，在毛泽东同志提议下，党中央作出关于加强马列主义经典著作翻译工作的决定，要求重新校阅已经出版的马克思主义经典著作，并强调了这项工作的极端重要性。这个决定由中共中央书记处讨论通过，毛泽东同志亲自审定了决定的内容。

1945年4月至6月，在党的七大召开期间，毛泽东同志两次谈到马克思主义经典著作的翻译工作，他反复强调这项工作对党的建设所起的重要作用，鼓励党的翻译工作者努力工作，进一步扩大理论视野，提高译文质量。毛泽东同志指出："作翻译工作的同志很重要，不要认为翻译工作不好。我们现在需要大翻译家。我是一个土包子，要懂一点国外的事还是要靠翻译。我们党内能直接看外国书的人很少，凡能直接看外国书的人，首先要翻译马、恩、列、斯的著作，翻译苏联先进的东西和各国马克思主义者的东西。"[①]

---

① 《毛泽东文集》第3卷人民出版社1996年版第342页。

毛泽东同志不仅在党的重要会议上发出号召，而且亲自督促和勉励翻译工作者更加自觉地完成历史赋予的神圣使命。在延安，毛泽东同志经常与翻译工作者研讨经典著作的理论要旨和译文表述问题。他曾多次在油灯下与吴黎平讨论《反杜林论》的思想精髓，并以一个读者的身份对译文提出意见。吴黎平同志后来在《〈反杜林论〉中译本五十年》一文中写道："毛主席早年看过很多翻译书，像《天演论》这样的书，他都看过。对于马列著作的译作尤为重视，他手边的马列著作译本，都是多次精读，圈圈点点，旁加批注。毛主席对这些马列著作译本非常珍视，在长征行军中，毛主席丢弃了好些衣物，但马列著作译本却一直带在身边。"①

毛泽东同志如此重视经典著作翻译和理论研究，表现出一个无产阶级革命家高瞻远瞩的战略眼光，也反映了他自己在实践中长期坚持学习、树立崇高信念、掌握科学真理、指导革命事业的艰苦历程和切身体会。1936年，他对美国记者斯诺谈过自己年轻时阅读马克思主义理论书籍的情形，他说："我第二次到北京期间，读了许多关于俄国情况的书。我热心地搜寻那时候能找到的为数不多的用中文写的共产主义书籍。有三本书特别深地铭刻在我的心中，建立起我对马克思主义的信仰。我一旦接受了马克思主义是对历史的正确解释以后，我对马克思主义的信仰就没有动摇过。这三本书是：《共产党宣言》，陈望道译，这是用中文出版的第一本马克思主义的书；《阶级斗争》，考茨基著；《社会主义史》，柯卡普著。到了一九二〇年夏天，在理论上，而且在某种程度的行动上，我已成为一个马克思主义者了，而且从此我也认为自己

---

① 见中共中央编译局马恩室编：《马克思恩格斯著作在中国的传播》，人民出版社1983年版第41页。

是一个马克思主义者了。"①

毛泽东同志后来在自己的革命生涯中，一直孜孜不倦、持之以恒地阅读和钻研马克思主义理论著作。无论在长征途中，还是在延安窑洞；无论在革命战争年代，还是在和平建设时期，博览群书、研读经典，一直是毛泽东同志全部工作和生活的一个重要内容。可以几天不吃饭，不可一日不读书，是这位杰出领袖的人生信条。在革命战争时期的紧张工作和生活中，毛泽东同志密切联系斗争实际，多年涵泳于马列经典的思想海洋，这使他能够探骊得珠、把握神髓、融会贯通、灵活运用。他把马克思主义科学理论、中国革命的实践经验和中华文化的思想精华有机地结合起来，实现马克思主义中国化，创立博大精深的毛泽东思想，这绝不是偶然的。

在党中央和毛泽东同志的大力倡导和精心部署下，马克思主义经典著作的编译工作不仅在延安和各个革命根据地，而且在国民党统治区迎难而上，不断推进。在马克思列宁主义、毛泽东思想指引下，中国共产党领导中国人民赢得了抗日战争和解放战争的胜利，夺取了政权，建立了新中国。在这个彻底改变中国命运的伟大胜利中，包含着许许多多传播真理之火的翻译工作者的心血。我们今天重新翻阅那些在革命和建设的峥嵘岁月出版的经典著作，可以发现中华民族现代史上的许多杰出人物都曾亲身参与艰辛的编译工作。这支队伍真可以说是群贤荟萃、灿若繁星。在他们当中，有在各个历史时期担任党内重要职务的领导者，例如李大钊、瞿秋白、张闻天、恽代英、李立三、博古以及成仿吾等同志；也有在各个学术领域做出重大贡献的哲学社会科学家，例如郭沫

---

① 〔美〕埃德加·斯诺：《西行漫记》，生活·读书·新知三联书店1979年版第131页。

若、许德珩、周建人、侯外庐、于光远、朱光潜、季羡林和贺麟等学者。这个事实告诉我们，马克思主义经典著作的翻译传播工程以其深远的意义、巨大的魅力和无与伦比的挑战性，凝聚了一大批中华英才为之呕心沥血、贡献智慧。正是他们以坚定不移的信念、百折不回的毅力、渊博深厚的学识和一丝不苟的精神，通过翻译，把一系列经典著作送到中国人民手中。有些重要著作的翻译，历时数十年之久，经过几代人前仆后继的努力才最终完成。

《资本论》的翻译就是一个生动的例证。

四、《资本论》的翻译过程是整个经典著作编译事业的缩影，这个过程折射出马克思主义理论翻译工作者的崇高精神境界。

《资本论》是马克思毕生最重要的不朽巨著。恩格斯说过："《资本论》在大陆上常常被称为'工人阶级的圣经'。任何一个熟悉工人运动的人都不会否认：本书所作的结论日益成为伟大的工人阶级运动的基本原则。"[①] 恩格斯还强调指出："自从世界上有资本家和工人以来，没有一本书像我们面前这本书那样，对于工人具有如此重要的意义。资本和劳动的关系，是我们全部现代社会体系所围绕旋转的轴心，这种关系在这里第一次得到了科学的说明，而这种说明之透彻和精辟，只有一个德国人才能做得到。"[②]

在中国，《资本论》的理论观点早在五四新文化运动时期就由李大

---

① 恩格斯：《资本论》第1卷英文版序言，见《马克思恩格斯文集》第5卷第34页。

② 恩格斯：《马克思〈资本论〉第一卷书评——为〈民主周报〉》作，见《马克思恩格斯文集》第3卷第79页。

钊等革命先驱撰文作了介绍，但在很长的时间内，中国读者却未能看到这部名著的译本。在白色恐怖笼罩全国的时期，不少革命知识分子和进步学者都曾立志从事《资本论》的翻译工作。郭沫若同志甚至准备为翻译《资本论》而献出生命。

郭沫若早年在日本留学期间就抱定了全文翻译《资本论》的决心，以便为中国人民洞察历史、分析现实、展望未来提供科学的指针。1924年，郭沫若从日本回到祖国，不久就在上海制订了一个翻译《资本论》的"五年计划"。有人劝他放弃这个想法，理由是这项翻译工程规模浩大，艰巨复杂，耗时费力，日本学者高畠素之就是因为用了10年时间把《资本论》译成日文，结果积劳成疾，抱病身亡。面对重重困难，郭沫若矢志不移，他坚定地表示："如果能为译完《资本论》而死，要算是一种光荣的死。"但是，由于商务印书馆不敢承担出版《资本论》的责任，郭沫若同志未能实现自己的计划。然而，这并没有改变他追求真理的决心。在险象环生、颠沛流离的生活中，郭沫若在30年代陆续完成了《政治经济学批判》、《德意志意识形态》第一章和《关于费尔巴哈的提纲》的翻译工作，此外还翻译了《神圣家族》的部分章节。这些译著的出版，对传播唯物史观和唯物辩证法起了重要作用。1935年，郭沫若再次下决心翻译《资本论》。他的愿望虽然没有得到实现，但他研究《资本论》的热情却格外高涨。1936年10月，他撰写了《〈资本论〉中的王茂荫》，此后又撰写了《再谈官票宝钞》，这两篇论文以周详的考证为理解和翻译马克思这部巨著的有关内容做出了独特的贡献，关于这一点，我在下面还要谈到。郭沫若在他的话剧剧本《屈原》中塑造了一个"路漫漫其修远兮，吾将上下而求索"的爱国诗人的形象，这也正是他自己的形象，同时也是中国马克思主义经典著作编译者的形象。

《资本论》中文译本开始部分地同中国读者见面，是在1930年。这一年3月，上海昆仑书店出版了《资本论》第一卷第一分册，这是我国出版的最早的一个中文译本。译者陈启修（豹隐）是根据德文版并参照日本学者河上肇的日文译本翻译的。陈启修的译本原计划分10册出版，但在当时的艰难条件下只出版了第一分册，其中包括《资本论》第一卷第一篇《商品和货币》。此后，潘冬舟接续了翻译工作，译出《资本论》第一卷第二、三、四篇，分为两册，即第二册和第三册，先后于1932年8月和1933年1月由北平东亚书店出版。这是《资本论》中文翻译史上的一个重要开端，但中国读者仍然未能看到《资本论》第一卷的全貌。

　　1932年9月，北平国际学社出版了王思华（右铭）和侯外庐（玉枢）合译的《资本论》第一卷上册（第一至七章），以后又陆续出版了中册（第八至十三章）和下册（第十四至二十五章），并于1936年6月将三册合并，用"世界名著译社"的名义正式出版了《资本论》第一卷。为了完成这个译本，译者前后奋斗了10年之久。侯外庐同志在回忆这段经历时动情地写道："我从事《资本论》翻译，全然出于一种信仰，出于一种责任意识。"① 他说："翻译《资本论》这部科学巨著，对我来说实在是艰难。我以德文1928年第四版为依据，找来英、法、日的译本为参考，一个词一个词地推敲着前进。若没有巨大的神圣动力，一个从德文字母学起的人，简直是无法坚持下来的。"②

---

① 侯外庐：《〈资本论〉译读始末》，载中央编译局马恩室编：《马克思恩格斯著作在中国的传播》，人民出版社1983年版第78—79页。

② 参看中央编译局马恩室编：《马克思恩格斯著作在中国的传播》，人民出版社1983年版第284页。

在此期间，商务印书馆出版了《资本论》第一卷的另一个译本，译校者是吴半农先生和千家驹先生。商务印书馆原计划将这部著作的三卷全部推出，但由于国民党当局的压迫，全书的翻译出版计划最终被扼杀。

《资本论》三卷的第一个全译本是1938年8—9月在上海由读书生活出版社公开印行的，译者是郭大力同志和王亚南同志。他们合作翻译《资本论》的历程，是中国马克思主义经典著作传播史上的一段富有传奇色彩的佳话。1927年，这两个素不相识的青年完成大学学业，翌年，他们为生活所迫，暂时栖身于杭州大佛寺。在那里，他们一见如故，追求真理的共同理想把他们紧紧地联结在一起。他们拟定了翻译《资本论》的"大佛寺计划"，并且立即着手在青灯古佛旁翻译这部马克思主义理论著作。后来，他们辗转各地，历经劫难，忍受过贫困和疾病的折磨，面临过反动势力的压迫，遭到过整部译稿被日军炮火焚毁的灾祸，遇到过翻译工作中成千上万的难关。但是，这一切都没有动摇他们的决心和信念。他们用了整整10年时间，一步一步地实施自己的"大佛寺计划"，终于完成了《资本论》三卷的翻译工作，并于1938年交付上海读书生活出版社出版。当时，处于秘密状态下的读书生活出版社在上海法租界总共只有两间平房。郭大力就在只有一张桌子的斗室里夜以继日地修订整理他和王亚南多年积累的翻译成果。出版社负责人郑易里同志既做编辑工作，又管具体杂务。在日本军警包围下的租界里，译者和出版者总共只有十几个人，大家齐心协力工作，只用了半年时间，就出齐了中国第一部完整的《资本论》三卷中译本，为马克思主义理论在中国的传播做出了杰出贡献，同时也为后来编译出版更加完善的译本奠定了坚实基础。

新中国成立以后，从1960年到1974年，中央编译局根据《马克思恩格斯全集》德文版重新译校《资本论》三卷。1972年和1974年，新的译本作为《马克思恩格斯全集》中文第一版第23、24、25卷正式出版。上个世纪90年代，中央编译局的专家学者对第一版译文再次进行认真修订，于2003年推出《资本论》最新译本，编入《马克思恩格斯全集》中文第二版第44、45、46卷。2009年，这个译本编入《马克思恩格斯文集》第5、6、7卷。

回顾历史，重提往事，我们百感交集。在中国，《资本论》这部巨著从最初译本的问世到最新译本的出版，已经走过近80年的风雨历程。

中国近代启蒙思想家、翻译家严复（又陵）说过："译事三难信、达、雅。"意思是说，翻译工作有三个难关，一是语意要忠实于原文，二是表述要顺畅通达，三是文字要反映原著的神韵和风采。对于《资本论》的翻译来说，要达到信、达、雅的标准，真是难上加难。马克思为了撰写《资本论》，花了几十年的时间，读了1500多种文献，其中直接引用的文献约800多种。他不仅阅读了当时所有重要的经济学著作以及哲学、政治、法学、历史学著作，而且查阅了大量的官方文件、法律条文、调查报告和统计资料，钻研了一系列自然科学和技术书籍。对《资本论》这部宏伟著作，马克思像对待"一个艺术的整体"那样精雕细刻，字斟句酌，反复修改。以马克思生前出版的第一卷为例，它不仅逻辑缜密、立论严谨、证据充足、分析透彻，而且文笔优美而又凝练，论述精辟而又生动。凡是仔细读过第一卷的人，无不为他的辩证思维和艺术魅力所折服。要把这样一部著作译成中文，准确地反映它的思想内容和词章风格，决不是轻而易举的事情。翻译家不仅必须弄通马克思在这部著作中所涉及的哲学、政治、历史、法律、商业、财政、金融、贸易以及自然科学和技术等方面的重要问题，而且必须一一查阅作者直接或间接引证的文献，弄清书中涉及的所有细节。

为了说明问题，我在这里举两个例子。第一个例子涉及《资本论》中一条注文的翻译。马克思在《资本论》第一卷第一篇第三章《货币或商品流通》中写道："这里讲的只是强制流通的国家纸币。这种纸币是直接从金属流通中产生出来的。而信用货币产生的条件，我们从简单商品流通的观点来看还是根本不知道的。但不妨顺便提一下，正如本来意义的纸币是从货币作为流通手段的职能中产生出来一样，信用货币的自然根源是货币作为支付手段的职能。"① 在这段重要论述的结尾，马克思加了一个标号为"83"的脚注，其中开头几行涉及中国清代币制改革的一段史实：

> Der Finanzmandarin Wan-mao-in ließ sich beigehn, dem Sohn des Himmels ein Projekt zu unterbreiten, welches versteckt auf Verwandlung der chinesischen Reichsassignaten in konvertible Banknoten hinzielte. Im Bericht des Assignaten-Komitees vom April 1854 erhält er gehörig den Kopf gewaschen. Ob er auch die obligate Tracht Bambushiebe erhielt, wird nicht gemeldet. "Das Komitee", lautet es am Schluß des Berichts, "hat sein Projekt aufmerksam erwogen und findet, daß alles in ihm auf den Vorteil der Kaufleute ausgeht und nichts für die Krone vorteilhaft ist."("Arbeiten der Kaiserlich Russischen Gesandtschaft zu Peking über China." Aus dem Russischen von Dr. K. Abel und F. A. Mecklenburg. Erster Band, Berlin 1858, p. 54.)(MEW, Bd. 23, S. 141; MEGA II/10, S. 118)

马克思在这里提到的这位名叫"Wan-mao-in"的中国清代财政官员到底是什么人？注文中叙述的那一场涉及币制问题的争论是怎样发生、如何了结的？弄清这些问题，关系到对马克思在正文中表述的观点的准确理解，也直接影响到中译文的准确性和可信度。日本译者没有查考史

---

① 见《马克思恩格斯文集》第5卷第149页。

实,在对"Wan-mao-in"其人其事懵然无知的情况下,杜撰了这个官员的姓名:河上肇博士译为"王猛殷",高畠素之先生译为"王孟尹"。中国译者起初也不明白事情的原委。陈启修未能查明文献依据,只好暂将马克思笔下的"Wan-mao-in"译成"万卯寅"。

郭沫若早就发现了这个问题,指出了《资本论》日译本和陈启修中译本的错误。他查阅了《东华续录》,用历史文献无可辩驳地证明"Wan-mao-in"其实就是清代咸丰年间任户部右侍郎兼管钱法堂事务的大臣王茂荫。1936年10月,郭沫若撰写了《〈资本论〉中的王茂荫》一文,初步说明了咸丰时代的货币政策和王茂荫针对时弊提出的改革主张,并对如何翻译《资本论》中的注文提出了意见。例如,马克思注文中的"Reichsassignaten"一词,日译本和陈启修译本均译为"帝国纸币",郭沫若认为应译为"官票宝钞",并根据文献记载指出:"这'官票宝钞'是一种不兑换纸币,是由政府强制使用的。这大约是近代意义上的纸币之在中国的开始,但是毫无信用。"郭沫若当时身居海外,"因为手中书籍缺乏,于所悬拟的问题不能周详",所以他对自己的考证并不满意。他声明撰写此文的目的只是为了"刺激一下研究近世经济史的学者们,希望他们有资料之便的,多多做点整理工作"。①

果然,郭沫若的文章发表后,张明仁先生随即撰写了《我所知道的〈资本论〉中的王茂荫》一文,王璜先生接着又撰写了《王茂荫的生平及其官票宝钞章程四条》一文。两位作者查考了《清史稿》、《续碑传集》、《碑传集补》等文献,访问了王茂荫在安徽歙县的后裔,阅读了王家珍藏的王茂荫奏折和行状,根据大量的原始资料对郭沫若的文章进行了补正。

---

① 参看《沫若文集》第11卷,人民文学出版社1959年版第28—34页。

这两篇文章使郭沫若受到启发，他进一步探讨了咸丰年间铸造大钱、发行官票宝钞的问题，写成《再谈官票宝钞》一文①，对王茂荫补偏救弊的主张进行了比较深入的阐述，并据此提出翻译《资本论》注文的新方案。

1937年3月，吴晗响应郭沫若的建议，写成了《王茂荫与咸丰时代的币制改革》一文②，对王茂荫的生平事迹以及咸丰时代的币制改革问题进行了全面深入的研究和阐述。据吴晗考证，王茂荫为清安徽歙县人，字椿年、子怀，1853年出任户部右侍郎兼管钱法堂事务，反对铸当百、当五百、当千大钱，指出"官能定钱之值，而不能限物之值"，铸大钱必然造成物价上涨。1854年，王茂荫又针对户部官票和大清宝钞的贬值现象，向清廷呈上《再议钞法折》，力主将不兑现纸币改变为可兑换纸币。这一主张与统治者搜刮民财的目的相抵触，因而受到咸丰皇帝的严厉斥责。吴晗在文中不仅讲明了马克思在《资本论》注文中提到的历史事实，而且对注文中的相关译名提出自己的意见。例如，马克思注文中的"Assignaten-Komitee"一词，高畠素之和陈启修都译作"帝国纸币委员会"，郭沫若译作"钞法核议会"，吴晗认为都不正确，"因为在有清一代，并没有这样名称的机构"；"所谓'帝国纸币委员会'或'钞法核议会'都是指交王大臣议奏而言。清制国家大政和臣工条议照例由皇帝交王大臣议奏，审核其可行与否，将意见贡献与皇帝作最后决定"。③

---

① 见《沫若文集》第11卷，人民文学出版社1959年版第50—58页。
② 见《吴晗史学论著选集》，人民出版社1986年版第184—210页。
③ 见《吴晗史学论著选集》，人民出版社1986年版第186、187页。

正是因为有了上述穷源竟委的稽考,我们才清晰地理解了《资本论》中那条注文的内容及其与正文的联系,并且依照持之有据、信而有征的原则,修订和确定了这条注文的中译文。陈启修当年的译文是:

中国的财政官万卯寅【原文是 Wan-mao-in,我曾托友人到清史馆查此人的原名,现在还无结果,这里姑译为"万卯寅",等将来查明时再改正罢。日译本译成"王猛殷"或"王孟尹",那当然是因为日人不知道中国的罗马字拼音法的缘故,却也未免差得太远了。——陈】暗暗地立了一个计划,想把大清帝国纸币变形为银行兑换券,打算把那个计划,奏请皇帝裁可。他在 1854 年三月的帝国纸币委员会的报告当中,大大地碰了钉子。不过,他到底因此受了照例的笞刑没有,却还没有明白的消息。在那个报告的结末里面,这样说着:"本委员会把他的计划详细研究过,才发现,这个计划的一切都是以商人的利益为目的的,没有一点为着皇帝的利益的。"("俄国驻北京的大使馆关于中国的研究",阿泊尔博士〔K. Abel〕并麦克伦堡〔F. A. Mecklenburg〕从俄文翻译的译文,柏林,1858 年,第一卷,47 页以下。)①

修订后的译文是:

清朝户部右侍郎王茂荫向天子〔咸丰〕上了一个奏折,主张暗将官票宝钞改为可兑现的钞票。在 1854 年 4 月的大臣审议报告中,他受到严厉申斥。他是否因此受到笞刑,不得而知。审议报告最后说:"臣等详阅所奏……所论专利商而不便于国。"(《帝俄驻北京公使馆关于中国的著述》,卡·阿贝尔博士和弗·阿·梅克伦堡译自俄文,1858 年柏林版第 1 卷第 47 页及以下几页)②

---

① 马克思:《资本论》第 1 卷第 1 分册,陈启修译,昆仑书店 1930 年版第 193—194 页。

② 见《马克思恩格斯文集》第 5 卷第 149—150 页。

这短短的几行译文，凝聚着多少学者的心血和智慧！[①] 正如郭沫若在《〈资本论〉中的王茂荫》一文结尾处所说的那样："翻译真不是一件容易的事情，尤其像《资本论》这样伟大的著作，竟连半截注脚，都是须得费一番考证工夫的。"[②]

另一个例子涉及《资本论》中提到的制造业工艺流程的译名。在《资本论》第一卷第十二章，马克思在讲到钟表手工工场时列举了制造钟表的各种分工。由于现代的钟表工厂已经没有那么多的分工了，所以就连钟表技术人员对书中所说的情况也不明白。为了弄清原委，确定译名，翻译者不得不四处寻找修理钟表的老师傅和熟悉钟表技术发展史的专家，才把这些分工的确切称谓翻译出来。

也许有人会说：你举的例子只涉及《资本论》中的细节。是的，处理细节问题尚且如此繁复，解决重大问题的难度就可想而知了。况且，《资本论》中并没有无关宏旨的细节；这里的每一个细节都是全书逻辑链条的组成部分，而《资本论》作为一个"艺术的整体"，正是由无数精微的细节构成的。因此，翻译者不仅要在宏观上领悟这部巨著的重要观点和科学结论，而且要在微观上极其准确而又生动地再现作者通过大量史料、实例、文献、数据进行推导和论证的过程。这里需要高屋

[①] 目前这段译文已经可以说是经过反复锤炼的文字，但即使是这样，仍然存在争议。马克思注文中的"Reichsassignaten"一词，现译"官票宝钞"，这是采纳了郭沫若的意见；而在吴晗看来，这个译名不能成立。吴晗在《王茂荫与咸丰时代的币制改革》一文中指出："原文中的'Reichsassignaten'日本高畠素之译本第一卷页九六译作帝国纸币，陈启修译本作大清帝国纸币，郭译作官票宝钞，都是错的。前两个当时根本无此名词；郭译错了一半，对了一半。因为官票和宝钞是两种东西，Reichsassignaten 指宝钞而言，并非官票。"（见《吴晗史学论著选集》，第186页）对于吴晗的意见，我们需要继续深入研讨。这也说明，经典著作的翻译必须以严肃认真的研究为前提，这是一个在学术争鸣中渐臻完善的艰难历程。

[②] 见《沫若文集》第11卷，人民文学出版社1959年版第34页。

建瓴、通观全局、把握精髓,更需要细针密缕、剖毫析芒、具体而微。正因为如此,朱光潜先生曾语重心长地对我说,以经典翻译与经典研究相比较,前者对学养、学力、学识、学风的要求更严。朱先生的这种真知灼见来自他的亲身经历和实践,因为他既是一位卓越的研究者,又是一位杰出的翻译家。事实表明,研究工作要求的是"得其要义",而翻译工作除此之外还要做到"纤悉无遗";撰写论文可以"扬长避短",而从事翻译却绝不允许"避难就易"。在经典翻译工作中,单是译名的确定和统一,就是一项艰巨的任务。严复谈到他自己在翻译过程中的苦衷时说过:"一名之立,旬月踟蹰。"意思是说,为了确定一个译名,往往要反复思考10天甚至一个月。《资本论》中数以千计的中文译名及其体系的确立,何止"旬月";在过去的80年中,一代又一代人为此付出了无数艰辛的劳动。在编译过程中,我们为了确定一个词、一句话的含义和译法,或者为了编写一条注释、一个索引条目,常常需要查阅大量文献,进行反复讨论,有时还必须写出详细的考证文章。

《资本论》的翻译过程只是一个例证。其他重要经典著作,例如《共产党宣言》、《哲学的贫困》、《德意志意识形态》、《反杜林论》、《自然辩证法》、《路德维希·费尔巴哈和德国古典哲学的终结》等著作的翻译和修订过程也都长达数十年之久。这些著作中译本的编译史,是中国的几代优秀学者用自己的生命和热血写成的英雄史诗。全国解放后,这种光荣传统在整个马克思主义经典著作研究和传播领域得到了继承,并进一步发扬光大,而中央编译局就是这个领域中的一个重要阵地。

五、中央编译局的成立,标志着马克思主义经典著作在中国的传播进入了一个全新的历史阶段,表明我们党从执政开始就旗帜鲜明地把马克思主义作为立国之本。六十多年来在这里出版的各种经典文献，有力地推动了马克思主义中国化的进程，深刻地影响着人们的思想观念、政治信念和文化理念。

从20世纪初到1949年新中国成立前，公开出版的马列著作中文译本已经达到530余种，马克思、恩格斯、列宁的许多重要著作已经有了中文译本，这是一个伟大的成就。但从整体上看，经典作家的遗著中仍有大量文献尚未翻译介绍；已经出版的译本质量参差不齐，有的在准确性和可读性方面达到了较高的水准，有的则不同程度地存在着缺陷。由于各种译本在不同时期出于不同译者之手，因而文字风格很不一致；尤其是经典作家使用的大量范畴、概念和术语，以及经典著作中提到的历史事件、组织机构、报刊文献、人名地名等等，在各种译本中译法不一，没有形成规范严谨而又前后统一的译名体系，这就给深入学习和全面研究马克思主义理论带来许多困难。经典著作的翻译要求各种专业的学者共同切磋、取长补短、集思广益，因此早在20世纪30年代，郭沫若就强调这种翻译应当采用"集体的方法"。① 然而在当时的历史环境中，这个合理的意见很难付诸实施；即使是在延安时期，由于战事紧张、生活艰苦、专业人才稀缺、文献资源匮乏，真正充分和有效的集体研究也在客观上受到了限制。

中国人民革命事业的伟大胜利，为经典著作编译工作的整体推进提供了前所未有的条件，同时也对这项工作提出了更高的要求。1949年上半年，周恩来同志在建国前夕起草了筹建中央俄文编译局的决定。1949年6月，俄文编译局正式成立。此后，中央又在中宣部设立《斯大林全集》翻译室。1953年1月29日，经毛泽东同志亲自批示，中央

---

① 参看《沫若文集》第11卷，人民文学出版社1959年版第50页。

决定将上述两个机构合并，成立中共中央马恩列斯著作编译局，以便有系统、有计划地编译马克思、恩格斯、列宁、斯大林的全部著作。此前，中央已经决定成立全国性的政治书籍出版社——人民出版社，它的主要任务之一就是出版马列著作。1950年12月，人民出版社正式成立，这就为马克思主义经典著作的传播创造了十分有利的条件。那时候，新中国刚刚成立，党中央在百业待举、政务繁剧的情况下作出这一系列决定，可见我们党从执政之始就把理论建设放在极为重要的地位，决心以马克思主义为指导建设一个繁荣富强的新中国。

中央编译局的成立，是马克思主义在中国传播史上的一件大事。在这个马列著作编译和研究中心，一批编译工作者长期为科学真理的传播事业殚精竭虑、锲而不舍地工作。六十多年来，在这里编译出版的马恩列斯全集和选集以及其他各种读本，有力地推动了马克思主义中国化的进程，深刻地影响着人们的思想观念、政治信念和文化理念，推动中华民族的思维方式、文化心理和话语体系发生了前所未有的变革。中央编译局的主要任务，是把马克思主义科学理论从国外介绍到中国来，并加以研究；把中国化马克思主义理论成果介绍到全世界，并加以阐释。六十多年来，编译局的几代同志为完成这个使命做了大量的工作，实现了前辈们"用集体智慧编译经典"的夙愿。

下面，我对中央编译局编译的马克思主义经典著作作一个简要的介绍。

先说《马克思恩格斯全集》中文第一版。这是根据苏共中央马列主义研究院编译的《马克思恩格斯全集》俄文第二版并参照德文版翻译的；1956年开始出版，1985年出齐50卷（总计3200余万字），前后用了30年时间。其中第1—22卷是论文、讲演、专题著作等；第23—26卷是《资本论》和《剩余价值理论》；第27—39卷是马克思和恩格斯的来往信件以及他们给别人的信件；第40—50卷是补卷。再说《列宁全集》中文第一版。这是根据俄文第四版编译的。翻译工作从1953年启动，1963年出齐39卷（总计1500余万字），前后用了10年时间。其中第1—33卷为论著，第34、35卷为书信，第36卷以下为笔记、书信、补遗等。

《马克思恩格斯全集》和《列宁全集》的中文第一版在中国马克思主义理论传播史上具有里程碑意义。它们是马克思列宁主义诞生后首次在中国出版的比较完整的中文全集译本。中国共产党人以这样一个规模宏大的翻译出版工程向全世界宣告，中国人民在取得革命胜利以后，将继续在马克思、恩格斯、列宁创立的科学理论指引下推进社会主义事业。

但是，由于历史条件的种种限制，这两个版本还存在不足之处。《列宁全集》中文第一版所收文献很不完整，译文和资料部分也亟待修订。为此，中央编译局的专家学者从1975年开始筹划编译《列宁全集》中文第二版，经过不懈的努力，于1984—1990年出齐60卷。其中第1—43卷为著作卷，第44—53卷为书信卷，第54—60卷为笔记卷。这部全集收载列宁文献9000多件，总计约3000万字，是我国自行编辑的、迄今为止在全世界各种列宁著作版本中收载文献最丰富的版本。2001年以后，中央编译局又根据1991年以来新发现的文献编译了两卷《列宁全集补遗》，目前已出版一卷。

《马克思恩格斯全集》中文第一版基本上是以俄文版为蓝本编辑和转译的，因而不可避免地存在由此造成的一些缺陷。一是《全集》收文不全，许多有价值的文献特别是新发现的文献（包括论文、手稿、书信、笔记等）未能编入这个版本。二是《全集》收文有误，因为俄文版编录了若干不是由马克思恩格斯撰写的文章。例如第一卷第二篇文章

《路德是施特劳斯和费尔巴哈的仲裁人》一文，经考证不是出自马克思的手笔。在其他卷次中，也有类似的情况。三是译文需要完善。《马克思恩格斯全集》中文第一版的译文是经过集体研究、反复推敲确定的，在整体质量上明显超过以往任何一种译本。但是，在整部《全集》中，除了《共产党宣言》、《资本论》、《反杜林论》等重点著作以外，大多数文献都不是根据马克思恩格斯写作和发表时所用的语言文字直接翻译的，而是从俄译本转译的。这就使中文版《全集》难以避免俄译本存在的那些不够准确、不够贴切的问题。况且，转译也容易在语义和风格的把握上造成新的偏差。四是资料不够翔实。许多著作题注语焉不详，甚至没有题注，读者难以弄清原著的写作背景；一些注释涉及的历史事实缺乏确切的考证和介绍；在人名、地名和文献索引中，也有若干不够准确的地方。

考虑到《马克思恩格斯全集》中文第一版的上述问题，中央编译局决心编译一部收文更齐全、编辑更合理、译文更准确、资料更翔实的新版本，并且在上个世纪80年代中期出齐《全集》第一版前后，着手进行准备工作，制订了《马克思恩格斯全集》中文第二版编译原则和具体计划。1986年7月，中共中央书记处正式批准了这个方案，新版《马克思恩格斯全集》的编译工作全面启动。

在《马克思恩格斯全集》中文第二版的编译工作中，我们以《马克思恩格斯全集》历史考证版（MEGA^2）为蓝本，同时参考德文版、英文版、俄文版等版本。新版《全集》所收的全部文献都按照原著文字进行翻译校订，力求更加准确地反映经典作家的原意和风格。在版本方面，凡是在马克思恩格斯生前有过多种版本的著作，均以他们审阅过的最后版本为准；不同版本中文字表述存在差异的地方，编者加脚注予以说明。马克思恩格斯生前没有发表过的著作，例如马克思的《1844

年经济学哲学手稿》、恩格斯的《自然辩证法》等，编者参考国外编辑出版的最新版本，依照原著的逻辑顺序加以编排。按照编译方案，《马克思恩格斯全集》中文第二版总计为70卷，分为四个部分：

第一部分从第1卷到第29卷，包括《资本论》及其手稿以外的全部著作、演讲、手稿和写作提纲，共计29卷。

第二部分从第30卷到第46卷，包括《资本论》及其手稿，共计17卷。

第三部分从第47卷到第60卷，收入马克思恩格斯的全部书信，共计14卷。

第四部分从第61卷到第70卷，收入马克思主义创始人的笔记、摘录、批注等，内容涵盖哲学、经济学、历史、政治、科技、艺术、民族、宗教等各个方面，共计10卷。

这个70卷本的新版《马克思恩格斯全集》，是新时期马克思主义理论建设和哲学社会科学事业的重大工程，从一开始就受到党中央的高度重视，同时也受到国内理论界和国际学术界的密切关注。《马克思恩格斯全集》和《列宁全集》的中文第二版编译工作，都是在改革开放的新时期进行的。这项工作的顺利开展，表明中国共产党人始终把编译和传播马克思主义经典著作视为义不容辞的神圣职责。

为了适应广大干部群众学习马克思主义理论的需要，中央编译局在集中力量编译经典著作全集的同时，还将经典作家的重要著作编成选集。1972年和1995年，先后出版了《马克思恩格斯选集》中文第一版和第二版，均为四卷集；1960年、1972年和1995年，先后出版《列宁选集》中文第一版、第二版和第三版，均为四卷集。除此之外，我们还编译出版了经典著作的一系列单行本和专题文集。与此同时，中央编译局在斯大林文献编译方面也取得了大量成果，其中最重要的有《斯大林全集》(13卷)、《斯大林文选》(上下册)、《斯大林选集》(上下册)和《斯大林文集》(1卷)。

从新中国成立到本世纪初,马克思主义经典著作编译事业取得了辉煌成就,中央编译局的同志为此奋斗了50余年。一批立志为传播真理而献身的同志长期在这个领域焚膏继晷、辛勤工作,从青春年少直到满头飞雪。在他们的熏陶下,年轻一代成长起来,继续推进前辈开创的事业,做出了宝贵的贡献。

中央编译局的同志们没有陶醉于已有的成绩。他们面对时代提出的紧迫任务,对经典著作编译和研究工作中的重要问题进行着深入的分析和思考。就马恩著作来说,由于《马克思恩格斯全集》历史考证版($MEGA^2$)的出版进展较慢,同时由于编译工作难度极大而专业力量不足,这就在一定程度上制约着《马克思恩格斯全集》中文第二版的工作进度。这部70卷本的《全集》从1995年起陆续问世,至今只出版了21卷。况且这个版本规模浩大,卷帙浩繁,很难适应广大干部群众和理论工作者学习和研究马克思主义的需要。1995年出版的四卷本《马克思恩格斯选集》中文第二版选文比较精炼,译文也根据原文作了修订,但因篇幅有限,未能完全涵盖马克思恩格斯的主要代表作。

至于列宁著作,也存在类似的问题。《列宁全集》中文第二版共计60卷,内容宏富,篇幅很大,不可能作为广大读者使用的普及读本。1995年编译出版的四卷本《列宁选集》中文第三版,对广大干部群众和理论工作者学习和研究列宁的思想起到了积极作用。但《选集》中的全部文献是按照年代先后编排的,广大干部群众和理论工作者迫切需要我们结合新的实际,采用新的视角,编选一部具有更强的现实针对性和理论指导性的列宁文集。

这些问题在马克思主义理论研究和建设工程中得到了及时的、圆满的解决。

六、在新时期新阶段，以胡锦涛同志为总书记的党中央组织实施的马克思主义理论研究和建设工程，是实现中华民族伟大复兴事业的生命工程、灵魂工程。十卷本《马克思恩格斯文集》和五卷本《列宁专题文集》是理论工程的重点项目和重大成果，必将在新形势下为推进马克思主义中国化、时代化、大众化发挥重要作用。

在新的形势下，为深入学习和研究马克思主义理论提供结构更合理、规模更适中、译文更准确、资料更翔实的基础文本，以适应我们党用中国特色社会主义理论体系武装全党、教育人民的需要，这是时代的呼唤，是群众的要求，也是经典著作编译工作者的愿望。

早在2003年，中央编译局就提出了编译《马克思恩格斯全集》中文第二版精编本的思路和方案。鉴于70卷本的中文第二版要经过多年努力才能逐步出齐，我们考虑在近期内先将马克思恩格斯重要论著的译文加以审订，编为十卷，及时出版，以满足社会各界对经典著作最新版本的要求，同时也有利于我们抓住关键，围绕重点，集中力量，攻坚克难，积累经验，改进方法，全面推进和早日完竣中文第二版的编译工程。

我们的设想和计划受到了中央的充分肯定。2004年，在马克思主义理论研究和建设工程正式启动时，中央将十卷本《马克思恩格斯文集》确定为工程重点项目，同时针对广大干部群众和理论工作者学习和研究列宁思想的现实需要，要求我们编辑五卷本《列宁专题文集》，一并纳入理论工程重大课题的框架。为了完成两部《文集》的编译任务，中央决定成立马克思主义经典作家重点著作译文审核和修订课题组，全部工作由中央编译局组织实施。

中央领导对两部《文集》的编译工作高度重视，从一开始就反复强调这项工作的重大意义，亲自审核批准两部《文集》的编辑方案，并在实施过程中给予直接指导。中央政治局常委李长春同志在重要批示中要求我们坚持科学的态度和方法，"确保译本的准确性和权威性"，为我们确定了奋斗目标，指明了努力方向。中央政治局委员、中央书记处书记、中央宣传部部长刘云山同志就编辑方针、审订原则和出版质量提出明确要求，使我们进一步提高了认识，增强了信心。课题组和编委会时刻铭记党和人民的嘱托，以高度的政治责任感全力以赴投入这项重要工程，一丝不苟、精益求精地做好篇目遴选、文献汇辑、译文修订和资料编纂等各项工作，努力使"准确性"和"权威性"的要求真正得到落实。在大量艰巨复杂的工作中，老专家发挥了中坚作用，一些年逾七旬的同志奋力坚持工作，有的甚至病逝在工作岗位上。一批优秀的中青年骨干勇挑重担，迎难而上，完成了一个又一个攻坚任务。同志们在共同的目标下齐心协力，相互砥砺，专心致志，埋头苦干，度过了六个难忘的春秋。

十卷本《马克思恩格斯文集》正文约580万字，各种资料约190万字，总字数约770万字。五卷本《列宁专题文集》正文约120万字，各种资料约30万字，总字数约150万字。同以前出版的马列著作相比，这两部《文集》的编译工作具有更加鲜明的时代特色、实践品格和创新意识。

十卷本《马克思恩格斯文集》的特点，一是选文精审，内容完整，既全面反映经典作家的理论体系，又充分体现马克思主义与时俱进的科学品格。《文集》精选了马克思和恩格斯在各个时期的代表性著作，内容涵盖马克思主义哲学、政治经济学和科学社会主义，同时还包含马克思主义创始人在政治、法学、史学、教育、新闻、科技、文艺、军事、民族、宗教等方面的重要论述；二是体例新颖，结构严谨，既反映经典作家理论创造的历程，又突出重点著作的地位。《文集》首次采用按年代编排与重要专著单独设卷相结合的编辑方法。第一卷为马克思主义形成时期的著作；第二卷为欧洲1848年革命前后时期的著作；第三卷为第一国际成立至马克思逝世前的著作；第四卷为恩格斯在马克思逝世后所写的著作；第五、六、七卷为《资本论》；第八卷为《〈资本论〉手稿选编》；第九卷为恩格斯的《反杜林论》和《自然辩证法》；最后一卷即第十卷为书信专卷，全卷选收马克思恩格斯从1842年到1895年写的280封书信。这种新的编排方法，体现了马克思主义基本理论形成发展的历史进程，同时又突出了《资本论》、《反杜林论》等著作在马克思主义科学体系中的重要地位。三是精心修订译文，认真统一译名，既保证理论上的准确性，又增强表述上的可读性。我们紧紧围绕中央提出的"使译文更加准确反映马克思主义经典作家的原意"这一明确要求，选择最权威、最可靠的外文版本作为审订依据，吸收国内外最新研究成果，采纳理论界的合理意见，对收入《文集》的全部译文逐字逐句进行严格审订，努力使译文做到忠实确切而又明白晓畅。四是各类资料详备，贴近读者需要，既为学习研究原著提供必要的辅助材料，又对把握理论精髓起到引导作用。《文集》各卷均附有注释以及人名、文献和名目等各种索引，最后一卷还附有马克思恩格斯年表。所有的注释和索引都根据国内外最新研究成果进行了修订，努力做到考证严谨、内容翔实。我们还为文集所收的108部著作重新编写了题注，简明扼要地概述各篇著作的主要观点，帮助读者领会这些著作的理论要义。同时，在对各篇文献写作出版情况的说明中，我们增加了对重点著作中译本的介绍，以便读者了解和研究这些著作在中国传播的情况。

五卷本《列宁专题文集》的特点，一是采用全新的编辑思路和框架结构。《文集》分专题编为五卷，即《论马克思主义》、《论辩证唯物主义和历史唯物主义》、《论资本主义》、《论社会主义》和《论无产阶级政党》。五个专题构成的总体框架，把系统反映列宁主义科学内涵同密切结合新时期理论武装工作需要这两个要求有机地统一起来，既注重反映列宁毕生坚持和发展马克思主义的理论贡献，又着眼于适应干部群众学习中国特色社会主义理论体系的实际需要。二是体例新颖，收文精当。各卷以文献选编与重要论述摘编相结合的形式，从60卷《列宁全集》中精选115篇最具代表性的著作，同时从本卷未收的著作中摘选与本专题有关的重要论述，编成《重要论述摘编》，作为对所收文献的补充。这种新的编辑体例有利于反映列宁重要理论思想的完整性和系统性，同时又体现了收文"少而精"的原则。三是资料更丰富，题注有创新。各卷均附有详细的注释和索引。为了帮助读者掌握各篇著作的理论主旨，我们在每篇文献前面都加上了导读性题注，言简意赅地介绍有关著作的核心内容和主要观点。

两部《文集》的出版，对于实现党的十七届四中全会提出的建设马克思主义学习型政党的战略目标，推进马克思主义中国化、时代化、大众化，具有十分重要的意义。

七、在《马克思恩格斯文集》（十卷本）和《列宁专题文集》（五卷本）的编译过程中，我们始终恪守恩格斯提出的原则。恩格斯强调翻译马克思的著作是一项"真正老老实实的科学工作"，这是我们在审核和修订译文时念兹在兹的座右铭。

两部《文集》出版以后，在国内外引起了广泛关注。这两部经典著作最新版本的理论价值和历史地位，成了理论界和社会各界讨论的重要话题；而马恩著作译文修订和译名统一的情况，则是许多读者最关心的问题之一。常常有来自各个领域的同志问我：《马克思恩格斯文集》中的译文有哪些更动？为了准确系统地回答这个问题，我们正在对译文修订的情况进行梳理，并将以适当方式向大家介绍。由于演讲时间的限制，我在这里只举两个简明的实例。

第一个例子出自马克思《1844年经济学哲学手稿》。在谈到感性、感性意识以及思维和语言问题时，马克思写道：

Das Element des Denkens selbst, das Element der Lebensäußerung des Gedankens, die Sprache ist sinnlicher Natur. (MEW B.40, S.544; MEGA I/2, S.396)

在过去的译本中，这句话的中译文是：

思维本身的要素，思想的生命表现的要素，即语言，是感性的自然界。①

这句译文令人费解，"语言"怎么会是"自然界"呢？将"语言"与"自然界"划上等号，这是不合逻辑的。造成这个误译的原因，首先是原译者没有全面理解"Natur"这个名词的内涵。"Natur"一词既有"自然"、"自然界"的意思，又有"本性"、"禀性"、"性质"等含义。其次，更重要的是，原译者没有注意到马克思笔下的"sinnlicher Natur"是第二格，而不是第一格。在德语中，sein + 形容词 + Natur（第二格），表示主语具有某种性质。据此，我们将译文修改为：

思维本身的要素，思想的生命表现的要素，即语言，具有感性的性质。②

---

① 见《马克思恩格斯全集》第1版第42卷第129页。
② 见《马克思恩格斯文集》第1卷第194页。

修订后的译文语义比较清晰。这一改动对于哲学和语言学研究无疑是有意义的。

另一个例子出自恩格斯的《反杜林论》。在《第一编　哲学》中，恩格斯指出"否定的否定""是自然、历史和思维的一个极其普遍的、因而极其广泛地起作用的、重要的发展规律"，他写道：

> Wenn ich von all diesen Prozessen sage, sie sind Negation der Negation, so fasse ich sie allesamt unter dies eine Bewegungsgesetz zusammen, und lasse ebendeswegen die Besonderheiten jedes einzelnen Spezialprozesses unbeachtet. Die Dialektik ist aber weiter nichts als die Wissenschaft von den allgemeinen Bewegungs-und Entwicklungsgesetzen der Natur, der Menschengesellschaft und des Denkens. (MEW B. 20, S. 131—132; MEGA I/27, S. 336)

原译文是：

当我谈到所有这些过程，说它们是否定的否定的时候，我是用这唯一的运动规律来概括所有这些过程，正因为如此，我没有去注意每一个个别的特殊过程的特点。而辩证法不过是关于自然、人类社会和思维的运动和发展的普遍规律的科学。①

译文中出现了"否定的否定"是"唯一的运动规律"的提法。这显然不符合恩格斯的本意，因为唯物辩证法的基本规律包括对立统一规律、质量互变规律和否定之否定规律。原译"这唯一的运动规律"的德文原文是"dies eine Bewegungsgesetz"，其含义是"这样一个运动规律"，恩格斯的表述是十分准确的，据此，我们对译文作了如下改动：

---

① 见《马克思恩格斯选集》第2版第3卷第484页。

当我谈到所有这些过程，说它们是否定的否定的时候，我是用<u>这一个运动规律</u>来概括所有<u>这些</u>过程，正因为如此，我没有去注意每一个个别的特殊过程的特点。而辩证法不过是关于自然界、人类社会和思维的运动和发展的普遍规律的科学。①

在审核和修订马恩著作译文的过程中，我们回顾和整理了中国学术界历年来对中文译本所提的意见，并逐条进行了分析和研究。凡是合理的意见，我们都在译文校订中认真考虑、积极采纳；而对一些有争议的问题，我们则采取十分审慎的态度。

例如，《共产党宣言》中有一句名言："从这个意义上说，共产党人可以把自己的理论概括为一句话：<u>消灭私有制</u>。"② 原文为：

In diesem sinn können die Kommunisten ihre Theorie in dem einen Ausdruck: <u>Aufhebung des Privateigentums</u>, zusammenfassen. (MEW B. 4, S. 475)

有些同志认为，"消灭私有制"的译法不妥，应该改为"扬弃私有制"。他们的主要理由是，原文中的"Aufhebung"虽然在"大众日常用语"中具有"废除"、"革除"、"消除"、"消灭"的意思，但马克思恩格斯在此处所使用的是"黑格尔的哲学术语"，意思是"扬弃"。这些同志认为，马克思恩格斯所说的"Aufhebung des Privateigentums"，是表明要"发扬私有制中的积极因素，抛弃私有制中的消极因素"，亦即"扬其精华，弃其糟粕"。

恩格斯说过："《宣言》是作为共产主义者同盟的纲领发表的"，它

---

① 见《马克思恩格斯文集》第 9 卷第 148—149 页。
② 见《马克思恩格斯文集》第 2 卷第 45 页。

"是从西伯利亚到加利福尼亚的千百万工人公认的共同纲领"。① 在马克思恩格斯的心目中,《共产党宣言》是为千百万工人撰写的,目的是为了"争取欧洲无产阶级,首先是争取德国无产阶级拥护我们的信念"。② 恩格斯在谈到共产主义者同盟的历史时明确地说过:"我们决不想把新的科学成就写成厚厚的书,只向'学术'界吐露。"③ 因此,如果说马克思恩格斯在表述《共产党宣言》的核心思想时,不是使用广大工人所能领悟的"大众日常用语",而是刻意套用只有"学术界"才懂得的"黑格尔哲学术语",那是根本违背作者初衷和历史事实的。

事实上,要理解"Aufhebung"一词在这里的确切含义,并不是一件复杂和艰难的事情。只要平心静气地读一读《宣言》中与此相关的整段论述,而不是孤立地看待其中的一句话或一个词,答案就会一目了然。恩格斯曾经告诫我们说,阅读马克思的著作,必须注意上下文的联系;如果"把马克思的话同上下文割裂开来,就必然会造成误解或把很多东西弄得不大清楚"。④ 现在,就让我们花一点时间,来看一看"消灭私有制"一语在《共产党宣言》中的"上下文":

> 废除(Abschaffung)先前存在的所有制关系,并不是共产主义所独具的特征。
>
> 一切所有制关系都经历了经常的历史更替、经常的历史变更。
>
> 例如,法国革命废除了(abschaffen)封建的所有制,代之以资产阶级的所有制。

---

① 见《马克思恩格斯文集》第 2 卷第 11、13 页。
② 见《马克思恩格斯文集》第 4 卷第 233 页。
③ 见《马克思恩格斯文集》第 4 卷第 233 页。
④ 见《马克思恩格斯全集》第 1 版第 36 卷第 67 页。

共产主义的特征并不是要废除（Abschaffung）一般的所有制，而是要废除（Abschaffung）资产阶级的所有制。

但是，现代的资产阶级私有制是建立在阶级对立上面、建立在一些人对另一些人的剥削上面的产品生产和占有的最后而又最完备的表现。

从这个意义上说，共产党人可以把自己的理论概括为一句话：消灭（Aufhebung）私有制。①

很清楚，最后一句话是对上文的概括。这句话中的"消灭"（Aufhebung）与前面几句话中的"废除"（Abschaffung）是同义语。马克思恩格斯指出，共产主义的特征就是要废除资产阶级的所有制；因此，共产党人可以把自己的理论概括为一句话："消灭私有制"。从这段话中，我们不可能得出对私有制"应当发扬其中的积极因素、抛弃其中的消极因素"的结论。

在整部《共产党宣言》中，马克思恩格斯对资本主义私有制的弊端和本质进行了透彻的分析，批判了资产阶级为私有制辩护的种种论调，而"消灭私有制"正是从这种科学的分析和批判中得出的结论。这个结论从根本上否定了资本主义制度的理论依据和现实基础。资产阶级及其理论家历来宣扬资本主义私有制"体现着天然合理的永恒法则"，"包含着永不泯灭的理性精华和历史进步要素"。他们有时也承认这种所有制关系在现实中"存在着这样或那样的毛病"，但他们坚持认为"瑕不掩瑜"。他们的说法是：对于私有制，可以"补苴罅漏"，可以"去芜存菁"，可以"扬长弃短"，而万万不可以消灭；一旦消灭了私有制，"社会大厦就会坍塌"，灾难必将接踵而来。所以，资产者对于《宣言》中的旗帜鲜明的论断是无论如何不能接受的。马克思恩格

---

① 见《马克思恩格斯文集》第 2 卷第 45 页。德文原文见 MEW B.4,S.475。

斯清楚地看到了这一点，他们在《宣言》中这样写道：

> 我们要**消灭**私有制，你们就惊慌起来。但是，在你们的现存社会里，私有财产对十分之九的成员来说已经被**消灭**了；这种私有制之所以存在，正是因为私有财产对十分之九的成员来说已经不存在。可见，你们责备我们，是说我们要**消灭**那种以社会上的绝大多数人没有财产为必要条件的所有制。①

在这段话中，"消灭"一词共出现三次，均为"aufheben"②。如果这个词的含义不是"消灭"，而是"扬弃"；如果这里表明的不是废除资本主义私有制，而是发扬其优点、克服其缺点，使之永世长存，并臻于完善，那么《宣言》作者的立场就同资产阶级理论家的主张不谋而合了。那样一来，全世界的资产者都会对《宣言》表示欢迎，还有什么必要感到"惊慌"、表示"抗议"呢？

为了进一步弄清问题，我们仔细地查考了与《宣言》直接相关的马恩著作。1847年，在《宣言》的重要准备著作——《共产主义原理》中，恩格斯曾反复论述"废除（Abschaffung）私有制"和"消灭（Aufhebung）私有制"的主张。1850年，在《宣言》发表两年后，马克思恩格斯在《共产主义者同盟中央委员会告同盟书》中明确指出："对我们说来，问题不在于改变私有制，而只在于消灭（Vernichtung）私有制，不在于掩盖阶级对立，而在于消灭阶级，不在于改良现存社会，而在于建立新社会。"③ 请注意，此处的"Vernichtung"只有一个含义，那就是"消灭"。1882年在《宣言》俄文版序言中，马克思恩格

---

① 见《马克思恩格斯文集》第2卷第47页，着重为引者所加。
② 见 MEW B.4, S.477。
③ 见《马克思恩格斯文集》第2卷第192页。德文原文见 MEW B.7, S.248 和 MEGA I/10, S.258。

斯一以贯之地强调共产党人必须坚持"消灭私有制"的理论与实践原则,他们旗帜鲜明地指出:"《共产主义宣言》的任务,是宣告现代资产阶级所有制必然灭亡。"① 马克思恩格斯在《宣言》发表前后所作的这些重要论述,十分清楚地印证了他们在《宣言》中提出的"消灭私有制"的主张。

应当指出,马克思恩格斯对于资本主义私有制的科学论述,并不仅仅反映在《共产党宣言》以及与《宣言》直接相关的著作中;在《资本论》、《反杜林论》、《社会主义从空想到科学的发展》等著作以及许多重要通信、手稿和笔记中,马克思恩格斯也系统地表述了关于消灭资本主义私有制的深刻思想和鲜明立场,并且全面地论述了实现消灭私有制这一目标的条件和途径。他们明确指出,消灭私有制是未来社会的基本特征;生产力的高度发展是私有制彻底消灭的基本条件;无产阶级"只能逐步改造现今社会,只有创造了所必需的大量生产资料之后,才能废除私有制"②。总之,从《共产党宣言》到马克思恩格斯晚年的著述,我们可以清楚地看到这种理论的系统性和逻辑的严整性。160多年来,以德语为母语的德国人,无论他们是赞成还是反对马克思学说,都从未对《共产党宣言》中"消灭私有制"一语的真实含义提出质疑;他们只是从各自的立场出发,对《宣言》提出的这一重要观点表示不同的态度。这也证明,《宣言》的文字表述是清晰的、明确的,没有也不可能留下任何误读和曲解的空间。

除了对经典文献进行全面的考证以外,我们还查阅了马恩生前出版的《共产党宣言》的重要译本。《宣言》的英文版和法文版为我们提供

---

① 见《马克思恩格斯文集》第 2 卷第 8 页。
② 见《马克思恩格斯文集》第 1 卷第 685 页。

了解和翻译原文的依据。《宣言》英文版是由赛米尔·穆尔翻译的，恩格斯亲自校订了译文并增加了注释。《宣言》法文版是马克思的女儿劳拉·拉法格翻译的，译文得到了恩格斯的肯定。这两种版本都是经《宣言》作者认可的权威版本。德文"Aufhebung des Privateigentums"一语，英文版译为"Abolition of private property"，法文版译为"abolition de la propriété privée"；英文"abolition"和法文"abolition"的含义均为"革除"、"废止"、"消灭"，这就为中文版里的"消灭私有制"的译法提供了有力的佐证。

　　经过考索和研究，我们决定保留《共产党宣言》中的原译文，不作改动。我之所以不惮其烦地介绍上述情况，只是想说明，我们是怎样审核和修订经典著作译文的。有些同志提出的意见尽管没有被吸收，但由此引起了深入的思考和讨论，这对于研究和编译经典著作大有裨益。为了进一步做好这项工作，我们将一如既往地认真听取读者的宝贵意见。

　　刚才我们提到了《宣言》的英译本和法译本。这自然会使我们想起恩格斯对翻译工作提出的要求。恩格斯高度重视这项工作，他曾亲自物色翻译人才，亲自校改别人的译稿，亲自联系出版事宜，亲自动手迻译马克思的著述，并对翻译工作进行了许多精辟的论述。1885年10月，恩格斯撰写了《不应该这样翻译马克思的著作》一文，强调翻译马克思的著作是一项"真正老老实实的科学工作"[①]，他告诫译者不要望文生义，不要主观臆测，不要随心所欲地"诠释"马克思的学说。他指出："像马克思这样的人有权要求人们听到他的原话，让他的科学

---

① 参看《马克思恩格斯全集》第1版第21卷第276页。

发现原原本本按照他自己的叙述传给后世。"① 因此,他要求译者提供的必须是"一个准确的译本,而且读起来要像原著一样"。② 近百年来,恩格斯倡导的这种科学精神一直被中国经典著作翻译者奉为圭臬。恩格斯的教诲是我们在编译两部《文集》的过程中始终恪守的原则和时刻铭记的目标。

八、马克思主义经典著作编译工作必须与时俱进,不可能一劳永逸。展望未来,我们任重而道远。

回顾马克思主义经典著作编译事业的百年征程,我们眼前呈现出一幅波澜壮阔的历史画卷。它使我们受到鼓舞,同时也引起我们的深思。对于这部历史,我们要进行全面的探讨,不仅要研究经典著作编译事业对于推进马克思主义中国化的重要意义,而且要具体阐明各个历史时期的经典著作编译工作在中国革命、建设和改革进程中的特征和作用;不仅要考察重要的版本、事件和人物,而且要深入探究对于中国思想文化的变迁具有深远影响的学术问题,例如马克思主义理论范畴译名体系形成史,经典著作译本的比较与分析,经典著作翻译与中国哲学社会科学理论建构的相互关系,经典著作译本对大众思维方式和现代汉语的影响,经典著作俄文译本和日文译本对中文译述的影响,经典文献编译工作在中外文化交流进程中的地位,经典翻译中的语义辨析和语言哲学问题,经典著作翻译中的重大疑难问题探析,中国历史传统和民族文化心理对马列著作解读和接受过程的作用与影响,马克思主义经典与中国优秀传统文化经典的关系问题,等等。我认为,这些研究一方面将推动编

---

① 见《马克思恩格斯文集》第 7 卷第 1005 页。
② 见《马克思恩格斯全集》第 1 版第 39 卷第 83 页。

译工作不断发展，另一方面将在理论和学术上促使我们扩展视野、开阔思路，获得崭新的认识。

在中国历史上，经典编译和注疏从来都是清苦和寂寞的事业。汲汲于名利的人不会涉足这个领域，也不可能具备胜任此项工作的才识。只有立志为民族的思想文化建设献身的"素心人"，才能长期沉潜于其中而乐此不疲。正因为如此，毛泽东同志才标举古代的玄奘和现代的鲁迅作为这个事业的代表人物，并反复强调这项工作的"无量功德"。是的，为历史做出贡献的人，历史终究不会忘记他们。说到这里，我想起了清人龚自珍，他曾在著名的《己亥杂诗》中就这个问题抒发过感慨："荒村有客注虫鱼，万一谈经引到渠。终胜秋燐亡姓氏，沙涡门外五尚书。"① 诗人用冷峻的对比和警策的语言告诉人们，什么才是真实的、恒久的价值。

今天，马克思主义经典编译工作受到中央的高度重视。在两部《文集》出版座谈会上，中央政治局常委李长春同志充分肯定了编译工作者的使命意识和奉献精神，同时强调指出："马克思主义经典著作的编译工作也要与时俱进，不可能一劳永逸。"确实，经典编译工作必须与理论研究和实践探索同步推进，这是一个不断探求和认识真理的过程。目前在经典著作编译工作中，还有一些重要问题需要深入探讨，现有的译本也需要经受实践的检验和历史的考验；同时，在理论研究和理论宣传领域，特别是在经典著作导读、基本原理阐释、重要文献考证、专题文丛编纂和通俗读本出版等方面，也有大量工作亟需展开。展望未来，经典编译工作者任重而道远。我们将牢记党和人

---

① 龚自珍《己亥杂诗》（第二十三）。作者自注："逆旅夜闻读书声，戏赠。沙涡门即广渠门，门外五里许有地名'五尚书坟'。五尚书不知皆何许人也。"

民的信任和期望，继承和发扬近一个世纪以来马克思主义文献翻译和研究工作的光荣传统，以两部《文集》的出版为新的起点，继续为党的理论事业奋斗不息。

作者附识：在起草本文时，我常常想起马克思主义经典著作编译和研究领域的著名学者张仲实、姜椿芳、林基洲、岑鼎山、周亮勋等前辈的风范。我在中央编译局工作，长期得益于他们的教诲和启发；发表此文，是对他们的一种纪念。在本文修订过程中，顾锦屏老师提出了宝贵建议，徐洋同志帮助我核对了有关资料，在此一并表示衷心的感谢。2010年11月22日记于北京万寿书轩。

（本文是作者在中共中央编译局所作的演讲。）

马克思恩格斯著作的编辑与翻译[*]

〔德〕理查德·施佩尔

2011年4月12日,德国著名编辑学家、国际马克思恩格斯基金会编委会和学术鉴定委员会成员理查德·施佩尔教授在中央编译局举办的马列著作编译论坛上应邀做了题为《马克思恩格斯著作的编辑与翻译》的报告。施佩尔教授在报告中结合自己55年的工作经历,主要从七个方面介绍了编译马恩著作的经验,并以马克思和恩格斯本人为例,论述了翻译的前提条件和要求。

一、马克思恩格斯著作的翻译问题

我知道,想谈马克思恩格斯著作的中文翻译问题,却对汉语及其特征以及由此产生的翻译成地道中文的困难不了解,会让人觉得是不自量力。但是,虽然由于我不懂汉语而无法对这方面取得的成果进行专业性的评判,我还是要对中国在这个领域已经取得并将继续取得的巨大成就深表敬意和赞赏。去年在柏林,当双方会谈结束,中文第二版已经出版

---

[*] 本文选自《国外理论动态》2011年第7期。译者单位:中央编译局马恩列斯著作编译部。

的卷次和已全部完成的十卷本文集排成长龙摆在我们面前时,我再次深深地意识到了其中所凝聚的学术成果、繁重而细致的专业性工作以及极大的耐心和恒心。

我很想谈一谈我在55年的马恩文献编辑工作中所积累的有关翻译问题的一些经验,这些经验仅限于欧洲语言的范围,无法同一种完全不同的语言和文化中的翻译作比较。倘若从中能够得出对中文翻译的复杂工作有所帮助的启示,我当然感到非常欣慰。

目前在这个领域中国已经有了一百多年成果卓著的传统。仅以《共产党宣言》为例,1899年就首次摘译了部分内容,并秘密传播,随后在知识分子当中公开传播,后来又传播到全国。而且不要忘记,先是翻成汉语,然后又翻成多种少数民族语言,最后是第一版、第二版、第三版,直到现在以历史考证版(MEGA)为蓝本的新版。这确实是一份了不起的成绩单,世界上能与其媲美的并不多见。

无论何时、何地、何种语言,几乎都没有哪部著作像马恩著作那样,编辑和翻译有如此紧密和彻底的联系。一个原因在于,马克思和恩格斯的著作用多种语言写成:56%是德文,33%是英文,6%是法文,剩下的5%是其他10种语言。另一个原因是,他们的著作几乎被翻译成世界上所有的书面语言。大部分甚或全部著作都不得不由每种语言的出版者翻译成各自的语言,这其中包含了巨大的投入。

《马克思恩格斯全集》德文研究版(MEW)也曾经不得不探讨编者兼任译者的问题。有44%的原文(超过1万页)——大部分是第一次——要翻译成德文。对收入这个德文版的译文有以下要求:内容准确,尽量接近19世纪的语言习惯,特别是马克思恩格斯的风格。对德文版来说这一点尤其重要,因为译文总是同马克思和恩格斯用德文写成的原文交错地编排在一起,随时都可以直接比较,因此选词和风格上的不协调会立刻显现出来。其他完全依靠翻译的版本，比如中文版和日文版，过去和现在虽然都没有遇到这方面的问题，但是也有很多各自特有的复杂问题需要解决，有时还不得不交学费。

在随后启动的 MEGA 工作——现在也已经进行了 40 年——中，马恩著作的翻译不再成为一个问题，因为在 MEGA 里所有的文本都以原文发表。不过，对于所发表的马克思和恩格斯自己翻译的译文，或者，虽是第三者翻译、但经过他们自己修订和审阅过的译文，资料卷中所进行的分析对中文翻译工作还是非常有益的。

对于翻译问题，《马克思恩格斯全集》德文版的工作是一座好学校，因此我首先谈一谈这个版本。当时翻译工作是这样组织的：首先委托职业译者完成初稿，再由各卷的编辑审核并定稿。这么做是考虑到，职业翻译对马恩著作及其独特内容和风格可能了解得不够深入，无法立即提供符合全部要求的译文，而编辑也并非全都精通外语。不过，结果总的来说还是令人满意的，这主要是多亏了那些在法西斯统治时期大都有流亡经历从而具有出色的语言能力、特别是英语和法语能力的一群工作人员，同时也应归功于对训练班和小组中其他人员的外语培训的重视。

《马克思恩格斯全集》德文版的工作还使我们非常早就同其他语种版本的编纂人员建立了联系。现在的规模似乎大了，并促成了富有成果的合作，而 20 世纪 50 年代第一批来柏林学习德语和编辑的是中央编译局的四位年轻同事。日常的交流以及他们出于如何对概念和文本进行翻译的考虑而对它们的内涵和意义进行的深入探讨，促使我们更加深入和彻底地研究原文，更加仔细地重新思考我们起初或多或少认为没有问题而忽视的一些内容。此后，与将马恩著作翻译成阿拉伯文和越南文的译者的合作也是这样。这是一种相互的给予和接受。在这一过程中形成了对这个版本的一般性认识，即原文中存在的某些问题在译文中会变得非常明显，可以更加准确地挑选出来，并且还认识到文本结构的某些方面以及对原文的注释并非总是有说服力的，或者说充分的，《马克思恩格斯全集》德文版也有改善的必要。正是在这一时期，我对这几种语言翻译中存在的困难有了极为有限的认识，同时也使我对这项已经有所成就、至今还在进行的了不起的工作充满敬意。

二、马克思恩格斯著作的编译经验

现在请允许我介绍几点在我们的翻译工作中已经证明是有益的经验。

1. 对译出语言和译入语言都有尽可能多的认识，这是成为优秀译者最重要的前提条件。其中不仅包括掌握语法、句法等等，而且除此之外还要研究语言的本质、理解力的发展，了解语言是如何具有生命力和起作用的，思维是如何寻找词语的，从词汇和句子中是如何生发出语言的音调和韵律的，从中是如何形成活生生的语言结构的。只有到那时，译文才能符合目标语言的本质，运用自如，读起来像读原文一样，好像本来就是以这种语言写成的。正如马克思在《路易·波拿巴的雾月十八日》中所写道的："就像一个刚学会一种新语言的人总是要把它翻译成本国语言一样；只有当他能够不必在心里把新语言翻译成本国语言，能够忘掉本国语言而运用新语言的时候，他才算领会了新语言的精神，才算是运用自如。"①

一个大型翻译版本，必须有很多工作人员参加工作，而这些人员的

---

① 《马克思恩格斯文集》第2卷第471页。

水平参差不齐,这是不可避免的。因此可能会出现有些著作或书信的译文质量有明显差距的情况。为了尽可能避免这种情况,译者和编者紧密合作、不断交流经验、共同对工作结果进行仔细研究和考评,同时对每个人不断进行培训,就具有特别重要的意义。

2. 词典是译者必不可少的工具。特别是那些收入了词语在相应历史时期中的意义的词典,因为词的意义是随时间的流逝而变化的。查词典,如格林兄弟的《德语大词典》这样的苦活,现在已经变得容易多了,因为已经有了电子版可以使用。但是光有词典在手还不能翻出好的译文,只有结合当时的具体语境及背景,才能从词典给出的词义中把最合适的挑选出来。为了确定正确的对应词,必须花费时间,仔细斟酌,有时还要请教专家。唯有如此,找到的答案才能得到广泛的认可,才能持久。

3. 同时,翻译还要具备丰富的一般性基础知识,尤其是关于所要翻译文章的写作时代和写作背景,关于该文章所涉及的专业领域的历史知识。只有掌握了所有相关的事实,才能洞悉原文和译文之间的复杂关系。翻译不仅仅是将原文的内容努力用另一种语言表达出来。它是一种语言文化的转换,受到多种因素影响,比如原文及作者的历史背景,也就是文本的写作过程,译者所使用的蓝本及其质量,还有译者在文献上和政治上的目的,他对原文及其作者的看法,译者的工作方式和解决翻译问题的方式方法。历史考证版的出版也在这方面为翻译和编辑工作提供了重要的帮助,因为在它的学术性资料卷中,尤其是在导言、题注和某些注释中,以集中的形式(包括所引文献的索引)提供了丰富的材料可供使用。

4. 译文要获得成功,决定性的出发点一直都是要使用原语言的文本作为基础。译文因为原文而存在,要受到原文语言结构的约束,而同时又是一个独立的文本，是译者自己创造性的学术成果。翻译不仅仅是传达另一种文字的文本的内容，对它进行转换。人们根本不能也不应该对译文再进行翻译。经过二次或三次转译的文本必然与原文有很大的出入，将译文再译回原语言也一样。对于一些要求核实马克思引文的请求，我们查找时常常陷入绝望，因为他们所提供的所谓原文实际上是回译，原文中根本就没有这样的字眼。一位在柏林逗留了一段时间的越南同事打算根据《共产党宣言》学习德语。刚过一天他就恼怒地说：这篇文章根本就不是《宣言》，我知道的《宣言》完全不一样。原因是，当时在越南流传的《共产党宣言》的译文是从法语翻译的。

这个问题在中文版翻译时也很重要，因为中文第一版译自俄文，现在的新版要依据 MEGA，即各种原文翻译。详细地了解在两个版本的文本中发现了哪些不同，在何种程度上必须做必要的改动，是很有意思的。显而易见，这么做肯定能够使质量得到改善。

5. 在翻译马恩著作时要注意学术著作翻译（这里几乎全是）与诗歌和艺术作品翻译之间的根本区别。在学术领域，理论内容和逻辑方法比语言风格和审美形象要重要得多。译文也更多地受到蓝本、受到固定的学术术语的约束。对于文学作品，译者可以在一定程度上"意译"，而对于学术文献，不能够也不允许如此自由地对原文进行发挥。

准确的学术翻译和自由的韵文翻译是翻译的两大基本形式。困难在于，它们之间的过渡并无明显的界线。因此，人们也可以把翻译活动定义为在"直译"和"意译"这两个变量之间寻找可以接受的平衡的艺术。这一点在马克思恩格斯这里尤其必要和重要，因为两位作者除了努力寻找内容精确的学术表达之外，也一直在努力寻找与内容和目的相符合的语言形式。后者在他们著作的译文中不应当消失，而应该努力在其中把这两个方面都恰如其分地表现出来。

6. 在翻译学术著作时，术语问题非常重要。作者提出和使用的特定术语，在译文当中也应该使用，并且在译文中还应该是可以看出来的。编一个实用的术语及相应译名一览表（我们在编《马克思恩格斯全集》德文版时就曾经做过术语卡片，而现在的手段要更多），对保证作品的统一以及提升它的接受度也许是必不可少的。当然，与此同时还要认识到和注意马克思恩格斯在术语上的变化发展。这一点在《资本论》中表现得尤为明显。尽管某些有细微差别的术语要在其他语言当中找到相应的也有差别的表达肯定并非总是易事，但是在翻译时不应该将这样的术语一律译成一个词。重要的是认识到，马克思恩格斯并非总能为自己的新认识创造新术语，在大多数情况下还是使用现有的概念，但是一般来说具有不同的涵义。译者必须洞察这些变化并正确地选词。要是有一本马克思恩格斯语义学词源学词典就非常有用了，可惜还没有这样的词典。柏林科学院开了个头，但没有继续下去。日本的马克思政治经济学词典（迄今为止大概出了 15 个分册）只包含了一个分科，虽然这是一个非常重要的分科。

马克思恩格斯从其他作者著作中所作的摘录（MEGA 第四部分）对翻译提出了特别的要求。当他们摘录其他经济学家、哲学家、历史学家等等的论述时，在转述中出现的是后者的术语，当然不能等同于马克思恩格斯自己的术语。在翻译时必须注意保留这种差别。在第四部分会收入黑格尔、亚当·斯密、李嘉图等人著作的标准中译文。一再有出版物将比如说黑格尔的话也当作马克思的原话来引用，因为这些话引自马克思的摘录。因此，译文中马克思引用他人的文字和他自己的表述在语言和术语上应该有所区别，这一点特别重要。另外，当马克思恩格斯在著作中采用了引自其他作者的引文时，也应该注意到这一点。

7. 对于大型翻译版本，还有一个重要的方面，即它和其他已有的、大多只是单行本或选集的译本之间的关系。每一种新的译本都很想别出心裁，做与以往译本有所不同的处理，使用不一样的词汇和用语。遗憾的是，在新版本的编辑方法上也能经常看到类似的行为。当然，人们对于什么更正确、什么更好可以有自己的观点。但是，还是应当多考虑潜在的读者和使用者，同样的事物、同样的意义使用同样的表达对他们有利。当然，新的版本、新的修订总是有必要进行必要的改善。然而，对于已有的和已经出版的译文，改动是否十分有必要和真正有意义，应该在什么地方改动，应当时时刻刻仔细地审核和斟酌。也就是说，不要不惜代价地弄出不一样的说法来，以突出自己不同于他人的成就。内容明确的术语要尽可能翻得一样。同一篇文章在不同版本中翻得不一样，会使读者感到迷惑。比如在法国以及在意大利一些地方所流传的就是由单个出版社、单个机构或个人组织出版的很多不同译本。如果马克思的同一篇文章在同一个语种中有好几种不同的译文，那么这对它的接受是绝对没有好处的。这就突出了中央编译局的重要作用和意义。中央编译局集中承担马恩著作的中文翻译，这样就能保证翻译工作协调一致，按统一的规格进行。

三、作为译者的马克思和恩格斯

马克思恩格斯从事翻译工作的根本原因主要是想向全世界传播他们的科学认识、政治思想和社会观点。金钱方面的原因几乎不起什么作用，他们从事这项工作一直是无偿的或报酬很少。不过，让他们的著作在另一种语言里再生，给他们带来了很大的审美愉悦。马克思恩格斯自己也常常会遇到非常具体的翻译问题，因此在对自己著作的译者所提的要求中以及在对翻译的批评中，他们提出了学术翻译的几条一般性标准，比如，首先是恩格斯的文章《不应该这样翻译马克思的著作》，他为《路易·波拿巴的雾月十八日》英文版（威廉·皮佩尔译）所写的《札记》，以及马克思对利沙加勒的《1871年公社史》德文版（伊佐尔德·库尔茨译）的批判性说明。同时，非常具有启发意义的还有马克思对《资本论》法文版和恩格斯对《资本论》英文版所作的评论。在此，我就不一一援引这些查找很方便的文献中的话了，但我极力推荐偶尔去读一读这些文章。只引用恩格斯文章中的一句话来抛砖引玉："富有表现力的德语应该用富有表现力的英语来表达，必须使用最好的词汇，新创造的德文名词要求创造相应的新的英文名词。"①

四、马克思恩格斯在翻译上的显著成就以哪些前提条件为基础

他们自己的语言造诣无疑是一个坚实的出发点。他们掌握了各种修辞手法，并懂得如何灵活和准确地进行运用。马克思恩格斯的学术文章和政论文章条理清晰，但同时还运用了大量贴切的隐喻、新造词、比喻和象征，表明他们的语言受过世界文学的典范之作的熏陶。同时，他们也形成了鲜明的个人风格，因为他们在语言上和思想上都不想落入当时的俗套。

翻译是要译成另一种语言。因此另一个前提条件就是，两位作者都有效地、或者说至少是在一定程度上掌握了多门语言，并不断加深、拓展并以多种方式运用自己的外语知识。

对于法语和英语，马克思就像一个法国人和英国人一样能说会写，不过，据威廉·李卜克内西说，发音稍微逊色一点。马克思在学生时代

---

① 《马克思恩格斯全集》第1版第21卷第267页。

就很好地掌握了希腊语和拉丁语。他还能用意大利语、西班牙语和荷兰语阅读和写作。50多岁时，他还学会了俄语。他非凡的语言才能也遗传给了他的女儿们。

恩格斯懂得的语言更多。他几近完美地掌握的语言有8种，还在一定程度上掌握了至少10种其他语言，并且也会施展一下身手，用通信对象的母语给他们写信。他还能直接研读用地方方言写成的读物。恩格斯以极大的热情学习外语，既是出于对语言学的"老爱好"，也是社会政治的实际发展状况使然。72岁的恩格斯在给保加利亚《社会民主党人》杂志编辑部的一封信中写道："在1848年以前，人们可以认为，只要多少懂一些西欧和中欧的主要语言就够了，但是今天情况却已经发展到这样一种程度：……我甚至在晚年还得去学习罗马尼亚文和保加利亚文。"①

尽管马克思恩格斯具有丰富的语言知识，但他们非常有自知之明。只有对自己真正掌握的语言，他们才亲自翻译或给他人的译文提建议，从不对自己还不十分了解的东西妄加评论。如果他们的著作被译成他们不熟悉的语言，对于要求为这样的译本撰写前言等请求，他们也以同样的方式对待。

马克思恩格斯翻译能力的形成可能也得益于他们所采用的语言学习方法。早在1756年，马提亚斯·盖斯纳就在他的《拉丁语语法导言》中提出，要在运用中学习语法，广泛阅读理解经典作家。为了真正掌握一门语言，马克思恩格斯也把重点放在阅读上。他们先是借助词典阅读相关语言的作品，随后才深入地研习语法。

马克思恩格斯把语言学习同对语言学的全面研究结合在一起。马克思是杰出的语言学家——不过他对近代语言的研究要多于对古代语言的

---

① 《马克思恩格斯全集》第1版第22卷第477页。

研究。格林的《德语语法》他已烂熟于心，对格林兄弟的《德语大词典》，就它已经完成的那部分而言，他比我这个语言学家了解得都要多。他们的兴趣涉及有关语言的本质和起源的语言学概论、语言和思维的辩证关系，还饶有兴趣地对当时的出版物和译著的文笔好坏进行有根有据的评价，对单词的词源和意义进行讨论。另外，他们还留下了大量有关语言的历史比较研究，有关各种部族语言、方言和民族语言的历史的资料。他们对语言的深入研究是与对历史、文学、文化和相关民族的民族特征及民族文学的全面研究结合在一起的。

总之，马克思恩格斯的写作才能、他们对多种语言的精通以及他们的语言学研究使他们成为天然的杰出翻译家。尤其是，他们还擅于把知识具体地运用到自己长期的翻译工作中，堪为每个译者的楷模。

奇怪的是，特别是在近代文学方面，编辑学和翻译的关系长期以来一直是矛盾的。比如，我们在拉赫曼的《莱辛全集》第三版的前言中读到："拉赫曼认为译作是莱辛的没有文学和艺术独创性的工匠之作，不收入全集，因此在新版中也不收入。"而在赫尔德和维兰的全集中则专辟了一部分收录他们的译作。不管怎样，越来越占据上风的观点是，在翻译作品中凝结着译者（译者在这里同时也是作者）自己的独创性成果，具有个人独有的风格，与用其他语言创作的作品在原则上应同等对待。

在启蒙运动的影响下，德国古典文学的代表——这里只提一下歌德、席勒、赫尔德、维兰、莱辛的名字——热心翻译，重视翻译工作的跨文化意义。歌德在给英国作家和哲学家托马斯·卡莱尔的一封信中写道："应当这样来看待译者，即他是一个努力充当普遍精神交往的中介、以促进交流为己任的人。不管人们对翻译的不尽人意之处想说些什么，但翻译始终都是整个人世间最重要和最值得尊敬的工作之一！"尽管从那时开始，德国就被誉为翻译的国度，而这也并非毫无道理，但是迄今为止，除个别出色的研究之外，还没有人对翻译文献的历史和影响进行过全面研究，也几乎没有形成具有决定意义的评判标准。人们通常不敢涉足外国语言学的领域。

五、小结

最后，我再次总结一下：翻译不仅是一种非同寻常的职业，而且是一种使命，一种具有高度的专业知识和广博的学术基础的工作，一种不可或缺的辅助学科。出色的语感也是译者的娴熟技能和渊博学识的组成部分。

翻译工作对世界文学的形成、对各民族的相互理解和相互接近的意义，怎么评价也不为过。在18世纪和19世纪形成了民族文学、民族语言学以及与之相联系的编辑学。译作及其传播是连接各民族的重要纽带。每一种民族语言都通过翻译而不断得到丰富和发展。通过文本的跨文化转换，其他民族的文学被不断吸收到本民族的语言中来，增强了本民族语言的表现力，也丰富了其形式。同时，对其他语言文学的兴趣也为评价自身文学提供了新尺度。

翻译这个职业的特殊地位以及由此产生的对翻译的工作和能力的要求，这个领域的从业者应当始终铭记在心。它会让译者增强自信心，使翻译工作者更加认同和热爱自己的职业，鼓励译者不断提高效率，不因日常需要解决的困难问题而灰心丧气。最后，我想以歌德给托马斯·卡莱尔——顺便说一句，恩格斯曾经极力推荐将他的作品译成德文——的信中的一句话作为结束："不管人们对翻译的不尽人意之处想说些什么，但翻译始终都是整个人世间最重要和最值得尊敬的工作之一！"

（金建 译）

马克思文本的翻译和解释

〔英〕特雷尔·卡弗

[摘　要] 本文认为，解释也是翻译（广义的翻译），是读者商讨字面文字各种可能涵义的主动过程。卡弗以自己重新翻译《共产党宣言》和《路易·波拿巴的雾月十八日》的实践对这一点进行了说明。

[关键词] 马克思文本　翻译　解释

词语和词义

人们普遍认为，"翻译是一种解释"。但却很少有人了解，"所有的解释也是一种翻译"。实际上，即使文本是以读者的母语写作的，由字面文字获得涵义的解读活动也必然包含一个翻译的过程。也就是说，解读是一个主动的过程，是读者商讨字面文字各种可能涵义的过程。因此，涵义（而不仅仅是字面文字本身）是被"翻译"过来的。然而可

---

* 本文选自《马克思主义与现实》2007年第1期。

本文编译自 *The Postmodern Marx* 一书的第七章，美国宾夕法尼亚州立大学出版社1998年版。编译时略有删节，文章标题为编译者所加。作者特雷尔·卡弗是英国著名马克思学家，布里斯托大学政治学系教授，编译者为中央编译局助理研究员，本文经作者授权发表。

能令人惊讶的是，这种商讨的结果并非是一致、相似或"无差别"，而仍然是差异，只不过这种差异常常被自欺欺人地、片面地伪装成"共识"。

"即使我们完全理解了，我们的理解也各不相同。"① 这是我们从语言哲学家利科（Paul Ricoeur）和伽达默尔（HanS-Georg Gadamer）那里得到的原理。本文意欲联系我新近翻译出版的马克思经典文本的新译本来进一步发展应用这一原理。② 这些新译本是首次对马克思文本（1888年至20世纪30年代期间被以各种方式译为英文的马克思的文本）进行真正全新的、逐字逐句的重新翻译的译本。20世纪60年代以后出现了一些新译本，这些新译本在翻译上已经与以前的版本有所不同，但我认为这些新译本并非建立在译者认真研读原文（原文本身也发生了学术上的改变）的基础之上，并非着眼于当代读者来翻译马克思的思想。

这促使我回到伽达默尔/利科原理的实践含意问题，并关注对这一原理的某些后果做系统阐发的"读者反应"批判理论（"reader-response" criticism）在20世纪80年代的新发展。③ 解释是一种翻译，正是因为在任何一种解读活动中，读者都必须就文本所要表达的意思做出

---

① 参见 Paul Ricoeur, "Metaphor and the main problem of hermeneutics", in *A Ricoeur Reader: Reflection and Imagination*, ed. Mario J. Valdés (London: Harvester/Wheatsheaf, 1991), pp. 303 – 319.

② Karl Marx, *Later Political Writings*, ed. and trans. T. Carver (Cambrige: Cambridge University Press, 1996).

③ 参见 Jane P. Tompkins (ed.), *Reader-Response Criticism: From Formalism to Poststructuralism* (Baltimore MD: Johns Hopkins University Press, 1980); 也可参见 Terrell Carver and Matti Hyvärinen (eds.), *Interpreting the Political: New Methodologies* (London, Routledge, 1997), introduction.

某种判断，通常要把"作者想说的"或"文本对我所意味的"翻译成读者自己的语言。对文本的单纯复述（无论是背诵还是朗读）一般不被看作是理解的标志，也不被看作是读懂了文本的标志。这就是理解我的主张（解释是一种翻译）有道理的线索所在。读者并不是涵义的镜子或接受器（人们通常假定，构成文本的字面文字具有固定的涵义）。仅仅"下载数据"并不是"解读"，即使在十分典型的细小用法中也是如此：人们在理解和解释"停"这一标示牌时，总是结合自己所处的环境对其进行解释，借以判断各种行为的可行性：禁止大声喧哗，禁止通行，禁止扔酒瓶或子弹，等等。更复杂一些的文本只能使解读过程更加复杂，通常会涉及作者身份、意图、体裁、历史、文化和政治等问题。

就马克思的经典文本这一问题来说，作者身份、意图、体裁、历史、文化和政治这样的问题都引起了激烈争论。造成这种情况的原因之一是，某些经典文本（尽管实际上只有三大部著作）是由马克思和恩格斯合作完成的（在各种各样的"合作"的意义上）。因此，昆廷·斯金纳（Quentin Skinner）主张，作者的意图最终无法得知，因为即使是健在的作者在不同的时期也会以不同的方式来理解他们的著作，对他们的著作做出完全不同的解释。[①] 事实上，对同一文本始终做出同种解释的作者似乎是在否认一点，即随着世界的进步，读者（包括作者）会对文本有不同的理解，会从文本中引申出新的涵义。因此，后结构主义哲学引人争议地宣称，作者死了，把文本所可能包含的一切涵义置于读者的名下，这样，便造成了理解的多元化和作者的非权威化。

---

① 参见 James Tully (ed.), *Meaning and Context: Quentin Skinner and his Critics* (Cambridge: Polity Press, 1988).

赋予读者的这种自由也许并不像听起来那样是一种礼物，因为普遍存在的差异以及人们称颂的多元已经使一些读者（尽管不包括我）陷于困惑之中，他们渴望一种确定的意义世界——在这种世界中，作者知道他们想说的是什么，作者的文本所表达的仅仅是作者本人想要表达的意思，读者要么理解了作者的意思，要么没有理解。就对某一问题的理解来说，要有人告诉读者他们是否抓住了主题，要有足够多的评论人准备摆出权威姿态，甚至是著者的姿态，代表作者来对读者的理解做出判断。与此相对照的是，后结构主义的方法则不会如此局限作者的意图，它宣称每个人都是一位读者，因此，作者、评论者和读者都可以民主地对文本进行解释。我的理解是，所有这些读者都可以自由地商讨他们的不同理解（通过对话的方式），而且结果不会是形成一种被认为是权威的、最终的理解（尽管在某一点上很多读者恰巧会达成共识），而会是更多的差异。因此，在本文中，我想通过详细列举每一个马克思的读者所必须做的事情（即使读者对德语——的确，马克思偶尔也会用法语和英语写作；但这里我所关注的是德文文本——十分精通也是如此），来弱化解释和翻译之间的差异（人们假定解释和翻译之间存在差异）。

任何一个阅读马克思著作的读者都会形成关于作者的某种看法，如作者写作或出版这一著作（署了名的或未署名的）的意图，作者假想的读者群和当时的政治环境，以及包括"背景"（有关政治党派和相关人物的问题）和"前景"（foreground）——有关某些具体词汇当时可能指代什么（鉴于当时发生的事件以及当时的词语用法）以及不能指代什么的问题（鉴于期间穿插的其他时间和语言的转换）——的所有境况。

也可能形成相反的策略——另外一种解释方式，即假设该著作是读者本人所处时代的作品，假设读者从作品中可能获取的涵义与读者本人所处的环境、读者本人的对话群体以及政治相关。尽管只有少数读者能够完全不受作者和（假定的）作者所处环境的影响，能够顶住历史评论和历史研究（抨击这些读者弄错了时代，对历史全然"无知"）的压力，但是，这种方法至少有一个优点，即承认解释是一种当前的行为，一种为了当前目的服务的行为，承认代替已故很久的人来做解释（仿佛人们可以重新回到已故的人所生活的世界一样）是一种极为奇怪的想法，这种行为通常被认为是一种"考古"行为。我想，大多数读者实际上都同时采用了这两种方法，产生了复合性的结果。

我对马克思的解释也不例外。我把"背景"情境主义带到了我的解释之中，而且这些解释是有选择性地来自评论人，并且被用想像加以放大。但是，如果我认为这些文本对于今天的读者了解目前的状况没有什么启示的话，我就根本不会去读这些文本。这里所指的"启示"是一种关于政治（有意与马克思联系起来的政治）的个人建构，尽管这种做法有些不利。在符合学术上的诚实和常识上的诚实的前提下，我常常思考一个问题，即马克思这个名字是否是进行政治性写作的标志？综合考虑各种因素，我认为答案是肯定的（马克思是进行政治性写作的标志），但是，要想说服他人相信这一点，用我的话来说，不仅需要一种全新的新译本，需要对译文进行仔细推敲，而且还需要一种新的情境中的马克思。

所有这些都是翻译实践中会遇到的问题，或者说至少是我在翻译过程中所遇到的问题，我很高兴也很愿意承认这一点。然而，对于其他译者来说，我不确定事实是否也是如此：或者是他们意识到了"解读"过程的主动性、多面性，或者是他们意识到了这一点但不愿意公开承认。诚实地说，任何一位读者在构建一种解释时都会有自己的方式，而译文会突出读者进行解释的方式，因此，那些参与著作写作过程的读者实际上处于一种强势地位，他们会把自己的政治倾向带到著作中，也会通过著作来构建自己的政治众场。他们发现，自己好像变成口技表演者，能够让一个不会说话的作者说出他们想让"作者"说出的话。这就是在一般意义的翻译（如用另一种语言来对文本进行重构）过程中所发生的事情。

与其他形式的权力一样，译者具有的这种权力也具有潜在的建设性，而不仅仅是破坏性。我认为，与前几版英文译文（各种各样的版本）相比，我的译文避免使用那种既非英语又非德语的语言，避免使用那种笨拙的、冗长的辞句，那种僵化的短语和不恰当的比喻，以及不押韵的杂乱无章的句式，最重要的是，我没有把后来的哲学教义式的理解写入到先前的政治文本之中。另一方面，我通过保持马克思的句子长度（即使用德语标准来说，这种长度也是不多见的），通过领会马克思的思想（借助马克思用以写作的德语而不是英语中常见的或过去常见的某种语法结构来领会马克思的思想），使马克思听起来像一位外国学者。（在为当代学生读者塑造一个17世纪的英语文本方面，也应注意这些问题，在我看来，这也是一种广义上的翻译。）同样，我通过选用19世纪英语中常用的术语和措词来使马克思听起来更像"他那个时代的人"，但是我也时常会使用必要的词义转换，关于这一点，20世纪末的读者会有所体会（如下文中的"witchhunt"和"smear"）。因此，这里就有一个有待确定的问题，即究竟哪种英语是马克思所使用的英语，因为他是一位19世纪的德国人，在英国居住，作品面对的对象是国际上说德语的读者，并且期望作品能被译为其他文字出版。尽管我不想把马克思重新写为一位批判家，但我也不想让他给人一种另类和无法理解的"他者"的感觉。（毕竟，在我看来，马克思的著作所述及的问题仍然是马克思所处时代及马克思以后时代的读者所共同关注的一些问题，尽管这两个群体产生联想的全部领域并不相同。）事实上，那些坚持（不管我的观点如何）主张所有20世纪末的读者都会产生相同的联想，而且这反过来也适用于马克思所处时代的读者的人，目前已经很久没有和我们对话了。在以下部分中，我将列举几个例子来说明这些观点，然后对马克思以及翻译的技巧问题做出结论性的评论。

文本与译文

也许马克思名下最为著名的段落便是《共产党宣言》中开篇的那几个段落，权威的英语译文如下（由赛米尔·穆尔在恩格斯的帮助下于1888年翻译而成）：

一个幽灵（spectre），共产主义的幽灵，在欧洲游荡（haunting）。为了对这个幽灵进行神圣的围剿（exorcise），旧欧洲的一切势力，教皇和沙皇、梅特涅和基佐、法国的激进派和德国的警察，都联合起来了。

有哪一个反对党不被它的当政的敌人骂为（decried as）共产党呢？又有哪一个反对党不拿共产主义这个罪名去回敬更进步的反对党人和自己的反动敌人呢？①

首先，我要阐明人们深信的一种观点，即这一英文译本是神圣不可侵犯的，因为它的译者是翻译《资本论》的人、是马克思的朋友，且马克思40多年的政治伙伴亲自校阅过这一译本，而且即使译文中存在一些可以纠正的错误，纠正的时机也早已错过，因为在社会主义传统

---

① Karl Marx and Frederick Engels, *The Communist Manifesto*, in Marx and Engels, *Collected Works*, vol.6（London：Lawrence & Wishart, 1976）, p.481；参见《马克思恩格斯选集》第2版第1卷第271页。

中，这一译本已为大家所熟知，已经产生了很大的影响。换句话说，英文版的《共产党宣言》就是供英语读者阅读的《共产党宣言》，因此重新参照德文版原著无论如何都是一种误导。的确，我们有很好的理由牢记一点，即100年的文本史已经无法改变，而且事实上也不需要改变，但是我认为，在这一问题上，我们还需考虑其他一些相关因素，也就是说，英语版的《共产党宣言》没有必要只有一种，就像德文版的《共产党宣言》不止一种一样。然而，《共产党宣言》的出版史非常复杂，在这里不便展开，而且事实上就最早版本的顺序问题也存在大量质疑和争论，需要说明的是，在1848—1851年期间，共有两种版本的小册子形式的译本，而且自1872年以来，这两种版本的译本都已经用德文再版。① 在这些德文版本中，不仅有马克思和恩格斯以各种方式所作或授权他人所作（在某种意义上）的刊正和注释，而且还存在一些模棱两可的错误和改变（可能是印刷者的问题，也可能不是）。人们再也没有找到马克思的原始手稿和印刷者的副本。

换句话说，德文版的《共产党宣言》存在两个问题：一是它偏离了原稿，原稿本身在很多方面存在争议和缺陷；二是它取得了一种教义地位，被加上一些脚注和序言，以对人们所设想的它的永恒含义进行解释。任何一个看了最早版本（极为潦草的23页和30页的版本）的人都一定会惊异于它与19世纪90年代的版本的差异，在19世纪90年代的版本中，恩格斯加上了一些注释，以使《共产党宣言》中的思想与马

---

① 参见 Karl Marx and Fredrich Engels, *Das Kommunistische Manifest*, ed. Thomas Kuczynski(Trier, Karl-Marx-Haus, 1995), pp. 29 – 225；也可参见 Terrell Carver, "Retranslating the 'Manifesto': new histories, new idea", in *The Communist Manifesto: New Interpretations*, ed. Mark Cowling(Edinburgh, Edinburgh University Press, 1998).

克思对政治经济学的批判和对历史唯物主义概念（恩格斯所理解的马克思对政治经济学的批判，马克思的历史唯物主义概念，写成于马克思逝世7年之后）的阐述相一致。而马克思在1872年再版《共产党宣言》时则采取了完全不同的方法，指出，《共产党宣言》是一个历史文件，"我们已没有权利来加以修改"①。

我决定不再沿着恩格斯的方向继续走下去，我要创造另一种版本的英文版《共产党宣言》，一本基于1848—1851年版《共产党宣言》、不受恩格斯后来对文本所作限制（通过序言和以脚注形式所作的教义式的"更正"）约束的版本。我的目的就是呈现给读者一个基于最早版本的译本，以使读者感觉到作品本身与目前版本的巨大差异。我并不是说1872年后德文版和英文版的文本的发展在某种意义上是错误的，而是主张为读者提供一种小册子式的英文版的《共产党宣言》，一种突出《共产党宣言》的政治介入作用的版本。尽管我不否认研究马克思主义发展的重要性，但我并不认为这是走进文本的唯一途径，而且我主张，呈现给读者一种政治性更强、教义性更弱的英文版《共产党宣言》也是一种成就。这样做是否真的具有学术意义和政治意义还有待读者对此做出判断；但是很显然，我认为这种思路值得尝试，而且目前我当然也非常愿意这样去做。无论如何，如果我不这样去做，就不会有这样的英文版译文。②

因此，鉴于以上考虑，我在翻译这两个著名段落时又应该如何处理

---

① 《马克思恩格斯选集》第2版第1卷第249页。

② 哈尔·德雷珀翻译的"新英文版"《共产党宣言》与他称之为"1888年的权威英文版"的版本极为相近；如文中所述，我不认为1888年的版本是权威的版本，因此，我的新译本与德雷珀的译本极为不同。Hal Draper(ed.) *The Adventures of the Communist Manifesto*(Berkeley C. A. ,Center for Socialist History,1994).

呢？也就是说，应该如何解读这一文本呢？

一个幽灵，共产主义的幽灵，在欧洲游荡（stalks）。旧欧洲的一切势力（the powers that be），教皇和沙皇、梅特涅和基佐、法国的激进派和德国的警察，结成了神圣同盟对这个幽灵进行迫害（for a witchhunt）。

有哪一个反对党不被它的当政的敌人诋毁（smeared）为共产党呢？又有哪一个反对党不拿共产主义这个罪名去回敬（retaliate by slandering…with the stigma of communism）更进步的反对党人和自己的反动敌人呢？①

在以往的传统（traditional）译本中，"幽灵"（spectre），"游荡"（haunting），"神圣同盟"（holy alliance）和"驱逐"（exorcise）似乎都是相匹配的，遵循了鬼怪和幽灵的隐喻。在第二段中，"不被骂为"（has not been decried）的说法带有明显的由德文翻译而来的痕迹，而"回敬以……的罪名"（hurled back the branding reroach）自然可以归为我所说的（在我看来自然就是）那种既非德文又非英文的语言。我在翻译这些段落时所采用的方法是把它们看作一个整体论证，因为接下来的一行写道（就这一行的翻译而言，我同意以往的译法）："从这一事实中可以得出两个结论。"就整体论证而言，我认为这一小串的隐喻应该相互匹配，以整体的形象呈现在读者面前。如果动词使用"游荡"（haunting），那么主语也许就应该用"幽灵"（ghost），因为毕竟德语中的幽灵（ein Gespenst）既可以译为"spectre"，又可以译为"ghost"。令人遗憾的是，很难看出德语中的 geht um（一个不具有任何感情色彩的行为动词）一词和英语中的"haunting"一词有任何相似之处。显

---

① Marx, *Later Political Writings*, p. 1, pp. 51 - 52；参见《马克思恩格斯选集》第 2 版第 1 卷第 271 页。

然,"ghosts"应与"haunt"搭配,"spectre"应与"stalk"搭配,这样便维持了"幽灵游荡"("ein Gespenst geht um")中的头韵,尽管在英语中,相对于"到处走动"(go about)和"走来走去"(move about)这两个词来说,"stalk"一词不那么常用,带有一丝不祥的色彩;但另一种选择——"逍遥"(be at large)一词——将会造成不必要的语义含糊和啰嗦。

在我看来,"神圣同盟"似乎是一个合理的历史影射,因为尽管马克思提到了俄国的沙皇和奥地利的反动分子梅特涅,但即便是德文版的文本也没有从字面上建立这种联系。"神圣"与"Hetzjagd"相联系,指搜查(hunting)、追逐(coursing)、极力追捕(running to hounds)、疯狂猛攻(mad rush),等等。一场"Zeitungshetze"就是一场出版大战(压制的战争)。我并没有从字面意义上来翻译原文(字面意思是"神圣的联合起来共同搜寻幽灵")("bound together in a holy hunt for the spectre"),而是选择了"结成了一个神圣同盟对这个幽灵(共产主义)进行迫害"("are in holy alliance for a witchhunt")的译法,因为我认为,"迫害"(witchhunt)一词会给当代英语读者一种阶段性的故意造成政治恐慌的感觉,这样就使马克思的在场非常完美(已经达到了这种状态),使马克思的文本与现今的关系更为密切,而不是与过去的关系更为密切。

正如马克思的语言暗含着一种历史联想(他假定这种历史联想读者能够理解)一样,在我看来,也应该引入一种与马克思所述事件产生背景相似的历史联想(尽管就19世纪40年代来说,有些不合时宜),这种历史联想就是20世纪40年代末、50年代初的麦卡锡主义时期,在这一时期,一个类似的共产主义幽灵正笼罩着美国。沿着这一思路,想要创造一种有力的英语译本,我选择用"被诋毁为"(smeared)一词来取代"被骂为"（decried）一词（verschrieen 要比"decry"更为尖刻），选择用"retaliated by slandering…with the stigma of communism"来取代"hurled back the branding reproach"。在我看来，由于传统译本中的"围剿"（exorcise）一词暗含了一种擦去人们所具有的任何精神信念的含义，因此容易使人无法理解关于神秘力量的隐喻。这样，exorcise a spectre 就错误地解读了原文的意思；德语版仅仅说反动派联合起来"反对"共产主义。

我对这两个段落的重新翻译既不比先前的版本更侧重于字面含义，也不比它们更不侧重于字面含义。我的目标是创造一种思想连贯的、用现代英语写作的译本。然而，这里的思想并非指马克思的同代人在阅读马克思文本时进行的思考，因为在那时有多少读者就会有多少种理解。而且，今天的解释又会再一次的不同。然而，我认为，只有在文本的语义连贯（或至少要比英文版文本的语义更加连贯）的情况下，这些解释才有意义。这种连贯性大体说来（尽管不是全部）就是一个主语、谓语、宾语、时态和语序的问题。无疑，当隐喻、影射、头韵、双关和无数其他形式的修辞方式贯穿译文始终的时候，并非所有的修辞都在译者的掌控之中。当译者不能使这些修辞手段为"原始文本"中蕴含的涵义服务的时候，他们就不能译出一种读者能够读懂的译本，只能使读者得出一种结论（这一点在马克思的例子中体现的非常明显，人们往往断定他的作品具有重大的政治意义），即作者本身已经糊涂了。在这一点上，实际上翻译马克思文本的译者要负有很大的责任。

在这一方面，《路易·波拿巴的雾月十八日》最为典型。这一文本的叙述一直以其晦涩难懂而闻名，而且令人难解的是，马克思的学生似乎对那些复杂难懂的哲学著作（如马克思的《黑格尔法哲学批判》）以及《德意志意识形态》中精彩的论辩更感兴趣，而不关心诸如法国第二共和国和第二帝国这样得到很好记述的政治事件。即使在考察马克思关于政治立场和历史的大量结论（《共产党宣言》中有不小的篇幅涉及了这些结论，1859年《政治经济学批判》序言也部分地涉及了这些内容）正确与否时，也很少有评论者提到马克思对激动人心的革命事件以及令人痛心的倒退结果所做的详细评论。甚至恩格斯这位在1885年为《路易·波拿巴的雾月十八日》写序的人，在这一问题上也十分谨慎。一方面，马克思被限制到某种政治传统和学术传统框架中的做法与对《路易·波拿巴的雾月十八日》进行研究相抵触，另一方面，英语读者所能接触到的传统译本（指1897年美国版）非常糟糕，这一译本极为晦涩地表达了马克思不得不说的话。

无论如何，即使我们假设与《路易·波拿巴的雾月十八日》的出版年代（1852年）同时代的读者熟悉当前的政治环境，最初的小册子中也仍然会存在一些难以避免的解释（这里的解释指对文本的解读）问题，这种问题在它出版时（由纽约出版商出版）就已经存在了。马克思用德文写作了法国的事变，为了描述法国制度，马克思混合使用了德语词汇、德语中的法语外来语以及法语词汇。

与《共产党宣言》一样，《路易·波拿巴的雾月十八日》是马克思的著作中为数不多的在他生前再版发行的书籍之一（1869年，在政治局势发生极大变化的情况下，在汉堡再版发行）。鉴于德国民主党人（在这两个时期）理解的马克思对法国民主的"理解"与马克思本人的理解之间可能存在出入，英语读者（即英国人和美国人）的理解与德国民主党人的理解之间又会存在多大的出入呢？国会制度和议会制度并不十分相似，而且很难知道今天的英国读者和美国读者会如何理解以下概念："制宪议会"，"立法国民议会"，"议会"，"议会制共和国"，"资产阶级共和国"。在德国，民主制度只是在1848年至1849年间的很短的一瞬完全发展起来,到1852年时,完全意义上的代议制政府和责任政府就已经不存在了。与此相反,法国议会自1879年以来则有一个连续不断的历史,但这一议会史却是在不同的名号下、为了不同的目的、根据这些名号和目的进行制宪的议会史。因此,即使在法国政务中,议员究竟在做什么以及"人民"究竟在何种意义上通过议员进行统治也是不明确的。

当然,马克思最为关心的问题仍然是谁是在阶级的层面上真正的"人民"的问题,以及这一问题与选举权和不同的政府代言人所追求的政策之间的关系问题。任何一个研究当代英美"民主"文献的人都会立刻发现,尽管很少有人在这一问题的研究方面取得进展,但这一问题仍然是人们感兴趣的热门话题。事实上,在译文中我想要回避"资产阶级"和"无产阶级"这样的说法,因为在我看来,这种称呼有一种博物馆以及博物馆中十分罕见的马克思主义党羽的味道。"有产阶级"或"商业阶级",和"劳动阶级"或"工人阶级",也许更能准确表达马克思的意思,鉴于此,我向有关专家(与重译有关的专家)提出了这个建议,但是被驳回了;我认为我正在赢得另外一场战役,为了巩固我的成果,在这一问题上我做出了让步。总之,我主张,在《路易·波拿巴的雾月十八日》中,马克思仍然要比他的时代进步大约150年,因此,我们不能认为,今天的英美读者很容易理解马克思用术语所做的讨论,更不能认为他们能够轻松理解马克思对早已被遗忘(即使在法国也是如此)的政治人物所做的尖刻讽刺。对人们所熟知的政治背景(尽管人们可能不了解其中人物的名字和制度的名称,但应该了解当时的政治背景)的尖刻批判构成了《路易·波拿巴的雾月十八日》一书的大部分内容,但在以往的英文译本中,很难看出这一点,而这种译本已经有100年的历史了。

马克思进行无情讽刺的一个最好的例子在传统的英文版译文中保存了下来。马克思公开指责那些"秩序党"人,认为他们是反民主行为的同谋,尤其是路易·波拿巴独裁利用共和国总统职权的帮凶,而这种独裁行为直接导致了1851年12月2日的政变。实际上,在1851年12月2日,共和国已经被推翻,路易·波拿巴在次年宣布复辟帝国的道路已经敞开。马克思毫无保留地写道:

当**秩序党**还只是内阁而不是国民议会的时候,它就这样玷污了**议会制度**。而当1851年十二月二日政变把议会制度逐出法国的时候,它就叫喊起来了!我们祝议会制度一路平安!①

然而,除了这一点外,在公认为权威的译文中,其他地方的表述几乎都没有达到这样的清晰程度。从上文的论述来看,由于我认为每位读者在解读文本的涵义时都会得出"不同的观点",因此我的观点似乎是,不存在"清晰"这一概念,实际上,事实并非如此。读者从文本中获取信息的"不同"是一回事(如果这种"不同"带来了有意义的对话),构成文本的句子语义模糊是另一回事。在我看来,人们所熟悉的英文版的《路易·波拿巴的雾月十八日》就属于第二种情况,文中的英语措辞有待提高只是其中的一个原因(在我看来,《路易·波拿巴的雾月十八日》的传统译文中存在的问题与《共产党宣言》开篇段落中存在的问题一样)。然而,《路易·波拿巴的雾月十八日》一书的叙述本身采取的就是将许多清晰表达的思想复杂地交织在一起的叙述形式。这些思想既涉及细节的复杂性(就人物和事件而言),也涉及作者

---

① Marx, *Later Political Writings*, p. 1, pp. 51 – 52;参见《马克思恩格斯选集》第2版第1卷第606—607页。

语气中各种程度的反讽。正因为此,在把马克思的思想前后一致地表述出来时犯的任何一个小错误,都会使原本复杂的文本更加晦涩难懂,使读者更加难以跟上作品的思路,了解叙述的内容。这样,就会出现语义模糊的情况——"'雾月'就是法国革命日志中有雾的那个月"这一表述就是一个极大的讽刺。

我们列举几个例子来说明这一过程——传统译文中偏离原意的情况——是如何发生的,但是我强调,在解读《路易·波拿巴的雾月十八日》的过程中,这一结果是累加的结果,我以读者的推断为例来说明这一结果。我想,本文的读者中,至少有些人在读完《路易·波拿巴的雾月十八日》之后会产生一种疑问,即:"从哪里起,我开始读不懂了?"

在如何论述复杂的历史这一问题上,传统译本试图采取脚注的形式,而在我的译本中,我不会这样做(这一点令我十分欣喜),因为脚注会打破叙述的连贯性。为了在不破坏行文流畅性的情况下展现马克思论证的力量,我试图让读者了解事件的精确的先后顺序(马克思运用不会影响句子流畅性的方括号来明确事件的先后顺序),让读者了解其他的细节信息(如人物或事件)。同样,我知道,这种方式并非对每位读者都适用,但是我将其作为我的整体战略的一个补充(我的整体战略是清楚、简洁、明了地理解这位精湛的德国作家的经典著作中的每一句话,但遗憾的是,我低估了这样做的难度)。

传统英文译本往往句意含糊,只有进一步明确句意才能领会马克思的主旨。我们可以将死板、平淡的传统译文与鲜明、有力的新译本做一对比:

> 所以,当自由这个**名字**(name)还备受尊重,而只是对它的真正实现(its actual realization prevented)设下了——当然是根据合法的理由(of course in a legal way)——种种障碍(prevented)时,不管这种自由在**日常**(in actual life)

的现实中的存在怎样被彻底消灭（however mortal the blows dealt to its existentence），它在宪法上的存在仍然是完整无损（intact）、不可侵犯的（inviolate）。① （传统译文）

所以，当自由在名义（nominally）上还备受尊重，只是它的真正实现受到了种种阻碍（its actual exercise is hindered）——以一种你认为完全合法的方式（in a very legal way you understand），那么不管这种自由在日常生活中的存在在多大程度上被扼杀了（however much its commonplace existence is murdered），它在宪法上的存在仍然是未受损害的（undamaged）、完好无损的（untouched）。② （新译文）

在读传统的译文时，人们有时会想：究竟发生了什么？

因此，他们（共和派立宪主义者）仅仅是在做一种无力的尝试，试图在他们成为议会中的少数派时（他们现在已经预感到这一点）仍然能够行使目前他们拥有的这种权力（一种即使是现在——当他们还在议会中占多数并且握有一切政府权力手段时——也已经慢慢地从他们软弱的手中滑走的权力）。③ （传统译文）

解决这一问题并不困难：

还在他们（共和派的立宪主义者）在议会中占多数并且握有一切政府权力手段的时候，他们就已经预感到了自己成为议会中的少数派的那一天，试图在

---

① Karl Marx and Frederick Engels, *The Eighteenth Brumaire of Louis Bonaparte*, in *Collected Works*, vol. 11（London：Lawrence & Wishart，1979），p. 115；参见《马克思恩格斯选集》第 2 版第 1 卷第 598 页。

② Marx，*Later Political Writings*，p. 43.

③ Marx and Engels，*Collected Works*，vol. 11，p. 117；参见《马克思恩格斯选集》第 2 版第 1 卷第 600 页，与中译文有出入。

那个时候仍然能够行使目前他们所拥有的权力（一天天地从他们软弱的手中滑走的权力），但这只能是一种无力的尝试。①（新译文）

总之，我的观点是，在读过两三个这样的段落之后，马克思复杂的思想愈发模糊了。马克思是在嘲笑国民议会的天真，痛斥波拿巴的品质，揭露想要成为独裁者的这个人——波拿巴——的狡诈。而下面的第一个段落（传统译文）完全没有体现出这一判断的所有这些重要方面，没有体现出这些重要方面与叙述的力量之间的关系，而第二个段落（新译文）却做到了这一点（我希望如此），在第二个段落中，我不但使句式更加工整，而且用现代语言代替了19世纪90年代末那种古怪（如"rascally"）且模糊（如"review"）的语言。

传统译文如下：

> 波拿巴是一个浪荡人，是一个骄横的流氓无产者，他比无耻的资产者有一个长处，这就是他能用下流手段进行斗争。现在，在国民议会亲手帮助他顺利地走过了军人宴会、阅兵、十二月十日会以及违犯刑法典等几处很容易滑倒的地点以后，他看到，他可以由伪装的防御转为进攻的时刻已经到了。②

新译文如下：

> 波拿巴是一个浪荡人，一个不知廉耻的盗贼，因此，与资产阶级腐败分子相比，他有一个优势，即他能用下流手段进行斗争：一旦国民议会帮助他顺利地躲过了军人宴会、阅兵、十二月十日会和最终的刑法的制裁（背叛罪），他看

---

① Marx, *Later Political Writings*, p. 45.
② Marx and Engels, *Collected Works*, vol. 11, p. 157；参见《马克思恩格斯选集》第2版第1卷第643—644页。

到,他可以公开进攻的时刻已经到来。①

这就提出了一个至关重要的问题,即英文版的马克思原著(原著中所揭示的问题仍是今天的热点问题)面对的读者群是谁的问题。面对的是19世纪50年代的英语读者,是19世纪90年代的读者,抑或是当今的英语读者?我的主张是,应该有一个供当今英语读者阅读的译本,一个建立在对历史文献(必然是一种历史文献)进行翻译基础之上的译本,这种主张为我的下述观点提供了支持,即译本应该向读者传达以下信息:

- 马克思是一位19世纪50年代的政治作家;
- 马克思是一个德国人;
- 马克思是一个有自己独特风格的作家;
- 马克思是一个作品被不断再版、不断译介的"晚期维多利亚时代"的人;
- 马克思是他那个时代以及我们这个时代愤怒地写小册子的人。

在我的《路易·波拿巴的雾月十八日》的译文中,我使用了某些19世纪90年代所没有的词汇,当然也是19世纪50年代所不使用的,而且我的译文中的暗指是专门为当代读者服务的。在我的译本中,我假定马克思仍然在为活着的人写作——确切地说是为了唤醒他们。

从严格意义上来说,作者和译者都无法控制读者(复数)从他们的出版物中所读取的信息(复数)。此外,书籍的出版都会有一定的目的性考虑,因为读者不仅会就这些著作得以出版和再版的原因、著作写成的年代等问题做出自己的判断,而且在他们读这些著作的原因、目的

---

① Marx, *Later Political Writings*, p. 86.

等问题时也会有自己的看法。正是从对过去的理解中,现在被各个个体不断地构建出来,而对过去的理解又大多源自于一些常见的材料。因此,重读这些材料是有意义的,因为在重读这些材料的过程中,会获取新的涵义。就重新翻译这件事来说,各种各样版本的马克思已经够多了,实际上已经过多了,但是,却需要一个考虑到所有解释背景的版本。这种版本的译本有一个读者群,因为英语已经发展了,政治已经改变了——尽管重新解读马克思之后,可能发现并没有太多的改变。

(江洋 编译)

未完成的经典：马克思和其他社会科学经典作家的编辑语文学现状[*]

〔德〕格拉尔德·胡布曼

[摘 要] 文章提出了今天应当如何理解经典（或经典作家）的问题，回溯了黑格尔、马克斯·韦伯、尼采、雅各布·布克哈特等人的著作编辑史，把恩格斯对马克思《资本论》第2卷和第3卷的编辑置于这一背景之下来理解；以《德意志意识形态》和《资本论》手稿为例，阐释了《马克思恩格斯全集》历史考证版（MEGA²）不同于马克思恩格斯著作集版本的特点，并论述了MEGA²第四部分即笔记和摘录卷的学术价值；最后论述了自己对什么是经典（或经典作家）这一问题的理解。

---

[*] 本文选自《马克思主义与现实》2014年第1期。作者工作单位：国际马恩基金会、德国柏林—勃兰登堡科学院MEGA工作站。

原题注：2011年为庆祝国际马克思恩格斯基金会（IMES）主席赫尔弗里德·明克勒（Herfried Münkler）教授60周岁，德国柏林的科学院出版社出版了纪念文集《观念政治：历史局面和当下冲突》(Ideenpolitik. Geschichtliche Konstellation und gegenwärtige Konflikte)。国际马恩基金会秘书长、德国柏林—勃兰登堡科学院MEGA工作站负责人格拉尔德·胡布曼（Gerald Hubmann）博士在文集中发表了题为《未完成的经典：马克思和其他社会科学经典作家的编辑语文学现状》的文章。本文经作者授权发表，译者徐洋为中央编译局马列部编审，校者李朝晖为中央编译局马列部译审。

[**关键词**] 经典作家　最初版本　历史考证版　编辑语文学　马克思

明克勒不久前在一篇介绍15年来由他领导并负责的《马克思恩格斯全集》（MEGA^2）的短文中，越出直接的论述对象，就他对经典作家（Klassiker）的概念和地位的理解作了极富启发性和非常值得注意的阐述。① 该文指出，经典作家最重要的标志就是，他们并不只局限于某一特定的历史环境内，人们能够超越时代对他们发生兴趣，重新发现他们，对他们作出不同的解释。这一点对如何编辑出版他们的著作产生了影响：对于具有重要历史意义的著作家的接受来说，他们著作的第一个版本具有头等重要的意义；同时，由于历史考证版的发掘工作，即阐述文本的形成过程、历史背景、思想文化环境和各种概念，经典作家仍然是值得探究的："人们可以把下面这一点称作经典作家著作的历史考证版在编辑出版上的悖论：由于历史进程而产生的距离为历史上已经成为过去的文本开启了现实化的可能性，即同当下联系起来的可能性。"② 这一论点对于理解现代的经典作家著作编辑出版史来说具有重要意义。本文就是从这一论点出发进行阐述的。首先，对编辑出版重要著作家著作的动机和做法进行对比和回顾是非常必要的；其次以《马克思恩格斯全集》历史考证版为例说明现代的历史考证方法的特点和潜能；最后对历史考证版对于理解经典作家概念［Klassikerbegriff，亦可作"经典概念"。——译者注］所产生的影响提出看法。

---

① 〔德〕明克勒：《从柱顶圣人到经典作家》，载《马克思主义与现实》2013年第5期。

② 〔德〕明克勒：《从柱顶圣人到经典作家》，载《马克思主义与现实》2013年第5期。

一

明克勒强调指出，经典著作同接受者之间的疏远断裂，既由于历史考证版而产生，也由于历史考证版而克服。而这种状况同传统看法差别极大：作为哲学阐释学意义上的经典作家，正如伽达默尔在他的著作《真理与方法》中阐述的，其著作必须拥有"不受时间限制的当代性"，因为它们在其"直接的言说力量"中无限流传下去。然而这一经典作家概念不应当非历史地去（错误）理解，因为经典著作就是一种"优秀的历史存在方式本身"，这是由于经典著作的真理性正是作为一个"历史的流传过程"体现出来的。① 对于这种理解极为重要的是这样一种观点：同经典的"言说力量"的沟通尽管是通过阐释传达出来的，但是这种沟通根本说来无论是在感知上还是在认知上都是不间断的。显而易见，这种保守的模式有助于经典的形成。

因此，19 世纪和 20 世纪早期的不具原创性的古典主义就已经把下面的事情当作首要的任务：用纪念碑式的版本来向文学上的和哲学上的经典作家致意；在席勒和歌德那里，由于时代性质，常常还要编辑"国家版"（Nationalausgabe）②。这样，编者认为他们的任务不仅仅是把伟

---

① Hans-Georg Gadamer, *Wahrheit und Methode*, *Grundzüge einer philosophischen Hermeneutik*, 4. Aufl. Tübingen 1975, 271 – 274。伽达默尔的这一界定并不仅仅涉及学术地位很高的德国唯心主义，本文后面的论述表明，在马克思那里也能找到非常类似的观念。

② Siehebeispielsweise Friedrich Schiller, *Werke. Nationalausgabe. Im Auftrag des Goethe-und Schiller-Archives, des Schiller-Nationalmuseum und der Deutschen Akademie*, hrsg. v. Julius Petersen u. Gerhard Fricke, Weimar 1943ff; Johann Wolfgang von Goethe, *Werke*, hrsg. i A. d. Großherzogin Sophie von Sachsen, Weimar 1887 – 1919.

大作家的著作予以发表，而且要以完成的和完整的形式发表。撇开很容易就可以想见的编辑歌德、席勒等伟大作家著作版本时的文化政治和国家政治背景不说（海尔曼·格里姆在索菲版的前言里说，歌德的著作属于"德意志民族最珍贵的财富"之列，魏玛版应当被视为"精神根本改变的里程碑"①），以下我们通过学术编辑史上的例子来说明当时版本的这个特点。

首先要谈到的是黑格尔。黑格尔在生前只发表了五部著作和一些文章，但在逝世后马上就由他的朋友和学生编纂了多卷本的著作集，这个版本的很大部分至今还是各种版本的基础。② 在这个版本中，很多今天看作黑格尔的原始文本的著作其实是由黑格尔的学生编制而成的。例如，黑格尔的《哲学史讲演录》由以下材料组合编成一部完成的文本：(1) 黑格尔自己撰写的文本，(2) 不同时期的不同学生作的听课笔记的摘录，(3) 黑格尔作为讲座基础的草稿、提纲。根据编者自己的说法，这一编制工作应当不为读者觉察到，"整个著作仿佛是从作者的精神产生出来的，就像一次浇铸成型的产品"③。与此类似的还有黑格尔的三卷本《美学》，该著作不仅由各种听课笔记和黑格尔的各种草稿编成，而且编者古斯塔夫·霍托还同时把自己的重要美学思想编了进去。

按照可能最熟悉黑格尔文献的瓦尔特·耶舍克的说法，朋友协会版本完全是在一种"明显是出于观念政治的选择"的驱动下编辑出版的，这种观念政治选择就是："使逝者的声音在同时代人的争论当中获得有

---

① Goethe, Werke, Bd. 1., XV, XVI.

② Georg Wilhelm Freidrich Hegel, *Werke*, *Vollständige Ausgabe durch einen Verein von Freunden des Verewigten*, 18 Bde., hrsg. v. Philipp Marheineke et al., Berlin 1840ff.

③ Zit. n. Dietmar Köhler, "Hegels Vorlesungen über die Geschichte der Philosophie. Anmerkungen zur Editionsproblematik", in *Hegel-Studien*, Bd. 33, Hamburg 1998, 58.

效地位。"① 因此，编者努力的方向就从哲学兴趣转移到"黑格尔体系的思想内容的完成上"，"不容许有任何的内在缺陷，甚至不容许有任何内部的矛盾使该体系的完整性受到质疑"。这种"固定于最终有效的体系形式"的做法使得黑格尔早期和耶拿时期的全部手稿的编辑出版都成为牺牲品；而在黑格尔思想中具有中心地位的讲演录——它的第一次发表正是这个版本的贡献——，则以上述有缺陷的形式，即以对研究结果的完成了的阐述的形式出版。编者"执意"要在自己的版本中提供的，不是黑格尔哲学的光秃秃的纲要，而是黑格尔哲学的制定完成的体系；然而这样做恰恰没有达到他们的目的，因为作为黑格尔著作的不可分割的一部分的过程思维，推动黑格尔不断改变他的观念的过程思维，被消灭了。② 只有不是受利益驱动、而是根据纯粹专业的即编辑学标准编辑的新的历史考证版③（这种版本展示了黑格尔的真实文本，其中的不一致也体现出来），才提供了通向黑格尔思维的康庄道路。

从 20 世纪也可以挑选出一个情况类似的例子：马克斯·韦伯及其主要著作《经济和社会》。这位现代社会学家的主要著作并不是他自己发表的，他只是在 1910 年以后撰写了一些草稿，但并没有形成定稿；这些文本是在他逝世后由他的妻子组合在一起，并起了这个众所周知的题目予以出版的。在玛丽安娜·韦伯之后，约翰内斯·温克尔曼也在他的版本中试图把《经济和社会》表现为一部完成的著作，他重新组织

---

① Walter Jaeschke,"Die Kunst der Hegel-Edition", in *Hegel-Jahrbuch* 2000：*Hegels Ästhetik. Die Kunst und die Politik-die Politik und die Kunst*, Berlin 2000,302.

② Walter Jaeschke,"Die Kunst der Hegel-Edition", in *Hegel-Jahrbuch* 2000：*Hegels Ästhetik. Die Kunst und die Politik-die Politik und die Kunst*, Berlin 2000,303.

③ Georg Wilhelm Friedrich Hegel, *Gesammelte Werke*, hrsg. v. d. Nordrhein-Westfälischen Akademie der Wissenschaft, Hamburg 1968ff.

了章节，增加了标题和段落，把至少三个写作时期的材料综合到一起。因此，《经济和社会》的迄今仍然广为传播的、为韦伯的经典作家地位和其著作列入经典做出巨大贡献的版本，其实是不真实的蒙太奇剪辑版本。这一点现在通过《马克斯·韦伯全集》的文本考证工作已经充分展现出来："本《全集》不可能提供任何完成的、为适合阅读而制造的主要著作，而玛丽安娜以及在更大程度上约翰内斯·温克尔曼曾经就是这样指望的。"①《马克斯·韦伯全集》放弃了完成的著作的观念，也放弃了重构完成的著作的尝试，它的做法是在第一部分第 22 卷的按主题编辑的各个分卷中收入韦伯留下来的各种文本②；此外还在第一部分第 23 卷收入韦伯尽管没有完成、但是经他审阅可以付印的文本："经济和社会。社会学。1919—1920 年，未完成的文本。"

黑格尔、马克斯·韦伯等等一系列著作家，他们的"经典"著作是通过后来的编者编成的，而现在则通过——人们也许可以这样表

---

① "Die Edition von Wirtschaft und Gesellschaft", in *Max Weber Gesamtausgabe*, Bd. I/24, *Wirtschaft und Gesellschaft. Entstehungsgeschichte und Dokumente*, hrsg. v. Wolfgang Schluchter, Tübingen 2009, v. a. 110f.

② 见《马克斯·韦伯全集》第 22 卷第 1—5 分卷，编者加的标题是《经济和社会。经济和社会秩序和各种力量》，迄今已有如下分卷：第一分卷，共同体，Wolfgang J. Mommsen 编，2001 年；第二分卷，宗教共同体，Hans G. Kippernberg 编，2001 年；第三分卷，法，Werner Gephart 编，2010 年；第四分卷，统治，Edith Hanke 编，2005 年；第五分卷，城市，Wilfried Nippel 编。

述——历史考证版的语文学上的解构主义①回归到它们的真实形态,这些著作家就这样继续流芳后世。也许特别应该回忆一下的是尼采以及伊丽莎白·福斯特-尼采对尼采的文本所进行的伪造:她最终用《权力意志》这个标题出版了尼采的主要著作,这部著作产生了灾难性的传播史,然而尼采既没有想写这样的著作,也从未撰写这样的著作。在尼采这个案例里,实质是蓄意作伪,以致马志诺·蒙提纳里在初步检查了尼采的遗著后就断定:"对于尼采的遗著,我们需要一个全新的文本。"②只是现在正在出版的历史考证版才以真实的形式发表了尼采的以片断形式存在的文稿,而蒙提纳里和科利还曾试图从他们发现的文本里编出可读的文本。最后还可以举出雅各布·布克哈特的例子,他的主要著作《世界历史沉思录》是他的侄子雅各布·奥里从他"关于历史研究"的

---

① 这个概念在这里不是在德里达的解构的意义上,而是在编辑出版的意义上作为"编纂"(Kompilation)的反概念来使用的。因为编辑出版上的解构不可能放弃作者以及对作者行为的理解(重构异文、编页码等等),而只是在如下意义上消解文本:消除不可靠的编纂。对于编辑出版来说,单个的、真实的手稿和刊印稿应该具有超验的地位。然而在注释方面——考虑到潜在的不会停止的评注——却可以表现出亲合性(Hans Ulrich Gumbrecht, *Die Macht der Philologie. Über einen verborgenen Impuls im wissenschaftlichen Umgang mit Texten*, Frankfurt a. M. 2003,82ff)。还可参看德里达有关"从哲学——语文学上回归马克思"的思考,in *Marx Gespenster*, *Der Staat der Schuld*, *die Trauerarbeit und die neue Internationale*, Frankfurt a. M. 2004,52f.

② 引自 Rüdiger Schmidt,"被背叛的思想。尼采最初是如何被伪造的,后来又是如何被重构的",in *Süddeutsche Zeitung*,24./25. November 2001,16。还可参看 Henning Ritter,"世上再无危险的尼采。他的著作的出版者走的一着妙棋",*Frankfurter Allgemeine Zeitung*,19 März 2002,L26.

讲义中编成的，未经作者认可以这一标题发表。①

总之可以断定，社会科学领域的经典著作常常是通过旧式的版本造成的。编者旨在通过自己的编辑工作提高作者的传播力和影响力，这是造就经典的主要动机之所在。在当时显而易见的文化的和政治的世界图景的历史背景下，这样做也是可能的。当时的世界图景使编者认为，剔除掉不一致的内容，把没有完成著作——或者像在黑格尔那里是没有完成的体系——按照推测出的作者的意图编辑成完成的著作或体系，从方法论的角度来说是理所当然的。

众所周知，在编者恩格斯那里这一点也是理所当然的。恩格斯编辑了《资本论》第2卷，完成了第3卷，从而促使读者产生这一印象：这完全是马克思制定出来的最后的形式。② 此外，恩格斯的同时代人韦尔纳·桑巴特还认为：恩格斯在他的编辑工作中过于严谨，要是他对马克思的手稿进行内容上的加工，把它作为《资本论》第3卷出版，从而减轻读者的阅读负担，那就更好了。③ 这种想法也是后来马克思著作编辑工作的立足点，其中可以举出《德意志意识形态》的例子：出于政治原因，把以片断形式存在的手稿编纂成"大作"，据说马克思恩格斯

---

① Siehe Jacob Burkhardt, *Werke. Kritische Gesamtausgabe. Bd.* 10; *Aesthetik der bildenden Kunst. Über das Studium der Geschichte. Mit dem Text der "Weltgeschichtlichen Betrachtungen" in der Fassung von* 1905, a. d. Nachlass hrsg. v. Peter Ganz, Basel 2000; 在该卷中，不仅布克哈特遗著中的讲稿以其真实的形式记录下来，而且本身具有自己的影响史的《世界历史沉思录》也重新刊印出来。

② 现在，不仅马克思《资本论》第2卷和第3卷的手稿，而且恩格斯编辑的刊印稿，都发表在MEGA²第二部分了，因此现在就有可能对马克思《资本论》研究所达到的高度以及恩格斯为读者所进行的编辑过程作出评判了。

③ Siehe dazu "Einführung", in MEGA Bd. II/14, 413, 428 passim.

在这部大作中已经"完成"了对历史唯物主义的"制定"。①

今天仍然广为传播的上面引证的《马克思恩格斯著作集》德文版（MEW）② 立足于一种对著作和编辑出版的幼稚理解，此外在马克思著作那里，这种理解受到政治—意识形态目标的支配。随着现代日耳曼语言文学编辑方法的发展及其在 20 世纪的确立，这种局面已经发生了根本的改变。新的编辑方法以对手稿的亲眼见证为基础，对文本的产生过程进行描述，从而真实地展现文本，并辅之以精确的日期考证、作者身份考辨以及对文献来源和历史背景的记录。这种新的编辑方法也进入对社会科学领域和哲学领域作者的编辑工作之中，并带来重要影响。因为这种编辑标准产生了独特的要求，发展出自身的逻辑，而这种要求和逻辑不知不觉化解了从外部指派给一部著作的（政治、学术政治）"功能"。③ 从黑格尔到尼采的新的历史考证版将对于上文提到的那些被编纂而成的版本具有极大的解构作用。这种语文学转变的研究会产生什么样的影响和收获，首先可以《马克思恩格斯全集》历史考证版（MEGA²）为例来阐述，最后再论述它对一般意义上的"经典"概念产生的影响。

---

① 《德意志意识形态》的编者在《马克思恩格斯著作集》（MEW）第三卷的《前言》就是这样说的，见该卷柏林 1958 年版第 VI—VII 页。

② Marx-Engels-Werke（MEW）习惯译为《马克思恩格斯全集》德文版；为与《马克思恩格斯全集》历史考证版相区别，本文按其字面含义译为《马克思恩格斯著作集》德文版。——译者注

③ Jaeschke, *Die Kunst der Hegel-Edition*, FN9, 305。可以第二个《马克思恩格斯全集》历史考证版（1975 年以后）为例来说明这种现代日耳曼语言文学编辑方法的自身动力。该版注释尽管打上了东柏林和莫斯科的马克思主义的党的研究院的编者的意识形态的烙印，但是就语文学领域而言，在文本展示方面却具有质量，因而 1990 年以后还可以继续推进。

二

至迟从20世纪30年代第一个《马克思恩格斯全集》历史考证版中断后,马克思恩格斯著作的编辑史体现出马克思主义阵营的为我所用、经文化、文本操控和文本压制的特点,这已经是众所周知,因此用不着重新详加描述。① 应当加以阐释的是新的、重新修订过的、以严格的语文学原则为基础的《马克思恩格斯全集》历史考证版(MEGA²)。② 在该版新的语文学范式之下,MEGA²体现出解构的特点。例如《德意志意识形态》就不再像迄今为止所做的那样编成完成的著作。在迄今为止的编辑工作中凭借编者的假设和解释编纂成《一 费尔巴哈》章并产生了各种不同版本的那些草稿、札记和誊清稿-片断,将第一次作为独

---

① 见于尔根·罗扬的内容丰富的阐述:"Edition im Spannungsfeld von Politik und Wissenschaft(Marx/Engels)", in Hans-Gert Roloff(Hrsg.), *Die Funktion von Editionen im Wissenschaft und Gesellschaft. Ringvorlesung des Studiengebiets Editionswissenschaft an der Freien Universität Berlin*, Berlin 1998;Gerald Hubmann, "Von der Politik zur Philologie:Die Marx-Engels-Gesamtausgabe", in Annette Sell (Hrsg.), *Editionen-Wandel und Wirkung*, Tübingen 2007.

② Siehe hierzu Gerald Hubmann/Herfried Münkler/Manfred Neuhaus, "'… es kömmt drauf an, sie zu verändern'. Zur Wiederaufnahme der MEGA", in *Deutsche Zeitschrift für Philosophie*, 49, 2. 2001.

立的文本展示出来，而且是按照作者将它们遗留下的样子编辑出来。①
与此相对，以前的各种版本大都打上了政治意图的烙印，即证明在《德意志意识形态》中对历史唯物主义进行了系统阐述。现在与此相反，凡是作者没有完成的东西，就不再加工或进一步组织。而在 MEGA² 第二部分发表全部流传下来的手稿、编辑稿和刊印稿之后，《资本论》也不再被看作完成的三卷本著作；语文学上的证据表明，可以说它是具有片断形式的草稿。研究工作不再像以前那样需要引证恩格斯编纂的刊印稿，现在研究者可以援引卷帙更为浩繁的（因而并非一目了然的）马克思的原始手稿群，这样就为重新接受马克思铺平了道路。②

但是语文学方法通向马克思著作的道路绝对不仅仅具有解构的特征，它在很大程度上也具有重构的特征。在仅仅收载马克思恩格斯一年时间（1855 年）的政论著作的一个 MEGA² 卷次中——将近 200 篇文章，其中多数是为《纽约论坛报》撰写的——，通过缜密的作者身份考辨确认了马克思或恩格斯的 21 篇新的文章。与此相反的是，在其他一些

---

① 参看《马克思恩格斯年鉴》2003 年卷，该卷专门收入《德意志意识形态》的文本片断：Karl Marx et. al., "Die Deutsche Ideologie. Artikel, Druckvorlagen, Entwürfe, Reinschriftenfragmente und Notizen zu I. Feuerbach und II. Sankt Bruno. Bearbeitet von Inge Taubert, Hans Pelger. Unter Mitwirkung von Margret Diezen, Gerald Hubmann und Claudia Reichel", in *Marx-Engels-Jahrbuch* 2003, Berlin 2004.

② Siehe Riccardo Bellofiore/Roberto Fineschi (Hrsg.) *Re-reading Marx. New Perspectives after the Critical Edition*, London 2009. 目前正在进行的将《资本论》手稿译成英文的工作在出版后可能会推进英美世界的接受。

著作中重新翻印的政论著作被明确认定不是马克思恩格斯写的。① 这就是说：由于编辑语文学的成果，著作概念本身也获得了新的轮廓。

另外一个通向马克思思想的新的维度是由 MEGA² 的第四部分开启的，该部分将发表马克思恩格斯的总计 220 册的摘录本和札记本。第四部分的规模同第一部分（著作卷）一样，都是 32 卷，但是出版的差不多都是迄今从未发表的材料。因为对马克思札记本、研究本和摘录本的分析利用肯定会提供新阐释的基础，所以该部分对于马克思思想的意义应该不亚于黑格尔的讲演录——将在全集中第一次用文本考证的方式进行展示——对于他的全部著作的意义。下面举几个典型的例子，可以说明对马克思摘录部分的研究阅读在多大程度上可以为改变有关马克思的观点提供动因。

首先要指出的是《政治经济学批判大纲》的《导言》的著名的结尾部分。② 马克思在这里碰到了唯物主义理论的一个问题，即"物质生产的发展例如同艺术发展的不平衡关系"问题。也就是说，艺术的"繁盛时期"同"社会的一般发展"即其物质基础"决不是……成比例的"。倒不如说上层建筑独立于基础而发展，有时候还正好相反地发展。此外还有第二个问题：为什么经典的艺术作品可以非历史地产生影响，正如马克思所写的，具有"永久的魅力"，为什么"人类童年时代"的

---

① Siehe Karl Marx/Friederich Engels, *Rußlands Drang nach Westen. Der Krimkrieg und die europäische Geheimdiplomatie im 19. Jahrhundert. Mit einem Nachwort von Lothat Rühl*, Zürich 1991；该书翻印的一些著作并不是马克思恩格斯撰写的。Siehe MEGA, Bd. I/14, 899。

② In MEGA, Bd. II/1.1；下面的引文出自第 44—45 页。[《马克思恩格斯文集》第 8 卷第 33—36 页。——译者注]

作品成为每一个时代的"规范和高不可及的范本"。①

  人们可以说,从马克思的反思里可以看到历史唯物主义理论如果说没有驳倒,那至少也是达到了它的界限。这不仅仅是由于几十年来国家马克思主义的(staatsmarxistisch)阐释机构没有能够对这一段话提出有说服力的解释。这首先是由于这一原因:人们在多数情况下没有注意到,马克思在上面有关艺术的表述中也指出,基础和上层建筑之间关系的问题决不仅仅存在于艺术领域,而且普遍存在于"实际社会关系本身内部"!② 辩证唯物主义观念的界限在这里——由马克思自己——清晰地表述出来了。就在这个地方,编辑语文学出场了。通过 MEGA 第四部分第 10 卷的编辑工作,克劳斯·佩措尔德指出,上述引证的马克思有关艺术和物质的不平衡发展和"人类童年时代"的观点,是从西斯蒙第和布特维克斯的著作摘引来的。马克思从西斯蒙第的文学史的结尾部分逐字逐句摘录了其概括性的结论,即古法语文学、意大利、西班牙和葡萄牙的文学的繁荣时期同各自社会的衰落时期恰好一致。发掘这一文献来源的意义在于,它表明《大纲》《导言》结尾部分的那些思考,大概并不是马克思的具有普遍意义的反思,实际情况是马克思在这里立足于文学史研究的成果,并把这些成果收入自己的著作。然而这也说明,马克思能够指出历史唯物主义的问题或者说界限,因为他不是局限于经济学领域,而是——用现代术语来说——跨学科地进行研究。在 MEGA^2 第四部分首次提供的文献资料表明,马克思毕生对几乎全部学科

---

① 这里马克思碰到了本文开头阐述的伽达默尔对经典作家的理解。
② MEGA, Bd. II/1.1, 44; siehe auch Horst Bredekamp, "Die kunsthistorische Metaphorik der politischen Ökonomie", in Volker Gerhardt(hrsg.), *Marxismus. Versuch einer Bilanz*, Magdeburg 2001, insb. 270ff.

所进行的百科全书式的研究，也对他产生了跨学科的有益影响。这使得他的研究具有巨大的丰富性和创造性，即便历史唯物主义在这里遇到了它的界限。

再举一个例子。在马克思那里，"拜物教"这个概念同样不仅仅只是比喻，它还是宗教史研究的结论，特别是德布罗瑟《论对拜物教神的礼拜》的结论，这一点在马克思的摘录笔记发表以后就为人所知了。① 如果不追溯到这份摘录，哈特穆特·波麦对拜物教概念所作的启发性分析就是不可能的；而马可·伊奥里奥以为不知道这些摘录文本也能过得去，结果他的分析就离事实相去甚远。② 因为马克思从这些文献（而不是像伊奥里奥所说的那样，从费尔巴哈的宗教批判那里）获得的宗教社会学认识，为他在《资本论》里开启了新的分析潜能。因此正如马克思所描述的，我们"必须"（！）"逃到宗教世界的幻境中去"③ 揭露商品的"神秘性质"，而这表明，来自宗教神话的比喻在这里为对商品进行经济学分析提供了指导性的认识。MEGA²对文本发生过程的展示还能让人们注意到以前的阐释者大都忽视了的一个情况：马克思直到《资本

---

① 见 MEGA IV/1。

② Hartmut Böhme, "Das Fetisch—Konzept von Marx und sein Kontext", in Volker Gerhardt(Hrsg.) *Marxismus. Versuch einer Bilanz*, Magdeburg 2001; Marco Iorio, "Fetisch und Geheimnis. Zur Kritik der Kapitalismuskritik von Karl Marx", *Deutsche Zeitschrift für Philosophie*, 58, 2, 2010, insb. 248f.

③ Karl Marx, "Das Kapital. Kritik der politischen Ökonomie. ErsterBand. Hamburg 1872", in *MEGA*, Bd. II—6, 103. [参看《马克思恩格斯文集》第5卷第90页。——译者注]

论》第 2 版才增加《商品的拜物教性质》这一节①，并对这一中心论点大大作了深化。

对"社会形态"（Gesellschaftsformation）② 这一概念来说也是类似的情况。青年马克思感到唯心主义的 Gestalt 或 Gestaltung［均可作"形态"、"形式"解。——译者注］概念不能令人满意，在《经济学哲学手稿》中已经使用了"地球构造学"（Geognosie）这一概念，认为地球构造学是"说明地球的形成、生成是一个过程、一种自我产生的科学"。③ 地质学上的"层系构造"（Formation）概念毫无疑问推进了马克

---

① 请比较 MEGA 第二部分第 5 卷（《资本论》1867 年第 1 版）第 44 页以下和 MEGA 第二部分第 6 卷（《资本论》1872 年第 2 版）102 页以下，以及"对《资本论》第一卷的补充和修改"一览表（MEGA II/6 第 731 页以下）。以第四版为基础的德文版《马克思恩格斯著作集》（MEW）的使用者就不知道这些修改——除了马克思自己的提示（18）。

② 在马克思著作以前的中译文里，"ökonomische Gesellschftsformation"译为"社会经济形态"，这是受了从俄文转译的影响。现在的中译文已经改为"经济的社会形态"（参看卢晓萍《浅谈马克思的"经济的社会形态"概念》，载《马克思恩格斯研究》1994 年第 17 期）。但是据马克思经济学著作的主要译者之一张钟朴先生讲，改译"经济的社会形态"虽然恢复了德文原文的词序，但是仍然不能说现在的中文完全表达了德文原词的含义，因为构成"Gesellschaftsformation"即"社会形态"这一中心词的主干部分的"Formation"，在这里是在地质学意义上使用的，其含义是指地质学上的层系构造、岩层、地层。因此按照本文译者的理解，"经济的社会形态"在这里是指社会的发展进程在经济关系方面表现出来的层次结构。——译者注

③ In MEGA, Bd. I/2, 273. Siehe auch: Hans-Peter Jaeck,"Bemerkungen zum Ursprung des Marxschen Terminus Gesellschaftsformation", in Ernst Engelberg/Wolfgang Künttler(Hrsg.), *Probleme geschichtswissenschaftlicher Erkenntnis*, Berlin 1977, insb. 207ff. ［《马克思恩格斯文集》第 1 卷第 195 页。——译者注］

思"社会形态"（Gesellschaftsformation）术语的形成，要知道马克思曾对地质学进行过多年研究。① 在1881年致维拉·查苏利奇的信中，马克思明确地断定地质学层系构造和社会形态层系构造之间具有相似性："正像在地质的层系构造中一样，在历史的形态中，也有原生类型、次生类型、再次生类型等一系列的类型"。马克思在详细地阐述两者的相似性之前，首先在这里作了一个概括。②

这里以及其他更多的可以从摘录笔记部分，而且只能从摘录笔记部分援引的例子说明，事情并不是像人们常常说的那样，马克思用隐喻进行创作和论证，而是在马克思的隐喻的运用技巧之后，存在着一个对来自其他科学领域的概念进行认识和比较的过程，马克思把这些概念吸收过来并成效卓著地加以利用。"虚拟货币资本"（virtuelles Geldkapital）的概念也是如此，马克思从达朗贝尔的"虚速度"（virtuelle Geschwindigkeiten）引申出这一概念；同样，对机器构造和物理学的研究为他对社会机制的描述奠定了基础；在马克思那里是否真的存在从物的范式到力的范式的转变，也只有以他的摘录笔记为基础才能判定。③ 此外，面对马克思的自然科学研究人们可以提一个具有普遍意义的问题：马克思

---

① 马克思研究地质学的内容丰富的手稿将在 MEGA 第四部分第 26 卷中发表 [2011 年已经出版。——译者注]。

② Karl Marx, "Brief an V. I. Sassulitsch", in Marx-Engels-Werke, Bd. 19, 386. [《马克思恩格斯文集》第 3 卷第 581 页。此处在"历史的形态"一词之后还有一个编者注："'地质的层系构造'和'历史的形态'中的'层系构造'和'形态'，原文为'formation'。"——译者注]

③ 这是 Anson Rabinbach 的这本基础性著作的主题：*Moter Mensch. Kraft, Ermüdung und die Ursprünge der Moderne*, Wien 2001, 92ff。Rabinbach 所强调的对亥姆霍兹的这种形式的援引，在马克思那里并没有能够得到证明。

对化学①、生理学、地质学以及其他自然科学等等进行的长年研究是否表示马克思转向了新的方法论范式，即进行分析的实证科学的方法论范式。无论如何，马克思研究工作所具有的百科全书性和综合性，有助于使马克思的分析既惊人地简明，又惊人地丰富。尽管在这里常常很少做进一步的论述并具有片断性质，但是现在将以历史考证版的形式发表出来的涉及诸多学科的摘录材料和手稿材料，将为通向马克思的著作和思想开辟新的道路。

三

应当说现在已经明确，一种不提供真实文本的幼稚的编辑方法会产生误导作用。不仅仅对尼采来说是这样，他从未写过《权力意志论》。也许对于过去120年马克思著作的编辑和接受来说，更为适当的做法是：不是把《资本论》当作一部严密论证了资本主义世界崩溃的完成了的主要著作来表现和接受，而是把它当作一部光辉的、具有巨大的分析潜能的问题概论来表现和接受。其次要指出的是，在语文学优先权之下进行的马克思阅读，能够为理解马克思的著作开辟新的道路，为阐释马克思的著作提供新的视域。当然，正如已经指出的那样，这样一种阅读并不是轻松的工作，——正如汉斯·乌尔里希·贡布莱希特所说的："一种版本的语文学质量越高，受它影响的阅读（……）就越具有迷惑性、挑战性和复杂性。"②

---

① Siehe MEGA Bd. IV/31.
② Gumbrecht, *Die Macht der Philologie*, 135.

最后，还要研究一下这种——来自语文学上的解构和重构的——迷惑性对本文开头援引的经典作家的"经典"概念所产生的影响。至少对于这里提到的社会哲学领域的经典作家来说，鉴于语文学上的证据，以后人们再也不必从他们的完成的著作或前后一贯的思想体系的超越历史的"直接的言说力量"出发了。因此本文在这里建议，人们应改变一下视角，在确定经典属性时，较少着眼于以最终的形态出现的最后的著作及其确定的论点，而应当与此相反，要着眼于文本所开启的问题"域"（Problem — "Horizont"）（这里再次根据伽达默尔的话来表述）。这似乎回到了本文开头援引的明克勒对作为作者的经典作家的界定，即他们的思想并不只局限于某一特定的历史环境内。按照这一界定，马克思毫无疑问是第一流的经典作家。因为马克思开启了一个问题域，在这一问题域里，今天有如此不同的理论家如安东尼奥·内格里和迈克尔·哈特或者尼克拉斯·卢曼在进行研究，而不必认同马克思的答案（或者人们以前以为是他的答案的东西）。尽管卢曼在谈到马克思给出的回答时作出这样的结论："马克思没有答案，我们现在也没有任何答案"；但是在谈到马克思的分析潜能时卢曼①是这样说的："此外任何其他地方，可以肯定地说，无论是在自由主义那里，还是在复辟哲学那里，都没成功地对问题作过如此精确的剖析。"②

（徐洋 译）

---

① 此外 Luhmann 还在彻底研究马克思所摘录的对象。Siehe Fred E. Schrader, "An den Quellen: Niklas Luhmann trifft Karl Marx und bleibt ratlos", in Ursula Balyer et al. (Hrsg.), *Kein Nachruf! Beiträge über und für Götz Langkau*, Amsterdam 2003.

② Niklas Luhmann, *Die Wirtschaft der Gesellschaft*, Frankfurt a. M. 1988, 175.

近访《共产党宣言》中文本首译者陈望道的故居*

朱中龙

150年前的今天，即1848年2月，德国两位风华正茂、挥斥方遒的青年马克思和恩格斯，在其合著的《共产党宣言》中庄严地宣告："现代资产阶级所有制必然灭亡"①；"资产阶级的灭亡和无产阶级的胜利是同样不可避免的"②。共产党人的"目的只有用暴力才能达到"③。

150年来，尽管世界已发生了翻天覆地的变化，但我们今天重读《宣言》，仍然感到无限亲切。《宣言》对于我们今天观察分析社会变革时期的各种社会矛盾与问题，仍然具有重大指导意义，因此，坚持《宣言》所揭示的社会发展规律和认识社会、改造社会的基本原理，在实践中继续丰富和创造性地发展马克思主义，把建设有中国特色社会主义伟大事业全面推向21世纪，这是我们共产党人应当坚定的理论信念和担负的历史责任。

1848年2月底，《宣言》发表后不久，就相继被译成多种文字公诸

---

* 本文选自《马克思恩格斯列宁斯大林研究》1998年第3辑。作者单位：中共中央编译局。

① 《马克思恩格斯选集》第2版第1卷第251、261页。

② 《马克思恩格斯选集》第2版第1卷第284页。

③ 参看《马克思恩格斯选集》第2版第1卷第307页。

于世。正如恩格斯所指出的,《宣言》无疑是全部社会主义文献中传播最广和最具有国际性的著作,是世界各国千百万工人公认的共同纲领。①

可是,众所周知,《宣言》对我国人民来说,相见却很晚,直到它发表整整72年以后,才由陈望道译成第一个中文全译本出版。陈望道在其青年时代就接受了马克思主义新思潮,是中国共产党创始人之一,浙江义乌人。

义乌恰好也是我的故乡。值此《共产党宣言》发表150周年之际,恰逢《宣言》第一个中译本面世78周年之时,我满怀对革命先辈无限崇敬之情,千里迢迢回到故乡,特地访问了《宣言》中文本首译者陈望道的故居。故居位于义乌城西30里的分水塘村,建于清末宣统年间,是一幢坐北朝南的楼房,系院落式庭院建筑,共有九间房子,门外有个小花园。故居大门上高悬着两块匾额,分别写着"陈望道故居"和"义乌市爱国主义教育基地"光彩熠熠的大字,整个故居显得十分庄严肃穆。故居里的四周内墙上,悬挂着陈望道一生光辉事迹的图片或照片,他从青年时代起就追求光明、投身革命、为人类解放和进步事业而毕生奔波的情景,栩栩如生,历历在目。其中1961年5月1日毛泽东主席在上海接见陈望道的一张照片,特别令人瞩目。

我在参观陈望道故居的同时,还专门采访了几位革命前辈,他们都是陈望道的同时代人,又是他的亲属。这几位老人谈锋甚健,使我从中了解到陈望道生前一些鲜为人知的遗闻逸事。

陈望道1891年1月18日诞生在现存的这座九间楼房里。从6岁到15岁在村塾读书,16岁进县城绣湖书院学习,回村兴办村校一年,18

---

① 参看《马克思恩格斯选集》第2版第1卷第256页。

岁进金华府立学堂。接着，在上海补习学校、浙江之江大学学习，作出国留学的准备，1915年东渡日本留学，先后在东亚预备学校、早稻田大学、东洋大学、中央大学攻读。在日本留学的四年半中，他以惊人的毅力学完了法律、经济、物理、数学以及哲学、文学等多门课程。在留日期间，他结识了日本著名进步学者河上肇和山川均，向往俄国十月革命道路，开始接受马克思主义思潮。

1919年，国内兴起"五四"运动的风暴，这既是一场爱国运动，又是一场文化运动。为此，陈望道毅然回到祖国，应聘到当时被誉为我国东南新文化运动堡垒的浙江省立第一师范学校任教。那时，"一师"采取了"与时俱进"的进步方针，首创学生自治，职员专伍，改革国文教授，提倡新文学，倡导白话文，并且提倡思想解放，自由平等。当时，陈望道与夏丏尊、刘大白、李次九成了"一师"的进步力量的四位中坚人物，不但站在改革的最前列，而且设点销售进步书刊，因而被顽固保守势力视为"四大金刚"；反动当局给他们加上"非孝"、"废孔"、"共产"、"公妻"等等莫须有罪名，要把他们撤职查办，并且出动大批军警包围学校。反动当局这种倒行逆施的卑劣行径，遭到了校长和全体师生的坚决反对并提出强烈抗议。就这样，这次"一师风潮"得到了全国各地的声援，最后终于迫使反动当局收回成命。

"一师风潮"使陈望道受到了极其深刻的教育，使他深深体会到传播马克思主义的重要性和迫切性，一定要把它当作与旧制度作斗争的锐利思想武器。于是，陈望道就匆匆离开杭州回到故乡义乌分水塘村家中，潜心研究新思潮，悉心翻译《共产党宣言》一书。他的翻译工作就是在他出生的那座房屋里进行的，从1920年1月开始，到同年4月底脱稿。须知，当时的工作环境和工作条件都是异常艰苦的。一方面，山村的早春天气，春寒料峭，乍暖还寒，尤其到了夜晚，刺骨的寒风不时地透过四壁漏墙向他袭来，冻得他手足发麻。为了专心致志地翻译《宣言》，就连一日三餐和茶水都是由他母亲送的。夜以继日，笔耕不辍，一盏昏暗的煤油灯伴随他送走了120个漫漫的长夜，迎来了120个黎明的曙光。另一方面，在翻译过程中，几乎没有什么资料可供参考和查阅，因而只能根据日文本并参考英文本来翻译，而这两个蓝本还是由别人提供的。"雄关漫道真如铁"，他在翻译时攻克了一个又一个难关，硬是花了平时译书的五倍功夫，才把《宣言》全文译了出来。由于他在困境中勇于奋进和坚韧不拔，马克思主义著作的第一部中文译稿终于诞生了。

1920年5月，陈望道携带《宣言》中文译稿前往上海。到了同年8月，《宣言》的第一个中文全译本由马克思主义研究会（即上海共产主义小组，陈望道是该小组成员）列为"社会主义研究小丛书第一种"，首次在上海出版发行。《宣言》初版一经发行，立即受到广大知识分子的热烈欢迎，反响极其强烈。初版只印了1000多本，很快就销售一空。许多没有买到《宣言》的读者纷纷投书到出版社发行部，询问何处能买到《宣言》？何时再版出售？

为了配合马克思主义的宣传，《宣言》一次又一次再版，到了1926年已先后出了17版。当时，在国共合作的北伐战争时期，曾在军队里散发《宣言》，做到了人手一册。因此，《宣言》后来竟成了我国国内流传最广、影响最大的一本马克思主义经典著作。

《宣言》的第一个中译本，对于宣传马克思主义，推动社会主义运动在中国的蓬勃发展，都起了极其重要的作用，同时也为中国共产党的创建奠定了坚实的思想基础。许许多多具有激进民主主义思想的青年知识分子，都在《宣言》的影响下，逐步树立起马克思主义的坚定信念，终于成为共产主义的信仰者，当然《宣言》也成了毛泽东直接接受马克思主义的第一本书，并最终使他成了坚定的共产主义者。

1936年，毛泽东与不远万里第二次来华访问的美国著名作家和记者埃德加·斯诺在陕北根据地保安谈话时，满怀深情地指出："有3本书特别深刻地铭记在我的心中，建立起我对马克思主义的信仰。我一旦接受了马克思主义的信仰就没有动摇过。这3本书是：陈望道译的《共产党宣言》，这是用中文出版的第一本马克思主义的书；考茨基著的《阶级斗争》以及柯卡普写的《社会主义史》。到了1920年夏天，在理论上，而且在某种程度的行动上，我已成为一个马克思主义者了。"①不仅如此，到了1941年9月，毛泽东在《关于农村调查》一文中又一次强调指出："记得我在1920年，第一次看了考茨基著的《阶级斗争》，陈望道译的《共产党宣言》以及一个英国人写的《社会主义史》，我才知道人类自有历史以来，就是阶级斗争史，阶级斗争是社会发展的原动力，初步地得到认识问题的方法论。"②

由此可见，我国一批最早接受马克思主义新思潮的先进知识分子，通过辛勤劳动，把一些马克思主义著作以及有关著作介绍到中国来，这样就为广大先进的人们系统了解马克思主义创造了极其有利的机遇和条件，对中国革命建立了不朽的功勋！毛泽东先后两次满怀激情地提到陈望道翻译的《共产党宣言》对他确立马克思主义世界观、使他转变成坚定的马克思主义者的功劳，因而对陈望道充满感激之情，是顺理成章的！

鲁迅对陈望道翻译的《共产党宣言》十分赞赏，给予了应有的评价。《宣言》出版后，陈望道把中译本寄赠给鲁迅和周作人，并恳请他

---

① 《斯诺文集》新华出版社1984年版第1卷第135—136页。
② 《关于农村调查》人民出版社1978年版第2页。

们指正。根据周作人的回忆，鲁迅在收到《宣言》中译本的当天，就迫不及待地翻阅了一遍，并赞扬陈望道做了一件好事。鲁迅说："虽然译得不够理想，但总算译出一个全译本来了。"① 他还说："现在大家都在议论什么'过急主义'（指暴力革命。——作者注）来了。但就没有人切切实实把这个'主义'真正介绍到国内来，其实这倒是当前最紧要的工作。望道在杭州市闹了一阵（指'一师风潮'。——作者注）之后，这次埋头苦干，把这本书译出来，对中国做了一件好事。"②

《宣言》中译本的广泛传播，使马克思主义的敌人闻风丧胆，惊恐万状。他们机关算尽，对它进行抵制和破坏。当时，"在反动统治之下，马克思主义书籍是'禁书'。反动派常把读马克思主义的书和所谓'公妻'、'共产'、'洪水猛兽'牵连在一起，想以此来扼杀马克思主义。"③《宣言》的译者陈望道也因此一再受到威胁甚至迫害。尤其在1927年蒋介石发动"四·一二"反革命政变以后，《宣言》译者的头衔就成了敌人对其恣意威胁甚至迫害的一顶帽子。正如陈望道1973年5月11日在给读者的回信中所指出的："你们要知道我的遭遇，遭遇就是反动派在那白色恐怖时期把《共产党宣言》当作我的头衔，无论说什么动不动说《共产党宣言》译者陈……要你怕，要你不敢动。不过我这个人是不大知道怕的。我做过上海大学（1923—1927年中共在上海创建的。——作者注）教务长，上海大学就是培养革命干部的大学，有许多干部现在还健在。"④ 他还说："马克思主义是真理。

---

① 沈鹏年于1961、1962年访问周作人记录。
② 沈鹏年于1961、1962年访问周作人记录。
③ 《陈望道文集》第1卷第284页。
④ 郑振乾：《陈望道同志给我的一封亲笔信》，载于《浙江党史》1992年第5期。

真理总是不胫而走的……真理在无声地前进，没有办法阻挡马克思主义的发展和胜利。"①

为了不让敌人发现，《宣言》在其后来的再版过程中，除了用陈望道这个译名以外，还先后用了"佛突"（"望道"二字英译的第一个字母各为 V. T.）、陈晓风和仁子等等。出版地点也经常变更，例如用广州出版社，其实根本没有在广州印刷出版，无非是为了掩人耳目，以假乱真，避免敌人搜查而已。

如前所述，马克思恩格斯合著的《宣言》发表以后，很快就被译成许多种外文公诸于世，但恩格斯认为大多数都译得不如人意：有的版本译者竟把难译的句子删掉了，到处可以看到草率从事的痕迹；有的版本译得不够确切；有的版本零碎不完整；如此等等。因此，恩格斯严正地指出，翻译《宣言》是异常困难的。

可是，恩格斯在1890年5月满意地指出："1886年在巴黎《社会主义者报》上刊载了新的法译文；这是到目前为止最好的译文。"② 接着他还进一步强调说："到1888年终于出版了一种可靠的译本。这个译本是由我的友人赛米尔·穆尔翻译的，并且在付印以前还由我们两人一起重新校阅过一遍。"③

万事开头难，任何事情都是如此。陈望道是《宣言》中文全译本的首译者，积四月之功，竟初创之业，实属难能可贵。正如鲁迅所说："虽然译得不够理想，但总算译出一个全译本来了"，"对中国做了一件好事"。毋庸讳言，由于当时环境和条件的限制，《宣言》第一个中译

---

① 《陈望道文集》第1卷第284页。
② 《马克思恩格斯选集》第2版第1卷第262页。
③ 《马克思恩格斯选集》第2版第1卷第262页。

本出现这样那样的疏漏，在所难免，但毕竟瑕不掩瑜。当时，有些读者向有关部门询问《宣言》发行等情况时，一位名叫沈玄庐的编辑在报上公开答复说："……望道花了平时译书的五倍功夫，把《宣言》的全文译了出来，经陈独秀、李汉俊两先生校对，可惜还有一些错误的地方，好在初版已快售完，再版时我希望陈望道亲自校勘一遍！"①

对于《宣言》第一个中译本的不足之处，陈望道是有自知之明的，正因为如此，当有人写信向他索取旧译本《宣言》用以学习时，他并不因循守旧，故步自封，而是实事求是，直言不讳，在回信中坦诚相告："承索拙译《共产党宣言》，深知由于同志们热爱马列主义、热爱共产党之忱，感到无限亲切。……至于学习，我劝你们读新译本，新译本有马克思、恩格斯的许多篇序言，比旧译本完备得多。"② 实际情况正是如此，解放后，党中央专门成立了翻译马克思主义经典著作的机构，收集了大量有关图书资料，这一切都比陈望道当时的条件优越得多了；加之，如今翻译工作者们都深知身负的历史重任，对译文质量精益求精，当然，译文质量势必今胜于昔。

历史总是不停步地前进，并且不断呈现新的内容。陈望道翻译的《宣言》旧译本经历了国民党白色恐怖时期已散失殆尽。全国解放后，党中央虽派人到全国各地搜集旧译本，也只搜集到了七八本。旧译本已完成其光荣而伟大的历史使命，仅存的七八个旧译本作为珍贵遗物，现已被国内一些革命博物馆珍藏。

---

① 《陈望道传》1995年复旦大学出版社第39页。
② 郑振乾：《陈望道同志给我的一封亲笔信》，载于《浙江党史》1992年第5期。

陈望道说："一个人走路要走正道，不要去走那种偏道边道，哪怕明知前面有水坑、水洼，也要一直沿正道向前走下去。"① 他一生走过的路正是这样的，1977年10月29日，我国这位现代著名的思想家、社会活动家、教育家和语言学家，忠诚的无产阶级战士，因积劳成疾，与世长辞了！陈望道铜像已在复旦大学文科图书馆落成，他在义乌家乡的故居已成为义乌市重点文物保护单位、义乌市爱国主义教育基地。

---

① 浙江省义乌市教委编委会《德育基地读本》第5页。

我翻译《哲学之贫乏》的经过*

许德珩

我之翻译马克思《哲学之贫乏》一书，是在当时某些人宣传无政府主义言论的情况下，针对这股思潮而进行的。

事情要从1917年说起：1917年初，蔡元培先生到北京大学担任校长以后，聘请了清朝大学士李鸿藻的儿子李煜瀛（石曾）来北大教生物学，同时还聘请吴敬恒（稚晖）来当学监。这两个人都是无政府主义的鼓吹者。李石曾只来了一个很短的时间，吴稚晖来到学校，未正式任职，但无政府主义思想却由他们传播到了北大。

李石曾是1901年到法国的官费留学生。以后吴稚晖也从伦敦转到巴黎与李同住。在当时欧洲的无政府主义思潮影响下，他们开始实行一种"苦学之生活"，并组织中华印字局，先后编辑出版了《世界》画报、《新世纪》杂志等，以宣传无政府主义。1909年李石曾在法国巴黎开豆腐公司。后来，他们还办了一个刊物叫《旅欧周刊》，由褚民谊（后堕落为汪伪政权的汉奸）做编辑，专门介绍蒲鲁东、巴枯宁、克鲁泡特金等人的思想言论。他们在这方面的宣传活动十分活跃，由于当时中国的政治腐败，学生们的哲学社会科学思想的水平低，又有社会上的

---

* 本文选自《马列主义研究资料》1982年第5辑。

这些"名流"来鼓吹提倡，所以北大有一个时期倾向于无政府主义思想的学生还不少。其中最活跃的有凌霜（黄）、声白（区）、太侔（赵）等人。他们在当时都是主张不要国家，不要家庭的人，所以他们的名字上多半不冠姓。那时有些脱离实际的空想家，看不起学生爱国运动，以为爱国是落后的思想。我们组织的学生爱国会，就是因为这个原因改称为学生救国会。1918年5月21日，我们北京学生发动的向北洋政府当局示威请愿的运动，北大学生中，有无政府主义思想的人是不参加的。1919年春，"五四"前夕，北大学生会成立，北大参加学生救国会的全体成员都参加了这个组织。新潮社的成员以前是不参加学生救国会的，这时，在李大钊同志的促进说服下，他们参加了运动，并派罗家伦、康白情为代表参加了北大学生会。无所属的陈公博、狄膺也参加了北大学生会。然而，那些具有无政府主义思想的学生，任你怎样说服动员，也仍是不参加学生会，更不参加运动。

我于1920年初赴法勤工俭学。当我们初到法国时，中国学生中有两种主要的思想潮流：一种是民族主义思想，认为救中国最好的办法就是振兴实业，发展教育，使中国进化强盛，并抗拒世界列强；一种是相信社会主义革命的人。社会主义派中的领导人物是蔡和森、向警予和随后到法国的周恩来、赵世炎等同志。

1921年2月28日，留法勤工俭学生发动了包围中国公使馆的示威运动。当时去巴黎的勤工俭学生，是在无政府主义者操纵的"华法教育会"管理之下。这个组织对待学生中的无政府主义者，比对一般学生要好得多。在我们出国之前，曾得到这样的保证：勤工俭学生不但有工作的权利，而且有求学的权利。但是有许多人到法之后，却没有读书的权利，为了生活，必须不断做工。为此四百多名勤工俭学生前往巴黎中国公使馆，要公使陈箓向北京政府转达他们争取生存权和求学权的要求。

这次斗争被通称为"二八运动"。当时公使馆是支持无政府主义者的。但是，我们认为无政府主义并不能救中国，坚决反对。勤工俭学生向中国公使提出了三个口号："争取读书的权利"、"争取吃饭的权利"、"争取自由思想的权利"。这次示威运动是周恩来、蔡和森、赵世炎、陈延年等同志领导的。示威的结果，由于公使馆使用分化的办法，把这场斗争缓和下来。凡是服从命令的，则允许给以津贴；拒绝妥协的，像社会主义者，就只有返回工厂和学校。

"二八运动"之后，勤工俭学生分为三派：即社会民主派、无政府主义派和社会主义派。学生中的三分之一是无政府主义者，我对无政府主义始终不感兴趣。社会民主派的人后来大半成为国家主义派，如李璜、曾琦之流。而无政府主义派的勤工俭学生，后来却大半成为社会主义者，如陈延年同志就是其中的一位。1921年中国共产党成立时，陈独秀先生的两个儿子陈延年、陈乔年正在法国，都是无政府主义者，很反对他们的父亲，及至他们转变为共产主义者之后，父子之间的关系才有了缓和。

"二八运动"之后，中国政府官员和无政府主义者，已感到无法控制和影响学生，因此，吴稚晖领取了一部分庚子赔款，在里昂建立了一所海外中国大学（即里昂中国大学）。表面上，是用来解决留学生的半工半读的问题，但等到大学成立之后，他马上改变态度，只收容无政府主义者和有钱的留学生，贫苦的勤工俭学生却反而不能进学。

为了反抗这种不公平的待遇，1921年10月，留法的勤工俭学生爆发了进占里昂中国大学的求学运动。当时有一百二十多名勤工俭学生作为先发队到达里昂中国大学，但因警宪的干涉而归于失败，有一百零四名同学被强行押送回国，其中如蔡和森、陈毅、罗学瓒、张昆弟、李立三、颜昌颐等都是勤工俭学生中的精英和领袖人物。

通过"二八运动"和争回里大的斗争，使我明确认识到：勤工俭学的理想在当时的社会里是很难实现的。无论是实行工读主义还是勤工俭学主义，都不能达到改造社会的目的，只有在马克思主义的指导下进行社会革命才是唯一的出路。从而增强了我攻读马克思主义经典著作的信心和决心，同时对于无政府主义的一套理论也更加不信任。

我于1926年底回国，1927年春夏，先后在广州、武汉从事革命工作。大革命失败后，在上海进行教学和著译活动。1927年4月初，我曾去看望蔡元培先生，遇见了李石曾，随后李石曾以在法国的老朋友的关系来旅馆看我。我当时从法国带回来不少法文书籍，他见桌子上摆着无政府主义者蒲鲁东写的《贫乏的哲学》（或称为《经济诸矛盾之体系》）一书，如获至宝，亟欲求借，我遂同意他持去，以后也一直没有归还。

1928年8月间，南京方面正在召开国民党的五中会议，无政府主义的头子吴稚晖、李石曾在会上叫嚣要再次清党，李石曾并在他的著作中鼓吹"无政府主义乃一确可实行之社会组织，非过激而生之名词"。又说："无政府主义乃可实行之事，并非一种空想以快其言论。既为实行，则不能无实行之方法，故不仅为消极的进行以去政府之恶，并为积极的进行代之社会之良组织也。所谓良组织，即是'共产'"（见《李石曾革命论著·无政府主义》一文）。与此同时，在上海又出现了无政府主义分子搞的"黑色青年组合"为国民党五中全会告国内外无产阶级一个秘密的宣言，他们提出了如下的口号：

"1. 以无产阶级的革命力量，打倒反动的国民党！

2. 以无产阶级的革命力量，扑灭假革命的共产党！

3. 以无产阶级的力量，涤除不革命、反革命的国家主义者、研究系，以及一切御用的、反动的知识阶级！

4. 在无产阶级自身的组织中武装的团结起来——不要任何政党！
5. 崛起无产阶级的社会革命——工厂归工人，土地归农民！
6. 无政府共产主义万岁！"

为了戳穿吴稚晖、李石曾所耍的鬼把戏，驳斥其反动荒谬的言论，我在当年8月26日出版的《革命评论》第17期上，发表了《"清党"欤？"驱无"欤？》一文。不久，吴稚晖在《申报副刊》上写文说：我的老朋友许德珩先生也在反对我了（大意如此）。

一年以后，亦即1929年的秋天，上海有一家书店同我接洽，要我翻译马克思的《哲学之贫乏》。我想无政府主义思潮在国内甚是泛滥，马克思的这本书正是批判无政府主义的经典著作，译成中文，亟有必要，于是我就接受了。动手是在这年的十月初。可巧在我翻译了三分之一的时候，一天下午路过上海书店最多的四马路（今为福州路），忽然看见一家书店门口悬着一个大字广告牌，牌上写着："《哲学之贫乏》出版了"。我看了又是欢喜，又是懊悔。欢喜的是，这本书已经出版，令人高兴；懊悔的是我竟然白花费了那些工夫去翻译别人已经出版的书。于是打定主意，决定不再翻译它了。回家来就把这个已经译起四万多字的稿子捆束起来，置之高阁，一方面写信给这家书店老板，表示自己愿意放弃这种工作。这本书在当时就如此搁置下来。

1930年2月，我在上海暨南大学教书，因为同学们要求我介绍时下出版的书籍。乘此机会我不能不把当时出版的翻译书籍浏览一番，而头年见到出书广告的杜竹君先生所译的《哲学之贫困》，尤其是我久想要读的一本。

在没有读杜先生的译本以前，我听见有人说过"看不大懂"。自然，以马克思的著作之那种深刻的理论和经典式的文句，是不同于普通一般的书籍那样容易读的，而且这本书是批评式的体裁，有些地方如果不对照他所批评的蒲鲁东的著作,即使是读原书,也有时还是不容易懂得的。不过,等我读了杜先生的译本,再把马克思的原著对照起来,才晓得所谓的不懂,并不是原书不能叫人懂,乃是翻译得不能令人懂;并且有许多地方,原书说得是很清楚明白的,而翻译出来倒反而把它弄模糊了,或者竟然翻错了,说反了,令人无法理解。我一直对照校阅下去,发现几乎没有几页不错的,而且有些错误并非由于翻译时不小心,乃是出于对于原文的推测与臆断。为了说明问题,现在略举几个错误于下:

(一)例如在恩格斯的序言中,恩格斯讥诮落俾尔他斯之应用李嘉图的学说,成为"在德国的一个发现",更以挖苦蒲鲁东还要再来拾人唾余,诩为是自己的发明之不足道。所以下面有这样一段话:

Marx montre le peu de nouveaute d'une telle application de la théorie de Ricardo à Proudhon, que souffrait d'une pareille imagination. (Preface. VIII)

这段话,我们应当译作:"像蒲鲁东之应用李嘉图的学说,感受着一个同样的空想,马克思却证明这样一个应用,是具有很少的新奇之点的"。英译更加清楚,其译文我也写在下面:Marx shows how little there is of novelty in a similar application of the theory of Ricardo by Proudhon, who suffered from an equal imagination。

然而,杜先生却译作下面的一段话:

"马克思给陷于同样的想象的蒲鲁东证明如此重新应用李嘉图的学说"(见杜译《哲学之贫困》第四页,第五、六行)。原文本来很清楚,而译文却把它弄得莫明其妙了。

(二)马克思挖苦蒲鲁东说,即使是空想的社会主义思想,如"平等的学说",也不是蒲鲁东所始创的。凡是蒲鲁东所讲的,都早被以前的人,尤其是被英国的社会主义者所讲过了,所以他说:Quiconque est tant soit peu familiarisé avec le movement de 1'economie politique en Angleterre,n'est pas sans savoir que Presque tous les socialistes de pays ont, à différentes époques, propose 1'application égalitaire de la Théorie ricardienne. (p.64)

这段话的意义翻译出来就是:"无论怎么样一位不熟悉英国的政治经济学运动的人,都不会不知道,在这一个国家中,在各时代,差不多全部的社会主义者,都已经提议对于李嘉图的学说之平等的应用"。再看杜先生对于这段话的译文:

"无论何人都很少熟习英国经济学的变动的,并不是不知道英国一切社会主义者,在各时期都已经提议对李嘉图的学说之平等的应用"(见杜译,第51页)。他这不惟是不懂原书的意义,而是硬把话说反了。只就他这几句话来看,上下文也是不相合的。

(三)较远一点,马克思指责空想的社会主义者,说道:Jusqu'a présent,on a toujours le vain espoir de remedier a un etat de cboses qui est contre la nature, tel qu'il nous régit maintenant, en détruisant 1'inégalité existante et en laissant subsister la cause de 1'inégalité. (p.66)

其意义是:"一直到现在,大家总有一种空想,想去救济那种违反自然的实况,即现在统治我们的实况,即想去消灭现存的不平等,而让不平等的原因存在";而杜先生则译作:

"一直到现在,人们常有纠正违反自然的实际状况,如统治我们的东西之空想,而希望破坏现存的不平等,并消灭不平等的原因",(见杜译,52页,18,19两行)这是把原文说反了。

(四)又如原文:Philippe Ier,roi de France,dit M. Proudhon,méle à la livre tournoise de Charlemagne un tiers d'alliange,s'imaginant que lui seul ayant le monopole de la fabrication des monnaies,il pent faire ce que fait tout commercant ayant le monopole d'un produit.

意思是:"蒲鲁东先生说,法兰西王斐立卜第一 Philippe Ier 把沙尔曼宜 Charlemagne 时代的'都尔诺瓦金币' la livre tournoise 搀加了三分之一的混合物进去;他以为只有他一个人有制造货币的专利权,他之能制造货币,也与一切的商人之能有制造一种生产品的专利权一样"。而杜竹君先生却向马克思开了一个很大的玩笑,译出来的是下面一段话:

"蒲鲁东先生说:法兰西王斐立普第一,以三分之一的混合物,搀入一里弗尔的都尔诺瓦 tournois 的奢尔洛马弱 Charlemagne 中,因想独自垄断货币的制造,于是凡属商人垄断某种生产品所能做的事,他都可以做。"(见杜译第69、70页)这真不晓得错到什么地方去了!第一是因为在这一段话中,有了人名之 Philippe Ier,人名而做了时代用的 Charlemagne,又有了量名而同时又可以做货币用的 livre,以及货币的 tournoise 这四个名词放在一块,使杜先生目迷五色起来,不知道是人是鬼,所以在沙尔曼宜 Charlemagne 王里面,也可以搀加三分之一的混合物进去,这真是再笑话没有了。第二是因为他把这个用作货币的"里弗尔" livre 误用作了量名,所以译出了"搀入一里弗尔的都尔诺瓦的奢尔洛马弱中"这一句百思不得其解的话来。其实,我恐怕杜先生虽然在白纸上写成了黑字,而他自己也未必能够懂得他译的这一段话的意义吧!并且就是随后的一段话:"因想独自垄断货币的制造,于是凡属商人垄断某种生产品所能做的事,他都可以做。"也是完全错误,这里也只要一对照原文就可以知道的,我且不多讲了。

(五)距上述文字不远的地方,马克思说了这样一段话:d'apres lui,c'est du souverain,et non du commerce,que d'argent reçoit sa valeur.

当然要译作"据他的意思,货币之获得他的价值,不是由于交易,而是由于君主"。然而杜先生却是如下的译文:

"据他的意见，货币接受他的价值不由于君主而由于交易"。（见杜译，第72页）意思恰恰相反。

（六）原文：D'aprés M. Proudhon, il faudrait poser la question que voici : pourquoi l'ouvrier anglais de 1840 n'a-t-il pas été vingt sept fois plus riche que celui de 1770?

意义是："依照蒲鲁东先生的意见，是应当提出这样的问题：为什么1840年的英国工人，不比1770年的英国工人富足二十七倍呢？"而杜先生所译的则不是如此，他是：

"依照蒲鲁东先生的意见，必须提出这样的问题：的（想系'为'字之误）什么1840年的英国工人比1770年的工人富足二十七倍呢？"（杜译，89页）这恰恰与原文意义相反。

（七）原文：Tout à l'heure ilnous forçait de parler anglais, de devenir nous-même passablement anglais (p. 115) 这里马克思连讥带骂地来羞辱蒲鲁东，故意用一个 passablement "过得去的"这个字来笑他，以为他自己虽然是德国人，但是谈起英国的经济学来，还可以过得去。意思当然不是要来夸张他自己，却是要在讥消蒲鲁东。译成中文是："刚才他逼迫得我们讲英国话，逼迫得我们自己做了一个过得去的英国人……"而杜先生却完全误会了，想必是把 passablement 这个字看花了眼，看作了 passagérement，而译作："迫得我们自己暂时做了英国人"，（见杜译，95页）一字之差，语句之辛辣的意味完全失掉了！这是多么令人惋惜的事！

（八）还有错得更可笑的，就是蒲鲁东虽然不甚懂得黑格尔的哲学，而却爱读辩证法，所以马克思说：Décidément, M. Proudhon a voulu faire peur aux français, en leur jetant à la face des phrases quasi hégeliennes (p. 117)

其意义是:"真的,蒲鲁东先生是想来吓吓法国人,把一个准黑格尔的词句,置之于他们面前"。而杜先生则译作下面的一段话:

"真的,蒲鲁东先生想使法国人害怕,而置他们于准黑智尔的文章之前",所谓"他们",不知是何所指?是不是置全体法国人于准黑格尔的文章之前?真真费解。

(九)又如原文:Cet homme, au début de l'industrie, traite d'egal à Pégal avec ses compagnons devenus plus tard ses ouvriers(p.161)

意义是:"这个人,在工业的开始,就以相互平等来待遇后来变成为他的工人之他的伙伴"。而杜译则是:

"这个人,当工业创始的时候,即站在相互平等的地位,以变成较落后的朋辈待遇他的工人",(见杜译,134页)"变成较落后的朋辈待遇他的工人",这句话不惟是错,而并且就中文的语句来讲,也是令人不懂。

(十)还有他揣摩不定代名词所代替的是哪一个东西,所以有时他把黑格尔扯得是蒲鲁东(见杜译,107页,4行);又有时把蒲鲁东扯得是黑格尔(见杜译107页9行);把"土地"弄成"地贷","地贷"弄成"土地"(见杜译162页,2行);把"竞争"弄成"独占"(见153页,9行);"资产阶级"弄成了"关税保护"(见230页,3行);"工人的骨头"弄成了"地主"(见216页,18行);"土地私有权"弄成了"地贷"(见165页7行);"经院学派的" scolastique 弄成了"苏格拉底的";如此等等,等等,几乎举不胜举。总之,隔不了几页,必定有一两处不可谅解的错误出来。像这样一部重要名著,竟然如此马马虎虎的翻译,真是有些对不起读者和著者。在这样的情况下,我才不揣冒昧,把从前译而未尽束之高阁的稿子,拿出来继续翻译下去,让它出版。自然,以我的学识和水平,当然不敢说翻译出来就没有错误,不过我是仔细而忠实地从事就是。

这本书我是根据1922年巴黎 M. Giard 书店所印行之第3版法文原本，参阅1920年美国支加哥 Charles H. Kerr & Company 印行 Zueltz 的英文译本，以及岩波书店所印的木下半治与浅野晃的日文译本而翻译的。

事情已经过去了半个世纪，新中国成立后，在党的领导下，我们对于马恩列斯经典著作的翻译工作，达到了新的水平，《哲学的贫困》一书，也已有新译本出版。上述回忆介绍出来不过是作为这部书翻译出版过程的资料而已。

对河上肇先生的回忆*

王学文

今年是河上肇先生的百年诞辰。他是日本学术界卓越的权威。我在日本京都大学求学时，有幸亲自听到河上肇先生的讲课，受教颇多。我最后一次会见先生，虽距今已经五十多年了，但是先生的音容却深深地刻印在我的脑海里，宛如昨日。当此先生诞辰百年之际，我用我的回忆，作为对先生的纪念和诚挚的敬意。

1921—1925年，我在京都大学经济学部学习时，听的就是河上肇先生的课。我因毕业考分够条件，申请入大学院，学校同意了。此后，我又上了该校大学院当研究人员（1925年春至1927年春），大学院每年只收两名研究人员，由两位教授负责指导，我是选请河上肇先生作为我的指导教师的（我回国参加革命时改了名字，所以京都大学的学生名册上是没有王学文这个名字的）。

当时，旧中国正遭受各帝国主义的侵略，国内又军阀混战，连绵不断，在这种情况下，我认为学资产阶级的法律、政治，只能为反动统治阶级服务。为了对祖国能够贡献自己的力量，所以，我选择了经济学。京都大学经济学部的课程有政治、法律和各门经济学。我的精力主要放

---

* 本文选自《马列主义研究资料》1982年第5辑。

在经济学方面，特别是经济学原理方面。为了加深对经济学原理的了解，对经济思想史和社会经济发展史也很注意。为了学习经济学原理，我曾三次听了河上肇先生的课程（每次一学年）。我在学经济学原理的时候，正是河上肇先生由资产阶级经济学向无产阶级政治经济学转变的过程。所以，前两次的讲课，既有资产阶级经济学的原理又有无产阶级政治经济学的原理，到第三次讲课时，虽然其中带有希尔法丁①（德国社会民主党人）《金融资本》的一部分，但基本上是按照《资本论》的体系讲授了。应当说，这是先生在理论研究上的重大飞跃。

我除了听河上肇先生讲课外，还不断地阅读先生的个人杂志《社会问题研究》②。先生在这个杂志上，发表了不少文章，阐述他对社会问题的各种见解。《资本论》最重要最基本的是剩余价值理论，它是贯穿《资本论》三卷的红线。资产阶级经济学者和社会学者对《资本论》的攻击，矛头都指向剩余价值说。而马克思的剩余价值理论又以劳动价值说为基础，所以，资产阶级经济学者对马克思的攻击，集中在剩余价值说和劳动价值说上。河上肇先生为了捍卫马克思政治经济学观点，和资产阶级经济学者及社会学者展开了激烈的争论。这时，我已信仰马克思主义。当我看到资产阶级经济学者及社会学者攻击马克思的劳动价值说时，自己不同意，但无办法反驳，当看到先生在《社会问题研究》等杂志上发表文章，进行反驳后，心里非常高兴，感到有了斗争的武器。这时，有的资产阶级学者又利用俄国合法的马克思主义者（即修正主义

---

① 现译希法亭。——编者注
② 《社会问题研究》于1919年1月由弘文堂创刊，第86期以前，由个人编辑，第90—95期与人合编，第96—105期仍由个人编辑。该杂志在青年学生和知识分子中有较大的影响。

者）图岗巴诺斯基来攻击马克思关于再生产与流通的观点，河上先生对这种攻击，予以反驳，并指出其思想上的根源，使对方无言回答。经过这种多次的反复争论和长时间的钻研，加深了我对马克思劳动价值说的理解，坚定了我走信仰马克思主义的道路。先生在同日本资产阶级学者的争论过程中，不仅宣传和捍卫了马克思的科学观点，而且也教育了我们学习马克思主义的青年（包括广大的日本进步青年）一代。

这时，日本学术界有人就唯物辩证法和历史唯物论问题对河上肇先生进行了一系列的批评，先生感到自己在这方面还不足，于是加紧刻苦学习马克思主义的哲学著作，把自己的研究成果在《社会问题研究》上连续发表，虚心地对自己过去的错误观点进行自我批判，同时，对批判他的人作了答复，并指出对方的缺点错误，后来写成《马克思主义哲学的理论基础》一书，结束了这场论战。在这之后，我就回国了。

河上肇先生对待理论问题是严肃认真的，同时也是虚心的。我记得有这样一件事：我的同学岩田义道在《改造》杂志（或《中央公论》，现已记不清了）上看到先生的文章，发现有若干错误。岩田义道在该杂志上作了眉批，送给先生去看，恰好我也在场。记得有一处岩田针对先生在文章中说马克思主义是要说明社会问题这一论点提出批评，他根据马克思在《费尔巴哈提纲》中所论述的马克思主义不单是要说明世界，更重要的是改造世界的观点，认为马克思不但是理论家，同时也是革命家。当时，河上肇先生虽然是日本理论界的权威，但看到岩田的这些批评都虚心地接受了。由此可见，先生追求真理的态度是非常认真的，这真令人终生难忘。

1927年"四·一二"政变后，我从日本回到祖国参加革命。当时，国共开始分裂，陈独秀让共产党员各奔前程。这时张发奎的军队正向南昌集中，其中也有我党领导的革命军队，准备打海口。在这种情况下，我决定先去日本，等革命军打下海口后再回来。我到京都后，手中的钱几乎用光，不得不靠同学的帮助过日子。在此期间，我着手翻译恩格斯的《家族、私有财产及国家的起源》①一书，没有译完，就听说周恩来、朱德、贺龙等同志在南昌领导了举世闻名的"八一"起义，不久，他们就退出南昌，辗转南下，打下了汕头，于是，我决定回国，但旅费短缺，同学劝我找河上肇先生，先生让我去见他的夫人，她给了我二十日元。因为我生活困难，先生曾把《资本论》日译本的第七篇的翻译权保留下来，实际是给我的，但因我参加革命，离开了日本，先生的打算未能实现。那次会见，是我最后一次见到先生。回国后忙于革命，很长时间没有机会再阅读河上肇先生的著作，也不了解他的活动。解放后，读到先生的《自传》，才知道我离开他后的情况。

河上先生的论著，很早就介绍到我国。有一次，先生和我谈到他的著作中译本后，我把当时商务印书馆出版的译本送给了先生。新中国建立后，先生的著作仍在我国流传，对我国的学术界和广大进步青年都有一定的影响。

总之，河上肇先生的一生是不断追求真理的一生，是为真理而奋斗的一生。正由于他坚持不懈的努力，使他由资产阶级经济学者转变成无产阶级经济学者。他越到晚年，其著作越显示出他对真理追求的进步性。他由介绍马克思列宁主义进而保卫马克思列宁主义，并且成为马列主义的实践家。他坚决地信仰马克思列宁主义，坚信无产阶级的必然胜利，无产阶级专政的必然到来，坚信社会主义与共产主义将来必然实现。他是马列主义阵营里杰出的战士。他一生在思想上虽经过多次的变化，有来自各方面的阻力，但他对马克思列宁主义和共产党的信念，始

---

① 现译《家庭、私有制和国家的起源》。——编者注

终坚持不渝。

先生为人刚正不阿，晚年生活贫困，由友人的协助生活，先生只好将自己的著作题名为赠。在夫人去中国照料女儿时，先生带病自炊。这种高风亮节，和那些现代修正主义者修改马克思列宁主义的基本原则、放弃马克思列宁主义的革命理论，成为货币拜物教的崇拜者，享受着资产阶级式的优厚生活，不以为耻，反以为荣，形成强烈的对照，有着根本的原则性的区别。

我在学生时代曾和先生谈论过中国国民党的反动和一些社会问题，先生表示关心。特别是后来先生知道了中国红军举行了伟大的长征后，非常激动。

六十年代日本京都教会大学教授住谷悦治先生一行到北京访问时，我曾拜托他们给河上肇夫人一些礼品，作为曾经向河上肇先生受业学生的一点心意。

河上肇先生和我们永别了，但先生坚定信仰的马克思列宁主义，正像毛泽东同志说的那样："正以排山倒海之势，雷霆万钧之力，磅礴于全世界，而葆其美妙之青春"。先生活在中日两国人民的心里！

1979年7月9日于北京

编辑与修订

关于1863—1865年经济学手稿第2册和第3册前三章的写作顺序＊

〔德〕米夏埃尔·亨利希

I

关于1863—1865年经济学手稿的写作顺序，至今人们都认为是这样的：马克思在完成第1册（这一册中除去几页外只有第6章留存下来）的手稿后，并没有继续写第2册，而是开始了第3册的写作。在第3册第2章中，马克思谈到第2册还没有写①。另外，由于在第2册中马克思提到参照第3册中后面几章的地方，尤其是关于将在第4章论述生息资本②的提示与实际不符，人们由此推断出，第2册是在第3册第4章结束之前完成的。但是，由于马克思在第4章开头③涉及第2册章节划分（它不是根据第2册第I稿，而已经是根据后来的修改计划所作），据此人们可得出：第2册是在第3册第4章以前完成的。《马克思

＊ 本文选自《马克思恩格斯列宁斯大林研究》1998年第1辑。

① 《马克思恩格斯全集》历史考证版第2部分第4卷第2册第225页。

② 《马克思恩格斯全集》历史考证版第2部分第4卷第1册第360页。参看《马克思恩格斯全集》第1版第49卷第507页第4行。

③ 《马克思恩格斯全集》历史考证版第2部分第4卷第2册第342页。

恩格斯全集》历史考证版的编辑得出了这样的结论：第3册"前三章完全可能"写于第2册之前①。

此外人们还认为：第3册第2章写于第1章之前。在第2章的手稿里原先没有编页码，只在几张稿纸上标着（a）到（1）。由此推断出，在写第2章时准确的页码数字还没有确定下来，这就是此时尚未写第1章的证明。基于上述两种情况，便可得出如下写作顺序：

第2章→第1章→第3章→第2册→第4章

下面我们要探讨：第2章是在第1章之前撰写的，这个假设是否实际上有说服力，以及第3章写于第2册之前还是之后。

Ⅱ

认为第2章是在第1章之前写成的唯一论据是：第2章原先没有编页码。然而，在写作这一章时没有为它标出确切的页码只是意味着：缺少应当**直接**位于第2章之前的那部分正文，这部分正文要么是整个第1章，要么是第1章的最后部分。

实际上缺少的是第1章的一部分：在手稿第150页只有一个标题：《流通时间的变化，即缩短或延长（同样还有与之相联系的交通手段）对利润率的影响》②，这一页的其余部分是空白。紧接其后的一页记载了对第2章的补充，再后面两页上有一篇以《利润（资产阶级是如何理解的)》为标题并且是属于第1章的正文。

因此，第2章原先没有标页码也许可由下面的理由来解释，即马克

---

① 《马克思恩格斯全集》历史考证版第2部分第4卷第2册资料卷第919页。
② 《马克思恩格斯全集》历史考证版第2部分第4卷第2册第208页。

思最初写第1章时一直写到标题《流通时间的变化……的影响》（这个标题是在一张的开头），然后让这一张的其余部分空着而开始写第2章。由于他不知道，尚未撰写的这一部分会有多长，所以他暂时没有为第2章编页码。而他只是在写完第2章之后，才打算放弃立即完成已然搁置的这一篇而补编了第2章的页码，并利用空余的几页写了对第1章和第2章的补充。

  这种关于第1章和第2章写作顺序的看法同以往的观点一样，可以说明第2章未标页码的问题。不过，除此以外也许还应同时弄清马克思在使用不同种类纸张方面某种奇特的情况，而这一情况到目前为止还完全没有受到注意。手稿第1—116页马克思用的是一种纸[①]，第117—150页用的是另一种纸，第151—202页用的是第3种纸。由于第2章是从手稿第155页开始的，假如马克思是先于第1章写第2章的，那么他就会先使用一叠第3种纸，再使用两叠第1种纸和第2种纸来写第1章，最后，在第1章结尾处用了单独一张另一种类的纸，并且恰好是他前一段时间写第2章时用过的那种。接着他要么是写了第3章，要么是写了第2册，而这两部分又使用了另一种类的纸张。虽然不能完全排除这种奇特的纸张使用方法，但如果马克思是在第1章之后完成第2章的，那么，他使用纸张的顺序自然更讲得通。然后，马克思依次成叠使用了第1种到第3种纸，而不必认为，他在这期间只使用了一张以前曾用过的那一种纸。

---

  ① 参看《马克思恩格斯全集》历史考证版第2部分第4卷第2册资料卷第925页。

III

可以肯定的是，第2册写于第3册的第2章之后第4章之前。而不清楚的是，马克思是在什么时候写第3册第3章的。

无论在第1章还是在第2章里，马克思都面对流通时间对利润率的影响问题。马克思没有进行更为详尽的考察，因为第2册还没有写。马克思中断第3册的写作转而去写第2册，这看来是有道理的，因为他想要弄清楚这些问题。①

但是，如果马克思是出于填补第1章和第2章的论述空白这一动机而写第2册，那么，他在完成第2章后不是先写并未涉及类似问题的第3章而是立即着手写第2册，看来是说得通的。另一方面，如果他在第2章之后接下去写了第3章的手稿，那么，人们就难以弄明白，为什么他偏偏要接着插写第2册。

第3章写于第2册之后的看法，也是通过对第2册第3章和第3册第3章的两个有关危机理论的重要段落进行比较提出来的。第2册中这样写道："但是，虽然个人消费是再生产过程的必要的和内在的环节，消费和生产决不是一回事，个人消费决不是资本主义生产方式的决定性的动机。后面这种情况只能出现在生产者就是消费者的场合，而资本主义生产方式恰恰建立在这样的基础上：直接生产者、生产者大众、工人的消费和生产彼此完全不成比例；相反，它们在资本主义生产方式得以发展的那种关系中相互分离。另一方面，生产和消费这两个环节之间的

---

① 参看《马克思恩格斯全集》历史考证版第2部分第4卷第2册资料卷第918页。

相互**异化**和它们的内在联系,或者说,它们的依赖关系,在它们**被强制平衡**即**危机**中发生作用。因此,**否定**危机的一种论据,即认为生产和消费之间必须保持一定的量和一定的比例,并且生产量最终必然由消费量调节——这也正是**危机**产生的论据,因为在资本主义生产基础之上并不直接存在这种相互调节。"①

在第 3 册第 3 章有一相当长的段落是关于生产和消费的关系的,在这里只能以摘要的形式加以复述。马克思在这里着重指出,剩余价值的生产和积累是"资本主义生产的直接目的和决定性动机。因此,决不能把这种生产描写成它本来不是的那个东西,就是说,不能把它描写成以满足作为生产者的资本家的享受或者说以为他们生产享受品为目的的生产。(……)

这个剩余价值的取得,形成直接的生产过程……一旦可以榨出的剩余劳动量物化在商品中,剩余价值就生产出来了……随着表现为利润率下降的过程的发展,这样生产出来的剩余价值的总量会惊人地膨胀起来。……总商品量……必须卖掉。如果卖不掉,或者只卖掉一部分……那么,工人固然被剥削了,但对资本家来说,这种剥削没有原样实现……直接剥削的条件和实现这种剥削的条件,不是一回事。二者不仅在时间上和空间上是分开的,而且在概念上也是分开的。前者只受社会生产力的限制,后者受不同生产部门的比例和社会消费力的限制。但是社会消费力既不是取决于绝对的生产力,也不是取决于绝对的消费力,而是取决于以对抗性的分配关系为基础的消费力;这种分配关系,使社会上大多数人的消费缩小到只能在相当狭小的界限以内变动的最低限

---

① 《马克思恩格斯全集》历史考证版第 2 部分第 4 卷第 1 册第 371 页。参看《马克思恩格斯全集》第 1 版第 49 卷第 515—516 页。

度。这个消费力还受到追求积累的欲望的限制,受到扩大资本和扩大剩余价值生产规模的欲望的限制。"①

这两个地方涉及的首先是生产和消费的非同一性。在第2册的那段话中,工人被当作生产者,对他们来说,生产和消费是分离的,而在第3册那段话中,首先是把资本家当作生产者。对于资本家来说,生产和消费是分离的,正是因为他不是为了自己的享受而进行生产。

生产和消费的分离已在1861—1863年手稿中探讨过。马克思在那里指出:工人和资本家是两种完全不同的生产者,接着,详细地探讨了在工人那里生产和消费的非同一性。就这一点说,第2册的这段论述是对1861—1863年手稿中的思想的概括,而第3册中相应的论述却超出了这个范围。它在某种程度上正好与第2册引文的最后一句话相符。例如在1861—1863年手稿中已有这么一段话:"辩护论者为否定危机存在而提出来的每个根据,都是仅仅在他们想象中被排除了的矛盾,所以是现实的矛盾,所以是危机的根据。"②

在第3册这一段论述中,在确切地说明生产和消费这对矛盾时有一段明显进一步的阐述。在1861—1863年手稿和第2册中只是确认了这两个环节的相互分离,而在第3册中,这个矛盾第一次被作为剥削的条件和剥削得以实现的条件之间的矛盾得到了具体说明。

最后,在对剥削的实现起阻碍作用的社会消费力方面,受到限制的工人阶级的消费力和受积累条件制约的资本家的消费力之间也得到了比以前更加明确、更加系统的区分。相反,在第2册的这个论述中仅仅提

---

① 《马克思恩格斯全集》历史考证版第2部分第4卷第2册第312页及以下一页。参看《马克思恩格斯全集》第1版第25卷第272—273页。

② 《马克思恩格斯全集》第1版第26卷Ⅱ第593页。

到了工人的消费能力。

如果第 3 册第 3 章写于第 2 册之后,那就会自然而然地有一个关于生产和消费分离的思考的进一步发展。相反,如果认为,马克思是在完成第 3 册第 3 章之后写第 2 册的,那么,第 2 册的那段话就不是简单地只是比第 3 册的那段话简短,而主要是内容上缩减了,这样一来,似乎马克思又忘却了已经确定了的,仅仅在几个星期以前获得的成果,而重新回到对 1861—1863 年手稿的思考状态。

如果以上考虑确切的话,那么,我们就可得出第 3 册前三章和第 2 册手稿的如下写作顺序:

第 1 章→第 2 章→第 2 册→第 3 章→第 4 章。

(原载德国《马克思恩格斯研究论丛》杂志 1994 年新辑)

(朱毅 译)

《马恩文库》第十四卷俄文版编者是怎样利用注释为沙皇开脱罪责的?[*]

吴惕安

1863年1月,在沙皇俄国侵占的波兰国土上,爆发了一场声势浩大的武装起义。英勇的波兰人民为反对沙俄殖民统治,争取民族解放而拿起武器,同沙俄殖民军展开生死存亡的搏斗。起义一开始,立即得到波兰国内外广大人民的支持和同情。伟大的无产阶级革命导师马克思十分重视这一斗争,于1863年春至1864年起义期间写了两组关于波兰问题的文稿,从现实、历史各方面详尽揭露了欧洲反动势力的支柱和元凶沙皇俄国以友普鲁士、英、法等帝国主义掠夺、蹂躏波兰的传统政策。手稿第一句话,就开宗明义指出:"恢复波兰,就是消灭俄国,剥夺俄国取得世界霸权的资格。"

1973年,苏联马列主义研究院在《马克思恩格斯文库》第十四卷上发表了这两篇手稿。但该书编者在卷末所做的某些注释中,反对马克思的观点,袒护、美化沙皇,为沙皇俄国的对外侵略政策辩护和开脱罪责。(中译本已对这些注释作了删节或改动。)

---

[*] 本文选自《马列著作编译资料》1979年第5辑。

（一）美化沙皇和沙俄的侵略政策

例一：第 21 注①在解释 1720 年的俄土条约时写道：

"据 1720 年君士坦丁堡和约规定，土耳其不得反对俄军为保护波兰领土完整和自由选举国王而进驻波兰。条约于 1735 年被土耳其撕毁。"

这条注释告诉读者：一、俄军开进波兰是为了"保护"波兰领土完整和自由选举国王，是有利于波兰人的。二、俄军的这一举动，土耳其"不得"反对。为此需要用条约形式对土耳其加以约束。但遗憾的是，十五年后的 1735 年，条约还是"被土耳其撕毁"了。这样一褒，一贬，沙皇侵略波兰的真实罪恶面貌就被掩盖起来了。

我们看看马克思在手稿中是怎样说的。马克思写道：

"查理十二刚死，彼得一世就抱着同样目的（按：即所谓'保障'波兰的自由）开始同土耳其谈判，并在 1720 年确实骗到了土俄条约以'保障波兰自由'。但是土耳其人——不像普鲁士人——一看穿它的秘密，就毫不犹豫地撕毁了它"。②

马克思在这里指出：一、俄国人骗到了这个条约；二、"保障波兰自由"是带有引号的；三、土耳其撕毁条约，是发觉自己上当受骗。把马克思的立场和俄文版编者的话一对照，问题不就十分清楚了吗。

例二：1717 年，波兰议会在六万俄国军队和三万萨克森军队的压

---

① 《马恩文库》俄文版第十四卷卷末注码，中译本注码已有变动，下同。
② 《关于波兰问题的历史（1863—1864 年手稿）》，人民出版社 1979 年版，第 11 页。

力下举行会议，颁布了一项剥夺非国教徒权利的法律。这项法律实际上是沙俄强加给波兰的。到了1764年，沙皇叶卡特林娜二世来了个一百八十度大转变，居然反对起这个法律来了。其实她的真实意图，并不是真正反对非国教徒法，而是以此作为借口来干涉波兰的内政。马克思为此在手稿①中写下了这样一段话：

"很能说明俄国特色的是，它当时把剥夺非国教徒（非天主教徒）政治权利的法律用作自己进行干涉的借口。而俄国靠六万把俄国刺刀和三万把萨克森刺刀，强加给1717年的波兰议会的也正是这部反对非国教徒的法律！"

我们再来看看俄文版编者做的有关注释（注26）：

"……1717年议会剥夺了异教小贵族在自己庄园里建造新寺院的权利。1733年，非国教徒被剥夺了担任国家要职的资格和选派议员到议会去的权利，甚至不得参加最高贵族法庭。1764年，反对非国教徒的立法，更严酷了。同年，叶卡特林娜二世和弗里德里希二世在非国教徒的问题上进行了协调一致的干涉。1768年，议会不顾天主教小贵族的反对，通过了扩大非国教徒的权利，给予他们举行宗教仪式的自由以及几乎是完全的政治上的平等"。

这里，编者闭口不谈1717年波兰议会通过非国教徒法律时沙俄所起的幕后指使者作用，也不提后来沙皇为什么又要反对本来就是自己强加给波兰的这个法律，而只讲非国教徒法如何不好，只讲由于沙皇进行了干涉，议会才决定扩大非国教徒的权利，给予他们以自由和平等。

---

① 《关于波兰问题的历史（1863—1864年手稿）》，人民出版社1979年版，第21页。

例三：第176注在注释1850年伦敦议定书时，写道：

"……该议定书指出沙皇尼古拉一世，作为霍尔施坦王朝的一员——彼得三世的后裔，是丹麦王位的合法继承者之一，他放弃自己的权利，把权利让给克里斯提安·格吕克斯堡公爵。"

且不管这个伦敦议定书的内容究竟如何，这一注释给读者的印象是：沙皇尼古拉一世，本来是丹麦王位的合法继承者之一，可是他放弃这个权利，把它让给了别人，似乎是做了一件好事。

可是在《马克思恩格斯全集》第九卷第75注，也是关于伦敦议定书的，内容不完全一样，它有两处不同，一是"他放弃自己的权利"这一句在第九卷第75注中是"这些继承人都放弃自己的权利"。现在把"这些继承人"改成"他"，突出了沙皇一人；二是第九卷第75注的末尾还有一句："这就为俄国沙皇后来在格吕克斯堡王朝中断的情况下觊觎丹麦王位造成了先例。"现在把这重要的、实质性的一句删掉了。

第九卷的注是五十年代写的，现在这个注是七十年代写的，相隔不过二十年，同是由苏联马列主义研究院出的书，却做了这样的改动，既美化了沙皇又为沙皇的侵略阴谋打了掩护。

（二）转嫁沙俄的侵略罪责

例一：1793年，波兰第三次被瓜分，其中把包括立陶宛在内的一大片领土划归了俄国。立陶宛，这个在1791年曾同波兰进行过合并的国家，被从波兰分离了出去，究竟是谁的主谋？

且看俄文版编者所做的第288注：

"削弱立陶宛同波兰联系的企图和实行分权制和联邦制的想法，主要来自立陶宛大公国的显贵（其中包括柯萨科夫斯基家族），他们被5月3日宪法所激怒，因为这个宪法限制了他们在波兰共和国的作用，取消了中央的立陶宛机关"。

这条注告诉读者，要把立陶宛分离出去的，是立陶宛的显贵。至于沙俄在其中有没有起作用，则根本没有谈到。

事实是否真是如此呢？先看马克思的手稿①：

"……塔尔戈维查的卖国贼们成立了一个联盟，这个联盟把立陶宛省从波兰分了出去。"

再看一看五十年代出版的苏联大百科全书《波兰》条中有关段落：

"……反动的权贵们反对1791年的宪法。他们组织了塔尔戈维查联盟，并求救于叶卡特林娜二世，沙俄军队于1792年开入波兰共和国领土。……干涉者占领了全波兰，并帮助塔尔戈维查叛徒集团夺取了政权。1763年6月至11月召开的格罗德诺议会批准了把白俄罗斯的一部分和明斯克以及德涅伯河以西乌克兰的一部分转交给俄罗斯的条约。"

还可以看一看1962年波兰人民共和国出版的《波兰简史》（第99页）：

"以勃兰尼茨基、波托茨基、热武斯基为首的波兰富豪卖国集团与叶卡特林娜二世磋商后，在塔尔戈维查成立了一个联盟（1792年）。它的创始人和党徒们，凭借俄国的刺刀，开始了为取消那些保卫波兰独立的决议而奔走。"

以上三条都说明，把立陶宛从波兰分出去划归俄国的，主要是同俄

---

① 《关于波兰问题的历史（1863—1864年手稿）》，人民出版社1979年版，第186页。

国有联系的卖国贼塔尔戈维查联盟,而沙俄则是后台老板。而俄文版编者不顾历史事实,硬把责任推到立陶宛人身上,以此袒护老沙皇。

例二:1756 年,以俄国、奥地利、法国、瑞典为一方和以英国、普鲁士、汉诺威为另一方的欧洲两大强国集团,为争夺欧洲霸权和殖民地,开始了七年战争。地处俄普之间的波兰,也遭到株连。沙俄派兵进驻波兰,控制波兰内政,引起了波兰朝野的强烈不满。在七年战争期间,波兰议会的历次会议都因爱国议员反对俄国的干涉侵略,不愿当沙俄的傀儡而开不成会,或做不出决议。正如马克思在手稿①中所说:

"七年战争开始以来,波兰召开的**历次议会**都无法做出任何决议,因为**爱国党派**声明,只要俄国军队占领波兰国土并同普鲁士打仗,波兰人就不能商讨问题。"

手稿的另一处②也写道:

"**1758 年**。议会。下院刚一开始讨论政府事务,支持柏林宫廷的那一派就大喊大叫说,**只要俄军驻在波兰**,就什么事也别想干。沃伦的议员宣称,只要俄国士兵留在共和国的土地上,他就决不允许进行任何讨论,他宣布使用**自由否决权**,中断了会议"。

可是编者却把议会开不成的原因推到别人身上,东拉西扯,以掩盖沙俄侵波的实质。请看第 230 注:

"在奥古斯特三世统治的最后几年里,波兰共和国的各次议会都开得毫无结果。1756 年的议会没有开成,议员们先后散去(因为奥古斯特三世在皮尔纳附

---

① 《关于波兰问题的历史(1863—1864 年手稿)》,人民出版社 1979 年版,第 132—133 页。

② 《关于波兰问题的历史(1863—1864 年手稿)》,人民出版社 1979 年版,第 165 页。

近被弗里德里希二世围困而未能到会)。1758年的议会为普鲁士(贝努亚公使)和法国外交官操纵的反对派所破坏。1760年的议会为国王宫廷所破坏,因为宫廷害怕批评国家的财政状况。1761年的议会为四十名议员所打断……"

例三:大家知道,三次瓜分波兰,罪魁祸首是沙皇俄国。波兰被瓜分的根本原因,主要是沙皇俄国谋图霸权,想称霸世界,所以马克思在《波兰问题》手稿中几次指出:恢复波兰,就是剥夺俄国谋取世界霸权的资格。至于奥地利和普鲁士,当然也是瓜分的参加者,但与俄国不能相提并论,更不能把它们置于俄国之上。恩格斯在《工人阶级同波兰有什么关系》一文中讲得很清楚:

"为什么在谈到波兰的时候,我们总是只提一个俄国呢?难道奥地利和普鲁士这两个德意志人的强国不也是参加了对波兰的掠夺吗?……奥地利经常都在证明:压迫更弱小的民族,是奥地利统治者习以为常的事情。不过,在波兰问题上,自卫的本能比对新的领土的贪婪和统治者的习惯都更加强烈罢了……至于谈到普鲁士,属于它的那一部分波兰领土很小,没有多大意义。它的朋友和盟国俄国居然把它在三次瓜分中所得到的弄走了十分之九。……因此,我们觉得:普鲁士也不是罪魁。"①

马克思在手稿中谈到第一次瓜分波兰时,对俄奥普三者关系及各自起的作用有清楚的阐述:

"第一次瓜分波兰的条约在**俄国和普鲁士**之间签订了。奥地利后来才参加进去"②。又说:"**第一次瓜分波兰**,是卑鄙行为,霍亨索伦奉俄国命令在其中承担发起责任和扮演主要代理人角色……维也纳内阁还算

---

① 《马克思恩格斯全集》第1版第16卷第172—173页。
② 《关于波兰问题的历史(1863—1864年手稿)》,人民出版社1979年版,第21页。

不上受**俄国**对波兰的同情所迷惑的暴发户。"①

可是针对马克思上面所说,俄文版编者却写了这样一条注(注37):

"奥地利表面上装出反对瓜分波兰共和国的样子,但事实上早在1769年就占领了1412年以来就抵押给波兰的斯皮热。1770年夏,奥地利侵占了新塔尔格……奥地利对波兰领土的占领,被弗里德里希二世用作第一次瓜分波兰的借口。"

这里,编者显然把瓜分波兰的主要责任推到奥地利和普鲁士身上。你说瓜分波兰,奥地利后来才参加进去;他说奥地利早就侵占了波兰领土;你说第一次瓜分波兰是普鲁士奉俄国命令在其中扮演主要代理人角色,他说是因为奥地利占领了波兰领土,才成为普鲁士要瓜分波兰的借口。

例四:在第一次瓜分波兰前不久,俄国从各方面加紧了对波兰的干涉和侵略,引起波兰国内的强烈反抗,一部分贵族组成巴尔联盟,对抗俄国,同时国内还爆发了一次大规模的反俄行动。这时俄国正同土耳其打仗,感到有点首尾不能兼顾,想要独自制服波兰有点力不从心,于是由沙皇叶卡特琳娜授意,让普鲁士国王弗里德里希二世出面,对联盟派施加压力,并提出一个所谓"调停"波兰,即瓜分波兰的计划。马克思在手稿中,两次谈到这个计划时,都特别强调,这个计划是"在叶卡特琳娜授意下",是"根据叶卡特琳娜给亨利希(即普鲁士国王)的暗示"提出的。②

---

① 《关于波兰问题的历史(1863—1864年手稿)》,人民出版社1979年版,第61—63页。

② 《关于波兰问题的历史(1863—1864年手稿)》,人民出版社1979年版,第14、64页。

而俄文版编者在注释这个计划的第 32 注中，只字不提沙俄，只字不提叶卡特林娜二世，却强调说什么计划"是弗里德里希二世在 1769 年 2 月 3 日的信中告诉普鲁士驻彼得堡大使维克多·弗里德里希·索尔姆斯伯爵的。计划是弗里德里希二世制定的"。似乎瓜分波兰的主谋是普鲁士，而不是沙俄。

（三）缩小沙俄的侵略作用

例一：1697 年，波兰选举国王，欧洲列强围绕波兰王位候选人问题进行了激烈的斗争。最后，由沙皇彼得一世所大力支持的奥古斯特当选。马克思在手稿中几处明确谈到沙俄在波兰国王选举中所起的决定性作用①，并且称奥古斯特是沙皇彼得的"特等工具"。

可是俄文版编者在关于选举波兰国王的第 6 注中却说：

"奥古斯特二世得到德国皇帝和其他君主包括彼得一世的支持"。

编者把德国皇帝提到首位，而沙皇只是"包括"在其他君主之中。为了证明沙皇不是起主要作用，编者还别有用心地接着加了两句：

"这些年俄国对波兰内政的影响还并不大。这种影响只是在 1709 年波尔塔瓦胜利后才开始增强的"。

这些年俄国对波兰内政的影响真是不大，而且俄国的影响只是在 1709 年以后才增强吗？

---

① 《关于波兰问题的历史（1863—1864 年手稿）》，人民出版社 1979 年版，第 4、16 页。

看看马克思是怎样说的吧。手稿①指出：根据1701年比尔津条约的一个条款，"奥古斯特承担义务给沙皇三万萨克森人去征服里夫兰；而彼得也应该给他三万俄国人在波兰受训。"因此这一条就"消灭了波兰的独立。三万俄国人驻在没有正规军的波兰，自然很快就会成为它的主人"。

连俄文版编者自己在本书第35注②中也说：

"1704年8月30日俄国和波兰共和国在纳尔瓦订立了攻守同盟。彼得一世获得把军队开进波兰共和国领土的权利。"

1704年就进驻军队，居然到1709年后才"增强"影响，这不是有意缩小沙皇的作用吗？

例二：1764年4月11日，沙俄和普鲁士签订了一个附有秘密条款以干涉波兰内政的"友好同盟条约"。恩格斯在《俄国沙皇政府的对外政策》一文中，谈到这个条约时说："根据这个条约的一项秘密条款，双方承担了用武力保护波兰现行宪法这个毁灭波兰的最好工具免遭任何改良的义务。这就预先决定了波兰在将来要被瓜分。"③马克思在手稿中谈到这个条约时也说：两国有义务"还要在刚一发现能导致这一目的（按：指改变波兰的制度）的意图和计划时，就使用一切可能的手段协

---

① 《关于波兰问题的历史（1863—1864年手稿）》，人民出版社1979年版，第42页。

② 《关于波兰问题的历史（1863—1864年手稿）》，人民出版社1979年版，第53注。

③ 《马克思恩格斯全集》第1版第22卷第25页。

同一致地加以防止……"①

然而编者为这个条约写的第13注却只是轻描淡写地一笔带过：

"……条约关于波兰问题列有专条，规定维护波兰的现存制度，保护非国教徒的权利，必要时向共和国领土进驻一定数量的俄国和普鲁士军队……"

这里除了维护现存制度外，还有"保护"非国教徒的权利，只是在"必要时"才进驻"一定数量的"军队。这样，轻轻几笔就完全掩盖了该条约毁灭波兰、瓜分波兰的罪恶目的和实质。

这种缩小沙俄作用的例子本书卷末注中还有不少，这里就不一一列举了。

（四） 美化沙俄的走狗和御用工具

1768年，沙皇以主子的意志强加给波兰一部宪法，并且要波兰设一个常务院，管理国家的日常事务。这个常务院是个什么货色呢？它名义上是波兰的政府机构，实际上是沙俄操纵和控制波兰的御用工具。马克思在手稿中指出："俄国在波兰的统治主要通过常务院的成立而确立下来，这个常务院是由俄国走狗组成，它掌握着最高权力，直接听命于俄国大使。"②

苏联科学院在五十年代出版的《波兰史》第一册第384—385页中

---

① 《关于波兰问题的历史（1863—1864年手稿）》，人民出版社1979年版，第181页。

② 《关于波兰问题的历史（1863—1864年手稿）》，人民出版社1979年版，第184页。

也说：

"建立这个机构（指常务院）符合当时沙皇政府的政治需要，因为沙皇政府想极力削弱反复无常的议会……必须看到，决定常务院的政治方针的，首先是这一事实，即它的大部分成员是沙皇政府的走狗。常务院公然依赖沙皇政府，因而引起具有进步思想的社会活动分子，为争取祖国的独立而斗争的波兰爱国分子的极大愤慨。人民中广泛流传一种说法，把常务院叫作'常叛国'"。

可是俄文版编者现在却是这样说的：

"常务院的建立给波兰共和国以常设政府，虽然常务院一部分成员是为俄国效劳的。常务院在行政方面和其他领域的改革方面展开了积极的活动。"（第106注）

这个连苏联自己在五十年代也承认是应沙皇的政治需要、由沙俄的走狗组成、实际上是"常叛国"的常务院，现在却变了样，虽然只有"一部分"成员为俄国"效劳"，却总算使波兰有了一个"常设政府"，而且在各方面进行"改革"，开展"积极的活动"。常务院不仅不是走狗，而且是功大于过了。

《马恩文库》第十四卷编者就是这样利用给马列主义经典著作做注来替沙皇和沙俄的侵略政策和行径辩护的，这种做法应引起我们的注意和警惕。

一封信怎么会变成两封信？

——编辑《马克思恩格斯全集》原文版第 3 部分书信卷的体会*

〔苏〕Я. Г. 罗基扬斯基

1983 年秋，《马克思恩格斯全集》原文版（MEGA）第 3 部分第 7 卷编辑组在阿姆斯特丹国际社会史研究所进行工作时，发现了一些从未发现的材料。按照原件对书信进行辨认核实以后，作了大量的修订补正，解决了一系列原文鉴别方面的问题。本文只谈谈我们在按原件校对书信的过程中所作的一项订正。

在《马克思恩格斯全集》俄文第 2 版第 28 卷中发表了 1853 年 10 月 8 日马克思致恩格斯的一封信和 1853 年 10 月初马克思致约瑟夫·魏德迈的一封信的片断①。我们知道，前一封信的原件存放在国际社会史研究所，但是后一封信的残缺的原件却不知存放在什么地方。关于马克思致魏德迈的信，我们曾查阅国际社会史研究所的资料，但毫无所得。不过我们根据原件校对 1853 年 10 月 8 日马克思致恩格斯的信的内容时，惊奇地发现该信的第 3 页全是马克思写的附语，这些附语在发表这封信时被删掉了②。而附语的文字同 1853 年 10 月初马克思致魏德迈的

---

* 本文选自《马克思恩格斯研究》1989 年总第 1 辑。

① 《马克思恩格斯全集》第 1 版第 28 卷第 299—302、601—602 页。

② 《马克思恩格斯遗著》书号 L3989/L VI 123。

信的片断完全雷同。由此只能得出一个结论：1853年10月初马克思致魏德迈的信是根本不存在的。

一封信怎么会变成两封了呢？毛病主要出在首次发表这封信的爱德华·伯恩施坦身上。正是他没有把占全信三分之一篇幅的附语刊印出来。① 甚至可以说，伯恩施坦这样做是故意的。众所周知，他曾多次任意处理这类公开发表的信件的原文，并以种种借口删去个别词句，甚至整段的话。例如，仅在我们所提到的1853年10月8日马克思致恩格斯的信的主要部分中就有5处被删掉了，却只有一个地方加了省略号。② 伯恩施坦删掉其中3段话，显然是因为这几段话中包含马克思对威廉·沃尔弗和恩斯特·德朗克的严厉批评。③ 伯恩施坦所以不发表马克思在这封信中写的附语，大概还因为：附语中有对威·沃尔弗和卡·布林德的尖锐意见。④ 这种非科学的做法造成的后果是：后来编辑出版马克思恩格斯书信的人无法看到这个附语。他们不可能见到原件，因为在20年代照相复制书信时，第3页上的附语就同信本身分离了。显然，这样一来，这封信的首次发表情况就起了决定该信命运的作用。1853年10月8日马克思致恩格斯的这封信在被删掉附语的形式下起初发表在《马克思恩格斯全集》俄文第1版和《马克思恩格斯全集》原文版第1版

---

① 《马克思恩格斯通信集（1844—1883年）》，奥·倍倍尔和爱·伯恩施坦编，1913年斯图加特版第1卷439—441页。

② 《马克思恩格斯通信集（1844—1883年）》第439—441页；《马克思恩格斯全集》德文版第28卷第300—301页。

③ 《马克思恩格斯通信集》1913年斯图加特版第440页；《马克思恩格斯全集》德文版第28卷第301页。

④ 《马克思恩格斯全集》第1版第28卷第601—602页。

上，后来发表在马克思恩格斯著作的其他一些版本上。①

1853年10月8日马克思致恩格斯的信的附语，以此就成了独立的文稿。如果不查对原件，就难于确定这个片断是不是1853年10月8日马克思致恩格斯的信的组成部分。万万没有想到，伯恩施坦会把这么大段的话从信中删掉。而发表这个片断的人所以想不到收信人会是恩格斯，是因为马克思在此前给恩格斯的一封信中已经提到过卡尔·布林德。② 当然，有一点应该引起他们的警觉，这就是马克思对威廉·沃尔弗提出的极为尖锐的批评，马克思只能在给恩格斯的信中才可能用这样的口气谈论沃尔弗。③ 不管怎样说，1853年9月阿道夫·克路斯致马克思的信表明，马克思根本没有把自己同沃尔弗的分歧告知自己的美国朋友。④

在信的这一页片断里曾谈到美国的一些情况。因此，发表人在确定收信人时，断定此人当是马克思的一位居住在美国的通信者。既然在信中已经提到克路斯，那么约瑟夫·魏德迈肯定就是收信人了。此外，根据内容给这一页片断确定了一个与实际情况相近的日期。这样，一封根

---

① 《马克思恩格斯全集》俄文第1版第21卷第523—524页；《马克思恩格斯全集》原文版第1部分第3卷第506—508页；《马克思恩格斯全集》德文版第28卷第300—301页；《马克思恩格斯通信集》1974年巴黎版第37—40页；《马克思恩格斯全集》1983年莫斯科英文版第39卷第385—387页。

② 《马克思恩格斯全集》第1版第28卷第294、601—602页。

③ 《马克思恩格斯全集》第1版第28卷第288—289、292、293、294、299页。

④ 1853年9月11日和24日阿·克路斯致马克思的信。苏共中央马列主义研究院中央党务档案，卷宗1，目录5，编号691和695。

本不存在的信，即1853年10月初马克思致魏德迈的信就问世了。①

1853年10月8日马克思致恩格斯的信的原件一经辨认，马上就能发现这个在《马克思恩格斯书信集》各种版本中存在了70多年的错误。1853年10月8日马克思致恩格斯的信终于第一次恢复全貌。

这个例子说明，对原件的研究具有多么大的科学意义。这种研究所以重要，不仅仅因为有助于编辑查对收入《马克思恩格斯全集》原文版各卷的手稿，而且有助于解决原文鉴别方面的问题。在许多情况下，这种研究可使我们在发表马克思和恩格斯的书信时避免发生严重的错误。还有一个经验教训。这就是在处理马克思恩格斯书信的片断和收信人时必须十分小心，要非常深入地分析其内容。有理由认为，前面所说的把一封信一分为二的事情远不是只此一件。因此，在编辑出版《马克思恩格斯全集》原文版书信卷时，一定要注意这种可能的情况。

（原载《关于马克思和恩格斯及其著作出版的情况的新资料》，苏共中央马克思列宁主义研究院编，莫斯科1985年版）

（王孝勇 译　鲍世明 校）

---

① 《马克思恩格斯全集》第1版第28卷第601—602页；《马克思恩格斯全集》德文版第28卷第594页；《马克思恩格斯通信集》英文版第4卷第42—43页、《马克思恩格斯全集》1983年莫斯科英文版第39卷第377—378页。

关于《马克思恩格斯全集》中的两个题注[*]

马 兵

一点说明：编译出版《马克思恩格斯全集》中文第 2 版是一项极其宏伟、艰巨的工程。要使第 2 版成为一个高质量的、能保持长期稳定的版本，这首先应当保证原著的中译文意思准确、文字通顺，同时还取决于整个资料工作，如注释中的事实是否可靠，人物评价是否恰当，名目索引中主题设置是否合理，诸如此类等等。从下面两篇短文中可以看出，原《马克思恩格斯全集》中的注释还有须要改进、订正的地方，题注如此，其他资料部分看来也不例外。写这两篇短文的目的就是希望我们作为《马克思恩格斯全集》编译工作者都来关心国内外马克思恩格斯的研究，尤其是新版 MEGA 编辑工作中的新成果、新认识，批判地把它们吸收到中文第 2 版中来。

关于《共产党宣言》最初版本的新考证

关于《共产党宣言》的最初版本，过去很长一段时间认为有两种，即二十三页本和三十页本。这一提法最早见于 MEGA 第 1 版。后来的

---

[*] 本文选自《马克思恩格斯研究》1994 年总第 19 辑。

《马克思恩格斯全集》俄文第 2 版和德文版都确定了这一事实。以俄文第 2 版为依据的《马克思恩格斯全集》中文版自然也以此为准。现通行的《共产党宣言》中文版题注是这样写的：《宣言》"1848 年 2 月在伦敦第一次以单行本形式发表，共 23 页。1848 年 3 月到 7 月，《宣言》又在德国流亡者的民主派机关报《德意志伦敦报》上连载。1848 年在伦敦重印了《宣言》的德文本，共 30 页。这个版本是后来经马克思和恩格斯赞同的各种版本的基础。"① 原民主德国马克思列宁主义研究院研究人员沃尔弗冈·迈斯 1989 年 3 月 14 日在《新德意志报》上发表的《关于〈宣言〉最初版本的新认识》和 1991 年在《马克思恩格斯年鉴》第 13 卷发表的《1848 年 2 月出版的〈共产党宣言〉》两篇文章，根据新的考证，得出了新的结论：二十三页本是第 1 版，《德意志伦敦报》连载的《宣言》据此直接重印。它们都是在同一家印刷所，即《德意志伦敦报》办事处刊印的。第 1 版目前流传下来的有 25 本，有 7 种样式，是在 1848 年 2 月中到 6 月初以及 1850 年 7 月多次印刷的。而三十页本不是 1848 年在伦敦，而是 1851 年在科隆印刷的。

迈斯还对二十三页本的印刷者和印刷地点提供了新的考证材料。不论是二十三页本还是三十页本封面上都印着："London. Gedruckt in der Office der'Bildungs-Gesellschaft für Arbeiter'von J. E. Burghard, 46, Liverpool Street, Bishopsgate."即"伦敦。由 J. E. 伯格哈特在'工人教育协会办事处'印刷，利物浦街，主教巷，46 号。"有一个没有解决的问题是：在这个地址既没有过印刷所，也没有住过一个叫伯格哈特的居民。此外，除《宣言》以外，没有任何其他的印刷品注明有"一个叫伯格哈特的印刷者或一个工人教育协会办事处"等字样。能得到证明的是：

---

① 《马克思恩格斯选集》第 1 版第 1 卷第 730 页。

教育协会为排印《共产主义杂志》曾购置过铅字，而该杂志1847年9月初在"Meldola, Cahn ε Co."印刷。教育协会还曾准备购置印刷机，由于缺乏资金没有办成。从对《宣言》和《共产主义杂志》的字体作比较后可以证实，《宣言》是在教育协会排字而在一家正规的印刷所印刷的。根据科隆审判案受审的共产主义者同盟盟员的证词，这家印刷所位于伦敦沃伦街19号。从1846年5月22日起，《德意志伦敦报》就是在这里印的。它的印刷者就是伯格哈特，一个德意志共产主义教育协会成员。迈斯认为，既然《德意志伦敦报》的编辑、印刷者和排字者都是教育协会的成员，那么《宣言》的封面注明"工人教育协会办事处"也不是不合理的。

至于三十页本，它是用不同于二十三页本的铅字排印的。这一新版本是在1851年5—6月起在德国对共产主义者的大搜捕中才得到证实的。最近20多年来已经有不少学者提出它是1851年在科隆印刷的。迈斯认定这个本子是在1851年问世的①。他认为，在1850年以前根本不可能有《宣言》的第二个版本，而19世纪60年代以前在伦敦也不可能有第二个版本。所有1851年在报纸上发表的文本以及一切著名的译文全是以第1版即二十三页本为准的。

我查了一下《马克思恩格斯选集》1985年俄文版，在《共产党宣言》的题注中也只提到《宣言》第一次发表的是二十三页的本子，而删去了有关三十页本子的词句。② 编者作这个改动看来不是偶然的了。

---

① 迈斯在《关于〈宣言〉最初版本的新认识》一文中认为三十页本是1850年或1851年印刷的，而在《1848年2月出版的〈共产党宣言〉》一文中只提到它是1851年出版的。

② 参看《马克思恩格斯选集》1985年莫斯科政治书籍出版社版第3卷第546页。

关于马克思写作《反杜林论》第二编第十章的情况

原民主德国马列主义研究院研究人员、现柏林—勃兰登堡科学院 MEGA 编辑工作者卡尔-艾里希·福尔格拉夫在 1993 年出版的《马克思恩格斯研究论丛》发表的《再评 MEGA 第 2 版》一文①中,谈到《马克思恩格斯全集》俄文第 2 版和德文版的《反杜林论》题注关于该书第二编第十章的说法有误。文章写道:这两个版本的题注说马克思撰写了第二编十章,这极不确切;题注还说这一章的手稿由两部分构成,马克思 1877 年 3 月把第一部分、8 月把第二部分寄给了恩格斯,这是错误的。

为了弄清情况,我查看了一些资料。《反杜林论》题注有关部分的中译文如下:"这一编的最后一章即论述政治经济学史的第十章,是马克思写的:这一章的第一部分写于 1877 年 3 月初以前,而分析魁奈《经济表》的第二部分,则写于 8 月初以前。"②

马克思 1877 年 3 月 5 日给恩格斯的信中写道:"附上《杜林评论》。读这个家伙的东西而不当即狠狠敲打他的脑袋,我是办不到的。"③ 他 3 月 7 日写给恩格斯的信中又提到已寄给恩格斯对杜林的《评述》。④ 顺便指出,3 月 5 日的信中《杜林评论》的外文是 "Dühringiana",7 日信中的《评述》的外文为 "Expose"。对《杜林评论》,《马克思恩格斯全

---

① 《再评 MEGA 第二版》,载于《马克思恩格斯研究论丛》1993 年第 77 页。
② 《马克思恩格斯全集》第 1 版第 20 卷第 714 页,或《马克思恩格斯选集》第 1 版第 3 卷 590 页。
③ 《马克思恩格斯全集》第 1 版第 34 卷第 37—38 页。
④ 《马克思恩格斯全集》第 1 版第 34 卷第 40 页。

集》作了一个注，指马克思的手稿《对杜林〈国民经济学批判史〉一书的评论》（原文为《Randnoten zu Dühring's Kritische Geschicht der Nationalökonomie》，"Randnoten"译为"评注"似更切近原意）。① 由此可见，马克思寄给恩格斯的就是《Randnoten》。恩格斯在《反杜林论》的第 2 版序言中说："经济学那一编的第十章（《〈批判史〉论述》）就是由马克思写的。"② 这指的就是《Randnoten》。

  MEGA 第 1 部分第 27 卷的《前言》写道："《政治经济学》编反映出马克思和恩格斯两人的合作尤为密切……马克思为恩格斯草拟了一系列稿子，撰写了第十章的手稿——《对杜林〈国民经济学批判史〉的评注》。而在此以前已写了一个篇幅很大的草稿和进行了专门的研究……此外，马克思为第二编写的准备材料还包括一篇对魁奈《经济表》的补充稿以及《对斯密和洛贝尔图斯有关各种收入和财产租金的论述的摘录》。恩格斯在撰写第八章和第九章时使用了这份摘录。"③ 该卷在《马克思的〈反杜林论〉第二编的准备材料》中说得更明确："1877 年 3 月 5 日马克思把《对杜林〈国民经济学批判史〉一书的评注》寄给恩格斯。它是恩格斯 1877 年 11 月底 12 月初所撰写的《十、〈批判史〉论述》的基础。马克思大概在 1877 年 1 月至 3 月初研究了

---

  ① 《马克思恩格斯全集》第 1 版第 34 卷第 495 页。马克思为《反杜林论》第 2 编所写的准备材料，现已全部收入 MEGA 第 1 部分第 27 卷，共五篇：《对杜林〈国民经济学批判史〉的评注。笔记》、《对杜林〈国民经济学批判史〉（1875 年第 2 版）的评注。草稿》、《对杜林〈国民经济学批判史〉的评注》、《经济表。附一些评注》、《对斯密和洛贝尔图斯有关各种收入和财产租金的论述的摘录》。

  ② 参看《马克思恩格斯全集》第 1 版第 20 卷第 11 页，或《马克思恩格斯选集》第 1 版第 3 卷第 49 页。

  ③ 参看《马克思恩格斯研究》第 13 期第 13 页。译文有改动。

1875年在柏林出版的杜林《国民经济学和社会主义批判史》第2版。最晚在2月底写了《杜林：国民经济学批判史。第二版》的手稿。接着由此在1877年3月5日前产生了《反杜林〈国民经济学批判史〉的评注》……1877年3月7日和8月8日马克思给恩格斯寄去对《评注》的两篇补充。大概在1877年10月中旬和11月中旬之间对亚当·斯密和卡尔·亨利希·洛贝尔图斯的著作作了有目的的摘录。恩格斯在1877年11月中旬对这些摘录加工后收入《政治经济学》编的第八章和第九章。"①

我又查了1986年出版的俄文版《马克思恩格斯选集》第5卷中《反杜林论》的题注。这一段作了很大改动，显然纠正了原《马克思恩格斯全集》中的不确切说法。它是这样写的："这一编的最后一章，用恩格斯的话说，'所有重要的部分'② 都是马克思的。马克思把这一章的手稿寄给了恩格斯，后来在1877年3月7日和8月8日两封信中对一系列问题作了解释。"③

总之，确切地说，马克思寄给恩格斯的是"Randnoten"，而不是第十章的直接底稿，恩格斯根据这个手稿加工成第十章。其次，只要较仔细地读一读MEGA第1部分第27卷收入的马克思各个准备材料及编者的考证说明（如上面提到的《马克思的〈反杜林论〉第二编的准备材料》），就可以得出，《马克思恩格斯全集》题注中关于手稿由两部分构成的说法是没有根据的。

---

① MEGA第1部分第27卷第831页。
② 《马克思恩格斯全集》第1版第20卷第17页，或《马克思恩格斯选集》第1版第3卷第55页。
③ 《马克思恩格斯选集》1986年莫斯科政治书籍出版社版第5卷第668页。

新版《列宁全集》恢复一篇重要文献的原貌

——谈列宁关于租让的报告的增补情况*

杨祝华

租让制是苏俄初期吸引外国资金和利用外国先进技术的一种特殊形式,是列宁首创并在社会主义国家最早实行的有限对外经济开放政策。1920年冬,苏维埃政权在反对武装干涉和国内战争中取得了决定性胜利,并将进入和平建设时期。由于国民经济长期遭受战火破坏,千疮百孔,百废待兴,新生的苏维埃政权缺乏资金、技术、装备和人才,许多资源自己无力开发,重大项目无法兴建。列宁分析了国际上帝国主义国家之间的矛盾,从苏维埃俄国的生存和经济发展出发,提出了租让政策:把无力开发的项目,租让给外国资本家,收益分成,期满后全归苏俄所有。为贯彻这一政策,列宁签署了《关于实行租让的一般经济条件和法律条件》法令。

1920年12月6日列宁在俄共(布)莫斯科组织积极分子大会上作了关于租让的报告(见《列宁全集》中文第2版第40卷第58—85页)。这是一篇从政治上和经济上阐述租让政策的正确性和必要性的重要文献。这个报告在1923年首次公开发表时有九处作了删节。《列宁全集》中文第1版收载的这个报告,是根据删节过的版本译出的。现在

---

* 本文选自《马克思主义与现实》1992年第1期。

《列宁全集》中文第2版根据俄文第5版全文补译，恢复了这个报告的原貌。

下面把增补的几段话逐一介绍，并联系上下文稍加说明。新增内容以楷体表示。

一、列宁在报告中首先谈到，租让法令引起基层群众的强烈反应，人们担心资本家卷土重来。列宁认为这种来自基层的担心是令人高兴的，因为群众对资产阶级有高度的警惕性，但是租让法令里不能谈这个问题，公开发表会议讲话必须注意内外有别。他说："至于说到法令，主席同志已经指出，这个法令没有对这些问题作出明确的解释。确实如此，但是问题是，作这样的解释并不是法令的任务。法令的任务是吸引外国资本家先生。要吸引他们，显然就不能像在党的会议上那样说话。而《真理报》恰恰把不该登的登了出来。在党的会议上我不能以人民委员会主席的身份出现，也不能像对外国资本家那样说话。在党的会议上讲的，不应该让外国资本家知道。《真理报》不仅面向党员，而且面向国外。我非常感谢斯捷潘诺夫同志对我的发言作了澄清。为了今后不再让我陷于这样的境地，我请求不要发表党的会议上的讲话，如果要发表，就必须经过再三检查，而且要由确实懂得向外国资本家该说什么不该说什么的人审订。我在讲了这几句开场白之后，现在来谈实质问题，也就是租让问题。我先谈谈政治上的一些考虑。"①

列宁所说斯捷潘诺夫作了澄清的事是：1920年11月30日《真理报》摘要发表了列宁在俄共（布）莫斯科组织支部书记会议上的讲话（见《列宁全集》中文第2版第40卷第41—44页），其中有些是当时不宜公开发表的；斯捷潘诺夫在12月5日《真理报》发表了一篇题为

---

① 《列宁全集》第2版第40卷第58—59页。

《对什么人不应该实行租让》的文章，纠正了《真理报》编辑部的错误。据此列宁指出，公开发表在党的会议上的讲话须经专人审订，加以取舍。看来，《列宁全集》俄文第 1 版编者就是根据列宁的这个意见对列宁的讲话记录稿作了删节的。

二、在苏维埃俄国被帝国主义国家包围的情况下，为求生存和发展，列宁认为应该利用当时资本主义世界中存在的三种根本性矛盾。

第一个矛盾是日本和美国之间的矛盾。日本和美国之间，为了控制太平洋和占领太平洋沿岸地区进行了几十年的争斗。这种冲突正在日益加剧，列宁指出，苏维埃政府同美国进行的关于租让堪察加的谈判就是利用既成的局势，促使美国和日本之间的矛盾更加激化。堪察加是苏维埃俄国东端伸向太平洋的一个半岛，靠近日本，它有一个海湾是蕴藏石油的地区。这个半岛自 1918 年春外国武装干涉以来，一直被日本军队占据。美国和日本都想得到那里的石油，美国自然不甘心日本占有堪察加和西伯利亚地区。1920 年秋美国万德利普辛迪加的代表华盛顿·万德利普到莫斯科同苏维埃政府进行租让谈判，租让的项目是在堪察加和西伯利亚东部地区开发渔业、勘察并开采石油和煤炭。列宁认为，必须抓住租让这样的建议，把堪察加这块领土租给美国，让美帝国主义去反对离苏俄最近、至今还控制着苏俄远东地区的日本帝国主义。根据 10 月底拟就的合同草案，万德利普辛迪加获得为期 60 年的租让权。满 35 年后，苏维埃政府有权提前赎回全部租让企业。满 60 年后，企业及其运转的设备无偿地转归苏维埃俄国所有。

列宁介绍这个合同内容时有下述一段话："事情的结果就是这样：我们起草了一个合同草案，还没有签字，草案规定把堪察加这块位于西伯利亚最东头和东北角的大片领土租给美国人 60 年，他们有权在那个有石油和煤炭的不冻港建造军港。"①

万德利普取得堪察加承租权的消息在他启程离开俄国时便传向世界各地,那时正在竞选美国总统的哈丁矢口否认这个消息。列宁认为哈丁"要是在选举时期承认同布尔什维克有来往,恐怕会失掉选票",他说:"所以他正式否认这一点。他们把这种消息提供给正在攻击布尔什维克的各家报纸,这些报纸完全控制在各帝国主义政党手中。我们从美国和日本得到的政治上的好处无疑是明显的。这种报导是有作用的,因为它具体地说明了我们愿意在什么样的条件下签订什么样的租让合同。当然,在报刊上不能谈论这些情况。这些情况只有在党的会议上可以谈,在报刊上我们不应该隐瞒这笔生意,它是有好处的,凡是妨碍做这笔生意的话,我们一句也不应该讲,因为这件事对我们有极大的好处,它会削弱美帝国主义和日本帝国主义对付我们的力量。"②

列宁认为应该利用的第二个矛盾是美国同其他帝国主义国家的矛盾。他指出,美国不可能同欧洲国家和解,因为它们之间有着极严重的经济上的矛盾。他说:"我们考察有关租让的一切问题要从这样一个角度出发:任何能够加剧美国和其他资本主义国家矛盾的最小机会,都要用双手抓住不放。"③

第三个矛盾是协约国同德国之间的矛盾。德国是除美国以外最先进的国家,虽然是战败国,但仍具有极大的经济潜力。当时它由于受凡尔赛条约的束缚严重缺粮,几乎不能生存下去。它是不会忍受凡尔赛条约的。俄国向德国提出了粮食方面的租让建议。尽管德国非常仇视布尔什

---

① 《列宁全集》第2版第40卷第66页。
② 《列宁全集》第2版第40卷第68页。
③ 《列宁全集》第2版第40卷第70页。

维克，但是为了生存，它不得不设法同苏维埃俄国往来。德国是一个帝国主义国家，然而又是一个被征服了的战败国，所以它必然要寻找同盟者来反对世界上其他的帝国主义。

列宁说："这就是我们应当加以利用的一个情况。凡是能够加剧美国和协约国其他国家之间、整个协约国和德国之间对抗的因素，我们都应该从租让的角度加以利用。因此必须设法吸引他们，因此米柳亭答应送来而且已经送来，即将散发的小册子中刊载了人民委员会的法令，这些法令的写法就是为了使目前这些租让项目具有吸引力。这本小册子还附了地图，加了说明。我们要把它译成各种文字，想方设法广泛发行，争取德国去反对英国，因为对德国来说租让是一条生路。我们要争取美国反对日本，争取整个协约国反对美国，争取整个德国反对协约国。"①

三、列宁在报告中还论述了租让在经济上的利害问题。他认为，不实行租让，俄国就不能实行国家电气化，就不能在10年内恢复俄国的经济，只有恢复了经济，俄国才不会被资本家打败。有关这方面的讲话过去被删除了以下4段话。

1．"我们正在转向经济方面，并向全世界提出积极的建设纲领，阐明在经济上有根据的远景，俄国考察远景，不再把自己当作像以往那样破坏其他国家经济的利己主义的中心，俄国是从全世界角度来提出恢复经济的建议的。"② 列宁在这段话中声明，苏维埃共和国提出租让问题，不仅是为俄国经济的恢复，而且也为全世界经济的恢复，因为世界大战消耗了大量原料，要恢复世界经济，就必须利用俄国的丰富的原料。

2．苏维埃俄国在1920年初制定了经济建设的第一个远景规划——

---

① 《列宁全集》第2版第40卷第71页。
② 《列宁全集》第2版第40卷第72页。

俄罗斯电气化计划。这个计划的实施需要外国资本和生产资料的帮助。要取得外国的经济帮助,就必须付出代价。列宁说:"从哪里取得所需要的生产资料呢?要吸引美国人,就得付给他们代价,因为他们是做买卖的。而我们拿什么来支付呢?拿黄金吗?可是,黄金我们不能随便浪费。黄金我们剩得不多了。我们的黄金甚至还不够实现电气化纲领用的。制定这个纲领的工程师认为,至少要11亿金卢布才能实现电气化纲领。但是我们没有这样多的黄金储备。"① 俄国既拿不出黄金,也拿不出粮食来支付,那就要靠租让来解决问题。

3. 只要存在着资本主义和社会主义,资本家就会找借口来扼杀社会主义俄国。如果资本主义国家接受了俄国的租让建议,他们再寻找进攻苏俄的借口就困难了。列宁说:"租让的存在就是反对战争的经济根据和政治根据。如果那些可能同我们作战的国家接受租让,这就使它们受到约束,不能同我们作战。我们十分重视这种约束,所以我们不怕付出代价,况且我们是用自己开发不了的生产资料来支付的。为了开发堪察加,我们要付出10万普特石油,我们自己得该数的2%,我们是用石油偿付的。如果我们不付出代价,那我们连两普特石油也得不到。不错,这是重利盘剥的价格,但是只要资本主义存在一天,就不能期待它会同意公道的价格。但是好处是明显的。"②

4. 列宁强调指出,租让并不是和平,是战争在经济方面的继续,不过在这场战争中苏维埃俄国不是在破坏而是在发展俄国的生产力。俄国工人还可以通过租让向资本家学习。列宁说:"我相信苏维埃政权一定会赶上和超过资本家,我们将不仅赢得纯粹经济方面的好处。我们将

---

① 《列宁全集》第2版第40卷第75页。
② 《列宁全集》第2版第40卷第78页。

得到这微不足道的2%，这确实很少，但毕竟有了一点东西。此外，我们一定会获得科学知识和技能。"①

《列宁全集》中文第2版不仅恢复了列宁这一讲话的全貌，而且修订了它的旧译文。新增补的这些内容有利于我们把握列宁在租让问题上的完整思想。我们从这里可以了解当年列宁观察和分析国际形势的立场、观点和方法，在苏维埃俄国被资本主义包围的情况下利用帝国主义之间的矛盾的胆识和谋略，在错综复杂的矛盾和斗争中驾驭全局的本领，特别是在租让问题上表现出来的原则性和灵活性。这一切对我们今天研究和思考世界政治经济格局的变化，推进改革开放的方针路线，无疑是大有教益的。

---

① 《列宁全集》第2版第40卷第78—79页。

在校订《马克思恩格斯全集》中文第2版工作中的思考*

鲍世修

要做好《马恩全集》中文第2版工作,需要关照的方方面面很多,例如,怎样保证文章搜集齐全,怎样做到卷次划分合理,怎样使注释繁简适宜,适合中国读者需要,怎样在充分研究的基础上写好每一卷的前言,以及怎样使书本身的装潢美观大方等等都是。但是,在所有这些足以影响未来全集质量的努力中,最为关键的当然还是对译文的校订。我的看法是:从总体上说,质量是相当好的,是上乘的;但由于大部分文章未经原文校订,确实存在少量错漏,此外,个别语句的表述,从汉语规范要求,欠妥帖。因而,我认为,这次校订不是重译,但又必须按原文消灭现存的所有错漏,并剔除汉语表述中的各个零星瑕疵。归纳起来大体有以下五个方面。

一、原意译错的词或句一定改

造成这种错情多数场合是出于汉译者的疏忽,少数场合则属于俄译文有误。在校订中要发现这类错情主要靠逐字逐句校对原文,同时还应

---

* 本文选自《马克思恩格斯研究》1994年总第16辑。

了解翻译中可能引起差错的一些常见原因。

（一）易被译错的词大体有以下特征。

1. 发音相近。例如，《马恩全集》第 7 卷第 568 页第 14 行的"维也纳"和第 569 页倒数第 14 行的"易北河"，德文分别是 Wilna 和 Elba，俄文分别是 Вильно 和 Эльба，中文的正确译法应是"维尔纳"和"厄尔巴岛"。这两个词之所以会被译错，从德文来说 Wilna 同 Wien 的发音有些接近，Elba 同 Elbe 的发音就更为近似；而从俄文来说，Вильно 的发音也是接近的。至于 Вильно 一词则是本身就有两种释义，即可译"易北河"，又可译"厄尔巴岛"。

2. 一词多义。例如，《马思全集》第 11 卷第 214 页倒数第 4 行、第 217 页第 3 行的"筑垒阵地"和"屯兵场"，德文是 Waffen-platz。这是一个非常典型的多义词，既可解释为"堡垒"、"要塞"，又有"兵器库"的含义，具体译法，需视上下文的意思而定。而这里讲的，则是在攻城的接近壕和平行壕中构筑的一种野战设施（原文分别是 auf der Zentralapproche einen Waffenplatz zu bilden 和 bedeckte Parallelen mit Wafffen-platzen vollendet），译为带有永备性质的"筑垒阵地"，显然是不合适的，正确的译法是"兵器库"。

3. 具有很强的专业性。例如，《马恩全集》第 11 卷第 217 页有这样一句话："马美朗多面堡前的战壕，已经被一条整齐的堑壕连接起来，从而形成一道新的防线。"这一句里"战壕"一词，德文原文是 Schützengräben。这是一种外行的译法。因为汉语里的："战壕"是指作战时为取得掩护而挖掘的一切壕沟，其中包括堑壕。这就是说，堑壕也是战壕。因而，说"战壕"被"堑壕"连接起来，是说不通的。Schützengräben 的正确译法应是"散兵壕"。（Schütze 本来的意思就是"散兵"，graben 则是"壕"）"散兵壕"是零星散布的，所以可以由

"堑壕"连接起来。

4. 在本专业范围内有自己的约定俗成译法。例如,《马恩全集》第11卷第210页第8行的"莫尔特克少校",其德文原文是Wajor Moltke。Moltke在本世纪30年代、40年代的中国军事翻译文献中就已有"毛奇"的译法,并在军事学术界一直沿用至今。又如,《马恩全集》第29卷第244页倒数第7行的《论战争》,其德文原文是Vom Kriege。这本书早在30—40年代就有中译本,书名译为《战争论》。60年代初,我军重新翻译出版时,仍袭用了原先的译名。在这种情况下,如果不按约定俗成的译法处理,就会使读者误以为这是另一本书。

5. 带有细微重要含义的前缀或后缀。外语中带有前缀、后缀的词很多。翻译时如不注意它们的细微重要含义,很易出错,或表达不清。请看《马恩全集》第11卷第139页的一句话:"但是在这里又可以看出他们所陷入的那种恶性循环:投入这个染有鼠疫菌的捕鼠器的部队愈多,因病遭受的损失就愈大;而从那里安然脱身的唯一的办法,却是**派遣**①尽可能多的部队。"这里的"派遣"一词,德文原文是hineinsenden。这个词是由动词senden(派遣)同副词hinein(进去)复合而成的。hineinsenden一词从原文看方向性很明确。现在译成中文用"派遣"来表述,读者就不好理解,不知是派到哪里去,因为"派遣"一词在中文里没有明确的方向性。因而正确的译法应在"派遣"前加上"往那里"这样的指示方向的副词。

又如,《马恩全集》第13卷第418页第7行的"联军采访员路易·波拿巴"这一词组中的"采访员"一词,其德文原文为Telegrammist。Telegrammist是恩格斯用来证明1859年意大利战争期间法皇拿破仑第三

---

① 黑体为引者所加,下同。

的身份的一个词。当时拿破仑第三是法军总指挥,意军也归他统辖,即他实际是法意联军的统帅。把具有这样一种身份的人说成是一个**采访员**,一个新闻工作者,是让人难以理解的。Telerammist 一词是由 Telegramm(电报、电讯)加上尾级 ist 构成的,是指发布电讯的人。因而这里整个词正确的译法应是"联军**发言人**路易·波拿巴"。

(二)易被译错的句子通常也都有其语法或表述上的某些费解或难处理之处。

1. 句中含有难以判断所指对象的关系代词。德、英、俄语中关系代词都使用得比较多,翻译中,在判断其具体指代时,稍有不慎就会造成错译。

恩格斯写的《波河与莱茵河》一文中有这样一段话:

Wir haben während dieser ganzen Untersuchung angenomen, daß Belgien den Deutschen zum Angriff auf Frankreich vollständig offenstehe und mit ihnen alliiert sei. Da wir vom französischen Standpunkt aus argumentieren mußten, so hatten wir dasselbe Recht dazu wie unser Gegner am Mincio, wenn sie Italien-auch ein freies und vereinigtes Italien-als der Deutschen stets feindlich annahmen。

《马恩全集》第 13 卷第 289 页的中译文是:

"在进行这种研究的时候,我们都是从德国人向法国进攻的时候比利时对德国人完全开放并与德国人结盟这样一个假定出发的。因为我们应当用法国人的观点来论证,所以我们有权要求这个,就如同我们的敌人认为意大利——即便自由和统一的意大利也一样——是经常和德国人敌对的国家而有权要求明乔河一样。"

这段译文由于后半部分译错,所以读者无法看懂。原文中"so hatten wir dasselbe Recht dazu wie unser Gegner am Mincio"是一句不太好理

解的话,译者不容易判清"dasselbe Recht dazu"(对此同样的权利)究竟指的是什么样的"权利",而"unser Gegner"又究竟指的是哪些人。从原文看,Wir和Gegner拥有的应是同一种Recht,但在中译文里却是不一致的:一处是进行假设的权利,另一处则是要求取得某条河流的权利。这在逻辑上是不太讲得通的。把"unser Gegner"译为"我们的敌人"也让人费解,似乎在指战争中的敌方,这是违背作者原意的。

恩格斯在这里所说的Recht,实际指的是人们在论证问题时进行这种或那种假设的权利,而unser Gegner则指的是进行争论的另一方即争论的对手。因为恩格斯之所以要写《波河与莱茵河》这篇文章就是为了驳斥当时德国某些人(像拉多维茨和维利森等)的错误观点的。因而这段话的正确译文应当是:"我们在进行以上研究的全部过程中,都是从德国人进攻法国时比利时对德国人完全开放并与德国人结盟这样一个假设出发的。因为我们必须站在法国人的立场上来论证,所以我们有权做上述假设,正像我们明乔何上的对手,有权假设意大利——即使是自由和统一的意大利——总是敌视德国人一样。"

2. 句子比较长,句中各分句间关系繁杂,译时稍不注意作者的原意就会遭到扭曲。

恩格斯的《反杜林论》中有这样一段话:

Was die bürgerliche Demokratie von 1848 nicht fertigbringen konnte, eben weil sie bürgerlich war und nicht proletarisch, nämlich den arbeitenden Massen einen Willen geben, dessen Inhalt ihrer Klassenlage entspricht-das wird der Sozialismus unfehlbar erwirken. (Anti-Dühring, Dietz Verlag Berlin, 1959, S. 208)

《马恩选集》第3卷第210页的译文是这样的:"社会主义将毫无差错地完成1848年资产阶级民主主义所无力完成的事业,正是因为这种民主主义是资产阶级的,而不是无产阶级的,就是说,它没有能够给予劳动群众一种内容适合于他们的阶级地位的意志。"

这是一个长句,但从原文看,各分句间的关系还是比较清楚的;可是从中译文看却有些费解。这句话的主干是:1848年资产阶级民主主义所无力完成的事业,社会主义一定会①加以完成。这个句子按原文的结构看,插在两个主分句之间的各个次分句,是用来说明资产阶级民主主义之所以无力完成1848年事业的原因的,即只是用来说明前半个主分句的。由于主次句之间接得比较紧,所以看起来还算清楚。但译成中文后,原文中用以说明前半个主分句的描述,被扩展来解释整个主干句子,这就模糊了原文中分句与分句间的有机联系;加之,原句中论述的逻辑重点遭到更换("社会主义一定会加以完成"被提前),这就使中国读者难以理解。本句正确的译文应是:

1848年资产阶级民主主义所无力完成的事业,——这正是因为这种民主主义是**资产阶级的**,而不是无产阶级的,就是说,它没有能够给予劳动群众一种内容适合于他们的阶级地位的意志——社会主义一定会加以完成。

二、对漏译的词一定补上,对未按作者原意标明黑体的词一定加标黑体

在《马克思全集》中文第1版的各篇文章中,整句漏译的错情是绝对没有的。但是,单个词的漏译,则并不少见,把原文中的斜体字误

---

① unfehlbar 一词,当形容词用时,是"毫无差错的",但做副词用时,则是"肯定"、"绝对"。

作正体处理，亦间或有之。之所以会出现这些情况，这其中既有译者的疏漏，又同转译这种间接表述原作的手段有着较为直接的关系。因而，这次按原文校订另一项重要任务就是：补上中文第1版各篇文章中漏译的词和加标漏注的黑体。下面是这方面的一些实例，漏译的词用黑体标出。

1. 《马恩全集》第10卷第625页第3—4行："他们的军官除了用这个笨拙的人群**突然**（mit einem Male）向敌人猛冲之外，没有任何别的办法。"

2. 《马恩全集》第11卷第148页第8—9行："第一和第二法兰西帝国及其**各自的**（wechselseitigen）代表人物之间的整个差别就在于这种策略的不同。"

3. 《马恩选集》第2卷第581页第18行："是靠了**而且只是靠了**（und nur weil an）在欧洲东部边界上有波兰士兵在守卫着……"

4. 《马恩选集》第2卷第584页第3—5行："因为后者的存在彻头彻尾是依靠野蛮的（brutale）暴力、监狱和绞架，而他们的对外政策的基本手段——就是秘密的阴谋，背信的袭击，以及，**最后**（schließlich），暴力的征服。"

5. 《马恩选集》第2卷第584页第19行："俄国军队则仍然是欧洲一切**其他**（übrigen）镇压欧洲工人阶级的军队的后备军。"

下面再举两个漏标黑体的例句。

1. 《马恩选集》第2卷第145页第4—5行："政治经济学家和社会主义者还同时把蒲鲁东当做超极端的革命者（Ultra-Erzrevolutionär）加以诅骂。"

原文中的斜体前缀Ultra（**超**）在中译文中被漏译。

2. 《马恩选集》第2卷第583页第21—22行："这完全是由于沙皇

的专利和**权谋**（Machiavellismus）的过错……"

三、表达不清或似是而非的译文一定改

在《马恩全集》中文第 1 版中有少量译文，或读起来不太好懂，或初读时还看得过去，但稍加推敲就感到不合情理。这便是表达不清和似是而非。出现这类译文的主要原因在于，译者未完全吃透作者原意，便贸然下笔，从而造成不是拘泥于原文表达形式，便是逐字生硬堆砌。

例一，《马恩全集》第 11 卷第 214 页。

"**联军进攻部队的右翼**正对塞瓦斯托波尔防线的东南段由于联军构筑了三条接近壕，即锯齿形堑壕，并把这些接近壕的末端以所谓第二道平行壕连接起来，因此右翼推进到距俄军第一道防线 600 码的地方。"

这段译文，如果不认真计较，似乎还读得过去，但稍加琢磨，就会发现问题。右翼正对东南段这一分句，同下面的因果句是什么关系，看不清楚，因果句自身的逻辑性也不强，令人费解。这一段的德文原文是：

Die rechte Attacke der Alliierten, gerichtet gegen die südöstliche Front von Sewastopol, ist vorwärts geschoben bis zu 600 Yards von der ersten russischen Linie vermittels 3 Linien von Approchen oder Zickzacks, die an ihren Enden durch die sog. zweite Parallele miteinander verbunden sind.

从原文看，全句的主句是十分清楚的：联军进攻部队的右翼已推进到俄军第一道防线 600 码的地方。其余的分句则是用来说明右翼所进攻的地段和推进时所使用的方法。译者如果抓住这个主句，并围绕主句增添其他附加说明成分，得出的译文就会在确切表达作者原意的基础上，使人看起来清晰易懂。下面是可能的修改方案之一：

攻势对准塞瓦斯托波尔防线的东南段的联军**进攻部队的右翼**,借助三条末端由所谓第二道平行壕连接起的接近壕,即锯齿形堑壕,推进到了距俄军第一道防线600码的地方。

例二,《马恩全集》第13卷第482页。

"关于我们的'真正神秘的'拿破仑的情况,我们谈到他在马振塔战场为止。"

这是恩格斯1859年7月下旬到8月上旬为伦敦出版的《人民报》撰写的3篇回顾意大利战争的文章中第2篇文章开头的一段话,但给人的印象都是一句结束语。这句话的原文是:

Wir verließen unsern wirklichen geheimen Napoleon auf dem Schlachtfeld von Magenta.

如果撇开上下文,单以上面的中译文同原文对照,词与词似乎都能对得上,但连成句子后所表达的却不是作者的原意。这是一个比较典型的似是而非的译句。这个句子从原文来讲一点也不复杂,翻译时如果能联系上下文多思考一下,就不难得出以下正确的译文:

上次我们最后谈的是我们的"真正神秘的"拿破仑在马振塔战场上的情况。

例三,《马恩全集》第10卷第621页。

"过去的100年中,英国人民曾被本国的寡头政体拖入同法国进行大战。"

这一句的原文是:

In den großen Krieg mit Frankreich, der im vorigen Jahrhundert begann, wurde das englische Volk durch seine Oligarchie geführt.

把两种文字稍作对比就会发现,表面近似的译文,实际上是不准确的,应改为:英国人民曾被本国的寡头政体拖入那场在上一世纪开始的同法国进行的大战。

四、汉语表述不规范的语句一定改

《马恩全集》是经典性的理论著作，它在文字表述方面的要求不同于一般；在这样的典籍中，病句是绝对不容许存在的，硬搬外语表达形式的译文亦属取缔之列，因而，这次校订中，需要着力解决的又一个迫切的问题是：消灭一切不合汉语表述规范的语句。

例一，恩格斯在《克里木战争的前景》一文中有这样一句话：

…but no army in the world can hold together forever when it is beaten by every enemy it meets, and when to a long list of defeats it can oppose nothing except the negative satisfaction of its tenacious and lengthened cisistanca, and solitary example of successful, active defense, like that of the 18 the June.

《马恩全集》中文版第11卷第596页是这样译的：

"……但是，世界上任何一支军队，在受到一个又一个敌人打击时，除了采取顽强的和长期的抵抗这样的消极办法以外，除了进行像6月18日会战那样唯一的一次成功的积极防御战以外，再也没有什么可以用来对付这一连串的失败，那它是不会无限制地支持下去的。"

这段译文并没有错，但它的表述方式不合汉语习惯，读起来比较费劲。这主要表现在两个方面：一是句子的主语"世界上任何一支军队"同它的谓语"不能无限制地支持下去"离得太远了，插在当中的大时间附句包括了两个"除了……以外"型的小条件附句，冲淡了主谓语间的密切关系；再就是有些分句如"再没有什么可用来对付这一连串的失败"、"它是不能无限制地支持下去的"等，太拘泥于原文的词语和表述形式，过分西化，因而在校订时做了如下修改。

"……但是，如果每次同敌人交锋都被打败，而且在面对一连串失败时，除消极满足于采取长时间的顽强抵抗和进行像6月18日会战那样仅有的一次成功的积极防御战外，别无他图，那么，世界上任何一支军队迟早也是会垮台的。"

例二，《马恩选集》第2卷第584页。

"但是，尽管如此，弗里德里希-威廉二世，这个唯一认真反抗俄国政策的霍亨索伦和弗兰茨二世仍然同意完全消灭波兰。"

这句译文里有一个词，对中国读者来说，是不太容易理解的。这便是"霍亨索伦"。"霍亨索伦"本来是王朝的名称。把一个王朝的名称说成是一个人，这很难让人接受。查对原文后发现，Hohenzoller一词指的是霍亨索伦王朝中的人，而不是王朝本身；因而正确的译法应是"霍亨伦索王朝成员"或"霍亨索伦王室成员"。

五、不统一的名词术语一定改

外语中有许多多义词，它们的译法需要根据各自所处的语言环境来灵活处置，不能千篇一律，这是翻译学的一条基本规则；而与此平行不悖的另一条重要原则则是：如果一个多义词或一个词组，作者在不同段落或文章中使用它们时，取的是同一个意思，那么，它们的译法更必须统一。《马恩全集》中文第1版在统一名词术语方面做了大量卓有成效的工作，但是，在偌大一部数千万字的巨著中，且大部分文章来自转译，存在少数名词术语不尽一致，是完全可以理解的。这些瑕疵，通过这次按原文校订的处理，定会荡然无存。

例一，同一个词在同一篇文章中出现两种截然不同的译法。

在恩格斯的《三月二十三日的出击》一文中，作者在报道英法联队攻城的土工作业时曾谈到在接近壕和平行壕中构筑 Waffenplatz 的情节。Waffenplatz 一词在《马恩全集》中文第 1 版第 11 卷中被分别译为"筑垒阵地"（第 214 页倒数第 4 行）和"屯兵场"（第 217 页第 3 行）。其实，恩格斯在这里指的是同一个事物，即贮存兵器的工事或兵器库。

例二，同一个词组在相关的两篇文章中出现两种不同的译文。

马克思和恩格斯在 1855 年 8 月 21 日发表于《新奥得报》的《英法对俄战争》一文的最后有这样一段话：

Das ist die glorreiche Zerstörung Seweaborgs durch die alliierten Flotten. Wir kommen auf diesen Gegenstand zurück, sobald detaillierte Berichte vorliegen.

而马克思在 1855 年 8 月 25 日发表于《新奥得报》的《论战区事体》一文的开头，为了同上文作呼应，又写了下面的话：

Die Berichte der Admirale Penaud und Dundas bestätigen das Urteil, das wir über die "glorreiche Zerstörung Seweaborgs, das Gibraltar des Nordens" ("Times-"Terminologie) gefällt haben.

这两篇文章中出现的两处 die glorreiche Zerstörung Seweaborgs 讲的完全是同一件事，在《马恩全集》中文第 1 版里能分别译为"对斯维阿波尔格进行的有名的破坏"（第 11 卷第 560 页）和"光荣地摧毁斯维阿波尔格"（同上，第 561 页）。我认为，像这样在原文讲同一件事的一个词组在译文里被处理得如此不统一，这在经典理论著作中是应当竭力避免的。

以上是我个人认为在这次校订中必须修改的五种情况。

当然，在校订中要把握好不改的标准，也的确并非易事。这里我想特别强调一下，对于经典作家学术著作中的重要论述，特别是那些在理论引用得较多较广的著名论断，校订者在下笔时必须慎之又慎。我认为，如非绝对必要，一律不动，以利于经典表述的相对稳定，避免引起不必要的理论混乱。

综上所述可见，把握校订中改与不改的尺度，不是一个简单的对号入座问题，而是一种对科学翻译标准的再认识，也是对所校译文内容的再理解。因而，这里需要的，首先是对原著的认真学习，其次则是对完美译文的不知疲倦的科学追求。

《马克思恩格斯全集》中文第 2 版第 30 卷的译文校订情况[*]

张钟朴

《马克思恩格斯全集》中文第 2 版的一些卷次从 1995 年起开始正式出版了。第一批出版的是第 1、11、30 卷,其他各卷也将逐年陆续出版。根据计划,《全集》中文第 2 版是在中文第 1 版的基础上重新编辑、校订、增补而成的。我现在将《全集》中文第 2 版第 30 卷的译文校订情况作一概略的介绍,以便读者能更好地了解《全集》中文第 2 版和中文第 1 版相比究竟有哪些改进。

《马克思恩格斯全集》中文第 2 版第 30 卷收载的是马克思在 1857—1858 年期间写的一些经济学手稿,其内容相当于《全集》中文第 1 版第 46 卷上册的全部和第 46 卷下册的前半部分(第 46 卷下册的后半部分预计将收入《全集》中文第 2 版的第 31 卷)。具体地讲,这一卷包括三篇经济学手稿,即《巴师夏和凯里》、《导言》和《政治经济学批判(1857—1858 年手稿)》的前半部分。这一卷除进行了大量的编辑工作(如编写注释、编各种索引、适当加标题、写序言等)以外,还对中文第 1 版中的原有译文从头至尾重新校订了一遍。在这次校订中,除对照德文原文最权威的版本《马克思恩格斯全集》历史考证版

---

[*] 本文选自《马克思主义与现实》1997 年第 1 期。作者单位:中共中央编译局。

(MEGA)以外，还尽量参考了一些国家较权威的版本。这次重新校订的结果证明，《全集》中文第1版的原有译文质量是很好的，意思译错了的地方极少。全书正文50万字左右，这次重校发现确实译错了的地方不超过10处。另外，马克思的这些手稿不是为了公开发表而写的，而是为了自己弄清问题，因此字迹不好辨认。近年来新出版的《马克思恩格斯全集》历史考证版的编者们对原文重新作了订正。凡是这些地方，这次重新校订时也对译文作了相应的订正。除此之外，出于各方面的考虑，这次重校时还对原来的译文作了某些改进。下面把这次重新校订过程中对原译文的修订情况作一介绍。

一、对原译文中的错误作了改正。

例1，马克思在《导言》中讲到生产和分配关系时说："奴隶直接被剥夺了生产工具。但是奴隶受到剥夺的国家的生产必须安排得容许奴隶劳动，或者必须建立一种适于使用奴隶的生产方式。"① 这句话的原译文意思不对。从原文来看，不是"奴隶直接被剥夺了生产工具"，而是在奴隶制度下，奴隶这种生产工具本身直接被掠夺，因为奴隶不被看成人，只是"会说话的工具"，也就是说奴隶的人身被掠夺。这次重新校订时把这句话改译为："在奴隶的场合，生产工具直接被掠夺。但在这种场合，掠夺奴隶的国家必须把生产安排得容许使用奴隶劳动，或者必须建立一种适于使用奴隶的生产方式（如在南美等）。"②

例2，马克思在《导言》的第4节列出了8条提纲，其中第2条写道："历来的观念论的历史叙述同现实的历史叙述的关系，特别是同所

---

① 《马克思恩格斯全集》第1版第46卷（上）第35页。
② 《马克思恩格斯全集》第2版第30卷第39页。

谓文化史的关系，这所谓文化史全部是宗教史和政治史。"① 这句提纲式的话，如果按原来的译文，理解起来好像是：历来的观念论的历史叙述同现实的历史叙述的关系，特别是历来的观念论的历史叙述同所谓的文化史的关系。但从原文的语法关系来看，"所谓的文化史"这句话既可以理解成和"历来的观念论的历史叙述"同位，也可以理解成和"现实的历史叙述"同位。如果是前一种理解，那么这句话就应译成"历来的观念论的历史叙述同现实的历史叙述的关系，特别是所谓的文化史同现实的历史叙述的关系"；如果是后一种理解，那么这句话就应译成"历来的观念论的历史叙述同现实的历史叙述的关系，特别是同所谓的文化史的关系。"有的外文版本就是按照后一种理解翻译的，《全集》中文第1版的译文也是按后一种理解翻译的。但从理论上仔细研究，前一种理解才是正确的。因为"所谓的文化史"显然是属于"观念论的历史叙述"，而不属于"现实的历史叙述"。因此，这句话现在改译为："历来的观念论的历史叙述同现实的历史叙述的关系，特别是所谓的文化史，这所谓的文化史全部是宗教史和政治史。"②

例3，在1857—1858年手稿中论述资本的生产过程时，马克思写道：在生产过程中"劳动不仅被消费，而且同时从活动形式转变为对象形式、静止形式……；劳动在转变为对象时，改变着自己的形态，从活动变为存在。"③ 在这句话中，"劳动在转变为对象时"译错了，正确的应当是"劳动在改变对象时，也改变自己的形态"，也就是说，在劳动过程中，劳动被消费，用来改变劳动对象的形态，生产出产品，而与此

---

① 《马克思恩格斯全集》第1版第46卷（上）第47页。
② 《马克思恩格斯全集》第2版第30卷第50页。
③ 《马克思恩格斯全集》第1版第46卷（上）第258页。

同时，劳动本身也从活动形态变为对象形态，即变为存在。这是同一过程的两个方面。而原译只表示了一个方面，先后两句话说的是同一个意思。其实这句话一开始就说清楚了，一方面劳动被消费，即被用来改变对象的形态，另一方面劳动本身也从活动形式变为静止形式。这次重校时对这句话的译文作了订正。①

例4，在1857—1858年手稿中，马克思总结了原始社会中部落成员对于部落土地的关系的各种不同形式，他写道："不管怎样，公社或部落成员对部落土地（即对于部落所定居的土地）的关系的这种种不同的形式，部分地取决于部落的天然性质，部分地取决于部落在怎样的经济条件下实际上以所有者的资格对待土地，就是说，用劳动来获取土地的果实；而这一点本身又取决于气候，土壤的物理性质，受物理条件决定的土壤开发方式，同敌对部落或四邻部落的关系。以及引起迁移、引起历史事件等等的变动。"② 这段话中的最后一句，原译文把关系理解颠倒了，不是变动引起迁移和引起历史事件，而应该是"由迁移、历史事件等等引起的变动"。因此，这次重校时改正为："不管怎样，公社成员或部落成员对部落土地的关系，即对部落所定居的土地的关系的这种种不同的形式，部分地取决于部落的自然性质，部分地取决于部落现在实际上在怎样的经济条件下以所有者的身份对待土地，就是说，通过劳动来获取土地的果实；而这一点本身又取决于气候，土壤的自然特性，由自然条件决定的土壤利用方式，同敌对部落或四邻部落的关系，以及由迁移、历史事件等等引起的变动。"③

---

① 《马克思恩格斯全集》第2版第30卷第258页。
② 《马克思恩格斯全集》第1版第46卷（上）第484页。
③ 《马克思恩格斯全集》第2版第30卷第478页。

例5，在1857—1858年手稿中论述《资本的流通过程》时，马克思批判了马尔萨斯的人口理论，同时正面论述了他自己的"过剩人口"理论。马克思写道："'过剩人口'这个用语只同劳动能力有关，也就是说，同必要人口有关；剩余来自劳动能力。"① 在这句话中最后半句话译得不对。这次重校时这句话改正为："'过剩人口'这个用语只同劳动能力有关，也就是说，同必要人口有关；这是劳动能力的过剩。"②

对原译文中意思错误的地方所作的订正，大体如上述。

二、由于德文原文个别地方重新订正，因而译文也作了相应的修订。

例如，马克思在《导言》中讲到政治经济学的方法时，写了一段很有名的话："整体，当它在头脑中作为思想整体而出现时，是思维着的头脑的产物，这个头脑用它所专有的方式掌握世界，而这种方式是不同于对世界的艺术的、宗教的、实践精神的掌握的。"③ 在新的《马克思恩格斯全集》历史考证版（MEGA）中，经过重新辨认，德文原文有了改动。在"艺术的"、"宗教的"的后面都加了一个小联结号，即Kuenstlerisch–，religioes–，praktisch-geistige，结果变成了"艺术精神的"、"宗教精神的"、"实践精神的"。由于外文的改变，这句话改译为："……这个头脑用它专有的方式掌握世界，而这种方式是不同于对世界的艺术精神的，宗教精神的，实践精神的掌握的。"④ 原文的这种

---

① 《马克思恩格斯全集》第1版第46卷（下）第109页。
② 《马克思恩格斯全集》第2版第30卷第612页。
③ 《马克思恩格斯全集》第1版第46卷（上）第39页。
④ 《马克思恩格斯全集》第2版第30卷第43页。

个别订正,还出现在另外一些地方,但因内容不是十分重要,这里就不一一列举了。

三、原译文虽然不能说意思错误,但从理论和外文上仔细推敲起来仍嫌不够精确,特别是涉及理论问题的重要场合,更应认真对待。在重新校订时,对这类译文作了改进。

例1,在《导言》中,马克思在论述生产同分配、交换、消费的一般关系时写了一段话:"肤浅的表象是:在生产中,社会成员占有(创造、改造)自然产品供人类需要。"① 在这句话中,圆括号中的"创造"和"改造"是用来解释"占有"的含义。但细想起来,人类占有的自然产品应是自然界原有的东西,人类只能开发、改造、使用它,却不能"创造"出来,如果是人类创造出什么来,那就不是占有自然产品了。因此,用来解释"占有"时,不能译"创造"。德文原文除了"创造"的含义外,还有"开发"的含义。因此这句话被改为"……在生产中,社会成员占有(开发、改造)自然产品供人类需要。"

例2,马克思在《导言》中谈到生产和分配的关系时写道:"如果劳动不是规定为雇佣劳动,那么,劳动参与产品分配的方式,也就不表现为工资,如在奴隶制度下就是这样。最后,地租……的前提,是作为生产要素的大地产(其实是大农业),而不是通常的土地,就像工资的前提不是通常的劳动一样。"② "通常的土地"和"通常的劳动",外文是"Erdeschlechthin","Arbeit Schlechthin",原译文虽然通俗,但不精确,不科学。按照经济学的科学术语,应该是"土地一般"和"劳动

---

① 《马克思恩格斯全集》第1版第46卷(上)第26页。
② 《马克思恩格斯全集》第1版第46卷(上)第32页。

一般"。因此这段话的后半句现在改为:"地租……的前提,是作为生产要素的大生产(其实是大农业),而不是土地一般,就像工资的前提不是劳动一般一样。"①

例3,在《货币章》一开始,马克思批判蒲鲁东主义者达里蒙的银行改革理论。达里蒙错误地把货币流通和信贷等同起来,夸大银行在调节货币市场中的作用,他列举一系列数字把法兰西银行的金银储备和银行的贴现票据加以对比,得出错误的结论。马克思写道:"达里蒙开头就谈到1855年10月法兰西银行为制止其现金不断减少而采取的措施。"② 在批判达里蒙的过程中,马克思考察了法兰西银行金银储备的数字后又写道:"尽管法兰西银行采取了限制措施,1855年12月它的现金仍然减少2400万。"③ 在这两句话中,银行的"现金"都是指银行的"金银储备",跟我们现在通常理解的"现金"不尽相同。德文原文是Kassenbestand,严格讲起来应译"库存现金"。因此这两句现在分别改译为:"达里蒙开头就谈到1855年10月法兰西银行为制止其库存现金不断减少而采取的措施。"④ "尽管法兰西银行采取了限制措施,1855年12月它的库存现金仍然减少2400万。"⑤

例4,在《货币章》中,马克思论述了货币的流通手段的职能。他指出,在货币充当流通手段的时候,货币的质并不重要,但货币的量却具有本质意义,因为这时货币只充当价值符号,纸币就是由此种职能而

---

① 《马克思恩格斯全集》第2版第30卷第36页。《马克思恩格斯全集》第1版第46卷(上)第53页。
② 《马克思恩格斯全集》第1版第46卷(上)第53页。
③ 《马克思恩格斯全集》第1版第46卷(上)第58页。
④ 《马克思恩格斯全集》第2版第30卷第59页。
⑤ 《马克思恩格斯全集》第2版第30卷第64页。

来的。马克思写道:"……货币一旦脱离流通便又成为已实现的价格;但是,在这一过程中,正如我们所看到的,货币单位的这一物质符号的量,这一符号的数目是重要的。因此,在货币表现为与商品相对立而存在的东西的流通中,货币的物质实体,它作为一定量的金和银的那种基质是无关紧要的,相反,货币的数目却是重要的……"① 在这句话中,两次出现货币的"数目是重要的"这样的话,原译文的意思并不算错。但如果研究一下德文原文,则可以发现马克思写的是"具有本质意义"或"具有本质上的决定意义"(原文为 ist wesentlich bestimmt)。这比"重要"的程度重得多。为了更确切地表达原意,在重校时这句话被改为:"……但是,在这一过程中,正如我们所看到的,货币单位的这一物质符号的量,这一符号的数目就具有本质意义。因此,在货币表现为与商品相对立的存在物的流通中,货币的物质实体,货币作为一定量的金和银的那种基质是无关紧要的,相反,货币的数目却具有本质意义。"② 译文这样修订后,更符合原文的精神。

例5,马克思在1857—1858年手稿中论述资本的流通过程的部分,谈到资本主义促进生产力发展时说,资本促使人们探索整个自然界,不断发现新的有用物,使人们普遍地交换各种不同气候条件下的产品和各种不同国家的产品,采用新的方式加工自然物,赋予物以新的使用价值……"因此,如果说以资本为基础的生产,一方面创造出一个普遍的劳动体系,——即剩余劳动,创造价值的劳动,——那么,另一方面也创造出一个普遍利用自然属性和人的属性的体系,创造出一个普遍有用

---

① 《马克思恩格斯全集》第1版第46卷(上)第163页。
② 《马克思恩格斯全集》第2版第30卷第165页。

性的体系……"①这段话非常重要，特别是提到"创造出一个普遍的劳动体系"的思想，后来在《资本论》第1卷第20章《工资的国民差异》中发展成"世界劳动"的提法。中文第1版中的这段话是参考俄文译出来的，德文原文是 die universele Industrie，没有"体系"二字，而且 Industrie 不是我们通常理解的"劳动"，而是特指资本主义条件下创造剩余价值的劳动。这个词是从资产阶级经济学家斯图亚特那里吸收来的。关于这个词，马克思在《政治经济学批判》第1分册中有一段说明文字："斯图亚特比他的前辈和后辈杰出的地方，在于他清楚地划分了表现在交换价值中的特殊社会劳动和获取使用价值的实在劳动之间的区别。他说'那种通过自身转移而创造出一般等价物的劳动，我称之为产业。'他不仅把作为产业的劳动同实在劳动区别开来，而且也同劳动的其他社会形式区别开来。他认为，这种劳动是资产阶级形式的，是同它的古代形式和中世纪形式相对立的。"②可见，这个词不能简单地译为"劳动"，而应译为"产业"或"产业劳动"。基于上述理由，这段话改译为："如果说以资本为基础的生产，一方面创造出普遍的产业劳动，即剩余劳动，创造价值的劳动，那么，另一方面创造出一个普遍利用自然属性和人的属性的体系"。③

例6，马克思在《资本的原始积累》这一部分中，讲到了亚洲各社会中城市形成的一些特殊情况，他写道："在亚洲各社会中，君主是国内剩余产品的唯一所有者，他用他的收入同自由人手（斯图亚特的用语）相交换，结果出现了一批城市，这些城市实际上不过是一些流动的

---

① 《马克思恩格斯全集》第1版第46卷（上）第392—393页。
② 《马克思恩格斯全集》第1版第13卷第48页。
③ 《马克思恩格斯全集》第2版第30卷第389—390页。

营房"。① 在这句话中,"君主是国内剩余产品的唯一所有者"应为"土地剩余产品的唯一所有者",德文原文 Land 既有"国家"的意思,也有"土地"的意思。马克思的这些思想,是从阅读弗·贝尔尼埃《大莫卧儿等国游记》中来的。马克思在 1853 年 6 月 2 日致恩格斯的信中,较详细地描绘了亚洲城市兴起的特点,信中写道:"……国王是国中全部土地的唯一所有者,由此必然产生的结果是,整个首都,如德里或阿格拉,几乎完全靠军队生活,因为当国王要在某个时期出征时,全城的人都得随同前往。这些城市一点也不像巴黎,它们实际上是军营"。②由马克思这封信可以看出,"君主是国内剩余产品的唯一所有者"这句话应译成"君主是土地剩余产品的唯一所有者"。③

四、对原译文的有些修改,是由于考虑到时代背景,马克思思想的发展及思想来源等等。这方面的修改又可分为若干不同的情况。

第 1 种情况是,马克思沿用不少黑格尔的哲学术语。马克思在写这部手稿时,有机会又把黑格尔的《逻辑学》浏览了一遍。他自己说,"这在材料加工的方法上帮了我很大的忙。"④ 因此手稿中使用了黑格尔《逻辑学》的许多术语来进行理论分析。如在原来的译文中有"设定"、"扬弃"、"恶的无限"、"自为存在"、"自身反映"等等术语,这些译法都是正确的。在这次重新校订中,我们又发现了一些术语并没有译成

---

① 《马克思恩格斯全集》第 1 版第 46 卷(上)第 466 页。
② 《马克思恩格斯全集》第 1 版第 28 卷第 256 页。
③ 《马克思恩格斯全集》第 2 版第 30 卷第 460 页。《马克思恩格斯全集》第 1 版第 46 卷(上)第 232 页。
④ 马克思 1858 年 1 月 14 日致恩格斯的信,《马克思恩格斯全集》第 1 版第 29 卷第 250 页。

逻辑学上的术语，而是译成了一般性词句。这次重校时作了修改，如werden在一般情况下是"变成"、"成为"，但在哲学上是"生成"，Grund在一般情况下可以译成"基础"，但在哲学上则应译成"根据"。下面举些例子。

例1，马克思在论述写作的未来计划时，曾用逻辑学上的"一般"、"特殊"、"个别"的三分法来分篇，他写道：

｛资本

Ⅰ．一般性（1）（a）由货币变成资本。（b）资本和劳动（以他人劳动为媒介）。（c）按照同劳动的关系而分解成的资本各要素……（2）资本的特殊化……（3）资本的个别性……｝。① 在这次重校时，（a）项"由货币变成资本"，按原文的逻辑学术语，改译成了"（a）由货币生成资本。"②

例2，马克思在论述有机体制向总体发展时说："它向总体的发展过程就在于：使社会的一切要素从属于自己，或者把自己还缺乏的器官从社会中创造出来。有机体制在历史上就是这样向总体发展的。"③ 最后一句话，按马克思的原文应译"生成"，因此这句话改译为"有机体制在历史上就是这样生成为总体的。"④

例3，马克思谈到资本作为交换价值，是生产和流通统一的过程，指出流通来自生产，以生产为前提，而流通的结果又是生产。生产过程创造出交换价值，而交换价值在流通中互相发生关系，然后又回到生产

---

① 《马克思恩格斯全集》第1版第46卷（上）第232页。
② 《马克思恩格斯全集》第2版第30卷第233页。
③ 《马克思恩格斯全集》第1版第46卷（上）第236页。
④ 《马克思恩格斯全集》第2版第30卷第237页。

过程。他写道:"如果说最初是社会生产行为表现为交换价值的设定过程,而交换价值的设定过程在自己进一步的发展中又表现为流通,——表现为各交换价值彼此之间的充分发展了的运动,——那么,现在是流通本身返回到设定或生产交换价值的活动。流通返回到这种活动,就是返回到自己的基础"。① 这段话的最后一句,按照马克思的原文,这次重校时改译成了逻辑学术语:"流通返回到这种活动,就是返回到自身的根据。"② 把生产说成流通的基础,意思上并不错,但用逻辑学术语,把生产说成流通的根据,就更为精确。

例4,马克思曾谈到资本作用于资本主义以前的土地所有制,使之发生瓦解,一方面创造出资本主义地租,另一方面创造出丧失生产资料的雇佣劳动。他引用威克菲尔德的殖民理论来证明。资本本来是由雇佣劳动创造出来的,现在资本又把雇佣劳动创造出来,也就是又回到它的根据。"这样,资本作为地租的创造者,重新回到作为资本总创造基础的雇佣劳动的生产。"③ 马克思这段总结性的话,按原文的逻辑学术语,这次重校时改译成:"这样,资本作为地租的创造者,重新回到作为资本总创造根据的雇佣劳动的生产。"④

第2种情况是,马克思的《政治经济学批判(1857—1858年手稿)》是介于《1844年经济学哲学手稿》和《资本论》之间的重要中间环节。从理论内容来说,1844年的著作主要是用"异化劳动"来说明资本主义的剥削,而到了1857—1858年手稿中,已经制定了劳动二

---

① 《马克思恩格斯全集》第1版第46卷(上)第209页。
② 《马克思恩格斯全集》第2版第30卷第211页。
③ 《马克思恩格斯全集》第1版第46卷(上)第236页。
④ 《马克思恩格斯全集》第2版第30卷第237页。

重性学说和剩余价值理论，但在这个手稿中，某些理论范畴和术语仍有继承性。这次重新校订时考虑到某些术语同《1844年经济学哲学手稿》的继承关系。将原译稿中的"物化"和"物化劳动"（Vergegenständlichung；Vergegenständlichte Arbeit）改成了"对象化"和"对象化劳动"，以便同1844年手稿相一致。"异化"、"外化"和"类存在物"等术语也和1844年手稿统一起来。下面是一些具体的例子。

例1，马克思在谈到商品的交换时说，在对商品的价值进行估价时，只要在头脑中进行抽象的估价就可以了。而在实际的商品交换中，则必须有现实的价值符号才成。他写道："在对商品进行比较时，这种抽象就够了；而在实际交换中，这种抽象又必须物化，象征化，通过某种符号而实现。"① 这段话中的"物化"，这次重校时就改译成"……这种抽象又必须对象化，象征化……"。②

例2，马克思在谈到劳动过程和价值增殖过程的不同作用时说："同一种情况，在简单生产过程中表现为过去劳动的质的保存，因而表现为体现过去劳动的那种材料的保存，在价值增殖过程中则表现为已经物化的劳动的量的保存。对于资本来说，这是物化劳动量通过生产过程而得到的保存。"③ 这段话中的"物化劳动"都改译成了"对象化劳动"，变成："……在价值增殖过程中则表现为已经对象化的劳动的量的保存。对于资本来说，这是对象化劳动量通过生产过程而得到的保存。"④ 全书类似这样的改动是很多的。

---

① 《马克思恩格斯全集》第1版第46卷（上）第88页。
② 《马克思恩格斯全集》第2版第30卷第93页。
③ 《马克思恩格斯全集》第1版第46卷（上）第334页。
④ 《马克思恩格斯全集》第2版第30卷第332页。

但马克思在1857—1858年手稿中还使用了另外一个术语来表达"物化劳动",德文是 materialisierte Arbeit,直译是"物质化劳动",凡是在使用这个术语的地方,则仍保留了"物化劳动"的译法,以表示马克思术语的丰富性和多样性。如马克思在论述简单交换价值的条件时说:"在简单交换价值最初设定的时候,劳动是这样被规定的:产品对于劳动者来说不是直接的使用价值,不是直接的生存资料。这是创造交换价值和交换本身的一般条件。否则,劳动者生产的就只是产品,即他自己的直接的使用价值,而不是交换价值了。不过,这种交换价值那时是物化在产品中的,这种产品本身对于别人具有使用价值,是别人需要的对象"。① 接着马克思又论述了工人向资本家提供的劳动力这种商品,他说:"而工人要向资本提供的使用价值,也就是工人要向他人提供的使用价值,并不是物化在产品中的,它根本不存在于工人之外"。② 在这两段话中,"物化"的外文都不是"对象化",而是用的"物质化",因而这次重校时保留原译未予修改,以示区别。

例3,在1844年的手稿中,马克思用"类存在物"来描绘人群,这些词同当时费尔巴哈的唯物主义著作有关。在1857—1858年的手稿中,马克思也使用这个词。这次重校也把这个词同1844年的手稿统一起来了。例如,马克思在论述资本主义生产以前的各种形式时写了一段话:"人的孤立化,只是历史过程的结果。最初人表现为种属群、部落体、群居动物"。③ 这次重校时把"种属群"改成了"类存在物",这句话成为:"人只是在历史过程中才孤立化的。人最初表现为类存生物,

---

① 《马克思恩格斯全集》第1版第46卷(上)第222页。
② 《马克思恩格斯全集》第1版第46卷(上)第222页。
③ 《马克思恩格斯全集》第1版第46卷(上)第497页。

部落体，群居动物。"①

第3种情况是，经过从理论上通盘考虑，把马克思手稿中的单数资本和复数资本在译文中明确地表示出来了，这是有理论意义的。马克思在1857—1858年手稿中是按照《逻辑学》中"一般"、"特殊"、"个别"的结构设计他的未来的经济学结构计划的。他首先论述的是"资本一般"。因此，他严格区分了"资本的一般性"、"资本的特殊性"和"资本的个别性"，这是一方面。另一方面，他又严格区分了"个别资本"和"许多资本"。因为"资本一般"通常涉及的只是个别资本，而论及资本的特殊性时涉及的往往是许多资本的相互作用，如资本之间的竞争、积累等等。但在原译文中，马克思原文中所使用的复数资本往往没有表达出来，这是不科学的。这次重校时，特别注意了把马克思手稿中使用的复数资本用"许多资本"、"诸资本"这样的词明确地表达出来，这样马克思原意就表达得更精确了。

例如，马克思在他开始论述《资本章》不久，就起草了一个未来著作的结构计划："I.（1）资本的一般概念。（2）资本的特殊性：流动资本，固定资本。……（3）资本作为货币。II.（1）资本的量。积累。（2）用自身计量的资本。利润。利息。资本的价值；即同作为利息和利润的自身相区别的资本。（3）资本的流通。（α）资本和资本相交换。资本和收入相交换。资本和价格。（β）资本的竞争。（γ）资本的积聚。III. 资本作为信用。IV. 资本作为股份资本。V. 资本作为货币市场。VI. 资本作为财富的源泉。"② 从这段译文中看不出哪一节是多数资本，哪一节是单个资本。这次重校时，严格按原文改成："……

---

① 《马克思恩格斯全集》第2版第30卷第489页。
② 《马克思恩格斯全集》第1版第46卷（上）第219页。

(3) 诸资本的流通。(α) 资本和资本相交换。资本和收入相交换。资本和价格。(β) 诸资本的竞争。(γ) 诸资本的积聚。"① 其他的结构计划和正文的论述也都是按此原则处理的。

第 4 种情况是，对于因历史条件造成的认识上的局限性，用加注的办法作了说明。在马克思那个时代，限于历史条件，科学界对人类原始社会的认识还是比较不充分的。当时人们通常的认识是，原始人最初是群居的，后来发展成"家庭"，再由"家庭"之间联合而成为"部落"。马克思也持这样的看法，一直到《资本论》中都是这样看的。马克思晚年读到了摩尔根的《古代社会》等著作，才科学地解决了这个问题。原来，原始人最初是组成以血缘为基础的"氏族"，从"氏族"的瓦解中发展起各种形式的"家庭"。许多"氏族"形成一个"部落"。恩格斯在《家庭、私有制和国家的起源》中全面论述了这些问题。在这以前，马克思所使用的"部落"(Stamm) 这个术语，包括我们现在通用的"氏族"(Gens) 和"部落"(Stamm) 两个含义在内。在翻译马克思的著作时，人们把 Stamm 时而译为"氏族"，时而译为"部落"。而且所谈内容又大致相当。我们认为这样处理是不妥当的，仿佛马克思自己的认识互相矛盾似的。这次重校时，从《导言》开始，不论这个词译为"氏族"还是"部落"，都统一加了一个卷末注，说明这个词在 19 世纪中叶在历史科学中的含义，以及后来由于美国民族学家路·亨·摩尔根的发现，人们改变了看法的情况。②

---

① 《马克思恩格斯全集》第 2 版第 30 卷第 220 页。
② 参看《马克思恩格斯全集》第 2 版第 30 卷卷末注。

五、在这次重新校订过程中，对原译文进行修订的最后一个方面是属于文献的考证和订正。

例1，马克思在1857—1858年手稿的《资本章》中谈到古罗马的奴隶不能参加商品买卖时，间接引用了罗马法中的一段条文："罗马法规定奴隶是不能通过交换为自己谋利益的人"，并注明这段话出自《institutiones》，原译为《学说汇纂》①。这次重校时经过考证得知，罗马法《民法大全》由四部分组成，即《查工丁尼法典》、《学说汇纂》、《法学阶梯》和《新律》。马克思这段话以及所注的出处应改译为《法学阶梯》。②

例2，马克思在论述资本主义生产以前的各种形式的手稿的最后，从词源学上考察了"资本"一词的来源。他说，"假如写起蹩脚的拉丁文来，那么，我们的资本家或Capitales Homines〔主要人物〕便成了《qui debent censum de capite》〔按牲畜头数交税的人〕。"③这次重校时经过考证，那句蹩脚的拉丁文直译应是"按头数交税的人"，意思是"应交纳人头税的人"。因此，这句话现在改译为"假如用说得很蹩脚的拉丁语来表述，那么，我们的资本家或Capitales Homines〔首脑人物〕便成了'qui debent censum de capite'〔应交纳人头税的人〕"。④

这次重新校订时对原译文的修改大致如上述五个方面。至于因纯粹修辞的原因而进行的修改是极少的，在这方面我们采取了谨慎的态度，没有轻易进行修改。

---

① 参看《马克思恩格斯全集》第1版第46卷（上）第198页。
② 参看《马克思恩格斯全集》第2版第30卷第200页。
③ 《马克思恩格斯全集》第1版第46卷（上）第517—518页。
④ 《马克思恩格斯全集》第2版第30卷第509页。

最后，应当顺便说明的是，马克思的《政治经济学批判（1857—1858年手稿)》篇幅很大，过去在学术界曾以《政治经济学批判大纲》而知名。但这部手稿不是为出版而写的，因此马克思自己加的标题很少。原来的《全集》中文第1版第46卷上下册中的标题是沿用俄文版《全集》编者加的众多标题，那些标题对读者阅读正文固然提供了方便，但有的和马克思的手稿内容相去较远，有的地方还把马克思原有的标题取消了。现在看来，这是不妥的。在这次编译《全集》中文第2版第30卷时，我们没有再沿用俄文版的标题，而是保留了马克思自己原来加的全部标题，只在最必要的地方，才由中文版编者加了少量标题。这样做既符合马克思原手稿的性质，也是近年来各国编辑出版马克思这一手稿时通行的做法。

《马克思恩格斯全集》中文第 2 版第 32 卷介绍[*]

冯文光

《马克思恩格斯全集》中文第 2 版第 32 卷是马克思的《1861—1863 年手稿》的首卷。该手稿被称为《资本论》第二手稿。马克思大约在 1858 年 8 月开始整理 1857—1858 年手稿第一部分的付印材料,并在 1859 年由柏林敦克尔出版社出版了《政治经济学批判》第一分册,包括《商品》和《货币》两章。1859 年 2 月 28 日,马克思开始为写作《政治经济学批判》第二分册作准备,但由于党内事务而中断。1861 年 8 月,马克思正式开始写作第二分册,后来写作内容不断扩大,形成了篇幅庞大的 1861—1863 年手稿。

《1861—1863 年手稿》共 23 个笔记本,1472 页。该手稿的写作可分三个阶段。第一个写作阶段从 1861 年 8 月到 1862 年春天。马克思在这一阶段写作了第 I—V 笔记本(至第 V 笔记本的第 211 页),第 XVI 笔记本和第 XVII 笔记本的前七页(至第 XVI 笔记本的 1028 页),主要内容有《货币转化为资本》、《绝对剩余价值》、《相对剩余价值》、《资本和利润》。第二个写作阶段从 1862 年春到 1863 年 1 月。在这一阶段,

---

[*] 本文选自《马克思恩格斯列宁斯大林研究》1999 年第 4 辑。作者单位:中共中央编译局。

马克思写作了第Ⅵ到第ⅩⅤ笔记本（至第ⅩⅤ笔记本的第944页），即被称为《剩余价值理论》的部分，以及第ⅩⅥ笔记本的第1029—1038页和第ⅩⅧ笔记本。第三个写作阶段从1863年1月到同年7月。在这一阶段，马克思写作了第Ⅴ笔记本的第211—219页以及第ⅩⅨ笔记本到第ⅩⅩⅢ笔记本。马克思在写作完手稿后对23个笔记本统一编了号码。《马克思恩格斯全集》历史考证版按照笔记本号码顺序把这个手稿分六册出版，第一册包括第Ⅰ—Ⅴ笔记本。《马克思恩格斯全集》中文第2版中相应的一卷即第32卷包括第Ⅰ—Ⅴ笔记本以及第ⅩⅥ笔记本和第ⅩⅦ笔记本的前七页。

本卷的编辑说明

本卷包括第Ⅰ—Ⅴ笔记本以及第ⅩⅥ笔记本和第ⅩⅦ笔记本的前七页，而《马克思恩格斯全集》历史考证版则把第ⅩⅥ笔记本和第ⅩⅦ笔记本的前七页放在《1861—1863年手稿》的第5册。历史考证版编者这样做的理由可能有以下两个：第一，他们认为，马克思自己编的笔记本号码顺序和马克思的写作顺序是相一致的。第二，他们认为，既然马克思在第ⅩⅤ笔记本上注明的日期为"1862年10月"，那么，第ⅩⅥ笔记本封页上标明的日期"12月"应为1862年12月，而马克思在第ⅩⅦ笔记本封页上所标的"1862年1月"应为1863年1月，因为"当时虽然新的一年已经到来，他（指马克思—作者注）还没有习惯用新的一年的年数"。①

国内外学者通过认真的研究得出了与历史考证版编者不同的看法。

---

① 《〈资本论〉研究资料和动态》江苏人民出版社1982年版第3集第48页。

他们认为，历史考证版编者编入第五册的第 XVI 笔记本和第 XVII 笔记本前七页是紧接着第 V 笔记本写作的。他们的研究成果表明，第 XVI 笔记本封页上所标的"12 月"应为 1861 年 12 月，而不是像历史考证版编者所确认的那样是 1862 年 12 月。他们是从以下几个方面的根据出发得出上述结论的。第一，从理论阐述的逻辑来看，第 XVI 笔记本和第 XVII 笔记本前七页的标题是《第三章　资本和利润》。在这一部分，马克思谈到了利润、平均利润和生产价格理论，但并未论述竞争的作用。马克思在第 XV 笔记本（《剩余价值理论》部分）中分析了不同性质的竞争，只是由于竞争，利润才转化为平均利润，价值也随之转化为市场价值，进而转化为生产价格。因此，从理论上来说，第 XV 笔记本中的生产价格理论比第 XVI 笔记本和第 XVII 笔记本前七页中的生产价格理论更成熟。由此可以判定，第 XVI 笔记本和第 XVII 笔记本前七页的写作先于第 XV 笔记本。第二，第 XV 笔记本最后关于商业资本的论述与第 XVII 笔记本第 8 页上的论述，其思路没有中断；马克思在第 XV 笔记本的第 4 封页上写有一个提示，指明续篇在第 XVII 笔记本，他还在第 XVII 笔记本和第 XVIII 笔记本合用的封皮上指明"从第 1029 页开始续第 XV 笔记本（62 年 10 月和 11 月）"；从马克思注明的日期和提示来看，第 XVI 笔记本和第 XVII 笔记本的第 8 页是接着写下来的，由此也可以判定，第 XVI 笔记本和第 XVII 笔记本前七页是在第 XV 笔记本之前写作的。第三，第 V 笔记本与第 XVI、XVII 笔记本用的纸张相同，都是由 24 张（48 页）组成，且水印为间距为 25 毫米的平行线，这也可以证明这几个笔记本是在同一时期写作的。

根据国内外学者的科学考证，《马克思恩格斯全集》中文第 2 版的编者决定，按照写作时间顺序把第 XVI 笔记本和第 XVII 笔记本前七页放在第 V 笔记本之后，与第 I—V 笔记本作为一卷出版。

本卷的主要理论内容

马克思在本卷中分析了劳动和资本的关系，详细地考察了有关劳动和资本的对立的各个方面。他用 W—G—W 表示简单商品生产关系，用 G—W—G 表示资本主义生产关系。在 G—W—G 这一形式中，G 变成了流通的目的，资本进行生产并借助流通要实现的目的是更多的货币。因此，马克思给资本下定义为自行增殖的价值，产生剩余价值的价值。资本家的货币在市场上与劳动能力相交换，这种等价交换怎么会产生出不等价的结果呢？这是因为劳动力与劳动过程本身是有区别的。劳动力这种商品具有价值和使用价值。资本家在市场上购买了劳动力，支付了劳动力商品的等价，这时他取得了对劳动力的一定时间的支配权。资本家在生产过程中消费劳动力，这种消费过程本身就是劳动过程。资本家支付劳动力的等价例如为 6 小时，而他消费劳动力的时间却是 12 小时，于是有了 6 小时剩余劳动，即剩余价值。

马克思在本卷中第一次系统地研究和论述了绝对剩余价值生产和相对剩余价值生产。绝对剩余价值生产是与劳动对资本的形式从属这一资本主义阶段相适应的。它主要依靠延长工作日来实现。在资本主义发展的初期，工人每天劳动的时间只受到生产界限的限制。因此，这种生产在早期资本主义中占有重要的地位。

马克思在本卷中第一次详细分析了资本主义生产范围内提高劳动生产力的三种主要形式：协作、分工和机器或科学的力量的应用。关于协作，马克思指出："许多同时劳动的**工人在同一个空间（在一个地方）**

的密集、聚集，这是协作的第一个前提"。① 但是马克思同时指出，劳动者"在同一场所的结合并不是绝对必要的。如果 10 个天文学家在不同国家的天文台进行同一观察等等，那么这不是**分工**，而是在不同的地方进行同一工作，是协作的一种形式"②。关于分工，马克思在本卷中第一次区分了两种类型的分工：1. 社会的分工；2. 工场手工业的分工。前一种分工形式与一般商品关系相一致，后一种分工则是资本主义特有的形式。工场手工业分工以社会分工为前提，反过来又会扩大社会分工。在工场手工业分工中，工人的劳动能力变成了完全片面的职能。"工人本身变成了一个简单的零件。"③ 另一方面，在以分工为基础的工厂中，仍然存在着一定的技术等级制度，因而单个工人的技艺还起着重要的作用，剩余价值的大小还要取决于工人的熟练程度，因此劳动对资本的从属在分工和工场手工业阶段还没有完全完成。在提高生产力的过程中，机器与简单协作、分工不同，机器具有价值，它在生产过程中把自己的价值转移到产品上。但是，机器转到产品上的价值即机器的磨损，与机器自身的价值相比，只是一个很小的量。资本家投资于机器，目的不在于增加使用价值的生产或减轻工人的劳动，而是为了获取更多的利润，也就是缩短工人为再生产其劳动力所必需的时间即有酬部分，延长工作中的无酬部分。在本手稿中，马克思第一次探讨了机器的使用不仅提高劳动生产率，而且还强化劳动的情况。由于采用机器，即使不延长工作日，也可以增加绝对劳动时间，"这是通过所谓**浓缩劳动时间**的办法来实现的，这时，每一分每一秒都充满了更多的劳动；劳动强度

---

① 《马克思恩格斯全集》第 2 版第 32 卷第 289 页。
② 《马克思恩格斯全集》第 2 版第 32 卷第 293 页。
③ 《马克思恩格斯全集》第 2 版第 32 卷第 319 页。

提高了"。①

在本手稿中,马克思首次表述了相对剩余价值的规律:"生产力提高的结果是工作日中一个越来越大的部分为资本所占有"。② 他在本手稿中第一次分析了以超额剩余价值形式获得的相对剩余价值。这种超额剩余价值的前提是资本家的工厂的劳动生产率高于社会平均劳动生产率。"一个较小的劳动时间量由于生产力的提高就等于一个较大的平均劳动时间量,因而,工人用较小的、然而出售价格较高的劳动时间就可以得到同量使用价值。"③ 这种超额剩余价值的存在是暂时的,由于竞争,其他的资本家也会提高劳动生产率,由此超额剩余价值就会消失,但是,同样由于竞争,又会出现新的超额剩余价值。正是这种运动,使社会生产力不断提高到一个新的高度。随着这一运动,必要劳动日益缩短,剩余劳动则日益相应增加。

马克思在这部分手稿中第一次详细考察了劳动对资本的形式从属和实际从属。马克思对劳动对资本的形式从属作了如下定义性说明:"劳动过程,从而劳动和工人本身……都受到资本的监督和支配。我把这称作劳动过程在**形式上从属于资本**。"④ 关于劳动对资本的实际上的从属,虽然在本卷中没有定义性的说明,但是有许多论述涉及了这种实际从属。根据马克思的论述,我们可以把劳动对资本的形式从属和实际从属的区别概括为以下几点。第一,形式从属阶段以绝对剩余价值生产为主,实际从属阶段则以相对剩余价值生产为主;但是,这种划分不是绝

---

① 《马克思恩格斯全集》第 2 版第 32 卷第 381 页。
② 《马克思恩格斯全集》第 2 版第 32 卷第 284 页。
③ 《马克思恩格斯全集》第 2 版第 32 卷第 272—273 页。
④ 《马克思恩格斯全集》第 2 版第 32 卷第 104 页。

对的，在形式从属阶段也有相对剩余价值的生产，在实际从属阶段机器生产也要求绝对地延长工作日，要求增加绝对剩余价值的生产。第二，形式从属阶段的剥削以延长工作日为主，实际从属阶段的剥削以提高劳动生产率从而缩短工作日中必要劳动时间为主。第三，在形式从属阶段，工作日中的必要劳动时间是既定的，而在实际从属阶段，由于工作日中必要劳动部分不断减少，劳动力价值也会不断下降，但是工人的"生活资料范围、从而工人的生活享受仍然可以不断扩大"。① 第四，在形式从属阶段，劳动的形式没有改变，工人的技能在生产中还起着相当大的作用；在实际从属阶段，劳动的形式改变了，工人的技能转到了机器上，工人成了机器的附件。第五，在形式从属阶段，工人支配着工具，工人直接受资本家的监督和支配；在实际从属阶段，由于工人的技能转到机器上，工人不再能支配机器，相反是机器支配工人。

马克思在本卷的《资本和利润》章中研究了剩余价值和利润的区别。剩余价值是按可变资本来计算的，剩余价值同可变资本的有机关系表明了"资本作为资本而形成和增长的秘密"②。利润则是按总资本来计算的，因而整个资本就表现为价值创造的原因，由此"资本主义关系变得完全神秘化了"③。在剩余价值转化为利润的基础上发生的利润转化为平均利润，使得利润表现为由互相欺诈决定的东西，因为利润向平均利润的转化在流通过程中同实际的竞争相一致，同高于和低于价值来进行买卖相一致。资本家所关心的是利润，是剩余价值同预付资本总额的关系。

---

① 《马克思恩格斯全集》第 2 版第 32 卷第 278 页。
② 《马克思恩格斯全集》第 2 版第 32 卷第 410 页。
③ 《马克思恩格斯全集》第 2 版第 32 卷第 410 页。

为了说明资本家及资产阶级经济学混淆剩余价值和利润、价值和价格的原因，马克思考察了生产费用及其与产品出售价格的关系。他区分了两种不同的生产费用，即"从单个资本家的观点来看的**商品的生产费用**，和商品**的实际生产费用**"①。从资本家的观点来看的生产费用不包括剩余价值，而商品的实际生产费用则包括剩余价值。因此，资本的生产费用小于资本所生产出来的商品的价值。只要资本家出售商品时的价格高于他的生产费用，即使低于商品的价值，他也能获得利润。竞争迫使资本家只能获得平均利润。利润向平均利润的转化的结果是一般利润率，这时资本在总剩余价值中应得的份额只是按照资本的量来计算，在这种情况下，"既会出现利润和剩余价值之间的本质差别，又会出现商品的价格和价值之间的本质差别"②。

马克思在本卷《资本和利润》章中还论述了利润率下降的原因以及一般利润率下降的趋势。政治经济学的最重要的规律是"**利润率在资本主义生产进程中有下降的趋势**"③。这种趋势是如何产生的呢？马克思在本卷中回答了这个问题。这个答案是："可变资本……同资本的不变部分相比，即同用于固定资本以及用于原料和辅助材料的流动资本的那部分资本相比不断地降低。"④ 一般利润率呈下降趋势这一规律表明，资本主义生产方式是历史的、暂时的。它不可能克服它的本质所包含的矛盾。"这里以**纯经济**的方式，从资本主义生产本身出发，表明了资本主义生产的界限，表明了它的**相对性**，即它不是**绝对的**生产方式，而只

---

① 《马克思恩格斯全集》第 2 版第 32 卷第 424 页。
② 《马克思恩格斯全集》第 2 版第 32 卷第 447 页。
③ 《马克思恩格斯全集》第 2 版第 32 卷第 450 页。
④ 《马克思恩格斯全集》第 2 版第 32 卷第 453 页。

是历史的并与一定的物质生产条件的有限发展时代相适应的**生产方式**。"①

本卷校订情况

校订译文的一个基本原则是只能改好不能改坏，改正原译中不正确的或不确切的地方，不能把原译中对的地方改错。这一原则很简单，但要贯彻这一原则却并不简单。要根据本卷的具体情况找出校订中应该注意的几个方面。首先，本卷原译文是根据俄文版译出的，现在根据新的德文版校订，必须特别注意俄文版与德文版不一致的地方。在出现不一致的地方，还要参考其他版本的译文，主要是英文版、日文版和法文版，并根据理论逻辑，经仔细研究、甚至讨论后确定校订方案。其次，本卷是1861—1863年手稿的一部分。1861—1863年手稿被人们称为《资本论》第二手稿。在选择某些术语的译名时要考虑到马克思的经济思想的发展过程。此外，要做到只能改好不能改坏，在校订时必须把握好理论，在文字上没有问题但从理论上欠妥的地方，必须从理论上反复推敲。下面举若干例子来说明。

一、俄文版错误的地方

例1. Ⅱ.3.1.S.31,Z.26—28（《马克思恩格斯全集》历史考证版第2部分第3卷第1分册第31页第26—28行）

Halte ich aber das Geld als solches fest, so ist es Schatz, hat wieder Gebrauchswerth und erhält sich als Tauschwerth nur, weil es nicht als solcher wirkt…

---

① 《马克思恩格斯全集》第2版第32卷第462页。

原译：如果我把货币本身抓住不放，那么，货币就成了贮藏货币，就没有使用价值……（《马克思恩格斯全集》中文第1版第47卷第34页）

现译：如果我把货币本身保存起来，那么，货币就成了贮藏货币，就重新拥有使用价值……（《马克思恩格斯全集》中文第2版第32卷第40页）

日文版、英文版与德文版相同。从这句话的上下文看，现译在理论上是正确的。

例2. Ⅱ.3.1.S.54,Z.4—8

… so im Arbeitsproceß, der selbst nur ein bestimmter, besondrer Comsumtionsproceß von Gebrauchswerthen, eine besondre, spezifische Art ihrer Vernutzung ist, nur der Eigenschaften, die die Producte frührer Arbeit für diesen Proceß haben, nicht ihr Dasein als Materiatur vergangner Arbeit.

原译：……在劳动过程中，具有意义的只是以前劳动的产品在这个过程中所具有的属性，只是它们作为过去劳动的化身的存在。（同上，第1版第47卷第62页）

现译：……对这个过程来说所具有的属性，不是它们……（同上，第2版第32卷第67页）

现译在理论上是正确的。例如，在劳动过程中具有意义的是工具作为使用价值所具有的属性，而不是它们的价值。

二、某些术语的译名的改动

马克思在1857—1858年手稿中使用了许多黑格尔哲学用语。在以后的手稿中逐渐减少。1861—1863年手稿是1857—1858年手稿与《资本论》之间的一个过渡。马克思在这部手稿中仍保留了一些黑格尔用语。这一次校订注意到了这一问题。

例3. Ⅱ.3.1.S.68,Z.12—16

…d. h. also indem die lebendige Arbeit sich actu zu ihnen als ihren Gebrauchswerthen verhält, sie die Rolle ihres Materials und Mitelsspielen läßt, sie in ihrer lebendigen Unruhe als Mittel und Material sowohl seztzt als aufhebt.

原译：……因为活劳动实际上把它们作为自己的使用价值，使它们起着自己的劳动材料和劳动资料的作用，使它们在自己的活的运动中既作为劳动资料和劳动材料存在，也作为劳动资料和劳动材料消失。（同上，第1版第47卷第80页）

现译：……在自己的活的非静止中既把它们作为资料和材料来设定，也把它们作为资本和材料加以扬弃。（同上，第2版第32卷第84页）

三、有些译法从文字的形式上看没有问题，但从理论上来看欠妥

例4. Ⅱ.3.1.S.27,Z.3—4

…hier die Capitalform des Werths als die gleiche inhärente Eigenschaft von Geld und Waare Vorausgesezt sind…

原译：……在这里，资本的价值形式事先就是货币和商品共同的固有属性……（同上，第1版第47卷第30页）

现译：……在这里，价值的资本形式事先就被当作货币和商品共同的固有属性……（同上，第2版第32卷第34页）

马克思在这里谈到生息资本。货币或一定的价值额要能作为生息资本贷出，它事先就必须具有资本形式。从这个意义上说，原译中的"资本的价值形式"就不好理解。

在我们基本结束本卷的校订工作时，收到了日本学者大谷祯之介给我局局长韦建桦同志的信，信中包括大谷祯之介于1982年对历史考证

版1861—1863年手稿第I—V笔记本正文卷和资料卷提出的辨认错误和刊印错误的勘误表，还包括负责整理1861—1863年手稿的缪勒教授提出的勘误表。大谷祯之介对正文提出63处修改意见，缪勒对大谷祯之介提出的正文修改意见中的30处表示同意，另外他自己又提出18处需修改。我们对他们提出的修改意见逐一作了核对，在校订时吸收了他们的意见。这一工作使本卷的译文又得到了进一步的改善。下面举两个辨认错误的例子。

例5. II.3.1. S.94, Z.2—5

…dieß Verhältniß hier also nur aus dem Kauf und Verkauf, aus dem Verhalten der beiden Theile als Waarenbesitzer entspringt, also an und für sich <u>wieder</u> politische etc. Beziehungen einschließt.

原译：……因此，这种关系（买者和卖者之间的——本文作者注），在这里只产生于买和卖，产生于买卖双方作为商品所有者的状况，因而这种关系<u>又</u>包含着政治等等的关系。（同上，第1版第47卷第115页）

现译：……产生于作为商品所有者的买卖双方的行为，因而这种关系本身<u>不</u>包含政治等等的关系。（同上，第2版第32卷第117页）

这句话中的："wieder"，大谷祯之介和缪勒先生都认为应是"weder"，一个字母之差，但意思完全相反了。

例6. II.3.1. S.120, Z.30—32

Bei allen Dienstleistungen, mögen sie nun selbst direct Waaren schaffen, z. B. der Schneider, der mir eine Hose näht, <u>oder macht</u>, z. B. der Soldat, der mich schützt, ditto der Richter etc, oder der Musiker…

原译：各种服务即使本身可以直接生产商品，例如，裁缝为我缝制裤子，<u>或者士兵保卫着我</u>，法官等等也是一样……这里谈的始终只是劳

227

动的物质内容……（同上，第 1 版第 47 卷第 152 页）

现译：在所有服务的场合，不管这些服务是本身直接生产商品，例如，裁缝为我缝制裤子，<u>还是不直接生产商品</u>，例如，士兵保卫着我，法官等等也是一样……（同上，第 2 版第 32 卷第 154 页）

缪勒先生在勘误表中认为这句话中的"oder macht"应为"oder nicht"。原来按"oder macht"译，无论是理论上还是文字上都不清楚。

《马克思恩格斯全集》中文第 2 版第 32 卷校订实例[*]

冯文光

举出这些实例，目的是为了说明以下校订原则：

1. 原译明显错、漏的地方应订正；

2. 1861—1863 年手稿 MEGA 版中有辨认错误之处，要多参考其他版本，如 MEGA 中是"Producent"，实际应为"Produkt"；

3. 1861—1863 年手稿中马克思保留了一些黑格尔用语，要尽量准确反映，如：setzen，aufheben 等；

4. 重要的译名要从理论上把握，如 Verwertung 的译法；

5. 有些说法尽量用固定格式，如 Circulationsform W—G—W，译为流通形式 W—G—W；

6. MEGA 版与俄文版不一致而俄文版显然合理的地方，在没有充分根据的地方按俄译，下面作脚注说明 MEGA 版是什么；

7. 原译表述不准确或表述形式不合适的地方应纠正。

现将实例列举如下：

---

[*] 本文选自《马克思恩格斯列宁斯大林研究》1997 年第 2 辑。作者单位：中共中央编译局。

1. Ⅱ.3.1.S.5①

Es ist sohon früher bemerkt worden, daß in der Form der Circulation W—G—W…

原译：我们在过去就已看到，在 W—G—W 的流通形式中……（ME.47，3②）

现译：我们在过去就已指出，在流通形式 W—G—W 中……

说明：术语的译法，这次校订尽量统一。这里是一个例子。另外，Verwerthung = Erhaltung + Vermehrung，也是一个例子，sich verwerthen 在很多场合译"价值增殖"，而 Vermehrung 则译"增加"。

2. Ⅱ.3.1.S.13

Die Circulationsform G—W—G, oder das processirende Geld, der sich verwerthende Werth geht aus vom Geld, dem Product der einfachen Circulation W—G—W. Es setzt daher nicht nur die Warencirculation voraus, sondern eine Warencirculation, die alle Geldformen bereits entwickelt hat.

原译：流通形式 G—W—G，或者说，处于过程中的货币，自行增殖的价值，以货币即简单流通 W—G—W 的产物为起点。因此，货币的前提不仅仅是商品流通……（ME.47,11）

现译：……因此，自行增殖的价值的前提不仅仅是商品流通……

说明：向斯卡姆勃拉克斯教授质疑过。他说，"es"可以表示三个概念，但从理论上可以理解为"自行增殖的价值"，马克思这样写说明他认为后一个概念更确切。

3. Ⅱ.3.1.S.14

---

① 指《马克思恩格斯全集》历史考证版第 2 部分第 3 卷第 1 册第 5 页，下同。
② 指《马克思恩格斯全集》第 1 版第 47 卷第 3 页，下同。

Der Tauschwerth verliert sich nicht in dem Übergehn aus der einen Daseinsweise in die andre…Er erscheint als das Übergreifende über seine beiden Daseinsweisen,Geld und Waare…

原译：交换价值<u>包括着它的两个存在方式</u>，货币和商品。（ME.47，12）

现译：交换价值表现为<u>涵盖着它的两个存在方式</u>即货币和商品的东西。

说明：Übergreifende 如何理解，我们向德国专家斯卡姆勃拉克斯教授质疑，我们说是否可以说 umfassend，他说 nicht gut，dominierend 也不好，他说交换价值是一个 höher Niveau。

4. Ⅱ.3.1.S.24

Man kann hier schon sehn,warum zwei Formen des Capitals—das Capital in zwei Funktionen;je nachdem es in der einen oder der andren functionirt erscheint es als eine besondre Sorte Capital—die <u>der gewöhnlichen Vorstellung von Capital am nächsten liegen</u>—hier,wo wir vom Capital als solchem handeln,gar nicht in Betracht kommen…

原译：这里已经可以看出，为什么在这里谈到资本本身时根本没有考虑到资本的两种形式……这两种形式虽然<u>最符合于资本的普通观念</u>……（ME.47，26）

现译：……这两种形式<u>最符合于资本的日常表象</u>……

说明：原译在字面上也与外文相符。但这里的意思是说商业资本等最符合于资本在社会表面上呈现出来的样子。

5. Ⅱ.3.1.S.25

Kaufmannscapital kann thätig[sein]zwischen Nationen die auf den verschiedensten Stufen der <u>Production und der ökonomischen Struktur</u> der Gesellschaft überhaupt stehn.

原译：商人资本能够在那些处于社会生产和社会经济结构的极不相同阶段上的国家之间起作用。(ME.47,27)

现译：商人资本能够在那些处于生产和整个社会经济结构的极不相同阶段上的国家之间起作用。

说明：向斯卡姆勃拉克斯教授质疑过。日译本也译为"生产和总的社会经济结构"。

6. Ⅱ.3.1.S.25,Z.36

Eine andre Form des Capitals ebenfalls uralt, und aus der die volksthümliche Anschauung sich ihren Begriff vom Capital gebildet hat, ist die des Geldes, das zu Zinsen ausgeliehn wird…

原译：资本的另一种形式同样是古老的，这种形式形成了关于资本的普遍的概念……(ME.47,28)

现译：人们通常正是从这种资本形式形成了关于资本概念的见解。

说明：volksthümlich 在德汉词典中的意思是民间的、民族的以及大众的、通俗的等等。原译"普遍的概念"不确切，因为"普遍的概念"指一般的概念，但此处不是这个意思。

7. Ⅱ.3.1.S.26,Z.7

Die eine Seite des Capitals tritt hier der Vorstellung noch näher wie im Kaufmannsvermögen.

原译：资本的这一方面，在这里比在商人财产上更清楚地表现了资本的概念。(ME.47,29)

现译：资本的这一方面，在这里比在商人财产上更接近于表象。

说明：原译与现译有根本的区别，原译是说生息资本更清楚地表现了资本的本质。现译是说生息资本比商人资本更接近于现象。

8. Ⅱ.3.1.S.26—27

Damit Geld oder waare, überhaupt eine werthsumme als Capital verliehn werden kann, ist Capital schon als besondre potenzirte Form des Werths so sehr vorausgesetzt, daß wie Geld und Waare als stoffliche Elemente gegenüber dem Capital überhaupt, <u>hier die Capitalform des Werths als die gleiche inhärente Eigenschaft von Geld und Waare vorausgesetzt sind</u>…

原译：……在这里，<u>资本的价值形式</u>事先就是货币和商品共同的固有的属性……(ME.47,30)

现译：……在这里，<u>价值的资本形式</u>事先就被当作货币和商品共同的固有属性……

说明：向斯卡姆勃拉克斯教授质疑过，他说"die Wertform des Kapitals"是"Unsinn"。从理论上来说，这里讲的是借贷资本，价值的资本形式在这里是前提。

9. Ⅱ.3.1.S.31,Z.26

Halte ich aber das Geld als solches fest, so ist es Schatz, hat <u>wieder</u> Gebrauchswerth und erhälte sich als Tauschwerth nur, weil es nicht als solcher wirkt…

原译：如果我把货币本身抓住不放，那么，货币就成了贮藏货币，<u>就没有</u>使用价值……(ME.47,34)

现译：如果我把货币本身保存起来，那么，货币就成了贮藏货币，<u>就重新拥有</u>使用价值……

说明：俄文译成"He имеет иотребительиой стоимости"，(cmp.33) 日文、英文译本都是"重新拥有"。

10. Ⅱ.3.1.S.29,Z.32

In der Waare ist der in Ihr enthaltne Tauschwerth oder die in ihr vergegenständlichte Arbeit nur ausgedrückt in ihrem Preiß, d. h. in einer Gleichung mit Geld; nur ideell in Geld(dem Material des Geld und dem Maaß der Werthe.)

原译：包含在商品中的交换价值或物化在其中的劳动只表现在商品的<u>价格</u>上，即同货币的等式上；只是观念地表现在<u>货币</u>上（货币材料和价值尺度）。（ME. 47，32）

现译：在商品上，商品所包含的交换价值或对象化在其中的劳动只表现为商品的<u>价格</u>，即同货币的等式；只是观念地表现在<u>金</u>上（货币材料和价值尺度）。

说明：Müller 先生认为这里的 in Geld 应是 in Gold，英文版也是这么译的。日文译者大谷祯之介先生在给韦建桦同志的信中也列出了这一条。括号内的内容就是指金。

11. Ⅱ. 3. 1. S. 33—34

Eine solche Betrachtung hätte aber der Analyse der Waare als solcher fern gelegen, denn wir hatten es bei dieser Analyse nur mit <u>den Producten</u> zu thun, <u>den Gebrauchswerthen</u>, so weit sie in der Form der Waare erscheinen…

原译：但是这样的考察就超出了对商品本身分析的范围，因为我们在分析商品时所研究的只是<u>产品</u>，即以商品形式出现的<u>使用价值</u>……（ME. 47，37）

现译：……因为我们在以前分析商品时所研究的只是<u>以商品形式出现的产品，使用价值</u>……

说明：向斯卡姆勃拉克斯教授质疑过，他认为"so weit sie"中的"sie"是 Producte 和 Gebrauchswerthe 的代词。英、日译都这样理解。

12. Ⅱ. 3. 1. S. 49，Z. 32—34

Der Same ist hier aber sowohl Arbeitsmittel und Arbeitsmaterial. Wie alles Organische, Z. B. das Their in der Viehzucht beides ist.

原译：但是，<u>正如一切有机物那样</u>，在这里，种子既是劳动资料，又是劳动材料，例如，畜牧业中的动物也具备这两者的作用。（ME.47, 57）

现译：但是，在这里，种子既是劳动资料，又是劳动材料，<u>正如一切有机体例如畜牧业中的动物既是劳动资料又是劳动材料一样</u>。

说明：原译显然是不妥当的，读起来意思不清楚。

13. Ⅱ.3.1.S.54,Z.4

… so im Arbeitsproceß, der selbst nur ein bestimmter, besondrer Consumtionsproceß von Gebrauchwerthen, eine besondre, Spezifische Art ihrer Vernutzung ist, nur der(应为 die) Eigenschaften, die die Producte frührer Arbeit für diesen Proceß hoben, <u>nicht</u> ihr Dasein als Materiatur vergangner Arbeit.

原译：……在劳动过程中，具有意义的只是以前劳动的产品在这个过程中所具有的属性，<u>只是</u>它们作为过去劳动的化身的存在。（ME.47, 62）

现译：……对这个过程来说所具有的属性，<u>不是它们</u>……

说明：俄文版中是"只是"。向斯卡姆勃拉克斯教授质疑过，他说理论上应该是"nicht"。

14. Ⅱ.3.1.S.63,Z.39

…den als solcher ist sie ein Equivalent, ausdrückbar in jedem andren Gebrauchswerth, also in jeder andren Form nützlicher Arbeit, das gleichgrosses Quantum <u>gesellschaftlicher</u> Arbeit.

原译：因为它本身是一种等价物，可以在包含<u>等量劳动</u>的任何其他使用价值、任何其他有用形式中表现出来。（ME.47,75）

现译：因为商品作为交换价值是一种等价物，可以在包含<u>等量社会劳动</u>的任何其他……

说明：gesellschaftliche Arbeit 应译出。仅译"劳动"，漏译了"社会"两字。

15. Ⅱ.3.1.S.64,Z.14

…blose Materiatur <u>der allgemeinen Arbeit</u>…

原译：……只不过是<u>一种劳动</u>的化身……（ME.47,75）

现译：……只不过是一般劳动的化身……

说明：allegemeine Arbeit 是一般劳动，只译"一种劳动"不妥。

16. Ⅱ.3.1.S.65,Z.24

…als wären sie Momente <u>desselben Arbeitsprocesses</u>

原译：……把劳动材料和劳动资料看作是<u>同一过程</u>的要素（ME.47,77）

现译：……看作是<u>同一劳动过程</u>的要素……

说明：原文中很清楚是"劳动过程"。

17. Ⅱ.3.1.S.66,Z.36

…nur durch ihren Contact mit der lebendigen Arbeit und durch Eingehn <u>in dieselbe</u> als Bedingungen ihrer zweckmässigen Thätigkeit.

原译：它们与活劳动相接触以及它们作为劳动这种有目的活动的条件进入<u>劳动过程</u>。（ME.47,78）

现译：但这只是由于它们与活劳动相接触以及它们作为活劳动的合乎目的的活动的条件并入<u>活劳动</u>。

说明：原译按俄文。俄文译者的理解与德文有出入。

18. Ⅱ.3.1.S.68,Z.12—16

…d. h. also indem die lebendige Arbeit sich actu zu ihnen als ihren Gebrauchswerthen verhält, sie die Rolle ihres Materials und Mittels spielen läßt, sie in ihrer lebendigen <u>Unruhe</u> als Mittel und Material sowohl <u>setzt</u> als <u>aufhebt</u>.

原译：……因为活劳动实际上把它们作为自己的使用价值，使它们起着自己的劳动材料和劳动资料的作用，使它们在自己的活<u>运动</u>中既作为劳动资料和劳动材料<u>存在</u>，也作为劳动资料和劳动材料<u>消失</u>。（ME.47,8）

现译：……在自己的<u>非静止</u>中既把它们作为资料和材料来<u>设定</u>，也把它们作为资料和材料加以<u>扬弃</u>。

说明：马克思在1861—1863年手稿中还保留了一部分黑格尔用语，应适当反映出来。Unruhe 译"非静止"，setzen 译"设定"，aufheben 译"扬弃"。"Aufheben"有消灭之意。但这里讲的是用劳动材料做出新的产品，因此译"扬弃"。

19. Ⅱ.3.1.S.71,Z.30—34

Die Rückwirkung rührt daher, weil sie als Werthe Materiatur der gesellschaftlichen Arbeitszeit sind und nur der in ihnen selbst enthaltnen, <u>soweit diese auf allgemeine gesellschaftliche Arbeitszeit reducirt ist</u>, in die Potenz der gleichen gesellschaftlichen Arbeitszeit erhoben ist.

原译：产生这种反应是由于它们作为价值是社会劳动时间的化身，并且<u>只有在劳动时间化为一般社会劳动时间</u>，即同等的社会劳动时间自乘的情况下，它们才是包含在自身中的劳动时间的化身。（ME.47,85）

现译：……而且它们<u>只有在它们自身所包含的劳动时间化为一般社会劳动时间</u>……的情况下才是这种社会劳动时间的化身。

说明：原译把"soweit diese…"一句与全句的关系搞错了。

20. Ⅱ.3.1.S.74,Z.12

…sondern nur soweit es Arbeit überhaupt, Arbeitszeit und <u>seine Materiatur</u>, die im Gespinst da ist, Materiatur der allgemeinen Arbeitszeit überhaupt ist.

原译：而只是把它看作一般劳动、劳动时间和以棉纱形式存在的<u>一般劳动的化身，也就是一般劳动时间的化身</u>。(ME.47,88)

现译：而只是把它看作一般劳动、劳动时间和以棉纱形式存在的<u>劳动时间的化身</u>。

说明：向斯卡姆勃拉克斯教授质疑过，他认为这里的"seine"应为"ihre"。大谷祯之介在他提出的MEGA版61—63年手稿第1册的刊印错误中没有指出这一点。

21. Ⅱ.3.1.S.79,Z.19

Aber die Waare, die er zu ihrem Tauschwerth gekauft hat zu 15 Arbeitstagen, <u>bringt als Gebrauchswerth sage 30 Arbeitstage</u>, d. h. den Tag auf 6 Stunden…

原译：但是，如果他按照相当于15个工作日的交换价值购买来的商品，[比如]<u>能带来30个工作日的使用价值</u>，也就是说，每天支付的是……(ME.47,95)

现译：他按照相当于15个工作日的交换价值购买来的商品，<u>作为使用价值比如能提供30个工作日</u>……

说明：向斯卡姆勃拉克斯教授质疑过，他认为als Gebrauchswerth 与die Waare 发生关系。

22. Ⅱ.3.1.S.79,Z.4

…d. h. in sich erhaltenden und vermehrenden, <u>selbst verwerthenden Werth</u>…

原译：转化为<u>自行保存和增加的、自行增殖的价值</u>。(ME.47,94)

现译：保存并增大自身的价值，即<u>自行增殖</u>的价值。

说明：verwerthen sich = sich erhalten plus sich vermehren。过去有不少地方把 sich vermehren 译为增殖，这一次改为"增大"或"增加"。

23. Ⅱ.3.1.S.86,Z.32

Andrerseits, in den Zeiten s. g. speculativer <u>Maniern, Spekulations (Aktien u. s. f.) Crisen</u>, tritt es an den Tag.

原译：另一方面，在所谓的<u>投机行为、投机危机（股票等投机）时期</u>……（ME.47,104）

现译：另一方面，在所谓的<u>投机盛行时期，在投机（股票等投机）和危机时期</u>……

说明：向斯卡姆勃拉克斯教授质疑，他认为，Maniern 是 Verhalten 的意思，后面是 Speculations mit Aktien und in Crisen……大谷祯之介寄来的材料中认为 Maniern 应为 Manien，Müller 先生也同意这一看法。

24. Ⅱ.3.1.S.87,Z.27

Seine ersten Werkzeuge sind seine eignen Glieder, die er sich jedoch erst selbst aneignen muß.

原译：人的最初的工具是他本身的肢体，不过，这<u>些肢体必定只是他本身占有的</u>。（ME.47,105）

现译：……不过，他自身首先占有的必然正是这<u>些工具</u>。

说明：向斯卡姆勃拉克斯教授质疑过。

25. Ⅰ.3,1,S,88,Z.11—12

…<u>Stammmensch</u>, Hordenmensch, Familienmensch u. s. w.

原译：这是<u>民族的人</u>、部落的人、家庭的人等等。（ME.47,106）

现译：这是<u>氏族的人</u>、部落的人、家庭的人等等。

说明：向斯卡姆勃拉克斯教授质疑过，他说这里的 Stammmensch

"nicht Volk", Hordenmensch früher als Stammmensch.

26. Ⅱ.3.1.S.93,Z.33—35

Der zweite Akt zeigt ein Phänomen, das in seinem Resultat und in seinen Bedingungen gänzlich fremd ist, <u>nicht nur den Gesetzen der</u> einfachen Circulation, <u>sondern ihr auch</u> zu widersprechen scheint.

原译：我们在第二个行为中可以看到一种同这个行为的结果和条件完全格格不入的现象，即<u>在表面上</u>不仅同简单流通规律格格不入，<u>而且同流通本身也相矛盾的现象</u>。（ME.47,115）

现译：第二个行为显示出一种现象，这种现象按其结果和条件来说不仅同简单流通规律格格不入，<u>而且在表面上也同简单流通相矛盾</u>。

说明：向斯卡姆勃拉克斯教授质疑过，他说，这里可以这样理解：…nicht nur den Gesetzen der einfachen Circulation fremd ist, sondern ihr auch zu widersprechen scheint.

27. Ⅱ.3.1.S.94,Z.2

…dieß Verhältniß hier also nur aus dem Kauf und Verkauf, aus dem Verhalten der beiden Theile als Waarenbesitzer entspringt, also an und für sich <u>wieder</u> politische etc. Beziehungen einsehließt.

原译：……因此，［买者和卖者之间的］这种关系在这里只产生于买和卖，产生于买卖双方作为商品所有者的状况，因而这种关系<u>又包含着政治等等的关系</u>。（ME.47,115）

现译：……产生于作为商品所有者的买卖双方的行为，因而这种关系本身<u>不包含政治等等的关系</u>。

说明："wieder"应为"weder"，大谷祯之介先生和 Müller 先生都认为应这么改。一字之差，意思相反了。从理论上说，这里应该是"不包含政治等等的关系"。

28. Ⅱ.3.1.S.103,Z.6—13

Es hängt mit dieser Reproduction des Gesammtverhältnisses zusammen——daß…——die Wichtigkeit des Umstandes für die Arbeiter ab, unter welchen ursprünglichen Bedingungen sie ihr…Im Verlauf der capitalistischen Production wird <u>dieß</u> mehr oder minder zerstört, aber es dauert lange.

原译：……对工人来说重要的是他在哪些最初条件下再生产他的劳动能力……在资本主义生产的过程中，<u>劳动能力或多或少受到毁坏</u>，但是这一点是延续很长的。（ME.47,128）

现译：……<u>这种最初条件或多或少会受到破坏</u>，但是这需要很长时间。

说明：向斯卡姆勃拉克斯教授质疑过，他说"dieß"是"ursprüngliche Bedingungen"。

29. Ⅱ.3.1.S.115,Z.13—15

…heißt also durchaus nicht, daß in 1/3 oder 2/3 Stunde etc der Preiß des Rohmaterials, der Maschinerie <u>producirt oder auch reproducirt wird im eigentlichen Sinn des Worts</u>…

原译：但这决不是说，原材料、机器的价格在1/3或2/3等小时内<u>生产出来或者真正地被再生产出来</u>……（ME.47,144）

现译：……<u>真正地生产出来或者被再生产出来</u>……

说明：大谷祯之介先生的日译文第202页上这么理解。斯卡姆勃拉克斯教授也这么理解。

30. Ⅱ.3.1.S.120,Z.30

Bei allen Dienstleistungen, mögen sie nun selbst direkt Waaren schaffen, z. B. der Schneider, der mir eine Hose näht, <u>oder macht</u>, z, B. der Soldat, der mich schützt, ditto der Richter etc., oder der Musiker……

原译：各种服务即使本身可以直接生产商品，例如，裁缝为我缝制裤子，或者士兵保卫着我，法官等等也是一样……这里谈的始终只是劳动的物质内容……(ME.47,152)

现译：在所有服务的场合，不管这些服务是本身直接生产商品，例如，裁缝为我缝制裤子，还是不直接生产商品，例如，士兵保卫着我……

说明：Müller 先生认为这里的 macht 是 nicht。这样，这一段话的意思就很清楚。原来按"macht"译，无论是理论上还是文字上都不清楚。

31. Ⅱ.3.1.S.124,Z.3

"merely a convenience rendered necessary by the deplorable poverty of the mass of the people"

原译："只是由于人民群众可悲的贫困而成为必要的诡计"。(ME.47,156)

现译："只是由于人民群众可悲的贫穷而成为必要的条件"。

说明："convenience"的意思是便利、方便。在这里如何理解？斯卡姆勃拉克斯教授的解释是"Bedingung"。

32. Ⅱ.3.1.S.126,Z.10

Dieß,was sich schon bei der Betrachtung des allgemeinen Begriffs des Capitals zeigt, später noch deutlicher bei der Concurrenz, die wesentlich diese Trennung(Concentration u.s.w.)bewirkt.

原译：在考察资本的一般概念时已经表明的这种情况，以后在考察竞争时，还会更清楚地显示出来，因为促进这种分离的主要是竞争（集中等等）。(ME.47,159)

现译：……因为促进这种分离（积聚等等）的主要是竞争。

说明：斯卡姆勃拉克斯教授认为这里的 Concentration 是 Anhäufung

的意思。

33. Ⅱ.3.1.S.135,Z.33

Wir haben also 1) das Capital ist Geld;das Capital ist Waare;wenn die erste Form,worin es auftritt,betrachtet wird;…

原译：因此，我们有下述定义：（1）<u>资本是货币</u>；如果考察的是资本所表现的最初形式，资本就是商品……（ME.47,171）

现译：如果考察的是资本所表现的最初的形式，<u>资本就是货币，就是商品</u>……

说明：资本所表现的最初形式是货币、商品，这在理论上是可以理解的。原译中的"资本是货币"离开上下文不好理解。

34. Ⅱ.3.1.S.135,Z.39—41

…soweit der Bestandtheil desselben,der sich gegen das Arbeitsvermögen austauscht,seinem <u>Gebrauchswerth</u> nach betrachtet wird.

原译：如果与劳动能力相交换的资本组成部分按它的<u>交换价值</u>来加以考察，［资本就是］生活资料。（ME.47,171）

现译：……按它的<u>使用价值</u>来加以考察……

说明：俄文也是使用价值。原译中的交换价值应该是技术上的错误。

35. Ⅱ.3.1.S.136,Z.1—3

Sofern der ganze Arbeitsproceß(unmittelbare Productionsproceß)in dem <u>Product zusammenfällt</u> als seinem Resultat existirt das Capital nun als Product.

原译：只要整个劳动过程（直接的生产过程）<u>与作为它的结果的产品相一致</u>，资本现在就作为产品而存在。（ME.47,171）

现译：只要整个劳动过程（直接的生产过程）<u>以产品为它的结</u>

果……

说明：原译意思不清。

36. Ⅱ.3.1.S.141,Z.30

Salair erscheint uns hier, weil als Salairiat die Voraussetzung der capitalistischen Production…

原译：在这里，工资——因为作为雇佣劳动，它是资本主义生产的前提——在我们面前表现为一种生产形式……（ME.47,179）

现译：在这里，工资——因为雇佣劳动是资本主义生产的前提——在我们面前表现为一种生产形式……

说明：大谷祯之介先生在给韦建桦同志的信中认为这里的"weil als Salariar"应为"weil Salariat od. weil Salariat als"。日译文252页上的译文就是这样。我们采用大谷祯之介先生的意见，因为这样理解在文字和理论上都比原来的表述清楚。

37. Ⅱ.3.1.S.159,Z.33

Wir haben gesehn, daß der Capitalist das Arbeitsvermögen seinem Equivalent nach zahlt, und daß die Verwerthung des Arbeitsvermögens über seinen Werth hinaus…

原译：我们看到，资本家按照等价支付劳动能力，以及超出劳动能力的价值使用劳动能力……（ME.47,205）

现译：……以及劳动能力超出自己的价值发生的价值增殖……

说明："Verwerthung"英文译为"Valorisation"。在英译中，凡是当"增殖"理解的地方一律译"Valorisation"。这一类例子在本版第32卷中多处出现。原译"使用"不确切。现译"价值增殖"虽说只是从译名的改动，但具有理论意义。

38. Ⅱ.3.1.S.175,Z.17—18

Es liegt aber in dem Entwicklungsgesetz der menschlichen Natur…

原译：但是，<u>由于人类自然发展</u>的规律……（ME.47,260）

现译：但是，<u>由于人类本性发展</u>的规律，一旦满足了某一范围的需要，又会游离出、创造出新的需要。

说明：原译"人类自然"可以理解为人的身体本身，这与上下文意思不符。人的本性决定了人要不断追求新的需要。这是分工发展、生产多样化的客观基础。

39. Ⅱ.3.1.S.188,Z.3

Die Mehrarbeit <u>mit der Vervielfältigung der Producte</u> bedingt die Luxusproduction, daß ein Theil der Production sich auf Production von Luxusproducten wirft…

原译：<u>随着产品数量的增加</u>，剩余劳动为奢侈品的生产创造了条件，使一部分生产有可能转移到奢侈品的生产上……（ME.47,261）

现译：剩余劳动<u>由于增加产品数量</u>而为奢侈品的生产创造了条件……

说明：斯卡姆勃拉克斯教授认为这里的德文可以这样解释："Die Mehrarbeit bedingt durch die Vervielfältigung der Producte…"从上下行文来看，原译不合理。

40. Ⅱ.3.1.S.197,Z.4

So <u>ängstlich sind</u> die Fabrikinspectoren klar zu machen…

原译：工厂视察员<u>以这种胆怯的方式</u>说明……（ME.47,239）

现译：工厂视察员<u>力图想</u>说明，获利无非就是获得劳动时间……

说明：斯卡姆勃拉克斯教授认为这里的德语意思是"ganz besonders strebt"，"aktiv bestrebt"。

41. Ⅱ.3.1.S.199—200

"The practice of setting children prematurely to work, a practice which the state, the legitimate protector of those who cannot protect themselves, has, in our time, wisely and humanely interdicted, prevailed in…"

原译：漏译。(ME.47,243)

现译：让儿童过早地从事劳动……这种做法在我们的时代被国家，即不能保护自己的人的那个合法保护者出于明智和人道的精神而加以禁止了。

说明：俄文版第47卷第238页上有这句话，因此中文显然是漏译或由于技术原因疏忽了。这类情况还有一些，在此不一一列出。

42. Ⅱ.3.1.S.205,Z.6—9

"The Print Works Act limits the hours of females, young persons and children between 6a. m. und 10p. m., provided the children have attended some school for 5 hours in any day but Saturday before 6 o'clock p. m."

原译："……规定儿童每天在学校里学习5小时，而星期六劳动必须在下午6点之前结束"。(ME.47:249)

现译："……规定儿童除星期六之外每天下午6点之前在学校里学习5小时"。

说明：日、法译文都明显这样理解，即 any day but Saturday 是"除星期六之外每天……"

43. Ⅱ.3.1.S.210,Z.9

Fällt seine Leistung unter den average, daher sein Lohn, so auch die surplusvalue.

原译：如果他的劳动能力降低到平均水平以下，那么，他的工资和他创造的剩余价值也降到平均水平以下。(ME.47,255)

现译：如果他的工作量……

说明:"Leistung"译工作量是恰当的。日译文第370页上也这么译。

44. Ⅱ.3.1.S.211

…durch eine Verlängerung des nothwendigen Arbeitstags über seine Grenzen hinaus und seine absolute Grösse ist gleich der Grösse dieser Verlängerung, während seine relative Grösse—der proportionelle Mehrwerth oder die Rate des Mehrwerths—mit dem Verhältniss dieser Verlängerung <u>dieser Fluxion zu ihrem Fluente</u>…

原译:……但是,它的相对量——比例的剩余价值,或剩余价值率——则是<u>同这种延长即这种流动量同它的流数</u>即必要劳动时间的比例一起形成的。(ME.47,264)

现译:……则是由这种延长即<u>这种流数同它的流动量</u>即必要劳动时间的比例决定的。

说明:原译把Fluxion(流数)与Fluente(流量)颠倒了位置。

45. Ⅱ.3.1.S.213

Ebenso wie eine andre Waare nach wie vor zu ihrem Werth verkauft wird, wenn sie heute <u>1/100 weniger</u> kostet wie früher, weil <u>1/100 Arbeitszeit weniger</u> in ihr enthalten ist…

原译:……尽管它现在的价钱<u>只值过去的1/100</u>,……但它所包含的劳动时间只是过去的1/100。(ME.47,267)

现译:……尽管它现在的价钱<u>比过去少1/100</u>,……但它所包含的劳动时间<u>比过去少1/100</u>。

说明:原译按俄文。俄文译者的理解与MEGA版有出入。

46. Ⅱ.3.1.S.224,Z.30

Derselbe Witz vom Jacob z. B. <u>geltend gemacht</u> bei der Geldvermehrung.

原译：例如，在杰科布计算货币总量时也出现过这种情形。（ME. 47,282）

现译：例如，雅科布曾指出，货币总量的增长有这种特点。

说明：etwas geltend machen 的译法有："sich als…geltend machen"译"表现为"；"Es ist in der Tat das Gesetz des Werts, wie es sich geltend macht, nicht…"译"事实上价值规律所影响的不是……"；"…macht…geltend"译"强调了"；"sich Machen geltend"译"显示出来"等等。这里的"geltend machen"是"强调"、"指出"的意思，意思是使之表现出来。

47. Ⅱ.3.1.S.227, Z.4

Es ist klar, daß wenn ein Land von Natur fruchtbaren Boden hat…

原译：很明显，如果一个国家从自然界中占有肥沃的土地（ME.47, 287）

现译：……拥有天然肥沃的土地。

说明：斯卡姆勃拉克斯教授认为这里的意思是"von selbst ohne etwas zu tun"。

48. Ⅱ.3.1.S.232, Z.33

Es ist nicht absolut nöthig, Daß Vereinigung in demselben Raum stattfindet…Zugleich aber auch Concentration von Arbeitsmitteln.

原译：[劳动者]在同一场所的结合并不是绝对必要的……但同时也[应考虑到]劳动资料的集中。（ME.47,295）

现译：……但与此同时，劳动资料的积聚[也不是绝对必要的]。

说明：原译是根据俄文译出的（俄文版第47卷第289页）。俄译者显然搞错了。日文版的译文与现译相同（见日文版第413页）。马克思举的例子是天文学家在不同国家的天文台进行观察，是协作，不是分工。在这个例子中,劳动资料的集中当然也不是绝对必要的。

49. II.3.1.S.241.Z.27—29

Die erste Theilung der Arbeit zeigt sich darin, daß das Product eines besondren Arbeitszweigs als besondre Waare den Producenten aller andren Arbeitszweige…

原译:第一类分工表现为:某个特殊劳动部门的产品作为特殊的商品,与其他一切劳动部门的作为不同于这种特殊商品的独立商品的产品相对立。(ME.47,303)

现译:与原译同。

说明:在MEGA版中,Producenten应为Producten。Müller先生和大谷祯之介先生都认为这样。这种情况在译校时就不再加脚注说明。

50. II.3.1.S.245,Z.10—11

Entwickelte Theilung der Arbeit findet in ihnen nicht statt, entwickelt sich vielmehr erst in ihnen als ihrer natürlichen Grundlage.

原译:在这些手工工场中还没有发达的分工,相反,在这些手工工场中分工是在它的自然基础上发展起来的。(ME.47.307)

现译:……相反,分工只是以这些手工工场为自然基础发展起来的。

说明:"in ihnen als ihrer…"指"以手工工场为自己的……"。原译没有译出"in ihnen"和"als ihrer……"的联系。前面有一个例句,"in dem Produkt zusammenfällt als seinem Resultat"只能译成"以产品为它的结果"。

51. II.3.1.S.249,Z.24

c'est peut être que son industrie est découragée par la diversité de ses besoins ou que son attention trop partagée ne peut suffire pour acquérir…

原译:"他们的生活非常贫困,使他们不爱好劳动,或者说,他们的漫不经心使他们不可能在……"(ME.47,313)

现译:"大概是他们的杂多的需要,使他们不够勤劳,或者说,他们的注意力过于分散,使他们不可能在……"

说明:俄译本译文正确(第306页),因此这里是中文原译不准确。

52. Ⅱ.3.1.S.252,Z.5—7

Es ist dieß nicht nur die Bemerkung 2) von A. Smith, daß bei dem Uebergehn von einer Operation zur andern derselbe Arbeiter, der den Umkreis der verschiednen Operationen durchläuft, Zeit verliert.

原译:一个依次完成各种不同操作的工人,在由一种操作转到另一种操作时会损失掉时间,注意到这一点的不仅是亚·斯密。(ME.47,316)

现译:这里所说的不只是亚当·斯密的第二点意见,即……

说明:这里的外文是清楚的,原译显然是误译。这里讲的内容与5页前的内容有关。

53. Ⅱ.3.1.S,255,Z.26—28

Die Verkürzung der Arbeitszeit interessirt ihn nicht, so wenig wie den Plato, selbst in der einen Stelle, wo dieser aus nahmsweise im Vorübergehn hervorhebt…

原译:他和柏拉图一样,对劳动时间的缩短不感兴趣,甚至在这样的一个唯一的地方,也不感兴趣,在那里柏拉图作为例外顺便提到……(ME.47,321)

现译:他对劳动时间的缩短不感兴趣。同样,柏拉图对劳动时间的缩短也不感兴趣,甚至在这样一个地方也不感兴趣,在那里柏拉图作为例外顺便地……

说明：德语这句话中"dieser"只能指柏拉图。参见日文版第449页。"wie den Plato"和"dieser"的关系必须在译文中表达出来。

54. Ⅱ.3.1.S.261.Z.36

Was A. Smith auszeichnet—in mancher Hinsicht hinter seinen Vorgängern—daß er die Phrase…

原译：亚当·斯密在某些方面不同于他的前辈，他使用了"提高劳动生产力"这一术语。（ME.47,327）

现译：亚当·斯密的不同之处——他在某些方面还赶不上他的前辈——是……

说明：向斯卡姆勃拉克斯教授质疑过。

55. Ⅱ.3.1.S.266,Z.35—36

Die Verschiedenartigkeit der individuellen Organisationen, körperlichen und geistigen Anlagen wird neue Quelle derselben.

原译：个人的体质、肉体和精神方面的差别是这种分工的新原因。（ME.47,334）

现译：个人的体质，即肉体素质和精神素质的差别是这种分工的新原因。

说明：现译中的"个人的体质，即肉体素质和精神素质的差别"是正确的。日文版译文也是这样处理的（P471）。原译把人的机体同肉体素质、精神素质并列显然不妥。

56. Ⅱ.3.1.S.270,Z.29—37

Bei Petty und dem citirten Apologeten des East India Trade…Bei Petty wird sie in Verbindung mit dem auswärtigen Handel erwähnt. Bei dem East Indian direkt als Mittel die Concurrenten auf dem Weltmarkt zu unterkaufen, wie letztrer den Welthandel selbst als Mittel darstellt in weniger Arbeitszeit dasselbe Resultat zu erzielen.

原译：配第是在论述对外贸易时提到分工的。东印度人直接把分工看作在世界市场上击败竞争者的手段，因为他把世界贸易本身看作用较少劳动时间取得同样结果的手段。（ME.47,338）

现译：在配第那里，分工是与对外贸易一起被提到的。在东印度人那里，正如配第把世界贸易本身看作用较少劳动时间取得同样结果的手段一样，分工被看作在世界市场上击败竞争者的手段。

说明：德语这句话中的"wie letztrer"是指配第，因为"citirte"在前。

57. Ⅱ.3.1.S.272,Z.39

Diese Voraussetzung, daß das Product allgemein als Waare producirt wird, daher durch die Bedingungen seiner eignen Production als Waaren…

原译：这类前提——产品普遍作为商品生产出来，因而它要以自身作为商品的生产的条件为中介……（ME.47,341）

现译：……因而它要以自身的生产条件作为商品为中介……

说明：原译把"作为商品"与"自身"相联系，现译中把"作为商品"与"自身的生产条件"相联系，从理论上和上下文来看，现译的理解是正确的。

58. Ⅱ.3.1.S.276,Z.2—4

Wenn nur seine Werthgrösse nicht ganz in derselben Proportion fällt, wie die Productivkraft der Arbeit steigt, auch Sinken des Niveau.

原译：只要平均工资的价值量不是完全按照劳动生产力提高的比例而减少。生活水平也就会下降。（ME.47,345）

现译：只要平均工资的价值量的减少和平均工资水平的下降不是完全与劳动生产力的提高保持同一比例。

说明：日文版486页上的译文同现译。从理论上看，这里讲平均工资价值下降，但由于生活资料便宜，可以养活更多的工人，不过有一个条件，即生产力提高的比例要大于平均工资价值量以及平均工资下降的比例。

59. II.3.1.S.276,Z.28

Es wächst also die Revenu der Gesellschaft…der Theil derselben, der nicht wieder in Capital rückverwandelt wird, und damit die <u>Substanz</u> von der die nicht direkt an der materiellen Production betheiligte Gesellschaftsschicht lebt.

原译：因此，社会收入增加了……即社会收入中不再转化为资本的部分增加了，从而也就是不直接参加物质生产的社会阶层借以维持生活的那个<u>主体</u>增加了。

现译：……借以维持生活的<u>物质财富</u>增加了。（ME.47,345）

说明：斯卡姆勃拉克斯教授认为"Substanz"是"materielle Reichtum"。

60. II.3.1.S.293,Z.21—24

Er arbeitet also in der That geringere Arbeitszeit—als der Durchschnittsarbeiter—um <u>das Equivalent für seinen Arbeitslohn</u> oder die zur Reproduction seines Arbeitsvermögens nöthigen Lebensmittel zu produciren.

原译：他花比平均工人较少的劳动时间，就生产了<u>自己的工资</u>，或再生产他的劳动力所必需的<u>生活资料的等价物</u>。（ME.47.360—361）

现译：……就生产了自己的<u>工资的等价物</u>，或再生产他的劳动能力所必需的生活资料。

说明：从原文和理论上看现译正确。

61. II.3.1,S.324,Z.31—32

Dieß generally to be remarked.

原译：这里就受到普遍的谴责。(ME.47,190)

现译：应当全面地谈一谈这个问题。

说明：现译合理。马克思想全面谈谈资本主义生产浪费人和活劳动的问题。从马克思的论述逻辑来看，这里不会突然要求对资本主义生产浪费人进行谴责。

马列著作译文有哪些新的改动?[*]

[**编者按**] 我局在中央党校和其他单位一些同志的协助下对有些马列著作的译文根据原文并参考其他外文重新进行了校订。新译文先供中央党校作为教材内部试用,准备在广泛征求意见的基础上对译文作进一步的改善。本期介绍《哥达纲领批判》、《社会主义从空想到科学的发展》一些比较重要的修改情况,供读者参考。

---

[*] 本文选自《马列著作编译资料》1978年第1辑。

《哥达纲领批判》译文修改情况

《哥达纲领批判》译文校订组

改正了一些不够确切的地方

（1）单行本第 7 页；《马克思恩格斯选集》第 3 卷第 5 页

原译：上面那句话在一切儿童识字课本里都可以找到，<u>但是这句话只是在它包含着劳动具备了相应的对象和资料这层意思的时候才是正确的</u>。

现译：……都可以找到，<u>并且在劳动具备相应的对象和资料的前提下是正确的</u>。

德文：Jene Phrase findet sich in allen Kinderfibeln und ist insofern richtig, als unterstellt wird, daß die Arbeit mit den dazugehörigen Gegenständen und Mitteln vorgeht.

原译文中把"und"译成"但是"不恰当。马克思的这段话似可这样理解："劳动是一切财富和一切文化的源泉"这个说法虽不科学，却很普遍，甚至在儿童课本里都可以找到，而且在劳动具备相应的对象和资料的限度内也是正确的。下面接着马克思才转为否定口气：可是，一个社会主义的纲领不应当容许这种资产阶级的说法……

（2）单行本第 15 页；《选集》第 3 卷第 13 页

原译：把所谓分配<u>看做事物的本质并把重点放在它上面</u>，那也是根本错误的。

现译：在所谓分配问题上<u>大做文章</u>……

德文：…war es überhaupt fehlerhaft, von der sogenannten Verteilung Wesens zu machen…

原译"把……看做事物的本质"是从俄译文来的。马克思在这里批判那种过分重视消费资料的分配、在分配问题上兜圈子的资产阶级观点。现译更符合原意。

（3）单行本第17页；《选集》第3卷第15页

原译：这句话是从资产阶级的和平和自由同盟那里抄来的，<u>它应当被当做</u>各国工人阶级在反对各国统治阶级及其政府的共同斗争中的国际兄弟联合的等价物。……德国工人阶级<u>就应当这样</u>对付本国的、为反对工人阶级而已经同其他一切国家的资产者紧密联合起来的资产阶级和俾斯麦先生的国际阴谋政策！

现译：这句从资产阶级的和平和自由同盟那里抄来的话，是<u>要用来代替</u>各国工人阶级在反对各国统治阶级及其政府的共同斗争中的国际兄弟联合的。……<u>竟要</u>德国工人阶级这样去对付为反对它而已经同其他一切国家的资产者实现兄弟联合的本国资产阶级，对付俾斯麦先生的国际阴谋政策！

德文：…eine dem bürgerlichen Freiheits-und Friedensbund entlehnte Phrase, die als Äquivalent passieren soll für die international Verbrüderung der Arbeiterklassen im gemeinschaftlichen Kampf gegen die herrschenden Klassen und ihre Regierungen. … Und so soll sie ihrer eignen, mit den Bourgeois aller andern Länder bereits gegen sie verbrüderten Bourgeoisie und Herrn Bismarcks internationaler Verschwörungspolitik das Paroli bieten!

原译容易引起误解，似乎马克思本人认为"这句话应当被当做……"，"德国工人阶级就应当这样对付……"。现译比较清楚易懂。

（4）单行本第24页；《选集》第3卷第22页

原译：赋税是政府机器的经济基础，<u>而不是其他任何东西</u>。

现译：……<u>而不是其他任何东西的经济的基础</u>。

改动了几个译名

（1）单行本第 7 页标题；《选集》第 3 卷第 5 页

原译：对德国工人党纲领的<u>几点意见</u>

现译：德国工人党纲领<u>批注</u>

德文"Randglossen"主要是旁注、眉批、边注、批语的意思，现译更符合原文。

（2）单行本第 13 页；《选集》第 3 卷第 11 页

原译：在这里平等的权利按照原则仍然是<u>资产阶级的法权</u>。

现译：……仍然是<u>资产阶级权利</u>。

原文"Recht"，有法、权利、公正、正义等等意思。这里讲的是资产阶级权利。"法权"一词究竟指"法"还是指"权利"不明确。而且本句中的"权利"和"法权"，原文都是"Recht"，译成两个词也不妥当。本书中涉及"资产阶级权利"的地方，原译"法权"，现都改译为"权利"。

（3）单行本第 10 页；《选集》第 3 卷第 8 页

原译：难道经济关系是由<u>法权概念</u>来调节，而不是相反地由经济关系产生出<u>法权关系</u>吗？

现译：难道经济关系是由<u>法的概念</u>来调节，而不是相反地从经济关系中产生出<u>法的关系</u>吗？

这里讲的是上层建筑和经济基础的关系，原文"Rechtsbegriffe"，"Rechtsverhältnisse"译"法的概念"和"法的关系"较恰当。

（4）单行本第 17 页；《选集》第 3 卷第 15 页

原译：这个纲领的<u>国际主义</u>，比那个自由贸易派的<u>国际主义</u>还差得难以估量。

现译：这个纲领的<u>国际信念</u>，比自由贸易派的<u>国际信念</u>还差得难以估量。

马克思在这里用的是"das international Bekenntnis"，而不是上一段一开头用的"Internationalismus"这个词，看来用这两个词是有区别的。原文"Bekenntnis"，有信念、意识等意思。这里讲"这个纲领的国际信念比自由贸易派的国际信念还差得难以估量"，似含有贬义。

关于"Genossenschaft"一词的处理

"Genossenschaft"（形容词为"genossenschaftlich"）这个词有"合作"、"协作"、"合作社"、"协作社"、"团体"等意思，一般都译"合作社"。这个词在《哥达纲领批判》正文第一部分第三节共出现七次：

要求<u>集体</u>调节总劳动并公平分配劳动所得（单行本第 10 页；《选集》第 3 卷第 8 页）

总劳动是由<u>集体</u>调节的（单行本第 11 页；《选集》第 3 卷第 9 页）

那么<u>集体</u>的劳动所得就是社会总产品（单行本第 11 页；《选集》第 3 卷第 9 页）

才谈得上在<u>集体</u>中的个别生产者之间进行分配的那部分消费资料（单行本第 12 页；《选集》第 3 卷第 10 页）

在一个<u>集体</u>的、以共同占有生产资料为基础的社会里……（单行本第 12 页；《选集》第 3 卷第 10 页）

而<u>集体</u>财富的一切源泉都充分涌流之后（单行本第 14 页；《选集》第 3 卷第 12 页）

如果物质的生产条件是劳动者自己的<u>集体</u>财产（单行本第 15 页；《选集》第 3 卷第 13 页）

这七处"集体"或"集体的"，原文都是"Genossenschaft"或"genossenschaftlich"，马克思借用了纲领中原来的用词，同时在阐述自己的共产主义社会两个阶段理论时也使用了这个词。如果这七处由原译的"集体"改成"合作社"，看来不尽妥当，因此这次校订时仍保留原译，没有改动。这样处理是否恰当，还可研究。至于第三章中谈到生产合作社的地方，因为马克思在这里是批判拉萨尔关于生产合作社的观点，所以译为"合作社"。

《社会主义从空想到科学的发展》译文修改情况

《社会主义从空想到科学的发展》译文校订组

改正了一些错误

(1)《马克思恩格斯选集》第3卷第413页;《马克思恩格斯全集》第19卷第214页

原译:一切传统习惯的约束、宗法制从属关系、家庭都解体了;……

现译:一切传统的宗族关系、宗法从属关系、家庭关系都解体了;……

德文:Lösung aller hergebrachten Bande des Herkommens, der patriarchalischen Unterordnung, der Familie

德文"Herkommen"在这里是"出身"、"门第"的意思,而不是"习惯"的意思。另外,"Bande"同时与后面三个第二格名词发生关系更合理些。

(2)《选集》第3卷第421页;《全集》第19卷第223页

原译:……而思维的任务现在就在于通过一切迂回曲折的道路去探索这一过程的依次发展的阶段,并且透过一切表面的偶然性揭示这一过程的内在规律性。

现译:……而思维的任务现在就在于透过一切迷乱现象探索这一过程的依次发展的阶段……

德文:Von diesem Gesichtspunkt aus erschien die Geschichte der Menschheit nicht mehr als ein wüstes Gewirr sinnloser Gewältigkeiten, die vor dem Richterstuhl der jetzt gereiften Philosophenvernunft alle gleich verwerflich sind und die man am besten so rasch wie möglich vergißt, sondern als der Entwicklungprozeß der Menschheit selbst, dessen allmählichen Stufengang durch alle Irrwege zu verfolgen und dessen innere Gesetzmäßigkeit durch alle scheinbaren Zufälligkeiten hindurch nachzuweisen jetzt die Aufgabe des Denkens wurde.

德文"alle Irrwege"是指历史发展过程本身的曲折、暂时倒退等现象，而不是指人的认识过程的曲折性。

(3)《选集》第 3 卷第 425 页；《全集》第 19 卷第 228 页

原译：所以，一切社会变迁和政治变革的终极原因，不应当在人们的头脑中，在人们对永恒的真理和正义的日益增进的认识中去寻找，而应当在生产方式和交换方式的变更中去寻找；不应当在有关的时代的哲学中去寻找，而应当在有关的时代的<u>经济学</u>中去寻找。

现译：所以，一切社会变迁和政治变革的终极原因，不应当到人们的头脑中，到人们对永恒的真理和正义的日益增进的认识中去寻找，而应当到生产方式和交换方式的变更中去寻找；不应当到有关时代的哲学中去寻找，而应当到有关时代的<u>经济</u>中去寻找。

德　文：Hiernach sind die letzten Ursachen aller gesellschaftlichen Veränderungen und politischen Umwälzungen zu suchen nicht in den Köpfen der Menschen, in ihrer zunehmenden Einsicht in die ewige Wahrheit und Gerechtigkeit, sondern in, Veränderungen der Produktions – und Austauschweise; sie sind zu suchen nicht in der Philosophie, sondern in der Ökonomie der betreffenden Epoche.

德文"Ökonomie"既可作"经济学"解，又可作"经济"解。恩格斯这里强调的是，社会变迁和政治变革的终极原因不能到人们的意识中去寻找，只能到客观现实中，到经济事实中去寻找。因此，这里应译"经济"。

（4）《选集》第 3 卷第 410—411 页；《全集》第 19 卷第 212 页

原译：在 1816 年，圣西门宣布说政治是关于生产的科学，并且预言政治将完全为经济<u>所包容</u>。

现译：在 1816 年，圣西门宣布政治是关于生产的科学，并且预言政治将完全<u>溶化在</u>经济<u>中</u>。

德文：1816 erklärt er die Politik für die Wissenschaft von der Produktion und sagt voraus das gänzliche Aufgehn der Politik in der Ökonomie.

原文意思不是经济包括政治，而是经济取代政治。现译意思更明确。

改正了一些不确切的地方

（1）《选集》第 3 卷第 421 页；《全集》第 19 卷第 224 页

原译：就是说，它还包含着不可救药的内在矛盾：一方面，它以历史的观点作为基本前提，即把人类的历史看做一个发展过程，这个过程按其本性来说是不能通过发现所谓绝对真理来<u>达到其智慧的顶峰的</u>；但是另一方面，它又硬说自己是这个绝对真理的全部内容。

现译：……这个过程按其本性来说<u>在认识上</u>是不能由于所谓绝对真理的发现<u>而结束的</u>；

德文：Das Hegelsche System als solches war eine kolossale Fehlgeburt-aber auch die letzte ihrer Art. Es litt nämlich noch an einem innern unheilbaren Widerspruch; einerseits hatte es zur wesentlichen Voraussetzung die historische Anschauung, wonach die menschliche Geschichte ein Entwicklungsprozeß ist, der seiner Natur nach nicht durch die Entdeckung einer sogenannten absoluten Wahrheit seinen intellektuellen Abschluß finden kann; andrerseits aber behauptet es, der Inbegriff eben dieser absoluten Wahrheit zu sein.

原译意思不太明确。

(2)《选集》第3卷第441页;《全集》第19卷第245页

原译:人们自己的社会行动的规律,这些直到现在都如同异己的、统治着人们的自然规律<u>一样</u>而与人们相对立的规律,那时就将被人们熟练地运用起来,因而将服从他们的统治。

现译:人们自己的社会行动的规律,这些<u>一直作为</u>异己的、支配着人们的自然规律而同人们相对立的规律,那时就将被人们熟练地运用,因而将听从人们的支配。

德文: Die Gesetze ihres eigenen gesellschaftlichen Tuns, die ihnen bisher als fremde, sie beherrschende Naturgesetze gegenüberstanden, werden dann von den Menschen mit voller Sachkenntnis angewandt und damit beherrscht.

原文用"als"而不是用"wie",应是"作为"的意思。这同上下文的意思是一致的,在同一节中恩格斯也谈到,商品生产规律在资本主义社会是作为"盲目起作用的自然规律"而实现的。(《马克思恩格斯选集》第3卷第429页)

(3)《选集》第3卷第422页;《全集》第19卷第224页

原译:至于循环,即使它能够存在,<u>也具有无限加大的规模</u>。

现译:至于循环,即使能够存在,<u>其规模也要大得无比</u>。

德文: …und die Kreisläufe, soweit sie überhaupt zulässig bleiben, unendlich großartigere Dimensionen annehmen.

这里的形容词比较级"großartigere"是针对上文"自然界是一个在狭小的循环中运动的、永远不变的整体"而说的,原译意思不够确切。

(4)《选集》第 3 卷第 441 页;《全集》第 19 卷第 245 页

原译:只是从这时起,人们才完全自觉地自己创造自己的历史;只是从这时起,由人们使之起作用的社会原因才<u>在主要的方面和日益增长的程度上</u>达到他们所预期的结果。

现译:……只是从这时起,由人们使之起作用的社会原因才<u>大部分并越来越多地</u>达到他们所预期的结果。

德文:Erst von da an werden die Menschen ihre Geschichte mit vollem Bewußtsein selbst machen, erst von da an werden die von ihnen in Bewegung gesetzten gesellschaftlichen Ursachen vorwiegend und in stets steigendem Maß auch die von ihnen gewollten Wirkungen haben.

这里"vor wiegend und in stets steigendem Maß"是说主观认识大部分符合客观实际,并且越来越符合客观实际。原译意思不太明确。

几个译名、译语的改动

(1)本文中共有七处"Bürgertum",原来有五处译为"市民等级",有两处译为"资产阶级",这次校订中全部译为"资产阶级"。

市民等级是指西欧中世纪城市的中间阶层,包括独立的手工业者和中小商人等。随着资本主义生产方式的形成和发展,它逐渐分化为资产阶级、无产阶级和城市贫民。市民等级是资产阶级的前身,但这一概念的外延比资产阶级广。从上下文看,本文讲的都是资产阶级,而不是市民等级。另外,本文还有十一处用了形容词"bürgerlich",均译为"资产阶级(的)",从前后文统一来看,现译比较恰当。

（2）本文中有六处"gesellschaftlich"与生产资料连用的地方，有八处"gesellschaftlich"与生产连用的地方，原来译为"社会化（的）"这次校订中改为"社会（的）"或"社会化（的）"。

"社会的"和"社会化的"在德文中是两个词，一般不应混译。本文中恩格斯也用了"vergesellschafter"（社会化的）一词。从上下文看，改译为"社会的"或"社会性的"，意思也清楚。在"社会化生产和资本主义占有"连用的地方，译为"社会性生产和资本主义占有"，以区别于"凡是生产，都必须结成一定的社会关系，因此，生产在任何条件下都是社会生产"那种意义上的"社会生产"。

（3）"Abschluß finden"原译为"达到顶峰"，这次校订中改为"完成"。

原译：这时，和十八世纪的法国哲学一起并继它之后，近代德国哲学产生了，而且在黑格尔身上达到了顶峰。(《选集》第3卷第416页；《全集》第19卷第219页）

现译：在此期间，同十八世纪的法国哲学并列和继它之后，近代德国哲学产生了，并且在黑格尔那里完成了。

德文：Inzwischen war neben und nach der französischen Philosophie des 18. Jahrhunderts die neuere deutsche Philosophie entstanden und hatte in Hegel ihren Abschluß gefunden.

原译：这种近代德国哲学在黑格尔的体系中达到了顶峰，……(《选集》第3卷第420页；《全集》第19卷第223页）

现译：这种近代德国哲学在黑格尔的体系中完成了。……

德文：Ihren Abschluß fand diese neuere deutsche Philosophie im Hegelschen System…

原译离德文较远，意思不太确切。

修辞方面的改动

(1)《选集》第 3 卷第 408—409 页;《全集》第 19 卷第 210 页

原译:在当时才刚刚作为新阶级的胚胎从这些无财产的群众中分离出来的无产阶级,还完全无力采取独立的政治行动,表现为<u>一个被压迫的受苦的等级,无力帮助自己,最多只能从外面、从上面取得帮助</u>。

现译:……表现为<u>一个无力帮助自己,最多只能从外面、从上面取得帮助的受压迫的受苦的等级</u>。

德文:Das sich aus diesen besitzlosen Massen eben erst als Stamm einer neuen Klasse absondernde Proletariat, noch ganz unfähig zu selbständiger politischer Aktion, stellte sich dar als unterdrückter, leidender Stand, dem in seiner Unfähigkeit, sich selbst zu helfen, höchstens von außen her, von oben herab Hülfe zu bringen war.

恩格斯在这里是说,无产阶级一开始表现为一个自在的阶级。说明语应放在前面,不宜拆译。

(2)《选集》第 3 卷第 411 页;《全集》第 19 卷第 212 页

原译:傅立叶<u>就</u>资产阶级<u>所说的话</u>,<u>就</u>他们在革命前的狂热的预言者和革命后的被收买的奉承者<u>所说的话</u>,<u>抓住了他们</u>。

现译:傅立叶<u>抓住了</u>资产阶级<u>所说的话</u>,<u>抓住了</u>他们在革命前的狂热的预言者和革命后的被收买的奉承者<u>所说的话</u>。

德文:Fourier nimmt die Bourgeoisie, ihre begeisterten Propheten von vor und ihre interessierten Lobhudler von nach der Revolution beim Wort.

原译不合乎汉语习惯。

(3)《选集》第 3 卷第 424 页,《全集》第 19 卷第 226 页

原译：它愈是义愤填膺地反对这种生产方式必然产生的对工人阶级的剥削，就愈是不能明白指出这种剥削在哪里和怎样发生。

现译：……就愈是不能明白指出，这种剥削是怎么回事，它是怎样产生的。

德文：Je heftiger er gegen die von ihr unzertrennliche Ausbeutung der Arbeiterklasse eiferte, desto weniger war er imstand, deutlich anzugeben, worin diese Ausbeutung bestehe und wie sie entstehe.

原译意思不太明确。

（4）《选集》第3卷第439页；《全集》第19卷第243页

原译：当社会总劳动所提供的产品除了满足社会全体成员最起码的生活需要以外只有少量剩余，因而劳动还占去社会大多数成员的全部或几乎全部时间的时候，这个社会就必然划分为阶级。

现译：只要社会总劳动所提供的产品除了满足社会全体成员最起码的生活需要以外只有少量剩余，就是说，只要劳动还占去社会大多数成员的全部或几乎全部时间，这个社会就必然划分为阶级。

德文：Solange die gesellschaftliche Gesamtarbeit nur einen Ertrag liefert, der das zur notdürftigen Existenz aller Erforderliche nur um wenig übersteigt, solange also die Arbeit alle oder fast alle Zeit der großen Mehrzahl der Gesellschaftsmitglieder in Anspruch nimmt, solange teilt sich diese Gesellschaft notwendig in Klassen.

恩格斯在这里是说明阶级划分要存在到什么时候，原译容易使人误解为阶级划分是什么时候产生的。德文"solange"，译为"只要"也更准确。

（5）《选集》第3卷第442页；《全集》第19卷第246页

原译：这就是产生现代社会借以运动并在大工业中表现得特别明显

的一切矛盾的基本矛盾。

现译:这就是产生现代社会的一切矛盾的基本矛盾,现代社会就在这一切矛盾中运动而大工业把它们明显地暴露出来了。

德文:Grundwiderspruch, aus dem alle Widersprüche entspringen, in denen die heutige Gesellschaft sich bewegt, und die die große Industrie offen an den Tag bringt.

现译意思更加明确。

马列著作译文有哪些新的改动?[*]

《费尔巴哈和德国古典哲学的终结》译文的修改情况

《费尔巴哈和德国古典哲学的终结》译文校订组

一、修改不确切的译文

(1) 单行本第 3 页;《马克思恩格斯选集》第 4 卷第 208 页

原译:另一方面,德国的古典哲学在国外,特别是在英国和斯堪的那维亚各国,<u>好象有点要复活的样子</u>。甚至在德国,各大学里借哲学名义来施舍的折衷主义残羹剩汁,<u>看来已惹得人人都讨厌起来了</u>。

现译:另一方面,德国的古典哲学在国外,特别是在英国和斯堪的那维亚各国,有某种复活。甚至在德国,各大学里借哲学名义来施舍的折衷主义残羹剩汁,<u>看来已叫人吃厌</u>了。

德文:Andrerseits erlebt die klassische deutsche Philosophie im Ausland eine Art Wiedergeburt,namentlich in England und Skandinavien,und selbst in

---

[*] 本文选自《马列著作编译资料》1979 年第 2 辑。

Deutschland scheint man die eklektischen Bettelsuppen satt zu bekommen, die dort an den Universitäten ausgelöffelt werden unter dem Namen Philosophie.

原文肯定古典哲学有某种程度的复活,而不是只有复活的样子。另外,"吃厌了"更能表达新康德主义的泛滥情况。

(2) 单行本第7—8页;《选集》第4卷第212页

原译:历史同认识一样,永远不会把人类的某种完美的理想状态看作尽善尽美的。

现译:历史同认识一样,永远不会在人类的一种完美的理想状态中状态中最终结束。

德文:Ebensowenig wie die Erkenntnis kann die Geschichte einen vollendenden Abschluß finden in einem vollkommnen Idealzustand der Menschheit.

原文意思是:历史不会达到完美的理想状态而终结。

(3) 单行本第16页;《选集》第4卷第221页

原译:对驳斥这一观点(否认认识世界的可能性——笔者)具有决定性的东西,已经由黑格尔说过了,凡是从唯心主义观点出发所能说的,他都说了。

现译:对驳斥这一观点具有决定性的东西,凡是从唯心主义观点出发所能说的,黑格尔都已经说了。

德文:Das Entscheidende zur Widerlegung dieser Ansicht ist bereits von Hegel gesagt, soweit dies vom idealistischen Standpunkt möglich war.

原译首先肯定了黑格尔对驳斥不可知论具有决定性的东西已经说过了,这是不恰当的。其实,恩格斯只肯定黑格尔从唯心主义观点出发所能说的都已经说了。

(4) 单行本第29页;《选集》第4卷第234页

原译：当一个人专为自己打算的时候，他追求幸福的欲望只有在非常罕见的情况下才能得到满足，而且决不是对己对人都有利。他需要和外部世界来往，需要满足这种欲望的手段：食物、异性、书籍、谈话、辩论、活动、消费品和操作对象。

现译：如果一个人只同自己打交道，他追求……都有利。他的这种欲望要求同外部世界打交道，要求有得到满足的手段：食物、异性、书籍、娱乐、辩论、活动、消费和加工的对象。

德文：Der Glückseligkeitstrieb befriedigt sich nur sehr ausnahmsweise und keineswegs zu seinem und andrer Leute Vorteil durch die Beschäftigung eines Menschen mit ihm selbst. Sondern er erfordert Beschäftigung mit der Aussenwelt, Mittel der Befriedigung, also Nahrung, ein Individuum des andern Geschlechts, Bücher, Unterhaltung, Debatte, Tätigkeit, Gegenstände der Vernutzung und Verarbeitung.

"专为自己打算"的意思是自私自利，这与原文意思不相符。下文中的"同外部世界打交道"，原文也是 Beschäftigung，这两处上下呼应，中译文应统一起来。

（5）单行本第 30 页；《选集》第 4 卷第 235 页

原译：被压迫阶级追求幸福的欲望不是被冷酷无情地和"由于正当理由"变成了统治阶级的这种欲望的牺牲品吗？

现译：被压迫阶级追求幸福的欲望不是被冷酷无情地"依法"变成了统治阶级的这种欲望的牺牲品吗？

德文：Wurde nicht der Glückseligkeitstrieb der unterdrückten Klasse rücksichtslos und "von Rechts wegen" dem der herrschenden zum Opfer gebracht?

句中的"von Rechts wegen"译为"由于正当理由"，不确切。

(6) 单行本第 30 页;《选集》第 4 卷第 235 页

原译:所以资本主义对多数人追求幸福的平等权利所给予的尊重,<u>即使一般说来多些,也未必比</u>奴隶制或农奴制所给予的多。

现译:所以资本主义对多数人追求幸福的平等权利所给予的尊重,<u>即使有,也未必比</u>奴隶制或农奴制所给予的<u>多一些</u>。

德文:…respektiert also die Gleichberechtigung des Glückseligkeitstriebs der Mehrzahl kaum,wenn überhaupt,besser,als die Sklaverei oder die Leibeigenschaft die stat.

原译文前后矛盾。

(7) 单行本第 31 页;《选集》第 4 卷第 236 页

原译:这样一来,他的哲学中的最后一点革命性也消失了,留下的只是一个老调子:彼此相爱吧!不分性别、不分等级地互相拥抱吧,——<u>大家一团和气地痛饮吧</u>!

现译:……——<u>大家都陶醉在和解中了</u>。

德文:Damit ist den der letzte Rest ihres revolutionären Charakters aus der Philosophie verschwunden,und es bleibt nur die alte Leier:Liebet euch untereinander,fallt euch in die Arme ohne Unterschied des Geschlechts und des Standesallgemeiner Versöhnungsdusel!

原文的意思不是"痛饮"。

(8) 单行本第 41 页;《选集》第 4 卷第 246 页

原译:初看起来,<u>从前大规模的封建土地占有制</u>的起源,还可以(至少首先是)归于政治原因……

现译:初看起来,那种<u>大的、曾经是封建的土地占有制</u>的起源,还可以(至少首先)归于政治原因……

德文:Konnte man auf den ersten Blick dem grossen,ehemals feudalen

Grundbesitz noch einen Ursprung auswenigstens zunächst-politischen Ursachen, aus gewaltsamer Besitzergreifung zuschreiben…

原译文的意思是封建土地占有制，而原文是指资本主义的土地占有制。

（9）单行本第46页；《选集》第4卷第251页

原译：新教异端的不可根绝是同正在兴起的市民阶级的不可战胜相适应的；当这个市民阶级已经充分强大的时候，他们从前的<u>主要是同旧封建贵族</u>进行的地方性斗争便开始采取<u>民族</u>的规模了。

现译：……他们从前同封建贵族进行的<u>主要是地方性的</u>斗争便开始采取<u>全国性</u>的规模了。

德文：als dies Bürgertum hinreichend erstarkt war, begann sein bisher vorwiegend lokaler Kampf mit dem Feudaladel nationale Dimensionen anzunehmen.

原文中的"主要是"，强调的是"地方性的"，原译意思含糊；"民族的规模"费解，nationale这里可译为"全国性的"。

二、修改按俄译文表达的译法

《终结》最初的中文本是从俄文转译的，在出版《马恩全集》时曾根据原文德文进行了校订，但仍保留了一些俄文的表达方式，这次校订时，对这类表达又作了修改。

（1）单行本第3页；《选集》第4卷第207页

原译：1845年我们两人在布鲁塞尔<u>决定</u>"共同钻研我们的见解"——特别是由马克思所制定的唯物主义历史观，——"与德国哲学思想体系的见解之间的对立……"

现译：1845年我们两人在布鲁塞尔着手"把我们的见解"——主要由马克思制定的唯物主义历史观——"同德国哲学的观念论见解的对立之处共同整理出来……"

德文：…wir beide 1845 in Brüssel uns daranmachten,"den Gegensatz unser Ansicht"—der namentlich durch Marx herausgearbeiteten materialistischen Geschichtsauffassung—"gegen die ideologische der deutschen Philosophie gemeinschaftlich auszuarbeiten, in der Tat mit unserm ehemaligen philosophischen Gewissen abzurechnen…"

俄文：… мы в 1845 г. В Брюсселе решили 《сообща разработать наши взгляды》, а именно, выработанное главным образом Марксом материалистическое понимание истории, —《в противоположность идеологическим взглядам немецкой философии, в сущности свести счеты с нашей прежней философской совестью…》

(2) 单行本第5页；《选集》第4卷第210页

原译：正像在十八世纪的法国一样，在十九世纪的德国，哲学革命也作了政治变革的前导。

现译：……哲学革命也作了政治崩溃的前导。

德文：Wie in Frankreich im achtzehnten, so leitete auch in Deutschland im neunzehnten Jahrhundert die philosophische Revolution den politischen Zusammenbruch ein.

俄文：Подобно тому как во Франции в XVIII веке, в Германии в XIX веке философская революция предшествовала политическому перевороту.

(3) 单行本第38页；《选集》第4卷第243—244页

原译：人们通过每一个人追求他自己的、自觉期望的目的而创造自己的历史，却不管这种历史的结局如何，而这许多按不同方向活动的愿望及其对外部世界的各种各样影响所产生的<u>结果</u>，就是历史。

现译：无论历史的结局如何，人们总是通过每一个人追求他自己的、自觉预期的目的来创造他们的历史，而这许多按不同方向活动的愿望及其对外部世界的各种各样作用的<u>合力</u>，就是历史。

德文：Die Menschen Machen ihre Geschichte, wie diese auch immer ausfalle, indem jeder seine eigenen, bewusst gewollten Zwecke verfolgt, und die Resultate dieser vielen in verschiedenen Richtungen agierenden Willen und ihrer mannigfachen Einwirkung auf die Aussenwelt ist eben die Geschichte.

俄文：Каков бы ни был ход истории, люди делают еетак: каждый преследует свои собственные, сознательно поставленные цели, а общий итог этого множества действующих по различным направлениям стремлений и их разнообразных воздействий на внешний мир——это именно и есть история.

政治经济学批判《导言》(摘自1857—1858年经济学手稿)译文的修改情况

《〈政治经济学批判〉导言》译文校订组

一、根据国际版修改原译文

《导言》原译文是以《马克思恩格斯全集》1961年德文版为依据的。新译文依据的版本是1976年出版的《全集》国际版。可能由于手稿辨认的关系,两种版本有些出入,中译文因此也作了相应的改动。

(1)单行本第6页;《马克思恩格斯选集》第2卷第86页

原译:被斯密和李嘉图当做出发点的单个的孤立的猎人和渔夫,应归入十八世纪鲁滨逊故事的毫无想象力的虚构,鲁滨逊故事决不像文化史家设想的那样,仅仅是对极度文明的反动和想要回到被误解了的自然生活中去。

现译:被斯密和李嘉图当作出发点的单个的孤立的猎人和渔夫,属于十八世纪的缺乏想象力的虚构。这是鲁滨逊一类的故事,这类故事决不像文化史家想象的那样,不过表示对极度文明的反动和要回到被误解了的自然生活中去。

原德文版:Der einzelne und vereinzelte Jäger und Fischer, womit Smith und Ricardo beginnen, gehört zu den phantasielosen Einbildungen der 18. – Jahrhundert – Robinsonaden, die keineswegs, wie Kulturrhistoriker sich einbilden, bloß einen Rückschlag gegen Überverfeinerung und Rückkehr zu einem mißverstandnen Naturleben ausdrücken.

国际版：Der einzelne und vereinzelte Jäger und Fischer, womit Smith und Ricardo beginnen, gehört zu den phantasielosen Einbildungen des 18'Jhh. Robinsonaden, die keineswegs, wie Kulturhistoriker sich einbilden, bloß einen Rückschlag gegen Überverfeinerung und Rückkehr zu einem mißverstandnen Naturleben ausdrücken.

（2）单行本第 9 页；《选集》第 2 卷第 89 页

原译：或者是这样的说法：例如，<u>某一些种族、素质</u>、气候、自然条件如离海远近、土地肥沃程度等等，比另外一些更有利于<u>生产</u>。

现译：或者是这样的说法：例如，<u>某一些种族的素质</u>，气候，自然条件如离海的远近、土地肥沃的程度等等，比另外一<u>些</u>更有利于<u>生产</u>。

原德文版：Oder aber: daß z. B. gewisse Racen, Anlagen, Klimate, Naturverhältnisse, wie Seelage, Fruchtbarkeit des Bodens etc. , der Produktion günstiger sind als andre.

国际版：Oder aber: daß z. B. gewisse Racenanlagen, Climate, Naturverhältnisse wie Seelage, Fruchtbarkeit des Bodens etc. der Produktion günstiger sind als andre.

（3）单行本第 24 页；《选集》第 2 卷第 104 页

原译：所以，这种比较简单的范畴，表现为<u>简单的家庭的或氏族的公社在所有权方面的关系</u>。

现译：所以，同所有权相比，这种比较简单的范畴，表现为<u>比较简单的家庭团体或氏族团体的关系</u>。

原德文版：Die einfachere Kategorie erscheint also als Verhältnis einfacher Familien-oder Stammgenossenschaften im Verhältnis zum Eigentum.

国际版：Die einfachere Categorie erscheint also als Verhältniß einfacher Familien-oder Stammgenossenschaften im Verhältniß zum Eigentum.

（4）单行本第 32 页；《选集》第 2 卷第 112 页

原译：历来的观念的历史编纂法同现实的历史编纂法的关系。<u>特别是所谓文化史，旧时的宗教史和政治史</u>。

现译：历来的观念论的历史叙述同现实的历史叙述的关系，<u>特别是同所谓文化史的关系，这所谓文化史全部是宗教史和政治史</u>。

德文原版：Verhältnis der bisherigen idealen Geschichtschreibung zur realen. Namentlich die sogenannte Kulturgeschichte, die alte Religions – und Staatengeschichte.

国际版：Verhältniß der bisherigen idealen Geschichtschreibung zur realen. Namentlich der s. g. Culturgeschichte, die alle Religions – und Staatengeschichte.

（5）单行本第 32 页；《选集》第 2 卷第 112 页

原译：物质生产的发展例如同艺术生产的不平衡关系。进步这个概念决不能在通常的抽象意义上去理解。<u>现代艺术等等</u>。<u>这种不平衡</u>在理解上还不是像在实际社会关系本身内部那样如此重要和如此困难。

现译：物质生产的发展例如同艺术生产的不平衡关系。进步这个概念决不能在通常的抽象意义上去理解。<u>理解艺术等等的不平衡</u>还不像理解实际社会关系本身内部的不平衡那样重要和那样困难。

原德文版：Das unegale Verhältnis der Entwicklung der materiellen Produktion, z. B. zur künstlerischen. Überhaupt der Begriff des Fortschritts nicht in der gewöhnlichen Abstraktion zu fassen. Moderne Kunst etc. Diese Disproportion noch nicht so wichtig und schwierig zu fassen als innerhalb praktisch-sozialer Verhältnisse selbst.

国际版: Das unegale Verhältniß der Entwicklung der materiellen Produktion, z. B. zur künstlerischen. Überhaupt der Begriff des Fortschritts nicht in der gewöhnlichen Abstraction zu fassen. Mit der Kunst etc diese Disproportion noch nicht so wichtig und schwierig zu fassen, als innerhalb praktischsocialer Verhältnisse selbst.

二、修改不确切的译文

（1）单行本第9页；《选集》第2卷第89页

原译：这个总论部分包括或者<u>好像</u>应当包括：

现译：这个总论部分包括或者<u>据说</u>应当包括：

德文：Dieser allgemeine Theil besteht oder soll angeblich bestehn.

马克思在这里是转述资产阶级经济学家的时髦做法，他们认为这个总论部分应当包括。原译"好像"容易误解为马克思的看法。

（2）单行本第9页倒第12行；《马恩选集》第2卷第89页

原译：要把这些在斯密那里作为提示而具有价值的东西提到科学意义上来，就得研究各个民族的发展过程中<u>生产率程度不同的各个时期</u>——这种研究超出本题应有的范围，但就属于本题范围来说，在叙述竞争、积累等等时是要谈到的。

现译：……就得研究在各个民族的发展过程中各个时期的<u>生产率程度</u>——这种研究超出本题的范围，而这种研究同本题有关的方面，应在叙述竞争、积累等等时来谈。

德文：Um dieß, was als Aperçu bei ihm seinen Werth hat, zu wissenschaftlicher Bedeutung zu erheben, wären Untersuchungen nötig über die Perioden der Grade der Produktivität in der Entwicklung einzelner Völker-eine

Untersuchung, die ausserhalb der eigentlichen Grenzen des Themas liegt, so weit sie aber in dasselbe gehört bei der Entwicklung der Concurrenz, Accumulation etc. anzubringen ist.

马克思针对亚·斯密把工资和地租高低说成是社会发展和停滞的标志,强调指出要了解亚·斯密所说的前进的和停滞的社会状态,就得研究<u>生产率程度</u>。因此,原文中突出的是生产率程度,同竞争、积累等有关的也是生产率程度。原译没有突出这个重点。

(3) 单行本第19—20页;《选集》第2卷第99—100页

原译:通过生产过程本身,它们就从自然发生的东西变成历史的东西了,如果它们对于<u>一个</u>时期表现为生产的自然前提,对于<u>另一个</u>时期就是生产的历史结果了。

现译:……,并且对于<u>这一个</u>时期表现为生产的自然前提,对于<u>前一个</u>时期就是生产的历史结果。

德文:Durch den Process der Production selbst werden sie aus naturwüchsigen in geschichtliche verwandelt und wenn sie für eine Periode als natürliche Voraussetzung der Production erscheinen, waren sie für eine andre ihr geschichtliches Resultat.

这里"它们"是指生产要素。在德文中,"一个时期"句中用的是现在式,"另一个时期"句中用的是过去式,原译没有把时态关系表达出来,因此看不出一个时期和另一个时期的前后关系。现译纠正了这个不确切的地方,同时也更符合汉语的习惯。

三、中文表达上的改动

(1) 单行本第8页;《选集》第2卷第88页

原译：这就是说，如果我们恰好抛开了正是使"生产工具"、"积累下来的劳动"成为资本的那个特殊的话。

现译：这样说是因为恰好抛开了正是使"生产工具"、"积累的劳动"成为资本的那个特殊。

德文：d. h. wenn ich grade das Spezifische weglasse, was "Produktionsinstrument", "aufgehäufte Arbeit" erst zum Kapital macht.

原译在形式上完全符合德文，但不符合汉语习惯。在符合原文意思的前提下，现译在中文表达上作了一些改动。

（2）单行本第17页；《选集》第2卷第96—97页

原译：……如果我们把生产和消费看做一个主体的或者许多单个个人的活动，它们无论如何表现为一个过程的两个要素……

现译：……无论我们把生产和消费看作一个主体的活动或者许多个人的活动，它们总是表现为一个过程的两个要素……

德文：… betrachte man Production und Consumtion als Thätigkeiten eines Subjects oder vieler Individuen, sie jedenfalls als Momente eines Processes erscheinen, worin die Production der wirkliche Ausgangspunkt und darum auch das übergreifende Moment ist.

原译过分拘泥于德文的形式，意思表达反而不清楚，现译既表达了原意，又符合中文的习惯。

（3）单行本第17页；《选集》第2卷第97—98页

原译：如果看看普通的经济学著作，首先令人注目的是，在这些著作里什么都被提出两次。举例来说，在分配上出现的是地租、工资、利息和利润，而在生产上作为生产要素出现的是土地、劳动、资本。……同样，工资也是在另一个项目中被考察的雇佣劳动：<u>在一处作为生产要素的劳动所具有的规定性，在另一处表现为分配的规定</u>。

现译：同样，工资是在另一个项目中被考察的雇佣劳动：<u>在雇佣劳动的场合</u>……，<u>在工资的场合</u>……

德文：Wenn man die gewöhnlichen Ökonomien betrachtet, muß zunächst auffallen, daß alles in ihnen doppelt gesetzt wird. Z. B. in der Distribution figurieren Grundrente, Arbeitslohn, Zins und Profit, während in der Produktion Erde, Arbeit, Kapital figurieren als Agenten der Produktion…Arbeitslohn ist ebenso die unter einer andren Rubrik betrachtete Lohnarbeit: die Bestimmtheit, die die Arbeit hier als Produktionsagent hat, erscheint als Distributionsbestimmung.

原译中"一处"、"另一处"，比较费解。现译根据上下文把"一处"明确为"在雇佣劳动的场合"，把"另一处"明确为"在工资的场合"，意思就清楚了。

《反杜林论》译文有哪些主要修改?[*]

顾锦屏

[**编者按**]《马克思恩格斯文集》是马克思主义理论研究和建设工程的重点项目,旨在为深入学习和研究马克思主义理论提供译文更准确、资料更翔实的基础文本。文集编委会根据中央提出的"使译文更加准确地反映马克思主义经典作家的原意"这一要求,选择最权威、最可靠的外文版本作为依据,并参考其他外文译文,对文集中除《资本论》以外的全部译文进行严格审核,努力使译文忠实原意而又明白晓畅。为了让读者了解文集译文的修订情况,我们约请参与文集译文修订的同志从新修改的译文中选择一些例句,在本刊陆续发表。

《反杜林论》是恩格斯阐述马克思主义基本理论的重要著作。这部著作早在1930年由吴亮平同志译成中文出版,后多次修订再版。1963年中央编译局为出版《马克思恩格斯全集》中文版第20卷,决定根据德文版并参照俄文版重新翻译《反杜林论》。翻译组在译校过程中参考了吴亮平同志的译本,还听取了他对新译文的意见。《反杜林论》的新译文因"文革"延误面世,后收入1971年出版的《马克思恩格斯全

---

[*] 本文选自《马克思主义与现实》2011年第2期。作者是中央编译局研究员。

集》中文版第20卷。上世纪90年代，中央编译局在编辑《马克思恩格斯选集》第2版时根据德文对《反杜林论》的译文作了修订。经过几代人的努力，《反杜林论》的译文不断完善。在编辑《马克思恩格斯文集》过程中，我们又按照中央提出的"使译文更加准确地反映马克思主义经典作家原意"的要求，以《马克思恩格斯全集》历史考证版（MEGA）第1部分第27卷为依据，并参照《马克思恩格斯全集》德文版（MEW）第20卷，对收入《马克思恩格斯选集》第3卷的《反杜林论》译文作了认真审核，修订了其中一些没有准确反映原意和文字不够顺畅、易生歧义的译文。因限于篇幅，这里只列举部分修改例句，以便读者了解这部著作的译文修订概况。

1. **原译**：

三年前，当杜林先生作为社会主义的行家兼改革家突然向当代挑战的时候，我在德国的友人再三向我请求，要我在当时的社会民主党中央机关报《人民国家报》上批判性地阐明这一新的社会主义理论。（《马克思恩格斯选集》中文第2版第3卷第343页）

原文：

Als vor drei Jahren Herr Dühring plötzlich als Adept und gleichzeitig Reformator des Sozialismus sein Jahrhundert in die Schranken forderte, drangen Freunde in Deutschland wiederholt auf mich ein mit dem Wunsch, ich möchte diese neue sozialistische Theorie im Zentralorgan der sozialdemokratischen Partei, damals dem "Volksstaat", kritisch beleuchten. (MEW. 20, S. 5)

修改后的译文：

三年前，当杜林先生突然以社会主义的行家兼改革家身份向当代挑战的时候，我在德国的友人再三向我请求，要我在当时的社会民主党中

央机关报《人民国家报》上对这一新的社会主义理论进行<u>评析</u>。(《马克思恩格斯文集》第 9 卷第 7 页)

修改理由：

恩格斯在这里说明了他写《反杜林论》的缘由。杜林以社会主义的行家和改革家自居，向马克思主义发起挑战。原译"杜林先生作为社会主义的行家兼改革家"有正面肯定之意，改译为杜林"以社会主义行家兼改革家身份向当代挑战"，这样就表达了杜林的狂妄意图。原译"批判性地阐明"只是字面上与德文相符，改译"评析"则更确切地反映原意，同时也改善了行文。

2. **原译：**

本书所阐述的世界观，绝大部分是由马克思确立和阐发的，而只有极小的部分是属于我的，所以，<u>我的这部著作</u>不可能在他不了解的情况下完成，这在我们相互之间是不言而喻的。(《马克思恩格斯选集》中文第 2 版第 3 卷第 347 页)

原文：

Da die hier entwickelte Anschauungsweise zum weitaus größern Teil von Marx begründet und entwickelt worden, und nur zum geringsten Teil von mir, so verstand es sich unter uns von selbst, <u>daß diese meine Darstellung nicht ohne seine Kenntnis erfolgte</u>. (MEW. 20, S. 9)

修改后的译文：

本书所阐述的世界观，绝大部分是由马克思确立和阐发的，而只有极小的部分是属于我的，所以，<u>我的这种阐述</u>不可能在他不了解的情况下进行，这在我们相互之间是不言而喻的。(《马克思恩格斯文集》第 9 卷第 11 页)

修改理由:

原译"我的这部著作"不符合原文,原文是"diese meine Darstellung",意即"我的这种阐述"。"我的这种阐述"是指恩格斯对主要由马克思创立的世界观的阐述。这样的改译说明马克思不仅了解和支持恩格斯撰写《反杜林论》,而且也了解和赞同恩格斯所阐述的理论观点。原译给人的印象是,恩格斯撰写《反杜林论》,马克思是知道和支持的,仅此而已。

3. **原译:**

同样,原因和结果这两个概念,只有应用于个别场合时才<u>适用</u>;可是,只要我们把这种个别的场合放到它同宇宙的总联系中来考察,这两个概念就<u>联结起来</u>,<u>消失在关于普遍相互作用的观念中</u>,而在这种相互作用中,原因和结果经常交换位置;在此时或此地是结果,在彼时或彼地就成了原因,反之亦然。(《马克思恩格斯选集》中文第 2 版第 3 卷第 361 页)

原文:

ebenso, daß Ursache und Wirkung Vorstellungen sind, die nur in der Anwendung auf den einzelnen Fall <u>als solche Gültigkeit haben</u>, daß sie aber, sowie wir den einzelnen Fall in seinem allgemeinen Zusammenhang mit dem Weltganzen betrachten, <u>zusammengehn</u>, <u>sich auflösen in der Anschauung</u> der universellen Wechselwirkung, wo Ursachen und Wirkungen fortwährend ihre Stelle wechseln, das was jetzt oder hier Wirkung, dort oder dann Ursache wird und umgekehrt. (MEW. 20, S. 21 – 22)

修改后的译文:

同样,原因和结果这两个概念,只有应用于个别场合时才<u>有其本来</u>

的意义；可是，只要我们把这种个别的场合放到它同宇宙的总联系中来考察，这两个概念就<u>交汇起来</u>，<u>融合在普遍相互作用的看法中</u>，而在这种相互作用中，原因和结果经常交换位置；在此时或此地是结果，在彼时或彼地就成了原因，反之亦然。(《马克思恩格斯文集》第9卷第25页）

修改理由：

这是恩格斯关于原因和结果的辩证关系的重要论述。原译只把从句中的"Gültigkeit haben"译为"适用"，忽视了"als solche"的含义，因而使原意表达不清。现根据整句话的意思将"适用"改译为"有其本来的意义"，这样就可理解为在个别的场合，原因是原因，结果是结果。将原译"联结起来"改为"交汇起来"，既符合"zusammengehen"的词意，又表达了原因和结果在宇宙的总联系中经常"交换位置"的辩证关系。

4. **原译：**

黑格尔的体系作为体系来说，是一次巨大的流产……就是说，它还包含着一个<u>不可救药的内在矛盾</u>：一方面，它以历史的观点作为基本前提，即把人类的历史看作一个发展过程，这个过程按其本性来说在认识上是不能由于所谓绝对真理的发现而结束的；但是另一方面，它又硬说它自己就是这种绝对真理的全部内容。(《马克思恩格斯选集》中文第2版第3卷第363页）

原文：

Das Hegelsche System als solches war eine kolossale Fehlgeburt…Es litt nämlich noch an einem <u>unheilbaren inner Widerspruch</u>：einerseits hatte es zur wesentlichen Voraussetzung die historische Anschauung, wonach die menschliche Geschichte ein Entwicklungsprozeß ist, der seiner Natur nach nicht durch die Entdeckung einer sogenannten absoluten Wahrheit seinen intellektuellen Abschluß finden kann; andrerseits aber behauptet es, <u>der Inbegriff</u> eben dieser absoluten Wahrheit zu sein. (MEW. 20, S. 23 – 24)

修改后的译文：

黑格尔的体系作为体系来说，是一次巨大的流产……就是说，它还包含着一个<u>无法解决的内在矛盾</u>：一方面，它以历史的观点作为基本前提，即把人类的历史看做一个发展过程，这个过程按其本性来说在认识上是不能由于所谓绝对真理的发现而结束的；但是另一方面，它又硬说它自己就是这种绝对真理的化身。(《马克思恩格斯文集》第9卷第27页)

修改理由：

把"不可救药的矛盾"改为"无法解决的矛盾"，是因为原译文用词搭配不当。原译"这种绝对真理的全部内容"不确切，原文"der Inbegriff"有"全部"、"整体"之意，也有"典范"、"化身"之意，此处译为"化身"，更能正确表达原意，也比较贴切地反映了黑格尔体系的自我标榜。

5. **原译：**

最近，特别是通过海克尔，自然选择的观念扩大了，物种变异被看作适应和遗传相互作用的结果，在这里适应被认为是过程中引起变异的方面，遗传被认为是过程中<u>保存变异的方面</u>。(《马克思恩格斯选集》中文第2版第3卷第411页)

原文：

Neuerdings ist, namentlich durch Haeckel, die Vorstellung von der

Naturzüchtung erweitert und die Artveränderung gefaßt als Resultat der Wechselwirkung von Anpassung und Vererbung, wobei dann die Anpassung als die ändernde, die Vererbung <u>als die erhaltende Seite</u> des Prozesses dargestellt wird. (MEW. 20, S. 65)

修改后的译文：

最近，特别是通过海克尔，自然选择的观念扩大了，物种变异被看做适应和遗传相互作用的结果，在这里适应被认为是过程中引起变异的方面，遗传被认为是过程中<u>起保存作用的方面</u>。(《马克思恩格斯文集》第9卷第75页)

修改理由：

原译是参照《马克思恩格斯全集》俄文版的译文翻译的，俄文版在"保存"后面加了代词"их"，可理解为"保存变异"，而原文"erhaltende"没有明确"保存"什么。恩格斯在论述达尔文和海克尔的自然选择学说时，既讲到"物种的保存"，也讲到"变异的保存"。而在这里是讲遗传的作用，没有讲遗传保存什么。因此此处照原文直译为妥。

6. **原译**：

我们所知道的最低级的生物，只不过是简单的蛋白质小块，可是它们已经显示出<u>生命的一切本质的现象</u>。(《马克思恩格斯选集》中文第2版第3卷第422页)

原文：

Die niedrigsten lebenden Wesen, die wir kennen, sind eben nichts als einfache Eiweißklümpchen, und sie zeigen schon <u>alle wesentlichen Lebenserscheinungen</u>. (MEW. 20, S. 76)

修改后的译文：

我们所知道的最低级的生物，只不过是简单的蛋白质小块，可是它们已经显示出<u>所有最主要的生命现象</u>。（《马克思恩格斯文集》第 9 卷第 87 页）

修改理由：

"die Lebenserscheinungen"（生命现象）是恩格斯用来说明生命表现形式的固定用语，原译文没有把该词作为一个固定用语来翻译，又把形容词"wesentlich"（在这里指"重要的"、"主要的"、"显著的"）译成"本质的"，结果把"alle wesentlichen Lebenserscheinungen"译成"生命的一切本质的现象"。这一译法把原本十分明确的含义变得模糊不清，"本质的现象"这一说法还会造成概念和范畴的混乱。

7. **原译：**

无产阶级<u>抓住了资产阶级的话柄</u>：平等应当不仅是表面的，不仅在国家的领域中实行，它还应当是实际的，还应当在社会的、经济的领域中实行。（《马克思恩格斯选集》中文第 2 版第 3 卷第 448 页）

原文：

Die Proletarier <u>nehmen die Bourgeoisie beim Wort</u>: die Gleichheit soll nicht bloß scheinbar, nicht bloß auf dem Gebiet des Staats, sie soll auch wirklich, auch auf dem gesellschaftlichen, ökonomischen Gebiet durchgeführt werden. (MEW. 20, S. 99)

修改后的译文：

无产阶级<u>抓住了资产阶级所说的话，指出</u>：平等应当不仅仅是表面的，不仅仅在国家的领域中实行，它还应当是实际的，还应当在社会的、经济的领域中实行。（《马克思恩格斯文集》第 9 卷第 112 页）

修改理由：

恩格斯在这里指出，资产阶级在反对封建特权时提出了"平等"要求，无产阶级则针锋相对地提出了消灭阶级、实现社会平等、经济平等的主张。原译冒号后面的话"平等应当不仅是表面的……"会被误解为资产阶级说的，其实这是无产阶级针对资产阶级标榜的平等而提出的平等要求。

8. **原译：**

当我谈到所有这些过程，说它们是否定的否定的时候，我是用<u>这唯一的运动规律</u>来概括所有这些过程，正因为如此，我没有去注意每一个个别的特殊过程的特点。(《马克思恩格斯选集》中文第 2 版第 3 卷第 484 页)

原文：

Wenn ich von all diesen Prozessen sage, sie sind Negation der Negation, so fasse ich sie allesamt unter <u>dies eine Bewegungsgesetz</u> zusammen, und lasse ebendeswegen die Besonderheiten jedes einzelnen Spezialprozesses unbeachtet. (MEW. 20, S. 131)

修改后的译文：

当我谈到所有这些过程，说它们是否定的否定的时候，我是用<u>这一个运动规律</u>来概括所有这些过程，正因为如此，我没有去注意每一个个别的特殊过程的特点。(《马克思恩格斯文集》第 9 卷第 148—149 页)

修改理由：

原译"这唯一的运动规律"不符合原文，原文是"这一个运动规律"。译成"这唯一的运动规律"，会使读者误以为辩证法规律只有否定的否定规律，其实辩证法规律还有对立统一规律和质量互变规律。

9. **原译：**

总而言之，<u>用黑格尔的话来说</u>，现实哲学归根到底正是"德国的所谓启蒙学说的最稀薄的清汤"……（《马克思恩格斯选集》中文第 2 版第 3 卷第 487 页）

原文：

Kurz, die Wirklichkeitsphilosophie, alles in allem genommen, erweist sich, <u>mit Hegel zu reden</u>, als "der seichteste Abkläricht des deutschen Aufkläricht"…(MEW. 20, S. 134)

修改后的译文：

总而言之，现实哲学归根到底正是<u>黑格尔所说的</u>"德国的所谓启蒙学说的最稀薄的清汤"……（《马克思恩格斯文集》第 9 卷第 152 页）

修改理由：

这里提到的现实哲学是指杜林炮制和宣扬的"以自然和生活的现实为目标的哲学"，对这种哲学，已故的黑格尔当然不可能进行评论。恩格斯在此处只是借用黑格尔著作中的用语来讥讽杜林的哲学。原译会被误解为黑格尔对杜林哲学的直接评论。

10. **原译：**

要使这种对资产阶级<u>经济学</u>的批判做到全面，只知道资本主义的生产、交换和分配的形式是不够的。对于发生在<u>这些</u>形式之前的或者在比较不发达的国家内和这些形式同时并存的那些形式，同样必须加以研究和比较，至少是概括地加以研究和比较。（《马克思恩格斯选集》中文第 2 版第 3 卷第 493 页）

原文：

Um diese Kritik der bürgerlichen Ökonomie vollständig durchzuführen, genügte nicht die Bekanntschaft mit der kapitalistischen Form der Produktion, des Austausches und der Verteilung. Die ihr vorhergegangnen oder die noch neben ihr, in weniger entwickelten Ländern bestehenden Formen mußten ebenfalls, wenigstens in den Hauptzügen, untersucht und zur Vergleichung gezogen werden. (MEW. 20, S. 140)

修改后的译文：

要使这种对资产阶级经济的批判做到全面，只知道资本主义的生产、交换和分配的形式是不够的。对于发生在这些形式之前的或者在不太发达的国家内和这些形式同时并存的那些形式，同样必须加以研究和比较，至少是概括地加以研究和比较。(《马克思恩格斯文集》第9卷第157页)

修改理由：

原译把"die Ökonomie"一词理解为"经济学"，该词有"经济学"和"经济"两种含义，但从上下文内容看，这里应指"经济"。恩格斯在上文明确指出，马克思主义创立的政治经济学是要对"资本主义的生产方式进行社会主义的批判，就是说，从否定方面来表述它的规律，证明这种生产方式由于它本身的发展，正在接近它使自己不可能再存在下去的境地"(《马克思恩格斯文集》第9卷第157页)。可见这里涉及的是对资产阶级的经济即资本主义生产方式的批判，而没有涉及对资产阶级经济学的批判。而下文中恩格斯仍然讲要研究资本主义生产方式之前的其他生产方式，同样表明这里的"die Ökonomie"应理解为"经济"而不是"经济学"。

11. **原译：**

只有通过大工业所达到的生产力的大大提高，才有可能把劳动无例外地分配于一切社会成员，从而把每个人的劳动时间大大缩短，使一切人都有足够的自由时间来<u>参加社会的理论的和实际的公共事务</u>。(《马克思恩格斯选集》中文第 2 版第 3 卷第 525 页)

原文：

Erst die durch die große Industrie erreichte ungeheure Steigerung der Produktivkräfte erlaubt, die Arbeit auf alle Gesellschaftsglieder ohne Ausnahme zu verteilen und dadurch die Arbeitszeit eines jeden so zu beschränken, daß für alle hinreichend freie Zeit bleibt, <u>um sich an den allgemeinen Angelegenheiten der Gesellschaft-theoretischen wie praktischen-zu beteiligen</u>. (MEW.20,S.169)

修改后的译文：

只有通过大工业所达到的生产力的极大提高，才有可能把劳动无例外地分配给一切社会成员，从而把每个人的劳动时间大大缩短，使一切人都有足够的自由时间来<u>参加社会的公共事务——理论的和实际的公共事务</u>。(《马克思恩格斯文集》第 9 卷第 189—190 页)

修改理由：

在原文中恩格斯讲的"社会的公共事务"明确地分两个方面，即理论的和实际的，而原译"社会的理论的和实际的公共事务"，易被误解为三种公共事务。

12. **原译：**

他只是在叹息和呻吟中承认这样一种可能性：为了推翻进行剥削的经济，也许需要暴力，这很遗憾！<u>因为暴力的任何应用都会使应用暴力的人道德堕落</u>。虽然他明明知道，每一次革命的胜利都带来道德上和精神上的巨大跃进！(《马克思恩格斯选集》中文第 2 版第 3 卷第 527—

528页）

原文：

Nur unter Seufzen und Stöhnen gibt er die Möglichkeit zu, daß zum Sturz der Ausbeutungswirtschaft vielleicht Gewalt nötig sein werde-leider！<u>Denn jede Gewaltsanwendung demoralisiere den, der sie anwendet. Und das angesichts des hohen moralischen und geistigen Aufschwungs, der die Folge jeder siegreichen Revolution war</u>！（MEW. 20, S. 171）

修改后的译文：

他只是在叹息和呻吟中承认这样一种可能性：为了推翻进行剥削的经济，也许需要暴力，这很遗憾！<u>因为在他看来，暴力的任何使用都会使暴力使用者道德堕落。他说这话竟不顾每一次革命的胜利带来的道德上和精神上的巨大跃进</u>！（《马克思恩格斯文集》第9卷第192页）

修改理由：

恩格斯在这里驳斥了杜林否定革命暴力的历史作用的言论。原译文"因为暴力的任何应用都会使应用暴力的人道德堕落"，没有明确是谁的看法，而原文"demoralisiere"是虚拟式，是恩格斯转述杜林的看法，译文加上"在他看来"，就不会引起歧义了。原译"虽然他明明知道……"也没有确切地表达原文的意思和语气，原文强调的是杜林在散布这种观点时不顾客观存在的事实。

13. **原译：**

这个问题的解决是马克思著作的划时代的功绩。它使明亮的阳光照进了<u>经济学领域</u>，而在这个领域中，从前社会主义者像资产阶级经济学家一样曾在深沉的黑暗中摸索。科学社会主义<u>就是以此为起点，以此为中心</u>发展起来的。（《马克思恩格斯选集》中文第2版第3卷第548页）

原文：

Die Lösung dieser Frage ist das epochemachendste Verdienst des Marxschen Werks. Sie verbreitet helles Tageslicht über ökonomische Gebiete, wo früher Sozialisten nicht minder als bürgerliche ökonomen in tiefster Finsternis herumtappten. <u>Von ihr datiert, um sie gruppiert sich</u> der wissenschaftliche Sozialismus. (MEW. 20, S. 189)

修改后的译文：

这个问题的解决是马克思著作的划时代的功绩。<u>这个问题的解决使明亮的阳光照进了经济学的各个领域</u>，而在这些领域中，从前社会主义者也曾像资产阶级经济学家一样在深沉的黑暗中摸索。科学社会主义<u>就是以这个问题的解决为起点，并以此为中心的</u>。(《马克思恩格斯文集》第 212 页)

修改理由：

文中的"这个问题"是指剩余价值怎样产生的问题，恩格斯在这里精辟地阐明了马克思的《资本论》为解决这个问题作出的伟大贡献。原文中的代词"sie"所指代的对象十分清楚，就是指"die Lösung"，即"解决"；原译文简单地将"sie"这个代词译成汉语代词"它"，这就使读者难于确切地理解"它"指代什么，因而使恩格斯的这段重要论述读起来不明白晓畅。

14. **原译：**

群众的消费不足，是<u>一切建立在剥削基础上的</u><u>社会形式</u>，因而也是资本主义社会形式的<u>一个必然条件</u>；但是，只有资本主义的生产形式<u>才使群众的消费不足达到危机的地步</u>。(《马克思恩格斯选集》中文第 2 版第 3 卷第 636 页)

原文：

Die Unterkonsumtion der Massen ist eine notwendige Bedingung aller auf Ausbeutung beruhenden Gesellschaftsformen, also auch der kapitalistischen; aber erst die kapitalistische Form der Produktion bringt es zu Krisen. (MEW. 20, S. 266)

修改后的译文：

群众的消费不足，是一切建立在剥削基础上的社会形式的一个必然条件，因而也是资本主义社会形式的一个必然条件；但是，只有资本主义的生产形式才造成危机。(《马克思恩格斯文集》第9卷第302页)

修改理由：

恩格斯在这里批判了杜林关于资本主义经济危机产生的原因的错误观点，指出群众的消费不足不是危机产生的根本原因，只有资本主义生产方式才造成危机。原译对"aber erst die kapitalistische Form der Produktion bringt es zu Krisen"理解有误，把其中的"es"理解为"群众的消费不足"，因而造成误译。在德文中，"es zu etwas bringen"这一常见的说法表示"达到某种程度"或"造成某种结果"，其中无人称代词"es"作为形式宾词，没有任何具体内容。新译文表达了原意，指明资本主义生产方式是危机的根源。

15. 原译：

因此，旧的生产方式必须彻底变革，特别是旧的分工必须消灭。代之而起的应该是这样的生产组织：在这个组织中，一方面，任何个人都不能把自己在生产劳动这个人类生存的自然条件中所应参加的部分推到别人身上；另一方面，生产劳动给每一个人提供全面发展和表现自己全部的即体力的和脑力的能力的机会，这样，生产劳动就不再是奴役人的手段,而成了解放人的手段,因此,生产劳动就从一种负担变成一种快乐。(《马克思恩格斯选集》中文第 2 版第 3 卷第 644 页)

原文:

Die alte Produktionsweise muß also von Grund aus umgewälzt werden, und namentlich muß die alte Teilung der Arbeit verschwinden. <u>An ihre Stelle muß eine Organisation der Produktion treten</u>, <u>in der</u> einerseits kein einzelner seinen Anteil an der produktiven Arbeit, <u>dieser Naturbedingung der menschlichen Existenz</u>, auf andre abwälzen kann; <u>in der</u> andrerseits die productive Arbeit, statt Mittel der Knechtung, Mittel der Befreiung der Menschen wird, indem sie jedem einzelnen die Gelegenheit bietet, <u>seine sämtlichen Fähigkeiten, körperliche wie geistige</u>, nach allen Richtungen hin auszubilden und zu betätigen, und in der sie so aus einer Last eine Lust wird. (MEW.20, S.273/274)

修改后的译文:

因此,旧的生产方式必须彻底变革,特别是旧的分工必须消灭。<u>代替它们的应该是这样的生产组织</u>:<u>在这样的组织中</u>,一方面,任何个人都不能把自己在生产劳动这个人类生存的<u>必要条件</u>中<u>所应承担的部分</u>推给别人;另一方面,生产劳动给每一个人提供全面发展和表现<u>自己的全部能力即体能和智能的机会</u>,这样,生产劳动就不再是奴役人的手段,而成了解放人的手段,因此,<u>生产劳动就从一种负担变成一种快乐</u>。(《马克思恩格斯文集》第 9 卷第 310—311 页)

修改理由:

原译"在这个组织中"会被误解为一个具体的生产组织,而这里讲的是社会对生产的组织。原译"人类生存的自然条件"会被误解为人类生存的自然界条件,而这里讲的是"生产劳动",译为"必要条件"更贴切。

16. 原译：

现在我们可以把他的许多本来无法理解的科学上的谬误和武断归结为个人的原因，而把我们对杜林先生的全部判断概括为一句话：无责任能力来自<u>夸大狂</u>。(《马克思恩格斯选集》中文第 2 版第 3 卷第 676—677 页)

原文：

Jetzt wird es uns gestattet, manche sonst unbegreifliche wissenschaftliche Abirrungen und Überhebungen zurückzuführen auf persönliche Ursachen, und unser Gesamturteil über Herrn Dühring zusammenzufassen in den Worten: Unzurechnungsfähigkeit aus <u>Größenwahn</u>. (MEW. 20, S. 303)

修改后的译文：

现在我们可以把他的许多本来无法理解的科学上的谬误和武断归结为个人的原因，并把我们对杜林先生的全部判断概括为一句话：无责任能力来自<u>自大狂</u>。(《马克思恩格斯文集》第 9 卷第 343 页)

修改理由：

这是恩格斯在《反杜林论》结尾处对杜林作的总的评价。把原文"Größenwahn"译为"夸大狂"不符合原意，根据德语辞书的解释，该词含义是"krankhafte Überschätzung der eigenen Persönlichkeit"，即"自大狂"。"自大狂"正是杜林的特点。

马克思恩格斯关于历史唯物主义的部分书信的译文修改情况[*]

《马克思恩格斯关于历史唯物主义的部分书信》校订组

马克思和恩格斯有一些论述历史唯物主义基本原理的书信,其中有八封列入中央党校的教材。去年我们在中央党校的一些同志的协助下,对这些书信的一部分译文根据原文重新作了校订。现在把比较重要的修改介绍如下。

(一)马克思1846年12月28日致巴·瓦·安年科夫的信(节录)。

①原译:"为什么蒲鲁东先生要谈上帝,谈普遍理性,谈人类的无人身的理性,认为它永远不会错误,认为它永远等于它自身,认为只要正确地意识到它就可以获得真理呢?"(《马克思恩格斯选集》第4卷第320页)

这里的三个"认为",都是为了行文方便添加的,有损原意,现改译为:

"为什么蒲鲁东先生要谈上帝,谈普遍理性,谈人类的无人身的理性,谈这种永无谬误、永远等于自身、只要正确地意识到它就可以获得真理的理性呢?"

---

[*] 本文选自《马列著作编译资料》1979年第3辑。

②原译：由于他谈到资产阶级的观念时，认为它们是永恒真理，所以他就寻找这些观念的综合，寻求它们的平衡……（同上书，第328页）

原文：Parce qu'il opère Sur les pensées bourgeoises en les Supposant éternellement varies,…

原文的意思应是蒲鲁东把资产阶级经济学范畴看作永恒真理，运用这些范畴来构造自己的唯心主义体系，原译文没有表达出这个意思，现改译为：

由于他把资产阶级思想看作永恒真理而加以运用，所以他就寻找这些思想的综合，寻求它们的平衡……

（二）马克思1852年3月5日致约·魏德迈的信。

原译：我的新贡献就是证明了下列几点：……（3）这个专政不过是达到消灭一切阶级和进入无阶级社会的过渡。（同上书，第332页）

原文：Was ich neu tat, war…3. daß diese Diktatur selbst nur den Übergang zur Aufhebung aller Klassen und zu einer klasslosen Gesellschaft bildet.

原文没有说作了"新贡献"，而且"进入"一词应与"达到"同义，现改译为：

我新做的工作就是证明了：……（3）这个专政本身不过是达到消灭一切阶级和达到无阶级社会的过渡。

（三）马克思1868年7月11日致路·库格曼的信。

原译：人人同样都知道，要想得到和各种不同的需要量相适应的产品量，就要付出各种不同的和一定数量的社会总劳动量。（同上书，第368页）

原文：Ebenso weiß es, daß die den verschiedenen Bedürfnismassen entsprechenden Massen von Produkten verschieden und quantitative bestimmte Massen der gesellschaftlichen Gesamtarbeit erheischen.

这里,"各种不同的社会总劳动量"一语不合中文语法逻辑,不好理解,现改译为:

同样人人都知道,要想得到和各种不同的需要量相适应的产品量,就要<u>从社会总劳动中付出各种不同的和一定数量的劳动量</u>。

(四)恩格斯1890年8月5日致康·施米特的信。

原译:那时就可能有一个巴尔特<u>挺身而出</u>,<u>甚至可能抓住</u>在他那一流人中间确实已经退化为空话的东西。(同上书,第475页)

原文:Und dann kann den ein Barth kommen und die Sache selbst angreifen, die in seiner Umgebung allerdings zur bloßen Phrase degradiert worden ist.

原译意思不明,现改译为:

那时就会有一个巴尔特<u>出来</u>,<u>攻击</u>在他那一流人中间已被弄成空话的东西<u>本身</u>。

(五)恩格斯1890年9月21日致约·布洛赫的信。

①原译:经济状况是基础,但是对历史斗争的进程发生影响并且在许多情况<u>下主要是决定着</u>这一斗争的**形式**的,<u>还有上层建筑的各种因素</u>……(同上书,第477页)

原文:Die ökonomische Lage ist die Basis, aber die verschiedenen Momente des Überbaus…üben auch ihre Einwirkung auf den Verlauf der geschichtlichen Kämpfe aus und bestimmen in vielen Fällen vorwiegend deren Form.

原译文可能造成经济基础同上层建筑一样决定斗争形式的误解,现改译为:

经济状况是基础，但是上层建筑的各种因素对历史斗争的进程也发生影响并且在许多情况下主要决定着这些斗争的**形式**……

②原译：其次，我请您根据原著来研究这个理论，而不要根据第二手的材料来进行研究——<u>这的确要容易得多</u>（同上书，第479页）

原文：Des weiteren möchte ich Sie bitten, diese Theorie in den Originalquellen und nicht aus zweiter Hand zu studieren, es ist wirklich viel leichter.

原文的意思是说，根据原著来研究马克思主义理论要容易得多；而原译文容易理解成相反的意思，现改译为：

我请您根据原著而不要根据第二手的材料来研究这个理论，<u>这实际上要容易得多</u>。

（六）恩格斯1890年10月27日致康·施米特的信。

原译：经济发展对这些领域的最终的支配作用，在我看来是无疑的，但是这种支配作用是发生在各该领域本身所限定的那些条件的范围内：例如在哲学中，它是发生在这样一种作用所限定的条件的范围内，这种作用就是各种经济影响（这些经济影响多半又只是在它的政治等等的外衣下起作用）对先驱者所提供的现有哲学资料发生的作用。（同上书，第485页）

原文：Die schließliche Suprematie der ökonomischen Entwicklung auch über diese Gebiete steht mir fest, aber sie findet statt innerhalb der durch das einzelne Gebiet selbst vorgeschriebnen Bedingungen; in der Philosophie z. B. durch Einwirkung ökonomischer Einflüsse (die meist wieder erst in ihrer politischen usw. Verkleidung wirken) auf das vorhandne philosophische Material, das die Vorgänger geliefert haben.

原译文过分直译，累赘，比较费解，现改译为：

经济发展对这些领域也具有最终的至上权力,这在我看来是确定无疑的,但是这种至上权力是在各该领域本身所规定的那些条件的范围内实现的,例如在哲学中,它是通过经济影响(这些经济影响多半又只是在它的政治等等的外衣下起作用)对先驱者所提供的现有哲学材料发生作用而实现的。

(七) 恩格斯1894年1月25日致瓦·博尔吉乌斯的信。

原译:如果您划出曲线的中轴线,您就会发觉,研究的时期愈长,研究的范围愈广,这个轴线就<u>愈接近</u>经济发展的轴线,就愈是跟后者<u>平行而进</u>。(同上书,第507页)

原文:Zeichnen Sie aber die Durchschnittsachse der Kurve, so werden Sie finden, daß je länger die betrachtete Periode und je größer das so behandelte Gebiet ist, daß diese Achse der ökonomischen Entwicklung um so mehr annähernd parallel läuft.

原译文的主要缺点是没有表达出"接近于平行"的意思,现改译为:

如果您划出曲线的平均轴线,您就会发觉,被考察的时期愈长,被考察的范围愈广,这个轴线就愈同经济发展的轴线<u>接近于平行</u>。

关于马克思《法国工人党纲领导言》一文的翻译和版本[*]

李兴耕

中国法国史研究会出版的《法国史通讯》第三期,发表了沈炼之同志的《关于〈法国工人党纲领〉的翻译问题》一文,对《马克思恩格斯全集》第十九卷中所载的马克思《法国工人党纲领导言》和纲领的具体条文的中译文提出了批评意见。他把保尔·路易《从大革命到现在的法国社会主义史》(1925 年法文版)和埃里克·卡姆《社会和政治:1814 年到现在的法国》(1977 年法文版)中所载的纲领原文,同《全集》第十九卷的译文作了对照,认为现在的中译文有不少遗漏和错误,有的地方甚至"把文件的原意完全弄颠倒了"[①]。

最近由于工作的需要,我们对法国工人党纲领的译文重新进行了校订。我们首先核对了《全集》第十九卷的译文。由于该文末尾注明:"载于 1880 年 6 月 30 日《平等报》第 2 种专刊第 24 号",于是我们设法找来了首次发表这一文件的《平等报》的法文原件。它的标题是《社会主义工人竞选纲领》。这一文件是 1880 年 5 月盖得和拉法格在马克思、恩格斯的直接指导下起草的,其中的导言部分则是由马克思口授

---

[*] 本文选自《马列主义研究资料》1983 年第 2 辑。

[①] 《法国史通讯》第 3 期第 104 页。

的。把这个导言作为马克思的著作收入《马克思恩格斯全集》是完全恰当的。我们把《平等报》上刊载的文本同沈炼之同志所依据的保尔·路易和埃里克·卡姆的书中所载的纲领的文本作了比较，发现二者之间有很大的差别。这是什么缘故呢？我们作了进一步的探索。原来，保尔·路易和埃里克·卡姆的书中所载的纲领都引自盖得和拉法格在1883年所写的《工人党纲领，它的历史、绪论和条款》一书。该书对纲领作了如下的说明："根据1879年10月20—31日在马赛举行的全国代表大会的决议制定；经1880年7月18—25日在巴黎举行的中部联合会地区代表大会通过；1880年11月16—22日在哈佛尔举行的全国代表大会批准；得到1881年10月在鲁贝举行的北部联合会地区代表大会确认和1881年10月30日—11月6日兰斯全国代表大会宣布继续有效；并由1882年9月26日—10月1日在罗昂举行的全国代表大会作了补充。"① 可见这是经过党的地区代表大会和全国代表大会讨论通过并作了修改补充的法国工人党的正式纲领。而《平等报》上的文本是纲领的最初的草案。现将二者之间的主要差别列举如下：

一、导言部分

1. 草案第三行是："生产者只有在占有生产资料之后才能获得自由。"而正式纲领则在"生产资料"之后注明："土地、工厂、船舶、银行、信贷机构等等"。

2. 草案的最后一段是："法国社会主义工人提出其经济方面的奋斗

---

① 盖得和拉法格：《工人党纲领，它的历史、绪论和条款》1883年巴黎法文版第1页。

目标是恢复全部生产资料的集体所有制并决定以下述最低纲领（programme minimum）参加选举作为组织和斗争的手段。"正式纲领将这段话改为："法国社会主义工人的奋斗目标是从政治上和经济上剥夺资本家阶级，把全部生产资料归还给集体，决定提出下列最近要求参加竞选，作为组织和斗争的手段。"

二、政治部分

草案的政治部分有四条；正式纲领增加了一条，共五条。

1. 草案第一条是：取消"法典中规定劳资不平等的一切条文"；在正式纲领中，这一条改为：取消"法典中规定劳资不平等、男女不平等的一切条文"。
2. 正式纲领增加了第三条："取消公债"。
3. 草案第三条是："普遍武装人民"；在正式纲领中这一条改为第四条，并增加了"废除常备军"的内容。

三、经济部分

草案的经济部分有九条；正式纲领增加了三条，共十二条。

1. 草案的第一条是："星期一为每周休息日（Repos du lundi），换言之，即颁布一项禁止业主要求工人在星期一上工的法律。"在正式纲领中，这一条改为："规定每周休息一天，或用法律禁止业主强迫工人每周工作六天以上。"

2. 正式纲领增加了第二条:"工人协会负责保护监督徒工。"

3. 草案第二条是:"法律规定按当地的食品价格每年确定一次最低工资额。"正式纲领将这一条改为第三条:"由工人统计委员会根据当地食品价格每年确定一次最低工资额。"

4. 正式纲领增加了第四条:"在法律上禁止老板以低于法国工人的工资雇佣外籍工人。"

5. 草案第三条为:"男女工人的工资平等。"正式纲领第五条改为:"男女同工同酬。"

6. 草案第四条中的"技术(technologique)教育",正式纲领的相应条文中改为"职业(Professionelle)教育"。

7. 正式纲领增加了第七条:"由社会负担老人和残废工人的生活费用。"

8. 草案第六条写的是:"应由雇主提交保证金来保障";而正式纲领的相应条文(第九条)中规定:"应由雇主向工人基金提交保证金来保障。"

9. 草案第八条写的是:"修改(Revision)一切让渡公共财产(银行、铁路、矿场等等)的契约";正式纲领的相应条文(第十一条)将"修改"一词改为"废除(Annulation)"。

10. 草案的最后一条为:"废除一切间接税,并把一切直接税改为收入在三千法郎以上和遗产在两万法郎以上的累进税。"正式纲领将后半条改为:"取消旁系亲属的财产继承权,直系亲属继承的遗产不得超过两万法郎。"

由于《马克思恩格斯全集》第十九卷中刊载的纲领导言和具体条文是根据《平等报》上的文本翻译的,因此它在内容和文字上同正式纲领有差别,这是不言而喻的。沈炼之同志把二者之间的这些差别看作是翻译上的遗漏和错误，这显然是误会。我们经过核对，认为《全集》的译文基本上是符合原文的。当然，其中也还有一些问题，需要加以改进。在这方面，沈炼之同志的文章中提出的意见，有的是很中肯的。例如："必须使用无产阶级所拥有的一切手段，包括借助于由向来是欺骗的工具变为解放工具的普选权"一句中的"借助于"三字应删去；"法国工人社会主义者"应改为"法国社会主义工人"；"工资计算簿"应改为"工人手册"，等等。我们在校订工人党纲领的译文时，已作了相应的修改。

《帝国主义是资本主义的最高阶段》
(第七至十章) 译文修改情况*

《帝国主义是资本主义的最高阶段》译文校订组

《帝国主义是资本主义的最高阶段》一书第七至第十章的译文，即中央党校教材部分，在中央党校及其他一些高等院校的同志们的协助下重新进行了校订。这次校订主要是改正了原译文中的个别错误和一些不确切的地方。现将一部分改动介绍如下。

(1) 单行本第79页；《列宁选集》第2卷第807页

原译：但是，资本主义只有发展到一定的、很高的阶段，才变成了资本帝国主义，这时候，资本主义的某些基本特性开始变成自己的对立物，从资本主义到更高级的社会经济结构的那个过渡时期的特点，已经全面形成和暴露出来了。

现译：但是，只有在资本主义发展到一定的、很高的阶段，资本主义的某些基本特性开始转化成自己的对立面，从资本主义到更高级的社会经济结构的过渡时代的特点已经全面形成和暴露出来的时候，资本主义才变成了资本帝国主义。

原文：Но капитализм стал капиталистическим империа - лизмом лишь на определенной, очень высокой ступени своего развития, когда

---

* 本文选自《马列著作编译资料》1979年第6辑。

некоторые основные свойства капитализма стали превращаться в свою противоположность, когда по всей линии сложились и обнаружились черты переходной эпохи от капитализма к более высокому общественно - экономическому укладу.

原译文中"这时候"容易误解为上面所说的"资本主义……变成了资本帝国主义"的时候，那样，理论上就不对了。现译文中"在……的时候"虽然长一些，但理论上比较严密、科学，逻辑上也是清楚的。

（2）单行本第79页；《列宁选集》第2卷第807页

原译：……使生产和资本的集中达到了很高的程度，以致产生了并且还在产生着卡特尔、辛迪加、托拉斯等垄断组织，以及同这些垄断组织溶合起来的十来家支配着几十亿资金的银行的资本。

现译：……使生产和资本的集中达到了这样的程度，以致从中产生了并且还在产生着垄断，即卡特尔、辛迪加、托拉斯以及同它们相溶合的十来家支配着几十亿资金的银行的资本。

原文：…доводя концентрацию производства и капитала до того, что из нее вырастала и вырастает монополия: кар - тели, синдикаты, тресты, сливающийся с ними капитал какого - нибудь десятка ворочающих миллиардами банков.

原文中的 монополия（垄断），意思是比较广泛的，包括卡特尔、辛迪加、托拉斯以及同它们相溶合的少数大银行的资本。原译文只指卡特尔等，并且译为"垄断组织"，是不符合原文的意思的。

（3）单行本第79—80页；《列宁选集》第2卷第807—808页

原译：同时，从自由竞争中成长起来的垄断并不消除竞争，而是凌驾于竞争之上，与之并存，因而产生许多特别尖锐特别剧烈的矛盾、摩擦和冲突。

现译：同时，从自由竞争中生长起来的垄断并不消除<u>自由竞争</u>，而是凌驾于<u>这种竞争</u>之上，与之并存，因而产生许多特别尖锐特别剧烈的矛盾、摩擦和冲突。

原文：И в то же время монополии, вырастая из свободной конкуренции, не устраняют её, а существуют над ней и рядом с ней, порождая этим ряд особенно острых и крутых противоречий, трений, конфликтов.

原文中 её 和 ней 这两个代词都是指上面的"自由竞争"。原译"竞争"，在理论上是不一样的。这里涉及垄断与自由竞争的关系这个理论问题。

（4）单行本第 80 页；《列宁选集》第 2 卷第 808 页

原译：……另一方面，世界的<u>分割</u>，就是由……的殖民政策，过渡到垄断地占有已经瓜分完了的世界领土的殖民政策。

现译：……另一方面，<u>瓜分</u>世界，就是由……的殖民政策，过渡到垄断地占有已经瓜分完了的世界领土的殖民政策。

原文：… а с другой стороны, раздел мира есть переход от колониальной политики, беспрепятственно расширяемой на незахваченные ни одной капиталистической державой обла－сти к колониальной политике монопольного обладания территорией земли, поделенной до конца.

这次校订，将全书中原译"分割"（раздел）的地方都改为"瓜分"这个一般比较习惯的用词。

（5）单行本第 80 页；《列宁选集》第 2 卷第 808 页

原译：现阶段的资本主义<u>在一般资本主义中</u>所占的历史地位。

现译：现阶段的资本主义<u>同一般资本主义相比</u>所占的历史地位。

原文：a историческое место данной стадии капитализма по отношению к капитализму вообще.

按原文应译为"同一般资本主义相比"，原译"在一般资本主义中"是不确切的。

（6）单行本第81页；《列宁选集》第2卷第809页

原译：考茨基……说不应当把帝国主义了解为一个经济"阶段"，而应当了解为一种政策，即金融资本"情愿采取"的一种政策。

现译：考茨基……说不应当把帝国主义了解为一个经济"阶段"，而应当了解为一种政策，即金融资本"比较爱好"的一种政策。

原文：Каутский выступил вполне решительно и в 1915 - ом и даже еще в ноябре 1914 - го года, заявляя, что под импе - риализмом надо понимать не《фазу》или ступень хозяйства, а политику, именно определенную политику,《предпочитаемую》финансовым капиталом.

"比较爱好"带有更大的主观性，更切近于原文的意思。

（7）单行本第82页；《列宁选集》第2卷第810页

原译：……帝国主义的一个重要的特点，是几个大国都想争夺霸权……

现译：……帝国主义的重要特点，是几个大国争夺霸权……

原文：…для империализма существенно соревнование нескольких крупных держав в стремлении к гегемонии…

原译文中"一个"、"都想"是多余的。

（8）单行本第83页；《列宁选集》第2卷第811页

原译：我们看到，考茨基说他引用一般英国人的言论，实际上是绝对错误的。

现译：我们看到，考茨基笼统地搬出英国人来，是绝对没有事实根据的。

原文：Мы видим, что Каутский абсолютно неправ факти－чески в своей ссылке на англичан вообще.

原译文中"一般英国人"、"实际上是绝对错误的"不确切。

Ссылка на англичан вообще 意思是笼统地说英国人如何如何，неправ фактически 意思是就事实而言不对。

（9）单行本第 83 页；《列宁选集》第 2 卷第 811 页

原译：考茨基的定义恰好是对<u>具体历史</u>的嘲弄！

现译：考茨基的定义恰好是对<u>历史的具体性</u>的嘲弄！

原文：Каутский как раз издевается своим определением над исторической конкретностью!

原文中 историческая（历史的）形容 конкретность（具体性），"历史的具体性"是一个科学的概念，不是指任何"具体的历史"，原译是不确切的。

（10）单行本第 88 页；《列宁选集》第 2 卷第 816 页

原译：可见，铁路发展得最快的是<u>亚洲和美洲的</u><u>殖民地和独立国</u>（以及半独立国）。

现译：可见，铁路发展得最快的是<u>殖民地和亚美两洲的独立国</u>（以及半独立国）。

原文：Быстрее всего развитие железных дорог шло, сле－довательно, в колониях и в самостоятельных（и полуса－мостоятельных）государствах Азии и Америки.

原文中殖民地并不单指亚美两洲的，原译文错误。

（11）单行本第 90 页；《列宁选集》第 2 卷第 818 页

原译：<u>既然规定了</u>（虽然是暂时地）垄断价格，那末技术进步、因而也是其他一切进步的动因，前进的动因，也就在相当程度上消失了。

现译：在规定了（即使是暂时地）垄断价格的范围内，技术进步因而也是其他一切进步的动因，前进的动因，就在一定程度上消失了。

原文：Поскольку устанавливаются, хотя бы на время, монопольные цены, постольку исчезают до известной степени побудительные причины к техническому, а следовательно и ко всякому другому прогрессу, движению вперед.

原译"既然……"偏于强调既成事实，而且没有限定范围和程度，意思不确切。

（12）单行本第90页；《列宁选集》第2卷第818页

原译：帝国主义就是货币资本大量积聚于少数国家……

现译：帝国主义就是货币资本大量聚集于少数国家……

原文：Империализм есть громадное скопление в немногих странах денежного капитала…

"资本积聚"是经济学术语，指通过剩余价值转化为资本的方式来增大资本总额。而原文这里的 скопление 是一般的"积蓄"、"集聚"、"汇集"的意思，所以译作"积聚"不妥。

（13）单行本第90页；《列宁选集》第2卷第818页

原译：帝国主义最重要的经济基础之一——资本输出，……给那种靠剥削几个海外国家和殖民地的劳动为生的国家打上了寄生的烙印。

现译：帝国主义最重要的经济基础之一——资本输出，……给那种靠剥削几个海外国家和殖民地的劳动为生的整个国家打上了寄生的烙印。

原文：Вывоз капитала, одна из самых существенных экономических

основ империализма, еще более усиливает эту полнейшую оторванность от производства слоя рантье, налагает отпечаток паразитизма на всю страну, живущую эксплуатацией труда нескольких заокеанских стран и колоний.

在原文中,"整个"这个词是有意义的,指帝国主义国家的资产阶级利用在海外取得的垄断高额利润来收买本国工人阶级,使整个国家变成靠殖民地为生的食利国。因此原译文未译出这个词是不对的。

(14)单行本第 92 页;《列宁选集》第 2 卷第 820 页

原译:霍布森在英布战争记忆犹新的时候,描述了帝国主义同"金融家"利益的联系……

现译:霍布森在对英布战争的印象很鲜明的情况下,描述了帝国主义同"金融家"利益的联系……

原文:Описывая, под живым впечатлением англо-бурской войны, связь империализма с интересами 《финансистов》, рост их прибылей от подрядов, поставок и пр., Гобсон писал…

"记忆犹新",意思是过去的事至今印象还非常清楚。原译文中用"记忆犹新"与历史事实不符,因为霍布森写作该书(《帝国主义》)时,英布战争尚未结束。

(15)单行本第 92—93 页;《列宁选集》第 2 卷第 820 页

原译:有两种情况削弱了老牌帝国的力量。

现译:有两种情况曾经削弱了一些旧帝国的力量。

原文:Двоякого рода обстоятельства ослабляли силу ста-рых империи.

原文中 Старые империи 系指罗马等古代帝国,可是原译文"老牌帝国"却容易使人以为是指英法等帝国主义国家。

(16)单行本第 96 页;《列宁选集》第 2 卷第 824 页

原译：为了粉饰英国工人阶级的状况，人们通常只讲到在无产阶级中占**少数**的这个上层，<u>例如说</u>："失业问题主要是伦敦的问题和无产阶级下层的问题，**这个下层是政治家们很少重视的**。"

现译：为了粉饰英国工人阶级的状况，人们通常只谈论在无产阶级中占**少数**的这个上层，<u>例如</u>，"失业问题主要是涉及伦敦和无产阶级下层的问题，**这个下层是政治家们很少重视的**。"

原文：Чтобы прикрасить положение английского рабочего класса, обыкновенно говорят только об этом верхнем слое, составляющем *меньщинство* пролетариата: напр., 《вопрос о безработице есть преимущественно вопрос, касающийся Лондона и пролетарского низшего слоя, <u>с которым полцтцкц мало считаются</u>》.

原文 например 是管上面从头开始的整句的（即为了粉饰英国工人阶级的状况，人们只谈论上层，避而不谈下层的问题），下面引号中的话就是不谈下层的问题的例证。所以 например 应译"例如"，原译文译作"例如说"，前后的逻辑就不通了。

(17) 单行本第 98 页；《列宁选集》第 2 卷第 826 页

原译：在二十世纪初，帝国主义已经结束了极少数国家对世界的分割，其中每个国家现在都剥削着（指吸取超额利润）"全世界"的一部分，<u>而所剥削的每一部分都要比英国在 1858 年剥削的小一点</u>。

现译：在二十世纪初，帝国主义完成了极少数国家对世界的瓜分，其中每个国家现在都剥削着（指榨取超额利润）"全世界"的一部分，<u>只是比英国在 1858 年剥削的地方稍小一点</u>。

原文：Империализм начала XX века докончил раздел мира горсткой государств, из которых каждое эксплуатирует теперь（в смысле извлечения сверхприбыли）немногим меньшую часть《всего мира》,чем Англия в 1858 году.

原文中 каждое эксплуатирует теперь…немногим меньшую часть 《всего мира》, чем… 意思是：如今每个国家都剥削着相当大一部分殖民地，其面积只是略小于英国在1858年（资本主义蓬勃发展、垄断世界市场和大量殖民地时期）所剥削的。原译文"所剥削的每一部分都要比英国……小一点"，不是说明面积之大，而是说明面积之小，意思正好相反了。

（18）单行本第99页；《列宁选集》第2卷第827页

原译：至于那些无耻的、露骨的帝国主义者，即敢于承认改良帝国主义的基本特性是一种荒谬想法的帝国主义者，<u>是很少发表意见的</u>。

现译：至于那些无耻的露骨的帝国主义者的<u>言论却比较少见</u>，这些人倒敢于承认改良帝国主义的基本特性的想法是荒谬的。

原文：Реже выступают циничные, откровенные империалисты, имеющие смелость признать нелепость мысли о реформировании основных свойств империализма.

原文的意思是：资产阶级的学者和政论家替帝国主义辩护，通常都采用比较隐蔽的方式，敢于公然地露骨地为帝国主义辩护的是比较少见的。接着，下段就举了一个这种比较少见的例子。原译文中把 реже выступают 译作"很少发表意见"，意思不对，从上下文看逻辑也不对。

（19）单行本第100页；《列宁选集》第2卷第828页

原译：帝国主义在政治上的特点是全面的反动，是金融寡头的压迫和自由竞争的消除而引起的民族压迫的加强……

现译：帝国主义在政治上的特点，是由金融寡头的压迫和自由竞争的消除引起的全面的反动和民族压迫的加强……

原文：Так как политическими особенностями империализма являются реакция по всей линии и усиление национального гнета в связи с гнетом финансовой олигархии и устранением свободной конкуренции…

原文中，帝国主义在政治上的特点是：全面的反动和民族压迫的加强，而这两者都是由金融寡头的压迫和自由竞争的消除造成的。原译文"是……，是……，"容易理解为两者是一回事。此外，按原译文，只有后者（民族压迫）是由金融寡头的压迫和自由竞争的消除造成的，这在理论上也是不对的。

（20）单行本第102页；《列宁选集》第2卷第830页

原译："资本扩张的愿望"，"最好能不通过帝国主义的暴力方法，而通过和平的民主来实现"。

现译："资本扩张的意图""不通过帝国主义的暴力方法，而通过和平的民主能够实现得最好"。

原文：《Стремления капитала к расширению》《лучше всего могут быть достигнуты не насильственными методами империализма, а мирной демократией》.

原译文中"最好能……"是表示一种愿望，但原文不是一种愿望，而是一种判断。

（21）单行本第104页；《列宁选集》第2卷第831—832页

原译：……自由竞争在产生垄断以后，就不可能存在了。

现译：……在产生垄断以后自由竞争就不可能了。

原文：… свободную конкуренцию, которая невозможна после того, как она родила монополии.

"存在"二字是译者照顾汉语习惯加上的，但是这一加就把话说得太死了。不加,可以在理论上留下更多探讨的余地。

(22) 单行本第 111 页;《列宁选集》第 2 卷第 839 页

原译:帝国主义不仅在<u>新发现的国家</u>,而且在<u>老牌国家</u>也在实行兼并,加紧民族压迫,因而也使反抗加剧起来。

现译:帝国主义不仅在<u>新开辟的地区</u>,而且在<u>原有地区</u>也实行兼并,加紧民族压迫,因而也使反抗加剧起来。

原文:… не только во вновь открытых, но и в старых странах империализм ведет к аннексиям, к усилению национального гнета и, следовательно, также к обострению сопротивления.

原文中 страна 在这里不是"国家",而是"地区"。

(23) 单行本第 114 页;《列宁选集》第 2 卷第 842 页

原译:这个异常迅速地成长起来的金融资本,正因为成长得这样迅速,所以它也不反对更"<u>心安理得地</u>"去占有殖民地。

现译:这个已经异常迅速地成长壮大的金融资本,正因为成长得这样迅速,所以它不反对转向<u>比较"安然地"</u>占有殖民地。

原文:В свою очередь этот необыкновенно быстро выросший финансовый капитал именно потому, что он так быстро вырос, непрочь перейти к более «спокойному» обладанию колониями.

原文中 спокойный 是"安静"、"安详"的意思,是与上句的"危险"相对应的。而"心安理得"则是"理所当然"或"心情坦然"的意思。

(24) 单行本第 116 页;《列宁选集》第 2 卷第 844 页

原译:股票的占有,私有者的关系,都是"偶然<u>交错</u>在一起的"。

现译:股票的占有,私有者的关系,都是"偶然<u>交织</u>在一起的"。

原文:《Случайно переплетаются》владения акциями, отношения

частных собственников.

"交错"指外部位置上的错杂，如"犬牙交错"，用在这里不确切，故在本书中переплетаться（переплетение）均改译为"交织"。

漏掉的字母

——对《资本论》及其评论文章的研读札记*

〔德〕沃尔夫冈·弗里茨·豪格

原著中有时会碰到微不足道的上下文不连贯之处，可是在这样的地方选择的处理方案有时令人感到意外。如果原文中某个地方漏掉了一个简简单单的字母，那我们最好是事先已经拜读过埃德加·艾伦·坡的《被窃的信件》，并且也参加过拉康举办的关于《失窃的字母》的妙趣横生的讨论会，了解那桩所谓一封信件被窃的故事原本只是一个字母被改变的故事，从而弄清事情的原委。像这样一件小事本来未必值得一提，不过每次碰到总让人十分费解，最终它会像罗伯特·K.默通的《知识迷宫导游》中的一个脚注表明的那样，从一个问题又引出另一个问题。我们今天通用的《资本论》文本中有一段话，与马克思《评阿·瓦格纳的〈政治经济学教科书〉》中他自己的一段相关引文有差异，就是一个这样的例子。这个《资本论》版本指的当然是《马克思恩格斯全集》第23卷，这是以恩格斯编辑加工的1890年第4版为依据的版本。

马克思的《评阿·瓦格纳的〈政治经济学教科书〉》，据《马克思

---

* 本文选自《马克思恩格斯列宁斯大林研究》1999年第3辑。作者沃尔夫冈·弗里茨·豪格博士是柏林自由大学哲学研究院教授。

恩格斯全集》德文版编辑披露，写于1879年下半年—1880年11月之间①；根据《马克思恩格斯全集》历史考证版编辑的说明②，是写于1879—1881年之间。在这部书评中，马克思专门批判了一位德国经济学家的著作，确切地说是批判其中的一个部分，在这部分中，这个经济学家对马克思本人的《资本论》并未作认真考察，而只是对问题随意进行处置。马克思在批判瓦格纳的这一部分时写下的笔记中流露出既愤怒又惊讶的心情。看到这部经济学著作如此评论《资本论》，马克思不可能不感到吃惊。因为，这个评论作了加倍的歪曲。"德国国粹"教授们的"一只脚却仍然站在旧的垃圾上"，也就是说仍然囿于资本主义以前的臣属关系。"他们从地主的农奴变成了国家的，俗称政府的农奴。"③ 但是，马克思在这里展开争论的那些正面问题向今天的研究者表明，并非所有的误解都源于资产阶级的偏见，或者更为糟糕的是，源于文雅的臣属关系。这些问题令人惊讶地一再出现于后来的马克思主义或马克思列宁主义的文献中。这里主要指的是对曲解马克思的"分析方法"④ 进行的反驳。教授们将马克思的分析方法看成一个"系统"，甚至是一种借助于逻辑推理从概念引出概念的演绎系统，认为这种系统"不是从'商品'这个'社会物'出发，而是从价值这个'概念'出发，并且让这个概念本身分裂开来（二重化）"，等等。此外，马克思还驳斥了玩弄语言词汇以支持这种"逻辑"的幼稚行为。

最使马克思感到愤怒的是这样一种"经院哲学"，它从**价值概念**引

---

① 《马克思恩格斯全集》第1版第19卷第429页篇末说明。
② 《马克思恩格斯全集》历史考证版第2部分第8卷第995页。
③ 《马克思恩格斯全集》第1版第19卷第415页。
④ 《马克思恩格斯全集》第1版第19卷第415页。

出交换价值和使用价值，而不是像马克思那样"**从具体的商品中**"得出这两者①，而瓦格纳却将这种"经院哲学"悄悄地硬加到马克思头上。我们有必要从遣词用字上分析一下问题：将纯粹的商品**概念**同**具体**的商品区别开来的是单词使用单数或复数的问题。请看下面的例子：瓦格纳将一个论点强加于马克思，说他把"社会必要劳动时间"看作是"交换价值的共同的社会实体"②（这里的"交换价值"使用的是该词的单数形式——译者）。马克思反驳道："**交换价值**只有在至少存在两个交换价值的情况下才存在"③。马克思突然注意到，这种单数形式可能使他自己所写下的平时经常使用的话语变成错误的说法。马克思在自己的书里仔细查找，想看看他本人到底是怎么写的。他查阅的自然是《资本论》1872—1873年的第2版，这个版本主要是在第1章作了完全的修改。马克思记录了查找的结果："我在任何地方都没有说过'**交换价值的共同的社会实体**'，而是说诸交换价值（交换价值只有在至少存在两个交换价值的情况下才存在）代表一种它们共有的东西"。然后他又引用了自己的一段话："这就是说：'因此，在诸商品的交换关系或交换价值中表现出来的共同东西，**也就是商品的价值。**'……（第13页）"④ 这个"（第13页）"是上面提到的1872—1873年第2版的页码。《马克思恩格斯全集》德文版的卷末注提醒我们去看《马克思恩格斯全集》德文版第23卷第53页的一段话："在商品的交换关系或交换价值中表现出来的共同东西，也就是商品的价值。"但此处使用的并不是该

---

① 《马克思恩格斯全集》第1版第19卷第404页。
② 《马克思恩格斯全集》第1版第19卷第399页。
③ 《马克思恩格斯全集》第1版第19卷第399页。
④ 《马克思恩格斯全集》历史考证版第2部分第6卷第72页，参看《马克思恩格斯全集》第1版第23卷第51页。——译者注

词的复数形式①，难道我们可以忽略它的意义吗？不可以，马克思后来以商品替代交换价值进行阐述时一再这样提醒我们，这时马克思又将重点放到洛贝尔图斯身上，他对马克思著作的评论为瓦格纳的书评树立了样板。洛贝尔图斯提出了逻辑的和历史的这两极概念的问题，而没有通过进一步分析价值形式及其内容达到这样的认识："商品的'价值'只是以历史上发展的形式表现出那种在其他一切历史社会形式内也存在的、虽然是以**另一种形式**存在的东西，**这就是**作为**社会劳动力的消耗**而存在的**劳动的社会性**。"② 就像在前面，也就是在述及诸商品的交换价值时所做的那样③，马克思在此处加了一句插入语："（因为交换价值只是存在于有许多商品、有不同种商品的地方）"④。而现在，在我们的《资本论》这个版本中相应的地方，怎么又出现了该词的单数形式呢？难道是马克思自己弄错了吗？为什么不可理解为这是一个可以自我辩解的笔误呢？要知道，马克思不断学习，不断进步，经常探讨自己以前的一些错误，但是这一回竟然对这个错误只字未提。

为弄清这一点，我们查阅了第2版，它被收载于《马克思恩格斯全集》1987年历史考证版第2部分第6卷。可是那里用的是该词的复数形式！⑤ 马克思自己绝对没有弄错。这引起我们的重视，我们又查阅了《资本论》1867年第1版，结果发现，根本没有我们要找的内容。我们

---

① 指这句引语中的"商品"，马克思在此处用的是单数形式，而在他的《资本论》第1卷德文第2版中用的是复数形式。——译者注

② 《马克思恩格斯全集》第1版第19卷第420页。

③ 马克思在那里加了插入语："（交换价值只有在……）"《马克思恩格斯全集》第1版第19卷第399页。——译者注

④ 《马克思恩格斯全集》历史考证版第2部分第6卷第72页。

⑤ 《马克思恩格斯全集》历史考证版第2部分第6卷第72页。

逐句阅读了开头的一章，这一章的第一稿由于马克思认为存在问题而完全作了修改，并且打算在第1版中放在有关商品的拜物教性质的那一节的后面。由于当时早已完成排版，这一修改稿就放在了全书的结尾。在第2版中因为第1章作过完全的修改，这个附录部分当然就可以删掉了。这就是我们这里所述情况的来龙去脉。

第1版中没有我们要找的内容，但是，在查找个中原因时，我们发现了"交换价值的共同的社会实体"这一表述的局部用语，马克思曾对洛贝尔图斯和瓦格纳将这一表述强加于他而深感愤怒并声明"在任何地方都没有"说过这样的话。我们发现的有关表述是："交换价值的实体是与〔……〕作为**使用价值**的存在完全不同的东西。这从它的交换关系上一眼就可以看得出来。这一特点正在于**抽象掉使用价值**。"① 接下来又说："因此首先要撇开〔……〕商品**表现为交换价值**的形式"，首先把商品"作为价值本身来考察"。关于"本身（Schlechthin）"这一限定词，在脚注中作了解释："如果我们以后对'价值'这个词不作进一步的规定，那就总是指交换价值。"② 在谈到作为价值的商品时又说道："这个〔……〕**共同社会实体**就是劳动。"③ 而洛贝尔图斯和瓦格纳将马克思这段表述中的两个要素即"**共同社会实体**"与"**交换价值的实体**"拼凑在一起，成了另外的样子，他们肯定没有注意到，在上述两个要素出现的地方，价值形式和对它的分析暂时还被排除在外。但是

---

① 马克思《资本论》（根据第1卷德文第1版翻译）经济科学出版社1987年版，第12页。——译者注

② 马克思《资本论》（根据第1卷德文第1版翻译）经济科学出版社1987年版，第12页。——译者注

③ 马克思《资本论》（根据第1卷德文第1版翻译）经济科学出版社1987年版，第12页。——译者注

这应该责怪他们吗？原稿上下文关系不很清楚，1872—1873年的修订版已是一个很大的进步了。汉斯-格奥尔格·巴克豪斯断言，自从把对价值形式的分析放在附录中以来，价值形式的分析就大众化了，而且是采用了一种"使辩证的含意逐渐淡化"① 的方式。巴克豪斯作这番推断，是因为被马克思留下的痕迹所迷惑。我在这里说"不清楚"，是指原稿本身不清楚，因为事实上修订原稿的过程也是学习的过程，其中至少有两种修改接近于今天人们所说的范式变换，也就是说，放弃了黑格尔的概念辩证法，靠近事物本身的辩证法，接近历史哲学及其不知不觉的欧洲中心论。但关于这个问题，将在其他地方再谈。现在我们再来追寻我们的漏掉的字母的踪迹。

那么，让我们查看一下恩格斯在马克思逝世半年后整理出版的《资本论》1883年第3版。请看，在《马克思恩格斯全集》历史考证版第2部分第8卷第5和70页上出现了漏洞，即在马克思去世后出版的第3版中字母"n"② 消失了。因此，后来所有的版本中都保留了这种情况，包括1932年由莫斯科的马克思恩格斯列宁研究院出版的版本以及后来于1947年在德国苏占区再版的大众版。

为什么1883年的版本漏掉了这个字母，对此，我们只能作一些设想。马克思自己所列的修改清单③中不包括这一点。《马克思恩格斯全集》历史考证版第2部分第8卷资料卷中的异文对照表倒是标明了这种

---

① 汉斯·格奥尔格·巴克豪斯《论价值形式的辩证法》，载于《马克思主义认识论的贡献》1969年美因河畔—法兰克福版第129页。
② 表示名词复数形式的词尾。——译者注
③ 《马克思恩格斯全集》历史考证版第2部分第8卷第7—36页。

变化①；注释②中未作进一步的解释只是直接让读者去参看《评阿·瓦格纳》一文，正是此文引发我们展开讨论。但是，历史考证版的编者既然能够两次坚持该词的复数形式，并且准确地指出了它们的位置，那么，为什么他们没有得出结论说这里出错了呢？

幸而我们想到去查看一下英文版本，虽然它是1883年开始翻译直到1887年才面世的，而且《马克思恩格斯全集》历史考证版的编者说它是以1883年德文第3版为基础编辑出版的③，我们仍充满希望。在第6页（以及《马克思恩格斯全集》历史考证版第2部分第9卷第32页）我们终于又发现了我们要找的复数形式："因此，在用于交换的商品〔!〕④的交换价值中表现出来的共同东西，就是商品的价值。"从历史考证版的编者前言中我们了解到：赛米尔·穆尔和爱德华·艾威林在恩格斯的关注下，并在马克思的女儿爱琳娜·马克思－艾威林的帮助下，完成了英文本的翻译工作，这使得我们感到很方便，可是又总是被这样一个问题困扰着：如果说在译者的心目中明明存在着"n"，那么在德文第3版中怎么又消失了呢？

《马克思恩格斯全集》历史考证版编辑过程中的一个插曲可能会给我们一些启示：多谢汉内斯·施卡姆勃拉克斯，他于1979年披露了——或者应该说是坦白交代了？——另一桩字母"n"的故事，这个

---

① 《马克思恩格斯全集》历史考证版第2部分资料卷第860页。
② 《马克思恩格斯全集》历史考证版第2部分资料卷第995页。
③ 英文版的翻译及编辑工作当然也参考了由鲁瓦翻译、经马克思校订过的法文译本，因为爱琳娜·马克思－艾威林那里有一个本子，其中包含了赛米尔·穆尔所作的有关说明。
④ 这里"商品"使用的是该词的复数形式（Commodities），〔!〕是作者加的。——译者注

字母不是丢失了，而是莫名其妙地多了出来。还是按时间顺序来说吧。几年前——汉内斯·施卡姆勃拉克斯并没有说是什么时候——日本的逝也江板向《马克思恩格斯全集》德文版的编者指出了一个印刷错误。现在我们还能从《马克思恩格斯全集》1977年德文第12次印刷本第23卷第54页第8行读到这样一句带有语法错误的句子："一种商品的价值同其他任何一种商品的价值的比例，就是生产前者的必要［！］① 劳动时间同生产后者的必要劳动时间的比例。"② 当然，在这儿字母"n"是多余的，正确的应该是"notwendige"（必要的）。这种错误不需要那些妄自尊大的权威机构的认可，任何普通的人都会迅速确认。编者给目光敏锐的日本人写了一封措辞委婉的回信说"是编者自己弄错了，此外，值得注意的是这里还涉及'语音发展'问题和'音节数'问题，这些问题在编辑经典著作家的文稿时不宜改动，至少在民主德国是这样处理的；为了维护经典著作家，'德语语法规则'也不在话下"。③ 这个日本人又在另一篇文章中坚持自己的观点。终于编者查阅了《资本论》前几个版本。庆幸的是发现要找的那个句子是经过修改的。编者发现，在1867年第1版中没有这个不符合语法规范的"n"，但它出现在1872—1873年的第2版中。人们不禁惊讶地问："是马克思将它修改了？这种修改具有科学的意义？"④ 研究结论是：马克思**并没有**去修改它，而是

---

① "必要"的德文是notwendige，但此处notwendigen，多了"n"，［！］是作者加的。——译者注

② 《马克思恩格斯全集》第1版第23卷第53页。

③ 汉·斯康伯拉《一个排字错误的历史》，载于《马克思恩格斯研究论丛》（柏林）1979年第5辑。

④ 汉·斯康伯拉《一个排字错误的历史》，载于《马克思恩格斯研究论丛》（柏林）1979年第5辑。

在看校样时忽视了这一排字错误。

人都会犯错误，像这样的疏忽往往在所难免。我们认为，恩格斯对这个错误的忽视情有可原。而后来的事情却有些脱离实际了。也就是说，本来的问题在于，这个错误实际上被发现并且被纠正了，但后来却如汉内斯·施卡姆勃拉克斯所说，由于没能正确对待权威人物的失误，为了"忠实于恩格斯编辑的最后文稿"，错误又被原封不动地照搬了过来。实际上，莫斯科的同行们在编辑《马克思恩格斯全集》历史考证版第1版时，就取消了这个多余的字母，但遗憾的是并没有把它挪到那个缺少它的地方。《马克思恩格斯全集》历史考证版的热情而又资深的首创者梁赞诺夫正像布鲁巴克说过的那样，确实会"为了马克思手稿中的一个逗号而在半夜三更乘坐没有暖气的四等车厢从维也纳赶往伦敦"①。那时正处于前斯大林时代，斯大林②还未将字斟句酌地推敲马克思手稿的"咬文嚼字"者变为"国家——当时是打着马克思—列宁旗号的国家的奴隶"。在民主德国按照苏联的版本出版的《资本论》大众版中，这个地方是正确的。到《马克思恩格斯全集》德文版第23卷出版时，有关人员为了"忠实于恩格斯编辑的最后文稿"，又将字母"n"放在了错误的位置上。

在我们关于字母漏掉的故事中提到的几个例子，其遭遇可以说是相类似的。恩格斯在校稿时忽略了稿中的错误，而后人也没想消除它。从

---

① 福尔克·屈洛《大卫·梁赞诺夫的生平及事业》，载于《论据》（1992年）第196页。

② 斯大林偏好加逗号。自30年代中期以来担任苏联电影部编剧组领导的格里戈里·马里亚莫夫回忆说，斯大林审订电影脚本时习惯于修改书写错误和句子的标点符号。"但他常常在没有必要的地方加进一个逗号。尽管这样，我们认为，既然是斯大林同志加的，那当然有它的道理。所以我们也就保持原样，不再去改动。"

这一点可以看出,把忠实于原文字母同保持经典著作的精神实质对立起来,以从中渔利,这是多么轻率。至少,我们的例子中的字母还没有找回来,因为精神还没有找回来。

(原载德国《马克思恩格斯研究论丛》1994年新辑)

(朱毅 译)

《路德是施特劳斯和费尔巴哈的仲裁人》一文的作者究竟是谁?[*]

编者按:《路德是施特劳斯和费尔巴哈的仲裁人》一文,原来发表在1843年由阿·卢格在瑞士苏黎世出版的《德国现代哲学和政论界轶文集》第二卷,署名是"非柏林人"。苏联二十年代编辑《马克思恩格斯全集》时,认定《仲裁人》一文是马克思写的,并收在1927年出版的《全集》旧国际版第一部分第一卷上册和1928年出版的《全集》俄文第一版第一卷。此后,这篇文章就被当作马克思的著作。苏联1955年出版的《全集》俄文第二版第一卷和东德1956年出版的《全集》德文版第一卷也都收入了这篇文章。一些研究马克思的思想发展和生平的学者用《仲裁人》一文的观点来论证马克思对费尔巴哈的态度。1967年西德鲁尔大学学者汉·马·扎斯在《国际社会史评论》杂志发表文章,提出该文不是马克思写的,而是出于费尔巴哈的手笔。扎斯的主要论点为苏联和东德的学者所接受。1975年出版的《马克思恩格斯全集》新国际版第一部分第一卷和《全集》英文版第一卷都已不再收入这篇文章。为了使读者了解有关情况,本期译载了四份材料。扎斯的文章由于有些考证过于繁琐,我们作了些删节。陶贝尔特和舒芬豪艾尔合写的

---

[*] 本文选自《马列著作编译资料》1979年第2辑。

文章对扎斯的主要论点作了进一步的考证。《马克思为〈德国科学和艺术年鉴〉和〈德国现代哲学和政论界轶文集〉撰稿》一文是《全集》新国际版第一部分第一卷关于马克思政论文章的介绍中的一节,它代表了苏联和东德马列主义研究院的看法。《关于马克思在〈德国现代哲学和政论界轶文集〉上发表的文章》是从《全集》旧国际版第一部分第一卷上册的前言中摘录下来的,它说明了旧国际版编者把《仲裁人》当作马克思著作的理由。后两篇文章的标题是我们加的。

是费尔巴哈而不是马克思

——关于《路德是施特劳斯和费尔巴哈的仲裁人》一文的作者

〔西德〕汉斯·马丁·扎斯

《路德是施特劳斯和费尔巴哈的仲裁人》一文,发表于阿尔诺德·卢格1843年在瑞士出版的《德国现代哲学和政论界轶文集》第二卷第206—208页,署名是"非柏林人"。**梁赞诺夫**把它收入《马克思恩格斯全集》国际版第一部分第一卷第一册第174—175页,并说明该文的作者"可以肯定"是马克思①。另外,狄茨出版社出版的《马克思恩格斯全集》②和H.J.利贝尔出版的《卡·马克思著作集》③都从《马克思恩格斯全集》国际版收入此文。1851年由海尔曼·贝克尔出版的《卡尔·马克思文集》以及由弗兰茨·梅林负责出版的《卡·马克思、弗·恩格斯和斐·拉萨尔的遗著》④中则没有包括此文。

这篇短文对于研究马克思的生平能起这样的作用:它表明青年马克思**在**《黑格尔国家法批判》和《经济学—哲学手稿》**以前**接受了费尔

---

① 见《马克思恩格斯全集》旧国际版第1部分第1卷第1册第XL页。
② 1957年版第1卷第26—27页。
③ 1962年版第1卷第107—109页。
④ 1902年出版的四卷本。

巴哈的观点。①

这篇文章强调了对宗教的形形色色批判，虽然这种批判是非神话化的，但还是神学的和心理学的，不是**重新解释**宗教，而是**取消**宗教。它根据路德的一些引文，来为费尔巴哈辩护，表明他对基督教异化以及形而上学的存在二重化问题的解决是正确的和"自然"合理的；而以新神话取代旧神话的施特劳斯仍然抱着神学的偏见，并没有把人解放到他本人的自然的真理和自由的地步。这里所概括的立场被当作属于青年马克思在1841年底1842年初的发展时期。

但从马克思的**通信**中看不出他是这篇文章的作者。1842年2月10日，马克思把《评普鲁士最近的书报检查令》②寄给卢格，并答应于1842年3月20日寄给他一篇较长的文章《论宗教和艺术，特别是基督教的艺术》③，此文最初是要作为布鲁诺·鲍威尔《末日的宣告》的第

---

① 参看最近由 H. J. 利贝尔和 P. 富特出版的利贝尔版第1卷第994页；H. 歌尔维采：《马克思主义的宗教批判和基督教信仰》（《马克思主义研究》1962年版第4册第56页）；奥·科尔纽：《马克思恩格斯传》1963年三联书店版第1卷第342页；最后是威·舒芬豪艾尔的《费尔巴哈和青年马克思》，1965年柏林版，尤其是第24—27页。——舒芬豪艾尔非常认真地研究了1841—1844年间青年马克思与费尔巴哈的关系，他正确地指出：根据经验分析，《仲裁人》一文的作者使用的方法与费尔巴哈在引证"历史证词"和"客观事实"时采用的方法是相同的，不过，舒芬豪艾尔没有注意到：费尔巴哈只是在《基督教的本质》（写于1842年）第二版中才首次引用这一大堆路德的引文（同上，第24页）。舒芬豪艾尔所作的关于1841—1844年马克思发展的"全部过程"的概述，主要是以如下未经考证的前提出发的：1842年初写的《仲裁人》一文的作者是马克思（同上，第26、153、190页及以下各页）。

② 《马克思恩格斯全集》第1版第1卷第3—31页。

③ 《马克思恩格斯全集》第1版第27卷第423页。

二部,即《从信仰的观点评判黑格尔关于宗教和艺术的学说》①的一部分发表的,但后来马克思并没有把它寄给出版者卢格,因为他想用一种"更自由、因而也更实在的叙述方式"去代替用虔诚的信仰伪装起来的《末日的宣告》式的笔调②。除了已发出的一篇以外,1842年4月27日他答应给卢格其他四篇文章:"我将给您寄去下列四篇文章:(1)《论宗教的艺术》、(2)《论浪漫主义者》、(3)《法的历史学派的哲学宣言》③、(4)《实证哲学家》。"④ 然而,马克思并没有把这些文章寄给卢格,因为他写论宗教的艺术这篇文章时"被吸引到各种各样的研究中去",而"这些研究还需要相当长的时间"⑤。卢格在1542年6月和1842年8月7日⑥敦促马克思,要求他最迟于1842年10月21日把手稿(显然是指论宗教的艺术的手稿)寄给他或者直接寄到苏黎世去付印,

---

① 参看鲍威尔1841年12月6日给马克思的信,载《马克思恩格斯全集》旧国际版第1部分第1卷下册第263—264页。

② 《马克思恩格斯全集》第1版第27卷第423—424页。

③ 《马克思恩格斯全集》第1版第1卷第97—106页。

④ 《马克思恩格斯全集》第1版第27卷第425页。

⑤ 《马克思恩格斯全集》第1版第27卷第426页。

⑥ 《马克思恩格斯全集》旧国际版第1部分第1卷下册第275页,第322—323页。

"如果不超过四五印张的话"①。马克思虽然作了广泛的准备研究工作②，但最终并没有写成这篇文章，这主要是由于《莱茵报》的编辑工作过于繁忙，其次还由于其他原因，正如他在1842年11月30日给卢格的信中写的，"要更多地联系着对政治状况的批判来批判宗教，而不是联系着对宗教的批判来批判政治状况……因为宗教本身是没有内容的，它的根源不是在天上，而是在人间，随着以宗教为理论的被歪曲了的现实的消灭，宗教也将自行消灭。"③ 这一研究的最重要成果，正像马克思1859年在《政治经济学批判》序言中谈到《德意志意识形态》时所写的，已达到了"自己弄清问题"，当然还没有进展到可以写成文章的地步。况且，马克思接受了费尔巴哈的基本思想以后，就根本没有兴趣介入黑格尔学派批判宗教的各种争论了。

早在1841年9月2日，莫泽斯·赫斯写信给奥艾尔巴哈说，马克思"不仅超出了**施特劳斯**，而且超出了**费尔巴哈**"④。从马克思1842年3月20日给卢格的信中可以看出，马克思最迟于1842年春就已批判地对待费尔巴哈的立场了，他告诉卢格，他在这篇关于基督教艺术的论文

---

① 《马克思恩格斯全集》旧国际版第1部分第1卷下册第281页。——如果马克思还给卢格寄去了什么东西，那么，就没有再收入《轶文集》中；参看摩·弗莱舍尔于1842年12月16日给格·荣克的信（《关于1830—1850年政治运动史的莱茵信件和文件》，由J.汉森撰写和出版，第1卷〔1830—1845年〕，1919年埃森版，第386页）。

② 关于准备研究工作，参看摘录本，载《马克思恩格斯全集》旧国际版第1部分第1卷下册第114—118页，并参看M.卢贝尔：《卡尔·马克思学习笔记》（《国际社会史评论》，1957年第2卷第395—396页）。

③ 《马克思恩格斯全集》第1版第27卷第436页；参看若干思想过程，《马克思恩格斯全集》旧国际版第1部分第1卷上册第232—250页。

④ 《马克思恩格斯全集》旧国际版第1部分第1卷下册第261页。

里，不免要谈到宗教的一般本质；"在这个问题上，我同费尔巴哈有些争论，这个争论不涉及原则，而是涉及对它的理解"。① 布鲁诺·鲍威尔在1842年4月12日忧虑地表示：马克思对费尔巴哈的批判也许会激怒费尔巴哈——他可能成为他们计划出版的无神论杂志的撰稿人，他写道："如果你现在斥责费尔巴哈，那还有什么人呢？"② 1843年3月13日，马克思谈到他刚知道的《关于哲学改革的临时纲要》③时最终概述了他对费尔巴哈的批判，即批判了马克思认为是关键的地方，他写道："费尔巴哈的警句只有一点不能使我满意，这就是：他过多地强调自然而过少地强调政治。然而这一联盟是现代哲学能够借以成为真理的唯一联盟。"④ 不论从马克思的著述中，还是从他的通信中都无法断定他对不同阵营的批判宗教的争论特别感兴趣。费尔巴哈的基本认识已使马克思满足，这种认识成了他进一步的、超出费尔巴哈的、当前**政治的**思想和行动的基础。如果作者是马克思，那么，在施特劳斯面前为费尔巴哈的立场辩护，肯定会包含对费尔巴哈结论的局限性和克服这种局限性的必要性的论述。而且，在《路德是施特劳斯和费尔巴哈的仲裁人》一文中的路德引文，就会是马克思只引用过一次的一些引文，并且是摘自这样一个版本，它在传播方面远不如非常流行的瓦尔希版本⑤或者当时新出版的厄兰根版本⑥。另外，在青年马克思看来，古代的宗教批判总

---

① 《马克思恩格斯全集》第1版第27卷第424页。
② 《马克思恩格斯全集》旧国际版第1部分第1卷下册第253页。
③ 《费尔巴哈哲学著作选集》上卷，1959年三联书店版，第101—119页。
④ 《马克思恩格斯全集》第1版第27卷第442—443页。
⑤ 24卷本，1740—1753年哈雷版。
⑥ 1826—1857年和1829—1886年出版。

比用路德的信仰观点来直接论证费尔巴哈观点的意义要大一些①。马克思早在1842年就认为单纯的对宗教的批判的观点是过时的观点，并且要求用对社会和政治的批判来代替对宗教的批判。从舒芬豪艾尔于1965年首次全部出版的1843—1844年马克思和费尔巴哈的通信②（马克思当时正在为《德法年鉴》物色撰稿人③）中可以看出，如果作者是马克思，那么，他肯定不会由于疏忽而没有向费尔巴哈提起《路德是施特劳斯和费尔巴哈的仲裁人》这篇文章。

从目前首次发表的1842年2月15日**费尔巴哈**给**卢格**的信中看到，费尔巴哈随函附去了关于施特劳斯和他自己的"草草数行"④。费尔巴哈当时正忙于《基督教的本质》第二版的出版工作。他只能把卢格寄给他的书浏览一遍，而最使他感兴趣的可能是大·弗·施特劳斯的1841年出版的《基督教教理的历史发展及其和现代科学的斗争》第二

---

① 参看利贝尔版第1卷第77—106页；另见《马克思恩格斯全集》旧国际版第1部分第1卷上册第114—118页。

② 舒芬豪艾尔：《费尔巴哈和青年马克思》，1965年柏林版，第194—218页。

③ 并见《马克思致路德维希·费尔巴哈（1844年8月11日）》，《马克思恩格斯全集》第1版第27卷第449—453页。

④ 参看《路德维希·费尔巴哈全集》，第13卷，汉·马·扎斯出版，1964年版第390页。第1节的开头说："忠实的朋友！您以特别的善意深深地感动了我。请您为此接受我最衷心的感谢。我自然会把这些书同样完好无损地奉还给您。我先只能草草浏览一遍。我从厄兰根和纽伦堡图书馆得到了对开本，从厄兰根借来的书我必须于数周内重新寄还。但就我所看到的，施特劳斯是把自己的笨拙的学究概念强加于我。不过根本不值得费力为此去争论。谈到施特劳斯和我自己的草草数行，您是否愿意发表，或者如果时间还来得及的话，只是在您自己对我的评论中拿它派一点用场，这完全由您去考虑。"

卷。在费尔巴哈看来，施特劳斯还没有战胜神学。施特劳斯的立场同他本人的立场差距很大，因此根本不值得同施特劳斯进行争论。但费尔巴哈还是拿起笔，给卢格寄去了"关于施特劳斯和我自己的草草数行"①。一切听从卢格的安排，他可以把"草草数行"用于他本人所作的对费尔巴哈的评论，也可以把它单独发表。②

因为施特劳斯和费尔巴哈之间的对立涉及他们两个人的原则立场，而费尔巴哈拒绝在细节问题上同施特劳斯"争论"，所以，在这一篇文章中只能用示例的——论战的或非论战的——方式来表示原则性的对立。费尔巴哈必定很重视作这样一种解释。用路德的原话来阐明这种分歧，对费尔巴哈来说是很自然的事，只要路德在自己的文章中纯粹出于他的基督教徒本性在本质上非哲学地和非神学地来谈论和进行论证③，

---

① 《路德维希·费尔巴哈全集》，第13卷，汉·马·扎斯出版，1964年版第390页。

② 卢格的评论，因书报检查不允许在《德国年鉴》上发表，因而刊载于《轶文集》第2卷第3—61。卢格在评论中采取了把路德当作施特劳斯和费尔巴哈的仲裁人的那个作者的同样立场；施特劳斯对宗教只有理论的兴趣，费尔巴哈则有实践的兴趣，施特劳斯的批判是形而上学的，而费尔巴哈的批判是心理学的，人类学的；参看上引书第16—17页。——费尔巴哈的数行不可能再用于卢格的评论，因为该评论已经写成，同时正如卢格在1842年2月24日给费尔巴哈的信中所说的，它也已被书报检查机关删掉了——就像费尔巴哈的《关于哲学改革的临时纲要》一样；——参看《费尔巴哈全集》，第13卷，汉·马·扎斯出版，1964年版第93—94页。

③ 1842年1月中旬，费尔巴哈写信给他的出版者维干德说："他已为第二版的《基督教的本质》修改到如此程度：它必将得到一种颠扑不破的明显的真理这样一种等级，得到一种科学的真理、甚至高于科学的真理——一种**有世界历史意义的事实**这样一种等级。同时，我已把极其珍贵的引证——尤其是从**路德**和奥古斯丁这两个基督教重要人物那儿来的引证——收集在一起"，见《费尔巴哈全集》1964年版第12卷第83页。

路德对他来说就是"一个全人"① 和基督教徒的理想典范。总之，路德是费尔巴哈在1842年最初几个月的最大发现。《基督教的本质》第二版与第一版的主要区别，就是费尔巴哈在第二版中力图通过大量的路德引

---

① 路德明确而激进地决心"拥护**上帝**反对人"，正如费尔巴哈决心**反对上帝**拥护人一样（《路德所说的信仰的本质》，1844年发表，载于由路·费·出版的全集，1846年版，第1卷第267页）。——费尔巴哈的传记作者威廉·波林，明确认定费尔巴哈对路德的偏爱，对他感到很亲切；参看《关于路德维希·费尔巴哈的通信和遗著，为了作为作者的私人通知分发给死者的朋友们而刊印》，1877年赫尔辛福斯版第47页；"'我是路德第二'，费尔巴哈通常总是诙谐地这样说"，同上书，第43页。——在《基督教的本质》中的路德引文，凡是加空排印的词句都是费尔巴哈强调的，在策德勒尔版中则没有加空排印的词句——在《路德是施特劳斯和费尔巴哈的仲裁人》一文中加空排印的词句也是该文作者说的！——在慕尼黑大学图书馆保存的费尔巴哈遗著中，有费尔巴哈摘自策德列尔版的路德著作的笔记本，从中可以看到下列一处地方："应当从上帝身上吸取勇气，不要气馁。因为我和其他人都做不到的，他都能做到。当我和其他人都不能帮助自己时，上帝能帮助我并且把我从死亡中拯救出来，如诗篇第六十八（见第1卷第443页）在三一节礼拜日后第十六个礼拜日所说的那样（《路加福音》第七章）。从上帝和他的儿子的身上我们应当吸取勇气，因为**我们不能做到的，他都能做到，我们没有的，他都有**。如果我们自己不能帮助自己，他却能帮助我们，而且他是愉快地乐意这样做的。上引书，第445页。"在这个摘录本的页边上，费尔巴哈写道："**安慰**不幸中的**全能**"。在《基督教的本质》和《路德研究》中，虽然可以发现其他由费尔巴哈从路德著作中摘录出来的地方，但它们并没有在《仲裁人》一文中应用过。

文作为他的论点的支柱。① 与《基督教的本质》第二版工作相联系的，可能是 1844 年和 1846 年发表的《路德研究》的出版②。在这里，由于他对巧妙而机智地选用的较长和较短的路德引文作了言简意赅的注解，从而对宗教现象作了形象的解释③。路德**在这里**被援引为费尔巴哈论点"正确性"的主证人和教父的权威，在《轶文集》中则被援引为费尔巴哈"正确"观点和另一个仍受神学的学究概念束缚的神学家"正确"

---

① 第一版没有从策德列尔版的路德著作（1729—1740 年）中摘录引文，只有附录（它在第一版中题为《注释和引证》，见那里的第 381—450 页）包含一条引自**伟大**的教理问答的路德引文，该附录在第二版中（题为《说明、注释和引证》，见那里的第 414—522 页），则从策德列尔版中引证了大约一百条引文，其中约有五分之一引自第 16 卷。这种对路德的研究，对《基督教的本质》的第二版和以后各版，对费尔巴哈更深刻理解的全部宗教史料所具有的意义，至今还没有被注意到。例如参看 S. 拉维多维克兹的《路德维希·费尔巴哈的哲学》，1931 年版（1964 年新版），第 82—83 页；并见第 160—163 页。K. 克万采尔的"考证版"，1904 年雷克拉姆出版社版（丛书号 4571—75），以 1849 年第三版作为他的版本的基础，但"因为它是普及版"，所以没有附各版的异文（《前言》第 17 页）。威·舒芬豪艾尔在其编辑的《基督教的本质》（1956 年科学院出版社）两卷本也以第三版作为他的版本的基础，他在两卷本中所作的正文比较（即与前两个版本的比较），遗憾地没有考虑到注释中所作的修改，在附录《说明、注释和引证》中，仅仅更正了第三版中四处简单的印刷错误。

② 参看费尔巴哈 1844 年 5 月 13 日给克利斯提安·卡普的信以及 1844 年 10 月 15 日给弗·卡普的信，见《费尔巴哈全集》第 13 卷，1964 年版 135—136 页和第 137—138 页。

③ 在附信（他把手稿与附信一并交给出版者）中说："这一著作包括——我这样说，不会有人指责我自高自大得可笑——极其深刻的东西，这是就路德这个在今天的德国人看来已没有什么价值的人的本质而言的"；见《费尔巴哈全集》1964 年版第 12 卷第 108 页。

观点之间的仲裁人。①

总之，费尔巴哈1842年2月15日给卢格寄去了关于施特劳斯和他自己的一篇短评。显而易见，他在这里企图让路德充当仲裁人来为自己的观点辩护。

迄今都把《路德是施特劳斯和费尔巴哈的仲裁人》一文列为**马克思的著作**，这就向出版者提出了该文的写作日期问题。从马克思和卢格的通信中本应该得出，该文的写作日期是在1842年10月21日之后，由于马克思在1842年就费尔巴哈和批判宗教问题发表了许多意见，认为有必要采取比费尔巴哈更高的批判调子，出版者下不了这个决心。

所以，**梁赞诺夫**突然想出了一条**出路**，把文章的写作日期确定为1842年初，表明该文是回答1841年11月1日以及1842年1月10日和11日在《德国年鉴》上发表的、署名"柏林人"、"也是柏林人"和"一哲人"的那些批判宗教的文章的。只是到1842年11月或12月马克思——尽管他现在已改变了对费尔巴哈的立场——才把手稿未加修改地寄给了卢格或者付印者；同时他又压下了甚至销毁了另一些内容是批判宗教的较长文章，因为它们不能反映他新获得的立场。

把此文列入**费尔巴哈的著作**不会改变大家熟悉的费尔巴哈形象。费尔巴哈对施特劳斯的态度，对路德的评价以及他的文体，即写作时喜欢引证，并对读者直接称呼你，都得到了证明。具有奇特韵魅力的是，他本人在这场讨论中使用了"**火—流**"即"费尔巴哈才是我们时代的**涤**

---

① 那里声称："路德是一个极有地位的权威；他比所有新教义学家要高明万倍，因为宗教对他就是**直接的真理，就是天性**——就让路德来决定他们两个究竟谁对吧。"见《马克思恩格斯全集》第1版第1卷第32页。

罪所"之类文字游戏。①

假定费尔巴哈是作者，那么，根据他1842年2月15日的书信可以确定，是他自己在辩论中直接谈到施特劳斯本人的著作，然而是指《德国年鉴》上发表的上述文章中的最后一篇。卢格定期给他寄去最新几期《年鉴》，因而已证实的1842年2月15日的寄件也包括最新几期《年鉴》。署名也许出于费尔巴哈的手笔，也许出于卢格的手笔。卢格把这篇文章连同他被书报检查机关删掉的文章一并保存下来，而没有打算把它收入《年鉴》付印，直到最后显然不只是由于他没有收到其他文章才把它收入《轶文集》。

因此，**梁赞诺夫**在这一点上并不矛盾：用笔名"非柏林人"的作者可能同在《德国年鉴》上发表的上述文章中的一篇有关。② 但是，如果梁赞诺夫说：作者采用《末日的宣告》式的笔调，"通过一个正统的权威来论证激进的真理"，并在文章结尾本身就陷入"末日的宣告的风格"③，那么，梁赞诺夫的说法就不能同意了。上述文章的风格同《末日的宣告》的风格的区别就在于：在那里，通过伪善虔诚的解释把激进的意见强加于正统的权威，而在这里，正统的权威自然而然地被典型地用来论证一种说明权威的批判是正确的。后一种方法是费尔巴哈在援引

---

① 在慕尼黑大学保存的费尔巴哈遗著中，有伊利诺斯州芝加哥的一位赫罗尼克博士的来信（1869年11月11日），其中有这样的话："但愿您永远永远是一股旺盛的**火流**，在它成了最早煽起火焰者之一以后，它就给我们的精神火焰输送革命的气息！"

② 对于施特劳斯和费尔巴哈之间的对立，要考虑的确实只有上述批判中的最后一次，即署名"一哲人"的那一次；参看1842年1月11和12日的《德国年鉴》第30—35页。

③ 《马克思恩格斯全集》旧国际版第一部分第1卷上册第XLI页。

基督教来源的权威引文时经常使用的方法。至于"末日的宣告的风格",这是一种论战激烈和有声有色的风格。它不同于这里把读者称作你的形式,这种形式是费尔巴哈在从《关于死和不死的思想》开始,经过《比埃尔·培尔》、《作家和人》,直到他的最后一些著述中培育起来的,是他的哲学态度的实践结果,而1843年他在《未来哲学的原理》中是这样从理论上表述这种态度的:"**真正的辩证法**并不是寂寞的思想家的独白,它是**我和你之间的一种对话**。"① 这样一种风格,不是马克思的特点。

如果不是卢格在1843年3月8日给马克思的信中谈起马克思即将收到在《轶文集》上发表的两篇文章的稿酬,而且是两印张零三页的稿酬②,那么,就可以满有把握地断定作者是费尔巴哈。根据1842年2月10日马克思给卢格的信和1842年2月25日卢格的复信,可以断定马克思只是评书报检查令**这一篇**文章的作者。③《轶文集》中未署名的其他文章,其中《〈莱茵报〉论出版自由》一文是卢格写的;④《哲学批判和德国年鉴。一封来自柏林的给莱茵省一居民的信》一文,按其内容,大概是出于鲍威尔的一个柏林学生的手笔,而并不出于马克思的手笔,因为马克思不会要求那篇文章所要求的理论和哲学的讨论,而会要求政治的结论;《普鲁士人对普鲁士人的呼声。来自莱茵》一文,据卢格声称,《德国年鉴》的书报检查官不允许刊印,从风格来看,该文也出于1841年在《德国年鉴》上写过题为《普鲁士人和天主教》、署名

---

① 参看《费尔巴哈哲学著作选集》1959年三联书店版上卷第85页。
② 《马克思恩格斯全集》旧国际版第1部分第1卷下册第306页。
③ 《马克思恩格斯全集》第1版第27卷第419页。
④ 根据他1842年6月给马克思的信,见《马克思恩格斯全集》旧国际版第1部分第1卷下册第275—276页。但是,从内容可以看出,作者是卢格。

"来自莱茵"的那个作者之手。① 这些文章的作者不可能是马克思。

此外,卢格所提出的**两印张零三页**这一篇幅与下列事实完全不符:马克思评书报检查令一文的页数,再加上《路德是施特劳斯和费尔巴哈的仲裁人》一文的页数共计三十六页,即两印张零四页。在《轶文集》中只有一篇文章的页数是符合卢格所要求的两页篇幅,那就是卢格写的《〈莱茵报〉论出版自由》一文②;此文在《轶文集》中紧接着评书报检查令一文,有**三分之二**的篇幅引自**马克思**就莱茵省议会关于出版自由的辩论的报道(载于《莱茵报》)③。

下列的假定决不是臆想:卢格作为出版者和作者给那位对出版自由和出版法作了中肯而精辟的评论的原著作者寄去了这篇短文的稿酬。原著作者把问题"提到了一种焕然一新和完全正确的基础上",因此,"在谈到将来的出版自由的地方,这种基础至少根据他的原则才值得了解和作为依据。"④ 这种假定的根据是下列事实:卢格当时非常重视同马克思的友好合作,稍后同马克思在巴黎共同出版了《德法年鉴》。⑤ 在这里,通过这一小小的姿态,卢格也是要在经济上对计划中的合作团结事先表示善良的愿望。如果这份稿酬确实是按照页数不折不扣计算

---

① 《德国年鉴》1841年第313—414页。

② 《轶文集》第1卷第91—92页。

③ 1842年5月12日《莱茵报》的附页;参看利贝尔版第139页和第147—148页。关于这一简短论述的来历,参看《卢格致马克思(1842年6月)》,载于《马克思恩格斯全集》旧国际版第1部分第1卷下册第276页。

④ 《轶文集》第1卷第91页。

⑤ 参看卢格和马克思的通信,《马克思恩格斯全集》旧国际版第1部分第1卷下册第295—321页。

的，那么卢格就把标题之间的"空"页①都一文不损地计算在内了。

从以上说明中可以清楚地看出，如果正确地考虑了1842年马克思对费尔巴哈的批判以及1841—1844年间马克思和卢格、马克思和费尔巴哈的来往书信，那么，梁赞诺夫假定马克思是作者该有多大的困难和矛盾。

因而把作者归之于费尔巴哈是顺理成章的事，这可以从费尔巴哈1842年2月15日的信中，从他1842年春对路德著作所作的研究和摘录中，从他的风格和笔调的特点以及从他正是在这方面所参与的工作中得到证实。卢格在1843年3月8日的信中谈到的稿酬是指马克思评书报检查令一文以及卢格引用的1842年5月12日《莱茵报》上马克思关于出版法的原则性思想而言的。

假定作者为费尔巴哈是有重要依据的。这一假定还使青年马克思发展中由于其他原因而不很清楚的形象摆脱了不必要的累赘，因为关于马克思在1842年克服费尔巴哈的立场这一问题，单凭马克思在书信中对费尔巴哈的看法就已证明，马克思对费尔巴哈的批判早在1842年就基本上按照恩格斯1888年发表的马克思《关于费尔巴哈的提纲》中所表述的方向进行了。

(原载《国际社会史评论》第12卷，1967年第1部分)

(华缇健 译　朱中龙 校)

---

① 共计12页，其中也包括89—90页，即马克思评书报检查令的文章和卢格对马克思在《莱茵报》上关于出版自由问题所作的论述这二者的衔接处。

是马克思还是费尔巴哈？关于《路德是施特劳斯和费尔巴哈的仲裁人》一文的作者

〔东德〕英·陶贝尔特 威·舒芬豪艾尔

《路德是施特劳斯和费尔巴哈的仲裁人》一文1843年1月连同阿·卢格、布·鲍威尔、路·费尔巴哈、卡·马克思等人的文章一起发表在《德国现代哲学和政论界轶文集》上，署名是"非柏林人"①。这篇文章的作者现在引起了争论。这篇文章被《马克思恩格斯全集》第一历史考证版的出版者看成是卡尔·马克思的著作，并收入了这一版。② 从此，《仲裁人》一文就成为说明马克思在1841年底至1842年初思想发展的一个重要文件。在1967年《国际社会史评论》③上发表了汉·

---

① 《德国现代哲学和政论界轶文集》，出版者阿·卢格，两卷集，苏黎世和温特图尔版第2卷第206页及以下各页。关于《轶文集》的出版日期，奥·科尔纽（《马克思恩格斯传》1954年柏林版第562页）说是1843年3月；参看米·巴枯宁1843年1月19日给阿·卢格的信，载于《马克思主义史料》1926年莫斯科—列宁格勒版第120页。路·费尔巴哈于2月28日告诉克·卡普，说他通过书信得知，他的《关于哲学改革的临时纲要》"同其他被删掉的文章一道，以费尔巴哈、卢格等人的《轶文集》为名终于付印出版。"（《路·费尔巴哈全集》，出版者W.波林、F.约德尔。新版由汉·马·扎斯出版，1964年斯图加特—巴德、坎施塔特版第13卷第119页）

② 《马克思恩格斯全集》旧国际版第1部分第1卷上册，1927年美因河畔法兰克福版第174—175页。

③ 《国际社会史评论》第8卷，1967年，第1部分第108页及以下各页（本书第335—348页）。

马·扎斯的一篇文章，题为《是费尔巴哈而不是马克思——关于〈路德是施特劳斯和费尔巴哈的仲裁人〉一文的作者》，对马克思是该文作者的说法提出了异议，并试图证明这篇文章出自费尔巴哈之手。在对马克思和恩格斯进行马克思列宁主义的研究和对费尔巴哈的哲学方面的活动进行研究时，必须对这个问题作一番考证。

《马克思恩格斯全集》第一历史考证版的出版者认为，这篇文章的作者，"可以肯定"是马克思。他们提出的理由是：1. 从阿·卢格1843年3月8日给马克思的信中知道，马克思得到了《轶文集》上两篇文章的稿酬，其中《评普鲁士最近的书报检查令》那一篇，其作者是马克思，既可从署名是"莱茵省一居民"得到证明，也可从那些主要是有关《轶文集》事务的通信中得到证明。可是在《轶文集》上未署名的三篇文章中，只有《仲裁人》一文可以考虑是马克思的著作。2. 在这篇文章中运用了马克思同布·鲍威尔合作时所特有的《末日的宣告》方法，即通过正统的权威来论证激进的真理的方法。《仲裁人》一文的作者在文章的结尾直接陷入了《末日的宣告》的风格。3. 从摩里茨·弗莱舍1842年12月16日给格奥尔格·荣克的信中得知，[①] 马克思还在1842年11月就把给《轶文集》写的第二篇文章寄给了卢格，这

---

① 《马克思恩格斯全集》旧国际版第1部分第1卷上册第XL—XLI页（见本书第386—387页）。摩·弗莱舍给格·荣克的信中说："……请您告诉马克思，卢格来信说，他的稿子来得太晚了，《轶文集》马上要弄好了。"（参看约·汉森：《1830—1850年政治运动史的莱茵书信和文件》1919年埃森版第1卷第386页），这毋宁是说明马克思为《轶文集》上的《评普鲁士最近的书报检查令》一文追寄的一份补充来得太晚了（参看本书第361页注④）。《评检查令》本来是为《德国年鉴》寄给阿·卢格的（马克思1842年2月10日给卢格的信）；参看《马克思恩格斯全集》旧国际版第1部分第1卷下册第266页。

篇文章估计1842年初就已经写好。

分析一下马克思从1841年中至1842年底这一时期的发展，尤其是分析一下他当时对青年黑格尔派首先是《对黑格尔、无神论者和反基督教者的末日的宣告》的作者布鲁诺·鲍威尔的态度和对《黑格尔哲学批判》（1839）和著名的《基督教的本质》一书（1841）的作者路德维希·费尔巴哈的态度，可以得到一些重要的根据，来判断马克思是否可以肯定是《仲裁人》一文的作者。《仲裁人》一文表示坚决拒绝来自青年黑格尔派的思辨哲学和神学，无保留地赞同路·费尔巴哈的《基督教的本质》。问题在于在此文的撰写时期能否要求马克思持有这一立场。

卡尔·马克思在获得博士学位和在特利尔逗留一段较长的时间之后，于1841年7月初从柏林迁往波恩。① 他当时的同路人布鲁诺·鲍威尔从1839—1840的冬季学期起在那里的大学任教，他利用这个地位来传播自己批判的、激进的哲学和神学的见解。由于"浪漫主义的"反动派对讲学自由的粗暴行为，——那特别是针对布·鲍威尔的，——马克思不得不很快认识到，对他这样一个思想比布·鲍威尔更为激进的人来说，根本不可能在波恩大学有立足之地。因此正如弗·梅林所说，马克思被引向"完全不同的"政治工作和哲学工作；他投身于政治—哲学的政论界。②

---

① 见《布·鲍威尔致卢格（1842年8月17日）》，《马克思恩格斯全集》旧国际版第1部分第1卷下册第259页："还有，当弗莱舍的文章寄到这里的同时，马克思也来了。"摩里茨·弗莱舍的这篇文章《论普鲁士莱茵省新教居民的状况和情绪》发表在1841年7月5—8日《德国年鉴》上。

② 参看弗·梅林：《马克思传》1963年生活·读书·新知三联书店版第45页。

马克思先是同布鲁诺·鲍威尔一起撰写《对黑格尔、无神论者和反基督教者的末日的宣告。最后通牒》① 一书的续篇。布鲁诺·鲍威尔撰写的这本书②

---

① 见《鲍威尔致卢格（1841年12月6日和24日）》，《马克思恩格斯全集》旧国际版第1部分第1卷下册第264—265页。——《鲍威尔致卡尔·马克思（1842年1月26日）》，参看《马克思恩格斯全集》第1版第27卷第420页。

② 虽然格奥尔格·荣克1841年11月29日给卢格的"盖有机密印记"的信中写道，《末日的宣告》出自鲍威尔和马克思之手（《马克思恩格斯全集》旧国际版第1部分第1卷下册第262页），然而这与鲍威尔自己的说法相矛盾。布鲁诺·鲍威尔1841年8月16日写给其弟埃德加的信中说："启程前我将完成一份对黑格尔的大告发，它是某种宣告式的，并对他只会带来益处。"（《布鲁诺·鲍威尔和埃德加·鲍威尔1838—1842年在波恩和柏林之间的通信集》1844年夏洛滕堡版第155页）布鲁诺·鲍威尔1841年12月6日写给卢格的信中说："我只用了十天时间，就写成了对无神论者的告发，但我现在还要充实一些细节。关于圣经和圣史的著作是一份必须立刻付印的导言。"（《马克思恩格斯全集》旧国际版第1部分第1卷下册第264页）毫无疑问，"对无神论者的告发"就是指《对黑格尔、无神论者和反基督教者的末日的宣告》。卢格那时与鲍威尔有书信来往，而且还可能遇到过他，他1841年12月17日写给弗莱舍的信中说："您将非常乐于阅读《末日的宣告》，并且不难猜出谁是作者，因为您离他很近……但这件事还是个**秘密**，有人很蠢，会猜错，他们特别会想到**费尔巴哈**。我们不要抢在作者前面宣布，要保守他的秘密。"（《阿尔诺德·卢格1825—1880年的书信和日记》第1卷，1886年柏林版第254—255页）他1841年12月25日写给费尔巴哈的信中说："亲爱的朋友，您的来信使我十分高兴，首先是我看到了您对《末日的宣告》的意见，这个意见我完全同意，作者本人也同样愿意得到

(续前注)

它，即使他没有像您那样完全从**黑格尔**解放出来。您猜到布·鲍威尔是完全正确的，这虽然是个秘密，但在所有知情人中间是个公开的秘密。"（路·费尔巴哈：《书信集》，威·舒芬豪艾尔编，1963年莱比锡版第153页）卢格1842年1月8日给罗伯特·普鲁兹的信中说："**鲍威尔**自己**尚未**宣布《末日的宣告》是他写的，但无疑他会宣布的，因为整个故事有一个哲学上的意图，那就是通过极端的坚定性扫除黑格尔帮的驯顺的、半截子的见解。"（同上书，第258页）而埃德加·鲍威尔1842年1月18日给他的哥哥的信中说："你的《末日的宣告》在普鲁士被禁止了……"（《布·鲍威尔和埃·鲍威尔通信集》，同上书，第169页）奥·科尔纽强调指出：马克思"在这本小册子的写作上只是默默无闻的合作者"（《马克思恩格斯传》1963年三联书店版第331页）。

出版于1841年10月,① 它在当时的思想界引起了像路德维希·费尔巴哈数月前出版的《基督教的本质》那样的轰动。例如下列讽刺性结语表现出《末日的宣告》的特色:"我们解决了我们的任务,那就是表明了,黑格尔的宗教哲学是一个无神论的体系。然而直到现在——即使在这部一直当作正统派的镜子的著作中——我们只表明了一点:黑格尔是怎样要把宗教意识的规定证明为自我意识的内在规定性,或怎样把宗教精神的神圣世界化为自我意识的内在世界。现在待证明的还有另一点,那就是黑格尔怎样使宗教这一自我意识的特殊现象,一开始就从自我意识的内在的辩证法和发展中产生出来。"同时在最后一句的脚注中说道:"这一发展将在本书的第二部分加以叙述,在那里还将阐述黑格尔仇恨宗教的和基督教的艺术,以及他取消了一切积极的国家法。"②

---

① 1842年11月18日在奥托·维干德的《德国年鉴》上登载了一则书评(注明的日子是1841年10月),说《对黑格尔、无神论者和反基督教者的末日的宣告》刚刚出版。卢格在上面提到的那封给费尔巴哈的信中说过:在《德国年鉴》上最先对《末日的宣告》表态的文章是H.弗兰克写的("……一个出色的人,他编辑了一年《莱比锡总汇报》,现在住在这里……")。卢格督促费尔巴哈评论《末日的宣告》,因为F.W.卡洛弗在《奥格斯堡总汇报》上"以十分迟钝的嗅觉"把费尔巴哈说成是该书的作者,而"H.弗兰克的书评只谈到了政治方面。"(路·费尔巴哈:《书信集》,威·舒芬豪艾尔编,1963年莱比锡版,第154页)

② 《对黑格尔、无神论者和反基督教者的末日的宣告》1841年莱比锡版第163页。

这个**第二部分**应由布鲁诺·鲍威尔和卡尔·马克思合写。① 据鲍威尔说，主要工作完成于 1841 年 12 月底。只有前言是 1 月份写的。② 然而 1842 年初，第一部分，即《末日的宣告》，被禁止和没收了。因此续篇的发表就成了问题。但莱比锡的出版者奥托·维干德声明，他准备不提这一著作和《末日的宣告》的联系，用一个听起来比较"中立"的标题，例如《从信仰立场来评判黑格尔关于宗教和艺术的学说》（b·m·著），把它发表出来。③ 布鲁诺·鲍威尔于 1842 年 1 月底把他的手

---

① 参看《卢格致费尔巴哈（1841 年 12 月 25 日）》，载于费尔巴哈《书信集》，威·舒芬豪艾尔编，1963 年莱比锡版，第 155 页。"在实证论广泛流传之后，布·鲍威尔正同一个名叫**马克思**的年轻人一起从事对实证论的最终的批判；鲍威尔认为马克思具有许多不寻常的才能和学识。他们一同继续写《末日的宣告》，但这还是他们作者的秘密，必须让他们自己去揭穿它。"并参看本书第 352 页注①。

② 《鲍威尔致卢格（1841 年 12 月 24 日）》，《马克思恩格斯全集》旧国际版第 1 部分第 1 卷下册第 265 页："《末日的宣告》的第二部分的正文完成了。今天我结束了我那部分，而马克思也只要把他那部分誊抄得稍许整洁一点儿就行了。这一部分将使事情进一步闹起来，并向人们表明，那是多么严肃！前言包括从虔诚立场出发的叙述，它将于一月份完成并且使所有的人感到惊奇。"

③ 《鲍威尔致马克思（1842 年 1 月 26 日）》，《马克思恩格斯全集》旧国际版第 1 部分第 1 卷下册第 266 页。

稿寄往莱比锡,① 而马克思却没有寄出他自己的《论基督教艺术》的文章。②

1842年5月底6月初,《末日的宣告》的续篇以《从信仰立场来评判黑格尔关于宗教和艺术的学说》为题匿名发表。③ 虽然在前言中提到这部著作有两个作者④,而实际上它只包括鲍威尔写的那部分,即长篇

---

① 《鲍威尔致马克思（1842年1月26日）》,《马克思恩格斯全集》旧国际版第1部分第1卷下册第266页。"明天或后天我将寄出自己的手稿,前言现在也已经写完。你现在也可以寄出了,但1. 让人用亚麻布把它缝好,2. 付足邮资,因为维干德不能付双倍的钱,3. 给你的文章写一份目录并附上。"1842年2月10日马克思再次通知说,手稿将于几天内寄往莱比锡；然而在3月5日他表示,书报检查机关肯定要阻挠他的文章的印行。所以他请求卢格把它收入《轶文集》。这样马克思就决定他那部分不作为《末日的宣告》的续篇发表。这个决定也就结束了他同布鲁诺·鲍威尔的紧密合作。

② 参看《马克思致卢格（1842年2月10日和3月5日）》,《马克思恩格斯全集》第1版第27卷第420和421页。

③ 1842年6月2日在维干德的《德国年鉴》上登载广告说,《黑格尔关于宗教与艺术的学说》刚刚寄出。

④ 《从信仰立场来评判黑格尔关于宗教与艺术的学说》1842年莱比锡版第2页:"我们——这个词是从直接意义上来理解的……——我们这样分担了这项工作,即各自完成组成我们这部著作的两篇中的一篇,以使净化毒液的工作做得更为彻底。"

的前言和《黑格尔对圣史和编纂圣史的神性艺术的仇恨》那一篇①。布·鲍威尔是《末日的宣告》及其续篇的唯一作者这一事实并不排除其中有马克思的思想。在哲学和政治见解上的共同性以及对准备写的著作的共同讨论完全容许得出这样一种看法。然而这是难以证明的，因为在1841年的最后那些月份里无论马克思的手稿、摘录还是信件都没有留传下来。因此，鲍威尔的这两部著作对于说明马克思当时所持的理论立场无疑具有某种史料价值，但是由于马克思的见解具有那种众所周知的批判的独立性，尚有许多东西不能确定。因为在那时毕竟也有莫泽斯·赫斯对马克思的评价："马克思就其倾向及其哲学精神的修养来说，不仅超出了**施特劳斯**，而且超出了**费尔巴哈**，后一点非同小可！……马克思博士，也就是我的偶像，他还完全是个年轻人呢（最多二十四岁），他将给中世纪的宗教和政治以最后一击……"②。

在《末日的宣告》和在《黑格尔关于宗教和艺术的学说》中，关于黑格尔宗教哲学本质的见解，对青年黑格尔主义是具有代表性的。自我意识哲学和无神论是从黑格尔直接引出来的，是以黑格尔为根据的。

---

① 《末日的宣告》的第二部分显然要由前言、即"包括从虔诚立场出发的叙述"（参看本书第355页注②）和两篇组成。前言是鲍威尔写的（参看本书第356页注①）。马克思的《关于基督教艺术的论文》大概应是第一篇，而鲍威尔要写的是《论圣经和圣史》那一篇（参看本书第352页注②）。在《前言》中说道："我们刚把黑格尔关于**艺术**和**宗教**的学说置于信仰的批判之下，因为一方面黑格尔总是把宗教看作艺术的直接的猎物，因为另一方面——这部著作的第二篇是针对这一方面的，它谈的是圣史编纂的神性艺术——他和在他之后的最近批评家力图取消和贬低圣经，他指出，圣经推翻了一切人类艺术观的规律。"（第3页）付印的只有《前言》和其中一篇。因此少了第一篇，这一篇的写作是由马克思担任的。

② 《赫斯致奥艾尔巴赫（1841年11月2日）》，载于《马克思恩格斯全集》旧国际版第1部分第1卷下册第261页。

几乎不能设想,马克思于 1841 年 12 月在他为《末日的宣告》的第二部分写的《论基督教的艺术》一文中对黑格尔的宗教哲学会持有一种本质上不同于鲍威尔的立场。就是留传下来的 1842 年头几个月的文章和书信也没有表明马克思已经追随费尔巴哈对黑格尔的批判和《基督教的本质》的唯物主义结论。

可能是路德维希·费尔巴哈 1842 年 1 月发表在《德国年鉴》上的《〈基督教的本质〉一书的评判》① 一文使马克思在理论上接近费尔巴哈,并决定不把自己论基督教艺术的文章作为《末日的宣告》的续篇发表,而把它改写。由于各种原因,其中包括有撰写《末日的宣告》的嫌疑,费尔巴哈在这里尖锐地突出了他自己对黑格尔宗教哲学的批判同《末日的宣告》的作者的立场之间的区别,《末日的宣告》的作者"无疑是非常富有思想和力量的",他想要"直接从黑格尔导出否定的宗教哲学的结果";费尔巴哈强调,他的宗教哲学与黑格尔哲学处于原则的对立之中,"**只能从这一对立来把握和评判**"②。费尔巴哈的文章指出了青年黑格尔派因修饰黑格尔哲学而产生的弱点,这种修饰的目的是要把黑格尔哲学利用于激进的倾向。他指明,只有与思辨的唯心主义决裂才能使哲学真正自由和激进;他在针对黑格尔宗教哲学所设的尖锐对立中表明,在宗教批判中从《基督教的本质》开始的转变之所以具有力量,恰恰因为是从唯物主义的哲学见解出发。

然而当时对马克思进一步发展具有决定意义的,首先是他从事于现

---

① 路德维希·费尔巴哈:《〈基督教的本质〉一书的评判》,载于《德国年鉴》1842 年 2 月 16 日第 39 期和 2 月 17 日第 40 期;载于《路·费尔巴哈全集》,威·舒芬豪艾尔编,1967 年柏林版,第 9 卷第 229 页及以下各页。

② 《路·费尔巴哈全集》,威·舒芬豪艾尔编,1967 年柏林版,第 9 卷第 229—230 页。

实的政治社会问题的研究以及他这时参与了政论界的政治的论战。1841年12月底颁布了新的普鲁士书报检查令，这是普鲁士国王的一种虚伪自由主义的手腕，目的是为了把"制度本身的**客观缺点**归咎于**个别人**，""为了造成一种改善的假象而不从本质上去改善事物。"① 在这个检查令公布和它在出版界引起的初步反响之后，马克思写了《评普鲁士最近的书报检查令》②。这篇文章的结论提出了对于出版自由的资产阶级民主主义的要求，这篇文章尖锐地批判了完全与人民对立的封建专制的警察国家。这种结论和这种尖锐批判表明了马克思的政治立场。很值得注意的是，在这里，关于宗教、国家、法律、自由和其他问题的哲学见解全不是在其普遍性中来阐述和论证的，——而这是其他青年黑格尔派，甚至费尔巴哈的特点，——而是始终有意识地"结合具体情况并根据现存条件"③ 来阐述和论证的。这种从具体事物着手的态度也就从本质上决定了与政治和哲学对手的论据的争论以及论证的方法。然而从哲

---

① 马克思：《评普鲁士最近的书报检查令》，《马克思恩格斯全集》第1版第1卷第5页。

② 1841年12月21日的书报检查令于1841年12月27日公布在《普鲁士王国总内政内阁报》上。在日报上它则发表于一月上半月。因此，以往的马克思恩格斯著作的版本把马克思此文的日期署为"1842年1月15日到2月10日"是不确切的。自从梅林第一次重新发表这篇文章以后，它的日期是这样论证的：《普鲁士国家报》是在1842年1月15日公布检查令的，因此马克思不可能早于1月15日得知检查令。然而《普鲁士国家报》属于那批延迟公布检查令的日报。根据这一事实，马克思完全能够在1842年1月初就已经开始写作这篇文章。但写作结束的日期却肯定要到1月底或2月初，因为马克思在他的文章中已经采用了一段报刊通讯关于检查令的短评。而关于检查令的通讯只是在1842年1月中旬才开始刊登的。

③ 《马克思致达·奥本海姆（1842年8月25日）》，《马克思恩格斯全集》第1版第27卷第433页。

学理论上对政治状态和关系的说明仍深深地打上了一种受黑格尔哲学影响的、关于国家和法的客观唯心主义的观点的烙印。马克思还追求黑格尔的理想，即理性国家这种资产阶级—理想主义的幻觉，在这种国家里，法律体现着客观的普遍的东西，普遍的利益。

《评检查令》是马克思为《德国年鉴》写的。1842年初，在费尔巴哈的《关于哲学改革的临时纲要》、卢格的《德国哲学的新转变》（《基督教的本质》的评论）、鲍威尔等人的多篇文章被书报检查机关查禁之后，卢格就根本不把马克思的文章先送交书报检查机关。相反，他向马克思、费尔巴哈和鲍威尔等人建议，把那些被书报检查机关删掉的文章以《德国现代哲学和政论界轶文集》为题交给在瑞士的尤利乌斯·弗吕贝尔印行①，以便公开地表明，恰恰是这项人们对之抱有许多自由主义幻想的新的书报检查令重新压制了出版。马克思表示赞同，并愿意把原来为《末日的宣告》第二部分写的《论基督教的艺术》一文也交给卢格。当然，马克思强调说，他要把这部以《论宗教和艺术，特别是论基督教的艺术》为题的著作"彻底改写"，用一种"更自由的、因而也

---

① 1842年2月24日卢格告诉费尔巴哈："您在上上一封信中担心会对哲学使用暴力，是言中了。萨克森的书报检查机关变成了普鲁士王国的书报检查机关。我对您的书的评论、您的《纲要》和布·鲍威尔的所有东西都被删掉了……但是应该行动，并且立刻行动。所以我问您，您是否允许我把所有被删掉的文章和一篇专门讨论书报检查机关的粗暴行径的文章以《费尔巴哈、布·鲍威尔、卢格等人的哲学轶文集》为题在瑞士印行。这样就仍能使那些阴谋暴露于光天化日之下，并给了书报检查机关狠狠一记耳光，而同时只会为被删掉的文章招徕更多的读者。——当然我还需要布·鲍威尔的同意，也需要其他人，马克思、弗莱舍这两个勇敢而自由的年轻人的同意。马克思特别显得是个卓越的人……我将为每印张要求三路易并且承担分配稿酬的工作。"（《路·费尔巴哈书信集》，威·舒芬豪艾尔编，1963年莱比锡版，第159页及以下各页）

更实在的叙述方式"来代替"《末日的宣告》式的笔调和臃肿而拘谨的黑格尔叙述方式。"① 对这件事马克思还提到,在论及宗教的一般本质时他同费尔巴哈有些争论,这个争论不涉及"原则,而是涉及对它的理解"②。而从这些提法可以看出他对鲍威尔的背离,——这通过放弃《末日的宣告》的继续合作就已经表露出来,——同时也能看出他同费尔巴哈在《基督教的本质》中的宗教批判的进一步分歧。此外马克思从事对黑格尔法哲学的批判,这一批判的核心是同君主立宪制作斗争③。然而马克思一再拖延这两篇文章的定稿和寄发。卢格1842年9月3日对弗吕贝尔明确表示同意出版《轶文集》的合同,随后就寄去了手稿④。他给弗吕贝尔的信中写道:"也许还要寄去马克思的两篇重要文章,不过我们不能等它们。""马克思是个出类拔萃的人,又是个优秀

---

① 《马克思致卢格(1842年3月5日和3月20日)》,《马克思恩格斯全集》第1版第27卷第421页和第423—424页。

② 《马克思致卢格(1842年3月20日)》,《马克思恩格斯全集》第1版第27卷第424页。

③ 《马克思致卢格(1842年3月5日和20日)》,《马克思恩格斯全集》第1版第27卷第421页和第424页。在卢格1842年5月1日给费尔巴哈一封信的至今尚未公布的那部分中说:"我还可以给《轶文集》起一个更通俗的名字,对于这一文集,我还缺两篇马克思的文章。为了能在斯图加特付印,我必须积聚到二十印张。"(慕尼黑大学图书馆)

④ 《卢格致弗吕贝尔(1842年9月3日)》,苏黎世中心图书馆,弗吕贝尔遗著。——从所附的目录可以得出,《路德是施特劳斯和费尔巴哈的仲裁人》一文在1842年9月已由卢格连同其他手稿一同寄往苏黎世。所以《马克思恩格斯全集》旧国际版认为卢格1842年12月16日给弗莱舍的信中提到的马克思的"稿子"(参看本书第350页注①)就是《仲裁人》,这是站不住脚的。

的著作家。他在一星期前又重新答应了给我久已答应好的东西。"① 还在1842年10月21日他给马克思的信中写道:"《轶文集》已付印,我给您留下了您的位置。弗吕贝尔每周印四印张。八周之内印完。——如果可能,请尽快把您的手稿寄给我,或者不如……立即寄给苏黎世的弗吕贝尔(尤利乌斯博士)。"② 马克思没有寄出他的两篇文章。他四月份开始为《莱茵报》的撰稿、生病以及许多私人的烦恼事情妨碍了他的工作。并且在工作中马克思显然一再被迫去研究新提出的问题和没有解决的问题。新的怀疑时常出现。政论工作带来了新知识和新经验。这一切可能使他不能把这两篇文章写得使自己感到可以发表的程度。

阿·卢格的《轶文集》出版于1843年1月;这正是所有追求自由的、有民主倾向的报刊在德国成了地道的压迫浪潮的牺牲品的时候。《轶文集》给了德意志联邦中反动的好吹毛求疵的官僚书报检查机关以轰动一时的打击,因为它以普鲁士和萨克森书报检查机关的具体事例揭露了它反对一切进步的科学和政论界的行径。

马克思拟寄给《轶文集》的上述那两篇手稿没有保存下来。它们肯定也会说明马克思当时对费尔巴哈的态度。不过《轶文集》上的《评普鲁士最近的书报检查令》一文以及马克思为《莱茵报》所写的文章都证明,马克思确切知道费尔巴哈的著作和文章,并且在论证上利用费尔巴哈来进行政论的论战。③ 但马克思绝非"费尔巴哈主义者"。对

---

① 《卢格致弗吕贝尔(1842年9月3日和9月23日)》,苏黎世中心图书馆,弗吕贝尔遗著。

② 《卢格致马克思(1842年10月21日)》,《马克思恩格斯全集》旧国际版第1部分第1卷下册第281页。

③ 见威·舒芬豪艾尔:《费尔巴哈和青年马克思》1972年柏林第2版第27页及以下各页。

他说来，费尔巴哈是青年黑格尔学派中激进的哲学思想家之一。而马克思的政论文章则证明了他对政治状态和统治的国家政权的直接批判。它们记载了他对经济和社会问题的最初研究，它们记载了马克思的要求："更多地联系着对政治状况的批判来批判宗教，而不是联系着对宗教的批判来批判政治状况"①。同时这也表明马克思在结束他同布鲁诺·鲍威尔的合作之后在社会批评方面寻求解答的方向。在哲学理论的基本问题上马克思仍求助于黑格尔的唯心主义，特别是打着客观辩证法印记的观点，在这里一方面表现出他与布·鲍威尔和柏林"自由人"的主观唯心主义观点分道扬镳，但另一方面也清楚地表明，他虽然十分推崇费尔巴哈反对思辨唯心主义痼疾的斗争及其宗教批判，但尚未决心接受费尔巴哈对黑格尔的全部哲学采取的唯物主义抉择。

现在要问的是：据上所述，在《轶文集》上发表的《路德是施特劳斯和费尔巴哈的仲裁人》一文是否符合于马克思的政治和理论上的发展。

《仲裁人》一文讨论了在宗教意识中奇迹信仰的本质和价值问题。

---

① 《马克思致卢格（1842年11月30日）》，《马克思恩格斯全集》第1版第27卷第436页。据卢格说（1842年11月18日致罗·鲁茨；1842年12月7日和12日致弗莱舍），同柏林"自由人"的最终决裂发生在1842年11月底；参看《前期史》——马克思于1842年3月初就已经与他们非常疏远了。——科尔纽：《马克思恩格斯传》三联书店版第415页及以下各页，舒芬豪艾尔：《费尔巴哈和青年马克思》1972年柏林第2版第41—42页。

针对费尔巴哈在其论文《论奇迹》（1839）① 和《基督教的本质》② 中对奇迹所作的解释，大卫·弗里德里希·施特劳斯在其《基督教教理》一书中提出了异议，由此在《德国年鉴》上引起了一场论战。③《仲裁人》一文的作者把马丁·路德唤来作主证人，想对这场争论作出判决。作者先是简短地、概略地描述了施特劳斯和费尔巴哈之间的差异，——这里只简短地提到施特劳斯在《基督教教理》中反对费尔巴哈对奇迹

---

① 载于《科学、艺术和生活的雅典娜》1839年纽伦堡版，《路·费尔巴哈全集》，威·舒芬豪艾尔编，1967年柏林版，第8卷第293页及以下各页。在这里费尔巴哈举出大·弗·施特劳斯作为这样一些人中的一个，"这些人把我们自由而合理的祖先的**形象**忠实地保存在胸中，他们不是用狂热的唾沫去玷污它，而是力图净化它、完美它"（"我不能不在这里首先想到你，出色的**士瓦本人**！"），同时他也有意识地在圣经中的奇迹问题上抓住施特劳斯的题目。为了"一部更大的著作"（指《基督教的本质》），"为了完备"，必须"揭露这个不好的题目的本质"（第294页）。奇迹在这本书中已经被看成纯幻想的产物，它的根源是"心理学的、毋宁说是人类学的"天性（第320—321页）。

② 费尔巴哈：《基督教的本质》，参看《费尔巴哈哲学著作选集》三联书店版（下）第159页及以下各页（《信仰的秘密——奇迹的秘密》章）。

③ 参看《德国年鉴》1842年第7、8期（1月10—11日），《关于教会和科学之间的不和的两种意见，I. 论最近批评家施特劳斯、费尔巴哈、布鲁诺·鲍威尔的资格》（署名：也是柏林人），特别是：《德国年鉴》1842年第8期：《基督教与反基督教》（署名：一哲人）；参看关于布·鲍威尔《复类福音书作者的福音史批判》一书的评论，署名："柏林人"，载于《德国年鉴》1841年第105期。也可参看《施特劳斯和费尔巴哈》一文（比德尔曼：《评〈基督教教理〉和〈基督教的本质〉》），载于《德国文学和公众生活月刊》1842年莱比锡版第1册。费尔巴哈在《〈基督教的本质〉一书评判》中批判地提到过它。（《路·费尔巴哈全集》，威·舒芬豪艾尔编，1967年柏林版，第9卷，第230页）——（可能由阿·卢格为《仲裁人》加的"非柏林人"这一署名从这些联系中也就可以得到说明。）

的解释的意见①，——然后援引了四段路德引文，来为费尔巴哈那种从心理学上来解释的并消除了神学对奇迹的解释的立场进行辩解。这些引文的作用和《基督教的本质》中引用神父和其他神学权威的作用是一样的，它们在那里是当作"历史证词"，当作"客观事实"，来验证对宗教意识提出的"经验分析"。在《基督教的本质》和费尔巴哈其他宗教哲学著作中有时常令人瞠目的大量引文，它们特别是要向神学意识表明，宗教在其最为昭著的书面证词中和在其最无可置疑的信仰者的表述中所说出的东西，也就是他的分析和批判所揭示的作为宗教的真正本质的东西。这些引文是要使他的宗教批判的客观性或科学的历史的基础合法化。《仲裁人》一文的作者用路德引文来证明，奇迹只不过是"用超自然的方法来实现的愿望"，② 人的愿望和需要的一种超感觉方式的满足，而这也是费尔巴哈在《基督教的本质》中所指出的。按照作者的见解，这些无疑是选择得很巧妙的引文不仅能为费尔巴哈对奇迹的解释辩护，而且还被看作是对费尔巴哈全书的辩护，即为书中给预见、全

---

① 施特劳斯虽然赞同费尔巴哈针对黑格尔提出的如下看法：宗教"也孕育着人的感性的、有限的、纯主观的愿望和需求"，但他坚决拒绝费尔巴哈本质上进一步的反宗教立场。这样，奇迹绝非只是幻想和愿望的产物，而是"精神对于超自然力量的崇高性的意识"，是从精神力量获得"预感"，譬如《新约》中平息海上暴风雨的奇迹即是。（大·弗·施特劳斯：《基督教教理的历史发展及其和现代科学的斗争》两卷集，1840—1841年杜宾根和斯图加特版第1卷第19页及以下各页）恰恰在这一点上《仲裁人》的作者提出了反对施特劳斯的意见："施特劳斯到底还没有肯定说出什么是奇迹"，他"推测说，在奇迹的后面有一种与愿望不同的特殊的精神力量（好象愿望并不是他所说的这种精神的或人的力量；好象要求自由的愿望并不是自由的**最初**行动）……"（《马克思恩格斯全集》第1版第1卷第32页）。

② 《马克思恩格斯全集》第1版第1卷第32页。

能、创造、奇迹、信仰等所下的定义辩护①,费尔巴哈在《基督教的本质》中曾强调信仰和奇迹具有不可分割的统一性。② 同时,完全让读者从被引用的路德引文中去推出在作者看来是很有说服力的为费尔巴哈著作所作的辩护。在这样扩及到费尔巴哈的全书之后,文章结尾的语调颇为干脆:"可耻呵,基督徒们——优秀的和平庸的,有学问的和没有学问的,**反基督教者**向你们指出了真正的不加掩饰的基督教的本质,你们**应该为此感到羞耻**。"文章接着以那句经常被引用的著名宣告达到顶峰:"我劝你们,思辨的神学家和哲学家们,如果你们愿意明白事物存在的真相,即明白**真理**,你们就应该从先前的思辨哲学的概念和偏见中解放出来。你们只有通过**火流**才能走向**真理**和**自由**,其他的路是没有的。费尔巴哈,这才是我们时代的**涤罪所**。"③ 可见这篇文章强调地、无保留地承认费尔巴哈从《基督教的本质》开始的反思辨的转变。但在1842年初,青年黑格尔主义中没有任何代表人物无保留地同意这篇文章的立场。要这样激进地背离思辨哲学,背离反对唯心主义和神学的要求,——明白事物存在的真相即明白真理,——那就得站在原则上的唯

---

① 《马克思恩格斯全集》第1版第1卷第33页。

② "信仰不外是……**确信主观性的东西**——与自然和理性也就是自然理性的限制即规律相对立的**主观东西——具有现实性**。因此,信仰所特有的客体就是奇迹,——信仰就是奇迹信仰,**信仰和奇迹是绝对不可分割的**……**对信仰来说,没有什么是不可能的,**——奇迹只是实现了**信仰的**这种**全能**。奇迹只是信仰所能者之中的一个感性实例罢了。因此,无限性、主观性的超自然性、感情的过度——超验性就是奇迹的本质……信仰使主观性的愿望摆脱了自然理性的束缚。信仰准许了自然和理性所不准许之事;它使人幸福,因为它满足了他最主观的愿望……信仰**不局限自己于世界、世界整体、必然性**的观念……信仰的本质……就是:人所**愿望的东西**都存在着……"(参看《费尔巴哈哲学著作选集》三联书店版下册第159—162页)

③ 《马克思恩格斯全集》第1版第1卷第33—34页。

物主义立场。

认为马克思是这篇文章的作者，那就是说，他在1842年开始时就比较突然地而且完全不加批判地接受了费尔巴哈的立场。这一看法是与青年马克思那时的情况不相吻合的，他当时事实上力求既对布鲁诺·鲍威尔和青年黑格尔主义又对更现实主义的费尔巴哈采取自己的批判立场。这与下述事实也是不相吻合的：马克思对费尔巴哈更深入的剖析以及对其全部哲学更强烈的接近，主要是涉及费尔巴哈的《关于哲学改革的临时纲要》和《基督教的本质》第二版，前者1843年春才刊载在《轶文集》上，后者1843年夏才出版。这也就是他批判黑格尔的法哲学和国家哲学的时期。所以，基于原则上的内容上的理由，马克思不可能被看成是大约一年前写成的《仲裁人》一文的作者。

《马克思恩格斯全集》旧国际版认为马克思是《仲裁人》一文的作者，其论据中占主要地位的是马克思为《轶文集》撰稿所收到的稿酬一事：卢格于1843年3月8日告诉马克思，他即将收到《轶文集》上的两篇文章的稿酬，而且说是两印张零三页的稿酬①。马克思的《评普鲁士最近的书报检查令》在《轶文集》上占有两印张零一页的篇幅。《仲裁人》一文整占了三页，如果马克思是这篇文章的作者，那么卢格就少算了一页。在这方面，还是汉·马·扎斯的设想②比较有说服力：马克思收到另外两页的稿酬应该是由于在卢格所写的《〈莱茵报〉论出版自由》一文中引用了马克思的文句。这篇文章主要是由引自马克思《第六届莱茵省议会的辩论。关于出版自由和公布等级会议记录的辩

---

① 《马克思恩格斯全集》国际版第1部分第1卷第2册第306页。
② 汉·马·扎斯：《是费尔巴哈而不是马克思》，载于《国际社会史评论》第8卷第117页（本书第345—348页）。

论》一文（《莱茵报》第132号，1842年5月12日）的文句构成；它在《轶文集》上恰恰占两页①。

从上面的叙述可以得出：根据对马克思的发展的精确分析和今天对《轶文集》出版前的历史的了解，《马克思恩格斯全集》旧国际版认为马克思是《仲裁人》一文的作者的论据是不能成立的。《仲裁人》一文于1842年9月初已在卢格手中，并于9月23日连同《轶文集》其他文章一起寄往苏黎世付印。因此它不是到1842年11月才寄给出版者尤·弗吕贝尔。卢格关于马克思为《轶文集》撰稿将收到稿酬的通知并不证明马克思提供了第二篇文章。从内容来看，《仲裁人》一文由于"完全从黑格尔解放出来"而不同于青年黑格尔派的哲学和宗教批判的著述，也不同于《末日的宣告》；从论证方式和风格来看，它是"费尔巴哈式的"——这在1965年出版的《费尔巴哈和青年马克思》这一著作中已经确认②。虽然在这篇文章写成之际马克思开始摆脱青年黑格尔主义，但鉴于他的批判同费尔巴哈的宗教批判的明显差别，——即使这种差别涉及的是批判的"理解"而不是批判的"原则"，——他决非《仲

---

① 《轶文集》第1卷，苏黎世和温特图尔版，第91—92页。——卢格原想把马克思文章中的文句作为《德国年鉴》上《外交风格》一文的编辑部脚注发表。书报检查机关压下了这个编辑部的注解。（《卢格致马克思（1842年6月下半月）》，《马克思恩格斯全集》旧国际版第1部分第1卷上册第276页）。卢格在《轶文集》中用上了这些被书报检查机关删掉的文句并加了按语，其中叙述了书报检查机关的行为并简短地评述了马克思《关于出版自由和公布等级会议记录的辩论》一文。

② 参看威·舒芬豪艾尔：《费尔巴哈和青年马克思》1965年柏林第一版第25—26页。——在这里有关的论述还被看作是马克思的，用来证明他早期对《基督教的本质》的热情反应。根据扎斯所作的对《仲裁人》一文的作者的考证，在第2版中（1972年）——按照本文详细叙述的结果——已作了相应的改正。

裁人》一文的作者，因为此文的作者无保留地同费尔巴哈的见解相一致。

确定了马克思不是作者之后，问题就是谁是真正的作者。在《轶文集》的二十六个题目中有二十二个署有作者的姓名，他们是：阿诺尔德·卢格、摩里茨·弗莱舍、弗里德里希·科本、卡尔·瑙威尔克、阿道夫·鲁滕堡、路德维希·费尔巴哈和布鲁诺·鲍威尔。而卡尔·马克思是《评普鲁士最近的书报检查令》的作者是确定无疑的。其中署名"莱茵"的那篇《普鲁士人对普鲁士人的呼声·五篇谈话（1841年冬于海得尔堡)》的作者经过考证是摩里茨·弗莱舍。① 除了《仲裁人》一

---

① 卢格1842年3月8日给费尔巴哈的信中至今未发表的部分（慕尼黑大学图书馆）列举了为《轶文集》准备的文章，不过其中海尔维格和埃希特迈耶尔的文章已不再包含在弗吕贝尔后来于1842年11月3日所报道的目录里，因此这两人就不再是撰稿人："……恰恰是您的著作，《纲要》，是以最纯粹最有力的形式，证明了警察是怎样侵犯科学的。如果您从集子中收回这一篇，那么整个示威就减少了一大半分量，因为其余的都不是**纯哲学**的。这一册的内容是：1. 我的《书报检查机关和最新哲学争取出版自由》。2. 马克思的《普鲁士书报检查令》。3. 埃希特迈耶尔的《浪漫主义的国家理论》。4. 我写的对您的著作的评论。5. 您的《纲要》。6. 布·鲍威尔的《不莱梅的诅咒》。7. 布·鲍威尔的《教理史引言及克利弗特评论》。8. 布·鲍威尔的《四福音起源》。9. 布·鲍威尔的《神学意识的悲喜》。10. 起源第二部分。11. 布·鲍威尔的《新旧约》。12. 鲁滕堡的《论科尼斯堡写作问题的文学事业》。13. 弗莱舍的《普鲁士人对普鲁士人的呼声》。14. 瑙威尔克的著名小册子《何来何往，或1840年关于美和大臣的普鲁士邦议会，批判和摘要报道》。这本小册子只在国外印了一百份，因此非常稀罕，它在政治上是重要的。15和16. 《两封来自柏林的给莱茵省一居民的信，关于〈年鉴〉和柏林的保守报刊》。17. 科本的《费希特与革命》。18. 海尔维格的《瑞士，特别是苏黎世的反动势力，或新的救世主（弗里德里希·罗雷尔）》。——这一册包括十三至十四篇从《年鉴》上删除的文章——精神的巨大革命化——至少有二十四印张，也就是整整一本书……"

文的作者以外，尚不清楚署名"来自柏林"的《哲学批判和〈德国年鉴〉》一文出自何人。阿·卢格于1842年3月8日给费尔巴哈的信中谈到这篇文章，标题为《两封来自柏林的给莱茵省一居民的信，关于〈年鉴〉和柏林的保守报刊》。从它的内容可以知道，它是以埃德加·鲍威尔（柏林）和布鲁诺·鲍威尔（波恩）之间的通信为依据的，① 或是以另外一个住在柏林的青年黑格尔圈子的人与布鲁诺·鲍威尔或卡尔·马克思之间的通信为依据的。因为阿·卢格在与尤·弗吕贝尔的通信中要八份给作者的样本，而且后来也寄出了（1842年9月3日和1843年3月8日的信）②，所以除非卢格本人不在他为之要样本的八名作者之列，才可设想《轶文集》还有另一个撰稿人（如埃德加·鲍威尔）。这样，对我们提出的《仲裁人》一文的作者这一问题来说，圈子就紧缩到这八个或九个撰稿人了。如果马克思确非作者，那么在这些人中首先还要考虑到卢格；然而他在《轶文集》上对《基督教的本质》所作的长篇评论（《德国哲学的新转变》）③ 中这样确定了自己对费尔巴哈的态度：费尔巴哈的著作只应当看作是"对黑格尔哲学的一个重要部分即宗教哲学的积极扬弃"。虽然卢格在评判施特劳斯和费尔巴哈在宗教问题上的分歧时颇似《仲裁人》一文的作者，——施特劳斯对宗教的态度是根据理论形而上学的，而费尔巴哈的批判则是根据实践心理学的，——然而像《仲裁人》一文那样呼吁完全从思辨哲学中解放出来，对卢格来说恐怕是很不可能的。

于是《仲裁人》一文的作者问题就集中到费尔巴哈本人，也就是

---

① 参看《布鲁诺·鲍威尔和埃德加·鲍威尔通信集》，1844年夏洛滕堡版。
② 参看苏黎世中心图书馆的弗吕贝尔遗著。
③ 《轶文集》第2卷，苏黎世和温特图尔版，第17—18页。

汉·马·扎斯所作的推测是否可能：费尔巴哈自己撰写了《仲裁人》。扎斯举出的论据有：首先，费尔巴哈于1842年2月15日给卢格的信提供了线索，卢格曾把施特劳斯的《基督教教理》随同一批其他的新出版物寄给费尔巴哈，这本书肯定是引起《德国年鉴》上的讨论的诱因。费尔巴哈这时正在为第二版修改他的《基督教的本质》，并为此努力研究路德，他告诉卢格，他在浏览了寄来的书籍之后，看到施特劳斯把自己的"笨拙的学究概念"强加在他身上，不过不值得费力为此去争论。但他还是在给卢格的信中简短地表明了自己的态度："谈到施特劳斯和我自己的草草数行，您是否愿意发表，或者如果时间还来得及的话，只是在您自己对我的评论中拿它派一点用场，这完全由您去考虑。"① 其次，扎斯证明，在《仲裁人》一文中使用的路德引文是从当时已很少使用的莱比锡版（1729—1740年）上摘下来的，而费尔巴哈在《基督教的本质》第二版（1843年）中大量增加了路德引文时用的就是这个版本。在费尔巴哈遗著里发现的1842年所作的大量路德著作摘录中，有从第十六卷引下来的、用于《仲裁人》后两段的引文："应当从上帝

---

① 汉·马·扎斯：《是费尔巴哈而不是马克思》，载于《国际社会史评论》第12卷，1967年第1部分，第111—112页（本书第340页注④）。参看《路·费尔巴哈全集》第12、13卷，1964年版，第390页。根据萨克森的德勒斯顿地方图书馆保存的卢格遗著的手稿，这封信的日期是1842年2月13日。相应的段落如下："忠实的朋友！您以特别的善意深深地感动了我。请您为此接受我最衷心的感谢。我自然会把这些书同样完好无损地奉还给您。我先只能草草浏览一遍。我从厄兰根和纽伦堡图书馆得到了对开本，从厄兰根借来的书我必须于数周内重新寄还。但就我所看到的，施特劳斯是把自己的笨拙的学究概念强加于我。不过根本不值得费力为此去争论。谈到施特劳斯和我自己的草草数行，您是否愿意发表，或者如果时间还来得及的话，只是在您自己对我的评论中拿它派一点用场，这完全由您去考虑。"

身上吸取勇气……和"从上帝和他的儿子身上……"而且有趣的是，后一段引文在费尔巴哈的摘录中和在印成的《仲裁人》一文中都标出了着重号（在手稿中加横线，在文章中加空排印），而路德著作莱比锡版没有这种着重号。① 为了搞清楚《仲裁人》一文的作者问题，这两个论据是非常关键的。

1842年初费尔巴哈准备在论战中较少宽容大·弗·施特劳斯，这符合当时的辩论实况。还在1841年年底，在卢格和费尔巴哈的通信中就批评施特劳斯对保守的复辟势力所抱的幻想态度，谴责他在其苏黎世教授职位问题上的骑墙态度和他对《德国年鉴》的正式拒绝的态度，而当时由于对教学自由的反动限制日益增长，卢格准备建立一所自由教学大学。费尔巴哈在1842年3月2日给卢格的信中一针见血地评施特劳斯的立场说："但施特劳斯是作为教授来思维和写作的。"② 上述扎斯引用的对施特劳斯的评语"笨拙的学究概念"说的是同一个意思。《路德是施特劳斯和费尔巴哈的仲裁人》一文的开头恰恰也有这类文句。施特劳斯对"不久前提出的关于奇迹这个概念的问题"是作为神学家，用思辨神学的眼光来看待的，是"有偏见的"。费尔巴哈知道《德国年鉴》上1841年底1842年初进行的《仲裁人》一文所涉及的关于施特劳

---

① 参看汉·马·扎斯：《是费尔巴哈而不是马克思》，《国际社会史评论》第12卷，1967年第1部分，第112—113页（本书第342页）。参看费尔巴哈的路德著作摘录。慕尼黑大学图书馆收藏。划横线和加空排印一致之处是："因为我们所不能做到的，他都能做到，我们没有的，他都有。"在《仲裁人》一文相应的路德引文中的其他着重号，摘录中则没有。

② 参看《路·费尔巴哈全集》第12、13卷，1964年斯图加特—巴德、坎施塔特版，第85—86页、第393页。——虽然施特劳斯对保守势力在他刚一接受任命就让他退休一事，极为愤慨，但他对这种粗暴行为却以得到一份养老金而聊以自慰。

斯和费尔巴哈及奇迹概念①的讨论，因为卢格按时把《年鉴》寄给他。所以很可能，1842年2月关于这个题目寄给卢格的"草草数行"同《轶文集》上的文章是一回事。卢格这时已完成了自己关于《基督教的本质》的评论，并把它呈交给书报检查机关，——结果是禁止在杂志上发表，——所以他无法按照费尔巴哈的推荐，在适当的时候用上这段短文。费尔巴哈在此文中追溯到路德来作仲裁人，这也完全符合费尔巴哈的著述实况——"路德是一个极有地位的权威，一个比所有新教教义学家高超万倍的权威，因为宗教在他那里就是**一种直接的真理**，可以说是**天性**……"②。由于神学界对《基督教的本质》所作的批判被新教神学家看作只是涉及天主教的本质，因此费尔巴哈在安排第二版时就非常注重于增加历史证词，首先是增加路德的证词。在第一版中只有两处引用了路德，而在1842年1月18日交给出版人维干德的修订本则包含近一百三十处新增添的路德引文，作为他的批判的依据。③ 从那时直至四十年代中期，费尔巴哈一直特别注重于充分地利用路德，而且主要是依据费尔巴哈手中的莱比锡版本，④ 费尔巴哈的路德摘录和《仲裁人》一文中路德引文的选择及引用方式之间的一致不大会是偶然的，这使上面的

---

① 《轶文集》第2卷，苏黎世和温特图尔版，第206页。

② 《轶文集》第2卷，苏黎世和温特图尔版，第206页。

③ 参看载有费尔巴哈对各种版本所作的全部异文的新版，载于《路·费尔巴哈全集》第5卷，1964年斯图加特—巴德、坎施塔特版。

④ 除《基督教的本质》（1843年第2版）之外还可以提到：《路德所说的信仰的本质》（1844年）和《路德的值得注意的表达及附注》（1848年出版），载于《路·费尔巴哈全集》第9卷，1964年斯图加特—巴德、坎施塔特版，第353页及以下各页、第420页及以下各页。——与此相反，在马克思当时发表的著作和摘录中虽曾提到路德，但没有路德的引文。

联系更加有说服力了，根据这些联系也可以有根据地认为，寄给卢格的那一表态短文和《轶文集》上的文章是同一个东西。

如果可以确证费尔巴哈是《仲裁人》一文的作者，从而是他自己在辩论中使用了"火流"和"我们时代的涤罪所"这类文字游戏，汉·马·扎斯觉得这具有"奇特的魅力"。① 对此应当提到，匿名的解释，自我评论，甚至自撰关于自己的辞书文章，以图阐明自己的立场，有时乃至试图说明这种立场具有历史地位，这些对费尔巴哈和对那时许多其他学者来说，并不是什么稀奇事。譬如大家知道，费尔巴哈曾在《德国年鉴》上匿名解释他自己写的文章《基督教的医学或僧侣中的希波克拉底》，在那里他写道：他的陛下是"自然和历史"，在那里同样像在费尔巴哈家庭传统中惯常做的那样，玩弄费尔巴哈这个名字的象征。② 在那里他写道：作者在同基督教的辩护士打交道时不想说出他

---

① 汉·马·扎斯：《是费尔巴哈而不是马克思》，《国际社会史评论》第12卷，1967年第1部分，第115页（本书第344—345页）。

② 参看《路·费尔巴哈全集》第9卷，1964年斯图加特—巴德、坎施塔特版，第154—155页。——卡·马克思在1843年10月3日给费尔巴哈的信中涉及《僧侣中的希波克拉底》作者的这一"解释"，他在这封信中试图争取费尔巴哈为《德法年鉴》撰稿。但在这封信中丝毫没有提到《路德是仲裁人》一文。如果马克思是该文的作者，那么对他说来再没有更好的机会来表明他对费尔巴哈的态度了。——费尔巴哈家的友人克·卡普称费尔巴哈一家是"充满火焰的仙境"，称路·费尔巴哈是他"火光闪耀的朋友"。阿·卢格1840年7月17日摘引了一段费尔巴哈的评论："那些顽固不化的厄兰根伪善之徒"理应经受他那"真理的怒火"。（《路·费尔巴哈全集》第12、13卷，1964年斯图加特—巴德、坎施塔特版，第46、93、40页）

"火山的起源和名字"。① 在《仲裁人》一文中"火流"是"我们时代的涤罪所"这种说法是卢格早在1840年10月14日给费尔巴哈的信中就使用过的。他在那封信里说:"请您很快再写一段火流般的东西,为我们时代的冷漠作涤罪所。"②《仲裁人》的作者差不多按照原样采纳了这种措词。

费尔巴哈把他自己理解为他那个时代哲学的涤罪者,这丝毫没什么可惊奇的。他早在1838年的《积极哲学批判》中就坚决赞同用现实的事实来对抗醉醺醺的思辨哲学,使它清醒。③ 一种深刻的自我历史使命感,——由于他对唯心主义和神学从根本上进行了摧毁性的批判,这种感觉在一段较长时期内具有一定的客观基础,——也曾出现在费尔巴哈的其他著述中,其中包括署着自己名字的著作中。或许只须提到,他曾把《基督教的本质》一书中表达的"人是人的最高本质"这一认识说成是"世界史的转折点"④。因此根本无须认为匿名出现了用《Feuerbach》这个字所作的十分微妙的文字游戏是特别引人注意的。论战的尖锐性和有些夸张的表达方式从来就是费尔巴哈批判的风格。

我们说明了,《仲裁人》一文依照其起因,按照辩论和写作的情况以及上述费尔巴哈的论证方式,都自然符合费尔巴哈在1841—1842年的形象;如果是这样,那么一直未为人知的阿·卢格1843年3月31日

---

① 《路·费尔巴哈全集》第12、13卷,1964年斯图加特—巴德、坎施塔特版,第155页。

② 《路·费尔巴哈全集》第12、13卷,1964年斯图加特—巴德、坎施塔特版,第43页。

③ 《路·费尔巴哈全集》第8卷,1964年斯图加特—巴德、坎施塔特版,第207页。

④ 《路·费尔巴哈全集》第5卷,1964年斯图加特—巴德、坎施塔特版。

给路·费尔巴哈的信就提供了间接的线索,说明《仲裁人》一文出自费尔巴哈之手。随着这封信把费尔巴哈为《轶文集》撰写的文章的稿酬寄给了他。卢格写道:"我寄给您《轶文集》上一印张十二页的稿酬,一印张三路易,即每页一塔勒一银格罗申,二十八页共二十八塔勒二十八格罗申,为了方便,我将它们化为净二十九塔勒。"① 在《轶文集》上发表了费尔巴哈的《关于哲学改革的临时纲要》,其篇幅整占二十五页。因此,费尔巴哈一定还写了另外三页,因为稿酬是按二十八页计算的。此外尚只有《哲学批判……一封来自柏林的给莱茵省一居民的信》一文的作者还不清楚,但按其内容和篇幅(十页)是无须考虑的。而《仲裁人》一文恰好占三页,因此看来很明显,其余的稿酬是付给《路德是施特劳斯和费尔巴哈的仲裁人》一文的。也许从而进一步证实了,费尔巴哈1842年2月15日寄给卢格的"草草数行"就是发表在《轶文集》上的《仲裁人》一文。

总而言之,可以确认:《路德是施特劳斯和费尔巴哈的仲裁人》一文,在奇迹概念这一问题上用路德维护费尔巴哈的立场,来反对大·弗·施特劳斯,它的作者十分肯定地是费尔巴哈而不是马克思;这位作者不同施特劳斯进行深入的理论论战,而是在争论中强调不自由的、受到神学的、黑格尔思辨的思想方式的束缚的意识与自由的、以人和自然真理为基础的、建立在反思辨哲学立场上的宗教见解之间的对立。

汉·马·扎斯的文章为澄清作者问题提供了重要的意见,他把他的论题联系到进一步的推论,即考察马克思和费尔巴哈的关系。他认为,认识到费尔巴哈是作者,就使"青年马克思发展中不很清楚的形象摆脱

---

① 慕尼黑大学图书馆。

了不必要的累赘","因为关于马克思在1842年克服费尔巴哈的立场这一问题,单凭马克思在书信中对费尔巴哈的看法就已证明,马克思对费尔巴哈的批判早在1842年就基本上按照……马克思《关于费尔巴哈的提纲》中所表述的方向进行了。"① 在这里,扎斯转到新黑格尔主义的马克思研究上去了,这种研究为了一条黑格尔—马克思继承线而力图排除费尔巴哈对马克思的实质性的理论影响。对马克思从哲学唯心主义转变为唯物主义,从一个革命民主主义者的立场转变为无产阶级共产主义者的立场的阶段来说,认为费尔巴哈是《仲裁人》一文的作者,当然使所有关于在马克思那里曾经有一种无批判的、强烈的费尔巴哈主义的论调失去了根据,而至今认为马克思是《仲裁人》一文的作者这种看法则能为这类意见提供论据。假定费尔巴哈是《仲裁人》一文的作者,这就使对马克思的研究用一种十分不同的眼光来看待马克思在1842—1843年的发展了。这种假定所要求的出发点是:马克思从一开始就批判地分析费尔巴哈,他最先从理论和方法的批判着手,而没有同时——包括他同布·鲍威尔和柏林"自由人"分野的阶段——充分接受费尔巴哈反思辨的唯物主义前提。只是在他从事于《莱茵报》工作并为此取得了政治实践的经验之后,只是在他1843年夏重新研究和批判黑格尔法哲学的过程中,在他研究德国史、英国史和首先是法国资产阶级革命史的过程中,加上费尔巴哈的《关于哲学改革的临时纲要》以及同样出版于1843年的《未来哲学原理》,马克思才认识到,费尔巴哈以他在首先是对黑格尔哲学的批判中创立的唯物主义原则实行了"一场真正

---

① 汉·马·扎斯:《是费尔巴哈而不是马克思》,《国际社会史评论》第12卷,1967年第1部分,第118—119页(本书第348页)。

的理论的革命,"① 而这场革命的彻底完成则落到了马克思主义的奠基人的身上。

（原载《马克思恩格斯研究文集》1975年德特勒夫·
奥韦尔曼出版社版）
（陈加映 译　马兵 校）

---

① 参看马克思：《经济学—哲学手稿》，1957年人民出版社版，第2页。

马克思为《德国科学和艺术年鉴》和《德国现代哲学和政论界轶文集》撰稿

从1842年初开始,马克思日益自觉地力图使哲学和政治结成联盟。他认识到,如果哲学要使社会关系发生变化,哲学就应当在具体的政治状态中加以解释、阐述和论证。这种见解促使他与阿尔诺德·卢格进行合作,后者在当时把哲学的批判直接用作政治武器来反对普鲁士国家和德国的半封建的政治关系。卢格是青年黑格尔派的政治哲学机关刊物《德国科学和艺术年鉴》以及《德国现代哲学和政论界轶文集》的出版者。

1842年2月上旬,马克思告诉卢格,他今后愿意为《德国年鉴》撰稿。"现在我已结束了几件浩繁的工作,因此不言而喻,我力所能及的一切都将由《德国年鉴》支配"。① 同时他寄给卢格自己的第一篇政论文章《评普鲁士最近的书报检查令》,并以此参加了十分迫切的和对资产阶级反对派运动有重大意义的关于出版自由和普鲁士出版立法的性质的讨论。虽然马克思认为很快发表他的文章有特别重大的意义,但这篇文章并没有能在《德国年鉴》上登载。

1842年2月,萨克森书报检查机关对《德国年鉴》采取了严厉的措施。路德维希·费尔巴哈《关于哲学改革的临时纲要》、卢格《德国哲学的新转变》、布鲁诺·鲍威尔和其他青年黑格尔派作者的一些文章都被禁止了。在这种情况下,卢格根本没有把马克思的文章递交给书报

---

① 《马克思恩格斯全集》第1版第27卷第420页。

检查机关。相反,他向马克思和所有其他有关的作者建议,把这些文章以《德国现代哲学和政论界轶文集》为题在瑞士出版。马克思同意了。①

此外,马克思表示愿意在《轶文集》上刊登《论基督教的艺术》一文,先"修订一下"发表②,稍后经彻底改写以《论宗教和艺术,特别是基督教的艺术》为题发表。③ 他还答应卢格写一篇批判黑格尔法哲学的文章。④ 最后他说还要写一篇关于法的历史学派的哲学宣言的文章、一篇关于实证哲学家的文章和另一篇关于浪漫主义者的文章。⑤ 马克思同这些同时代人的反动观点的论战,是同论宗教和艺术的文章、同黑格尔法哲学的批判直接联系在一起的。

但是马克思一再拖延这些文章的定稿和寄发。当 1842 年 9 月卢格把《轶文集》的全部稿子寄往苏黎世时,他写信给出版者尤利乌斯·弗吕贝尔说:"也许还要寄去马克思的两篇重要文章,不过我们不能等它们"。他强调说,如果马克思的文章寄到的话,一定要收入,因为马克思是一个"出类拔萃的人"和"优秀的著作家"。⑥ 还在 1842 年 10

---

① 《卢格致马克思(1842 年 2 月 25 日)》。《马克思致阿尔诺德·卢格(1842 年 3 月 5 日)》,《马克思恩格斯全集》第 1 版第 27 卷第 420 页。

② 《马克思恩格斯全集》第 1 版第 27 卷第 421 页。

③ 《马克思致阿尔诺德·卢格(1842 年 3 月 20 日、4 月 27 日、7 月 9 日)》,《马克思恩格斯全集》第 1 版第 27 卷第 423—424、426 和 429 页。

④ 《马克思致阿尔诺德·卢格(1842 年 3 月 5 日、3 月 20 日)》,《马克思恩格斯全集》第 1 版第 27 卷第 421 和 424 页。

⑤ 《马克思致阿尔诺德·卢格(1842 年 4 月 27 日)》,《马克思恩格斯全集》第 1 版第 27 卷第 425 页。

⑥ 《卢格致弗吕贝尔(1842 年 9 月 3 日、9 月 23 日)》,苏黎世中心图书馆,弗吕贝尔遗著。

月21日，当《轶文集》已经开始印行时，卢格写信给马克思说："如果可能，请尽快把您的手稿寄给我，或者不如……立即寄给苏黎世的弗吕贝尔（尤利乌斯博士）。……"①

马克思没有寄出上述的任何一篇文章。生病以及家庭的义务和矛盾妨碍了他的工作。但首先是从1842年4月起为《莱茵报》大量撰稿，使他没有必要时间来完成自己的文章。重要的无疑还在于：由于政治性的报纸工作和进一步的研究，他获得了新的认识和新的经验，同时也遇到了新的课题，这使他不愿把自己的文章公之于世。

长时期来人们认为，马克思在《轶文集》定稿前不久，把《路德是施特劳斯和费尔巴哈的仲裁人》一文寄给卢格，以代替他答应写的文章。②这种看法的论据首先在于：马克思收到由卢格转交的两篇文章的稿酬。

在上述时间里，马克思对费尔巴哈再没有过《仲裁人》一文中的那种估价。根据马克思与布鲁诺·鲍威尔在撰写《末日的宣告》的续篇上的直接合作以及他在自己头几篇政论文章中和给卢格的信中所阐述的观点，马克思不可能在那时已经追随费尔巴哈对黑格尔批判的唯物主义结论。除此之外，马克思这一时期对费尔巴哈的一些看法以及鲍威尔关于马克思1841年4月想批评费尔巴哈的说法，③却表明，马克思并没有像《仲裁人》一文中那样，如此无条件地肯定费尔巴哈的理论。

---

① 《马克思恩格斯全集》新国际版第3部分第1卷第378页。

② 参看《马克思恩格斯全集》旧国际版第1部分第1卷上册第XL—XLI页。（见本书第386—387页）

③ 《鲍威尔致马克思（1841年4月12日）》，《马克思恩格斯全集》新国际版第3部分第1卷第358页。

最后还应该指出，马克思收到了两印张零三页的稿酬。①《评普鲁士最近的书报检查令》的篇幅是两印张零一页。如果认为马克思是《仲裁人》那篇占三页文章的作者，那就是说，卢格少算了一页。因为除了《哲学批判和德国年鉴。一封来自柏林的给莱茵省一居民的信》一文和《仲裁人》以外，《轶文集》上所有其他文章的作者是清楚的，而马克思又被排除是来自柏林那篇文章的作者，所以很可能卢格增加的稿酬是为马克思对《〈莱茵报〉论出版自由》这篇短文的间接撰稿而付给的。这篇占两页的文章是由卢格从马克思《关于出版自由和公布等级会议记录的辩论》一文中摘录的语句拼成，原来想在《德国年鉴》上发表的。在书报检查机关删掉了这些引语之后，卢格加上按语，把它收在《轶文集》里。

最终证明马克思不是《仲裁人》一文的作者的，是有关费尔巴哈的新的史料。根据这一史料，费尔巴哈是该文的作者。费尔巴哈1842年2月13日写信给卢格说："谈到施特劳斯和我自己的草草数行，您是否愿意发表，或者如果时间还来得及的话，只是在您自己对我的评论中拿它派一点用场，这完全由您去考虑。"② 卢格所写的对《基督教的本质》的评论几乎不可能利用了这"草草数行"，因为它早已完成了。很可能是卢格把它收在《轶文集》里了。这一看法从卢格1843年3月31日寄给费尔巴哈的稿酬中得到了证实："我寄给您《轶文集》上一印张零十二页的稿酬，一印张三路易，即每页一塔勒一银格罗申，二十八页

---

① 《卢格致马克思（1843年3月8日）》，《马克思恩格斯全集》新国际版第3部分第1卷第400页。

② 德勒斯顿萨克森地方图书馆，卢格遗著。

共二十八塔勒二十八格罗申，为了方便，我将它们化为净二十九塔勒。"① 发表在《轶文集》上的费尔巴哈《关于哲学改革的临时纲要》，其篇幅是二十五页。因此，费尔巴哈还应当写过卢格付给稿酬的那篇幅为三页的文章。因为费尔巴哈也排除了那篇占十页的来自柏林的文章的作者，所以他收到的稿酬只能是那"草草数行"，即《仲裁人》一文。还应当指出，《仲裁人》中的路德引文是采用策德列尔在1729年出版的版本，这一版本那时已很少使用。而对策德列尔的版本，费尔巴哈1841年底为了准备《基督教的本质》第二版——在这一版，他补充了一百多条路德引文——时进行了研究和摘录。

1843年2月《德国现代哲学和政论界轶文集》在瑞士出版。它登载了马克思的文章《评普鲁士最近的书报检查令》以及在题为《〈莱茵报〉评出版自由》中刊有马克思为《莱茵报》写的第一篇文章的重要段落。此外，在《德国年鉴》上发表了马克思的文章《再评奥·弗·格鲁培博士的小册子〈布鲁诺·鲍威尔和教课自由〉》。其他计划写的文章马克思没有写成。从1842年4月开始，他首先集中精力为《莱茵报》撰稿。

(原载《马克思恩格斯全集》新国际版第1部分第1卷第965—967页)

(马兵 译)

---

① 慕尼黑大学图书馆。

关于马克思在《德国现代哲学和政论界轶文集》上发表的文章

1841年6月初,马克思去波恩,他的朋友布鲁诺·鲍威尔作为私人讲师在那里的大学任教。马克思也希望在那里教课。但布鲁诺·鲍威尔的地位当时已大为动摇。他的讲学,尤其是《复类福音书作者的福音史批判》在正统派中间引起了强烈的反感。那些自从受到阿尔坦施泰因大臣的庇护在普鲁士各大学占有牢固位置的黑格尔右派急忙离开这位粗野的讲师。于是出现了对黑格尔哲学的新的围剿,而且取得了成效。1838年黑格尔分子还曾团结一致地反对正统派,而现在,黑格尔左派开始与黑格尔右派最终决裂,后者谴责青年黑格尔分子背叛了黑格尔的学说。

那时在青年黑格尔分子中间出现一种想法:采取在十六世纪和十八世纪的论战性著作中通常所用的手法,也就是假正经地把讽刺性模拟文的武器针对想象的敌人。马克思在柏林时就曾想写一部谐剧《一败涂地的费舍》来回答卡尔·菲力浦·费舍的《神的观念》一书。马克思在波恩与鲍威尔再次相遇时,伊·海·费希特作为思辨有神论的主要代表正在那里教书,他们两人——当时他们想创办一种公开高举无神论旗帜的杂志——决定以维护正统派的形式来证明,正是黑格尔不仅是一个基督教的谴责者,而且是无神论者。这个意图表现在匿名小册子《对黑格尔、无神论者和反基督教的末日的宣告。最后通牒》(1841年莱比锡版)中。

我们认为,马克思很可能是作为默默无闻的合作者积极参加了这本小册子的写作。在科伦的格奥尔格·荣克在给卢格的信中甚至写道,

《末日的宣告》是鲍威尔和马克思合写的。但是我们还是放弃了原来把这一著作收入本卷的计划。马克思写的部分无论如何是不再能加以确定了，他在《末日的宣告》中所做的至多是一个助手的工作，而该书的匿名披露以来，它已成为鲍威尔一人的著作了。我们认为，把这一著作收入第二卷是适宜的，在那一卷里还将包括恩格斯的类似小册子。它们都属于同一时期，并构成共同的一类。

1841年秋，马克思已经明白了，他不可能在普鲁士的高等院校有立足之地。鲍威尔和他不得不放弃出版自己杂志的计划。如果说他们以前不满意黑格尔左派主要机关刊物的编辑卢格的温和的策略，并想创办一种专门的《无神论杂志》，那么，在由《哈雷年鉴》改名的《德国年鉴》于1841年6月从哈雷迁移到德勒斯顿以后，他们希望卢格采取激进的论调是正确的。

卢格①这时开始热心地为《德国年鉴》撰稿，与他一样，马克思也同卢格建立了直接的联系。他是通过科本认识卢格的，科本自1838年初以来就已经是《哈雷年鉴》的最勤奋的撰稿人之一。1839年10月，卢格在给科本的一封信中，请求为《年鉴》"物色新的较年轻的撰稿人"。②如果科本推荐过什么人的话，那么他肯定把自己那时最要好的朋友卡尔·马克思推荐给卢格了。正如从马克思给卢格的第一封保留下来的信③中可以得知，马克思在1842年2月初为《德国年鉴》写了一篇批判不久前公布的普鲁士最近的书报检查令的文章。但那时萨克森的书报检

---

① 此处卢格或许有误，疑是鲍威尔。——本丛书编者注
② 这封信原件保存在柏林德国社会民主党档案中。
③ 参看《马克思恩格斯全集》第1版第27卷第419页。

查加紧了，这促使卢格把他手头上的一部分稿子送到不受书报检查的外国去出版。由此就产生了《德国现代哲学和政论界轶文集》，它由于偶然的情况，直到1843年2月中旬才出版，这里也有卢格的过错，因为他一再要求并接受新的稿子。《轶文集》收入了马克思还在1842年2月10日提供的《评普鲁士最近的书报检查令》。人们从梅林所编的遗著中已经知道了这篇著作。但我们这一版本还从《轶文集》中收入了马克思的另一篇文章，其意义虽不能与《评检查令》相比，但它也引起一些兴趣。

《路德是施特劳斯和费尔巴哈的仲裁人》一文，像《评普鲁士最近的书报检查令》一样，发表时没有署真名。《评检查令》的作者称自己是"莱茵省一居民"，此文作者只是透露自己"不是柏林人"。尽管如此，作者可以肯定是马克思。因为从卢格1843年3月8日给马克思的信中可以知道：马克思给《轶文集》提供了两篇稿子，而且收到了两篇文章的稿酬。《轶文集》上未署名的三篇文章中，只有《仲裁人》一文可以考虑是马克思的著作。

马克思大概是在1842年初写了这篇涉及施特劳斯和费尔巴哈"在不久前提出的关于奇迹的问题上"的争论的文章的；这篇文章是与《德国年鉴》（1841—1842年）上三篇论述从施特劳斯到费尔巴哈和鲍威尔的哲学发展的文章有关的。① 前两篇文章②的作者不理解从施特劳斯过渡到费尔巴哈的必然性，而且担心最后获得的结果又会发生瓦解，

---

① 《关于布鲁诺·鲍威尔〈复类福音作者的福音史批判〉的前言》，载于《德国年鉴》第105期第1卷，1841年11月，第417—420页（附卢格写的跋）。《关于教会和科学之间的不和的两种意见。I. 论最近批评家施特劳斯；费尔巴哈、布鲁诺·鲍威尔的资格。II. 基督教和反基督教。》第7、8期，1842年1月10日、11日。

② 指《关于布鲁诺·鲍威尔〈复类福音作者的福音史批判〉的前言》和《论最近批评家的活动能力》。

他们的署名是"柏林人"和"也是柏林人",这也许促使马克思对他的坚决拥护费尔巴哈的文章采用"非柏林人"这一署名。同样,他自称为"反基督教徒"以暗指第三篇文章《基督教和反基督教》。这篇署名为"一哲人"的文章,——古斯达夫·迈耶尔认为出于施蒂纳的手笔是正确的,① ——提出了奇迹问题,而且引用了施特劳斯反驳费尔巴哈②的唯一的文句,后来马克思也援引了这一文句。"一哲人"指出了施特劳斯的奇迹概念中的矛盾,而马克思用路德的引文为费尔巴哈的定义进行了辩解。同时他使用了《末日的宣告》的方法,即用正统的权威来论证激进的真理的方法;当时他很自然会想到这种方法,因为1841—1842年冬他正在写《末日的宣告》的第二部;而且他在这篇文章的结尾本身陷入了《末日的宣告》的风格。

虽然这篇文章大概在1842年初就已写成,但从摩里茨·弗莱舍1842年12月16日给格奥尔格·荣克的信③中可以知道,马克思在1842年11月前才把它寄给卢格,也许是作为他答应为《轶文集》撰写的篇幅较大的文章的小小的补偿。

(原载《马克思恩格斯全集》旧国际版第1分第1卷上册
第XXXVIII—XLI页)

(马兵 译)

---

① 古斯达夫·迈耶尔:《政治激进主义在三月革命前的普鲁士的产生(附:〈不为人所知的斯蒂纳的著作〉)》,载于《政治》杂志,由里沙尔·施密特和阿道夫·格拉博夫斯基斯出版,第6卷,1913年第1期第1—113页。——也有单行本。

② 《基督教的教理》第1卷第20—21页。

③ 约瑟夫·汉森:《1830—1850年政治运动史的莱茵书信和文件》第1卷第347页。

《美国新百科全书》的《美学》条目是不是马克思写的[*]

马克思和恩格斯于1857年7月至1860年11月间曾为《美国新百科全书》写了一系列条目。这部百科全书由美国《纽约每日论坛报》编辑部的一些资产阶级进步新闻工作者和出版者查·德纳、乔·里普利等人编辑，共十六卷，1858至1863年在纽约出版。当时，美国和欧洲的许多知名学者参加了编写工作。

这部百科全书的条目是不署名的，只在若干卷上附有篇幅最大的条目的作者名单，其中提到某些条目是出自马克思（其实，它们大部分出自恩格斯）。还有一些条目，根据马克思和恩格斯的通信、德纳给马克思的信件、马克思登记寄往纽约的条目的笔记本以及为这些条目所作的提要和摘录等，可以判断出是马克思或恩格斯写的。苏联于1933年第一次把马克思和恩格斯所写的条目收集在一起，编入《马克思恩格斯全集》俄文第一版第十一卷第二部。1959年出的《马克思恩格斯全集》俄文第二版第十四卷收载这些条目最为完全[①]。

---

[*] 本文选自《马列著作编译资料》1980年第7辑。

[①] 见《马克思恩格斯全集》第1版第14卷。

德纳约请马克思为《美国新百科全书》撰写条目时，也曾请他撰写《美学》条目。关于这件事，马克思和恩格斯分别在1857年5月23日和28日的通信中提到①。马克思在5月至6月期间曾研究美学，读了一些美学著作。1858年出版的这部百科全书第一卷上刊登的一个《美学》条目，按这部百科全书的体例，未署作者姓名。

这个《美学》条目是否为马克思或恩格斯所写，一直有不同意见。在苏联，二十年代末至三十年代初，马克思恩格斯研究院的工作人员经过考证，认为它不是马克思或恩格斯写的；因此，这个期间正在出版的《马克思恩格斯全集》俄文第一版以及后来的俄文第二版都未收入。1951年1月31日在苏联科学院哲学研究所召开的全苏哲学史学术讨论会上对《美学》条目作过鉴定。到六十年代后半期，苏联学术界对《美学》条目的作者问题，又在报刊上发表学术文章、举行学术会议展开了讨论。1966年苏联《文学问题》杂志第五期发表了亨·普齐斯对苏联前后三种《美学》条目俄译文进行分段和综合的定稿（附注释），以及他的意见。他根据多年的研究，肯定这个条目为马克思所写。《文学问题》编辑部认为他的论据不能成立，并在同期发表了B.勃鲁什林斯基反驳他的文章。1969年1月28日，米·里弗希茨在苏共中央马列主义研究院学术会议上的发言，也反驳了他的论断。

下面发表的有关《美国新百科全书》上的《美学》条目是否为马克思或恩格斯所写这个问题的一组材料，包括：一、普齐斯分段并综合定稿的《美学》条目俄译文（我们尚无法找到条目的英文原文）；二、普齐斯的肯定意见；三、勃鲁什林斯基的否定意见；四、里弗希茨的否定意见。

---

① 见《马克思恩格斯全集》第1版第29卷第135和136页。

《美学》条目[①]

（亨·普齐斯分段并综合定稿的俄译文）

美学，研究现实（天然）和创作（技巧、艺术）中优美（美）的东西的科学。美学这个术语在十九世纪（我们这一世纪）才成为哲学的语汇。严格说来，这个术语指的是"属于情感的（感性的）感知的东西"，它来自古希腊文"αἰδθητικός"一词，即情感上可感知（感受）的东西。这个词由动词"αἰδθάνομαι"演变而来，意思是情感

[①] 载于查·德纳和乔·里普利编的《美国新百科全书。通俗百科辞典》（1858年纽约版第1卷第158—159页）。从英文译出的有：A.阿尼克斯特（1950年）、H.阿利特瓦尔克（1960年）以及苏共中央马克思列宁主义研究院（1963年，标明了异文）。亨·普齐斯根据这三种译文分段并综合定稿。看来，译文的最后定稿还要专门讨论。

关于这一卷，第一篇评论（载于1857年12月29日纽约《晚报》）说："应当为《美学》条目的写成而赞扬德国最精深的哲学家的才能。"

1951年1月31日在苏联科学院哲学研究所召开的全苏哲学史学术讨论会上对《美学》条目第一次作了鉴定。另见：Э.Л.叶列缅科关于鉴定会议的简介（载于《苏联科学院通报。文学和语言部分》1957年第3期）；还有以下文章：斯特凡·莫拉弗斯基的《论苏联美学》（载于《创作》1958年第4期）；亨·普齐斯的《美学理论和一般艺术理论的区别》（载于波兰科学院《人文学评论》杂志，华沙，1960年第3期）；普齐斯的《苏联建筑学概论》（《苏联建筑学原理》一书附录，苏联建筑科学院建筑学、建筑史及建筑技术科学研究所出版社1958年莫斯科版第193—194页）；还有：斯特凡·莫拉弗斯基的《传统和远景》（1964年华沙版第14—206页）。

（鉴赏）上感受（体验）或感知。①

最有权威的心理学家们揭示出人的性格，是按照认识、行动（行为）和（感觉）情感能力，或按照理智、意志和情感的感知（鉴赏）能力这三者（三分法、三位一体）来划分（区别）的。有人从这点出发，认为美学研究情感的感知（鉴赏）能力，而逻辑学研究理智，伦理学研究意志。

在最一般的含义上说，逻辑学揭示思维规则，伦理学揭示行动（行为）规则，而美学揭示鉴赏规则。真是思维的最终目的；善是行动的最终目的；而美是情感的感知（鉴赏）的最终目的。

美学这门科学现在还没有确立，并且在很多方面遇到了特殊的困难，这是由于各个社会（国家、民族）和个人的鉴赏是多种多样的，以及在创作的领域中有相对的自由而造成的。和逻辑学的规则、伦理学的规则相比，尽管鉴赏的规则可能不很确定，但毋庸置疑，鉴赏的规则在人的天性中具有同样的基础，并且同样能够纳入科学体系。

但是，在哲学家中间对美的原则和创作原则的理解还是不大一致的。看来，他们相互之间只是在下列两个论点上没有矛盾：第一个论点是，没有优美的形式，无论什么都是不美的；第二个论点是，优美的形式要成为真正美的形式，或者成为精致的作品，就应该表达观念，具有理想基础，成为表达思想的手段，符合一切或者几乎一切人的精神（意

---

① 在这个美学定义中，部分地利用了马克思1857年7月15—16日看过的埃尔希和格鲁伯《百科全书》同名条目中的《审美鉴赏》的定义（见《马克思恩格斯全集》第1版第29卷第148页）。

识）能力①。

如何对待和发展美学这门科学，有两条不同的途径：或者根据"先验"的方法，力图根据理智得出美学的概念（观念），在这些概念的基础上建立抽象的体系，并要求行家（演员）使自己的创作符合这个体系；或者按照"后验"的方法，以公认的有技巧的作品②为出发点，在这些作品里探索给人以享受的那种东西，并根据现有的精致作品（杰作），把取得的成果归纳为实践的规则。

显然，只按照其中一种方法，不管是哪一种，都不可能达到建立美的科学的目的；因为第一种方法，忽略了创作（技艺）方面普遍存在的无限自由；而第二种方法忽视了创作（技巧）中的理想因素。

许多思辨的哲学美学家属于第一种方法，从毕达哥拉斯和柏拉图开始，继他们之后是鲍姆加滕、康德、谢林、席勒、黑格尔和他的门生；而第二种方法从亚里士多德开始，随后是海因兹、莱辛、温克尔曼、培尔、卢梭和法国、英国、意大利的美学家。

毕达哥拉斯由于是一个天才的数学家，曾竭力想在数目比例中寻找美和美的形式；但是，对于他的思想，很少有人知道，难以判断这些思想的价值。

柏拉图认为，苏格拉底把美和善等同起来，用一个组合词"калокагатон"即美善来表示，这个称呼是当作永恒观念和它的实际存在的形式相统一的尺度而被确定下来的。但是，柏拉图认为艺术既不像

---

① 马克思写道："我们的需要和享受是由社会产生的；因此，我们对于需要和享受是以社会的尺度，而不是以满足它们的物品去衡量的。因为我们的需要和享受具有社会性质，所以他们是相对的。"（见《马克思恩格斯全集》第1版第6卷第492页）

② 俄译文是："произведения мастерства"。——译者注

政治和道德那样具有独立存在的权利，也不像科学那样具有独立研究的权利①。

鲍姆加滕在德国第一个指出美具有一种极其珍贵的素质；他表明人的意识中有感知美和享受美的能力②，这种能力以感觉为基础，以低级理智（"cognition sensitiva"）③ 为中心，理性可以驾驭但不能忽视低级理智。④

康德接受和发展了这一论点，认为低级理智不能感知美，而人的一切能力中的最高能力，即判断和评价的能力，才能感知美，这是十分自然的。在康德看来：凡是具有和谐和自身目的，而又不致成为达到其外在目的的手段的东西都是美的；美的东西，就其本身而论，本来就存在，并且和有益相对立。

席勒是严格分析自在之美的第一个人，所谓自在之美，也就是对我们的知觉和鉴赏来说，不管它是什么样的，也不管什么条件下，它始终能给意识以享受。他在把美划分为"素朴的"和"感伤的"这两种美的时候，发现第一种美的魅力在于它的自然性，在于它没有过奢要求，并且自我满足，而第二种美的魅力则在于想回到大自然和大自然的

---

① 这些话广义地转述了《一八五七年笔记》中的思想（苏共中央马克思列宁主义研究院档案）。

② 在《一八五七年笔记》中，马克思在鲍姆加滕的后面指出了"ingenium pulcrum"——美感的能力这一点（苏共中央马克思列宁主义研究院档案）。马克思还在旁边写道："美学的内在意义，就是指出如何使美得以再现。"

③ "Cognitio sensitiva"——感性认识，这个定义是马克思从《一八五七年笔记》中搬出来的（苏共中央马克思列宁主义研究院档案；以下引用只标明：档案）。

④ 这些话是重复一段末尾的话（见《马克思恩格斯早期著作选》国家政治书籍出版社1956年莫斯科版第3页）。

纯朴。

谢林和继他之后的佐尔格尔指出，美是理想和实在的高度吻合，在这里这两者结合得如此紧密，以致理想成为灵魂，实在成为肉体（形体），或者成为有限形式中的无限，有限的形式把它的完善完全等值地表达出来。

黑格尔（《美学》三卷集，1842—1843年柏林版）和他在这方面的两个著名门生弗·费舍（《美学》两卷集，1846—1848年罗伊特林根版）和阿·卢格（《新美学导论》1837年哈雷版），把谢林的思想发展成更完善更适当（通俗）的体系，并且把对美的本质的认识大大向前推进了一步。他们指出，美是绝对观念及其有限表现使摆脱物质的无限自由得以实现的王国①。

观念在它的低级阶段，即在自然美和历史美中，实现自己是不自觉的，因而是不完善的。在自然和历史的领域中，美只是先呈现出来，同偶然的和非本质的因素结合在一起。

在人的意识中，美是完全自由地存在着，它力求使物质屈服并使物质理想化，使物质具有相等的形式，并且使物质成为无限的表现。

在建筑、雕塑和绘画中，意识在进行创造时是受到物质限制的。在诗里，意识达到了最高点，使物质屈服并且把物质的作用降到表达观念的手段。

从这段关于美的思辨观念的简短评述中就足以清楚看出，可以通过这样的途径达到关于美的本质的某些一般的和抽象的真理，但是对于杰

---

① 用了迈耶《大百科辞典》的《审美鉴赏》这个条目（1840年第1卷第455页）中的黑格尔以及后来的阿·卢格和弗·费舍的评述。但要指出，这些评述不是创见，而是来自谢林等人的思想。

作不可能达到更明确的理解或最好的享受①。

亚里士多德把自己的"范畴"② 运用于美学和创作；他指出一切真正的艺术作品总是包含着一些必须遵守的规律性和规则，而对这些规律性和规则必须加以研究，以便按照它们的典范来正确评价和重新创造美的艺术作品。

他在自己的《诗学》中对这一点阐述得非常充分而又极其自然和轻快。他规定时间、空间和行动或客体这三者必须统一，要人们正确处理这样一些问题：是谁？是什么？在什么地方？用什么手段？为什么？怎样？什么时候？但是，亚里士多德不是从自然界和人的精神需要中得出自己的规则；因此，在一百多年中这些规则曾使法国戏剧界在路易十四及其继承人的统治下做了苛刻定理的奴隶。

温克尔曼在自己的艺术史中对雕塑、绘画、建筑也作了非常充分的论述，就像亚里士多德对诗所作的论述那样。

海因兹的功绩在于确定了每一种艺术的界限，指出一种艺术不同于另一种艺术的力量、效果和特殊手段。看来，对海因兹功绩的估价还是不够的。他分析了每一种艺术的某些杰作的各种美，而且分析入微。

莱辛，特别在他的《拉奥孔》中，以无与伦比的评论天才作了同

---

① 按照"百科全书的语气"，是指一般唯心主义美学（其中包括谢林—黑格尔的唯心主义美学）实际上是无用的、无益的。

② 本条目是我所知道的唯一的一个美学条目，这个条目对亚里士多德的评述是从指出他的"范畴"开始的。这符合马克思《一八五七年笔记》中的专题札记——《亚里士多德的范畴》（《Aristoteles modificationes》；见档案）。"技艺的"（артистический）这个词常常译成"艺术的"（художественный），是不确切的。并不是一切"技艺的"即"和艺术有关的"，都是有艺术性的（见列宁的评论《一本有才气的书》，《列宁全集》第 1 版第 33 卷第 102—103 页）。

样的论述，而歌德和李希特尔留下了许多关于各种形式的美的有趣见解。

卢梭也是这样进入音乐王国的，并且试图深刻地阐明表现手段的作用。

在英国美学著作家中，赫契森和柏克①颇有见解地研究了人关于美的观念起源，但不深刻，而杜格耳德·斯图亚特、阿里逊、杰弗里和品·奈特则提出了一系列一般的设想，不过他们丝毫也不奢望作精确的哲学分析。

在美学中有一个一直很不受重视的方面，这就是对称论。毕达哥拉斯在这方面谈过的思想，后来还没有人进行过研究，指出形式美到底建立在什么基础上，分析技艺表现的各种形式，并以一些个别创作为例，根据形式（意识）的心理结构，揭示出其中每一种形式对于意识的特殊影响。豪普特曼（《和谐与韵律》1850年莱比锡版）在这方面对于音乐曾作过一些尝试，但这是不够的，在每一个创作领域中都应该这样做。

因此，显然美学还未结束自己的童年时期。对于思辨的学说和批判性的理论来说都缺乏必要的材料。

建筑、雕塑、绘画中"美的线条"是什么，"美的线条"有哪些相似之点引起意识的共鸣，这些我们都还不知道；我们也不知道一定旋律的魅力何在，不管它怎样在我们的心灵里引起这类感情，也不管它在诗

---

① 查·德纳在1857年5月8日约马克思写《美学》条目的信（档案）中，要求谈谈德国、法国和英国的作者，"当然不要忘了柏克"。但是，当编者们进而读到马克思对后验论者即唯物主义者的评论时，他们大概把原文压缩了，用空泛的词句代替了一切，结果柏克实际上是被"忘记了"——只提了一下。

中怎样使每一韵律、每一富有表达力的词句、每一形象以及语音具有迷人的力量。在这方面，诗和音乐还算是达到了最高的进步水平。

为了补充材料的不足，应该掌握以数学为基础（像海尔巴特学说那样）的但同时又是从所掌握的丰富宝贵的实验观察出发的更发达的心理学。还应该对表演形式以至对每个创作（技巧）方面的细微末节作充分的分析，最后（按意义并非最后）应该从创作的最古老最单纯的阶段开始来掌握系统的创作史。

为了把美学这门科学建立起来，需要有材料上的准备，完成这个任务可能需要一个很长的时间。

到今天为止还没有一部充实的和令人满意的美学著作，但是，除了上面提到的以外，下列书籍对研究者还多少有所裨益：1．维塞：《美学体系》两卷集，1830年莱比锡版；2．茹弗鲁阿：《美学教程》，1942年巴黎版；П.库金：《真、美和支票》①，以及约翰·勒斯金的著作。

（原载苏联《文学问题》杂志1966年第5期第167—172页）

---

① 这部书和"约翰·勒斯金的著作"这句话，是为了做广告而硬加上去的，因为，这几部书在这之前不久才由乔·里普利出版，收入《古典文学丛书》。在这里，马克思为了嘲弄编者的无知，而在库金的书名上改了一个词，把"bien"（"善"）这个词改成了"bon"这个词（指的是证券、支票），这样便有讽刺的意味："真、美——这就是支票"。

《美学》条目的特点（摘要）

〔苏〕亨·普齐斯

可以证实马克思和恩格斯是《美学》条目作者的，有如下几点：

1. 在评述"先验的"美学家时，指出早已去世的佐尔格尔（1780—1819年）的名字是在谢林之后。马克思还是一个大学生的时候，就对佐尔格尔的《埃尔温。四篇关于美和艺术的谈话》一书作过摘记①。谢林——佐尔格尔关于美是理想和实在的高度吻合的论点曾被马克思在《政治经济学批判》的《导言》中批判地加以利用。

2. 弗·费舍和阿·卢格的作用是有限的，因为他们"在这方面"，也就是说，仅仅在美学方面，是黑格尔的门生。这种限度符合马克思对这两个作者理论见解的评价。

3. 在评述杜格耳德·斯图亚特（1758—1828年）的"后验的"倾向时，他的名字是用的全称，这是为了避免和《政治经济学批判》中不止一次地引用过的詹姆斯·斯图亚特混淆起来。杜格耳德·斯图亚特的全集从1854年起开始出版。马克思首先感到兴趣的是杜格耳德的《哲学概论》，其中有引人注目的探讨文章《论美》，以及《政治经济学讲义》。后来，从这个出版物中所作的许多摘引被用于《资本论》②。

4. 和黑格尔相反，条目中指出逻辑学和伦理学规则比鉴赏规则的

---

① 见马克思1837年11月10日给父亲的信，《马克思恩格斯早期著作选》第12页。——译者注

② 见第一卷。——译者注

规定性更强，而鉴赏规则"在人的天性中具有同样的基础，并且同样能够纳入科学体系。"当时只有费尔巴哈、赫尔岑、车尔尼雪夫斯基发表过近似的见解，但是他们和查·德纳的《百科全书》没有关系。

5. 批判亚里士多德不是从自然界和人的需要中得出自己的规则，同时也批判古典主义在十七世纪曾使法国人做了"苛刻定理的奴隶"，还引证了亚里士多德的"范畴"。这种引证符合于《一八五七年笔记》中读迈耶尔辞典时所作的笔记。

6. 指出"技艺表现的各种形式""根据"它的"心理结构"对意识产生特殊的影响，这符合马克思的下述论点：对象的存在是"**人的本质力量的一本打开了的书**"①。

7. 也应当把这一论点和《美学》条目中如下见解联系起来：我们"应该掌握以数学为基础（像海尔巴特学说那样）的但同时又是从所掌握的丰富宝贵的实验观察出发的更发达的心理学"。同这一见解有关的，还有当时就已出名的海尔巴特（1776—1841年）的明确评论（在他的著作里把伦理学包括在美学之内），以及他和黑格尔（反对把数学方法运用于哲学）的继续论战。

8. 指出美学还处于幼稚状态，要把美学建立起来，可能需要一个很长的时间，这符合作者的下述言论：全部历史、全部科学应该"重新研究"。条目末尾对那个时代的大量著作作了相应的否定，因为这些著作造成一种印象，似乎美学已经建立起来了；这种否定也符合马克思和恩格斯在科学中所进行的根本变革。

9. 马克思在《一八五七年笔记》中所作的笔记，完全证实他是《美学》条目的作者。特别是就柏拉图、亚里士多德、鲍姆加滕、康

---

① 《马克思恩格斯早期著作选》第594页。——译者注

德、谢林、黑格尔以及其他美学家而作的笔记更是如此。例如：

马克思在《一八五七年笔记》中写道："柏拉图从道德政治观点来谴责艺术。"马克思在《美学》条目中是这样发挥这个见解的：他（柏拉图）认为，"艺术既不像政治和道德那样具有独立存在的权利，也不像科学那样具有独立研究的权利"。

马克思在读到迈耶尔辞典中关于鲍姆加滕的地方时写道：鲍姆加滕的美学已经指明"对感性上完美的东西的感性知觉能力和感性知觉对美的表现力"。而在另一页上，读到弗·费舍的著作《美学或研究美的科学》时，马克思则写道："鲍姆加滕谈到美感的能力（ingeniumpulcrum），由于这种能力，**美才得以再现**。"

就鲍姆加滕而作的这些笔记，在《美学》条目中反映如下：

"鲍姆加滕在德国第一个指出美具有一种极其珍贵的素质；他表明人的意识中有感知美和享受美的能力，这种能力以感觉为基础，以低级理智（'cognitionsensitiva'）为中心，理性可以驾驭但不能忽视低级理智。"

还应指出，《一八五七年笔记》中在上述关于鲍姆加滕那段话之后，马克思还记下了这一想法："因此美学的内涵就是（在于）去研究某些规定，以便使对象得到美的再现。"

10. 马克思在《一八五七年笔记》中所作的与条目的论点相一致的笔记，也在《政治经济学批判》中反映了出来。（例如，从席勒书中所作的笔记："美对我们来说既是对象，同时又是我们主体的状态。美是一种形态，因为我们可以判断它，但它同时又是生活，因为我们可以感觉到它。它既是我们的状态，同时又是我们的行为"；见档案。）

11. 我们还要指出，紧接着《美学》条目之后写成的《政治经济学批判》中对有关审美属性、审美形式和美感这许多问题的阐述是一致的。

马克思利用了祖尔采尔对宝石的审美意见,认为审美属性就是使用价值。例如,钻石有使用价值——"**不论是用在装饰方面还是机械方面。**"

"金银制的商品不管具有什么样的**审美属性**,可以……转化成货币……"它们"实质上不过是贮藏货币的**审美形式。**"

马克思进而写道:"它们的**审美属性**使它们成为满足奢侈、装饰、华丽、炫耀等需要的天然材料,总之,成为剩余和财富的积极形式。它们可以说表现为从地下世界发掘出来的天然的光芒,银反射出一切光线的自然的混合,金则专门反射出最强的色彩红色。而色彩的感觉是**一般美感中最大众化的形式。**"①

12. 一系列修辞上的细节和用语都证明《美学》条目是马克思和恩格斯写的,这些用语是:"三位一体"、"最终目的"、"出发点"、"达到最高点"、"思辨哲学家"、"物质限制"、"相等的形式"、"思辨观念"、"思辨理论"、"批判地掌握"、"分析入微"、"科学的童年"等。

所有这些特点都证明,要否定载于 1858 年出版的乔·里普利和查·德纳《美国新百科全书》第 1 卷第 158—159 页上的《美学》条目出自马克思和恩格斯手笔,是没有根据的。

(原载苏联《文学问题》杂志 1966 年第 5 期第 184—186 页)

---

① 参看《马克思恩格斯全集》第 1 版第 13 卷第 16、124、125、145 页;黑体都是作者用的。——译者注

论据违反事实

〔苏〕B. 勃鲁什林斯基

未署名的《美学》条目由亨·普齐斯呈献出来了。条目的译文是由亨·普齐斯"综合的",译得不精确、十分离奇,而且还没有最后定稿。

且举两个例子来说明这个译文为什么不能令人满意。没有署名的条目第一句话,原文是这样的:"Aesthetics, the science of the beautiful in nature and art"。标准译文应该是:"美学,研究自然美和艺术美的科学。"在亨·普齐斯"综合的"译文中,这句话译成这样:"美学,研究自然界(天然)和创作(技巧、艺术)中优美(美)的东西的科学。"①

第二个例子。第三句原文是这样表达的:"the threefold division of human nature…into the capacities of knowing, acting, andfeeling."标准译文应该是:"人的本性分为三个部分:认识能力、行动能力、感觉能力。"亨·普齐斯借口保留"异文",把这句话改译成这样:"人的性格是按照认识、行动(行为)和(感觉)情感能力这三者(三分法、三位一体)来划分(区别)的"。

---

① 直到最近这句话还是这样;在很多正式讨论中,美学被看作"研究自然界……中优美的东西的科学"。在排字的时候,看来,对译文的"最后"方案作了初步修改,普齐斯把"自然界"改成"现实"。这无论如何也不符合英语的 nature 这个词。我们指出这一事实,只是因为由此可以证明译文的粗枝大叶和生搬硬造,使人们注意辨认公布的材料和亨·普齐斯的全部注释。

条目原文是用简单明确的英语写的。而在普齐斯"综合的"译文中，条目则被弄得离奇古怪，紊乱费解。译文中一些故意译得不确切的地方，将在下面指出来。

不过"综合的"译文中的晦涩，自然是一件小事，虽然这也是很突出的。

有两个情况从表面上看，好象有理由提出马克思是不是《美学》条目的作者或合作者这个问题：一、1857年马克思的处境，在物质上非常困难，这使他为了报酬有时甚至写各种技术条目；二、马克思1857年的笔记中有十四页是从弗里德里希·费舍的《美学》和载于德国和法国百科全书的各种美学条目中所作的摘要。

但是，根据这两点根本不能解决未署名的《美学》条目是不是马克思写的问题。《美国新百科全书》的编者查理·德纳当时曾要马克思写许多条目，其中也有美学这一条，但这一点也不能成为决定性的论据。大家知道，约请马克思为这部百科全书写的全部条目，远不是都由马克思写的。例如，《阿布德—艾尔—喀德》、《宪章主义》、《伊壁鸠鲁》、《黑格尔》这些条目，便是别人写的，尽管也有人认为它们是马克思写的。

只有载于《美国新百科全书》的这一条目的**内容**，才能成为断定是否出自马克思手笔的决定性根据。而这个内容断然说明不是马克思和恩格斯写的。

《美学》作者是从"**人的本性**"① 这个抽象的、反历史的概念出发的。用这位作者的话来说，这种"人的本性"分为"理智、意志和感

---

① 在亨·普齐斯"综合的"译文中，毫无根据地把"human nature"有时表达为"人的性格"，有时表达为"人的天性"。

情",而理智和"真的观念"相一致,意志和"善的观念"相一致,感情则和"美的观念"相一致。条目作者写道,美学的任务在于"确定感觉的规律"或"鉴赏的规律"。作者强调指出,这些"鉴赏的规律",尽管不同的民族和个人的鉴赏有所不同,"在人的本性中都具有自己的基础"。

马克思主义是把社会的美学观点同社会存在的发展密切地联系起来进行考察和研究的。与此完全相反,《美学》条目未署名的作者却把"鉴赏的规律"建立在抽象的、超历史的、超阶级的"人的本性"之上,建立在同样抽象的和超历史的"美的观念"之上。在整个条目中甚至没有一次顺便提到"社会"这个词①。

然而在马克思和恩格斯看来,极其重要的恰恰是:艺术问题应该同那种使一切艺术种类和人们的一切美学观点成长和发展起来的**社会**存在联系起来考察。例如,在马克思和恩格斯1845到1846年写的《德意志意识形态》中便强调指出,谈论艺术问题,不应该脱离社会基础。他们在批评和嘲笑麦克斯·施蒂纳时写道:"桑乔以为,拉斐尔的绘画跟罗马当时的分工无关。如果桑乔把拉斐尔同列奥纳多·达·芬奇和提戚安诺比较一下,他就会发现,拉斐尔的艺术作品在很大程度上同当时在佛罗伦萨影响下形成的罗马繁荣有关,而列奥纳多的作品则受到佛罗伦萨的环境的影响很深,提戚安诺的作品则受到全然不同的威尼斯的发展情况的影响很深。和其他任何一个艺术家一样,拉斐尔也受到他以前的艺

---

① 在亨·普齐斯"综合的"译文中,"社会"一词只出现一次,但是,亨·普齐斯是随便把这个词加在那里的。原文中说:"the diversity of tastes in nations and individuals"("不同的民族和个人的鉴赏有所不同")。而亨·普齐斯却译成了"各个社会(国家、民族)和个人的鉴赏是多种多样的"。为了断定"nations"一词不是指"社会",难道还需要对"综合稿"作"最后的敲定"吗?

术所达到的技术成就、社会组织、当地的分工以及与当地有交往的世界各国的分工等条件的制约。"①

载于《美国新百科全书》上的未署名的《美学》条目，是谁在1857年写的，我们不得而知。可是就在这一年，马克思写了他的著名的《〈政治经济学批判〉导言》。顺便指出，在《导言》里他谈到了美学和艺术史的一些问题。马克思关于美学问题的这些见解，和《美学》条目中令亨·普齐斯十分折服的全部内容截然不同。马克思在《导言》中指出了这些或那些艺术繁盛的某些时期所具有的一个特点。马克思写道："关于艺术，大家知道，它的一定的繁盛时期决不是同社会的一般发展成比例的，因而也决不是同仿佛是社会组织的骨骼的物质基础的一般发展成比例的。例如，拿希腊人或莎士比亚同现代人相比。"② 这就是说，个别一些艺术的发展程度和社会物质基础的发展程度之间不是完全平衡的。但这要有一个前提，正像马克思在下一页上所说的，"希腊艺术和史诗"也是"同一定社会发展形式结合在一起"的③。唯有和社会发展的形式这样联系起来，才能了解艺术、美术、艺术史和艺术理论。

如果注意到上面提到的1857年马克思所作的关于美学问题的摘记，那就可以断定，摘记的内容在亨·普齐斯认为是马克思和恩格斯写的《美学》条目中并没有得到任何反映。此外，条目中还有这样一些细节，甚至从事实方面也确凿地证明了条目的作者和作美学摘要的马克思，是完全不同的两个人。条目中提到弗里德里希·泰奥多尔·费舍的

---

① 《马克思恩格斯全集》第1版第3卷第459页。——译者注
② 《马克思恩格斯选集》第1版第2卷第112—113页。——译者注
③ 《马克思恩格斯全集》第1版第2卷第114页。——译者注

《美学》（1857年马克思在自己的笔记中对这部著作作过摘要）。但是正像条目内容所证明的，未署名条目的作者只知道1846年和1848年在罗伊特林根出版的费舍《美学》的前**两卷**。《美学》条目中提到费舍的书是两卷集的地方，也指出了这两个年代。而在马克思的摘要中提到和利用的费舍这部专著**不是两卷**，而是**整整三卷**，马克思在自己的笔记中还相应地指出这部书的出版年代，不是1846至1848年，而是1846至1853年。

还有一个突出的细节：在《美学》条目中把弗里德里希·泰奥多尔·费舍和阿·卢格说成是黑格尔美学的两个"著名门生"[①]。对费舍和卢格的这种评价，和马克思恩格斯对这两个美学家所作的评价完全不同。关于费舍，1882年4月8日马克思写信给恩格斯说："跳康康舞的英雄博登施泰特和臭不可闻的美学代表人物弗里德里希·费舍是威廉一世的贺雷西和味吉尔。"[②] 卢格还得到了更坏的评价。1852年马克思和恩格斯在《流亡中的大人物》这篇著作中是这样说的："……卢格并不是德国启蒙运动的看门人，而是现代德国哲学的尼古拉，而且他善于把他的才智方面的天生的平庸隐藏在思辨的措词的浓密的荆棘之后。和尼古拉一样，他所以也勇敢地反对**浪漫主义精神**，正好是因为黑格尔在《美学》中用批判的方式，而海涅在《浪漫主义学派》中用文学的方式早已给它送了终。但是，和黑格尔不同，他和尼古拉一致认为，作为浪漫主义精神的敌人，他以为自己有权把庸夫俗子，首先是他本人这样的

[①] 亨·普齐斯（在《文学问题》1966年第5期第170页上）错误地把英语形容词remarkable（杰出的、卓著的）译成"著名的"。

[②] 《马克思恩格斯全集》第1版第35卷第52页。——译者注

庸俗人物推崇为最完美的理想人物。"①

最后,还有一个确凿的证据,说明未署名的《美学》条目不是出自马克思的手笔。在1857年马克思的笔记本中,马克思提到了他(和恩格斯)为《纽约论坛报》和《美国新百科全书》写的**全部**或长或短一些的大条目都寄往纽约了,美学这个条目却**没有**提到。

未署名的《美学》条目的情况就是如此。

最后,还要就亨·普齐斯的论据和注释说几句。亨·普齐斯的一些基本论据,按照他的看法,对于说明这个条目出自马克思和恩格斯的手笔是有利的。论据之一就是未署名条目的作者和黑格尔的看法不同。亨·普齐斯认为,黑格尔不承认"自然界、天然、现实中的美"(第182页)。这里首先使人吃惊的是,亨·普齐斯认为黑格尔把自然界和现实等量齐观。大家知道,黑格尔认为不仅自然界而且艺术都具有现实性。至于说到承认自然美,竟荒谬地认为:只有马克思和恩格斯才承认自然美;只有他们才能在1857年发表"如此惊人的、当代新颖的、和黑格尔—费舍相对立的美学评论。"(第183页)在马克思和恩格斯以前,甚至在黑格尔以前,早就有人承认自然美的存在,例如,像霍布斯、歌德、康德这样一些彼此见解极不相同的思想家,就是如此。因此,未署名条目中把美学说成是"研究自然美和艺术美的科学",其中没有一点专属马克思主义的内容,这个定义根本不能作为一个证据,来说明马克思和恩格斯是条目的作者。

亨·普齐斯在第十二点中所说的论据(第186页),也是同样可笑的。他说,在《美学》条目中有这样一些"用语",如"三位一体"、"最终目的"、"出发点"、"达到最高点"、"思辨哲学家"、"物质限

---

① 《马克思恩格斯全集》第1版第8卷第307页。——译者注

制"、"相等的形式"、"思辨观念"、"思辨理论"、"批判地掌握"、"分析入微"、"科学的童年"等,这也证实了这个条目是出自马克思的手笔。所有这些"用语"也可以从其他上千个远非马克思主义者的作者那里遇到,因此这些用语根本不能成为确定这些或那些条目作者是谁的标准。

其次,亨·普齐斯硬说,马克思不能不接受查理·德纳要他写《美学》条目的约请,因为马克思当时在物质上的处境非常困难。他的这种论据没有什么价值。不妨提醒一下,马克思在1857年5月23日给恩格斯的信中写道:"哲学的东西稿酬的确过低,而且用英文写也很难。……我也同样不懂,怎么可能用一页篇幅来按黑格尔的观点'透彻地'阐明美学。"① 很可能,正因为这一点,马克思才没有写向他约定的有关黑格尔和美学的条目。

亨·普齐斯认为,未署名的《美学》这个条目,既未收入《马克思恩格斯全集》俄文第一版,也未收入第二版,是"由于捷·卢卡奇的结论造成的,这个结论得到了他的门生和追随者的支持。"(第174页)这个论点也不符合事实。事情完全不在于捷·卢卡奇的"结论"。顺便说一下,尽管捷·卢卡奇的一般观点值得商榷,但他在这方面却是一个大家。问题在于马克思恩格斯著作室根据对种种有关这个问题的事实和情况所作的细致的、客观的分析而一致通过的决定。因此,亨·普齐斯对不久前去世的Э.佐别尔这位精通马克思恩格斯遗著的匈牙利有名学者的不负责任的攻讦,只好留待他的良心去解决。Э.佐别尔关于未署名的《美学》条目也得出了同样的结论。无论是捷·卢卡奇,还是所有其他多少认真研究过这个问题的研究工作者也都得出了这个

---

① 《马克思恩格斯全集》第1版第29卷第135页。——译者注

结论。

最后，为了彻底弄清亨·普齐斯注释的质量问题，必须明确指出，亨·普齐斯甚至不惜歪曲事实。我只举两个例子。

亨·普齐斯在第167—168页上（还有第178页和183页）写道："关于这一卷，第一篇评论（载于1857年12月29日纽约的《晚报》）说：'应当为《美学》条目的写成而赞扬德国最精深的哲学家的才能。'"其实，亨·普齐斯在这里从《美国新百科全书》第一卷书评中引证的这段话，原来是这样说的："甚至一些抽象的问题在这里也谈得明确、透彻，并因注意到它们的实际运用，而确实使人耳目一新。德国思辨哲学的含糊用语与此相比，毕竟是令人厌恶的。**《绝对》和《美学》的条目**便是说明这种情况的最明显的例证，即使最精深的德国哲学家也会因此而引以自豪。"①

亨·普齐斯在第173页上武断地说，载于《美国新百科全书》第一卷上的全部条目都没有署名。可是，亨·普齐斯不会不知道，在《美国新百科全书》第二卷头几页上，为了做广告又一次翻印了被亨·普齐斯歪曲引用的《纽约晚报》的那篇书评；并且提供了第一卷中六十五个最大条目的清单，指出这些条目的作者。可见，这六十五个条目怎么也不能说"没有署名"。其中没有《美学》这个条目，它倒确实是没有署名的，它的作者是谁一直到现在还没有搞清楚。在《美国新百科全书》其他卷中提到马克思是《军队》、《炮兵》、《贝尔纳多特》、《波利瓦尔》、《骑兵》、《筑城》、《步兵》、《海军》这些条目的作者。而亨·普齐斯在第174页上连马克思和恩格斯的这些条目也说是"没有署名的"。

---

① 黑体都是作者用的。——译者注

我认为，由上所述只能得出一个结论：认为没有署名的《美学》条目是马克思和恩格斯的作品，根本没有任何根据。

（原载苏联《文学问题》杂志1966年第5期第187—192页）

《美国新百科全书》的《美学》条目是不是马克思写的?

(在苏共中央马列主义研究院 1969 年 1 月 28 日
学术会议上的发言)(摘要)

〔苏〕米·里弗希茨

我们不妨根据这个条目所说的,想象一下它的作者的尊容。首先不难发现,这个条目是一个无知的人写的。他认为《美学》这个词只是在十九世纪才成为哲学的术语。大家知道,这是一个大错误。如果需要专门证明马克思不可能写这个条目,只要回想一下下面的情况就行了。马克思早在 1837 年就研究过黑格尔的《美学》,而黑格尔在他的演讲录中一开头就解释了这个术语,并且指出这个术语在沃尔夫学派中产生的时间。马克思从各种百科全书中作了摘记,虽然收集了写《美学》条目的材料,但是他没有写这个条目。1857 年对迈耶尔、维干德和其他人的百科全书所作的摘要,足以清楚地表明:《美学》这个术语出自鲍姆加滕,马克思是完全知道的。

退一步说,我们不妨假定这是印刷上的错误,应为"十八世纪"。马克思在为自己写作作准备时,记下了启蒙时代法国和英国美学界的传统代表人物的名字。他在自己的笔记本里把杜伯、克鲁兹、巴特、狄德罗、里德的一些话摘记下来。且不谈古代的作者(弥勒关于古代艺术理论一书更详细的摘要保存下来了)。这些摘要和《美国新百科全书》这个条目之间有什么联系呢?没有任何联系。精通社会思想史的行家马克思不可能像条目作者那样信笔列举十八世纪作家的名字:

"海因兹、莱辛、温克尔曼、培尔、卢梭"。这是一位才疏学浅的人的手笔。

其次,按照德纳的意思,马克思本应"根据黑格尔的原理"来写美学条目(见马克思1857年5月23日给恩格斯的信)。我们有一份详细的摘要,足以证明1857年马克思用很大的精力研究过黑格尔的著名门生——弗里德里希·泰奥多尔·费舍的《美学》。这在《美国新百科全书》中能找到丝毫反映吗?完全没有。而我们所看到的是对黑格尔的粗野的、不怀好意的叙述,这不可能出自写过许多经济学著作的马克思的手笔。在这些著作中,马克思甚至(他自己也承认)还"卖弄"过黑格尔的术语。

给德纳百科全书写这个条目的是一个平庸的人。在十九世纪中叶,只有在药剂师奥迈这样的水平上重复资产阶级思想的永恒真理的庸人才会这样写道:"鉴赏规则"同"逻辑学和伦理学的规则"完全一样,都应根据"人的本性"纳入科学的体系。难道马克思这位提出社会思想历史观的天才会背弃自己的世界观,发表这些适合于两个世纪以前的关于"人的本性"和"鉴赏规则"这类经院式的用语?

我们可以回想一下这个条目中关于亚里士多德谈了些什么。"亚里士多德不是从自然界和人的精神需要中得出自己的规则",致使"法国戏剧界在路易十四及其继承人的统治下做了苛刻定理的奴隶。"这是上一世纪典型的自由主义的空洞思想,它和马克思在1861年7月22日给拉萨尔的信中对古典主义所发表的见解毫无共同之处。马克思在信中写道:"……毫无疑问,路易十四时期的法国剧作家从理论上构想的那种三一律,是建立在对希腊戏剧(及其解释者亚里士多德)的曲解上的。但是,另一方面,同样毫无疑问,他们正是依照他们自己艺术的需要来理解希腊人的,因而在达西埃和其他人向他们正确解释了亚里士多德以后,他们还是长时期地坚持这种所谓的'古典'戏剧。"① 马克思的历史辩证法是什么水平,德纳百科全书中这个条目的平庸文词又是什么水平!

这个条目是什么人写的呢?我不认为是一个美国人,察觉不到一点盎格鲁萨克逊的传统。不,这是德国人的作品。这位作者多半是一个德国侨民,他有自己大学时代的回忆和习惯的思想倾向。这个倾向是什么呢?这是不难判断的。十九世纪中叶,德国古典哲学时代已经结束,在资产阶级社会思想中发生了决定性的变化。对黑格尔采取自由派实证主义的蔑视态度的整个时期开始了。那些在十九世纪初期被黑格尔学派的压倒影响推到次要地位的人们从黑暗中走出来了。罗素在他的《西方哲学史》中抱怨马克思不提叔本华。的确,十九世纪下半叶如此有影响的叔本华,对马克思来说似乎并不存在。大家知道,马克思和恩格斯是怎样对待建立在黑格尔学派废墟上的德国哲学的残羹剩汁的。

但是,连罗素也没有想到要马克思重视海尔巴特的学说。然而正是这位海尔巴特,对《美国新百科全书》美学条目作者来说是主要权威。海尔巴特在黑格尔时代是一位几乎默默无闻的大学哲学家和心理学家,是企图根据数学比例来规定"鉴赏规则"的形式主义派别的创始人。在今天"结构主义"盛行的情况下,海尔巴特也许会等到自己的文艺复兴的到来,但无论如何,这一切和马克思是毫不相干的。

除了海尔巴特,条目作者还提到豪普特曼是一位最重要的美学家,豪普特曼是同一形式主义学派的一位不出名的代表人物,他和洛茨很接

---

① 《马克思恩格斯全集》第 1 版第 30 卷第 608 页。——译者注

近。顺便指出，这个学派的结论主要是以**音乐**材料为依据的。每一个了解马克思的人都知道，这跟马克思的兴趣相去很远。德纳百科全书美学条目的作者本想对海尔巴特学说作一修正，根据费希纳的未来经验和观察，主张"实验观察"，即主张所谓"来自下面的美学"。很难想象还有什么更加远离马克思精神气质的东西，因为马克思对唯物主义演绎法在科学方法中的作用作了高度的评价。

我还要指出，条目作者的论断是建立在演绎和归纳这个无用的反题之上的，而我们的发现者普齐斯同志却相信实验观察法符合唯物主义辩证法。在他看来，唯心主义和唯物主义之间的区别是以"思辨或实验"这条线来划分的。对这个哲学上的发现，是给不了及格分数的。

总之，《美学》条目的作者是海尔巴特形式主义学派的追随者，不过他朝着经验主义方面修正了一下。他在引证著作时，首先推荐维塞的《美学》（1830年）。在黑格尔哲学得势时期，维塞依附黑格尔哲学。人们把他算作"冒牌黑格尔主义者"。但是，一旦黑格尔的影响动摇了，他就马上改弦易辙，创立了自己的唯美论神学和神秘经验主义的体系。在四十至五十年代，维塞和小费希特一起成了所谓"实证论哲学"的主要活动家（像谢林晚年那样）和大学陈规陋习的官方鼓舞者。

简而言之，维塞是德国民主运动的老牌敌人。马克思在博士论文中就对"实证论哲学"表示了自己的否定态度。从1842年的文件中，我们知道马克思写过反对"实证论哲学"的文章，甚至还想撰写专文反对维塞。这就是为什么哪怕稍微知道一点时代情况和马克思性格的人，都不会说这个把维塞《美学》当作科学真理资料来推荐的条目是马克思写的。

由于缺乏实际材料，我们只能用分析条目本身的办法来解决作者是谁的问题。作者的面貌是够清楚的了，但他不是马克思。他是谁，我不知道。我没有从这方面来研究问题。马克思列宁主义研究院的工作人员有可能弄清楚并且一定会弄清楚作者到底是谁。

至于普齐斯提出的语文学方面的论证，则毫无价值，全属伪造。关于这一点，会上已经谈得很多了，但是普齐斯主要是想证明：如果德纳百科全书的条目是马克思写的，那么，这对我们的美学十分有利，因为它会加强这样一个论点的分量，即"美"不仅在艺术中有，而且在现实中也有。谁承认"美"在自然界和社会中的存在，照普齐斯的说法，谁就是唯物主义者，谁否定它，谁就是唯心主义者。

亨·普齐斯这类美学家在我国最近一段时间里涌现得太多了。当然，对这类美学家来说，有一个像百科全书里面讲得面面俱到的小条子，照抄起来倒是很方便的。但这并不能证明这个条目是出自马克思的手笔。至于谈到唯心主义和唯物主义的区别，那么，我已经说过，亨·普齐斯连三分也答不上来。柏拉图是一个唯心主义者，他却承认客观美，并且认为它比艺术更重要。

至于说到捷尔吉·卢卡奇，他在自己的《美学》（头两卷于1963年出版）中用了不少篇幅来谈自然美和社会生活"美"。我也不想否认存在客观美，但这还不足以说明我的唯物主义。然而，普齐斯引用波兰美学家莫拉夫斯基的话，便把我称作"马克思主义狂"，而不称作"马克思主义者"。

除了谩骂，还应准备一点其他什么东西。凡是认为艺术和文学是美学主要内容的人，亨·普齐斯都要向他们开火。普齐斯把他们一概称之为修正主义者。……不妨试试否定正是艺术美学在别林斯基、车尔尼雪夫斯基、杜勃罗留波夫的美学观点中，在马克思主义文献的传统中占着主要的地位！看来，亨·普齐斯想把这个传统说成是修正主义，并且想用海尔巴特之类的形式主义美学来代替它。然而，对他的这种发现用不着如此认真看待。除了无知和自我吹嘘，这里面什么也没有。

（原载里弗希茨：《马克思论艺术和社会理想》一书1972年莫斯科版第275—282页）

（郭值京 译　陆梅林 校）

《马克思恩格斯全集》俄文第二版中《美国新百科全书》的某些条目非恩格斯所写

马 兵

《美国新百科全书》出版于1858年至1863年，共16卷，由美国资产阶级进步的新闻工作者和出版者查·安·德纳、乔·里普利等人编。马克思和恩格斯在1857—1858年为《全书》写过许多军事条目。合同是马克思签订的，但大多数条目是恩格斯写的。条目发表时没有署名。《马克思恩格斯全集》俄文第二版第14卷正文收入了67篇，第44卷出版时又收入了13篇。民主德国马列主义研究院1987年出版的《马克思恩格斯研究》第22期刊登了苏共马列主义研究院印娜·奥索波娃的文章，提出《全集》中收入的某些条目非恩格斯所写。作者是在编辑《马克思恩格斯全集》原文版（MEGA）第3部分第8卷即马克思、恩格斯1857年的书信卷时，经过重新考证提出这个问题的。文章涉及的是《A》字头的11个条目，即：《阿斯佩恩》、《阿本斯堡》、《阿克》、《阿克齐》、《阿尔登霍文》、《亚历山大里亚》、《阿尔梅达》、《阿穆塞特炮》、《安特卫普》、《阿尔贝雷》、《阿兰群岛》。苏联1959年出版的第14卷只收入了头两条，《阿斯佩恩》收在正文中，《阿本斯堡》收在

---

* 本文选自《马列主义研究资料》1988年第3辑。

注释中。① 中间 8 条当时不能确定为恩格斯所写，未予收入。最后一条《阿兰群岛》根本未加考虑。而在 1977 年出版的第 44 卷补卷中，这些条目都当作恩格斯的著作加以收入②。奥索波娃认为，这 11 个条目中，只有 4 条可以确定出于恩格斯的手笔。

奥索波娃认为，要证实某一著作是马克思和恩格斯所写，有两种方法。一种是"形式上的"方法，即主要根据马克思和恩格斯之间以及他们与其他人来往书信中提到的情况、马克思的笔记本等等来判断。另一种方法是文献学上的比效分析方法。第 44 卷的编者主要是使用第一种方法，而这种方法局限性很大。

当时的主要论据之一是恩格斯 1857 年 7 月 11 日给马克思的信，其中谈到马克思 7 月 17 日前可以收到《阿尔马》、《阿本斯堡》、《副官》、《弹药》这一类小条目，包括直到 Ap 和 Aq 的几乎全部《A》字头的单词，只有《阿尔及利亚》和《阿富汗》除外。小条目 7 月 14 日前可寄到。③ 恩格斯确实于 1857 年 7 月 14 日和 24 日分两次寄出了一些条目，马克思于 7 月 24 日把它们寄往纽约，德纳 9 月 2 日告诉马克思，收到了《阿尔马》等小条目。④ 第 44 卷的编者根据这些材料就断定，恩格斯在 7 月 14 日前寄出了他答应马克思在 17 日前能收到的所有条目。编者根据这些很短的条目，而且除《阿尔贝雷》以外，都是 Ap 和 Aq 前的条目，就得出结论说，这些条目就是恩格斯在这一时间内寄出的。奥

---

① 参看《马克思恩格斯全集》第 1 版第 14 卷第 64—70 页、第 790 页注 53。

② 为了论证这些条目为恩格斯所写，第 44 卷的编者 B. A. 斯米尔诺娃曾写过一篇文章《关于〈美国新百科全书〉中马克思、恩格斯的短条目》，载于苏联马列主义研究院 1971 年出版的《马恩室学术通报》第 20 期。

③ 参看《马克思恩格斯全集》第 1 版第 29 卷第 144 页。

④ 苏共马列主义研究院党务档案，全宗 1，目录 1，案卷 919。

索波娃认为，这种任意假定本身就是站不住脚的。此外，经过考证证明，Ap 和 Aq 前的某些条目，是恩格斯晚些时候写的：《艾雷》写于 7 月 24 日前，《鹿砦》——8 月 11 日，《弹药》——8 月 21 日。可见，恩格斯 7 月 11 日信中答应寄出条目的话，不能成为上述条目为恩格斯所写的证据。

其次，第 44 卷编者还分析了恩格斯 1857 年 5 月 28 日给马克思的信中寄出的《A》字头条目的单子，① 并研究了单上列出的条目的标题、长短、内容同《美国新百科全书》中条目的一致性，据此来论证条目的作者。在奥索波娃看来，这些情况对证明作者是谁也没有决定意义，因为所有这些情况在条目写作过程中都可能发生某些变化。

此外，第 44 卷编者没有考虑到，恩格斯当时由于生病并没有撰写条目单中的所有条目。最后，恩格斯还完成了德纳的约稿，第一批约稿中属于《A》字头的例如有德纳在信中提到的《阿尔马》。由于德纳提出的条目单没有保存下来，现在已无法知道这个单子中还有哪些条目列入第一批的约稿中。

奥索波娃认为，只有用文献学的分析方法来补充"形式上的"方法，才能解决这些条目的作者问题。为此，必须把这些条目与作者已经确定的条目、与出自《美国新百科全书》的另一些作者之手的条目进行比较，必须分析保存下来的马克思和恩格斯的摘录、他们使用过的辞书和专著，弄清恩格斯所写条目中所利用的材料的特点，他对人物和事件的评价，他的具有特色的概括、文风。尽管要研究的条目很短，并根据《全书》编者的要求不能有任何"党派倾向"，但仍可对它们进行文献学的分析。

---

① 参看《马克思恩格斯全集》第 1 版第 29 卷第 137—138 页。

根据奥索波娃的看法，上述11个条目中只有《阿本斯堡》、《阿尔登霍文》、《亚历山大里亚》、《安特卫普》4条可以肯定是恩格斯写的。

《阿本斯堡》看来经过《全书》编辑部的删节。它不同于别的百科全书（不列颠百科全书和布罗克豪斯百科辞典）中的同名条目，它包含有对这次会战的评价："这次胜利是兰德斯胡特和埃克缪尔会战胜利的前奏，并打开了通往维也纳的道路。"① 就文风而论，这个评价与恩格斯在《阿尔马》这一条目中对阿尔马河会战的评价有相似之处。② 奥索波娃认为，根据这一点可说明它出于恩格斯之手。

《阿尔登霍文》也不同于布罗克豪斯百科辞典（不列颠百科全书中没有这个条目），它包含有对会战的评价，而且其中也用了类似的词句："这样，联军到比利时的道路就打通了。过了几天，由于接着在涅尔文登附近取得胜利，对这个国家的征服即告完成。"③ 它包含有布罗克豪斯百科辞典所没有的一些新材料，而且短小精悍，内容充实，具有独创性。

《亚历山大里亚》也是一篇具有独创性的短文，其中只有两个事实材料与布罗克豪斯百科辞典相同，此外没有任何相似之处。条目中提到的蒙塔郎贝尔的防御工事可以直接与恩格斯的《棱堡》、《筑城》这些著作联系起来。亚历山大里亚"在当代，自1848年和1849年战局以来，又起了意大利抵御奥地利的国家要塞的作用"，这一评价显然也是恩格斯的。

《安特卫普》。恩格斯的条目单中原注明要写的内容是"要塞和几

---

① 《马克思恩格斯全集》第1版第44卷第390页。
② 《马克思恩格斯全集》第1版第14卷第59页。
③ 《马克思恩格斯全集》第1版第44卷第395页。

次围攻"，①而本条目的内容则不同，城市的军事史只占整个短文的五分之一，其余都是讲工业、贸易、文化。但这种情况在恩格斯写的有关城市和国家的条目中也可找到。本条目在结构和叙述方式上不同于不列颠百科全书和布罗克豪斯百科辞典中的类似条目。条目中有关1832年对安特卫普的围攻的内容在恩格斯写的《爆炸弹》②中也可看到。

其余7个条目，奥索波娃认为并非出自恩格斯之手。

《阿兰群岛》。在恩格斯的条目单中，他不同意这个标题，写上"见博马尔松德"，也没有注明篇幅大小。③这说明，他不打算写这个条目，而要读者去参看《博马尔松德》条，后者由恩格斯撰写，发表于《美国新百科全书》第3卷。④

《阿克》是在布罗克豪斯百科辞典的基础上并利用不列颠百科全书编写成的。有许多事实错误。关于十字军骑士围攻阿克城和土耳其人在英国水兵领导下进行的保卫战的一些论述，不可能是恩格斯的，因为这与他的观点和文风相抵触，尤其是与《军队》这一条目中对十字军远征和十字军骑士的评价相抵触。第44卷编者把这一条目归于恩格斯的唯一论据是：恩格斯的条目单中用了要塞的法文名称与《美国新百科全书》中的用法相一致。其实这在当时是通用的，而且大多数百科全书都是这样写的。

《阿克齐》几乎逐字逐句抄自布罗克豪斯百科辞典。这种盲目抄袭其他百科全书的做法，在恩格斯为《美国新百科全书》写的条目中是

---

① 《马克思恩格斯全集》第1版第29卷第137页。
② 《马克思恩格斯全集》第1版第14卷第144页。
③ 参看《马克思恩格斯全集》第1版第29卷第137页。
④ 《马克思恩格斯全集》第1版第14卷第295页。

见不到的。一些离题的评价，如"好色的安东尼"、"可怜的家伙"、"挑战被接受了"，就内容和文风而言，不可能出自恩格斯之手。在恩格斯写的任何其他条目（包括《海军》）中找不到本条目的痕迹。

《阿尔梅达》。根据恩格斯的条目单，他打算写1810年8月15日至27日在比利牛斯半岛战争时对阿尔梅达的围攻。在《美国新百科全书》的条目中内容不是对要塞的围攻，而是1811年5月3—5日在阿尔梅达的会战，尽管会战的日子不确切，写了1811年8月5日。把本条目同恩格斯写的有关同一战争的另一事件（阿耳布埃拉会战①）的文章作一比较，就可以明显地看出恩格斯对会战的描述与本条目的区别。第44卷的编者在注释中②通过把本条目与其他同名条目（葡萄牙的公爵名和巴西的海港名）比较的办法，来论证作者。既然在其他百科全书（不列颠百科全书和布罗克豪斯百科辞典）中都有同名条目《阿尔梅达》（除了巴西的城市），那么此事显然与恩格斯是否是作者问题无关。

《阿穆塞特炮》基本上是在不列颠百科全书同名条目的基础上写的。德国的辞书（布罗克豪斯百科辞典和皮雷尔百科全书）在这方面有更多的材料。恩格斯未必会不加以利用。其次，把这一条目与恩格斯的《明火枪》比较一下，就可以明显地看到在说明古老武器这同一题材方面的区别。在《明火枪》中，恩格斯举出使用明火枪的会战的例子，描述述它们的性能等等。③ 最后，恩格斯于1857年1月就纽沙特尔危机专门研究过山地战的问题，他无疑会更广泛地说明在这样的战争中使用阿穆塞特炮的情况。

---

① 参看《马克思恩格斯全集》第1版第14卷第53—54页。
② 《马克思恩格斯全集》第1版第44卷第812页注447。
③ 《马克思恩格斯全集》第1版第14卷第60—62页。

《阿尔贝雷》几乎完全抄自1853年出版的不列颠百科全书,而且不同于恩格斯条目单中注明的意向,没有描述会战本身的内容。把它与恩格斯从1842年出版的同一百科全书关于这次会战的摘录、同他在《军队》和《骑兵》中的出色的描述①作一比较,就可看出本条目完全不同于恩格斯的文字和他描述会战所使用的材料。甚至像说明为什么会战在高加米拉进行的原因,而亚历山大的军队次日进入阿尔贝雷这样的细节,《美国新百科全书》条目的作者的解释也不同于恩格斯在《骑兵》中以及不列颠百科全书中的解释。

《阿斯佩恩和埃斯林》。对这一条目的作者问题曾有过怀疑,但它仍收入在《马克思恩格斯全集》第14卷中。理由是:正如在恩格斯的《军队》和《攻击》这两个条目中一样,其中也提到拿破仑的惯用手法,即对敌军中央进行攻击。然而,拿破仑战术的这个特点在布罗克豪斯百科辞典和当时的专著(若米尼的著作)中常可看到。同时,本条目却没有谈到奥军在这次会战中的战术特点,而在恩格斯当时撰写的《攻击》中有这方面内容。② 此外,为什么条目的名称是《阿斯佩恩》,而不是恩格斯条目单中拟定的《阿斯佩恩和埃斯林》,也是个问题。但主要怀疑还在于文风。本条目辞藻过分华丽。许多华丽的辞藻使人想起《美国新百科全书》同一卷中《奥斯特尔利茨》条目的作者亨·赫伯特的文笔。

奥波索娃认为,把上述条目归之于恩格斯,那恩格斯就成为在选材和评价上没有任何主见的非常蹩脚的文抄公,事实上恩格斯写的条目总是言简意赅、精确严密,他决不会用浮夸的言辞、华丽的辞藻来代替文

---

① 参看《马克思恩格斯全集》第1版第14卷第17、300—301页。
② 《马克思恩格斯全集》第1版第14卷第73页。

章的实质内容。

从恩格斯为《美国新百科全书》所写的条目中可以看出，他在军事科学方面具有渊博的学识，在思维上有独创性，治学严谨，对任何粗制滥造嗤之以鼻。如果他没有搜集材料和从事认真写作的时间，他根本不会写条目。由于生病，他有三个月时间在海边休养，他很难找到有关著作，因此，他所列的 23 个条目中至多只能撰写 10 条。剩下的 13 条中的 11 条是由别人写的，2 条《前卫》和《接近壕》未收入在《美国新百科全书》中。

关于《美国新百科全书》中若干条目的恩格斯的作者身份问题[*]

〔俄〕伊娜·奥索波娃

恩格斯为《美国新百科全书》("New American Cyclopaedia")撰写的条目是他作为无产阶级政党的第一位军事历史学家和军事理论家的著作遗产的组成部分。

《美国新百科全书》由一些资产阶级新闻工作者和出版商——查理·德纳、乔治·里普利和其他一些人——于1858—1863年份16卷出版。马克思和恩格斯从1857年到1860年共为《百科全书》撰写了70多个军事条目,合同是和马克思签订的,他又让恩格斯参与了这项工作。

本篇文章主要研究那些以字母《A》开头的条目的作者身份。这个问题是在编辑《马克思恩格斯全集》历史考证版第3部分第8卷的过程中出现的,该卷发表的是马克思和恩格斯1856年4月至1857年12月的通信,也正是在这段时间,恩格斯开始参加《百科全书》的编写工作。

在我们立即开始分析我们所关注的条目之前,应该对背景作一个简短的介绍。

---

[*] 本文选自《马克思恩格斯研究》1993年总第13辑。

《百科全书》中的条目均没有署名；没有任何资料反映马克思给《百科全书》编辑部寄去的《A》字头条目的具体数目。因此，在对马克思和恩格斯给《百科全书》的撰稿工作进行整体研究时，不断出现这样一个问题，即《A》字头的条目中有哪些是他们写的。

　　人们将不同时期马克思和恩格斯的名字同条目联系起来，分析这些条目的工作主要是在50年代进行的，当时莫斯科原苏共中央马列主义研究院马恩室正在编辑《马克思恩格斯全集》俄文第2版第14卷（该卷于1959年出版）。

　　例如，《阿布德—艾尔—喀德》（Abd el Kader）、《阿尔及尔》（Algiers）和《奥埃尔施太特》（Auerstedt）①这三个条目，直到人们为准备出版《马恩全集》俄文第2版而进行基础研究时，还认为它们的作者是马克思和恩格斯。在恩斯特·德拉恩写的生平一览表中，这三个条目被看作是马克思的作品，②而在马克西米利安·吕贝尔的书中，条目《阿布德—艾尔—喀德》则被看作是恩格斯的作品。

　　因为在准备出版第2版时没有在资料中发现任何可以证明这几个条目确实是马克思和恩格斯所写的说明，此外还因为，《阿布德—艾尔—喀德》这一条目的真正作者（威廉·汉弗莱）已经查明，所以，关于

---

　　① 《阿布德—艾尔—喀德》、《阿尔及尔》和《奥埃尔施太特》，载于《美国新百科全书。通俗百科辞典》1858年纽约版第1卷第16—18、351—352页；第2卷第243页。

　　② 参看恩斯特·德拉恩：《马克思传。卡尔·马克思的生平事业年表》，1923年柏林版第24页。

马克思和恩格斯可能是上述 3 个条目的作者这个问题也就站不住脚了。①

另外，人们还重新核查了《百科全书》中的《亚历山大》(Alexander)、《亚里士多德》(Aritstotle)、《奥斯特尔利茨》(Austerlitz) 和《奥地利》(Austria)② 这几个条目的作者，因为前 3 个条目是恩格斯在写给马克思的一封信③中作为《百科全书》中的条目可能要涉及的题目而提议的，而最后提到的那个条目是查理·德纳在写给马克思的一封信中④提出的，条目《奥斯特尔利茨》在《马克思恩格斯全集》俄文第 1 版中被认为是马克思的一篇作品。⑤ 在准备出版第 2 版时人们查明了所有这 4 个条目的真正作者。⑥

关于条目《美学》(Aesthetics)⑦ 的作者身份问题，在原苏联马克思恩格斯研究领域中引起了广泛的争论。《百科全书》中的"投稿者名单"上没有提到它的作者。此外，人们根据马克思、恩格斯和德纳之间

---

① 参看《苏联共产党历史问题》（莫斯科）1958 年第 4 期第 193 页。——根据《美国新百科全书》，《阿布德—艾尔—喀德》的作者已经确定，参看《美国新百科全书》第 5 卷第 4 页。吕贝尔据此也在他的文章中更正了这一错误。

② 参看《美国新百科全书》第 1 卷第 311—314 页；第 2 卷第 93—96、370—371 和 385—400 页。

③ 参看《马克思恩格斯全集》第 1 版第 29 卷第 122 页。

④ 参看《马克思恩格斯全集》历史考证版第 3 部分第 8 卷第 397 页。

⑤ 参看《马克思恩格斯全集》俄文第 1 版第 11 卷第 2 分册第 560—565 页；再参看恩斯特·德拉恩：《马克思传》第 24 页。

⑥ 参看《美国新百科全书》第 16 卷第 4 页。

⑦ 参看《美国新百科全书》第 1 卷第 158—159 页。——也可参看《文学问题》（莫斯科）1966 年第 6 期第 167—192 页；《文学问题》1969 年第 6 期 94—133 页。

的书信①研究了它的作者问题,马克思准备的材料也保存了下来。②

弗拉基米尔·布普什林斯甚的研究结果表明,这个题目是马克思本人在1857年4月24日的信中向德纳提议的,我们至今尚未得到这封信。马克思还为这个条目搜集了材料,这一点可以用他在1857年4月底至5月底所作的摘录来说明。③ 当他在令人难以接受的条件下接受了德纳的委托时,他放弃了自己的这一打算。恰恰是上面提到的马克思和恩格斯的那几封信表明,他把这篇已开始写的文章继续写下去是令人怀疑的。德纳后来于1858年1月25日写给马克思的一封信也证明马克思没有写这个条目。信中写道:"《美丽》(Beauty)已在第1卷中《美学》的标题下论述过了。"④ 显然,马克思曾提议根据他所作的摘录给《百科全书》写《美丽》这个条目,但他并不知道,这个题目已由另一位作者在条目《美学》中作了阐述。通过对马克思所作的摘录和《百科全书》中的条目《美学》进行对照分析,确定它们的内容是不同的,因此这也说明马克思没有写这个条目。

人们根据出处中提供的可靠材料,根据内容,对所有这些条目的作者身份都重新进行了核查。核查的结果是,有13个《A》字头的条目收入了第14卷。另外一次是在70年代,人们对第14卷没有刊载的那些条目作了审核,这里涉及增补卷即《马恩全集》俄文第2版第44卷(1977年出版)。于是,又有10个《A》字头的条目收入第44卷。1982年,所有这23个条目都被收入《马克思恩格斯全集》英文版第18卷。

---

① 参看《马克思恩格斯全集》第1版第29卷第135、136页;《马克思恩格斯全集》历史考证版第3部分第8卷第397页。

② 这些材料藏于莫斯科原苏共中央马列主义研究院中央党务档案馆。

③ 原苏共中央马列主义研究院马恩室《简报》1970年第18期第60—64页。

④ 该信藏于莫斯科原苏共中央马列主义研究院中央党务档案馆。

在编辑《马克思恩格斯全集》历史考证版第3部分第8卷的过程中，编辑们对其中的11个条目的作者身份产生了怀疑，1个收在《马克思恩格斯全集》俄文第2版第14卷中，其他10个收在第44卷中。①

马克思、恩格斯和查理·德纳1857年的书信中曾提到过给《百科全书》撰写战争题材的《A》字母开头的3个条目单，它们想必是恩格斯撰写条目的基础。（他打算撰写所有《A》字头的条目。）

德纳首先把他的条目单寄给了马克思："现附上一张第1卷中军事条目的条目单，其中一至两个条目我已在收到你的信之前委托给了其他人。"② 这张条目单本身没有保存下来。因此，我们不知道条目单中的条目总数。但是，我们可以根据其他资料列出其中的8个。首先是列举条目《军队》（Army）和《炮兵》（Artillery）。德纳在这封信中对条目的内容和篇幅作了详细的要求。

此外，条目单中还有《艾雷》（Airey）、《西班牙舰队》（Armada）和《艾阿库裘》（Ayacucho），这也是通过分析马克思和恩格斯与德纳的通信而得知的。特别值得重视的是，恩格斯就这几个条目对马克思说的话。他不加解释地在信中写道："关于艾雷（将军）早期的履历我一无所知。请查看一下《军队指挥官名册》，这样，至少可以得到一个轮廓。关于《西班牙舰队》我也一无所知，但这可以找到材料，关于《艾阿库裘》也是如此。"③ 费利克斯·里亚博夫认为，这封信是恩格斯

---

① 显然，美国的马克思恩格斯研究学者哈尔·德雷珀对《马克思恩格斯全集》俄文第44卷和《马克思恩格斯全集》英文版第18卷中首次收入的10个条目的作者也产生了怀疑。他把这10个条目也归入"存疑"之列。（参看哈尔·德雷珀《马克思恩格斯术语汇编》1985年纽约版第2卷第177—179页。）

② 《马克思恩格斯全集》历史考证版第3部分第8卷第397页。

③ 《马克思恩格斯全集》第1版第29卷第136—137页。

写给马克思的一封回信,马克思在信中提供了这些条目的题目,但我们迄今没有得到马克思的这封信。① 在《马克思恩格斯全集》英文版第18卷中,人们根据这一推测得出结论认为,是恩格斯提出了撰写上述几个条目的想法。②

但是,当我们仔细地研究了当时恩格斯写这封信的背景情况后,我们还是找到了理解上面所摘引的恩格斯的那段话的钥匙。马克思于5月23日接到德纳5月8日发出的附有条目单的信,并于第7天把条目单寄给了恩格斯。③ 无论是在马克思的信中还是在恩格斯的回信中,都没有直接提到德纳的那个条目单,这同样使人产生这样的猜测。

但是,恩格斯在给马克思的回信中不仅详细地评论了德纳的信,而且也评论了他的条目单。他提出了自己相应的条目单,从而对德纳的条目单作了补充,他写道:"这个家伙对军事也一窍不通。附上我只是按照布罗克豪斯百科辞典和凭记忆拟就的条目单。"④ 显然,他对查理·德纳的条目单表示不满。至于恩格斯为撰写德纳建议的条目所需要的材料,他在写大部分题目时用他在曼彻斯特可以找到的材料就足够了。他唯独没有撰写《艾雷》、《西班牙舰队》和《艾阿库袭》这3个题目的任何材料,他把这个情况也告诉了马克思。

我们认为,德纳的条目单中还有《阿尔马》(Alma)、《鹿砦》(Abatis) 和《弹药》(Ammunition) 这3个条目,因为恩格斯的条目单

---

① 参看《马克思主义及19世纪国际工人运动史杂志》1979年莫斯科版第1卷第132页。

② 参看《马克思恩格斯全集》英文版第18卷第547页注释8;第576页注释217和218。

③ 参看《马克思恩格斯全集》第1版第29卷第135页。

④ 参看《马克思恩格斯全集》第1版第29卷第136页。

中没有这3个条目。① 因此，德纳的条目单包括了3个方面：对会战、较高级军官的生平和战争术语的叙述。

查理·德纳的条目单中的这8个条目的作者身份已经在准备出版《马克思恩格斯全集》俄文第1版（《阿尔马》、《军队》、《炮兵》、《西班牙舰队》）和第2版（《鹿砦》、《艾雷》、《弹药》、《艾阿库裘》）时得到证实。所有这些条目无疑都是马克思和恩格斯撰写的，对此我们有很多资料可以证实。

除了德纳的条目单和刚才提到的恩格斯的那个条目单以外，还有一个也是恩格斯拟写的《A》字母的条目单。他在1857年5月28日的信中附上了他的第一个条目单。其中包括23个条目：《阿本斯堡》（Abensberg）、《阿布基尔》（Abukir）、《车轴》（Axle）、《阿克》（Acre）、《阿克提翁》（Actium）、《副官》（Adjutant）、《阿富汗》（Afghanistan）、《阿兰群岛》（Aland Isles）、《阿耳布埃拉》（Albuera）、《阿耳登霍文》（Aldenhoven）、《亚历山大里亚》（Alessandria）、《阿尔及利亚》（Algeria）、《阿耳梅达》（Almeida）、《小炮》（Amusette）、《安格耳西》（Anglesey）、《攻击》（Attack）、《安特卫普》（Antwerp）、《接近壕》（Approaches）、《阿尔贝雷》（Arbela）、《明火枪》（Arquebusie）、《阿斯佩恩和埃斯林》（Aspern and Essling）、《奥热罗》（Augereau）、《前卫》（Advanced guard）。② 我们认为，马克思第二天就把这个条目单的复印件寄给了德纳，因为那天是星期五；而且寄往纽约的邮件是星期二和星期五从伦敦发出。否则，对于恩格斯来说，给马克思寄

---

① 在《马克思恩格斯全集》英文版第18卷第549页注释18中，只确定了恩格斯的条目单中没有条目《阿尔马》，没有对它的形成作任何猜测。

② 《马克思恩格斯全集》第1版第29卷第137—138页。

那封信就没有任何意义了，因为恩格斯打算星期六（5月30日）就去伦敦旅行。① 恩格斯在信中写道："请给德纳寄去这里附上的条目单（**初步的**），并告诉他，既然是这样的报酬，不能不加考虑就干，他应该说明需要哪些条目。"② 我们在德纳随后寄去的6月11日和13日的信中没有发现与此有关的任何提示。他只是写道："我希望很快得到为《美国新百科全书》写的大量稿件。"③ 由此可见，恩格斯的条目单没有遭到德纳的反对。

此外，还有恩格斯写的另一个《A》字母的技术术语条目单。当他把我们已经知道的那个条目单寄给马克思时，补充说："《A》字母的**技术术语的第二个条目单将随后在最近寄去**。"④ 提到过这个条目单的还有马克思写给恩格斯的一封信："你知道，我已照你的建议又给德纳寄去了第二个条目单。"⑤ 第二个条目单是恩格斯于5月28—29日（5月30日他去伦敦旅行）在曼彻斯特或是于6月在伦敦拟写的，然后由马克思寄往纽约。条目单没有保存下来，除上面已经提到的情况以外我们就没有其他这方面的材料了。

因此，德纳的条目单中我们知道的那8个条目的作者身份是不容怀疑的。我们不了解恩格斯所写的技术术语的条目单。但是，他的第一个条目单所涉及的内容正是我们非常感兴趣的。

在把这个条目单和《百科全书》中的文章作对比时，我们发现，恩格斯列出的23个条目中有2个——《前卫》和《接近壕》——没有

---

① 参看《马克思恩格斯全集》第1版第29卷第137页。
② 《马克思恩格斯全集》第1版第29卷第136页。
③ 《马克思恩格斯全集》历史考证版第3部分第8卷第418、419页。
④ 《马克思恩格斯全集》第1版第29卷第136页。
⑤ 《马克思恩格斯全集》第1版第29卷第142页。

收在《百科全书》中。显然，恩格斯没有写这两个条目，而且编辑部也没有委托其他作者写。恩格斯的条目单中的3个条目——《阿富汗》、《阿尔及利亚》、《阿耳布埃拉》——有无可争辩的证据证明恩格斯是它们的作者，这是通过其他资料（书信、马克思1857年的笔记本）中的许多直接的证据来证明的。

至于其余的18个条目，其中有16个条目除了在恩格斯的条目单中出现过之外，没有在其他任何资料中被提到过。另外两个条目《阿本斯堡》和《副官》曾在恩格斯的一封信中被提到过。他在列举那些他答应马克思星期五"**一定**"寄去的条目时提到过它们。① 但是，我们认为，类似这样的陈述并不是不可否认的证据。因此，证实这两个条目以及其余的16个条目的作者身份需要有另外的证据。

证明马克思和恩格斯是否是这些条目的作者，主要有两种方法。一种可以称之为证明作者身份的直接证据，这是一种相当可靠的方法，因为科学工作者可以依据马克思和恩格斯之间的书信、其他人的书信、马克思的笔记本、摘录本以及其他资料中提供的涉及相应条目的陈述。一旦在这类资料中发现了涉及这一条目或那一条目的明确说明，那么人们就可以认为马克思或者恩格斯作者身份已被证实了。

如果运用这种方法有困难，那还有第二种判定有争议的这一条目或那一条目的作者的间接方法，即文章的比较分析法。它主要包括：研究一个条目的内容，也就是说研究条目中所包括的资料的特点，评价条目中提到的事件和人物，揭示马克思和恩格斯所固有的独特的概括性和特点，或者在相反情况下——揭示那些反映他们的观点和风格的特征。这个方法主要就是将保存下来的笔记和发表的文章进行比较，并对资料和

---

① 《马克思恩格斯全集》第1版第29卷第144页。

文献的使用情况进行分析。如果涉及恩格斯给《百科全书》写的条目，那就必须把这一条目与其他工具书中已有的条目、与《百科全书》中已经确定了恩格斯作者身份的条目以及与《百科全书》中其他作者撰写的条目进行比较。做这项工作的前提是全面了解恩格斯的"科学实验室"、了解他在军事领域的著作遗产、了解他在我们所要研究的那个时期的生活和工作条件。当然，把这两种方法结合起来进行研究将取得最佳成果。①

在准备出版《马克思恩格斯全集》俄文第 2 版第 14 卷时，人们通过对恩格斯条目单中 18 个条目进行对照分析，得出了以下结论：判定 4 个条目是恩格斯写的，它们是：《副官》、《明火枪》、《阿斯佩恩和埃斯林》和《攻击》。条目《阿本斯堡》没有被收入正文，而是被收入注释 53 中，也就是说它成为被《百科全书》编辑部作了许多删节的条目。《阿布基尔》、《安格耳西》、《奥热罗》和《车轴》这 4 个条目不是恩格斯写的。至于《阿克》、《阿克提翁》、《阿耳登霍文》、《亚里山大里亚》、《阿耳梅达》、《小炮》、《安特卫普》和《阿尔贝雷》等 8 个条目，第 14 卷的编者们没有达成一致的意见，因此他们将这 8 个条目列入"存疑"部分。对条目《阿兰群岛》根本未作考虑。

我们认为有必要阐明上述决定所依据的主要论据，并补充几个事实。这就是具体介绍在对《百科全书》条目作对比时的方法的实际运用，而且我们认为，这样可以查明没有完全证实作者身份的那几个条目。在已查明是恩格斯撰写的 4 个条目中，条目《攻击》已经收进

---

① 理查德·斯珀尔和英奇·陶伯特：《关于确定作者的几个问题》，载于《马克思恩格斯研究论丛》1985 年第 19 辑第 111—118 页。文章中介绍的确定马克思和恩格斯的作者身份的方法更为详尽。

《马克思恩格斯全集》俄文第 1 版中,《副官》和《明火枪》第一次在俄文第 2 版中刊载。在这几个条目中,有几个情况是读者在恩格斯写的其他文章中也能遇到的。

例如,恩格斯在条目《明火枪》中对明火枪的描述使人想起他在《军队》一文中对这种武器的描述以及在条目《西班牙舰队》中对西班牙炮兵的评论。①

条目《攻击》的要点与条目《军队》的要点是共同的,而弗里德里希二世对"埃帕米农达斯所发明的斜形攻击法"的运用在恩格斯的条目《步兵》(Infantry)中也提到了。② 此外,条目《攻击》完全是按照恩格斯的条目单中的计划写成的,即在条目中描述会战过程中和包围时的进攻。总之,条目《攻击》表明,作者不仅出色地掌握了军事艺术的历史,而且谙练于在一篇篇幅不大的文章中阐明主题。

我们认为,就条目《副官》而言,内容和风格是确定它出自恩格斯手笔的决定性因素。作者以专门知识简明扼要地论述了主题。尤其有特点的是把副官在军队和宫廷中的职能进行了对比。《攻击》、《明火枪》和《副官》这 3 个条目的共同特点是,它们与其他百科全书,尤其是《布罗克豪斯百科辞典》中的上述词目有着显著的区别,而恩格斯就是根据这些辞书拟写了他的《A》字母条目单的,所有这 3 篇文章不仅在内容方面而且就其中所作的结论和概论而言都是独特的。我们特别注意这一点,因为它是恩格斯给《百科全书》撰写的大部分条目的一个特征。

第 4 个条目《阿斯佩恩和埃斯林》作为恩格斯写的条目刊载在

---

① 参看《马克思恩格斯全集》第 1 版第 14 卷第 28、31、168—169 页。
② 参看《马克思恩格斯全集》第 1 版第 14 卷第 12—16 页。

《马克思恩格斯全集》俄文第1版中。在准备出版俄文第2版第14卷的过程中,该条目起初被列入存疑一类。① 但是,它和恩格斯写的另外两个条目——《军队》和《攻击》——都描述了拿破仑战术(对敌军的中央攻击)② 的两个特点,因而认为《阿斯佩恩和埃斯林》是恩格斯写的,并作为恩格斯的著作被收入第14卷。

但是,我们认为,上面所说的那种只能是相似还不能算是确定恩格斯的作者身份的证据,因为对拿破仑战术特点的阐述并不是恩格斯独创出的结论。在当时的文献资料中多次强调拿破仑的战术特点。在《布罗克豪斯百科辞典》以及像安托万-亨利·约米尼那样的军事权威的著作中也有这方面内容。任何一位作者都会强调拿破仑战术的这一特点。因此,人们不能把这个细节看作是确定恩格斯是该条目作者的证据。

我们对该条目中提供的材料越熟悉,对恩格斯是否是该条目的作者就越加怀疑。这篇文章繁缛拖沓、华而不实,与恩格斯的文风完全不同,文章中用了这样的词句:"全力以赴地、周密地"(关于拿破仑在法国部队渡河时采取的行动),"攻击的猛烈和防御的顽强在战史上几乎都是没有前例的","胸甲骑兵是那样英勇","朗恩的英勇顽强","法军的骑兵凶猛地","这位勇敢的公爵"(指利希顿施坦),"奥军预备队的龙骑兵呐喊着","法军的奋勇抵抗","而被这史无前例的、光荣的一天的紧张战斗弄得疲惫不堪的炮兵在火炮旁入睡时为止"。而文章的结束句是:"可是拿破仑的末日还没有到来,各国人民还要忍受四年苦难,直到这个军事巨人在莱比锡和滑铁卢的战场上最后倒下来的时

---

① 这方面的资料藏于莫斯科原苏共中央马列主义研究院中央党务档案馆。
② 参看《马克思恩格斯全集》第1版第14卷第40、73页。

候，才重新获得了自由"，① 所有这些描述以及其他类似的叙述，与恩格斯写的军事条目（例如，与《阿尔马》相比）的文风大相径庭，而它的激昂文字更容易令人想起《奥斯特尔利茨》的作者亨利·W. 赫伯特的文风②。

总之，要求《百科全书》的作者们要将条目写得"详尽而有趣"。但是，恩格斯并不会哗众取宠。他写的条目和词目的特色是，内容丰富、见解独特以及语言表达准确明晰。因此，我们认为，条目《阿斯佩恩和埃斯林》不是恩格斯写的。

我们前面已经说过，通过分析正文我们认为，恩格斯的条目单中有4个条目不是他写的。它们是：《阿布基尔》、《安格耳西》、《奥热罗》和《车轴》。在准备出版《马恩全集》俄文第2版第14卷和第44卷的过程中人们曾两次得出这样的结论。现在我们回顾一下得出这一结论的几个论据，并通过重新斟酌来对此加以补充。

条目《阿布基尔》③ 在恩斯特·德拉恩写的《马克思传》中被说成是马克思的文章，而在马克西米利安·吕贝尔写的传记中则被说成是恩格斯的文章。④ 在第14卷的编辑档案中没有关于研究其作者身份的任何材料。第44卷没有收入该条目，因为除了恩格斯的条目单外没有任何地方提到过该条目。由于该条目的这种情况不是什么例外，而是和其余

---

① 《马克思恩格斯全集》第1版第14卷第65—70页。
② 《美国新百科全书》第1卷370—371页。
③ 《美国新百科全书》第1卷第38页。
④ 参看恩斯特·德拉恩《马克思传》第24页和马克西米利安·吕贝尔《卡尔·马克思的生平和著作》第137页。——在《军事评论家恩格斯》（1956年曼彻斯特版）一书的前言中，它也被认为是恩格斯的文章，该书的作者是W. H. 卡罗内和W. O. 汉德逊。

16篇文章一样，除了恩格斯的条目单外没有其他任何地方提到过该条目，所以，这个事实还不充分。我们认为，评价该条目的内容是确定它的作者的决定性因素。该条目将近有一半的内容描述了英国和法国海军总司令纳尔逊和布吕埃斯以及几位法国军官"勇敢"进攻的范例。恩格斯在他写的条目中从没有使用过这方面的材料。他只描述作战的经过、双方的兵力，评价双方的战术和会战的结果。恰恰是该条目中的材料的特点表明，恩格斯不是它的作者。

就条目《安格耳西》而言，我们也有理由表示怀疑。恩格斯决不可能作出爱尔兰总督安格耳西侯爵是"人民所喜爱的"这样的评价。①

条目《奥热罗》作为马克思写的条目发表在《马克思恩格斯全集》俄文第1版中，由于"缺少严肃的与此有关的说明"而没有收入第2版第14卷，②也就是说，是出于和条目《阿布基尔》同样的原因。我们认为，条目《奥热罗》没有被收入既有它文风方面的原因，也有几个细节方面的原因。马克思不可能像当时的书籍以及《百科全书》中的《奥热罗》条目那样，使用"雾月革命"这个词来说明拿破仑第一的雾月18日（1799年11月9日）政变。涉及拿破仑第一和拿破仑第三的政变时，马克思无论用哪种语言写作通常都是使用术语"coup d'etat"〔政变〕或者使用其他说法。例如，他在条目《布律恩》（Brune）中写道："雾月十八日 coup d'etat〔政变〕以后，波拿巴委任布律恩……"③ 在条目《贝尔蒂埃》（Berthier）中，他的提法是"波拿巴雾月18日和19日的阴谋"④，

---

① 《美国新百科全书》第1卷第570—571页。
② 参看原苏共中央马列主义研究院马恩室《简报》1959年第3期第27页。
③ 《马克思恩格斯全集》第1版第14卷141页。
④ 《马克思恩格斯全集》第1版第14卷96页。

而《布罗克豪斯百科辞典》中有关贝尔蒂埃的条目则把那个事件称为"雾月十八日革命"①。在《贝尔纳多特》（Bernadotte）条目中，马克思试图这样来避开普遍认同的术语："在所谓果月十八日革命以后，波拿巴命令他的将领们向所属各师收集支持这次 coup d'etat〔政变〕的贺信"②。

因此我们认为，条目《奥热罗》不可能是马克思写的。此外，根据马克思与恩格斯的协议，他不撰写《A》字头的条目。由于恩格斯生病而可能导致《百科全书》编辑部方面解除协议，马克思才承担了《B》字头的传略条目的编写工作。

从恩格斯的条目单来看，条目《车轴》的内容应该是描述炮兵的车轴。《百科全书》中的条目《车轴》③不但与炮兵无关，而且与军事技术的其他分科也毫不相干。该条目描述的是民用运输的各种（马车、铁路等等）车轴。因此该条目是由另一位作者撰写，而且写的是另一个主题。

负责第14卷的编者们把8个条目列入存疑部分，其理由是没有任何证据证明这些条目的作者身份。由于这些条目仅仅在恩格斯的条目单中被提到过，这只能说明他打算写这些条目，而除了这个事实之外，我们一无所知。从这几个条目的特点来看，它们都是军事短评，因此这就给分析这几篇的内容造成了困难。显然，第14卷的编者们没有能够从这几个短评中找到与恩格斯写的其他条目相一致的材料。④尽管如此，

---

① 《德国百科全书》第2卷第587页。
② 《马克思恩格斯全集》第1版第14卷第158页。
③ 《美国新百科全书》第2卷第423页。
④ 这些材料藏于莫斯科原苏共中央马列主义研究院中央党务档案馆。

这8个条目还是作为恩格斯写的条目被收入了第44卷的正文部分，同样，短条目《阿本斯堡》，甚至条目《阿兰群岛》也被作为恩格斯写的文章发表了。① 第44卷的编者瓦伦廷娜在她的书面报告中和她写的《论〈美国新百科全书〉中的几个条目》一文中②论证了作出这一决定的理由。

在这两篇材料中，作者试图通过以下的事实证明恩格斯的作者身份：恩格斯的条目单表明，他已对这些条目作了考虑。他在给马克思的信中曾答应写这些条目。③ 而这些条目最终在《百科全书》上发表，第44卷的编者们认为这一事实充分证明，这几个条目是恩格斯写的。我们认为，这是一个没有根据的结论。大家只要回忆一下，恩格斯的条目单中有4个条目是其他作者写的。此外，负责第44卷的编者们对条目中提到的条目的标题、篇幅和内容与《百科全书》中发表的条目的这几个方面作了比较。但是，这几个方面的情况对于证实作者身份同样没有什么根本的意义，因为标题、篇幅和内容这几个参数在条目的编写过程中都可能以这种或那种方式发生变化。此外，在第44卷编者们提出的理由中出现了几个不清楚的地方，例如对恩格斯条目单的解释、对恩格斯7月11日的信和马克思7月16日的信的解释等等。有几种情况没有考虑到，例如恩格斯生病耽误了他完成已计划写的文章。第44卷的编者们对这篇文章根本没有进行分析。依我们来看，他们提出的理由是没有说服力的，在一些情况下，甚至是完全错误的。我们认为，彻底改

---

① 《马克思恩格斯全集》第1版第44卷第390—403页。
② 莫斯科原苏共中央马列主义研究院马恩室《简报》1971年第20期第79—83页。
③ 参看《马克思恩格斯全集》第1版第29卷第144页。

变第 14 卷的判定是不正确的。

那么，我们在编辑《马克思恩格斯全集》历史考证版第 3 部分第 8 卷的过程中得出了哪些结论呢？

大家知道，1857 年 7 月 11—23 日这 13 天可能是恩格斯写这些条目的时间。在有关恩格斯这段时间工作的文献资料中，我们发现："给德纳的稿件，今天我可以答应你在星期五一定有，即《阿尔马〔Alma〕》、《阿本斯堡〔Abensberg〕》、《副官〔Adjutant〕》、《弹药〔Ammunition〕》以及这一类的小条目，包括直到 Ap 和 Aq 的几乎全部的《A》字头的单词（《阿尔及利亚〔Algeria〕》和《阿富汗〔Afghanistan〕》除外）。所有这方面的材料我都已收集……我一写完这头一批条目，便着手写《军队》……和《炮兵》……《炮兵》可于下星期五寄上〔7 月 24 日〕；《军队》也许同时寄上，一些小条目可能于明天给你寄出，以便赶上星期二〔7 月 14 日〕的邮班。"① 3 天后，马克思写信告诉恩格斯："你的条目我已收到，非常感谢。"② 7 月 24 日，马克思写道："《百科全书》的稿件今天收到了。"③ 在马克思 1857 年记事本上的这个日期下注明："《百科全书》的第一批稿件。"④ 马克思告诉恩格斯，他已把这些条目寄往纽约："情况就是这样，7 月 24 日，我已将你第一批稿件寄去。"⑤ 9 月 2 日，德纳证实收到了"包括论阿尔马会战的条目和其他一些小条目在内"⑥ 的邮件。

---

① 《马克思恩格斯全集》第 1 版第 29 卷第 144 页。
② 《马克思恩格斯全集》第 1 版第 29 卷第 147 页。
③ 《马克思恩格斯全集》第 1 版第 29 卷第 148 页。
④ 记事本藏于莫斯科原苏共中央马列主义研究院中央党务档案馆。
⑤ 《马克思恩格斯全集》第 1 版第 29 卷第 160 页。
⑥ 《马克思恩格斯全集》历史考证版第 3 部分第 8 卷第 466 页。

由此可见,恩格斯于1857年6月底至7月初开始编写《A》字头的条目。到7月11日,他已收集了有关这类小条目的材料,包括查到Ap和Aq的单词。他打算到7月17日,最早7月14日写完这些条目。他还打算写一些他的条目单上没有提到的条目。但是,他首先必须完成德纳委托的那些条目。尤其是恩格斯信中提到的条目《阿尔马》和《弹药》没有包括在他的条目单中。7月14日,马克思收到恩格斯的第一批稿件。根据我们所掌握的资料,我们还不能说明恩格斯到7月14日为止共写了多少条目,是哪几个条目。因此,这个日期对我们来说并不是依据,也就是说,这个日期既不是证实《A》字头条目的作者身份的依据,也不是确定它们写作日期的依据。

马克思不是于7月17日而是于7月24日收到第二批稿件的。他于同一天将两批稿件寄往纽约。在马克思的记事本中,1857年7月24日这一天的记录还不能完全说明这批稿件的内容,因为与其他的记录不同,在这一天的记录中没有将条目一一列出。我们从德纳的信中只了解到了两批稿件中的一个条目的标题,即《阿尔马》,恩格斯在信中说明了他后两周的工作计划,① 但这封信也同样不能帮助我们弄清他那段时间真正写的条目,我们可以用以下实例来证明我们必须谨慎地使用这些书信中所提供的材料,因为它们只表明了要做这一工作的计划。研究的结果表明,恩格斯打算于7月17日写完的直到Ap和Aq的《A》头条目中的几个条目实际上拖延了很长时间才完成,例如,《艾雷》是在7月24日之前完成的,《鹿砦》是在8月11日之前完成的,甚至他自己已答应"一定"。有的条目《弹药》也是到了8月21日前才寄出。我们一直还未提到恩格斯在同一封信中答应写的条目《炮兵》和《军

---

① 参看《马克思恩格斯全集》第1版第29卷第144页。

队》。恩格斯打算于 7 月 24 日将条目《炮兵》寄出。但是我们知道,《军队》是于 9 月 24 日完成的,《炮兵》是在 11 月 27 日前完成的。

恩格斯的健康状况是造成这一延期的原因。从 1857 年 5 月起,各种不适的症状开始困扰他,最终酿成了一种严重的慢性病。他 6 月份是在伦敦度过的。他住在他姐姐玛丽·布兰克家里,病得很重。所以没能去拜访马克思。① 他回到曼彻斯特以后,试图养好病,而又不放弃办事处的工作。7 月 3 日至 11 日期间,他不得不休息一下。

摆脱了办事处的工作,恩格斯的病才有了好转。他在 7 月 11 日的信中告诉马克思,他打算在家里一直呆到星期四 7 月 16 日。由于医生让他散步,从 7 月 10 日晚起,他的病"突然好转,大概就会痊愈,所以我一定能顺利工作"。② 但是,马克思对他朋友的健康情况另有看法。他对恩格斯的病采取了认真的态度,和以往一样,他知道什么能使恩格斯迅速恢复健康,因而建议他尽快去海滨。③

马克思说得对。恩格斯那暂时好转的病情又再次恶化。他从 7 月 16 日起又无法回办事处工作了。他于 7 月 23 日寄出了第二批《A》字头的条目,也就是他在 1857 年 7 月 11 日至 23 日(含 23 日)的那两个星期中可能写的所有条目,并于 7 月 23 日动身去海滨疗养。关于他在利物浦附近的滑铁卢疗养地的情况,他在给马克思的一封信中这样写道:"……可惜,我来此就患重感冒,使腺病顿时恶化,引起剧痛,不得安眠。"④ 9 月份,他的身体有所恢复,但还没有恢复工作能力,他告

---

① 参看《马克思恩格斯全集》第 1 版第 29 卷第 138、139 页。
② 《马克思恩格斯全集》第 1 版第 29 卷第 144 页。
③ 参看《马克思恩格斯全集》第 1 版第 29 卷第 145 页。
④ 《马克思恩格斯全集》第 1 版第 29 卷第 149 页。

诉马克思，他"不能胜任连续两小时以上的工作"①。

恩格斯所在的那几个小疗养地没有一个好图书馆。他从曼彻斯特带去了一些材料，其余的材料由公司的办事员，他的朋友查理·勒兹根②寄给他，但是，向他提供材料的主要责任则由马克思承担，因为他有机会使用英国博物馆的图书馆。

但是，马克思当时的情况也很糟。7月8日，燕妮·马克思生了一个孩子，可是孩子当即就死去了。③ 燕妮的情况很危险，马克思晚上必须守在患病妻子的床边。他的大量精力被钱所困扰。这样他就没有多少时间工作了。当时，马克思把主要注意力放在了经济学研究上，另外他还继续给《纽约每日论坛报》写文章。

所有这些情况在很大程度上影响了恩格斯为《百科全书》撰写条目的成果，尤其是《A》字头那组条目的撰写成果。恩格斯不可能撰写他所计划的所有《A》字头的条目。这可以由马克思写给恩格斯的一封信中的一段话来证明："将要寄去的**仅仅还有《A》字头的条目《军队〔Army〕》、《西班牙舰队〔Armada〕》、《艾阿库袭〔Ayacucho〕》**——虽然现在可能太晚，——总之，碰碰运气吧。"④

我们从德纳写给马克思的那些信中了解到《百科全书》编辑部是如何解决这个问题的。《百科全书》的准备时间安排得很仓促，要求的工作速度特别快。德纳期望1857年7月1日以前收到《A》字头的条目。包括这些条目的第1卷本该在1858年1月1日前出版。⑤ 美国人在

---

① 《马克思恩格斯全集》第1版第29卷第169页。
② 参看《马克思恩格斯全集》历史考证版第3部分第8卷第448页。
③ 《马克思恩格斯全集》第1版第29卷第143页。
④ 《马克思恩格斯全集》第1版第29卷第169页。
⑤ 《马克思恩格斯全集》历史考证版第3部分第8卷第384页。

出版方面的商业行为不允许作者有任何拖延。早在德纳得到马克思答应写军事条目的许诺之前，就把1个或2个军事题目分配给了其他作者。由于他7月1日没有收到马克思的条目，便向伦敦发出了正规的最后通牒："从你确定为《百科全书》写那批条目寄达日距今已经一个月了，我却没有收到一个字。我们现在正在出版第1卷，除非你的包裹很快到达，否则，即使我们收到你写的条目，我们也将不得不另找别人来写这些条目。"① 因此，只要伦敦寄出的条目没有准时到达，编辑部就把它们委托给另一位作者。由于时间仓促，这位作者就极有可能以最简便的方式——从其他工具书和百科全书中抄下这些条目——来使自己摆脱困境。因此，在为确定《百科全书》条目的作者身份而进行的研究过程中，形成了某种规律性：某个条目的文字与其他百科全书中相同的条目的文字越是相似，那么，这个条目出自恩格斯手笔的可能性就越小。

由于德纳的条目单没有保存下来，所以我们不知道条目单上的条目是全部完成了还只是部分地完成了。至于恩格斯的条目单，我们只获得了其中的一个。我们的任务是查明恩格斯条目单上的这些条目中哪些条目是真正出自恩格斯的手笔。

因此，我们必须对第44卷中发表的10个条目进行研究。在这种情况下，直接证明作者身份的可能性极为有限，而且这些可能性实际上几乎都试过了。我们认为，只有把直接的证据和分析正文的结果结合起来才能解决这些条目的作者身份问题。尽管需要研究的条目很短，是纯资料性的，而且根据编辑部的要求没有任何"党派倾向"②，但是作这种分析也是可行的。

---

① 《马克思恩格斯全集》历史考证版第3部分第8卷第447页。
② 《马克思恩格斯全集》历史考证版第3部分第8卷第384页。

我们从研究的结果中得出结论，在这 10 个条目中可能只有 4 个是恩格斯写的：《阿本斯堡》、《阿耳登霍文》、《亚历山大里亚》和《安特卫普》。

显然，短条目《阿本斯堡》被《百科全书》编辑部作了删节。尽管如此，它仍然具有一个表明它是恩格斯的文章的特点。该条目不同于其他百科全书（《不列颠百科全书》，《布罗克豪斯百科辞典》）中的同名条目①，该条目中有对阿本斯堡会战的评价："这次胜利是兰德斯胡特和埃克缪尔会战胜利的前奏，并打开了通往维也纳的道路。"② 从风格来看，这一段评论与恩格斯在《阿尔马》一文中对阿尔马会战的描述是相符的，而《阿尔马》这一条目的作者是毋容置疑的："这次会战的结果，联军在俄军还没有得到增援以前完全控制了克里木的不设防地区，并且打开了通向塞瓦斯托波尔的道路。"③ 在《阿耳登霍文》条目中也有相同的措辞："这样，联军到比利时的道路就打通了。"④ 每一个作者都有他自己喜欢用的区别于他人文笔的措辞和表达方式。而这些风格特点之所以引起注意，首先因为它们是在相隔很短的时间里写成的。写这些条目用了 13 天的时间。

与《布罗克豪斯百科全书》中的同名短条目⑤（《不列颠百科全书》中没有这样的词目）相反，在条目《阿耳登霍文》中也有对会战的评价，正如上面说过的，其中使用了与《阿尔马》和《阿本斯堡》

---

① 参看《不列颠百科全书》1853 年爱丁堡版第 2 卷第 27 页；《德国百科全书》第 1 卷第 40 页。

② 《马克思恩格斯全集》第 1 版第 44 卷第 390 页。

③ 《马克思恩格斯全集》第 1 版第 14 卷第 59 页。

④ 《马克思恩格斯全集》第 1 版第 44 卷第 395 页。

⑤ 参看《德国百科全书》第 1 卷第 272 页。

条目中相同风格的措辞。从它的内容看,它与《布罗克豪斯百科辞典》中的短条目相符,但对正文的比较又表明,它不是抄录的,而是原作。在这个条目中,作者使用了特殊的资料和新的事实,在会战的意义方面得出了独特的结论。该条目信息量大,简短而且易记,没有过分华丽的辞藻,而其他那些撰写军事条目作者的特点就是喜欢用华丽的辞藻。

《亚里山大里亚》同样也是一篇原作,它与《布罗克豪斯百科辞典》毫无相似之处(除对两个事实的陈述以外)。① 条目《亚里山大里亚》中提到了军事工程师蒙塔郎贝尔,这就使该条目直接与恩格斯撰写的其他文章有关,例如:《博马尔松德的夺取》、《克里木战局》②,尤其是《百科全书》中的《棱堡》和《筑城》③。恩格斯在这些文章中详细描述了蒙塔郎贝尔凭借自己的穿窖炮台体系而在军事工程领域实现的转折。我们认为,这一事实就是证明恩格斯作者身份的根据。我们还认为,对亚里山大里亚城的评价也是出自恩格斯的手笔:"……而在当代,自1848年和1849年战局以来,又起了意大利抵御奥地利的国家要塞的作用。"④

《安特卫普》:与恩格斯在他的条目单中计划的内容(要塞和几次围攻)不同,关于安特卫普这个城市的军事历史方面的内容只占条目《安特卫普》的五分之一。其余部分写的是工业、贸易和文化方面的内容。在恩格斯撰写的其他关于城市和国家的条目中,也对题目作了类似的扩展,例如《阿富汗》、《阿尔及利亚》、《布里西亚》(Brescia)、

---

① 参看《德国百科全书》第1卷第279—280页。
② 《马克思恩格斯全集》第1版第10卷第442—451页、第11卷第240—243页。
③ 《马克思恩格斯全集》第1版第14卷第88—89、327—353页。
④ 《马克思恩格斯全集》第1版第44卷第397页。

《布达》(Buda)和《缅甸》(Burmah),这些条目的作者身份已确定无疑。《安特卫普》条目与《不列颠百科全书》和《布罗克豪斯百科辞典》中的同名条目①的不同之处在于它的结构和它提供的材料。恩格斯在《爆炸弹》(Bomb)这一条目中也提到了1832年安特卫普被围攻的这段历史。②在《安特卫普》条目中没有与恩格斯的观点的本质或他的风格相矛盾的事实上的或风格上的特别之处。我们认为,条目《安特卫普》可能是恩格斯写的。在进一步的研究中,我们也许将会找到更充分的根据。

至于其余的6个条目,我们认为,它们不是恩格斯写的。

《阿兰群岛》:在确定《阿兰群岛》的作者时,重要的是一个形式上的特点,《马克思恩格斯全集》第14卷的编者们注意到这个特点,但第44卷的编者们却忽视了它。在恩格斯的条目单中,关于这个条目的记录如下:"《阿兰群岛》见《博马尔松德》",其篇幅没有确定,而条目单上的其他条目都提到了篇幅。这就意味着,恩格斯没有打算写关于阿兰群岛的条目,而让读者参阅后面的条目《博马尔松德》。《博马尔松德》是恩格斯写的,刊载于《百科全书》第3卷。③

《阿克》:条目《阿克》具有明显的编凑的特点。它是以《布罗克豪斯百科辞典》中的同名条目为基础,并吸收了《不列颠百科全书》的内容编写而成的。④ 该条目中有大量的事实错误。《百科全书》中该

---

① 参看《不列颠百科全书》第3卷第286页;《德国百科全书》第1卷第526—528页。
② 参看《马克思恩格斯全集》第1版第14卷第144—145页。
③ 参看《马克思恩格斯全集》第1版第14卷第295页。
④ 参看《德国百科全书》第1卷第85页;《不列颠百科全书》第2卷第113页。

条目的作者连篇累牍地叙述历史事实，其中也对几个事件和人物作了主观的评价。例如，关于十字军第三次东征期间对阿克的再次占领，该条目中是这样写的："1191年，狮心理查强攻阿克城是十字军征讨时期最英勇的行动之一。"① 《不列颠百科全书》对这一事件的描述是："1191年，英国的理查一世和法国的菲力浦用10万骑兵的牺牲夺回了阿克。"② 这指的是十字军骑士在被占要塞进行的大屠杀。在《布罗克豪斯百科辞典》中，并没有对这一事件作评论。显然，在《百科全书》中，作者写进了个人的评价。这种评价会是恩格斯作出的吗？大概不会。恩格斯可能会从军事或政治的角度评价这个坚固要塞的陷落，正如他在条目《军队》中在谈到十字军远征时所做的那样。关于中世纪，他写道："所以，战争很少在决定性的地段进行；为了争夺某一地点，需要许多次征战。在整个这一时期（概略地指六世纪至十二世纪这个混乱时期），唯一大规模的军事行动是德意志皇帝对意大利的远征和十字军远征，而且无论这一次或那一次的军事行动都同样没有什么结果。"③

但是，至于《百科全书》中的条目《阿克》所论及到的骑士的英勇精神，恩格斯也在条目《军队》中以毫不掩饰的辛辣讽刺的手法写道："单枪匹马冲入这个没有保护的人群之中乱劈乱杀，这是从头到脚裹以铁甲的骑士的拿手好戏。"④ 值得怀疑的是，恩格斯会称颂十字军骑士的"英勇远征"，因为他们因极度残暴而出名。

---

① 《马克思恩格斯全集》第1版第44卷第391页。
② 《不列颠百科全书》第2卷第113页。
③ 《马克思恩格斯全集》第1版第14卷第26页。
④ 《马克思恩格斯全集》第1版第14卷第26页。

此外《百科全书》中的条目《阿克》的作者的另一个特点也使我们对恩格斯的作者身份产生怀疑:"正是在这里,土耳其人在高尚的悉尼·斯密斯和为数不多的不列颠水兵的支持下把拿破仑和法军牵制在港湾达60天之久,直至他最后放弃围攻并撤离为止。"①

对于恩格斯来说,不去评价保卫阿克的战略意义,或不去评价英军总司令的军事行动的战略意义是不可理解的。在《布罗克豪斯百科辞典》中,没有关于这一事实的任何评价。而在1842年版的《不列颠百科全书》中,土耳其人的英国同盟者被称为是"勇敢的同盟者",在1853年版中,叙述了土耳其人根据悉尼·斯密斯爵士的建议把阿克作为光辉典范,以"勇敢行为"保卫它的情况。或许,这就是为《百科全书》撰写条目《阿克》的作者的激奋心情的原因所在?

我们认为,作者的这一评价不是恩格斯作出的,因为这种评价不仅与恩格斯的思想和风格,而且与恩格斯对十字军东征和十字军骑士的评价大相径庭。需要补充的一点是,在恩格斯条目单中和在《百科全书》中重复出现的这个要塞的法国名称,在当时较为流行,而且在大多数百科全书中都使用过这个名称。

《阿克提翁》几乎是从《布罗克豪斯百科全书》的同名条目中逐字抄袭来的。人们从已确定了恩格斯作者身份的《百科全书》的条目中,还没有发现这种盲目抄袭其他百科全书的情况。该条目中几处带有评价性质的内容与《布罗克豪斯百科辞典》中的同名条目不同("好色的安东尼"、"可怜的家伙"等等)②,但是无论从内容或从风格来看,它们都不可能出自恩格斯的手笔。在恩格斯写的其他任何一个条目中,甚至

---

① 《马克思恩格斯全集》第1版第44卷第391页。
② 《马克思恩格斯全集》第1版第44卷第392页。

在条目《海军》中均没有发现他编写这个条目的任何痕迹。马克思把从奥古斯特·鲍利的《古典古代实用百科全书》中摘录的笔记寄给了恩格斯,① 正如第 44 卷的编者们所认为的那样,这些笔记是用于恩格斯撰写条目《军队》的,而不是用于条目《阿克提翁》的。②

《阿耳梅达》:《百科全书》中的小条目《阿耳梅达》共有 6 行,条目就这一会战写道:"1811 年 8 月 5 日,威灵顿公爵曾在这里击败马森纳指挥的法军。"③ 恩格斯在他的条目单中将该条目的主题确定为:"西班牙战争时期的围攻"。④ 只要我们把它和《百科全书》中的条目作一个比较,便很快就会发现,两者互不一致。在条目中对围攻只字未提,甚至连谁围攻谁都不清楚。也许,恩格斯打算写的是 1810 年 8 月 15—27 日比利牛斯半岛战争期间对阿耳梅达的著名围攻,而从一切迹象来看,《百科全书》的条目论及的是 1811 年 5 月 3—5 日的阿耳梅达会战,条目中没有明确说明日期。如果人们把这个条目和恩格斯写的关于这次战争中的另一个事件即关于阿耳布埃拉会战的条目⑤比较一下,那么,会战的两种描述之间的区别就显而易见了。在第 44 卷的注释 447 中,编者通过把这个条目和另外两个同名条目(一个葡萄牙公爵和一个巴西城市)进行比较,确定该条目的作者就是恩格斯。而由于该词条论及的是会战,所以恩格斯被确认为该条目的作者。前面曾指出过:在《百科全书》中发表了的条目,在恩格斯的条目单中也出现了,这种情况并不

---

① 参看《马克思恩格斯全集》第 1 版第 29 卷第 148 页。
② 参看莫斯科原苏共中央马列主义研究院马恩室《简报》1971 年第 20 期第 81 页,另参看《新马克思主义历史及理论杂志》1983 年莫斯科版第 195—212 页。
③ 《马克思恩格斯全集》第 1 版第 44 卷第 399 页。
④ 《马克思恩格斯全集》第 1 版第 29 卷第 137 页。
⑤ 《马克思恩格斯全集》第 1 版第 14 卷第 53—54 页。

意味着恩格斯就是作者。此外,《百科全书》中的这个条目和恩格斯条目单中提到的题目的内容也不完全一致。

《阿尔贝雷》：与恩格斯在他的条目单中制定的计划不同，条目《阿尔贝雷》几乎完全摘自1853年版《不列颠百科全书》，① 条目中对会战本身未作任何描述。其中关于这次会战的内容如下："公元前331年亚历山大和大流士之间第三次大会战，即最后一次大会战是以阿尔贝雷命名。实际上，会战不是在阿尔贝雷，而是在其西北三十六英里一个名叫高加米拉的小村庄（现在叫卡尔梅莱斯）附近进行的。"② 把该条目和恩格斯摘自1842年版《不列颠百科全书》摘录③以及和恩格斯在《军队》和《骑兵》条目④中对这次会战的大段叙述作一比较，结果表明，它明显不同于恩格斯的文章。这段摘录是恩格斯1857年6月29日至7月3日期间完成的，当时他从伦敦回到曼彻斯特，正准备为他的条目《军队》和其他《A》字头条目搜集材料。如果恩格斯在这期间写条目《阿尔贝雷》，那他一定会用这个材料。而且马克思于7月16日把他摘录的关于古代军队的引文寄给了恩格斯，其中没有提到会战本身，但却包含了关于参加这次会战的两个军队——马其顿军队和波斯军队的详细情况。

在一般情况下，恩格斯都把百科全书中的材料作为出发点，作为日后用专门资料中的事实进行填补的框架。这些材料的主要内容是他们在摘录时的一些独特的思考、评价和结论。这里，我们可以详细地考察这

---

① 《不列颠百科全书》第2卷第311页。
② 《马克思恩格斯全集》第1版第44卷第403页。
③ 摘录藏于莫斯科原苏共中央马列主义研究院中央党务档案馆。
④ 参看《马克思恩格斯全集》第1版第14卷17、18、27、301、304页。

个过程了，因为我们不仅拥有恩格斯的准备材料，而且也有他在条目《军队》和《骑马》中对会战的叙述。他在这两个条目中详尽介绍了马其顿军队和波斯军队的构成和组织，详细叙述了会战的经过，并且指出了马其顿的亚历山大战术的突出特点。《百科全书》中的短条目《阿尔贝雷》完全不同于恩格斯写的一系列事实和评价。《百科全书》中该条目的作者对这样一个细节的说明都与恩格斯在条目《骑兵》中写的不一样，比如解释在高加米拉发生会战的原因和亚历山大军队第二天进驻阿尔贝雷的原因。在条目《骑兵》中这样写道："在结束会战时，他的骑兵一鼓作气地追击逃敌，次日，先头骑兵已远离战场75英里了。"①

《小炮》：该条目主要是以《不列颠百科全书》中的同名条目为基础写成的。② 在德文工具书《布罗克豪斯百科辞典》和《皮埃尔》中，就这个题目提供了较多的事实，并使用了另一个术语：在山地战中而不是在山区对小炮的使用。③ 恩格斯不可能忽视这方面的材料。如果我们把这个条目和恩格斯写的条目《明火枪》④ 比较一下，就会清楚看出两者在叙述古代武器方面的差别。在恩格斯写的条目《明火枪》中，叙述的是几个使用明火枪的会战的范例以及明火枪的战斗力等等。再者，1857年1月，恩格斯正在专门研究与纽沙特尔危机有关的山地战问题，如果恩格斯写《小炮》，他可能会更全面地阐述小炮在山地战中的运用这个论题，甚至可能使用另一个术语。

由此可见，上述这些条目都是些编凑起来的、结构非常松散的小条

---

① 《马克思恩格斯全集》第1版第14卷第301页。
② 参看《不列颠百科全书》第2卷第736页。
③ 参看《德国百科全书》第1卷第416—417页。
④ 参看《马克思恩格斯全集》第1版第14卷第60—62页。

目,在选择材料和作评价时缺乏独立性,此外,条目还有大量的严重错误,它们的风格与恩格斯始终是简洁、准确和真实的文风完全不同,恩格斯从不用大量的修辞和空洞的词句来代替内容。

因此,恩格斯的包括有23个条目的条目单中有21个刊载在《百科全书》中。我们认为,其中有10个条目是恩格斯写的(《阿本斯堡》、《副官》、《阿富汗》、《阿耳布埃拉》、《阿耳登霍文》、《亚历山大里亚》、《阿尔及利亚》、《攻击》、《安特卫普》和《明火枪》)。其余的条目显然是由其他作者撰写的。我们认为,这10个条目中有8个(除了《阿富汗》和《阿尔及利亚》以外)属于马克思1857年7月24日寄给编辑部的第一批稿件。应德纳的委托,这批稿件中还有我们已经知道的两个条目《阿尔马》和《艾雷》,所以总共是10个条目。

我们通过考察《百科全书》中《A》字头条目得出了几个关于这些条目的马克思和恩格斯的作者身份问题的一般性结论。

传统的看法认为,马克思和恩格斯给《百科全书》写的文章不具有独创的、研究的性质,它们只是汇编而成的,也就是说,它们只不过是应要求才写的。

这种看法的产生首先是基于这些条目的特点。和所有为一本百科全书而撰写的短条目一样,这些条目的主要内容是资料性的,非常简洁,并且为适应编辑部的要求而尽可能地不带任何"党派倾向"。此外,编辑部还有权对作者的正文进行加工,即对它们进行删节或补充新的材料。

然而,在更大程度上,人们对这些条目的看法是受恩格斯就他同马克思共同承担这项工作所发表的意见的影响。

恩格斯在他接到德纳的委托后,立即以极大的热情期待着为《百科全书》撰稿。1857年4月22日,他写信给马克思说:"我要是处在你的地位,一定会向他提议让他把整个百科全书完全包给我们,我们能够胜任。无论如何,凡是你能弄到手的,都要包下来;如果每一卷我们弄到一百至二百页,这并不算太多;只要能够换来成色足的加利福尼亚黄金,我们提供'成色足的'知识是很容易的。"①

他在同一封信中谈到了打算如何汇编材料:"……许多条目只要抄一抄或翻译一下就行了,较大的条目也不用花费很大的力气。"他建议设立一个办事处,并吸取朋友——沃尔夫、皮佩尔等等——参加这项工作。他在信中写道:"虽然这工作不会很有趣(至少大部分是这样),但是这仍然使我感到无限的快慰,因为这对你将是巨大的帮助。"他认为,"写勇敢的军事家"时"人们自然总是站在胜利者一边的。"而且写这方面的内容也不比绕开不准带有"党派倾向"更困难。②

然而,恩格斯描绘这种乐观的情景更多地是为了宽慰马克思,鼓励他摆脱平日的烦恼。

当恩格斯自己做这项工作时,他则很快就忘记了他的"抄一抄"和"翻译一下"的打算。他开始艰难地寻找资料和文献,为他自己计划写的题目和德纳规定的题目做准备。马克思也参加了寻找材料的工作,为了恩格斯所要写的条目《军队》、《西班牙舰队》、《艾阿库袭》、《艾雷》等等,他从第一手资料、书籍和各种工具书中作了摘录。恩格斯本人为撰写条目《军队》摘录了威廉·吕斯托夫的书《尤利乌斯·凯撒时代的军事和他的统帅艺术》,为撰写条目《阿富汗》摘录了约

---

① 《马克思恩格斯全集》第1版第29卷第124页。
② 《马克思恩格斯全集》第1版第29卷第122—123页。

翰·威廉·凯的两卷集代表作，① 恩格斯的这些摘录均保存了下来。有一些证据可以证明他们为撰写这几个条目以及《B》字头条目而作的艰苦准备工作。恩格斯为撰写条目《缅甸》（Burmah）而不得不"读了几大本书"，"关于《博马尔松德》的某些专门资料还需要查对"，并且"还必须从报上搜集些材料"等等。②

恩格斯为《百科全书》撰写的文章充分体现了他在军事科学领域的渊博学识，他的创造性思想以及他对科学的严谨态度和一丝不苟的精神，而且为这一工作不考虑任何经济因素。如果恩格斯没有足够的时间搜集资料和书籍，没有足够的时间去严肃认真地、不受任何约束地研究题目，他宁愿不写这个条目。恩格斯对德纳的责备非常气愤，他于1858年2月18日写信给马克思说："如果这家伙还想拿他那两个臭钱耍手腕，那就该好好教训他一下。无论如何，他的要求不能超过我们给他的，——绝大多数是独创的作品，而不是像他从别人那里得到的那种拙劣的东拼西凑的东西。"③

如果我们分析一下恩格斯给《百科全书》写的条目的内容和它们所使用的材料，将它们与其他作者写的条目作一比较，我们就会看到，恩格斯在信中表示的那种不满是有根据的。

当然，我们也不能过高地评价这些条目在恩格斯的具有创造性的遗产中的意义。不能把它们和《英国工人阶级状况》或《反杜林论》相提并论。如果我们看一下恩格斯给施留特尔的回信，就一定会考虑这种

---

① 参看威廉·吕斯托夫：《尤利乌斯·凯撒时代的军事和他的统帅艺术》1855年哥达版和约翰·威廉·凯：《阿富汗战争史》1851年伦敦版第1、2卷。
② 《马克思恩格斯全集》第1版第29卷第267、287、289页。
③ 《马克思恩格斯全集》第1版第29卷第271—272页。

观点了。海尔曼·施留特尔曾建议恩格斯购买刊载有马克思写的、并按德纳的说法是"非常重要的文章"① 的《百科全书》的各卷次,恩格斯于1891年回信说:"《百科全书》上的文章,一部分是马克思写的,一部分是我写的……写这些东西是为了稿酬,仅此而已。不要再管它们了吧。"②

正如我们所看到的,恩格斯对于他给《百科全书》写的条目有三种看法,我们应该把它们和这些条目的写作背景联系起来去理解。

我们认为,这些条目是恩格斯著作遗产的一部分,而且和他的其他文章一样,带有他的创造性和人格的特征。《马克思恩格斯全集》历史考证版在刊载这些条目时,无疑要对它们进行全面的研究和分析。作为一部工具书中的条目,它们所具有的特点使得研究工作更加复杂,但却又很有必要。我们希望,《马克思恩格斯全集》历史考证版第1部分第15卷的编辑小组在编写这些条目时能对我们所阐明的观点予以重视。

[原载《马克思恩格斯年鉴》(柏林)第12卷第159—180页]

(夏静 译 佐海娴 校)

---

① 此件藏于莫斯科原苏共中央马列主义研究院中央党务档案馆。《马克思恩格斯全集》第1版第14卷第749页。

② 《马克思恩格斯全集》第1版第38卷第15页。

对《欧洲战争问题》和《评塞瓦斯托波尔的围攻》两篇文章的作者的考证[*]

阎月梅

《欧洲战争问题》和《评塞瓦斯托波尔的围攻》这两篇文章收入《马克思恩格斯全集》中文版第 10 卷，英文版第 13 卷中，但中、英文版关于这两篇文章的作者却明显不同。中文版第 10 卷中注明第一篇文章的作者为恩格斯，第二篇文章的作者为马克思和恩格斯。英文版第 13 卷中注明第一篇文章的作者为马克思和恩格斯，第二篇文章的作者为恩格斯。为什么会出现这种不同呢？

在翻译《马克思和恩格斯全集》英文版说明的过程中，带着对这个问题的疑虑，我查阅了有关资料，并从中找到了这一问题的答案。

《欧洲战争问题》写于 1854 年 2 月 13—14 日，《评塞瓦斯托波尔的围攻》写于 1855 年 1 月 19 日，这个时期正是科学共产主义创始人——马克思和恩格斯定期为北美进步的资产阶级报纸《纽约每日论坛报》撰稿的重要时期。他们之所以这么做，主要是想坚持利用极为有限的机

---

[*] 本文选自《马克思恩格斯研究》1993 年总第 12 辑。

原题注：本文是根据《马克思恩格斯全集》英文版第 13 卷和原文版第 1 部分第 13 卷《关于马克思和恩格斯 1854 年的政论活动》，以及这两篇文章的题注整理而成的。

会来宣传他们自己的观点。《马克思恩格斯全集》原文版第 1 部分第 13 卷关于马克思和恩格斯在 1854 年的政治活动中有这样的叙述,即:他们在《纽约每日论坛报》上所发表的关于欧洲政治、国际关系以及军事问题的文章,不仅在数量上占上风,而且他们对这些问题的看法在某种程度上也影响了编辑部的态度,这对于宣传他们的科学共产主义思想起了很大作用。与此同时,《论坛报》编辑部的态度也有令马克思和恩格斯极为头痛和恼火的地方。这就是,编辑部经常任意处理马克思和恩格斯的文章,尤其是那些以社论形式刊载的文章,对恩格斯的军事评论尤其如此。马克思对编辑部的这种做法曾多次提出抗议,但由于在稿费上对这家报纸的依赖,迫使他最后屈从于编辑们的条件。《马克思恩格斯全集》英文版第 13 卷卷末第 1 条注释中写道:从 1855 年中期开始,马克思和恩格斯的所有文章在该报发表时都不署名,编辑们照例在《纽约半周论坛报》和《纽约每周论坛报》上转载刊登在《论坛报》上的这些文章,通常都使用同样的纸型。这就造成许多文章搞不清具体是马克思或恩格斯或是他们两人合写的问题。马克思在 1850—1854 年间的笔记本,以及马克思和恩格斯相互间的书信以及他们给第三者的书信为确定他们在《论坛报》上发表的大部分文章的作者提供了最重要的依据,另外一些信息是从研究马克思、恩格斯写通讯时所使用的资料来源、横渡大西洋的轮船的时间表以及其他间接资料获得的。

《马克思恩格斯全集》英文版是完整地出版马克思和恩格斯 50 年代的政论遗产的一个重要步骤,它由前苏共中央马列主义研究院同伦敦劳伦斯和威沙特出版社以及纽约国际出版公司联合出版,该版本首次用原文出版了到目前为止经过鉴定的马克思和恩格斯为北美这家报纸撰写的全部通讯。值得一提的是,《马克思恩格斯全集》原文版编者在考察马克思和恩格斯为《纽约每日论坛报》撰稿情况时,是把英文版当作可靠的依据的（参看本丛书第33卷《关于马克思和恩格斯1854年的政论活动》）。所以我认为，英文版对上述两篇文章的作者所作出的变动是有理由的。

《欧洲战争问题》一文是恩格斯应马克思的请求写的。马克思于1854年2月9日曾给恩格斯写信请他为《纽约每日论坛报》写一篇稿件："如果你能为星期二①写点什么东西，那就太好了，因为我那一天还要给好望角②写东西"③。《马克思恩格斯全集》原文版第2部分第13卷关于《欧洲战争问题》的题注这样写道：恩格斯早在1月份就在《纽约论坛报》上分析了克里木战争的过程和前景，对他来说阐明一下多瑙河战区俄国和土耳其敌对双方部队的战略形势是很适当的。因此，恩格斯在不列颠日报上对这一形势进行了推测性的说明。文章是以"与此同时，英国和法国也在最大规模地进行备战"④（第四段）这句话开头的。马克思在2月14日把对拿破仑第三给俄国沙皇尼古拉一世的一封信（1854年1月29日）的评论放在恩格斯的这种分析的前面，马克思还加进了对一个俄国商人写的一封信的副本所作的补充，这些消息可能是马克思从大卫·乌尔卡尔特那里获得的。⑤ 在笔记本上，寄送这篇文章时所作的记载是："星期二。2月14日。军备"。《论坛报》编辑增加了文章开头的第一句话："虽然'纳什维耳号'到达后并没有从战区给我们带来任何重要的消息"。

---

① 指《纽约每日论坛报》，因为携载邮件的"纳什维耳号"通常都是在星期二和星期五到达纽约。——作者注

② 指《南非人报》。

③ 《马克思恩格斯全集》第1版第28卷第325页。

④ 《马克思恩格斯全集》第1版第10卷第78页。

⑤ 参看《马克思恩格斯全集》第1版第28卷第324—325页。

综上所述,《欧洲战争问题》应为马克思与恩格斯合写,而不是恩格斯一人所写。

我们要考证的第二篇文章《评塞瓦斯托波尔的围攻》最初是恩格斯为《纽约每日论坛报》写的德文文章。译文大概是马克思翻译的(参看《马克思恩格斯全集》英文版第13卷第427和429条注释)。这篇文章写于1855年1月19日,首次发表于1855年1月23日《新奥得报》第37号,原文是德文。在这篇文章写成前,马克思的妻子燕妮正接近临产,马克思忙于照顾燕妮,顾不上写作,所以就写信请求恩格斯为《纽约每日论坛报》写文章,这一点反映在他们1855年1月19日前后的书信中。1月12日,马克思给恩格斯写信说:"昨天我给《论坛报》寄去了一篇关于商业和工业的报道,我只需再寄去两篇文章,就可以抵偿从这些人那里拿到的预支款项了。下星期,星期二和星期五,将开出两艘轮船,如果你能在星期二以前拿出一篇**不论什么题目**的文章来,那就太好了。

我的妻子正急速接近灾难的时刻。"①

1855年1月17日,马克思又写信给恩格斯说:"我昨天自然不能给《论坛报》写文章,而且在今后一段时间内还是不能写,因为昨天早晨六、七点我妻子顺利地生了一个可信任的旅行者②……

……

好吧,我等候你给星期五写文章。"③

1月19日,马克思致信给恩格斯说:"完全同意你的建议,非常感

---

① 《马克思恩格斯全集》第1版第28卷第419页。
② 英国法律用语。指新出生的爱琳娜·马克思。
③ 《马克思恩格斯全集》第1版第28卷第420、421页。

激……你昨天的信,我在今天**下午四点**才收到……由于信来迟了,我今天只能寄给你这寥寥数行。"①

上述恩格斯给马克思的信没有找到,但从上下文的关系我们猜测,这封信同马克思请求恩格斯为《纽约每日论坛报》写的文章有关。

《马克思恩格斯全集》英文版第13卷收入恩格斯应马克思的要求于1855年1月19日写的一篇文章,即《克里木战局》,②载于1855年2月3日《纽约每日论坛报》第4304号,估计这篇文章同上述《评塞瓦斯托波尔的围攻》就是恩格斯应马克思的请求写的。而对这两篇文章,马克思皆未执笔,也没有补充进去其他材料,所以《评塞瓦斯托波尔的围攻》一文应为恩格斯一人所写。

---

① 《马克思恩格斯全集》第1版第28卷第421页。
② 参看《马克思恩格斯全集》英文版第13卷第596—597页。

关于《沉默寡言的司令部饶舌家毛奇和一位不久前从莱比锡给他写信的人》一文的作者问题[*]

马 兵

《沉默寡言的司令部饶舌家毛奇和一位不久前从莱比锡给他写信的人》(以下简称《沉默》),原发表于德国社会民主工党中央机关报《人民国家报》1874年3月25日《政治评论》栏。发表时没有署名。《马克思恩格斯全集》俄文第二版编者认定该文是恩格斯写的,收入《全集》第十八卷(参看《马克思恩格斯全集》中文版第18卷第558—560页)。《马克思恩格斯全集》国际版(MEGA)重新审查了该文的作者,经过多方考证,提出该文不是出于恩格斯的手笔。民主德国马克思列宁主义研究院出版的《工人运动史论丛》1982年第4期刊登了该研究院瓦尔德特罗特·奥比茨博士的文章,论述了对《沉默》一文作者的考证结果。

据奥比茨说,《全集》俄文第二版编者确定该文为恩格斯的著作,其根据是恩格斯在《人民国家报》编辑威廉·布洛斯的一封信中曾经谈到过有关问题。[①] 奥比茨认为,俄文版编者作出这样的判断是容易理

---

[*] 本文选自《马列主义研究资料》1983年第1辑。

[①] 大概是指恩格斯1874年2月21日给威·布洛斯的信,参看《马克思恩格斯全集》第1版第33卷第620页。

解的，因为恩格斯在威·李卜克内西和奥·倍倍尔被捕期间曾积极支持《人民国家报》的编辑工作。而且恩格斯1874年3月初亲自为该报撰写的《帝国军事法》的文章中就谈到过毛奇在帝国国会的态度。

《沉默》一文所谈的问题，是与法国军事法庭审理法国元帅巴赞的叛国罪有关的。1870—1871年普法战争开始时，巴赞元帅的军队被围困在法国麦茨要塞；1870年10月27日要塞投降，放弃要塞的法国元帅巴赞被控叛国，于1873年10月6日至12月10日交付法庭审判。法国将军们曾经说，在麦茨投降以前，他们没有丧失任何火炮，相反地，德军在这方面受到了损失。莱比锡一市民请求德军总参谋长毛奇说明法国将军们的这一说法是否合乎事实。毛奇在1874年2月27日《莱比锡日报》上作了答复。《沉默》的作者首先驳斥了毛奇的回答，接着根据恩斯特·霍夫鲍威尔的著作批驳了毛奇关于炮兵的"新战术"的言论。

奥比茨认为，从文章的整个内容来说，该文不排斥是恩格斯写的，但从文章的一些具体评价及其论战方式来看，很难说它是出于恩格斯之手。但由于对文章的作者提不出任何直接的证据，国际版编者也只能提出一些间接的论证。

《人民国家报》的《政治评论》栏中的文章，通常是不署名的。报纸编辑部在这一栏中简要地对当前的政治事件发表看法，对德国和国际报刊的报道作出评论，并对这类报刊上登载的错误见解进行驳斥。报纸在《政治评论》栏常常先对一个问题作出反应，不久以后再发表文章进行详细论述。编者在写这些评论时常常利用各种材料，如文章作者的书信，德国和国际工人运动领导人的书信，其中也包括马克思和恩格斯的书信。威·布洛斯曾经回忆说："书信往往先谈家常，接着进行政治评论；我常常为《人民国家报》利用这些评论。"《沉默》一文也许就是这样写成的。

《沉默》注明的写作日期是:"3月13日于伦敦。"这就是说,布洛斯是从伦敦得到这方面的论述的。现在的问题是:如果该文非出于恩格斯之手,那么,在伦敦谁能为《人民国家报》编辑部提供有关这类问题的东西呢?布洛斯在回忆录中曾经谈到,除恩格斯外,西吉兹蒙特·路德维希·波克罕也是《人民国家报》的积极撰稿人。而波克罕的许多著作证明,他有能力写军事理论和政治问题的文章。奥比茨提出该文为波克罕所写,理由如下。

一、就在《沉默》一文发表的时候,在同一号的《人民国家报》上刊载了一篇题为《评巴赞案件》的文章的第一部分。① 这篇文章也没有署名,但无疑是波克罕写的。1873年10月23日波克罕曾告诉恩格斯,李卜克内西请他为《人民国家报》撰文,从军事上论述巴赞案件。同年12月他就开始执笔。12月18日他就此事写信给恩格斯说:"我为《人民国家报》写几篇有关巴赞的东西。"在这篇文章中,波克罕详细地论述了1870年8月战役中的法德双方的军事指挥情况。他也描述了1870年10月27日麦茨战役中巴赞元帅统帅下法国军队的投降。这篇文章就其内容来说与《沉默》一文有很多联系。

二、《沉默》一文的写作日期是3月13日,这也有助于证明该文为波克罕所写。波克罕的文章《评巴赞案件》是3月中旬寄给《人民国家报》的。很可能,他寄出此文时于3月13日从伦敦发过一封信。他的文章也可能寄得更早一点,而在3月13日他要求立即加以发表。威廉·布洛斯约3月中给威·李卜克内西的信中曾提到,他正在着手处理波克罕的文章,必须赶紧发表,否则就晚了。在布洛斯对波克罕文章进

---

① 《评巴赞案件》的文章分为两部分,分别发表于1874年3月25日和27日《人民国家报》。

行加工期间,他必定也编辑了《政治评论》栏的报道和评述,其中包括《沉默》一文。

三、在此期间,在恩格斯和布洛斯之间没有直接的工作关系。恩格斯的《帝国军事法》的文章已发表于1874年3月8日和11日的《人民国家报》。它在内容上与《沉默》没有直接的联系。尽管布洛斯在1874年3月14日给恩格斯的信中,赞赏他对毛奇的看法,但那显然是指3月11日在《人民国家报》上发表的《帝国军事法》的第二部分。在这一部分,恩格斯驳斥了毛奇在帝国国会中提出的军事法案的论据。其次,《莱比锡日报》不是恩格斯经常阅读的报纸。如果恩格斯看到了这份报纸,那是有人寄给他了。当然这是可能的。但更有理由认为,布洛斯在这种场合与波克罕商量过,并告诉波克罕,他有关巴赞的文章正准备付印。

四、对文章内容的分析,也更说明它是波克罕写的。对普法战争中炮兵这个专门问题:恩格斯在1870年7月29日至1871年2月18日发表在《派尔—麦尔新闻》的《战争短评》中很少涉及。他主要是谈论德法双方作战的一般战略观点。在以后写的文章中,恩格斯也几乎没有评述炮兵在现代战争中的作用,而在很大程度上谈论步兵的作用问题。

波克罕却对炮兵在战争中的作用有特殊兴趣,这很易理解。波克罕当了格洛高的炮兵,服役三年。1849年全部人民自卫团指挥官约翰·菲力浦·贝克尔曾委托波克罕在巴登—普法尔茨起义时建立一支炮队。波克罕同他的炮队一起曾参加卡尔斯卢厄的战斗,并且在争夺库本海姆的战斗中建立了功勋。① 在革命军队退却后,波克罕被迫到瑞士,先

---

① 参看《马克思恩格斯全集》第1版第21卷第396—397页。

在日内瓦，后流亡到英国伦敦，在那里他同马克思和恩格斯建立了友谊，从他写的著作中可以看出，他总是密切地注视军事政治事件。由于他有这一段军事活动的经历，他对炮兵具有特殊兴趣，就是可以理解的了。

《沉默》一文根据霍夫鲍威尔的著作反驳毛奇关于炮兵新战术的论述。该文倒数第二段对有关普鲁士炮兵的论著作了否定的概括性评价，这是与恩格斯以往的言论相矛盾的。而且没有材料证实恩格斯知道霍夫鲍威尔的这一著作。而经常注意军事理论著作的波克罕显然不会放过任何一本关于炮兵的新书，因此他是会知道这本书的。波克罕很喜欢在他的文章中具体地谈论关于军事理论的新的论著，《沉默》也是这样。

五、从论战的方式看，《沉默》也更接近于波克罕的手笔。恩格斯就具体问题进行论战时，从来不就事论事，而是进行广泛的论证，《沉默》一文却不是这样。

恩格斯对待毛奇这位政治家和战略家比《沉默》严肃得多。把《沉默》同恩格斯的《帝国军事法》对照一下，就不难看出，《帝国军事法》与毛奇的论战要严肃得多。有人可能提出异议，说恩格斯在书信中可能使用了较严厉尖刻的措词，而《人民国家报》的编辑未经恩格斯的许可就引用了这类词句。这当然是可能的，但没有看到恩格斯这方面的任何书信。而把《沉默》同波克罕的《评巴赞案件》比较一下，却可明显地看到，两者在评价和用词方面有许多相似之处。波克罕在文章中把毛奇称为"大沉默寡言者"，《沉默》也有类似的称呼；《沉默》中有"被喂肥了的市民"一词，波克罕在1873年6月21日《人民国家报》上发表的《一个波恩教授反对〈人民国家报〉的文章》中就已用了这一说法。《沉默》中用了"铁血爱国主义"，而1871年《人民国家报》发表的文章就有一个标题《纪念德意志铁血爱国主义者》。①

最后，奥比茨得出结论说，把上述的文章内容和形式当作一个整体来看，不是恩格斯而是波克罕是《沉默》一文的作者或作者之一。因此，这篇文章没有被收入《马克思恩格斯全集》国际版第一部分第二十四卷。

---

① 这篇文章也是波克罕写的，参看《马克思恩格斯全集》第1版第21卷第399页。《全集》第21卷第396页译为"极端爱国主义者"。

恩格斯不是《品特是怎样造谣的》一文的作者[*]

王学东

《品特是怎样造谣的》这篇文章最初发表在德国社会民主党机关报《社会民主党人报》1882年11月2日第45号上。当时文章未署名，编辑部只在它前面写了下述的话："我们的一位最杰出的德国同志为我们写了一篇题为《品特是怎样造谣的》的文章。"

苏联在出版《马克思恩格斯全集》俄文第一版时并未收这篇文章，后来却把它编入俄文第二版。[①] 看来，编者很可能是把"最杰出的德国同志"推断为恩格斯，才这样做的。

然而，当时身为《社会民主党人报》编辑的爱·伯恩施坦在1882年11月1日（第45号报纸出版之前）写给恩格斯的信中曾明确提到："今天的《社会民主党人报》上刊登的报道《品特是怎样造谣的》，是李卜克内西从监狱里写来的。"[②] 通过这封信的证实，可以认为，这篇文章的作者是李卜克内西，而不是恩格斯。

---

[*] 本文选自《马列主义研究资料》1986年第1—2辑合刊。

[①] 见《马克思恩格斯全集》第1版第19卷第348—350页。

[②] 《爱·伯恩施坦与弗·恩格斯通信集》1982年人民出版社版第187页。

关于《列宁全集》第二版中一个人物的订正[*]

戴成钧

让娜·拉布勃是俄共（布）法国共产主义小组的创建者，为捍卫新生的苏维埃共和国而献出了生命。列宁在1919年12月召开的全俄苏维埃第七次代表大会的报告中指出："她的名字已成为斗争的口号，所有法国工人……都在她的英名之下团结起来反对国际帝国主义了"。[①]对于这样一位法国人民的英勇女儿，《列宁全集》中文第2版第48卷的"人名索引"理所当然地做了简明的介绍。可是，"索引"关于让娜的出生年代和身世的记述却悖于史料，有待订正。"索引"指出："拉布勃，让娜·玛丽（1879—1919）——法国人，一位巴黎公社活动家的女儿"。[②]这一说法似乎出自50—60年代苏联的一些著作，比如，1954年出版的《苏联大百科全书》第25卷的有关条目写道："拉布勃，让娜（1879—1919），苏联国内战争积极参加者，生于法国小镇拉巴利兹农民家庭—巴黎公社参加者"。当时的一些历史著作和辞书基本上都持这种说法，70年代后，苏联的历史学家大多已把让娜出生的年代更正

---

[*] 本文选自《国际共运史研究》1992年第1期。作者单位：杭州大学历史系。
① 《列宁全集》第2版第37卷第374页。
② 《列宁全集》第2版第48卷第908页。

为1877年。1974年出版的《苏联大百科全书》第15卷明确写道:"拉布勃,让娜(1877.4.8—1919.3.1)……出身于农民家庭……"。

根据我涉猎的一些资料,让娜的出生年代应为1877年,其主要依据是:

第一、70年代初,法国莫·多列士研究院向苏联学者 л·查克提供了一份1877年出具的"拉布勃,玛丽第22号出生证书",它明确地指出女孩"生于4月8日晚上8时"①。

第二、根据让娜的远亲让·弗雷维尔以及在敖德萨进行地下斗争的老战士给苏共中央委员会的信件,1967年4月8日,苏联各报刊都发表文章,纪念让·拉布勃诞生90周年。可见,1877年作为让娜诞生的年代,已为当时苏联舆论界所公认。

第三、从史料看,让娜出身于贫苦农民家庭。"出生证书"上指出,她的父亲克洛德·拉布勃当时"37岁,短工"。据让娜的侄子马尔泰·佩罗回忆:"他的家族没有任何人参加政治事件"②。据查克考证,20年代苏联报刊有时称她是"巴黎公社的女儿",这很可能是一种象征性的说法,如同当时称法国战士为"公社的儿女们"一样③。新版《苏联大百科全书》现已将她的身世改为"出身于农民家庭",删去了原来"巴黎公社参加者"的说法。

---

① L.查克:《十月革命的法国人》,法国社会出版社1976年法文版第12—13页。
② L.查克:《十月革命的法国人》,法国社会出版社1976年法文版第13页。
③ L.查克:《十月革命的法国人》,法国社会出版社1976年法文版第13页。

译法研究

校订撷零[*]

闻　文

不少人从事翻译工作越久，心里越虚、越怕。我也深深地感到翻译是一个荆棘载途的工作。特别是马克思恩格斯的经典著作，处理稍一不慎，轻则贻笑大方，重则歪曲原意，造成思想理论混乱。下面几个例子是从校订《1848年至1850年的法国阶级斗争》（原译《1848年至1850年的法兰西阶级斗争》）原文前5页时记下的部分资料，用以证明言之不谬。不过本人不善总结经验，这些例子都是工作过程中偶尔写下的，只是些感性的东西。我没有尝试过加以分类，也没有想过要从翻译理论上概括提炼出什么。之所以略作归纳，也只是为行文方便而已。

Ⅰ. 用词不当，译义不准。这是译校工作中低层次的问题，有的看来比较琐屑，似乎略一注意就可以避免。但正是此类不起眼处，往往容易忽略。再出色的译文，此类瑕疵一多，就常常令人有"吃了苍蝇之感"，是会伤译文元气的。

一、例1，本篇正文开始第2段一句（MEGA. B. 10. S. 119.5）。中译文是：法国1848年革命中"陷于灭亡的是革命前的传统的残余，即那些尚未发展到尖锐对立地步的社会关系的产物；陷于灭亡的是革命政

---

[*] 本文选自《马克思恩格斯研究》1990年总第3辑。

党在二月革命以前没有摆脱的一些人物、幻想、观念和方案……"（此处引用的是未经校订的译文，下同）。

这句话中的其他问题姑置不论，仅"传统的残余"就使人难于理解。原文是："traditionellen Anhaengsel"。俄、英译文也都一样。"传统"一词，《辞海》解为"由历史沿传而来的思想、道德、风俗、艺术、制度等"。这同后半句的意思不符。问题在于如何理解和翻译"Tradition"。马克思这里讲的是法国 1848 年二月革命前的情况。1789年大革命后，法国经历了波拿巴主朝、波旁王朝、1830 年七月革命、奥尔良王朝等复辟和反复辟的复杂斗争。政权几度易手，但封建势力仍较强大，保皇派也甚嚣张；资产阶级因过于软弱而无力完全掌握统治权。七月革命的不彻底和资产阶级的动摇妥协，使各阶级的利益表现得不突出。阶级营垒，特别是各中间阶级之间的阶级界线不清。工人阶级和其他革命群众认识模糊，对一些"人物、幻想、观念和方案"的实质及其所反映的阶级利益不甚了了。二月革命迫使各阶级和他们的代表人物纷纷登上政治舞台，发表明确的政见。各种思想、主张，受到革命的检验，从而使革命者，使革命的主力军工人，开始觉悟到自己利益之所在，逐渐明确了自己的斗争目标，最终在 1848 年的六月革命中第一次作为独立的政治力量，登上了阶级斗争的舞台。

马克思在正文一开始就提出了这个思想。其实这是本文的点睛之笔，是全文贯穿的主题思想之一。这一句话同 3 万字之后本章最后一句"革命死了！革命万岁！"的警句，承上启下遥相呼应，使人读后想到文章气势磅礴，有如一气呵成。如照原文处理，则使人茫然而不得要领。

可见，这里的"Tradition"同"传统"无关。多查一下辞典，就会发现，在德语中这个词也决不止一种涵义，它既有"传统"的意思，也有不少其他意思。而在这里，正好不能作"传统"解。它同"Anhaengsel"在一起，似应理解为"历史上残留下来的事物"。原译者按照习惯，一见"Tradition"就本能地处理为"传统"。在许多情况下应该说这样译不一定错，但决不能不注意对象的变化。这类例子屡见不鲜。大家还记得列宁的一篇名作，标题一直被译为《党的组织和党的文学》。其实这篇文章同文学问题风马牛不相及，里面谈的是政治性的著作。译者一见"Литература"（Literature），就不假思索地译为"文学"。这种题不对文的情况竟保留了几十年。

例2，MEGA. B. 10. S. 120. 9.

"……工业资产阶级本身愈以为在1832年、1834年和1839年各次起义被血腥镇压后，它对工人阶级的统治已经巩固，则它的反对态度也就愈坚决。"

"对工人阶级的统治"原文是"Herrschaft ueber die Arbeiterklasse"。这只是从字面上的理解，遇上这里的具体情况就出了问题。因为①在资本主义社会里，工业资产阶级是资产阶级的一个组成部分。在法国，也同在世界一切资本主义国家里一样，工人阶级对整个资产阶级而言是处于被统治地位，但不能说仅仅被资产阶级的任何一个组成部分所统治，对直接雇用工人的工业资产阶级，也不能这样说。显然，马克思决不会作这样的判定；②当时法国的工业资产阶级在政治上是议会中的反对派，操纵政权即掌握政治统治权的是最上层的大资产阶级（马克思称之为"金融贵族"）。在这种意义上说，工业资产阶级也被金融贵族"统治"着。

综上所述，"Herrschaft"译成"统治"，既不符合常理，也不符合实情。其实"Herrschaft"一词的词义中，"统治"只是其中之一，而决不是全部。从词源看，"Herrschaft"来自"Herr"，表示"Herr"的身

477

份、状态、权力、关系等等,由此产生了统治、控制、主宰地位或状态、政权等等意思。具体到我们这里,不能理解为"统治",只能理解为"控制"。从法国二月革命前的局势看,工人阶级由于革命运动一再受到当局镇压,就同激进的工业资产阶级站在一起;工业资产阶级认为自己已经"控制"了工人阶级,就对掌握政权的金融贵族采取越来越强硬的态度。事实上,法国1848年二月革命就是工人阶级同资产阶级共和派及其他革命阶级一起推翻以金融贵族为支柱的奥尔良王朝。

例3,MEGA. B. 10. S. 120. 29 – 31.

"… Unmoeglich die Staatsverwaltung dem Interesse der nationalen Produktion unterzuordnen, ohne das Gleichgewicht um Budget herzustellen, das Gleichgewicht zwischen Staatsausgaben und Staatseinnahmen."

"……当没有恢复预算平衡,**没有**恢复国家收支平衡的时候,是不能使国家行政服从于国民生产利益的。"

这里"恢复……平衡"中的"恢复"二字是译者基于自己对原文的理解而选用的。在翻译过程中,遇到一词多义,就要求译者决定取舍,然而取什么或舍什么,很值得斟酌。否则就容易表达不准,或完全违背作者原意。这里取的"恢复"含义,就极欠考虑,造成了错误。因为这两个字可能被认为是反映了马克思对形势的概括和估计。

马克思在本文中和在其他地方,一再谈过1830年革命后奥尔良王朝的财政状况。奥尔良王朝自当政以后,一直处于财政困难之中。也正因为这样,这个王朝的统治依靠金融贵族,实际上受其操纵。金融贵族通过国家剥削整个法国。因此,在奥尔良王朝统治法国期间,自始至终就没有过预算平衡和国家收支平衡。没有过平衡就不存在"恢复"的问题,反过来说,谈什么"恢复……平衡"也就是表示承认曾经有过"平衡",这显然不是马克思的本意。其实只要略微注意一下,用"达到"代替"恢复",甚至什么词都不用,(如:"没有预算平衡,没有国家收支平衡的时候"),就不至于造成这种无意之中出的错误。

二、正确理解原文。当然要正确理解原文的语法关系。然而有时自以为理解了的东西,其实并不理解,甚至已经产生了误解。这类实例为数不少。从表面看,这里只是语言文字问题,同内容的研究关系不大。其实,只有研究了作者想说明什么问题,才可以更准确地把握原文的语法关系,从而在译文中较忠实地、如实地反映出作者想表达的思想。

例如:MEGA. B. 10. S. 120. 7.

"Ihre Opposition trat um so entscheider hervor, je reiner sich die Alleinherrchaft der Finanzaristokratie entwickelte……"

"金融贵族的专制愈发展成为纯粹的专制……则它(指工业资产阶级。——引者注)的反对态度也就愈坚决。"

这样的译法起码可以追溯到40年代的莫斯科中译文(外国文书籍出版社版),以后经过中文版单行本、《马克思恩格斯全集》中文版第7卷、《马克思恩格斯选集》中文版第1卷,直到现在,几十年都没有改动。

这里问题在于把"die Alleinherrchaft der Finanzaristokratie"这个词组割裂成了两个部分。又把"je reiner sich……entwickelte"理解成只同上述词组的前一半有关。于是产生了歧义。如果完全从中译文看,大概只能作如下理解,即这种专制中的专制成分越来越多,民主成分越来越少。其实马克思想说的是,在奥尔良王朝时代,金融贵族越来越独占统治,而工业资产阶级越来越被排除在政权之外。工业资产阶级在1830年那次把奥尔良王朝扶上台的革命中,是参加者,是出了力的。他们当然认为自己理应在政权中分尝一杯羹,以维护自己的权益。然而,皇党同金融贵族排挤了他们,迫使他们成了反对派,并且最后参加了法国

1848年的二月革命，同工人阶级、小资产阶级等革命力量一起推翻了奥尔良王朝的统治。显然，马克思这里所要表明的意思并不是专制多了，民主少了。专制的纯度同金融贵族专制的纯度，即工业资产阶级参政机会的多少是不同的，后者在这里是问题的关键。其实工业资产阶级一旦能参与政事或当政，他们也认为越专制越好的。

单纯从语法去看，认为"je reinersich…entwickelte"说的是"der Alleinherrschaft"，似乎也无可厚非，也不无道理，但是从全文看，从Kontext看，则错了，起码是没有反映原意。这个例子说明，语法应该注意，但是语法不一定只有一种理解，而语法也不是理解原文的唯一条件，只有结合理解了原文的用意、背景等等，才能比较有把握地表达作者的原意。

Ⅱ. 重新校订必须多做研究工作，而研究的重点，应该是理论研究。道理很明显，理论上的错误，其不良影响远比其他错误严重。当然，理论错误在性质上和严重程度上是有区别的。这里的例子，可能略有助于说明理论研究的重要。

中译文："加速了革命爆发的第二个重大经济事件，就是英国的工商业总危机。"

原文 MEGA. B. 10. S. 123. 8 – 10: "Das zweite große oekonomische Ereignis, welches den Ausbruch der Revolution beschleunigte, war eine allgemeine Handels-und Industrie-Krise in England"。

从文字上看，没有译错，甚至可以说精确到了字字经得起对照的程度。然而从理论上说，错误是非常明显的。问题出在对 allgemeine Handels-und Industrie-Krise 的处理上。这里分几点来作说明。

首先，马克思在这里并没有使用理论术语，因此不能处理得使人感到是一个术语。马克思在这里只是说明1847年经济危机规模大、范围广，牵涉了经济领域的许多部门。可见讲的是危机的作用，并没有涉及危机的性质是"总"的，还是"局部"的。

其次，稍有点理论知识人都会知道，"资本主义总危机"（或简称"总危机"），这个说法，暂不论其是否正确，是一个有特定涵义的术语。它专指世界资本主义体系的危机。学术界认为，资本主义总危机开始的标志是苏联脱离资本主义的世界体系，建立了社会主义国家。从此，资本主义就世界范围而言已经不再是一统天下。这个术语历来认为是斯大林在《联共（布）中央委员会向第十六次代表大会的政治报告》中首先提出来的，时间应在 1930 年。此后在公开发表的报告、文件、文章中一再提及，直到最后的《苏联社会主义经济问题》仍然重申这个观点。（据现在查证，最早提出"资本主义总危机"概念的是布哈林，时间是 1920 年 5 月）。把"总危机"的译法套用到上面这句马克思的话里，显然不符合马克思主义发展史的根本史实。

很明显，马克思说的同斯大林说的（或者同布哈林说的）是完全不同的两个东西。因此译文也应该有区别。否则就会造成概念上的混乱，使人以为"总危机"的概念是马克思首先使用的，时间也相应提前到 1850 年。

第三，如果稍微经心一点、注意一点，手略为勤快一点，在《马克思恩格斯全集》译名汇编里就可以看到，《全集》中文版第 12 卷、23 卷、29 卷都出现过这个词组，而且都已经很妥当地译为"普遍危机"。再查一下斯大林的话，他在讲到危机"普遍性"的时候，用的是"всеобщий характер"，而在讲"总危机"时，使用的是另一个词，即"всеобщий кризис"。因此，在这里按普通用语译为"英国的普遍的工商业危机"才表达了原意。

Ⅲ．可能我们并没有完全意识到，《马克思恩格斯全集》翻译工作者手中这支笔有多重,权力有多大。我们做翻译工作在一定意义上可以说是代圣人立言,自己当然决不是圣人。马克思恩格斯的文章只是经我们的手变成了中文。可惜读者往往想不到这点,凭直觉认定中文就是两位导师的真意。因此,译者决没有权力任意处理原文,更改或增减原文,或赋予原文以某种译者认为必要或喜爱的色彩。这层道理是不言自明的,但是做起来时是否经常放在心上就不一定了。为说明问题,举两个例子,与读者共鉴、共勉。

例一,正文一开始的引言中有一句话:

"总之,革命向前进展并为自己开拓道路不是由于它获得了直接的悲喜剧式的胜利,而是相反,由于它产生了一个团结而坚强的反革命,产生了一个敌人,而主张变革的政党只是在和这个敌人的斗争中才发展成了真正革命的政党。"

马克思的意思是说,使无产阶级成熟起来的并不是二月革命的胜利,而是六月起义的失败,因为这次失败使无产阶级看清了自己的敌人是整个资产阶级。

马克思认为工人阶级的敌人是"geschlossene maechtige Contrerevolution"。这里的"maechtige"俄文是"хрепкий",英文是"powerful",中文处理为"坚强的"("团结"这个词也一样)。我们从当时法国的历史和马克思的这一著作,就会知道这里的"反革命"指的是以下几部分人:

1. 小资产阶级的共和派右翼,即赖得律-罗兰、佛洛孔等人;

2. 共和派资产阶级,也叫"三色旗共和派",即《国民报》派,如马拉斯特等人;

3. 王朝反对派,即克列米埃等人。

当然后来入伙的还有卡芬雅克、路易·波拿巴这类军界的野心家。

他们在反对无产阶级这一点上是一致的，是同伙，但是镇压了六月起义后就内讧不断。

显然，对于这样一伙反革命的联合力量，马克思使用"maechtige"这个形容词，为的是说明力量大，足以对付无产阶级，而没有从政治上、精神上肯定任何东西。物质上的"有力"、"强大"，在这里变成了精神、政治品质上的"坚强"、"强大"和"坚强"。（原译"团结而坚强"，现改为"联合在一起的强大的"），看来只是一字之差。但是"失之毫厘、谬以千里"。在这里不论译者是否有"主观故意"，在后果上确实造成了对马克思原著的侵权。做翻译工作同写文章不同，写文章是文责自负，可以自己去发挥、去驰骋，而译文的文责，很可能有意无意地推给了作者，在这里就是推给了马克思和恩格斯。这样说似乎有点小题大做，然而多一点自律总比铸成大错要好些。

例二，①MEGA. B. 10. S. 121. 19—21 "Die Uebervortheilung des Staats, wie sie durch die Anleihen in Großen geschah, wiederhalte sich bei den Staatsarbeiten im Detail."

②1920 年 Vorwaertz 德文版单行本同此；

③《马克思恩格斯选集》第 1 卷："盗窃国库在发行公债时是批发式地进行的，而在执行官方包工合同时，则再零售式地进行。"

④1949 年解放社版（柯柏年译）："正和在举借公债上大规模地诈取国家一样，在各种国家事业上也小规模地诈取国家。"

⑤1953—1954 年《马克思恩格斯文选》两卷集，莫斯科中文版："在发行公债时盗窃国库是批发式地进行的，而在执行官方包工合同时又零售式地进行起来。"

⑥《马克思恩格斯全集》中文版第 7 卷：同上，只是把"国库"改为"国家资财"，把最后的"进行起来"改为"重复进行"。

⑦1985年莫斯科俄文单行本:"Обкрадывание государства. Происходившее при займах оптом. при хазённых подрядах повторялось а розницу."

⑧1940年莫斯科俄文单行本:"Обкрадывание государства. Происходившее при займах в хрупных размерах, повторялось в малом масштабс при казённых подрядах."

⑨1952年莫斯科英文单行本:"The defrauding of the state, practiced wholesale in connection with loans, was repeated retail in public works."

⑩1934年莫斯科英文单行本:"The defrauding of the state, just as it occurred on a large scale in connection with loans, was repeated in retail, in the state works."

从上面中外文4种文字10个版本的比较中可以得出几个大概的结论:

①把马克思原著中的"大规模"和"小规模"改为"批发"和"零售"的是俄国人。

②更改的时间至少可以大致确定在1940年以后(上举版本⑧还没有更改)到1952年以前(见版本⑨)的十多年之内。

③更改的原因尚无法确定(曾经怀疑是因为列宁引证并亲自译出过这一句,苏联是依照列宁的译文对以前的译文作了更改,但几经查找没有结果,暂无法作出结论)。

综合上面所列的资料,笔者认为,作这样的更改是不能允许的,因为:

第一,虽然翻译是一种再创造的工作,但是必须以原著为根据。这里的问题已经不属于句式的变动或翻译技巧方面的技术性处理,而是对原著作了改写。如果允许这样翻译,则译文势必形成失控,后果可想而知。

第二，即使俄译文是依据列宁自译的文字作的更改，中译文也不能随列宁译文去改马克思和恩格斯的原著，从而定取舍，而只能严格依据原文。

第三，这里以原文为依据处理译文，并不存在技术上的困难。在本文第Ⅲ部分一开始，笔者谈到了译者越权的问题，在这里就不重复了。

Ⅳ. 写完以上这些可能是废话的话，还想再说一句废话：千万不能自以为是。凡需更动译文，下笔必须审慎，特别注意"多思"，要怀疑自己，尊重前人的劳动，对自己的思路和所掌握的具体材料的可靠程度，要反复核实、研究，既要自信，但又不能固执己见。举一个自我否定的小例子，说明问题。

MEGA. B. 10. S. 123. 14 中的一个词"Landbank"，中译文为"土地银行"，法译"bangues provinciales"，俄译为"земельный банк"，英译"land bank"。

一开始看到"土地银行"就有些怀疑，不太明白这是哪一种专业银行。由于通篇谈的主线是法国革命，就从法文去查找这个机构的业务范围。法文的 provinciales 常常是同"首都"相对应的，即"外省"或"农村"的形容词。再查片山和相良的两种《佛和词典》，分别译为"地方银行"和"农业银行"。想到我国解放前各行省都有自己"地方银行"，于是一度想把这个词定为"地方银行"。

几天后，再看一下上下文，证明自己的理解是错误的。马克思这里讲的是1847年秋欧洲的经济危机。他说：危机"最初的表现就是伦敦经营殖民地货物贸易的商人破产，接着便是土地银行破产和英国工业区工厂倒闭……"作为加速1848年法国二月革命的两个经济原因之一的经济危机，是从英国开始的。19世纪中期，英国仍然是左右欧洲经济的殖民大国。英国的经济危机，导致了欧洲普遍的经济危机。虽然《1848年至1850年的法国阶级斗争》全书以法国革命为主线，但这里讲的正好不是法国，而是英国，可见，原来考虑问题的着眼点就错了。

英语的 land bank 同法语 bangues proviciales 不完全相同。据《英华大词典》修订第2版解，这是一种"（专营地产抵押业务的）地产银行（主要指美国）"；《远东英汉大辞典》解为：［英］土地银行（以前以不动产作发行基金的银行）；《英汉辞海》解为："土地银行1. 依靠不动产而发行通货的银行，2. 投资于农田抵押业务并为此目的发行自己的债券以获得基金的银行（如联邦土地银行）。"而当时英国的"土地银行"在英国对殖民地，特别是对印度的掠夺中，起过重要作用，因此，在危机中就近乎破产。

*　　　*　　　*

把这篇东西看了一下，觉得还应该作两点说明：

第一，这里选用了《1848年至1850年法国的阶级斗争》原文前5页的几个例子，以说明研究（不同层次的研究）的必要性，并不是要给大家留下一个原中译文一无是处的印象。这里没有举出句子、段落处理失当的例子，就说明原译文的整体质量是不错的。另一方面也是想说明，即使译文经过千锤百炼，后人尚有可以挑剔之处，更何况像自己这样水平有限、知识贫乏的人，就决不能漫不经心了。但是勤能补拙，只要兢兢业业，总还是能做点有所助益的工作。

其次，翻译是用另一种语言转述作者的原意。主观因素难以避免，只能尽可能如实反映原著，要求分毫不差，尽如人意是不可能的。特别在枝节问题和翻译技巧方面，极难做到人人称是。仁者见仁，智者见智,在翻译中更是如此。因此,翻译中,特别是严肃的理论著作的翻译中,只能老老实实,切忌卖弄文字、故弄玄虚,把好端端的文章,译得花里胡哨、不伦不类。

我这篇东西,原本见不得人,只能算是块破砖头,极盼引出美玉。

探究词语的"历史沿革"

——词义辨析散论(一)*

韦建桦

词义的辨析,历来为翻译和校订工作者所重视。中国古代的佛经翻译家在移译梵文典籍时,总是把"贯通词义"视为"译事之本"并反复强调对原文词义要逐一"穷校考定,务存典骨"。① 近代介绍西学的翻译家则进一步主张"将所译者与所以译者两国之文字,深嗜笃好,字栉句比,以考彼此文字孳生之源,同异之故"。② 在现代中国的翻译界,尽管一直存在着"直译"和"意译"之争、"达旨"与"传神"之辩。但对于辨析词义的重要性,大家的认识始终是一致的。茅盾在《译文学书方法的讨论》一文中指出:"单字的翻译,是一切翻译事业的起手工夫"③。这可以说是翻译界的共同意见。

翻译和校订工作者对词义的辨析之所以为此重视,并不仅仅因为做好这项工作是保证译文质量的首要条件,而且也因为进行这项工作极为困难。语言是一种社会现象,而词语是语言的基本单位。在社会发展的

---

* 本文选自《马克思恩格斯研究》1989年总第2辑。
① 《出三藏记集》,卷九引僧伽罗刹集经后记。
② 马建忠《拟设翻译书院议》,载于《适可斋记言》卷四。
③ 见《小说月报》第12卷第4期。

进程中，词义的内涵和外延不断地发生变化；而在不同的语境中，同一词语的意义和色彩又常常大相径庭。这样一来，词汇领域有时就呈现出一片扑朔迷离、云谲波诡的景象，译者很难把握原著中出现的某一词语的基本含义，更不用说去"洞察幽微，究其深隐"了。朱光潜先生在《谈翻译》一文中说："'信'最难，原因甚多。头一层是字义难以彻底了解。"① 这是翻译家甘苦自知的经验之谈。

我们在校订《马克思恩格斯全集》（以下简称《全集》）的过程中，也常常遇到这样的难题。在这里，我想联系校订工作的实践，对辨析词义的问题进行初步的探讨。当然，全面系统地研究上述问题，那是词汇学家和语义学家的任务；而这组短文只是将我自己在校订工作中的零散的断想连缀成篇。因而只能称为"散论"。

我想先谈谈词语的"历史沿革"问题。

语言学的研究表明，在语言随着社会的变迁而发展更新的过程中，语法形态显得比较保守和稳定，而词汇则是最活跃、最易变的因素。社会生活各个领域的变革，都会在词汇领域得到程度不同的反映。社会的动荡越是剧烈，词义的变化就越是明显。在各民族的语言文字中，每一个词都有自己的历史，每一个词的读音、写法、意义和色彩都经历了一个逐渐演变的过程。语言学家把这种现象称作词语的"历史沿革"。

马克思和恩格斯的大部分著作是用德语写成的。根据日耳曼语文学家的研究，德语作为一种独立的语言，迄今已有一千多年的历史。② 公

---

① 见《翻译论集》1984年商务印书馆版第449页。

② 参看 W. Schmidt《Geschichte der deutschen Sprache》,3,durch gesehene Auflage, Volk und Wissen Volksverlag, Berlin 1980.

元5—8、9世纪随着古代日耳曼语发生第二次音变（也称高地德语音变），德语逐渐从共同日耳曼语中分化出来，发展成为独立语言；公元12—16世纪，由于德国经济、政治和文化的发展，特别是由于马丁·路德的《圣经》德文译本的传播，德语的书面共同语开始逐渐形成，并不断向现代规范语言的方向发展。

在这漫长的历史进程中，德意志民族在各个领域都经历了深刻的变革。王位频繁更迭，疆界屡经变动，战争赓续不断，加上宗教改革的勃兴、革命运动的崛起、科学技术的发展和思想文化的演进，使德国社会生活中常常出现风云骤变的形势。而这一切，对德语词义的衍变都有直接或间接的影响。德语的词汇量总计约为30—50万，按其来源可分为三类：一是"继承词"，二是"借词"，三是"外来词"。在这三类词汇中，前两类词汇的"历史沿革"最为明显；第三类词汇虽然基本上保留了原貌，但也有不少词语的意义在新的语言环境中发生了变化。

德国语言学家 Hermann Paul 和 Albert Waag 指出，德语词义的"历史沿革"主要表现在内涵的转移和引申、外延的扩大和缩小、力度的增强和减弱、色彩的生成和嬗变等方面。① 在我国语言学界，人们一般认为词义演变是指词语的旧义为新义所代替，但新义与旧义必须有所关联。例如汉语中的"兵"这个词原指兵器（"坚甲利兵"、"厉兵秣马"），现在则用来指士兵；在这里，新义与旧义之间既有区别，又有联系。而在德语中，词义演变的幅度似乎比汉语词汇更大。民主德国日耳曼语文学家 Wilhelm Schmidt 在论述德语词义演变问题时所列举的大

---

① Hermann Paul《Prinzipien der Sprachgeschichte》, Halle 1920；Albert Waag《Bedeutungsentwicklung unseres Wortschatzes》, Lahr i. B. 1926.

量实例，就说明了这一事实。[①] 有些德语单词新义和旧义之间的关联，只有经过语义学家进行钩深致远、穷原竟委的考证才能发现，而在一般人（包括以德语为母语的人）的眼中，新义和旧义往往毫不相关。

例如，Ehe一词在现代德语中意为"婚姻"，而在古代高地德语中写作êwa，意为"Gesetz"，即"法律"；Buhle一词在现代德语中意为"情人"、"恋人"（包括男性和女性），而在中古高地德语中写作Buole（阳性名词），是"Koseform zu Bruder"，即"对兄弟的昵称"；Gelichter一词最初写作gilihtiri，意为"Geschwister"，即"兄弟姊妹"。后来这个词的含义演变为"Sippe"，即"氏族"、"宗族"，不久又演变为"Zunft"，即"行会"、"同业公会"，到了17世纪，这个词的含义再次发生重大的变化，意为"Gesindel"、"Pack"，即"歹徒"、"无赖"。

德语词义演变的例证不胜枚举。至于词语色彩变化的实例，那就更加难以胜记了。例如，形容词frech在现代德语中是贬义词，意为"狂妄"、"放肆"、"厚颜无耻"，而在中古高地德语中却是褒义词，意为"勇敢"、"果断"、"朝气蓬勃"（那时这个词写作Vrëch）；动词weismachen在现代德语中是贬义词，用这个词构成的常用短语"jemandem etw. weismachen"意为"哄骗某人相信某事"，而在中古高地德语中，这个词却含有褒义，上述短语当时写作"einen eines dinges wîstuon"，意为"向某人传授某一方面的知识"。

由此看来，在阅读和翻译德语文献时，考察词义的"历史沿革"、研究词义在各个历史时代的变迁，是非常必要的。朱光潜先生指出："字有历史，即有生长变迁。……西文因为语文接近（韦按：指口头语

[①] 参看 W. Schmidt《Deutsche Sprachkunde》, Volk und Wissen Volksverlag, Berlin 1965，第186—221页。

言和书面文字比较接近)。文字变迁得更快。400年前(略当于晚明)的文字已古奥不易读,就是18世纪的文字距今虽只一百余年,如果完全用现行字义去解,也往往陷于误谬。"① 这是朱先生在翻译和研究西方哲学和美学著作的实践中总结的经验。在翻译和校订马克思恩格斯著作时,我们应当对此予以足够的重视。

也许有人会说,马克思和恩格斯生活在19世纪的欧洲。他们当然不会用路德和闵采尔时代的德语写作,更不会用《魏索布隆创世歌》和《尼贝龙根之歌》诞生时期的德语撰写文章;既然如此,我们还有什么必要劳神费力地去探究词语的"历史沿革"问题呢?

这种看法是片面的,因为第一,马克思恩格斯著作的内容涉及整个历史进程中的一切时代,他们在对德国的历史问题和现实问题进行理论分析时,不可能不研究史实、评论史籍、征引史料;他们考察的对象甚至包括各个历史时期的文书、契约、年鉴、谣谚和宗教典籍,这样,在他们的文章中就不可避免地出现各个历史时期的语汇;第二,马克思和恩格斯当然是用19世纪的德语写作的,但我们不应当忘记,那个时代距今已有一百多年,即使从恩格斯逝世那一年算起,迄今为止也已经过去将近一个世纪了。19世纪德国人心目中的"当代德语",同今天德国人笔下的德语不可能迥然而异,但两者在语法形态、修辞习惯和书写规范方面是有差异的。尤其是在词义领域,这种差异更加明显。这一点已经为近现代德语发展史所证实。况且,马克思和恩格斯在写作时,还常常使用一些"古语词",以求达到某种特殊的修辞效果。我们案头的词典大都是本世纪的语言学家根据当今时代的需要编纂而成的,如果我们完全依照这些词典提供的释义去理解马克思和恩格斯在上一世纪使用的

---

① 朱光潜《谈翻译》,载于《翻译论集》1984年商务印书馆版第451页。

语汇，有时就难免被引入误区。

我想举出两个实例来说明上述理由。

一、恩格斯在《德国农民战争》①一文中多次引证了德国农民起义领袖托马斯·闵采尔的著作，其中提到了闵采尔于1524年在阿尔斯特德印行的一篇布道词，原文标题是：

《Die Fuerstenpredigt. Auslegung des anderen Unterschieds Danielis des Propheten, gepredigt auf dem Schloss zu Allstedt vor den taetigen, teuren Herzogen und Vorstehern zu Sachsen durch Thomas Muentzer, Diener des Worts Gottes》

《全集》中文第1版第19卷中的译文是：

"对诸侯讲道。解释先知达尼尔的另一区别，由上帝的代言者托马斯·闵采尔在阿尔斯特德宫内对肯干的被爱戴的侯爵们和萨克森的执政者们进行讲解。"

标题中的"Daniel"在这里被译为"达尼尔"，按《圣经》和宗教学著作的通常译法，应当是"但以理"。我们只要查阅一下基督教史籍就可以知道，但以理是波斯帝国初期民间传说中的"先知先觉者"，与以赛亚、耶利米、以西结齐名，合称为基督教"四大先知"。原始基督教信徒曾将但以理轶事和相传由但以理本人撰写的著述合编成卷，刊入《圣经·旧约》。这一卷的标题在《圣经》德文译本中是《Der Prophet Daniel》。在中文译本中是《但以理书》。其中第二章叙述了但以理为巴比伦王尼布甲尼撒详梦的故事。据说尼布甲尼撒曾梦见一个巨大的塑像，"这像的头是精金的，胸膛和膀臂是银的，肚腹和腰是铜的，腿是

---

① 《马克思恩格斯全集》第1版第7卷第383—483页。

铁的，脚是半泥半铁的"；忽然，从天外飞来"一块非人手凿出来的石头"，"把脚砸碎，于是金、银、铜、铁、泥都一同砸得粉碎"。① 但以理认为，这个塑像从头到脚的各个部分象征着历史上相继出现、每况愈下的各个国家，上帝将把这样的国家"打碎灭绝"，并"另立一国"，使之万世长存。托马斯·闵采尔曾利用这个故事来宣传革命思想。1524年7月13日，闵采尔在阿尔斯特德布道时当着许多权贵、富豪和市民的面公开宣布，"眼前的这个国家"就是《但以理书》第二章中描绘的"泥足巨人"，它将被人民革命的巨石砸碎，一个崭新的国家将永远屹立在天地之间。②

这篇布道词对《但以理书》第二章的内容作了新的解释，使统治者十分惊恐。不久，闵采尔就在当地将这篇充满激情的演说稿交付印行，并加上了上述标题。

在标题的中译文中，"解释先知达尼尔的另一区别"这一语句令人很难理解。"另一区别"一语显然译自德文中的"der andere Unterschied"。看上去似乎毫无问题，实际上是误译；而这一错误之所以产生，正是由于忽视了词义的"历史沿革"的缘故。

我们现在就来考察一下"ander"和"unterschied"这两个词在16世纪的主要含义。

在宗教改革和农民战争时期，德语序数词的写法还没有完全规范。在现代德语中，"第一、第二、第三"的写法是"(der, die, das) erste, zweite, dritte"，而在16、17世纪的写法却是"(der, die, das) erste, andere, dritte"。众所周知，"ander"一词在现代德语中意为

---

① 引文见中文本《圣经·旧约》中的《但以理书》第二章。
② 参看 Thomas Muentzer《Die Fuerstenpredigt》,Union Verlag,Berlin 1975.

"另外的"、"其他的",但在闵采尔生活的那个时代,这个词的主要含义却是"第二"。《格林兄弟词典》对此作了明确的解释:

"Im 16、17 Jh. galt das Wort 'ander' noch zu zaehlen: der erste, der andere, der dritte und nicht der zweite."

至于"Unterschied"一词,其内涵的古今差异就更加显著了。这个词在现代德语中意为"区别",除此之外,几乎没有任何其他的释义。而在16世纪,"Unterschied"一词却常常被用来表示文献中的"篇"、"章"或"节"。在与闵采尔同时代的著作家路德、梅兰希通和卡尔施塔特的文章中,这样的例证随处可见。《格林兄弟词典》也指出,"Unterschied"一词在那个时代的最重要的释义是"Abschnitt, Kapitel, Paragraph"。

根据上述考察,并依据闵采尔布道词的主要内容,我们可以断定原文标题中的"der andere Unterschied Danielis"意为"《但以理书》第二章",而不是"达尼尔的另一区别"。德国历史学家和文献学家在研究闵采尔遗著时,也一致认为这个词组的含义是指"《但以理书》第二章"。例如,S. Streller在校注闵采尔著作时对"der andere Unterschied"所作的解释是"der zweite Kapitel"①;K. Kautsky和A. Meusel也作了相同的诠释。②

需要指出的是,这篇布道词是研究闵采尔思想的最重要的文献。凡

---

① 《Die Fuerstenpredigt und andere politische Schriften》,herausgegeben und erlaeutert von Dr. Siegfried Steller, Verlag Phillipp Reclam Jun. Leipzig 1950, S. 17.

② 参看 Karl Kautsky《Vorlaeufer des neueren Sozialismus》,Verlag J. H. W. Dietz, Berlin·Bonn 1980, Bd. 1, S. 202;Alfred Meusel《Thomas Muentzer und seine Zeit》,Aufbau-Verlag, Berlin 1952.

是有关闵采尔生平事业的论著,都不能不提到这篇布道词。可是,我国出版的各种译著几乎都将原文标题中的"der andere Unterschied"译作"另一区别",这是一件令人深感遗憾的事情。

二、我们不妨再举一个实例,来说明马克思和恩格斯在19世纪使用的某些词语在词义规定方面同现代德语的差异。

恩格斯在《布鲁诺·鲍威尔和早期基督教》[①]一文中曾提到古犹太神秘主义哲学家斐洛对基督教教义的创立所起的作用。他指出:

"Die uns unter dem Namen Philos ueberlieferten zahlreichen Schriften sind in der Tat entstanden aus einer Verschmelzung allegorisch-rationalistisch aufgefasster juedischer Traditionen mit griechischer, namentlich stoischer Philosophie."

这句话在《全集》中文第一版第19卷中的译文是:

"在斐洛名下流传到现在的许多著作,实际上是讽喻体的唯理论的犹太传说和希腊哲学即斯多葛派哲学的混合物。"

原文中的"Tradition"一词,中文版译为"传说";而依据民主德国1977年出版的《当代德语词典》(《Woerterbuch der deutschen Gegenwartssprache》)的解释,"Tradition"一词的含义是:

"Im Laufe der Zeit, Geschichte innerhalb einer bestimmten Gruppe von Menschen Entwickeltes und Weitergegebenes, das ueblich, zur Sitte, Gepflogenheit geworden ist."

根据这种解释,"Tradition"一词在现代德语中的含义相当于汉语

---

① 《马克思恩格斯全集》第1版第19卷第327—336页。

中的"传统"。Duden 和 Wahrig 等词典提供的释义与上述解释完全一致。各种德汉词典在"Tradition"这一词条后面所列的释文一般也都是"传统"或"风俗"、"习惯"。只有 1976 年出版的 Duden 词典修订本为这个词增加了一个义项,即"das Tradieren",并在括弧中标上了"selten"的字样;据此,上海辞书出版社于 1983 年印行的大型《德汉词典》也增加了一个相应义项,即"(向后代)流传",并说明这是罕见的用法。

上述两种解释都没有指出"Tradition"一词含有"传说"的意思。如果我们在校订译文时完全以现行的词典为准,那就应当对原译文进行改动。通观全句,将"犹太传说"改为"犹太流传"显然欠通,那就只有将"传说"一词改为"传统"了。

可是,如果真的这样改动。那就会铸成舛误,因为原译是完全正确的。"Tradition"一词在 18、19 世纪的主要释义就是"传说"。据 18 世纪在德国出版的 Sperander 词典①解释。"Tradition"的意思就是"Bericht und Erzaehlung";19 世纪编纂出版的《格林兄弟词典》对这个词的解释是:"die muendlich und schriftlich ueberlieferte Kunde von geschichtlichen Begebenheiten."在那个历史时期,著作家笔下的"Tradition"一词主要是指"传说"。

例如,歌德在一封书信中谈到基督教经典时,曾用嘲讽的口吻这样写道:

"Ich habe mich nicht genug ueber die Konfusion und die Widersprueche der fuenf Buecher Mosis verwundern koennen, die den freilich wie bekannt aus hunderterlei schriftlichen und muendlichen Traditionen zusammengestellt sein moegen."②

---

① 《Sperander-Handlexikon》,herausgegeben von F. Glasdow,Nuernberg 1727.

② 《Goethe-Werke》,Ⅳ. Abt.:Briefe,Weimar 1920,Bd. 12,S. 86.

毫无疑问，这句话中的"Tradition"显然是指"传说"。（全句的意思是：摩西五经中的混乱和矛盾之处使我惊讶不已，当然，大家都知道，这些经书是根据各式各样的笔头和口头传说拼凑而成的。）

席勒在讨论历史和语言问题时，也常常使用"Tradition"一词。他在《三十年战争史》一书中写道：

"Die Quelle aller Geschichte ist Tradition, und das Organ der Tradition ist die Sprache."①

此处的"Tradition"当然也应理解为"传说"，这是毋庸置疑的。（全句的意思是：一切历史著述的原始资料都是传说，而传说的载体则是语言。）

在与马克思、恩格斯同时代的著作家的文章中，"Tradition"一词也常常是指"传说"。例如，德国19世纪著名的语文学家和考古学家弗·哥·韦尔凯尔在《古代文物》一书中考证拉奥孔群雕的创作背景时这样写道：

"Ohne Zweifel hat der Kuenstler der Laokoongruppe die mythischen oder poetischen Traditionen vor Augen gehabt, weil es in allen wesentlichen Umstaenden mit der Fabel uebereinstimmt."②

很明显，这里的"Tradition"一词意为"传说"。（全句的意思是：毫无疑问，神话史诗中的那些传说曾在创作拉奥孔群雕的艺术家脑海中浮现，因为这件作品的一切主要情节都同那个虚构的故事完全吻合。）

---

① Schiller:《Saemtliche Schriften》, Historisch-kritische Ausgabe, Stuttgart 1876, Bd. 9, S. 93.

② F. G. Welker:《Alte Denkmaeler》, Goettingen 1864, S. 323.

根据上述分析，并参证基督教教义形成的史实，我们可以肯定，《布鲁诺·鲍威尔和早期基督教》一文中出现的"juedische Traditionen"一语的含义是"犹太传说"。原译完全正确。我们对原译文没有进行任何改动，这并不意味着我们的考证是白费工夫。这个实例不仅使我们对"Tradition"一词有了新的认识，而且也使我们清楚地看到，马克思和恩格斯在19世纪使用的许多词语的含义，同现代德语词汇确实存在着差异，因此，我们有必要对这个问题予以足够的重视。

知易行难。我们尽管已经认识到了探究词语"历史沿革"的重要意义，但并不一定能够顺利地进行这项工作。要做好这项工作，需要下许多工夫。严复在谈到"译事之难"时这样说过："一名之立，旬月踯躅；我罪我知，是在明哲。"① 我认为严复所说的"一名之立"，不仅是指译名的确定，而且也包括对词语的"历史沿革"进行考索的工作，因为这种考索是最终确定译名的前提。我们只要看一看他在《〈群己权界论〉译凡例》②中对英文"liberty"一词所作的考证就可以知道，所谓"旬月踯躅"，确实不是虚夸之词。

在校订《全集》的过程中。怎样才能做好探究词语"历史沿革"的工作？这是一个需要认真研究的问题。我的初步想法是：第一，在阅读马克思恩格斯著作时，应当用"历史的眼光"看待作者使用的词语，特别是要注意作者论述的问题涉及哪一个历史时代。第二，应当了解近现代德语发展的概况，经常阅读德国18、19世纪的理论著作和文学作

---

① 严复：《〈天演论〉译例言》（1898），载于《翻译论集》1984年商务印书馆版第137页。

② 严复：《〈天演论〉译例言》（1898），载于《翻译论集》1984年商务印书馆版第142页及以下各页。

品，以便对马克思恩格斯时代的语言增加感性知识。第三，在使用工具书时，要留心词汇的语源。在这方面，仅凭现行的德语词典可能是不够的；必要的时候，我们应当去查阅各种语源词典、百科辞书和古典文献。第四，应当重视所谓"杂学"。吕叔湘先生说："上自天文，下至地理，人情风俗，俚语方言，历史上的事件，小说里的人物，五花八门，无以名之，名之曰'杂学'。"他认为，只有不断地用"杂学"丰富自己的头脑，才能越过翻译工作中"了解原义"这道"难关"。① 马克思恩格斯著作的内容可以说是包罗万象，我们必须锲而不舍地积累各种知识，才能在校订工作中解决词义辨析的各种难题，这是自不待言的。

马克思和恩格斯在德国语言文学方面有着深湛的造诣。李卜克内西在回忆马克思时说过："他（指马克思）是古代语的语言学家，更是现代语的语言学家。他非常熟悉格林的德语语法，他对格林兄弟编的德语词典比我这个语言学者更加谙熟。"② 这一评价也适用于恩格斯。我们在校订这两位思想巨人和语言大师的著作时，当然也应当努力学习他们所通晓的"古代语"，熟悉他们所运用的19世纪的"现代语"，时时注意探究词语的"历史沿革"，辨析词语的真实意蕴。这并不是故弄玄虚的繁琐考据，而是一项"真正老老实实的科学工作"。③

1989 年 8 月

---

① 吕叔湘：《翻译工作和"杂学"》，载于1951年《翻译通报》第2卷第1期。

② 李卜克内西：《纪念卡尔·马克思——生平与回忆》，载于《我景仰的人》1982年人民出版社版第50页。

③ 《马克思恩格斯全集》第1版第21卷第276页。

考察词语的"生存环境"

——词义辨析散论（二）[*]

韦建桦

词义辨析工作中的一个最大的难题，是判断多义词在具体场合的确切含义；而解决这个难题的一条重要的途径，是考察词语的"生存环境"。

树木只有植根于土壤才能生存，同样，词语也只有在一定的环境中才有生命。人们在说话和作文时，按照一定的语法规则将作为语言基本单位的词语连接起来，构成一个表达思想和情感的整体，于是，词语便在这个整体环境中获得了鲜明的个性，表现出它的确定的意蕴、倾向和色彩。词语一旦失去与其他语言成分的特定的、有机的联系，从而游离于它赖以生存的整体环境之外，成为孤立的文字或声音，它就立即变得影影绰绰、模糊莫辨，使人难以判别它的色彩，确定它的含义。马克思主义的辩证法告诉我们，研究任何一种自然现象和社会现象，都必须"从它们的联系、它们的连结、它们的运动，它们的产生和消失方面去考察"[①]。这一论断对辨析词义的工作也具有十分重要的意义。

词的多义性是各民族语言中大多数词语的共同特征。词语同它的

---

[*] 本文选自《马克思恩格斯研究》1989年总第2辑。
[①] 《马克思恩格斯全集》第1版第19卷第222页。

"生存环境"之间的密切关系,在多义词领域表现得最为明显。例如在马克思和恩格斯笔下,德文"Feld"一词在不同的环境中就含有不同的意义。在恩格斯的《法兰克时代》一文中有这样一句话:"Die Gaubewohnerschaft trat wieder an die einzelnen Dorfgenossenschaften…ihre Feld- und Waldmarken ab."① 这里出现的"Feld"一词意为"耕地"。在《德国维护帝国宪法的运动》一文中,恩格斯在谈到普法尔茨的邮政工作时这样写道:"Die alten Postbeamten waren fast ohne Ausnahme im Amt geblieben und natuerlich sehr unzuverlaessig. Neben ihnen war eine'Feldpost'errichtet, die von den uebergegangenen Pfaelzer Chevaulegers besorgt wurde."②这里的合成词"Feldpost"中的"Feld",其含义就不是"耕地",而是"战地"。恩格斯在《反杜林论》第二编中谈到现代步兵史的教训时说:"只有像美国人这样的狩猎民族才能够发明散兵战,——而他们由于纯经济的原因曾经是猎人,正像旧有各州的同样的美国人现在由于纯经济的原因转变为农民、工业家、航海家和商人一样,他们不再在原始森林中进行散兵战,而是更干练地在投机场上进行散兵战……"③这里的"在投机场上"一语,德文原文是"auf dem Felde der Spekulation"④,"Feld"一词具有一语双关的作用和幽默讽刺的色彩:就它与"散兵战"(tiraillieren)一词的联系来看,它的含义应当是"战场";而从它同"投机"(Spekulation)一词的关系来看,它又不是指烽

---

① MEW. Bd. 19, S. 474. 中译文见《马克思恩格斯全集》第1版第19卷第539页。

② MEW. Bd. 7, S. 152. 中译文见《马克思恩格斯全集》第1版第7卷第179页。

③ 《马克思恩格斯全集》第1版第20卷第186页。

④ MEW. Bd. 20, S. 159.

火连天的"战场",而是指那种尔虞我诈、钩心斗角的"场所"。我们还可以从《全集》中找到许多实例。来说明"Feld"一词具有多种含义,而每一种含义的确定,都离不开对它的"生存环境"的考察。

甚至在确定单义词的含义时,我们也不能不仔细地考察它的"生存环境"。为了说明这一点,我们不妨以大家都十分熟悉的"deutsch"一词为例。席勒在他的著名剧作《强盗》中写了这样一句台词:

"Wo will das hinaus? — rede deutscher!"①

这是剧中人拉慈曼在第四幕第五场对他的同伴斯皮格尔勃说的一句话。根据剧本的情节,我们可以知道,这里的"rede deutscher"意为"请说得清楚一点"。可是,如果我们把"deutscher"这个词从它的"生存环境"中孤立出来,恐怕就很难领悟它在上述那句话中所表达的确切的语意和生动的语气;我们不知道"deutsch"是指"德国的",还是指"用德语的",更想不到它竟会表达"清楚明了"或"直言不讳"这一层意思。如果再看看这样一个在通常情况下根本无法表示程度的形容词居然变成了比较级的形式,我们就更可能堕入五里雾中。"deutsch"是任何一个从事德语翻译工作的人都熟悉的单词,可是在这种情况下,它忽然变得十分陌生了。

因此,词语是依存于一定的"环境"的;我们在辨析词义时,也必须从考察词语的"生存环境"入手。诚然,在确定词义的过程中,任何一个翻译和校订工作者都不能不参阅各种词典。可是,我们应当看到,词典中列出的一个个孤立的单词,犹如博物馆中陈列的植物标本。这些标本及其简要的说明文字可以帮助我们认识植物的类别和基本形

---

① 《Schillers Werke》,Volksverlag Weimar 159, Bd. 2, S. 117. 全句的意思是:"你这是什么意思?——请说得清楚一点!"

态,但我们绝不可能据此真切地了解自然界中纷然杂陈、千姿百态的花草树木。我们只有走到大自然中去,才能具体地感受一株海棠的芬芳和色泽;同样,我们也只有沉潜到语言的情境中去,才能确切地把握一个单词的含义和色彩。

我之所以一再提到词语的"生命"和"生存环境",是因为我考虑到,语言和人的思维活动是密不可分地联系在一起的。马克思和恩格斯早就说过,语言是"一种实践的、既为别人存在并仅仅因此也为我自己存在的、现实的意识",是一种"纠缠"着精神的物质。[①] 既然精神同大自然一样,是"世界上最丰富的东西",[②] 那么,同精神紧相联系的语言也就必然像大自然那样,呈现出"悦人心目的千变万化和无穷无尽的丰富宝藏"。在语言中,最生动地体现这一特征的不是语法,而是词汇。斯大林曾把词汇比作语言的"建筑材料"[③]。在考察词汇和语法的关系时,这个比喻可能是恰当的;可是,在说明词语和语言整体环境的关系时,这个比喻就不那么贴切了。因为词语往往具有多种基本意义,而且人们在使用词语表达各种复杂的思想、情绪和意向的时候,不仅依据这些词语的直接的、表面的、词典上提供的基本意义,而且还赋予它们以内涵的、情感的、联想的意义。词义的这种复杂性和灵活性,是任何冰冷僵硬的"建筑材料"都不能比拟的。

不过,这里所谓"复杂性"和"灵活性",是就词语的整体情况来说的;而在文章或讲话中出现的具体的词语,实际上都具有单一的、清晰的、特定的含义。这也就是词的多义性不妨碍人们相互了解的原因。

---

① 参看马克思恩格斯《德意志意识形态》1981年人民出版社版第24页。
② 《马克思恩格斯全集》第1版第1卷第7页。
③ 斯大林:《马克思主义和语言学问题》1971年人民出版社版第17页。

语言学研究的结果早已表明，"不论词的意义多到怎样的程度，但在文章中、在连续的语言中、在对话中，它通常是取得完全确定的意义的。"① 翻译和校订工作者的任务，就是要排除词语的各种歧义，找出词语的"确定意义"，并在归宿语言中选定等值的译名。而在这一工作中，我们从始至终都必须注意研究词语的"生存环境"。

词语的"生存环境"究竟包含哪些要素？这是我们需要弄清的问题。苏联语言学家布达哥夫认为，词语的"生存环境"就是词语的"上下文"（KOHTEKCT）。他在《语言学概论》中写道："上下文，词所处的环境，会赋予该词以准确的意义。"因此，"词的多义性不论如何复杂，上下文的关系总能消除它，而且总会确定出词的确切意义。"② 这就是说，只要考察词语的上下文，就能解决辨析词义的难题。

这种认识包含着真理性，但同时又带有片面性，因为第一，实践表明，词语的"生存环境"不仅包括表层的语言环境，即上下文，而且还包括深层的"非语言环境"，即没有形诸语言文字的背景情况。在许多情况下，词语的确切含义并不是由可以查考的上下文决定的，而是由文字背后的深广的历史背景和社会情境决定的。这种背景和情境是看不见的"上下文"。第二，所谓"上下文"，也不仅仅包括同词语和句子直接相关或毗连的上文与下文（即"狭义上下文"），而且还包括更大范围的语言系统（即"广义上下文"）；它可能是句群、段落，也可能是章节或整部著作。我们可以列表说明构成词语"生存环境"的要素：

---

① 布达哥夫：《语言学概论》1956年时代出版社版第14页。
② 布达哥夫：《语言学概论》1956年时代出版社版第15—20页。

```
                              狭义上下文
         表层——语言环境
         （即上下文）
                              广义上下文
语词的生存环境
                              社会情境
         深层——非语言环境      历史事实
         （即背景情况）          作者意图
                              读者状况
```

对于上文提到的"表层"与"深层"、"语言环境"与"非语言环境"、"狭义上下文"与"广义上下文"等概念，语言学界和翻译理论界还在进行研究和讨论，各家的界说不尽相同，所用的术语也未能统一。例如"非语言环境"这一概念，布达哥夫称作"背景"，弗斯称作"超语言上下文"，① 巴尔胡达罗夫则称作"超语言环境"。② 又如"狭义上下文"与"广义上下文"这一对概念，在有些翻译理论著作中被称作"微观上下文"和"宏观上下文"。然而，尽管存在着歧异之处，有一点在大家看来是没有疑义的。那就是词语的具体意义是由狭义上下文、广义上下文和非语言环境这三个要素决定的，③ 因此，辨析词义的工作也应当从考察这三个要素入手。我认为，这一结论对于我们的校订工作有着重要的参考价值。下面，我想联系《马克思恩格斯全集》校订工作的实际，谈谈我对这三个要素的理解。

---

① 参看巴尔胡达罗夫《语言与翻译》1985年北京版第143页。
② 参看巴尔胡达罗夫《语言与翻译》1985年北京版第143页。
③ 巴尔胡达罗夫《语言与翻译》1985年北京版第18—28页、139—144页。

一、关于"狭义上下文"

所谓"狭义上下文",就是同词语直接相关或毗连的上文和下文。它首先是指词语所在的那个句子;其次是指与这个句子邻接的语言单位。狭义上下文是词语的最直接、最具体的"生存环境",因此,对它的考察是辨析词义的第一个重要步骤;只有迈好这一步,才能为进一步的分析研究打下可靠的基础。考察的重点,一是进行语言分析,即严格地按照语法和修辞规则来判断一个词语在句子中的作用和地位;二是进行逻辑分析,即根据这个词语同其他语言成分的逻辑关系,排除它的各种可能的含义,确定一种真实的含义。

实践证明,仔细地考察狭义上下文,是在校订工作中发现错误、纠正错误的一条重要途径。原译中之所以出现某些讹误,在很多情况下是因为对原著中的狭义上下文缺乏细致的语言分析和准确的逻辑分析。我们在校订恩格斯为英国民歌《布雷的牧师》撰写的译后记时,就曾发现这方面的例证。

恩格斯在这篇译后记中揭露了俾斯麦翻云覆雨的政治伎俩,说他"昨天主张贸易自由,今天主张保护关税;昨天主张经营自由,今天主张强制统一;昨天主张文化斗争,今天却扛着飘扬的旗帜向卡诺萨行进"。接着,恩格斯一针见血地指出了俾斯麦玩弄权术的目的,他用嘲讽的语调写道:

"——und warum nicht? Omnia in majorem Dei gloriam (Alles zur groesseren Ehre Gottes) , was auf deutsch heisst: Alles, um mehr Steuern und mehr Soldaten Herauszuschlagen."①

这句话本来并不复杂,重要的是必须弄清"auf deutsch"这一介词词组的含义。我们知道,"auf deutsch"一般被理解为"用德语(来说)",这在通常情况下根本不成问题。可是,在考察了狭义上下文之后,我们发现,如果根据通常的理解来译这一词组,整个句子在语言和逻辑方面就会出现明显的矛盾和悖谬。

在这句话中,"Omnia in majorem Dei Gloriam"一语出自《圣经》拉丁语译本(Vulgata),意为"一切为了上帝更大的光荣"。为了使读者理解这一语句的意思,恩格斯在括号中将它译成了德语(Alles zur groesseren Ehre Gottes);从句"was auf deutsch heisst, Alles, um mehr Steuern und mehr Soldaten herauszuschlagen"意在对前面的拉丁文语句作"递进式说明",以便揭示这一语句在本文具体环境中的"含蓄意义"(implizierte Bedeutung)。如果我们把从句中的"was auf deutsch heisst"译成"用德语来说",细心的读者马上就会提出下列问题:第一,恩格斯既然已经在括号里"用德语"将拉丁语的意思说了一遍,为什么紧接着又要"用德语"再说一遍?这不是犯了重复繁冗的修辞错误吗?第二,恩格斯"用德语"所作的两次解释,其语义毫无共同之处,使人感到无所适从,这不是犯了自相矛盾的逻辑错误吗?第三,如前所述,文中的拉丁文语句意为"一切为了上帝更大的光荣",而作者却"用德语"把它解释成"Alles, um mehr Steuern und mehr Soldaten herauszuschlagen"("一切为了收更多的税,拉更多的壮丁"),这不是犯了穿凿附会的考释错误吗?

---

① MEW. Bd. 19, S. 311.

实际上，恩格斯并没有错。上面的一连串诘问，都是由于错误地理解了"auf deutsch"这一词组的含义而引起的。在《全集》俄文第2版第19卷中，我们就发现了这种错误，译者把"was auf deutsch heisst"译成了"что по-немецки значит"。① 在《全集》中文版中，也出现了同样的误译，下面是整个句子在第19卷中的译文：

"为什么不可以这样做呢？Omnia in majorem Dei gloriam（一切为了上帝更大的光荣），用德国话来说，这就是：一切为了收更多的税，拉更多的壮丁。"②

这里将"was auf deutsch heisst"译成了"用德国话来说，这就是……"通过对狭义上下文的考察，我们已经证明这种译法是不正确的，因此我们有必要重新研究"auf deutsch"在这一具体"生存环境"中的特殊含义。根据辞书的解释，"auf deutsch heisst（sagen，reden）"的基本含义是"im deutschen Text, Wortlaut heissen（sagen reden）"；但当这一词组作为成语出现的时候，它的意义便发生了"转移"。《德语成语百科词典》（Lexikon der sprichwoertlichen Redensarten）对这个成语的解释是："offen, verstaendlich redden, ohne Umschweife und Hintergedanken geradeheraus und deutlich seine Meinung sagen."《现代德语成语词典》（Moderne deutsche Idiomatik）的解释是："so, dass es jeder versteht; direkt und einfach gesagt."由此可见，"was auf deutsch heisst"一语应当理解为"说得明白一点，这就是……"或"说穿了，这就是……"从恩格斯原著中的狭义上下文来看，这种理解无论在语言方面、还是在逻辑方面都是正确的，只有根据这种理解来修订译文，才能妥帖地反映作

---

① 《马克思恩格斯全集》俄文第2版第19卷第320页。
② 《马克思恩格斯全集》第1版第19卷第343—344页。

者的思想，从而消除读者的困惑。

这个实例说明，弄清狭义上下文内部的语言结构和逻辑联系，对于我们辨析词义是有意义的。当然，这绝不是说，只要徜徉在这个较为狭小的语言环境之中，便可以解决一切问题。

二、关于"广义上下文"

所谓"广义上下文"，是指超出词语狭义上下文以外的语言环境。它包括词语所在的句子周围的句群，也包括整个段落、章节乃至整篇文章、整部著作中的语言文字。考察广义上下文，可以验证我们在狭义上下文范围内得出的有关词义辨析的结论，但进行这一工作的更重要的目的，是为了解决在狭义上下文语境中所未能解决的问题。这项工作的重点不在于语言方面的分析，而在于思想内容方面的研究和论证，并通过这种研究和论证来确定某个词语在全文的逻辑联系中所具有的精确含义。因此，要做好这项工作，就必须理解全文的中心论旨，熟悉全文的章法结构，了解作者论述问题的思路和运用语言的风格。当然，在考察广义上下文之前，我们应当从词法、句法等语法规则出发，先对词语的狭义上下文进行透彻的分析，这是一项基础工作；关于这一点，上文已经作了说明，这里不再赘述。

从单纯的语言角度来看，狭义上下文是一个整体。可是，从逻辑联系的角度来看，狭义上下文不过是整个思想链条中的一个环节。我们在上一节曾经谈到，在某些情况下，我们可以根据对狭义上下文的考察来确定词义。但事实上，这种情况并不多见，因为狭义上下文的信息含量毕竟有限。如果拘囿于这个狭小的语境，孤立地研究词语的含义，那么，不管我们如何殚思竭虑地进行推敲和斟酌，都很难作出正确的判断。所以在校订工作中，我们常常是凭借广义上下文提供的证据，来发现原译的问题，纠正原译的错误。在校订恩格斯《德意志帝国国会中的普鲁士烧酒》一文的过程中，我们就曾遇到这种情况。

恩格斯在这篇文章中揭露了普鲁士容克通过酿制和兜售劣等烧酒来剥削和毒害人民的罪恶行径，批驳了帝国国会的议员们为掩盖这种罪行而发表的言论。文中引述了议员冯·卡尔多尔夫在国会的发言。这位议员竭力颂扬普鲁士烧酒酿造业的"无量功德"，他首先提到普鲁士容克兴办的酿酒企业解决了许多人的生计问题。接着，他又宣称：

"Zweitens wandeln die Brennereien die Kartoffel in den wertvollen und leicht transportabeln Alkohol um und machen endlich den Boden fruchtbarer durch zahlreiche Futterrueckstaende."①

这句话在《全集》第19卷中的译文是：

"其次，酿酒厂使马铃薯变成价格昂贵而易于运输的酒精。最后，有了大量作饲料的残渣，土地变得更肥沃。"②

原文中的"wertvoll"一词在这里被译成了"价格昂贵（的）"。在狭义上下文范围内，这样译是通顺的，而且在确定词义和选择译名方面也有一定的根据，因为"wertvoll"一词确实含有"昂贵"的意思。在《格林兄弟词典》中，"wertvoll"一词后面就有"kostbar"这一义项。19世纪的著作家们常常在这个意义上使用"wertvoll"一词。无论在马克思恩格斯著作中，还是在他们的同时代人的笔下，这样的例证都并不

---

① MEW. Bd.19, S.37.
② 见《马克思恩格斯全集》第1版第19卷第43页。

鲜见。例如德国著名作家拉贝（Wilhelm Raabe 1831—1910）在一篇小说中这样写道：

"Auf den Spitzen der Spiesse trug man manch schoenes Beutestueck, manch kostbaren Panzer, manch anderes wertvolles Harnischstueck heim."①

显然，这里的"wertvoll"和"kostbar"是作家在同一个句子中根据修辞的需要而使用的两个同义词，它们都含有"贵重"或"价格昂贵"的意思。

可是，如果从广义上下文的角度来考察，我们就会发现，将冯·卡尔多尔夫演讲中出现的"wertvoll"一词译成"价格昂贵"，这是不确当的。因为第一，正如恩格斯在文中指出的那样，冯·卡尔多尔夫是"自由保守派的议员"，是"烧酒容克们"在国会中的政治代表。② 他的整篇演讲都是为了颂扬"普鲁士劣等烧酒的功德"，因此，他需要大肆宣扬这种"造福祖国"的烧酒价廉物美，③ 而决不会在国会中强调普鲁士容克急于兜售的烧酒"价格昂贵"。第二，普鲁士烧酒的价格并不"昂贵"；恰恰相反，这种烧酒的价格十分低廉。恩格斯在文中多次指出，普鲁士容克用马铃薯代替粮食来酿制烧酒，这就大大降低了生产成本；④ 普鲁士劣等烧酒正是凭借"低廉的价格"才顺利地击败竞争对手，打入市场，流毒全国和世界各地。恩格斯写道，"这种空前便宜的烧酒价格"使许多贫困而又苦闷的劳动者变成了酗酒者，因为"从前

---

① W. Raabe《Saemtliche Werke》, Berlin-Grunewald(Klemm), Bd. 4, S. 236.
② 《马克思恩格斯全集》第1版第19卷第57页。
③ 《马克思恩格斯全集》第1版第19卷第48、56页。
④ 《马克思恩格斯全集》第1版第19卷第44—45页。

痛饮一次要花两三倍的钱,现在只要花15银格罗申就可以整整一个星期喝得酩酊大醉,这样一来,连最没有钱的人每天都可以酗酒了。"①

由此可见,将冯·卡尔多尔夫讲话中的"wertvoll"一词理解为"价格昂贵",这是不正确的。因为这种理解同广义上下文提供的事实相抵牾。"wertvoll"一词的字面含义是"voll von Wert",即"很有价位"或"价值很高"。冯·卡尔多尔夫正是在这个意义上使用"wertvoll"一词的。这是他"对马铃薯酒精高唱赞歌"时特意选择的一个褒义词语。正确地翻译这个词,可以使读者更清楚地看到国会议员的奸商嘴脸,同时也可以使我们更好地理解恩格斯文章的结构和思路。在文章的第一部分,恩格斯之所以不厌其详地从有机化学、生理卫生、社会经济和政治生活等角度分析普鲁士烧酒的"价值",正是为了驳斥冯·卡尔多尔夫关于"普鲁士烧酒很有价值"的论断。恩格斯的结论是:"酿酒业是以现代普鲁士的真正物质基础的姿态出现的。没有酿酒业,普鲁士的容克们就会灭亡";普鲁士扩张了自己的领土,镇压了人民的革命运动,这一切都应当"归功于酿酒业"②。这就是普鲁士烧酒对于统治阶级所具有的真正"价值"。如果我们对冯·卡尔多尔夫使用的"wertvoll"一词缺乏正确的理解,我们就很难了解恩格斯的笔锋所向和他那种步步紧逼、层层深入、剀切中理、一针见血的论战风格。

这个实例说明,广义上下文可以帮助我们弄清一个关键词语的含义;而一旦弄清了这个词语的含义,我们又可以对广义上下文获得更加深刻的理解。

---

① 《马克思恩格斯全集》第1版第19卷第46页。
② 《马克思恩格斯全集》第1版第19卷第52—53页。

三、关于"非语言环境"

所谓"非语言环境",是指存在于语言环境(狭义上下文和广义上下文)之外而又与文章的内容密切相关的背景情况。文章是人们在一定的背景下进行思维活动的产物,因此,文中出现的各种词语的含义,同社会情境、历史事实、作者意图和读者状况等因素有着极其密切的关系。语言学家把这些因素称作"非语言因素",因为它们没有在文章中以具体的语言形式表现出来。词语的非语言环境就是由这些非语言因素构成的。

非语言环境对于理解文章的内容具有重要的意义。在许多情况下,读者如果对非语言环境中的各种因素缺乏认识,那就有可能在一个结构十分简单的句子面前感到茫然。例如,马克思在他的博士论文序言的结尾写道:"普罗米修斯是哲学日历中最高尚的圣者和殉道者。"[①] 我们如果不熟悉古希腊神话中的这位狄坦神的事迹,不了解这一形象在欧洲文化史中的象征意义及其在青年马克思心目中的地位。不清楚欧洲的"历书"(Kalender)同我们平常使用的"日历"有什么不同,不知道所谓"圣者"和"殉道者"在基督教文化圈中的影响,那么,我们就不可能理解这句话的深刻意蕴,当然也就不可能据此研究青年马克思的哲学观点和政治信念。而上面提到的各种信息在上下文中是无法获得的,读者必须在上下文之外,即在非语言环境中获取一切必要的知识。

非语言环境对辨析词语的含义也具有同样重要的意义,因为词语不仅生存在上下文这一语言环境中,而且也生存在非语言环境这一无形的

---

① 《马克思恩格斯全集》第 1 版第 40 卷第 190 页。

"上下文"中。一般说来,任何语言都拥有充分地、明确地表达思想感情所必需的各种手段,无须借助于语言外的因素。可是在实践中,语言活动的参加者(例如作者和读者)双方都时时关注那些非语言因素的意义,因而作者在写作时就有可能省略一切在他看来是不言自明的解说和阐述。这就是语言活动中的"节用"规律。对于与作者同时代的读者来说,这种"节用"规律一般并不会引起理解的困难,可是对于后代的读者来说,语言的"节用"却会造成阅读过程中的许多障碍,因为他们对前人所熟知的许多非语言因素早已感到十分生疏和隔膜,很难根据上下文去判断某些词语的意义。我想,这就是训诂学和考据学之所以产生的一个重要原因。我们在翻译马克思和恩格斯的著作时,也常常会遇到上述问题。例如,马克思在1881年7月27日给恩格斯的信中这样写道:

"Ich kann heute nicht ausfuehrlicher schreiben, weil ich Masse Briefe zu expedieren habe und das kleine Volk mich den ersten Tag mit Recht beschlagnahmt".①

这句话在《全集》第35卷中的译文是:

"今天不能在信里详谈,因为我有一大批信要寄发,而且孩子们有权利占去我的头一天。"②

原文中的"das kleine Volk"在这里被译成"孩子们",这是完全正确的。恩格斯是这封信的读者,他对马克思的性格、生活和家庭情况十分熟悉,因此,马克思在信中可以不加任何说明,直接使用"das

---

① MEW. Bd. 35, S. 7.
② 《马克思恩格斯全集》第1版第35卷第6页。

kleine Volk"这一含有幽默情趣和诙谐色彩的俚语,来指他膝下的那一群活泼可爱的外孙(马赛尔、让、昂利和埃德加尔)。如果不了解这些非语言因素,我们也许就很难准确地翻译"das kleine Volk"一语,甚至有可能错误地理解这个俚语的含义,以为它是指"平民百姓"或"弱小民族"。

由此可见,在校订马克思恩格斯著作的过程中,我们绝不能忽视各种非语言因素的参考价值。原译中的某些错误之所以产生,原因就在于译者没有注意考察词语的非语言环境。我们不妨在恩格斯撰写的《意大利的情况》一文中选择一个实例,来说明这种情况。

恩格斯在这篇文章中谈到了巴枯宁主义对意大利工人运动的影响。他指出,当工人群众尚未觉悟的时候,"巴枯宁亲自指挥下的一小群年轻的律师、医生、著作家、店员等等掌握了运动的领导权"。接着,恩格斯说明了这些人在巴枯宁主义秘密同盟中的地位,他写道:

"Sie alle waren Mitglieder, in verschiedenen Graden der Weihe, der geheimen bakunistischen 'Allianz'."①

我们在《全集》第19卷中见到的译文是:

"他们都是不同程度上了解内情的秘密的巴枯宁同盟的盟员。"②

原文中的"in verschiedenen Graden"在这里被译成了"不同程度上了解内情的"。根据对"Weihe"一词各种含义的考察,我们发现译文显然有误,因为"Weihe"不同于"Einweihung",它并不含有任何同

---

① MEW. Bd. 19, S. 91.
② 《马克思恩格斯全集》第1版第19卷第110页。

"内情"相关的意义。这个词有"落成典礼"和"开幕式"以及"庄严"、"隆重"等含义,从狭义上下文的语言结构和逻辑联系来看,这些含义可以排除;值得注意的是"Weihe"一词的基本意义:Gottesdiestliche Handlung, mit der eine Person fuer den Kult bestimmt wird, wobei ersterer bestimmte Rechte uebertragen werden(Wahrig:《Deutsches Woerterbuch》),即"授予圣职的仪式"。在基督教会中,"Weihe"的这种基本含义在历史的进程中逐渐发生了某种程度的"转移",它常常被基督徒视为"圣职"的同义语。例如,"die Weihen empfangen"意为"接受圣职";"die Weihen erteilen"意为"授予圣职"等等。而在实行教阶制的教会中,"Pfarrer in verschiedenen Graden der Weihe"则更是习见的用语,其含义是"担任各级圣职的教士"(参看《格林兄弟词典》第14卷)。如果恩格斯是在这种意义上使用"Weihe"一词的,上述那句话就应当改译为"他们都是担任各级圣职的巴枯宁主义秘密'同盟'的盟员"。可是仅仅凭借词典中的释义,我们还没有充分的把握进行这样的改动,因为无论是狭义上下文,还是广义上下文,都没有提供任何信而有征的根据,足以印证我们的想法。在这种情况下,我们就只有转向非语言环境,去了解有关巴枯宁主义秘密同盟的历史事实。

1868年9月,巴枯宁组建了国际社会主义民主同盟。同年11月,同盟向国际工人协会总委员会提出申请,要求加入国际。鉴于同盟坚持无政府主义立场,反对国际的章程,总委员会于同年12月拒绝了它的申请,此后,巴枯宁于1869年组建了社会主义民主同盟,并打着国际日内瓦支部的幌子使同盟混入国际,而实际上仍保留同盟的秘密组织和名称,在暗中进行阴谋活动[1]。国际社会主义民主同盟在自己的纲领中

---

[1] 参看 MEGA, I/25, Erl. 89. 12–18, S. 630.

宣称："**同盟**奉行无神论；致力于废除宗教崇拜，用科学代替信仰，用人的正义代替神的正义。"① 可是，这个组织从一开始就带有浓厚的宗教色彩。巴枯宁早就说过，他所理解的"真正的共产主义"就是"构成基督教的上帝的实质的东西在此岸的实现"；他声称，他所鼓吹的"革命""不仅带有政治性质，而且带有原则的、宗教的性质"，并强调"这不亚于一种新的宗教，即民主的宗教"。② 正是在这种思想的直接影响下，社会主义民主同盟在规章中"公开宣布自己是当代的耶稣会，并且声称在实践中使用耶稣会的一切办法是它的权利和义务"。③ 同盟内部分为三级：一，国际兄弟会；二，民族兄弟会；三，半秘密半公开的国际社会主义民主同盟。其中国际兄弟会总揽大权，"组织神圣的红衣主教会议"，充当"独裁者巴枯宁的禁卫军"。④

马克思和恩格斯早就注意到了巴枯宁集团的反动的宗教性质。他们在揭露巴枯宁主义宗派时，常常使用基督教会的语汇来描述这个阴谋组织的状况。例如，在《社会主义民主同盟和国际工人协会》等文章中，他们称这个集团是"独裁的、教阶制的秘密组织"，⑤ 说巴枯宁的信徒们在内部"保持教阶制的联系"、⑥ 实行"耶稣会的纪律"，⑦ 其道德

---

① 《马克思恩格斯全集》第 1 版第 18 卷第 512 页。
② 巴枯宁：《论共产主义》，引文见《巴枯宁言论》，1978 年三联书店版第 5、7 页。
③ 《马克思恩格斯全集》第 1 版第 18 卷第 371—372 页。
④ 《马克思恩格斯全集》第 1 版第 18 卷第 376 页。
⑤ 《马克思恩格斯全集》第 1 版第 18 卷第 380 页。
⑥ 《马克思恩格斯全集》第 1 版第 18 卷第 379 页。
⑦ 《马克思恩格斯全集》第 1 版第 18 卷第 483 页。

"纯粹来自基督教的教条";① 马克思和恩格斯还指出巴枯宁实行的是"秘密的、教阶制的和独裁的统治",② 并用讥讽的笔调称他是"教皇米哈伊尔"、"新的穆罕默德"、"圣者米哈伊尔·巴枯宁"或"圣父"。③

根据上述事实,我们可以肯定,在《意大利的情况》一文中,恩格斯是在本来意义上使用"in verschiedenen Graden der Weihe"这一教会用语的,我们完全有理由将这一短语直译为"担任(或被授予)各级圣职"。

这个实例说明,非语言环境对于辨析词义十分重要。恩格斯在《不应该这样翻译马克思著作》一文中曾经强调指出,要理解马克思的著作,"必须彻底精通德语——口头语和标准语,另外还要知道一些德国人的生活"。④ 所谓"德国人的生活",就是指历史背景和社会情境,也就是指词语上下文以外的非语言环境。我们在校订工作中确实很有必要重新学习恩格斯的论断,因为在翻译过程中往往会出现只重视上下文,而不重视非语言环境的倾向。王佐良先生在《词义·文体·翻译》一文中写道:"上下文的重要性,凡是翻译者都是深有体会的;但是我们要补充一点:上下文实际上是提供了一个社会场合或情境,正是它决定了词义。"⑤ 这些话很值得我们深思。

以上是我在校订工作中对词语生存环境问题的认识。在本文开头我曾提到,考察词语的生存环境是判断多义词含义的一条重要途径。但实践证明,这并不是唯一的途径。在翻译和校订工作中,为了弄清马克思

---

① 《马克思恩格斯全集》第 1 版第 18 卷第 472 页。
② 《马克思恩格斯全集》第 1 版第 18 卷第 484—485 页。
③ 《马克思恩格斯全集》第 1 版第 18 卷第 417、489、381、425 页。
④ 《马克思恩格斯全集》第 1 版第 21 卷第 266 页。
⑤ 1979 年《翻译通讯》第 1 期。

恩格斯著作中的某些关键词语的含义，我们往往还需要选择其他角度进行考察，例如有时必须从研究作者的理论思想和学术观点入手，有时应当着眼于探讨文章的语言风格和修辞特色，等等。当然，对这些问题需要进行专门的研究，我们不可能在这里详细地讨论，尽管这些问题与词语的生存环境有着密切的联系。

刘勰在《文心雕龙》中说过："夫人之立言，因字而生句，积句而成章，积章而成篇。篇之彪炳，章无疵也；章之明靡，句无玷也；句之清英，字不妄也。"① 马克思和恩格斯在写作过程中是时时注意锤炼字句，力求做到"一字不妄"的。我们在校订他们的著作时也应当具有这种精神。诚然，对词语的生存环境一一进行考察，这是一项复杂的工作；可是，如果我们想到马克思和恩格斯"对于语言的简洁和正确"是那样"一丝不苟"，② 想到马克思恩格斯著作中的"每一个字都贵似金玉"，③ 那么，我们还有什么理由吝惜自己的力气呢？

1989 年 8 月

---

① 《文心雕龙·章句》1978 年人民文学出版社版第 570 页。
② 《我景仰的人》1982 年人民出版社版第 58 页。
③ 恩格斯在 1883 年 5 月 22 日给贝克尔的信中曾谈到马克思的《资本论》手稿，他写道："像马克思这样的人，他的每一个字都贵似金玉。"（《马克思恩格斯全集》第 1 版第 36 卷第 28 页）这一评价当然也适用于恩格斯本人的著述。

审视词语的"文化背景"

——词义辨析散论(三)[*]

韦建桦

马克思和恩格斯在《德意志意识形态》这部著作中指出："语言和意识具有同样长久的历史；语言是一种实践的、既为别人存在因而也为我自己存在的、现实的意识。语言也和意识一样，只是由于需要，由于和他人交往的迫切需要才产生的。"[①] 语言的这一根本属性，决定了它与社会环境之间存在不可分割的联系。创造和使用语言的各个民族不仅生活在互不相同的自然环境中，而且也生活在形态各异的社会环境中。它们有着各具特色的生产和生活方式、经济和政治组织、宗教和伦理观念、历史和文化传统，以及由此而产生的各式各样的风俗习惯、心理素质和思维方式。这一切，便构成了各种民族语言的"文化背景"。民族语言之间的差异，从根本上说，就是由这种"文化背景"的差异造成的。因此，审视词语的"文化背景"，对于辨析词义的工作具有重要的意义。

每一种语言都反映了一定的民族文化，而民族文化的历史积淀则蕴含在词汇之中。例如，欧洲的"酒文化"起始于公元前10世纪以前的

---

[*] 本文选自《马克思恩格斯研究》1990年总第4辑。
[①] 马克思恩格斯：《费尔巴哈》，1988年人民出版社版第25页。

希腊（参看《Der Grosse Brockhaus》，Wiesbaden 1981），后来，古代希腊的葡萄种植技术和酿酒技术逐渐传到了古代罗马；随着古罗马军队在欧洲各地征战，这些技术又逐渐传到了莱茵—摩泽尔河流域。德国人栽培葡萄和酿造酒类的技术是从古罗马人那里学来的，这一文化史上的重要事实在德语词语中得到了明显的反映。我们至今还可以看到，凡与酿酒有关的德语词语大都是拉丁语的借词，如 wein（葡萄酒）源于拉丁语的 vinum，Winzer（葡萄种植者）源于 vinitor，Most（未经发酵的葡萄汁）源于 mustum，Kelter（葡萄榨汁器）源于 calcatura，Keller（酒窖）源于 cellarium，等等。又如，考古发掘和研究的结果表明，古代日耳曼人建筑房屋所用的墙体材料不是砖石，而是柳条，这就是说，他们不是用砖石"砌"墙，而是用柳条"编"墙。这一事实也反映在德语词语中。动词 winden（编织，缠绕）最初就含有"造墙"的意思，而 wand（墙壁）一词正是由动词 winden 演化而来的，并且一直沿用至今。这个词在今天可以用来泛指以各种材料建筑的墙壁，但它的本来意义却是"das Gewundene"（编织起来的东西），所以，文化史研究者把这个词称作"活的语言化石"，因为人们可以从中窥见古代建筑文化的遗迹。①

词语对民族文化的这种"存储功能"（cumulative function）已经引起了语言学界和历史学界的重视。苏联学者 Е. М. 韦列夏金和 В. Г. 科斯托马罗夫在《词汇的语言国情学理论》（Лингвострановедцеская теория слов，Москва 1980 г.）一书中指出："词语——这是使用某种语言的人们的集体存储器，是'文化文献'，是民族生活的镜子。被掌握了的词

---

① 参看 R. Merniger：《Etymologien zur geflochtenen Wand》，载于《Indo-germanische Forschungen. Festgabe fuer R. Heinzel》，Halle，1898.

就是一把启开人民生活方式的钥匙。"① 许多历史学家正是通过对词语源流的考证，解决了文化史中的一些难题。例如，德国学者就曾对Kirche、Priester、Pfaffe、Bischof、Abtei、Abt、Kloster、Klausur、Mittwoch、Sonnabend 等词语进行过穷源溯流的考辨，从而揭示了基督教传入德国本土所经由的道路。② 马克思和恩格斯也曾共同探讨古代语言中的某些词义，以期弄清欧洲古代的土地所有制问题；恩格斯为了考察日耳曼人的古代历史，曾对法兰克方言词语进行过专门的研究。这些都是众所周知的事实。

考察词语和"文化背景"的关系，不仅是历史研究的一条重要途径，而且也是翻译和校订工作的一个重要环节。当然，在这方面，翻译工作者与历史学家的着眼点有所不同。历史学家是要通过对词语的考证，弄清一定历史时期的"文化背景"；而翻译工作者则要通过对"文化背景"的考察，弄清词语的内涵、外延和色彩。实践证明，在许多情况下，只有对词语的"文化背景"进行审慎的探究，才能准确地、全面地把握词语在原文中的意蕴，也才能进一步领悟作者使用词语的意图和撰写文章的风格。

在《马克思恩格斯全集》（以下简称《全集》）中，这方面的例证比比皆是。我们不妨举一个实例来加以说明。

我想谈谈马克思在《本地省议会代表选举》一文中使用的"Kapuzinade"一词（MEGA，Bd. I/1，S. 356）。1843 年 2—3 月，科隆市"发生

---

① 译文参考了陈楚祥先生的论文：《双语词典与语言国情学》，载于 1988 年《辞书研究》第 5 期。

② 参看 H. Aubin u. T. Frings：《Kulturstroemungen und Kulturprovinzen in den Rheinlanden》，Bonn，1926；T. Frings：《Germania Romaia》，Bonn，1932.

了一场严重的选举斗争"(见《全集》中文版第 40 卷第 360 页)。科隆市民推选具有进步倾向的资产阶级社会活动家梅尔肯斯和康普豪森担任第七届莱茵省议会的议员,而反动的保守势力则对此极为不满。1843 年 3 月 8 日,莱茵省天主教政治势力的喉舌《莱茵—摩泽尔日报》刊登了一篇文章,对进步势力进行攻击。文章针对当时拥护梅尔肯斯和康普豪森的一方散发的致科隆选民的传阅信件,发表了一通主张倒退、反对进步的谬论。马克思于次日在《莱茵报》发表《本地省议会代表选举》一文予以驳斥。在这篇文章中,马克思在援引《莱茵—摩泽尔日报》的言论之前,首先摘录了那封传阅信件的文字;接着,他写道:

"Dieses Schreiben veranlasst die Hoechst spirituelle 'Rhein-und Moselzeitung' zu folgender Kapuzinade."(MEGA. Bd. Ⅰ/1, S. 356, Z. 4—5)

《全集》中文版的译文是:"具有崇高精神的《莱茵—摩泽尔日报》针对这封信发表了一通夸夸其谈的说教。"(见第 40 卷第 357 页)

这里的 Kapuzinade 一词,是法文 capucinade 的借词;如果用"道地的"德文来表达,这个词通常写作"Kapuzinerpredigt"(参看《Grimms Deutsches Woerterbuch》)。这是在 16 世纪上半叶的反宗教改革的潮流中产生的一个词语(参看《Knaurs Grosses Woerterbuch der Deutschen Sprache》, Muenchen, 1985)。所谓"Kapuziner"是指"卡普勤修会"(Capuchins Friars Minor,一译"嘉布遣小兄弟会")的教士。该会于 1528 年由意大利人玛窦·巴西(Matteo da Bassi, 1495—1552)创立,是天主教方济各会(Franciscan Order 一译"法兰西斯派")的一个分支。据史籍记载,卡普勤修会的教士头戴尖顶风帽(Kapuze),身穿粗布修道服,长年跋涉于欧洲各地,一边托钵求乞,一边传布教义。这个苦行教派标榜天主教的"崇高精神",反对教会和世俗的"奢靡风气"。

修士们在布道时总是捶胸顿足地揭露人间的种种"堕落"现象，激昂慷慨地呼吁世人"幡然悔悟"。"Kapuzinade"（Kapuzinepredigt）一词就是在那个时代出现的，它最初是指卡普勤教士的布道词，后来则泛指一切"训诫式的说教"（strafpredigt）。

到了19世纪，"Kapuzinade"一词的含义和色彩发生了演变，而这种演变又同席勒在1799年完成的著名剧作《华伦斯坦》有关。在这部剧作中，席勒成功地塑造了一个卡普勤教士的形象。在该剧第一部（《华伦斯坦的军营》）第八场，这位教士滔滔不绝地对士兵们进行"说教"，其中照例充满了痛斥世人腐化堕落的愤激之词：

"Sollte jetzt heissen Roemisch Arm,

Der Rheinstrom ist worden zu einem Peinstrom,

Die Kloester sind ausgenommene Nester,

Die Bistuemer sind verwandelt in Wuesttuemer,

Die Abteien und Stifter

Sind nun Raubteien und Diebeskluefter."①

同时，这篇布道词中又夹杂着许多滑稽、诙谐的语句：

"Vor euren Klauen und Geiersgriffen,

Vor euren Praktiken und boesen Kniffen,

Ist das Geld nicht geborgen in der Truh,

---

① 引自《Schillers Werke in drei Baenden》,Bd.3,S.174f.,Lipzig,1955。参看郭沫若同志的译文："现今可以称为罗马泥渊，/莱茵河成为卖淫河，/僧院成为超等的妓院，/方丈领地成了荒唐领地，/教区和僧房成了盗区和匪庄。"见《华伦斯坦》，1955年人民文学出版社版第40页。

> Das Kalb nicht sicher in der Kuh,
>
> Ihr nehmt das Ei und das Huhn dazu."①

席勒塑造的这个典型形象给公众留下了如此深刻的印象,以致人们往往根据上述布道词的内容和风格来理解"Kapuzinade"一词的含义。这个词在人们的心目中不再泛指一般的训诫式说教,而是专指那种语气严厉而又滑稽可笑的训诫式说教。这一新的解释也反映在19世纪编纂的权威性语言词典之中,可见它在当时已经为公众所接受。例如,《Grimms Deutsches Woerterbuch》就对这一词语作了如下解释:

> "sprichwoertlich von einer derben, halb launig, drollig gehaltenen Strafpredigt."

马克思正是在这个意义上使用"Kapuzinade"一词的。如果我们读一读马克思在文中引述的《莱茵—摩泽尔日报》的言论,读一读他分析和批判那些言论的文字,我们对这一点就更加清楚了。通过考察"文化背景",我们不仅可以比较准确地把握"Kapuzinade"一词的含义,而且还可以进一步理解马克思使用这个词的意图。我们看到,"Kapuzinade"与同一句话中的"spirituell"一样,都是同天主教密切相关的、含有讽刺意味的词语,而马克思抨击的对象正是天主教政治势力的喉舌。② 这句话笔调诙谐而又冷峭,用语生动而又准确;即使是这样一行冷嘲热讽的文字,也显示出作者的严谨态度和深湛学养。这正是马克思

---

① 《Schillers Werke in drei Baenden》,Bd. 3,S. 176,Lipzig,1955。参看郭沫若同志的译文:"在你们的虎爪和狼掌之前,/在你们的老练和奸计之前,/有钱不好放进钱包,/小牛儿在娘肚里也难逃,/你们拿鸡蛋连同母鸡一道。"《华伦斯坦》,1955年人民文学出版社版第42页。

② 参看 MEGA,Bd. I/1,Literaturregister:Ⅲ. Periodica,S. 1301。

的风格。

我们从上述例证中看到,词语的含义和色彩在很大程度上是由它的"文化背景"赋予的。由于汉语和德语的"文化背景"差异很大,而中德文化交流的历史并不很长。因此,即使是在今天,两个民族在文化方面也仍然存在许多隔膜。几年前,我在海德堡曾见过一部中国名著的德译本,其中的一些误译之处使我深深地感到,翻译工作者一旦忽视词语的"文化背景",就很容易在辨析词义的过程中产生失误。我从这个德译本联想到马克思恩格斯著作中译本的校订工作,觉得从中受到了许多启发。

我所说的那部中国名著是《元曲选》。在《琵琶记·高堂称庆》一折有这样一句台词:"叹瞬息乌飞兔走。"这是剧中人对岁月流逝、人生易老的嗟叹。"乌飞兔走"是一个成语。据中国古代神话传说,太阳里有"三足乌",月亮里有"玉兔",[①] 因此,中国古典文学作品常以"金乌"比喻太阳,以"玉兔"比喻月亮,以"乌飞兔走"比喻日月运行、时光飞逝。例如韩琮的《春愁》诗中就有这样的句子:"金乌长飞玉兔走,青鬓长青古无有"。德译者没有弄清这一"文化背景",因而把"乌飞兔走"译成了"Rabe und Hase sind schnell entflohen"(乌鸦和兔子迅速地逃之夭夭)。在《肃苑·一江风》一折,丫环春香有一句唱词:"小苗条吃的是夫人杖。"这里的"吃"是元代俚语,据张相在《诗词曲语辞汇释》中解释:"吃,犹被也;受也。"[②] 这是元代戏曲中常常出现的一个词语。(如关汉卿《金线池》:"那一日吃你家妈妈赶逼

[①] 参看袁珂:《中国神话传说词典》"金乌"、"玉兔"条,1985年上海辞书出版社版。

[②] 见张相:《诗词曲语辞汇释》下册,1953年中华书局版第644页。

我不过，只得忍了一口气，走出你家门。"）因此，春香的唱词应当理解为"我这苗条柔弱的身体常被夫人用拐杖来打"。德译者没有考察"吃"字的"文化背景"，误以为这是指"吃饭"的"吃"，因而把那句唱词译成"Die Mutter gibt mir Kleid und Essen"（是夫人给了我穿的和吃的）。

我举出这两个译例，决没有揶揄译者的意思。从译本序言和各篇文字来看，译者、德国汉学家洪涛生先生（Vincenz Hundhausen）不仅热爱中国戏曲，而且翻译态度也十分认真。我最近读到张威廉先生写的《从德译元曲谈到元曲翻译》一文，进一步了解到洪涛生先生"曾于1924—1937年任北京大学德国文学系教授"，此后"仍留北京从事教学工作，直到1954年因病返国"。[①] 以洪涛生先生这样的阅历和常识，尚且不能完全消除对中国文化的隔膜，这一事实说明考察词语的"文化背景"的确是一项十分艰巨的工作。马克思恩格斯著作的"文化背景"就其深广的程度和复杂的内容来说，是《元曲选》所无法比拟的，而我们并不可能像洪涛生先生那样在使用"出发语言"的国度生活30年之久，这就决定了我们在译校工作中势必遇到更多、更大的难题。

充分估计考察词语"文化背景"的艰巨性，是非常必要的。季羡林先生曾指出，要把研究工作"看得难一点，再难一点；越看得难，就越有好处"。[②] 这对于我们很有教益，因为只有深知其难，才不致掉以轻心。但我们马上就面临这样一个问题：在辨析词义的工作中，到底怎

---

① 见张威廉：《从德译元曲谈到元曲翻译》，载于1989年《中国翻译》第5期。张先生在文中也提到了上述译例。

② 见季羡林：《比较文学之我见》，刊登在1990年9月8日《人民日报》第8版。

样去解决"文化背景"方面的难题?

语言学家帕默尔说过:"语言忠实地反映了一个民族的全部历史、文化,忠实地反映了它的各种游戏和娱乐、各种信仰和偏见。"① 因此,词语的"文化背景"知识是无穷无尽的。任何人都不可能在完全掌握这些知识以后才来从事马克思恩格斯著作的译校工作。我们只能在这一工作的过程中随时注意审视词语的"文化背景",通过认真的考索和仔细的分析,来解决每一个具体的问题,同时弥补自己在知识方面的缺陷。这是一些多年从事《全集》译校工作的同志给我们的启迪。我认为这是解决问题的唯一途径。

可惜这条途径很不平坦。为了在艰苦跋涉的过程中比较顺利而有效地通过审视"文化背景"来辨析词义,我想也许有必要对审视的角度和方法进行具体的讨论。在这方面,恩格斯的有关论述无疑具有重要的指导意义。恩格斯曾把马克思的著述称作"最难翻译的德国作家的作品"②,针对这一点,他指出:

"翻译这样的著作,只通晓标准德语是不够的。马克思精于使用日常生活用语和各地方言中的成语;他创造新词,他举例时涉及一切科学部门。他援引十几种文字的书刊;要理解他的著作,必须彻底精通德语——口头语和标准语,另外还要知道一些德国人的生活。"③

恩格斯在这段话中实际上已经提出了考察背景、辨析词义时应当注意的要点。根据我的初步体会,这些要点大体上可以归纳为下列三个方

---

① L. R. 帕默尔:《语言学概论》第9章《语言与思维》,1983年商务印书馆版第139页。
② 见《马克思恩格斯全集》第1版第21卷第267页。
③ 见《马克思恩格斯全集》第1版第21卷第266页。

面：第一，作者使用的语汇（包括标准语和口头语，而后者又包括方言、成语和新词）；第二，这些语汇产生的源泉，即"德国人的生活"（所谓"生活"，不仅是指德意志民族的物质生活，而且也指它的全部精神生活；不仅是指马克思恩格斯时代的社会生活，而且也指以往历史进程中的社会生活）；第三，作者的著述所涉及的各种学科和文献。

根据恩格斯的论述，我结合译校工作的实践，对联系"文化背景"辨析词义的有关问题进行了思考。这里试将我的四点初步意见分述如下，供同志们在研究时参考。

一、在辨析"标准语"的含义时，既注意词语在德语和汉语概念系统中互相契合的一致性，又注意它们在不同的"文化背景"下形成的无法对应的相异性。

"语言是思想的直接现实。"① 由于人类对客观世界的认识和思考具有同一性，因此在各民族成员的思维过程中产生的词语概念也具有一致性。这种一致性使各族人民的交往成为可能，也为不同语种的互译奠定了基础。在马克思恩格斯的著作中，我们不仅可以发现德语和汉语在概念表述和逻辑思维方面有契合之处，而且可以看到这两种语言在取譬喻物和形象思维方面也有相似之处。当我们看到马克思在文章中使用"in einem Boot sitzen"和"wie ein Blitz aus heiterem Himmel"这两个成语时，我们会立即想到中国的成语"同舟共济"和"晴天霹雳"；当我们在恩格斯的书信中读到"das Gesicht verlieren"和"（jmdem）um den Bart gehen"这两个词组时，我们会不假思索地想到汉语词语"丢脸"和"溜须"，从而轻松而又自信地根据具体语境去选择合适的译语。

---

① 《马克思恩格斯全集》第 1 版第 3 卷第 525 页。

可是这种轻松愉快的事情并不常有；像上文所举的那些例证，在任何德语文献中都是可遇而不可求的。如前所述，马克思和恩格斯使用的语言具有与汉语迥然不同的"文化背景"，这就决定了两种语言的一致性大大少于它们的相异性。因此，我们在辨析词义时，应当首先着眼于两种语言在概念表述方面的相异性，而不应当首先着眼于它们的一致性。着眼于相异性，可以促使我们比较自觉地对原译文质疑问难，并审慎地进行核查和考证工作；而如果着眼于一致性，就有可能轻信自己的感觉，从而忽视原译文中的纰缪。德国语言学家施蒂克尔曾指出："人们总是从自己的母语出发来学习第二种语言，他们不会放弃这种办法。也不想放弃它。"① 语言学界把这种现象称作对掌握和运用外语的"干扰"（Interferenz）。在译校工作中，这种"干扰"就表现在译者有时不自觉地从母语的"文化背景"出发，去判断外文词语的含义、结果，"感觉"的错误就会导致理解的错误。这里可以举两个例子来加以说明。

我们先看一看马克思在1843年写的《〈总汇报〉简评》中的一句话：

"Sie spricht von der Kuehlung des "jungen Muetchens" der Rheinischen Zeitung bei Gelegenheit eines Korrespondenten, der zufaelligerweise ein Sechziger ist …"（MEGA. Bd. I/1, S. 294）

这句话在《全集》中的译文是：

"她（韦按：指《总汇报》）在那里谈到必须使《莱茵报》的'年轻人的火

---

① G. Stickel：《Deutsch—Japanische Kontraste. Vorstudien zu einer kontrastiven Grammatik》, Tuebingen, 1979.

气'冷静下来,而这段话所指的那位记者偏巧已年届 60……"(《全集》第 40 卷第 347 页。)

原文中的名词"Kuehlung"是从动词"kuehlen"演化而成的,其基本含义是"使……冷却、变凉"(etw. kuehl machen, kalt werden lassen)。因此乍看起来,"die Kuehlung des jungen Muetchens"同我们常说的"使年轻人的火气冷静下来"一语正好相合,也就是说,它们在"对等性形象思维"方面似乎完全一致。原译者在自觉或不自觉地认定了这种一致性以后,便采用了我们所看到的上述译法。

但是,这种理解是不正确的,因为在这一特定的语境中"kuehlen"一词同我们所说的"使……冷静下来"一语,就"内涵意义"(connotative meaning)来说并不一致。这在一定程度上反映了民族心理的差异。在德国人的心目中,"das Muetchen kuehlen"一语不是指"使愤激之情冷静下来",而是指"让胸中怒气宣泄出来"。例如歌德在一篇作品中这样写道:"Der Leutnant, der das dringendste Geschaeft lieber einen Augenblick stocken liess, als dass er das einmal in ihm erregte Muetchen an einem Unschuldigen gekuehlt haette."[①](少尉宁肯把这件十分紧迫的事情暂且搁置一旁,也不愿向一个无辜的人发泄胸中已经燃起的怒火。)马丁·路德在一篇文章中写道:"Er will die anderen angreifen und das Muetchen an ihnen kuehlen"[②](他企图对别人进行攻击,并向他们发泄怒气。)这两个例子说明,"das Muetchen an jmdem kuehlen"一语的含义就是"den Aerger an jmdem auslassen"。对于这一点,各种德语辞书均有说明。

---

① 《Die guten Frauen》,Heilbronn, S. 158.

② 《An den christlichen Adel deutscher Nation》, Bonn, S. 24.

我们在上文摘引的《〈总汇报〉简评》中的那句话，实际上是马克思针对《总汇报》的一条脚注而写的。在这条脚注中，该报编辑部对《莱茵报》进行了攻击："wenn es der Rheinischen Zeitung Spass macht, von Zeit zu Zeit ihr junges Muetchen an der Allg. Zeitung zu kuehlen, so ist das billigste, was man verlangen kann, dass sie die Stellen wenigstens richtig lese und abschreibe."（"如果《莱茵报》觉得，不时地对《总汇报》发泄它那年轻人的怒气可以带来乐趣，那么，该报至少应当正确地理解和摘引《总汇报》的言论，这是人们所能提出的最起码的要求。"原文见 MEGA, Bd. I/1, S. 1073, Erl. 294. 5—7）我们从这里也可以清楚地看到，马克思文中的那句话的意思是："该报说《莱茵报》是在发泄'年轻人的怒气'……"原译文（"她在那里谈到必须使《莱茵报》的'年轻人的火气'冷静下来……"）未能确切地表达原文的含义。

这个例子说明，德语和汉语词语在表面上显示的一致性，有时会掩盖它们之间实际存在的相异性。

我们再来看一看恩格斯的《威廉·沃尔弗》一文中的一个例证。在这篇文章中，恩格斯首先概要地介绍了沃尔弗的学识和人品，他写道：

"Sein in der Schule des klassischen Altertums feingebildeter Geist, sein reicher Humor, sein klares Verstaendniss schwieriger theoretischer Fragen, sein lohender Hass gegen alle Unterduecker der Volksmassen, sein energisches und doch ruhiges Wesen enthuellten sich bald."（MEGA, Bd. I/25, S. 46）

这句话在《全集》中的译文是：

"他在古典学校里受到良好培养的才智，他那丰富的幽默，他对艰深的理论问题的清楚理解，他对人民群众的一切压迫者的强烈憎恨，他那刚毅而又沉着

的气质，很快就展现了出来。"(《全集》第19卷第63页)

译文中的"古典学校"一语令人难以理解，因为第一，威廉·沃尔弗并没有上过什么"古典学校"。据恩格斯在文中介绍，沃尔弗幼年曾在西里西亚的一所农村小学就读，毕业后"进了施魏德尼茨的中学，后来又进了布勒斯劳的大学"。在大学期间，他因参加革命活动而被捕入狱，结果未能"按照规定学完全部课程"。① 这就是沃尔弗的全部学历。民主德国学者瓦尔特·施密特在本世纪60年代撰写了《威廉·沃尔弗传》，书中提供的翔实资料充分证明恩格斯的叙述是符合史实的。② 尽管沃尔弗在求学期间"特别喜爱古典语文课"，并且"对希腊和罗马的伟大诗人和散文作家有透彻的了解"；③ 尽管马克思和恩格斯对沃尔弗在古典语文学方面的造诣十分赞赏，并曾打算约请他参加《美国新百科全书》的撰稿工作，让他编写"古典古代方面"的有关条目，④ 但恩格斯决不会因此而把沃尔弗在青少年时期就读的普通小学、中学和大学称作"古典学校"。第二，我们查阅了有关德国教育史的文献，没有发现德国在19世纪曾设立"古典学校"。第三，从原文来看，如果"Schule"一词是指"学校"，那么，"die Schule des klassischen Altertums"就应当指古典古代即古希腊罗马时代的学校；说沃尔弗曾在这样的学校里"受到良好培养"，这是不合情理的。

"Schule"一词的基本含义是"Lehranstalt"，在这一点上，它同汉语中的"学校"一词是互相对应的。但是，学校一词并不能涵盖名词

---

① 参看《马克思恩格斯全集》第1版第19卷第64—66页。
② Walter Schmidt:《Wilhelm Wolff》,Dietz Verlag,Berlin 1963.
③ 见《马克思恩格斯全集》第1版第19卷第65页。
④ 参看《马克思恩格斯全集》第1版第29卷第123页和135页。

"schule"在德国历史文化背景下获得的全部意蕴。我们知道，德语中的"Schule"一词不仅可以指"学校"，而且可以指"课程"、"教科书"、"学年"、"校舍"、"师生"和"学派"等等，甚至还可以用来指文化教育本身。在《Grimms Deutsches woerterbuch》中，"schule"一词的一个重要义项就是"Erziehung，Bildung"。18、19世纪的德国著作家常常在这个意义上使用"Schule"一词。例如康德在论述文化教育问题时这样写道："Alle Fortschritte der Kultur, wodurch der Mensch seine Schule macht, haben das Ziel, diese erworbenen Kenntnisse und Geschicklichkeiten zum Gebrauch fuer die reale Welt anzuwenden."①这里的"Schule"一词，指的就是"教育"；所谓"seine Schule machen"，就是指"erzogen werden"（参看《Grimms Deutsches Woerterbuch》）。

恩格斯文中的"Schule"与康德笔下的"Schule"具有相同的含义。恩格斯提到的"die Schule des klassischen Altertums"，就是指人们在涉及古典古代语言、历史和文化知识的领域施行的教育，也就是恩格斯在《反杜林论》中谈到的"古典教育"（参看《反杜林论》第3编《社会主义》第5节《国家、家庭、教育》②）。沃尔弗正是受过这种良好的"古典教育"的人。早在中学时代，他就努力学习"古代语文和历史知识"；他的老师哈尔伯卡特和沃格尔桑"对于考古学和古代语文具有深邃的知识"，他们对沃尔弗的成长产生了重大的影响。在大学时代，沃尔弗专攻古典语文和考古学，师从著名学者帕索和施奈德。③ 通

---

① I. Kant：《Gesammelte Schriften》，Bd. 10，S. 115，Leipzig.
② 《马克思恩格斯全集》第1版第20卷第346页。
③ 参看 Walter Schmidt：《Wilhelm Wolf》。

过刻苦钻研,他终于成了一个"在古典语文学方面精通业务的人"。① 这一切,就是恩格斯文中的"sein in der Schule des klassischen Altertums feingobildeter Geist"一语的背景。

在这里,我不打算对译文的修订方案进行讨论。我只是想通过这个实例说明,在德文中,像"Schule"这样一类最普通的词语,往往同我们最熟悉的汉语对应概念有相异的一面;这种相异性很容易被忽视,因此误译之处就常常出现在那些看来十分简单的语句之中。强调词义与文化背景的联系,对两种语言的相异性保持清醒的认识,这也许有助于我们解决上述问题。

二、在辨析"口头语"的含义时,既注意词语的一般意义,又注意它们在方言和成语中的特殊意义。

方言是一种语言的地方变体。成语是习用的定型的词组或短句。方言和成语是在特定的地理和历史条件下形成的,它们鲜明地反映了一个地区、一个民族的文化特色。在方言和成语中,词语往往具有不同于标准语的特殊意义。

先说方言。马克思恩格斯的著作不是用方言写成的。但是,他们在用标准语写作的过程中,有时会用一些方言词语来达到某种修辞效果。在他们的书信中,方言词语经常出现。在他们引证的各种文献中,方言语汇更是屡见不鲜。例如在马克思的《摩泽尔记者的辩护》一文中,我们就可以发现这方面的许多例证:"Herbst"一词在标准语中意为"秋天",而在这篇文章中意为"采摘葡萄"(见 MEGA, Bd. I/1, S. 317;《全集》第 1 卷第 235 页);"geizen"一词在标准语中意为"吝啬、贪

---

① 参看《马克思恩格斯全集》第 1 版第 19 卷第 66 页。

求",而在这篇文章中意为"修剪侧枝、打杈"(见 MEGA,Bd. I/1,S. 303;《全集》第 1 卷第 218 页);"Kiefer"一词在标准语中意为"颌骨"或"松树",而在这篇文章中意为"榨葡萄汁"(见 MEGA,Bd. I/1,S. 316;《全集》第 1 卷第 235 页),等等。如果我们根据标准语的释义去理解方言语汇,有时就会感到原文不知所云,有时甚至会根据错误的理解去改动《全集》中原本正确的译文。例如在上述文章中有这样一句话:

"Soll dieser Artikel einen Sinn haben, so muss es dem Mosellaner seither versagt gewesen sein, seinen Notstand, die Ursachen desselben, sowie die Mittel zu seiner Abhilfe oeffentlich freimuetig zu besprechen"(MEGA,Bd. I/1,S. 330. "如果说这篇文章有什么用意的话,那就只能是想表明,摩泽尔河沿岸地区居民在这以前没有被允许公开而坦率地说出自己的困苦处境和造成这种处境的原因,以及改善这种处境的必要办法。"见《全集》第 1 卷第 215 页)

原文中的"seither"一词,在标准语中意为"seit der Zeit, seitdem",即"从那时以来";而在这句话中,它是一个方言词语,意为"bisher",即"迄今为止"或"在此之前"。这个词在俄文版中被译为"до того времени",在英文版中被译为"hitherto",在中文版中被译为"在这以前",这些译法都是正确的。如果我们依据标准语的释义去改动原译,就会使原文中的整段话显得不合逻辑,因而使读者感到无法理解。

强调方言词语的特殊含义,可以促使我们以更开阔的思路、更审慎的态度去重新斟酌原译文,纠正某些因忽视方言特征而造成的错误。这一点,对于书信卷的校订工作可能具有更重要的意义。

我想再谈谈有关成语的问题。恩格斯说过,"马克思是当代具有最简洁最有力的风格的作家之一",他的著作是用"富有表现力的德语"写成的。① 这一评价也适用于恩格斯本人。在马克思和恩格斯所使用的"富有表现力的德语"中,成语是一个重要的组成部分。德语成语简洁凝练,是德意志民族在长期的社会生活实践中锤炼出来的语言珍品。语言学家卢茨·吕利希指出,每一个德语成语都有其历史文化渊源;它们或者来源于古代神话和宗教典籍,或者来源于文学作品和民间谣谚,或者直接来源于往昔的社会生活。② 因此,要辨析成语的含义,就不能不考察"文化背景"。

在马克思恩格斯著作中,有一些成语是各民族通过文化交流而共同占有的语言财富。这些成语当然可以直接译成汉语。例如"Auge um Auge, Zahn um Zahn"这一成语,源于圣经《旧约全书·申命记》;它已经为汉语所吸收,所以我们可以直接将它译成"以眼还眼,以牙还牙"。还有一些德语成语,在内容和形式方面与汉语成语基本吻合,我们也可以采用直接翻译的方式。例如在《全集》中,我们把"die Zaehne zusammenbeissen"译作"咬紧牙关",把"jmdm straeuben sich die Haare"译作"毛骨悚然",这些译法都是确当的。

但是,这类互相对应的成语为数甚少。在多数情况下,我们只能通过对"文化背景"的考察,来把握德语成语的特定内涵,而这就涉及如何辨析成语中的单词含义的问题。

成语是以定型词组和短句的形式出现的。成语中的各个单词不可分割地联系在一起,共同构成一个新的、统一的语义单位。从这个意义上

---

① 参看《马克思恩格斯全集》第 1 版第 21 卷第 267 页。
② Lutz Roehrich:《Lexikon der sprichwoertlichen Redensarten Einleitung》,Freiburg 1973.

来说，成语中的单词已经具有特殊的性质。我们不能孤立地考察这些单词的内涵，然后逐一拟定译语，因为这样做不可能表达成语的含义。例如在翻译"刻舟求剑"这个汉语成语时，我们只能根据其整体含义将它译成"ungeachtet der veraenderten Gegebenheiten mechanisch handeln"，而不能把它直接译成"nach der Kerbe an der Schiffsseite das Schwert suchen"。后一种译法看来十分忠实，但德国读者肯定无法理解，而这样一来，翻译也就失去了它的意义。

在《全集》中，我们有时也遇到这一类情况。例如在《答"邻"报的告密》一文的开头，马克思这样写道：

"Es waere wider alle Ordnung gewesen, wenn die 'gute' Presse jetzt nicht von allen Seiten her ihre Rittersporen an uns zu verdienen suchte."（MEGA. Bd. I/1, S. 334）

原译文是："如果德国各地的'**好**'报刊不想在目前反对我们的进军中获得骑士的踢马刺的赏赐，那简直难以令人相信。"（《全集》第1卷第195页）

马克思文中提到的"好"报刊，是指19世纪40年代在德国出版的一些效忠于普鲁士当局的报刊。在普鲁士书报检查机关下令查禁具有进步倾向的《莱比锡总汇报》以后，《莱茵报》当即发表评论，抨击当局的做法。于是，那些所谓"好"报刊便对《莱茵报》大张挞伐。马克思认为，在这样的时刻，各种"好"报刊力图通过攻击《莱茵报》来表明对政府的忠诚，这是十分自然的事情。

原文中的"Rittensporen verdienen"是一个成语，它源于中世纪的骑士生活。按照当时的规定，贵族青年在晋升为骑士时，骑士首领必须举行隆重的晋封仪式，把骑士标志授给晋升者。这种标志就是用黄金制成的靴刺。在此后的战斗中，新的骑士必须身先士卒，以勇敢的行动证明自己完全有资格获得金质靴刺。这就是"Rittersporen verdienen"一语的由来。后来，这种说法演变成了习用的成语，意为"崭露头角"，"一显身手"，"以才能和实绩证明自己有资格获得某种地位"。① 席勒在他的名著《唐·卡洛斯》中就使用过这一成语（"Ich habe den schnellen Einfall, nach Brabant zu gehen, um——bloss meine Sporen zu verdienen."）根据这个成语的含义和马克思文章的全部内容，我们认为前面所引的《答"邻"报的告密》一文开头那句话的意思是："如果'好'报刊不想在目前对我们的围攻中显露身手，那就简直违反常理了。"原译者将"Rittersporen verdienen"译作"获得骑士的踢马刺的赏赐"，这样译可能会使读者感到有些费解。我想，原译的问题就在于忽视了单词在成语中具有的特殊性质和成语在一定的"文化背景"下获得的新的语义。

三、在确定译名时，注意查考同词语密切相关的社会生活实况。

词语总是反映一定的"文化圈"中的社会生活。在德汉两种语言中，有些词语看起来属于同一范畴，具有相同的含义，实际上却体现着两种迥然不同的文化，在内涵方面互不相关；如果将这类词语在两种语言中互译，就会混淆两种异质文化的界限，使读者产生误解。美国语言学家约翰·丁·迪尼认为，要解决这类问题，"最好的办法是致力于比较全面地了解整个对象国的文化"，也就是要注意考察同词语密切相关的社会生活实况。② 我认为这个意见是正确的。

从《全集》的译文来看，从事翻译工作的前辈同志在这方面已经

---

① 参看 Lutz Roehrich:《Lexikon der sprichwoertlichen Redensarten Einleitung》, Freiburg 1973。

② ［美］约翰·丁·迪尼:《熟悉两种文化与翻译》，载于1989年《中国翻译》第5期。

做了大量的工作。他们遵守严格的规定，进行认真的研究，在数十年的辛勤劳动中积累了十分宝贵的丰富的经验。当然，"了解整个对象国的文化"，是"一项需要付出毕生精力的任务"，① 而人们对客观事物的认识又需要经历一个艰苦探索的过程，因此，在《全集》的译文中，也还有一些问题需要我们在校订的过程中加以解决。

例如，在马克思写的《〈科伦日报〉的告密和〈莱茵—摩泽尔日报〉的论争》一文的译文中，有这样一句话：

"今天从该报'中庸'栏里跳出的固然不是两头狮子，然而却是一张狮皮和一件狮子的袈裟。"（《全集》第1卷第201页）

原文是："Aus den 'maessigen' Spalten des Blattes springen heute zwar nicht zwei Loewen, wohl aber ein Loewenfell und eine Loewenkutte heraus."（MEGA. Bd. I/1, S. 341）

马克思这句话讽刺的对象是为《莱茵—摩泽尔日报》撰稿的两位作者。其中一位作者在攻击《莱茵报》时气势汹汹，实际上却十分卑怯。因此，马克思借用了"der Esel im Loewenfell"这一成语中的词语，以轻蔑的口吻称他是"ein Loewenfell"（"一张狮皮"）。另一个作者也是一个装怯作勇的人；与前一个作者不同的是，他的文章带有浓厚的基督教色彩。于是，马克思以他那特有的幽默和机智更动了成语中的"Loewenfell"一词，把这位色厉内荏的基督教卫道士称作"Loewenkutte"。

"Kutte"（在中世纪也写作"Kotte"）是基督教修士和修女穿的修

---

① ［美］约翰·丁·迪尼：《熟悉两种文化与翻译》，载于1989年《中国翻译》第5期。

道服。这种修道服通常是黑色、棕色或蓝色的长袍，配有腰带和兜帽。马克思在这里使用"Kutte"一词，不仅在语义方面十分准确，而且在色彩方面非常鲜明。因为第一，"Kutte"是基督教修道者的标识，在德语诗文中，这个词甚至已经成为修道者的代名词（歌德："Hafis auch und Ulrich Hutten mussten ganz bestimmt sich ruesten gegen braun und blaue Kutten"），而马克思所要抨击的正是天主教政治势力的喉舌《莱茵—摩泽尔日报》及其撰稿人；第二，"Kutte"一词在德国社会生活中往往在引申意义上使用，它象征着教会人士的愚昧、狭隘和专横（吕克尔特："Oftmals haben wir geschwaermt gegen Zwang und Kutte."），而这正是马克思的论敌在攻击《莱茵报》时所表现的基本特征。

"Kutte"一词在《全集》中被译为"袈裟"，我觉得这个译名值得商榷。"袈裟"一词是梵文"kasaya"的音译，它指的是"佛教僧尼穿的一种暗红色或红中带黄的法衣"（见《汉语外来词词典》）。无论就颜色还是就式样来说，"袈裟"和"修道服"都没有共同之处。更重要的是，这两种服装标志着两种不同的宗教文化。德国汉学家在翻译中国佛教文献时，往往用音译的方式将"袈裟"译作"Kasaya"，有时也用意译的方式将这个词译为"die buddhistische Moenchskutte"。他们不直接将"袈裟"译作"Kutte"，是为了避免混淆两种宗教文化的界限。

因此，我认为不宜将马克思笔下的"Kutte"一词译为"袈裟"。这个译名不能反映原文的逻辑思路和修辞风格，容易使读者产生误解。

在马克思恩格斯的著作中，这一类明显地反映欧洲文化特征的词语数量很多，它们涉及社会生活的各个方面，包括服饰、饮食、器物、建筑、机构、组织、制度乃至学术和理论等等。在翻译这类词语时，我们大都使用现成的汉语词语，而不可能经常去创造"新词"，也不可能总是采用音译的方式。现成的汉语词语是在中国的社会生活环境中产生的，因此我想，在选定这类词语的译名时，对原文词语和汉语译名的社会生活背景都应当加以查考，并根据查考的结果进行比较，这样做有利于保证译文的质量。

四、注意了解原文涉及的学科概况，查阅原文征引的文献资料。

马克思恩格斯著作中的许多词语直接或间接地来源于各种学科和文献。学科知识和文献资料是词语"文化背景"的组成部分。对于我们来说，这一组成部分同纷繁复杂的社会生活现象相比，显得比较切近、具体。

马克思恩格斯著作的内容涉及19世纪社会科学和自然科学领域中的几乎所有的学科。我们不可能对这些学科一一进行深入的研究，但在翻译和校订工作中，我们有必要扼要地了解原文所涉及的各科学科的概况，特别是弄清有关名词术语的历史、渊源和演变过程，这样才能保持译语的科学性。

例如，马克思在《摩泽尔记者的辩护》一文中曾提到"Staatsoekonom"一词（MEGA. Bd. I/1, S. 297）。这个词在俄文版中被译为"экономист"，在英文版中被译为"economist"，在中文版中被译为"经济学家"（《全集》第1卷第211页）。这些译名看上去仅仅译出了"基词"（Oekonom），忽略了"限词"（Staat），因而似乎没有完整地表达原文中的合成词的全部内涵。但是，只要查考一下德国经济学科中的"Staatsoekonom"一词的源流，我们就会发现，俄文本、英文本和中文本的译法是正确的。

"Oekonom"是在17世纪进入德语的外来词，它是由拉丁语"oeconomus"一词演化而来的，而后者又源于希腊语中的"oiko-nomos"一词。"oikos"在希腊语中意为"Haus"、"Haushaltung"，即"家庭"、

"家政"。因此,德语外来词"Oekonom"的最初含义是"Haushalter"(管家)、"Gutsverwalter"(田庄管理者)、"Landwirt"(农民、农场主)。近代经济学科诞生以后,人们借用"Oekonom"一词来指"经济学家"(Wirtschaftswissenschaftler)。经济学是研究国民经济各方面问题的学科的总称。为了使人清楚地了解"Oekonom"在学科领域的特定内涵,人们有时习惯于在它前面加上"Staats-"这样的"限词",以便同它的原意相区别。这就是"Staatsoekonom"一词的由来。在现代英语、俄语和汉语中,"economist"、"экономист"和"经济学家"这些译名已经表达了"Staatsoekonom"一词的全部含义,因此,这篇文章的译者认为不需要在译名前面冠以"国家"一类字样。这种看法是有根据的。至于上述译法是不是最合理的方案;为了客观地反映"经济学"这一概念的表述方式在马克思恩格斯著作中的历史演变过程,是否可以考虑将"Staats-"这一"限词"如实地翻译出来;同"Staats-"具有相似性质的其他"限词",如"National-"、"Volks-"、"Polit-"等等,在译校过程中应当怎样处理为宜——对于这些问题,我们还需要进行深入系统的研究。不过,无论最终的方案如何确定,我们都必须从考察经济学术思想史入手,因为只有这样,我们所选定的译名才有充分的、确凿的科学依据。

这里再谈谈有关查阅文献的问题。马克思和恩格斯在写作过程中征引的文献之多,是十分惊人的。在他们的著作、笔记和书信中,有大量的词语源于各种文献。不管这类词语是直接出现在引文之中,还是间接地从文献中引申而来,它们同马克思恩格斯著作的内容都有密切的关系。因此,对这类词语的含义也应当仔细地加以辨析;而这就要求我们尽可能地查阅马克思和恩格斯所引用的各种文献资料,以便根据原文的语境,对词义作出正确的判断。事实证明,如果我们对原始文献资料的背景和内容缺乏了解，就无法把握某些关键词语的确切含义，因而也就难以理解马克思恩格斯的思路和观点。

例如，马克思在《〈科伦日报〉的告密和〈莱茵—摩泽尔日报〉的论争》一文结尾引用了莱辛著作中的一段话，作为给《莱茵—摩泽尔日报》的"赠言"：

"Und sonach meine ritterliche Absage nur kurz. Schreiben Sie, Herr Pastor, und lassen Sie schrciben, so viel das Zeug halten will; ich schreibe auch. Wenn ich Ihnen in dem geringsten Ding Recht lasse, wo Sie nicht Recht haben; dann kann ich die Feder nicht mehr ruehren."（MEGA. Bd. I/1, S. 346）

中译文是："这就是我的侠义的简短回答。写吧，牧师先生，也鼓舞别人写吧，随便你写多少都行。我也要动笔写。如果我放过你的即使是一点小错误而不加反对，那就是说，我已无力再挥动笔杆了。"（《全集》第1卷第207页）

在这段译文中，有几个译名可能需要重新斟酌，而其中最关键的问题是怎样理解"Absage"一词的含义。这个词在《全集》中被译为"回答"。可是，我们所见到的各种辞书都没有标明这一义项。据现代德语词典介绍，"Absage"的基本含义是"Ablehnung"（回绝、拒绝）、"Ruecknahme"（撤回、取消）；《Grimms Deutsches Woerterbuch》指出，这个词还有一个含义，那就是"die Aufkuendigung der Freundschaft und Ankuendigung der Feindschaft mit jmdm"（宣布与某人决裂并同他进行针锋相对的斗争）。我们到底应当根据哪一个义项来考虑"Absage"一词的译法呢？

我想，在这种情况下，我们只有去查阅莱辛著作的原文，才能对这个词的含义作出判断；而只有作出正确的判断，才能理解马克思援引那段话的意图。

MEGA 版编者在注释中指出，那段话引自莱辛的一篇文章。其标题是《Eine Parabel. Nebst einer kleinen Bitte, und einem eventualen Absagungsschreiben an den Herrn Pastor Goeze in Hamburg》(《箴言。附一个小小的请求和一份准备向汉堡牧师哥采发出的挑战书》)。根据这个线索，我们查阅了《莱辛文集》(《G. E. Lessing：Gesammelte Werke》, Aufbau Verlag, Berlin 1956)，发现那篇文章写于 1778 年 1—2 月，收编在文集第 8 卷。读了文章的正文和题注，我们弄清了有关的背景情况：1777 年 12 月，汉堡牧师哥采在一家杂志上发表文章，声称莱辛为宣传启蒙思想而写的作品是"散布毒素的货色"。1778 年 1 月，莱辛写了《箴言》(《Parabel》) 和《请求》(《Die Bitte》) 这两篇较为温和的文章，作为对哥采的答复。事后，哥采又在一篇书评中攻击莱辛，说他蛊惑人心，制造混乱，"公然与世人所公认的基督教信条和教义背道而驰"。在忍无可忍的情况下，莱辛写了《挑战书》(《Das Absagungsschreiben》)，并将上述三篇文章合在一起，加上了一个总的题目。在此后的岁月里，莱辛不断与哥采论战，写了一系列文章。他把这些文章称作《反哥采论》(《Anti-Goeze》)。①

在《挑战书》中，莱辛列举和批驳了哥采的荒谬论点；在文章的最后一节，莱辛正式宣布向哥采挑战。马克思摘引的就是这一节的全文。从原文的内容和背景来看，"Absage"一词的含义是"挑战宣言"或"挑战声明"，这同《Grimms Deutsches Woerterbuch》所提供的释义完全相符。莱辛在后来撰写的《反哥采论》中，把《挑战书》里的这一节文字称作"Erklaerung des Kampfes"，这也为我们确定"Absage"

---

① 《G. E. Lessing：Gesammelte Werke》, Aufbau-Verlag, Berlin 1956, Bd. 8, S. 202 – 253、337 – 406.

一词的译法提供了佐证。

莱辛的声明表现了一个启蒙思想家同基督教卫道士彻底决裂、战斗到底的决心和气概。马克思援引这一节文字,是为了表明自己不可动摇的坚定立场和斗争精神。他所抨击的对象,正是教会政治势力的喉舌;他所面对的论敌,也正是一批在新的形势下顽固维护基督教教义的哥采式的人物。理解这一点,对于我们校订整节文字和整篇文章都有重要的意义。

以上是我就审视词语"文化背景"的问题提出的几点初步意见。

通过考察"文化背景"来辨析词语含义,这是一个相当复杂的课题;但对于《全集》的校订工作来说,研究这个课题是必要的。多年来,前辈同志在这方面坚持不懈地进行探索,他们的实践经验启发我围绕这个问题去学习,去思考。为了搞好校订工作,我希望进一步通过相互切磋和讨论,把上述课题的研究深入下去。这也是我根据自己的初步体会撰写这篇文章的原因和目的。

1990 年 9 月

有关经济危机各阶段译名的几点意见(一)*

林 放

一、关于崩溃和破产的译法

马克思和恩格斯在阐述经济理论时,经常使用德文 Krach 和英文 crash(相应的俄文是 Kpax)。它们既有崩溃又有破产的意思。在《马克思恩格斯全集》中,在许多场合,上述名词被用来表示资本主义经济危机这个概念,通常译为崩溃。

关于危机这个周期阶段。马克思和恩格斯用了好几个名词来表达。如危机(Krisis、Crisis、Кризис)、崩溃(Krach、Crash、Kpax)和恐慌(Panik、Panic、Паник),说法不同。概念是一样的。例如:

1. 1847 年的危机在贸易和金融方面要比在工业方面更为严重。①

2. 1847 年金的流出是在 4 月停止的,崩溃却在 10 月才发生。……那时,金的流出在引起了一个比较轻微的先兆危机以后,已于 4 月停止,然后到 10 月才爆发真正的商业危机。②

---

* 本文选自《马克思恩格斯研究》1990 年总第 4 辑。
① 《马克思恩格斯全集》第 1 版第 8 卷第 420 页。
② 《马克思恩格斯全集》第 1 版第 25 卷第 644 页。

3. 1847年……的恐慌比以往任何一次都更严重,更富于破坏性。①

上述三例引自不同文章,但讲的都是1847年的经济危机。危机、崩溃和恐慌不同,表达的却是同样的意思。于光远主编的《马克思、恩格斯、列宁、斯大林论资本主义经济危机》中的名目索引,列有"危机(崩溃、恐慌)"条目,也表明了这样的理解。然而,在《马克思恩格斯全集》中,有时在应译为危机和崩溃的地方,译成破产,则是不妥的。因为就中文而言,危机、崩溃和破产不是一个意思。例如:

4. 的确,在1866年的破产(Crisis)之后,1873年左右有一次微弱而短暂的复苏,但这次复苏并没有延续下去。的确,完全的危机(Crisis)并没有在它应当到来的时候即1877年或1878年发生,但是从1876年起,一切重要的工业部门都处于经常停滞的状态。既没有完全的破产(Crash),也没有人们所盼望的、在破产(Crash)以前和破产(Crash)以后惯常被人指望的工业繁荣时期。②

5. 生产的进程……经过一个长久的经常停滞时期,就是短短的繁荣年份,这种繁荣年份总是以热病似的生产过剩和最后再度破产(Collapse)而结束。③

上述两例选自恩格斯《〈英国工人阶级状况〉1892年英国版序言》。第一例谈的是1866年和该年以后的经济危机,第二例谈的是1852年的经济危机。原文是英文,分别为Crisis、Crash和Collapse,《马克思恩格斯全集》德文版为:Crisis、Krach和Zusammenbruch,俄译文为:

---

① 《马克思恩格斯全集》第1版第12卷575页。
② 《马克思恩格斯全集》第1版第22卷第321页。另见《英国工人阶级状况》,1980年莫斯科英文版第34页。
③ 《马克思恩格斯全集》第1版第22卷第317页。另见《英国工人阶级状况》,1980年莫斯科英文版第30页。

Кризис 和 Крах。英、德、俄文是对应词，意思无可挑剔。此处中译文应为：危机和崩溃。而译者却把上述五处译为破产，不知有何根据？

恩格斯对经济危机作了最有代表性的论述。他说，危机爆发后，"商业停顿，市场盈溢，产品滞销，银根奇紧，信用停止，工厂关门，工人群众因他们生产的生活资料过多而缺乏生活资料，破产相继发生，拍卖纷至沓来"。① 根据上边的描述，显然危机是资本主义经济周期阶段（危机、停滞、复苏和繁荣）之一，属于宏观经济领域现象。破产则是危机阶段某些企业和部门所发生的事情，应属于微观经济领域现象。二者虽有内在联系，但存在本质的区别，概念上是不同的。

马克思和恩格斯关于危机和破产两个概念的用词，也是有严格区别的。他们常用 Bankrott，有时也用 Ruin 来表示破产这一概念，例如：

6. 这次破产不论就其数量和资本总额来说，在英国商业史上都是空前的，大大超过了1825年危机时期的破产。②

7. ……在危机期间这种集中是通过许多大资本家和更多的小资本家的破产实现的。③

前一句中的破产，德文是 Bankrott（俄文为 Банкротство），指的是危机期间利物浦和曼彻斯特等地从事有价证券、期票和股票交易方面的经纪人，航运、茶叶和棉纺织品交易方面的经纪人，毛棉织品厂等大老板大批破产。后一句中的破产，德文是 Ruin（俄译文为 Разорсние），指的是在经济危机期间，大鱼吃小鱼，许多资本家无力偿还债务而遭到破产。显然，不能把危机、崩溃和破产等同起来，在应译为危机和崩溃

---

① 《马克思恩格斯全集》第1版第19卷第237页。
② 《马克思恩格斯全集》第1版第7卷第498页。
③ 《马克思恩格斯全集》第1版第19卷第237页。

的地方译成破产，是错误的。反之，如果把应译为破产的地方译成危机或崩溃，也同样是错误的。

二、关于中间危机、普遍危机和总危机的译法

马克思和恩格斯在经济学著作中经常谈到中间危机（Zwischenkrise）。他们强调，必须注意中间危机，并认为这种危机有些是比较带地方性的，而有些是比较带特殊性的，有时只局限于一个部门（如纯粹证券投机事业等），所以它又称局部危机（Partielle Krise）。这种危机只是分散地、孤立地和片面地表现出来，较之普遍危机规模小，因而破坏性也小，所以又称小危机，小波动，中间的波动，有规则的中间环节等。这种小危机往往是普遍危机的先兆，如果一天天汇合起来，便逐渐形成一连串定期重演的普遍危机。Zwischenkrise 现有中间危机和中间性危机①两种译法；Partielle Krise 现有局部的危机和局部性的危机②两种译法。它们可理解为同一概念的不同译法，当然，如有可能，以统一译法为好；也可看作不完全相同的两个概念：一个是中间危机，另一个则是具有中间性质的危机；一个是局部危机，另一个则是具有局部性质的危机。如作此理解（而这是完全允许的）。那就同原文的含义完全相悖了。因此，根据同一名词尽量采用同一译法的原则，这里的"性"字是否去掉为好。这样用词既得到了统一，也不会产生歧义。

---

① 《马克思恩格斯全集》第 1 版第 35 卷第 259 页。另见尤·瓦尔加：《世界经济危机》世界知识出版社版第 12 页。

② 《马克思恩格斯全集》第 1 版第 26 卷 II 第 610 页和《马克思恩格斯全集》第 1 版第 33 卷第 609 页。

普遍危机德文多数用的是 allgemeine Krise，有时也有 universelle Krise。马克思说："危机（因而，生产过剩也是一样）只要包括了主要交易品，就会成为普遍性的"①。1825年以来，大工业就开始具有普遍性。资产阶级生产的一切矛盾，在普遍世界市场危机中集中地暴露出来。这种普遍性表现在两方面：首先，从一个国家内部来看，经济危机往往从一个部门开始后，迅速波及其他经济部门；其次，从资本主义各国来看，经济危机往往在一个国家发生后，迅速扩展到其他资本主义国家，成为世界性的经济危机。上述危机，马克思和恩格斯称之为普遍危机。但是在《马克思恩格斯全集》中，有几处把应译为普遍危机的地方，却译成总危机。例如：

1. 在1825年——第一次**总危机**时期……②
2. 这种局部性危机往往是周期性**总危机**的先兆。③
3. 真正值得注意的现象是，**总危机**周期的时间在缩短。④

上述三句中的总危机，德文分别为：univeselle Krise 和 allgemeine Krise，俄文均译 Всеобщий Кризис，是普遍危机的意思。第一例说明，第一次普遍危机是从1825年开始爆发的，第三例说明，普遍危机的周期正在缩短。第二例指的是1873年的经济危机，这是一次范围广、程度深、破坏性大的普遍危机，德国、奥国和美国以及其他国家都受到了侵袭。所以，这三处的总危机的译法，都应更正过来。

---

① 《马克思恩格斯全集》第1版第26卷Ⅱ第577页。
② 《马克思恩格斯全集》第1版第27卷第480页。
③ 《马克思恩格斯全集》第1版第33卷第609页。
④ 《马克思恩格斯全集》第1版第34卷第139页。

据查,"世界资本主义总危机"是由布哈林1922年11月在共产国际第四次代表大会上首次提出来的。他认为,第一次世界大战导致新的历史时期的开始,这时世界经济的资本主义生产关系开始解体,它对生产力空前的破坏,促使资本主义世界经济的总危机爆发。① 按照斯大林的说法,"资本主义总危机""是在第一次世界大战时期,特别是苏联脱离资本主义体系之后开始的","世界资本主义体系的总危机,是既包括经济、也包括政治的全面危机"。② 这里的总危机俄文用的是Общий Кризис,而前面所说的普遍危机俄文用的是Всеобщий Кризис,二者作了严格区别:前者是布哈林和斯大林对垄断资本主义时期经济危机的用语;后者是马克思和恩格斯对资本主义时期经济危机的概括。

allgemeine是多义词,既有"普遍"也有"总的"意思。所以,德译者遇到斯大林说的"世界市场的瓦解所造成的世界资本主义体系**总危机**的加深就表现在这里"③和"和上次危机不同,目前的危机不是**普遍的危机**"④这两句话时,都译成allgemeine Krise。而中译文"普遍的"和"总的"是单义词;意思不一样,翻译时只能对号入座。既然,中译文里马克思和恩格斯用的allgemeine Krise,已习译为普遍危机,那么就无须再保留"总危机"的译法。否则,就会被人们误认为,马克思和恩格斯曾提出过中间危机、普遍危机和总危机这三种说法。于光远主编的《马克思、恩格斯、列宁和斯大林论资本主义经济危机》一书中,就把"总危机"和"资本主义总危机"都列为条目,在前一条目中。

---

① 《国际共运史研究》人民出版社版第7辑第169页。
② 斯大林:《苏联社会主义经济问题》,1973年人民出版社版,第44—45页。
③ 《斯大林选集》(下),1979年人民出版社版,第562页。
④ 《斯大林文选》,1962年人民出版社版,第210页。

引用的是马克思和恩格斯的论述;在后一条目中,引用的是斯大林的文句。这里给读者的印象是,斯大林所提出的"总危机"是沿用了马克思和恩格斯的提法。这当然是一种误会。但不能不认为,翻译上的处理不当也许是促成这种误解的重要原因之一。

有关经济危机各阶段译名的几点意见（二）
——关于萧条、衰退、衰落等词的译法*

林 放

一、关于萧条、停滞、松弛和不振等词的译法

危机之后，"忧郁时期"开始了。经济学界通常认为，这个时期的特点是工业生产处于停滞状态，商业萎缩，物价下跌，游资充斥。马克思和恩格斯把这个阶段称为萧条或停滞时期，有时还称为不振、消沉、沉寂、松弛等时期。例如：

1. 现在我们这里的竞争对工商业的影响，表现为工业各部门的普遍的长期萧条（Depression）……表现为某种停滞（Stockung）……①

2. 工业的生命按照中常活跃、繁荣、生产过剩、危机、停滞（Stagnation）这几个时期的顺序而不断地转换。②

3. 周期性的循环……要经过消沉（Stille）、逐渐活跃、繁荣、生产过剩、危机和停滞（Stagnation）等阶段。③

---

* 本文选自《马克思恩格斯研究》1991年总第5辑。
① 《马克思恩格斯全集》第1版第2卷第604页。
② 《马克思恩格斯全集》第1版第23卷第497页。
③ 《马克思恩格斯全集》第1版第16卷第162页。

4. 如果中间阶段延长，以致新商品从生产领域出来时，市场还是被旧商品占据着，那么就会产生停滞（Stauung）……①

5. 如果我们考察一下现代工业在其中运动的周转周期，——沉寂（Ruhe）状态、逐渐活跃、繁荣、生产过剩、崩溃、停滞、沉寂（Ruhe）状态等等……②

6. 在周期性的危机中，营业要依次通过松弛（Abspannung）、中等活跃、急剧上升和危机这几个时期。③

7. 从1815年到1863年的48年间，只有20年是复苏和繁荣时期，却有28年是不振（Druck）和停滞（stagnation）时期。④

从以上7例中可以看出，Depression、Stagnation、Stockung、Stauung、Stille、Ruhe、Abspannung和Druck等，或是同义词，或是近义词，意思或者完全相同，或者大同小异。马克思和恩格斯使用这许多词来表达"忧郁时期"，体现了用词的丰富性。Depression 习译萧条，Stagnation、Stockung、stauung都有停滞之意，俄译文用的都是 застой，译停滞是正确的。但缺点是没有译出三个词的细微差别，是否可考虑分别译为"停滞"、"停顿"、"阻滞"？Ruhe和Stille分别译沉寂和消沉，是恰当的。Abspannung现译松弛，Druck现译不振，二者都不像经济学用语，不如分别译疲软和紧缩，这种译法在经济学著作中都出现过，意思也贴切。

上述概念的译法确定以后，再来研究《马克思恩格斯全集》中的其他一些例句，就会发现有些译法混乱。例如：

---

① 《马克思恩格斯全集》第1版第26卷Ⅲ第311页。
② 《马克思恩格斯全集》第1版第25卷第404页。
③ 《马克思恩格斯全集》第1版第24卷第207页。
④ 《马克思恩格斯全集》第1版第23卷第502页。

8. 英国、北方各国和美国的危机，在法国**从没有直接**引起"法国的危机"，而只是发生**间接的**影响——慢性的灾难、生产的限制、商业的萧条（stagnation）以及普遍的不安。①

9. 不断重复出现周期——工商业繁荣、生产过剩、危机、恐慌、经常的萧条（stauung）逐渐复苏……②

10. 每隔十年，生产的进程就被普遍的商业危机强制地打断一次，随后，经过一个长久的经常停滞（Abspannung）时期，就是短短的繁荣年份。③

11. 在英国、在法国、在美国，经常萧条（Druck）继续笼罩着一切关键性的工业部门。④

12. 当1842年初萧条（Stockung）变为真正的商业危机……⑤

13. 生产一定要经过繁荣、衰退（Depression）、危机、停滞（Stockung）、新的繁荣等等周而复始的更替。⑥

上述例句中原文是同一个词，却有不同的译法：Stagnation 译为停滞和萧条（见例2和8）、Stauung 译为停滞和萧条（见例4和9）、Abspannung 译为松弛和停滞（见例6和10），Druck 译不振和萧条（见例7和11），Stockung 译停滞和萧条（见例1、13和12），Dpression 译萧条和衰退（见例1和13）等。我认为，理论著作的翻译应尽量坚持"同一个术语采用同一个译法"的原则。Stagnation、Stockung、Stauung 译停

---

① 《马克思恩格斯全集》第1版第29卷第229页。
② 《马克思恩格斯全集》第1版第21卷第416页。
③ 《马克思恩格斯全集》第1版第21卷第224页。
④ 《马克思恩格斯全集》第1版第36卷第367页。
⑤ 《马克思恩格斯全集》第1版第4卷第565页。
⑥ 《马克思恩格斯全集》第1版第4卷第109页。

滞，而不译萧条，Abspannung 译松弛（似应改译疲软）而不译停滞，Druck 译不振（似应改译紧缩）而不译萧条，Depression 译萧条而不译衰退。这样处理就能显示出译者的严谨的译风。

二、关于衰退的译法

上述中译名绝大多数只不过有待统一译法，只有 Depression 译衰退，值得商榷。在 50 年代，苏联《政治经济学教科书》影响很大，关于经济危机周期人们只知道："危机、萧条、复苏和高涨"这四个阶段。当时，翻译《马克思恩格斯全集》主要依据的是俄译文，第 13 例中的 Depression，俄译文就用的是 Упадок（衰退）。在这种情况下，Depression 译衰退，就毫不奇怪了。

起初，笔者也认为第 13 例中的 Depression，不应译萧条，因为看到这个例句就自然而然地联想到危机、萧条、复苏和高涨这四个阶段，萧条应发生在危机之后，如将 Depression 译为萧条，出现在危机之前，岂不打乱了应有的次序？后来，经过悉心研究才弄清，只有译萧条才较为合适。试举例加以说明。

14. 商业在一定的、永远周而复始地循环着的时间内，经历着包括有繁荣、生产过剩、停滞（Stagnation）、危机等阶段的周期。①

15. 常常需要引证六、七年来的平均数字，也就是说，需要引证在现代工业经过各个阶段（繁荣、生产过剩、停滞（Stagnation）、危机）……的一些平均数字。②

---

① 《马克思恩格斯全集》第 1 版第 4 卷第 295 页。
② 《马克思恩格斯全集》第 1 版第 4 卷第 450 页。

16. 这就是说，工业接连地经过繁荣、生产过剩、停滞（Stagnation）、危机诸阶段而形成一种反复循环的周期……①

17. 工业的生命按照中常活跃、繁荣、生产过剩、危机、停滞（Stagnation）这几个时期的顺序而不断地转换。②

18. 现代工业特有的生活过程，由中等活跃、生产高度繁忙、危机和停滞（Stagnation）这几个时期构成的、穿插着较小波动的十年一次的周期形式……③

上述 5 例的共同点，就是停滞的原文都是 Stagnation、不同点就是前 3 例中的停滞在危机之前，后 2 例的停滞在危机之后。根据本文开头的分析，Stagnation 和 Depression 的意思是一样的，前者完全可以用后者来替换。可见，Depression 在危机之前出现时，不必让它隐姓埋名，以"衰退"面目亮相，照实译为萧条是完全恰当的。

"危机、萧条、复苏、高涨"是政治经济学教科书中关于经济周期阶段的提法，而《马克思恩格斯全集》中关于经济周期，不同时期有不同的说法。上边列举的第 12—16 例是马克思和恩格斯论述早期经济周期阶段时说的，当时危机每 5 年到 7 年发生一次。这是他们根据 1825—1842 年的经济情况得出来的，它的表现形式不同于"危机、萧条、复苏、高涨"这一周期顺序，这从以下的一些例证也可看出来。

19. 1836 年，大繁荣。1837 年和 1838 年，不振状态（gedrueckter Zustand）和危机。1839 年，复苏。1840 年严重萧条（Depression）……1841

---

① 《马克思恩格斯全集》第 1 版第 4 卷第 455—456 页。
② 《马克思恩格斯全集》第 1 版第 23 卷第 497 页。
③ 《马克思恩格斯全集》第 1 版第 23 卷第 694 页。

年和1842年，工厂工人遭到可怕的贫困。……1844年复苏。1845年大繁荣。①

20. 工业过度生产所直接引起的1838—1842年这个空前的停滞（Stagnation）时期。②

21. 1842年初萧条（Stockung）变为真正的商业危机。③

22. 他指望爆发一次新的**大危机**，我认为这为时过早；像1842年的那种**中间危机**是可能出现的。④

从上述几例不难发现1837年英国的工业危机，虽在1839年偶尔有某些好转，但是生产过剩的疾病并未消除，因此英国的经济直到1843年，仍处于萧条状态。这从第19和20例均可看出来。1841—1842年期间生产、出口和价格严重下降，破产和失业增多，通常称为1841—1842年中间危机。恩格斯在这里说（见第20—22例）1838—1841年的萧条，到1842年初变成商业危机，并明确说它是中间危机。从这里可看出，当时5年或7年一次的中间危机，是经萧条或停滞阶段而转入危机阶段的。它的发展进程是"萧条（或停滞）>危机（中间危机）"。可见，Depression等词放在Krise（危机）之前，正是马克思和恩格斯对当时经济变化的真实叙述。所以，这个时期的Depression和Stagnation，译为萧条和停滞都是正确的。

后来马克思又在《资本论》第23章中说："1842—1868年的工业历史表明，这种周期实际上是10年，中间的波动只具有次要的性质"。

---

① 《马克思恩格斯全集》第1版第23卷第498页。
② 《马克思恩格斯全集》第1版第8卷第420页。
③ 《马克思恩格斯全集》第1版第4卷第565页。
④ 《马克思恩格斯全集》第1版第35卷第116页。

上边所引的第 2、3、5、6、9、10、16 和 17 例句，正是对这个时期经济周期的论述。他们对经济周期的概括尽管繁简不同，但本质上是四个阶段。这就是经济学著作中经常引用的经济周期的典型表现——"危机、萧条、复苏、高涨"。此外就萧条和危机的关系来看，是由危机转入萧条。其发展进程是："危机＞萧条（或停滞）"。

1884 年以后，恩格斯根据观察又得出如下新的结论：1868 年以来，10 年爆发一次危机的情况改变了，长期的萧条和轻微的波动已变成当时经济情况的常态。例如：

23. 1825 年至 1867 年每 10 年反复一次的停滞（Stagnation）、繁荣、生产过剩和危机的周期，看来确实已经结束，但这只是使我们陷入无止境的经常萧条（Depression）的绝望泥潭。①

24. 的确，在 1866 年的破产（应为崩溃，下同。——笔者）之后，1873 年左右有一次微弱而短暂的复苏，但这次复苏并没有延续下去。的确，完全的危机并没有在它应该到来的时候即 1877 年或 1878 年发生，但是从 1876 年起，一切重要的工业部门都处于经常停滞（Stagnation）的状态。既没有完全的破产，也没有人们所盼望的、在破产以前和破产以后惯常被人指望的工业繁荣时期。死气沉沉的萧条（Druck），所有部门的所有市场上都出现的经常的过饱和现象——这就是我们在其中生活了将近十年的状况。②

恩格斯的新看法的依据是：引起这种变化的主要原因是英国一国垄断工业品世界市场的地位被法国和德国特别是美国所打破，经济周期又产生了新的平衡形式。所以他说："危机前的普遍繁荣时期一直没有到

---

① 《马克思恩格斯全集》第 1 版第 23 卷第 36—37 页。
② 《马克思恩格斯全集》第 1 版第 21 卷第 229 页。

来。如果它永远不再出现，则经常的停滞（Stagnation）加一些轻微的波动将成为现代工业的常态"。① 这里所说的"经常的停滞加一些轻微的波动"与"1842年初由萧条变为中间危机"相似，但其波动（中间危机）的规模之大，远非昔日可比，它将准备着特大的危机。

上述第23例中的经常萧条（Depression）、第24例中的经常停滞（Stagnation）、死气沉沉的萧条（Druck）和最后一例中的经常的停滞（Stagnation），意思是相同的。Depression 译萧条，Stagnation 译停滞，是准确的。根据笔者在本文前边所述，Druck 译不振，不如译紧缩。但是，死气沉沉的萧条（Druck），原文是英文，用的是 Depression，现译萧条，根据"名从主人"的原则，无疑也是正确的。

三、关于衰落的译法

在《马克思恩格斯全集》中，俄译者有的地方不仅把 Depression（萧条）译成 Упадок（衰退），而且还把 Zusammenbruch 和 Krise 译成 Упадок，中译者则根据 Упадок 一律译为衰落，在恩格斯1881年写的《棉花和铁》的中译文里，就有如下三例：

25. 在1874年前后短暂的几年繁荣时期以后，棉纺织业和制铁业完全衰落（Zusammenbruch，Упадок）了，工厂关闭，炼铁炉停火，继续生产的一般也是缩短了开工时间。②

26. 这种衰落（Wirtschaftskrise，Упадок）时期以前也有过，平均每10年重复一次；它们延续下去，直到被新的繁荣时期所接替，如此

---

① 《马克思恩格斯全集》第1版第21卷第216页。
② 《马克思恩格斯全集》第1版第19卷第311页。

不断地循环。①

27. 这种生活是一般的繁荣的时期所给予他们的，也是工人经过长期的衰落（Krise，Упадок）之后，为了把自己的收入提高到平均的水平所应享受的。②

从危机周期阶段用词来看，作为政治经济学范畴的衰落和萧条、停滞、衰退等，是同义词。这里的衰落和衰退，俄译文都是Упадок，只不过中译文没注意统一罢了。上述三例原文是英文，均为Collapse，其对应词德文为Zuzammenbruch（例1）。后两例的德译文是Wirtschaftskrise（经济危机）和Krise（危机），用词虽不对应，但意思不错。日文均译崩坏，与英文符合一致。根据英文，此三例译崩溃，最为贴切。Collapse的俄文对应词应为Kpax，虽然它一般说来也可译为Упадок，但这里不是此意。中文根据后者，译为衰落，则是不确切的。

从危机和衰落本身的特点来看，首先崩溃（危机）和衰落（萧条）是根本不同的两阶段。恩格斯说的"1874年前后短暂的几年繁荣时期以后，棉纺织业和制铁业完全衰落了"明显指的是经济危机，因为"工厂关闭，炼铁炉停火"，正是危机的特点。1878年11月，马克思也在信中指出，英国的"危机以及随之而来的停工、工厂倒闭和破产，在各工业郡继续猛烈发展"③。而在衰落（萧条）时期，生产、贸易和物价不再继续下降，促使危机爆发的、社会资本再生产过程的那些比例失调现象，则得到相对的暂时的调整。其次，第2例中的"这种衰落时期"指的是1825—1866年的经济周期阶段类型中的"危机时期"。这

---

① 《马克思恩格斯全集》第1版第19卷第311页。
② 《马克思恩格斯全集》第1版第19卷第312页。
③ 《马克思恩格斯全集》第1版第34卷第336页。

里周期循环的形式是:"危机、复苏、萧条和繁荣",平均每 10 年重复一次;危机延续下去是复苏和萧条,最后被繁荣所接替,如此循环不已。所以,此处的 Collapse 只能是崩溃的意思。

从经济危机发展史来看,从 1825 年开始,普遍危机大约每隔 10 年重复一次,即在 1836 年、1847 年、1857 年和 1866 年,70 年代危机周期发生了变化,危机提前 3 年到来。从 1873 年起美国、奥地利和德国等国先后爆发了经济危机,到 1878 年英国也未能幸免。

根据马克思和恩格斯对 70 年代经济危机的看法,英国 1878 年爆发的是危机,而不是陷入衰落时期。70 年代的危机极为特殊。往常危机的起始点和主要发源地是英国;而这次却是美、德等国。1825—1866 年的 5 次危机,每次大致相隔 10 年,而这次只相距 6—7 年。马克思和恩格斯对 1873 年美国和德国开始爆发的、1878 年扩展到英国的危机,极为重视。他们认为,对这次危机的观察和研究具有理论意义。所以马克思下决心,在英国的工业危机未达到顶峰之前,决不出版《资本论》第 2 卷。马克思在 1873 年 1 月 24 日《资本论》第 1 卷第 2 版跋中,就预言了 1873 年的危机:"使实际的资产者最深切地感到资本主义会充满矛盾的运动的,是现代工业所经历的周期循环的变动,而这种变动的顶点就是普遍危机。这个危机又要临头了,虽然它还处于预备阶段……"①

仅仅过了几个月,即同年 5 月,奥地利开始爆发了危机,最初只波及中欧和美国。英国还没有发生全面的动荡。那时,危机虽然是强烈的,但还只是局部的。不过,马克思在其中已看到了普遍危机的预兆。1873 年 9 月 27 日他说:"但愿美国的恐慌不会具有过大的规模,也不会对英国从而对欧洲产生过分强烈的影响。这种局部性危机往往是周期

---

① 《马克思恩格斯全集》第 1 版第 23 卷第 24—25 页。

性总危机（应为普遍危机，下同。——笔者）的先兆。如果这种危机过于尖锐，那么只会削弱总危机并缓和它的尖锐性"。①

马克思的上述观点，当时有人持不同意见，认为1873年危机就此定会终止。因此，1875年春天马克思在《资本论》法文版第1卷上加了这样一个注："德文第2版跋写于1873年1月24日。该文发表不久，文中预言的危机就在奥地利、美国和德国爆发了。许多人错误地认为，这些猛烈的、但又是局部的爆发已经就是普遍危机。相反，普遍危机正在向自己的顶点发展。**英国将成为这场危机爆发的中心**，其影响将波及世界市场。"②

1878年11月15日，马克思又在致丹尼尔逊的信中写道："我在法文版第351页（注释）上预言要发生的**英国危机**，终于**在近几周内爆发了**。我的朋友们，既有理论家也有一般实业界人士，当时曾经要求我删掉这个注，因为他们觉得这个注没有充分的根据，他们竟然确信，美国、德国和奥地利的危机可以说一定会成为英国危机的'贴现'。"③

当时，资产阶级舆论界和实业界评论说，1874年在英国已经开始的危机现象，定将缓和空气，并会给新的复苏和高涨扫清道路，而英国无须再重新开始经历一次真正的、深刻的全面生产过剩危机。但是英国1878年爆发的危机，不仅说明了资产阶级评述的谬误，而且也证实了马克思的上述论断以及下述说法的正确："目前的危机，就其时间之长、规模之大和强烈程度来说，是英国以往经历过的危机中最大的一次。"④

---

① 《马克思恩格斯全集》第1版第33卷第609页。黑体是笔者加的。
② 《资本论》法文版第1卷1983年中国社会科学出版社版第847页。黑体是笔者加的。
③ 《马克思恩格斯全集》第1版第34卷第333页。黑体是笔者加的。
④ 《马克思恩格斯全集》第1版第34卷第438页。

恩格斯也注意研究了中欧和美国经济的全部变动情况，[①] 同时明确地认为，在1874年英国经济中的周期性高涨就已结束，经过几年萧条以后，危机就爆发了。他写道："在1874年前后短暂的几年繁荣时期以后，棉纺织业和制铁业完全衰落了。工厂关闭，炼铁炉停火，继续生产的，一般也是缩短了开工时间。这种衰落时期以前也有过，平均每十年重复一次。"[②]

1892年9月12日，恩格斯确实说过，"1868年以来……**没有出现危机**"。[③] 他这样说，是不是改变了自己原来的观点，并修正了马克思对1868年以来经济危机的看法呢？我认为，对恩格斯上述提法，只要辩证地去理解，就会得出结论：恩格斯对1868年以来的经济危机，其中包括对英国1878年的经济危机的提法，是首尾一致的。

恩格斯在《资本论》第3卷中加的脚注，是对1866年后经济危机问题进行观察和研究的小结。他说："自上一次大规模的普遍危机爆发以来，在这方面已经发生了转变。周期过程的急性形式和向来十年一次的周期，看来让位给比较短暂的稍微的营业好转和比较持久的不振这样一种在不同的工业国在不同的时间发生的比较慢性的延缓的交替。"[④] 换句话说，当时正处于经常的停滞、死气沉沉的萧条状态，而持续的、慢性的萧条也必将准备一场空前剧烈的危机。

尽管如此，恩格斯仍认为：在这种常态下英国1878年的危机是通常意义的危机，而不是萧条（衰落）。恩格斯在1885年2月写的《一

---

① 《马克思恩格斯全集》第1版第19卷第134、198页；第20卷第301页；第34卷第306、345、413页；第35卷第322页。

② 《马克思恩格斯全集》第1版第19卷第311页。

③ 《马克思恩格斯全集》第1版第22卷第384页。黑体是笔者加的。

④ 《马克思恩格斯全集》第1版第25卷第554页。

八四五年和一八八五年的英国》一文中谈到1866年崩溃之后的经济情况时说:"**完全的危机**并没有在它应该到来的时候即1877年或1878年发生。"①

1886年1月,恩格斯在分析英国的经济状况时又说,"自从英国在世界市场上有了厉害的竞争对手,以前意义上的危机时期已经结束了。如果说危机从**急性的**变成**慢性的**,同时又不失去其强度,那末会产生什么结果呢?"② 1892年3月8日,他再一次谈到英国的经济危机时又说:"1867年以来发生过两三次不大的**潜在**危机的英国,现在看来终于又在酝酿一场严重的危机。"③ 根据以上三例来看,恩格斯在这里肯定英国1878年爆发了危机,但它不是**完全的危机**,而是慢性危机和**潜在的危机**。

1867年以来,生产过剩具有两种表现形式:慢性的萧条和急剧的崩溃。由于英国在世界市场上有了劲敌,垄断地位被打破,以前的经济周期的急性形式结束了。这时爆发的危机具有慢性形式,它已变成慢性危机。所谓危机的急性形式是指1868年以前的危机,马克思和恩格斯通常称为的普遍的危机、完全的危机、真正的危机、严重的危机、急剧的危机和尖锐的危机等,恩格斯晚年还多次预言要发生急性危机,他称之为特大的危机和空前激烈的新的世界性崩溃等。与此相反,危机的慢性形式,称为慢性危机(chronische Krise),有时也称潜在的危机(scheichende Krise)。此处的潜在的危机译法欠妥。schleichende 有缓慢的、渐进的、不知不觉的和潜滋暗长的意思,它和 chronische 意思相

---

① 《马克思恩格斯全集》第1版第21卷第229页。
② 《马克思恩格斯全集》第1版第36卷第418页。
③ 《马克思恩格斯全集》第1版第38卷第294页。

似，只是说法不同，二者均可译慢性危机，或一个译慢性危机，另一个译渐进的危机。潜在一词，根据《现代汉语词典》的解释，是指存在于事物内部不容易发现或发觉之意。它容易被理解为危机尚未爆发，只是一种暗藏的危机。马克思在别的地方谈到过真正意义上的潜在的危机："卖和买可能彼此脱离，因此它们是**潜在的危机**"①，"要彻底考察潜在的危机的进一步发展（现实危机只能从资本主义生产的现实运动、竞争和信用中引出）……"② 这里讲的是危机的可能性转化为现实性。潜在的危机，马克思用的是 potentia Krisis。这也能说明，schleichende 不是"潜在的"的意思。

---

① 《马克思恩格斯全集》第1版第26卷Ⅱ第581页。
② 《马克思恩格斯全集》第1版第26卷Ⅱ第585页。

有关经济危机各阶段译名的几点意见（三）
——关于复苏和高涨的译法*

林 放

萧条渡过之后，随之而来的是复苏（或活跃）阶段。在复苏阶段，萎缩的企业在危机后从震动中恢复过来，着手扩大再生产。生产水平逐渐达到原有规模，物价上扬，利润增加，于是复苏过渡到高涨（繁荣）阶段。在高涨阶段，生产超过危机前夕繁荣的最高点。新工厂和铁路等等纷纷兴建，物价上扬，消费增加，生产扩大，信贷活跃。由于生产过度扩张，出现生产过剩，给下一次危机造成条件。

马克思和恩格斯经常用 Wiederbelebung，Belebung 和 Lebendigkeit 等词表示复苏（或活跃）阶段。例如：

1. 不断重复出现周期——工商业繁荣、生产过剩、危机、恐慌、经常的萧条、逐渐复苏（Wiederbelebung）……①

2. 工业的生命按照中常活跃（Lebendigkeit）、繁荣、生产过剩、危机、停滞这几个时期的顺序而不断地转换。②

3. 如果我们考察一下现代工业在其中运动的周转周期，——沉寂

---

* 本文选自《马克思恩格斯研究》1991年总第6辑。
① 《马克思恩格斯全集》第1版第21卷第416页。
② 《马克思恩格斯全集》第1版第23卷第497页。

状态、逐渐活跃（Belebung）、繁荣、生产过剩、崩溃、停滞、沉寂状态……①

Belebung 本义为复苏，前面加上 wieder，组成复合词时，有复苏和又复苏之意。这两个词（如第 1、3 例）译复苏较好。Lebendigkeit 本义为活跃，它和 Fluessigkeit（如 Fluessigkeit Kredits）译为活跃较好。可是现有的中译文里，有时这两种译法混用，意思虽未错，但不够严谨。

马克思和恩格斯表示繁荣阶段经常用的是 Prosperitaet 和 Bluete，俄译文常为 Процветание，有时也译 Расцвет，中文均译繁荣。高涨德文用的是 Aufschwung，俄译文为 Подбём，中文译为高涨。例如：

4. 在繁荣（Prosperitaet，Процветание）时期，在再生产过程大大扩张、加速并且加紧进行的时期，工人会充分就业。②

5. 繁荣（Bluete，Процветание）之后是危机，危机之后是繁荣，然后又是新的危机。③

6. 这种需要随着繁荣（Prospaeritaet，Расцвет）的增进而增加。④

复苏和高涨是两个不同的阶段，Wiederbelebung 不能译高涨，Aufschwung 也不能译为复苏。可是，在《马克思恩格斯全集》中却出现了把 Aufschwung 译为复苏的例子。

7. 1849 年春季工业的新高涨（Aufschwung，Подбём）……工厂的订货非常多，因此都加紧生产……大批新工厂正在兴建，旧工厂亦在扩大。现金涌入市场，游资企图抓住到处发财的机会，期票贴现助长了投

---

① 《马克思恩格斯全集》第 1 版第 25 卷第 404 页。
② 《马克思恩格斯全集》第 1 版第 25 卷第 505 页。
③ 《马克思恩格斯全集》第 1 版第 2 卷第 369 页。
④ 《马克思恩格斯全集》第 1 版第 25 卷第 598 页。

机并投进了生产或原料贸易，几乎所有商品都绝对地涨价……总之，英国由于名副其实的"繁荣"而大享其福。①

8. 1866年的破产（应译崩溃）之后，1873年左右有一次微弱而短暂的复苏（Gesehaeftsaufschwung，Оживление），但这次复苏并没有延续下去。②

按照一般情况，危机之后应是复苏。但是，恩格斯具体分析了1873年前后的经济情况，指出当时"有一次微弱而短暂的高涨"。此处用的是 Aufschwung。看来，俄译者根据四个阶段的逻辑推理，主观地把 Aufschwung 理解为 Оживление，而中译者照搬俄文，译为复苏，则是错误的。以下三例可作说明：

9. 从1868年起，在一些基本部门中，由于生产增长缓慢，受抑压的状况占了优势，而现在美国和英国似乎都面临新危机的威胁，在英国这里，新危机到来之前，已经没有**繁荣期**作为前导了。③

10. 现在，当美国、法国和德国开始打破英国在世界市场上的垄断地位，并由此像1847年以前那样又开始更迅速地出现生产过剩时，又产生了为期五年的中间危机。这证明资本主义生产方式已经彻底衰竭。**繁荣期**再也达不到它的充分发展了。④

11. 1874年前后短暂的几年繁荣时期以后，棉纺业和制铁业完全衰落（应译崩溃）了。⑤

第9例说明，英国从1868年起处于死气沉沉的萧条时期。"没有繁

---

① 《马克思恩格斯全集》第1版第7卷第261—262页。
② 《马克思恩格斯全集》第1版第21卷第229页。
③ 《马克思恩格斯全集》第1版第36卷第90页。
④ 《马克思恩格斯全集》第1版第36卷第26页。
⑤ 《马克思恩格斯全集》第1版第19卷第311页。

荣期作为前导",不能理解为没有繁荣,而只有复苏。第10例对这一点作了补充:这里指的是**没有充分发展的繁荣期**作为前导。第11例更有力地说明:1874年前后曾有短暂的几年繁荣,这与"1873年左右有一次微弱而短暂的高涨",两处意思完全一致。

诚然,恩格斯在分析英国经济状况时,针对持续的萧条也说到过复苏(Wiederbelebung)。例如:

12. 目前这个萧条时期,特别是在棉纺织业和制铁业中表现出来的特点是:它持续的时间比一般的延长了几年。曾经有过几次复苏(Wiederbelebung)的尝试,有过几次向上的突进,但是全都无效。即使真正破产(应译崩溃)的时期已经度过,营业仍然处于停滞状态。①

恩格斯说这句话的时间是在1881年。在那以前英国主要工业生产指标都有所增长,价格也有某些提高。因为市场不能吸收全部产品,这种复苏极为短促,1882年英国又发生了中间危机。这里讲的是1881年前英国极为短促的复苏,用的是Wiederbelebung,前边讲的是1874年前后的短暂的高涨,用的是Aufschwung。时间不同,概括不同经济周期阶段的用词也不一样。这正体现了恩格斯对具体情况作准确的具体分析。所以,翻译时要严格遵照原文,而不能照搬俄文。不加分析地照搬俄文,肯定是会跟着译错的。

我们说,两个不同阶段的用词,不能混为一谈,但是同一个阶段内的不同用词,意思不一样,也不能随意替换。例如:

13. 在危机时期,他们可以开工2小时、3小时或者6小时,而在**急剧发展**(Prosperitaet,Подъём)的时期则开工13小时到15小

---

① 《马克思恩格斯全集》第1版第19卷第311—312页。

时……①

14. 如果现代工业不是在周期性循环中经过停滞、繁荣（Prosperitaet, Процветание）、**狂热发展**（Aufschwung, Лихорадочное Возбуждение）、危机和极度低落这些彼此交替、各有相当时期的阶段……②

作为周期阶段之一，繁荣和高涨是同义词。也许译者根据这一点认为，在停滞之后或者是繁荣，或者是高涨，但不能同时出现，于是就煞费苦心地把 Aufschwung 译为狂热发展（第 14 例）。可是，Prosperitaet 为什么要译急剧发展（第 13 例），笔者猜不透其用意何在。其实，这两句中的 Prosperita 以和 Aufschwung 分别习译繁荣和高涨，表达完全正确。译者可不必担心繁荣和高涨同时出现，相互矛盾，因为它们同时出现时就不是意思完全一样的同义词了。例如：

15. 1844 年，复苏。1845 年，**大繁荣**（Prosperitaet）。1846 年，起初是继续**高涨**（Aufschwung），以后有相反的征候。③

16. 1857 年，危机。1858 年，好转。1859 年，**大繁荣**（Prosperitaet），工厂增加。1860 年，英国棉纺织业达到顶点……1861 年，**高涨**（Aufschwung）持续了一些时候，随后出现相反的趋势……1862 年到 1863 年，完全崩溃。④

这两句表明：1846 年的高涨和 1861 年的高涨，是繁荣发展到鼎盛时期，是最繁荣的时期。繁荣和高涨的逻辑关系很清楚。这样翻译，也没发生译者担心的矛盾。显然，Prosperitaet 和 Aufschwung 可译繁荣和高

---

① 《马克思恩格斯全集》第 1 版第 7 卷第 284 页。
② 《马克思恩格斯全集》第 1 版第 9 卷第 191 页。
③ 《马克思恩格斯全集》第 1 版第 23 卷第 498 页。
④ 《马克思恩格斯全集》第 1 版第 23 卷第 499 页。

涨，即或二者同时并肩出现，也应这样理解，并照此办理。

在《马克思恩格斯全集》中，在其他地方出现过急剧发展和狂热发展的译法，其原文有的与 Prosperitaet 的相同，有的却与 Aufschwung 的意思并不完全一致。例如：

17. 从表面上看来，似乎爆发危机的原因不是生产过剩，而是无限制的、只不过是生产过剩之征兆的投机，似乎跟着而来的工业解体不是**解体前急剧发展**（Exuberanz, Буйное Развитие）的必然结果，而不过是投机领域内发生破产的简单反映。①

18. 大家都很了解，现代工商业在其发展过程中产生历时五年到七年的周期性的循环，以经常的连续性经过各种不同的阶段——沉寂，然后是若干好转，信心渐增，活跃，繁荣，**狂热发展**（Paroxismus），过度扩张，崩溃，压缩，停滞，衰竭，最后，又是沉寂。②

第 17 例中的急剧发展，原文是英文 Exuberance，马克思和恩格斯写作时用的是德文拼写 Exuberanz，是茂盛的意思，它在此处是 Prosperitaet 的同义词，译繁荣比现译贴切，为了区别 Prosperitaet 的译法，译兴旺或昌盛也是可以的。第 18 例中的 Paroxismus 是火山爆发达到高潮之意。在此处可译狂热发展，但在第 14 例中把 Aufschwung 译为狂热发展，则不可取。马克思和恩格斯在表达高度繁荣的意思时，用了许多不同用语，它们的意思有时相同，有时相近，有时并不一样，翻译时应注意的不仅是它们的共性，更应表达出它们的个性，切忌盲目彼此取代，相互混用。例如：

19. 如果把这个在**高度繁荣**时期发生的饿死事件告诉西蒂的养尊处

---

① 《马克思恩格斯全集》第 1 版第 7 卷第 492 页。
② 《马克思恩格斯全集》第 1 版第 8 卷第 416—417 页。

优的资本家,那他会用 1 月 8 日伦敦《经济学家》上的话来回答你们……①

20. 当时在**最惊人的繁荣**当中,就已不难看出日益迫近的工业危机的明显征兆。②

21. 于是崩溃爆发了,它一下子就结束了**虚假的繁荣**。③

22. 工商业循环进入**狂热发展**(Paroxismus)阶段的时候已经迫近了,紧跟着这个阶段而来的是交易所业务的过度扩张和崩溃阶段。④

23. 英格兰银行地下室中的金块的大量储存、出口超过进口、有利的外汇牌价、借贷资本的充裕和低利率等等征兆汇合起来,总是意味着工商业循环的这样一个阶段的到来,那时繁荣转为**狂热发展**(Paroxismus)……⑤

24. 这个**狂热发展**(Paroxismus)阶段也只不过是崩溃时期的先声。**狂热发展**(Paroxismus)是繁荣的最高点……⑥

25. 1854 年的破产和贸易的减少是 1853 年的"**痉挛性**的繁荣"的合乎自然的反作用的开始。换句话说,就是经济周期已经达到了过度生产和过度投机为危机代替的阶段。⑦

繁荣有初期、中期和最高期之分。危机过后,经济恢复到危机前繁荣时期的最高点,便成为新的繁荣的起点。生产在此基础上继续发展,

---

① 《马克思恩格斯全集》第 1 版第 8 卷第 568 页。
② 《马克思恩格斯全集》第 1 版第 9 卷第 112 页。
③ 《马克思恩格斯全集》第 1 版第 25 卷第 341 页。
④ 《马克思恩格斯全集》第 1 版第 8 卷第 419 页。
⑤ 《马克思恩格斯全集》第 1 版第 8 卷第 422 页。
⑥ 《马克思恩格斯全集》第 1 版第 8 卷第 422 页。
⑦ 《马克思恩格斯全集》第 1 版第 10 卷第 638 页。

便进入中期。此后生产又急剧发展，特别是狂热发展，便达到繁荣的鼎盛时期。上边例子中的高度繁荣、最惊人的繁荣、虚假的繁荣、狂热发展、**痉挛性**的繁荣等，都属于这一时期。这是它们的共性。但是它们也有个性，例如狂热发展和**痉挛性**繁荣，各自概括的内容有所不同。"狂热发展是繁荣的最高点"（见例 24），但是狂热发展之后又出现了过度扩张、过度生产和过度投机（见第 18、22、25 例）。它们通常就是生产过剩、贸易过剩和信用过剩时期。① 很明显，狂热发展和**痉挛性**繁荣明显不同。经过这种对比分析之后，现在再来研究第 14 例中的"……停滞、繁荣、狂热发展、危机和极度低落"这几个阶段，不难看出 Aufschwung 应译高涨，因为在繁荣之后的高涨时期是繁荣的鼎盛时期，它既包含狂热发展，也包括过度扩张、过度生产和过度投机，以及随之而来的生产过剩、贸易过剩、信用过剩等。就高涨与狂热发展两者概念而言，前者是集合概念，后者是非集合概念。前者表示繁荣鼎盛时期的统一整体，它和组成这个统一体的各个分子狂热发展、过度扩张、过度生产、过度投机、生产过剩、贸易过剩和信用过剩等是不同的。分子与统一体的关系是部分与整体的关系。因此，用狂热发展这个非集合概念来翻译 Aufschwung（高涨）这个集合概念，就是用部分取代整体，显然是错误的。

---

① 参看《马克思恩格斯全集》第 1 版第 24 卷第 352 页；第 25 卷第 554、575、598 页；第 29 卷第 222 页。

附：

图一 资本主义经济危机图表简示

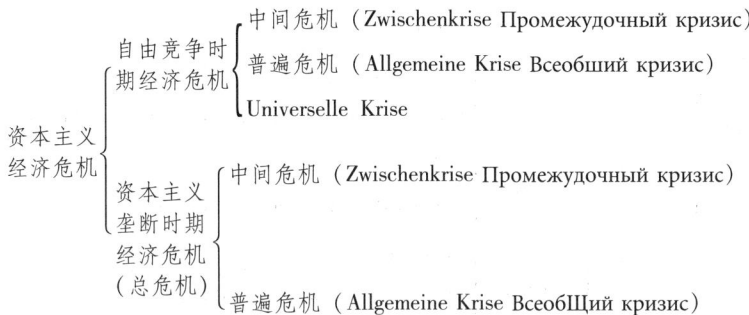

图二

图三

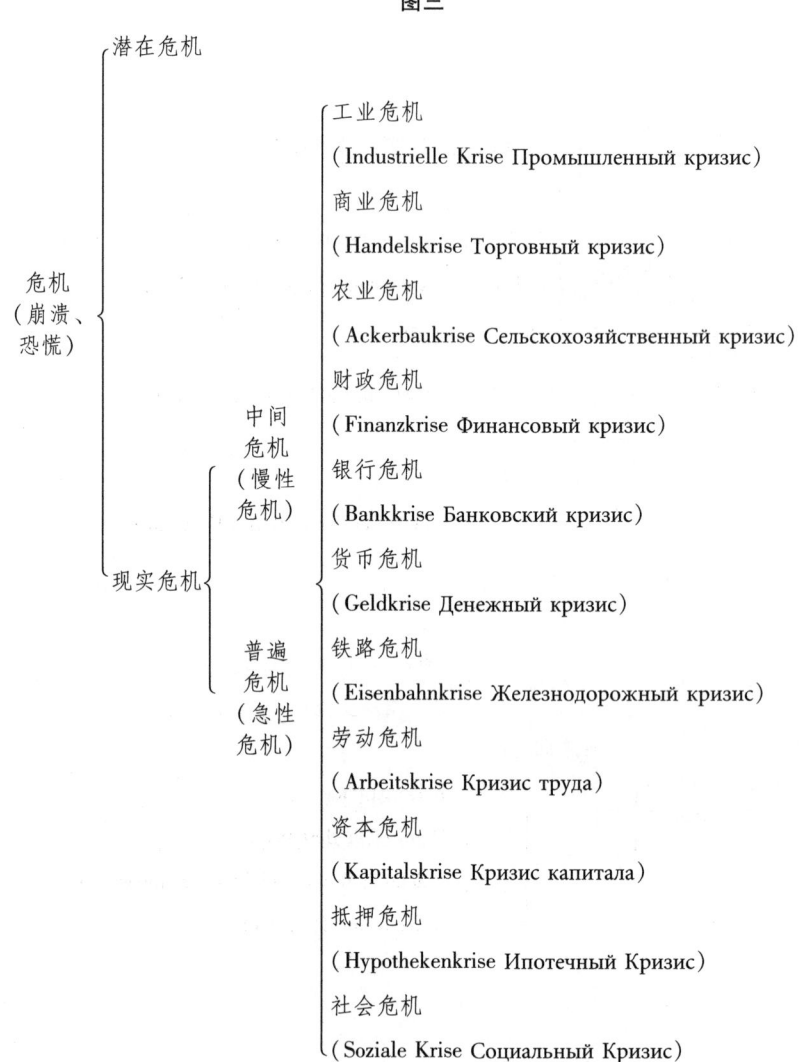

图四

萧条
（停滞、
沉寂、
消沉、
不振、
松弛）
- 经常的萧条（chronische Stauung Хроническая депрессия）
- 经常的停滞（chronische Stockung Хронинеский застой）
- 普遍的萧条（allgemeine Depression Весобщая депрессия）
- 普遍的停滞（allgemeine Stockung）
- 慢性的萧条（chronische Depression Хроническая депрессия）
- 长期的萧条（dauernde Depression Длительная депрессия）
- 严重的萧条（grosse Depression Большая депрессия）
- 持续的萧条（choronische Depression Хроническая депрессия）
- 死气沉沉的萧条（toedlicher Druck Мертвящий застой）

图五

繁荣
- 初期
- 中期
- 最高期
  - 狂热发展（Paroxsmus Лихорадоиное возбуждение）
  - 过度扩张（Ueberexpansion Презмерное расширение）
  - 过度生产
  - 过度投机（Ueberspekulation Презмеркая спекуляция）
  - 生产过剩（Ueberproduktion Препроизводство）
  - 贸易过剩（Ueberhandel Избыточная торговля）
  - 信用过剩（Ueberkredit Избыточный кредит）

银行信用中一些用语的译法初探*

陈瑞林

马克思和恩格斯在《资本论》和其他一些文章中,涉及了银行资本中的一些用语,例如:票据(期票、汇票、支票)和债券(国债券、国库券)等。其中有些用语的外文,是多义词,有时很难把握它们在具体场合下的涵义,容易弄混译错,所以有必要专文进行探讨。

银行资本是用于经营银行业务牟取利润的资本。根据马克思的阐述,它是由现金(金或银行券)和有价证券构成的。有价证券又可分为:一、商业证券(即票据),它们是流动的,按时到期的,它们的贴现成为银行的基本业务。二、公共有价证券,它们是国债券、国库券、股票等。首先,在这里研究一下票据(包括汇票和期票)等有价证券的译法,然后再探讨公共有价证券用语的译法。

Weehsel(Bill、вексель)在我局译文中有三种译法:票据、汇票和期票。局外学术著作和译作中除此三种译法以外,还把它译为本票。无论从银行货币学还是从经济学来看,三者的涵义有所不同,用法也有所区别,从中外文习惯用法上来看,它们的德文、英文和俄文的对应词应为:

---

* 本文选自《马克思恩格斯研究》1994 年总第 16 辑。

中文：票据 { 期票（本票）
              汇票

英文：bill { Promissory note
            Bill of exchange, draft

俄文：вексель { Пpocтoй вексель
               Лepeвoдный вексель

德文：Wechsel { Eigener Wechsel
               Gezogener Wechsel

可是，在马克思恩格斯著作中，表达票据、汇票和期票之意时，往往只用了一个 Wechsel（вексельв 和 Bill），这就给翻译带来了困难。所以，我们还必须弄清三者各自的含义，才能在不同的具体场合，准确地把握住它们的概念。

关于票据的含义和译法

从票据产生和发展的历史来看，Wechsel（票据）起源于中世纪意大利各城市兴起的时代。当时的票据，不过只供汇款之用。因为那时币制尚未统一，兑换非常困难，另外，又加上现金输送容易遭到匪劫，于是商人就用票据代替现金，票据便成为付款或交易的工具。随着资本主义的发展，信用活动也日益盛行。在商业活动中，采用票据，既可免去现金输出的不利和危险，又可以使贷款交付方便；既依据背书可以让与他人、或通过贴现可以得到现款，又便于计算、贮藏和资金周转。票据具有这些优点，有利于资本主义发展，便成为当代资本主义信用货币的基础。然而，最初的汇票，是以本票形式出现的，本票（期票）和汇票并无显著的差异，只是后来才有严格的区别。

票据可从广狭两方面来理解。从广义上看，票据包括各种有价证券和凭证，如国债券、国库券、股票、不动产抵押单、提单等。从狭义上看，票据是指汇票、期票（本票）和支票。这里研究的 Wechsel，正是后一种意义上的票据。

票据是发票人约定自己或委托第三者支付一定款项的、可以流通转让的信用证券。它是汇票、期票（本票）和支票的总称。解放初期，我局翻译《政治经济学教科书》时，把 вексель 译为期票，此后《马恩全集》和《列宁全集》译文中也多译期票，并兼用票据和汇票等译法。期票一译，在一些情况下是正确的，但是由于当时条件所限，在某些场合，译者并未理解 вексель 的真实涵义，而把原意应为票据、汇票和债券的地方，也译为期票，从而造成误译。例如：

1. 商业信用的工具是**期票**①（вексель）。**期票**是一种债券，债务人到期必须按此债券付款。到期时，开期票的买主必须用现款付清。②

此处 вексель 译期票是可以的，但译票据更好。但是，该书 59 年修订版中的期票译法，便值得商榷了。例如：

2. 信用货币的基本形式是银行券。银行券或银行票是由银行发行，代替**期票**。这就是说，银行券的基础归根到底是商品交易。③

3. 银行发行自己的债券，这种债券就是充当流通手段和支付手段的信用货币。信用货币的主要形式是银行券或是银行票，它是由银行为替换自己收到的**期票**（вексель）而发行的。"银行券不过是对银行业者发出的**期票**（вексель），持票人可以随时凭票取现，银行业者用此代替

---

① 本文黑体均系作者所标。——编者注
② 《政治经济学教科书》，人民出版社 1955 年版，第 184 页。
③ 《政治经济学教科书》，人民出版社 1955 年版，第 190 页。

私人**期票**（вексель）。"①

4. 银行家提供的信用，可以采取不同的形式，例如：向其他银行开出**汇票**（bill of exchange）、支票，开立同样的信用账户，最后，对拥有钞票发行权的银行来说，是发行本行的银行券。银行券无非是向银行家开出的、持票人随时可以兑现的、由银行家用来代替私人**汇票**（private draft）的一种**汇票**（draft）②。

第2例中，1955年出版的《政治经济教科书》的期票译法，看不出对错，似译票据更恰当些。第3例是1959年修订版的译例，其中引用了《资本论》中的话（见第4例），经查对，无论是郭大力的老译本和新译本，还是编译局的译本，都译为汇票。从俄文 вексель 来看，分不清是期票还是汇票，但从《资本论》英译本来看 bill of exchange 和 draft 应为汇票。又如：

5. 在这之前，报纸是作为社会舆论的纸币流通的，现在报纸却变成了令人难以相信的单户期票（Соло-вексель），它的可靠程度和流通情况不仅取决于开支票者（вексель-датель）的信用，而且还取决于背书人的信用。③

6. 第三类是办理国家证券、商业期票（Коммерческие вексель）等的一般银行业务。④

7. 它〔公司〕接受工业企业的有价证券作为存款，至于同商业证券、期票（вексель）、栈单等有关的业务……⑤

---

① 《政治经济学教科书》，人民出版社1959年版，第164页。
② 《马克思恩格斯全集》第1版第25卷第454页。
③ 《马克思恩格斯全集》第1版第7卷第117页。
④ 《马克思恩格斯全集》第1版第12卷第27页。
⑤ 《马克思恩格斯全集》第1版第12卷第28—29页。

8. 银行券流回到办理期票（вексель）贴现和用银行券贷款的银行，是同上面考察的货币回流完全不同的现象。①

9. 抵押债务总额，据最了解情况的作者说，达到120亿，据其他一些人说，达160亿；**期票**债务总额至少有60亿，股票大约20亿，国债80亿；总计280亿。②

第5例中的 Соло - вексель（Solawechsel）是一人签署的票据，即单名期票，译期票是可以的。但是，вексель - датель（Aussteller）是期票出票人，此处译成开支票者，这就把期票和支票混在一起了。支票一般是指发票人签发，由委托银行见票无条件支付给受款人或持票人的票据。《英国票据法》关于支票（cheque）的定义是"支票是以银行为付款人的即期票据"。它的俄文是 Чек，德文是 Scheck，从外文看是不难识别的。

第6—8例中期票，应译票据，较为妥当。因为银行不只办理期票业务，而且也经营汇票业务；不仅贴现期票，而且也贴现汇票。国家证券是指国债券、国库券和统一公债等，商业票据则指期票（本票）和汇票等，显然国家证券和商业票据是两种性质不同的信用证券，二者之间用顿号分开，表明经营两种不同的业务。但是，商业票据就是商业证券，二者是一个东西，所以第8例应译"商业证券即票据、栈单……"这几例中的 вексель，现译期票，就等于排除了汇票，也就是说，只办理期票业务，从上下文看，这一点是找不到根据的。所以这三句中的期票，译票据为好。

第9例中的期票，俄文为 Простые векселя，似乎可以这样译。但

---

① 《马克思恩格斯全集》第1版第26卷I第347—348页。
② 《马克思恩格斯全集》第1版第26卷I第345页。

是,马克思引用的蒲鲁东的话,德文为 Schuldverschreibung,是有固定利息的长期债券。英文两处为 debts on note 和 debts-note,也是债券之意。从这句话的上下文来看,这里讲抵押债务总额,总计 280 亿:股票大约 20 亿,国债 80 亿,债券至少有 60 亿,指的是公共有价证券的三种类型,而不是 Wechsel(promissory note),Schuldverschreibung 不能译为期票。

总之,上述的 Wechsel(bill,вексель)不是指的公共有价证券时,一般译票据较好,如确有把握,可分别译汇票和期票(本票)。这样处理,万无一失,可避免因欠推敲而造成的误译。例如:

10. 欧洲报刊曾经多次提到的乌尔贝格商行负债 1200 万马克,其中**期票**(bill of exehange)700 万……①

11. 从里约热内卢运咖啡到汉堡的出口商提取的价值 900 万的**期票**(bill)到期了;所有这些**期票**(bill)都遭到了拒付。②

12. 在 1 月,用来支付巴伊亚和佩囊布库运来的砂糖的货款的**期票**(drafts),大概也会遭到同样的命运……③

以上三例中所说的是,1857 年欧洲爆发了金融危机,大批商行负债倒闭。到期的票据不能用现金偿付。这里不能贴现的不只是期票(本票),而更多的是汇票,所以译票据就合适,其中 bill of exchange 和 draft 两处,译汇票就更为明确了。draft 原为意大利文 tratta,俄文对应词为 Тратта,是 Bill of exchange 的简称。《英汉辞海》把它解作:由债权人开给债务人要求后者向第三方或持票人支付现金的汇票。可见,

---

① 《马克思恩格斯全集》第 1 版第 12 卷第 374 页。
② 《马克思恩格斯全集》第 1 版第 12 卷第 374 页。
③ 《马克思恩格斯全集》第 1 版第 12 卷第 374 页。

draft 和 Bill of exchange 均属一物，可互相替用。

从 Wechsel（bill，вексель）翻译过程来看，50 年代起它多译期票，看起来是不恰当的，70 年代时《资本论》第 3 卷多译汇票，有很大改进。此次搜集系统资料，经比较分析之后，笔者认为，它一般译票据较妥。

综上所述可以看出，一些译例中的期票（Wechsel），应译票据、汇票和债券。不仅如此，从银行辞书、著作和票据法来看，вексель（Wechsel，promissory note），也不宜译期票，而应译本票。

首先，从国内外票据立法用语和译名来分析，作为法定词名的是本票，而不是期票。例如：

13. 前清起草了票据法（亦称志田案），"分总则、汇票、本票三编"。①

14. 1992 年北京政府又草拟了新的票据法（又称共同案），"分总则、汇票、本票、支票四编"。②

15. 国民政府于 1929 年 10 月 30 日公布了《票据法》。其中第一条规定："本法所称票据为汇票、**本票**及支票。"③

16. 1930 年 7 月 1 日又公布了《票据法施行法》，其中第一条规定："票据法施行前所发与汇票本票支票性质相同之票据其定有期限者应于到期日即行了结……"④

17. 1988 年 6 月，上海人民政府公布了《上海市票据暂行规定》，

---

① 参看《票据结算与票据法》，1992 年北京理工大学出版社版，第 54 页。
② 参看《票据结算与票据法》，1992 年北京理工大学出版社版，第 55 页。
③ 参看《银行法务论》，1937 年 1 月初版，第 462 页。
④ 参看《银行法务论》，1937 年 1 月初版，第 477 页。

"规定了汇票、**本票**、支票等制度。"①

18. 1988年8月，经国务院同意，"建立起以支票、汇票、本票和信用卡为核心的'三票一卡'新银行结算制度。"②

19. 法国在1807年公布了《商法典》，其中规定了票据法，"对汇票和**本票**作了一些规定"。③

20. 1912年召开第二次海牙会议，参加者37国，制定了"票据统一公约"（共31条），"汇票、**本票**统一规则"主要采用德国法系。④

21. 英国在1882年制订了票据法（Bills of Exchange Act，1882），后又在1952年《统一商法典》中专列商业票据编，对汇票、**本票**和支票作了法律规定。⑤

22. 1930和1931年，国际联盟通过了《1930年统一汇票、**本票**法公约》（Uniform Law Of Bills Of Exchange And Promissory Notes，1930）和《1930年解决汇票、**本票**关于法律冲突的公约》等四项有关票据的公约。⑥

23. 1990年6月30日以前，世界各国共同签署了《联合国国际汇票和国际**本票**公约》。其中规定："在本公约内：（a）汇票是指本公约规定的国际汇票；（b）**本票**是指本公约规定的国际本票；（c）票据是指汇票或**本票**。"⑦

---

① 参看《票据结算与票据法》，1992年北京理工大学出版社版，第56页。
② 参看《票据结算与票据法》，1992年北京理工大学出版社版，第56页。
③ 参看《国际贸易法律》，1986年中国对外经济贸易出版社版，第303页。
④ 《票据结算与票据法》，1992年北京理工大学出版社版，第51页。
⑤ 参看《国际贸易法律》，1986年中国对外经济贸易出版社版，第305页。
⑥ 参看《国际贸易法律》，1986年中国对外经济贸易出版社版，第305页。
⑦ 参看《票据结算与票据法》，1992年北京理工大学出版社版，第304页。

从大陆和台湾的一些有关阐述票据的专著来看，期票也应改译本票，例如：

24．票据主要有汇票、**本票**和支票。

银行票据是由银行负担付款义务的票据，包括**本票**、银行汇票等。①

25．**本票**亦称期票。一人向另一人签发的、约定即期或定期向指定人或其指示向来人无条件支付一定额的书面付款承诺。②

26．**本票**　资本主义国家的信用机关或个人发出的短期债据，持有人可以凭票得到相应的款项。③

27．Promissory Note（s）（P/N）**本票**，期票〔指由债务人向债权人承借，在确定日期内无条件支付一定金额的可转让票据〕。④

28．将票据按其性质记载为汇票或**本票**或支票是日内瓦统一票据法的基本要求之一。⑤

29．短期信用工具不外**本票**（Promissory Note）及汇票两大类。⑥

30．商业票据中又分商业**本票**、商业汇票两种。银行票据中，又分银行**本票**、银行支票、银行汇票三种。⑦

31．根据**本票**的不同特征，**本票**分为一般**本票**和银行**本票**。⑧

---

① 《辞海》，1979年上海辞书出版社，第4215、3927页。
② 《中国经济百科全书》，1991年中国经济出版社版，第1300页。
③ 《〈资本论〉辞典》，1988年山东人民出版社版，第5—6页。
④ 《英汉财经大辞典》，1986年石油工业出版社版，第896页。
⑤ 《票据结算与票据法》，1992年北京理工大学出版社版，第155页。
⑥ 《金融市场概论（大专学校教材）》，1986年台北三民书局版，第29页。
⑦ 《货币学原理》，1980年台北三民书局印行，第337页。
⑧ 《中国金融实务大全》，1991年吉林人民出版社版，第820页。

32. 由企业或个人签发的**本票**，称为一般**本票**；由银行签发的**本票**称为银行**本票**。①

33. 形式上属于商业票据的银行本票。这是银行和商家预先约好，由商家发出**汇票**，由银行予以承兑，或由商家发出**本票**，由银行予以担保，以使其可以顺利流通之形式上属于商业汇票或商业**本票**的票据。②

上述举例说明，从前清的志田案到北京政府的共同案，从国民政府的票据法到台湾政府的现行银行制度，都采用本票名称。解放后，我国限制并取消了商业信用，银行结算禁止使用汇票和本票。50年代初，我局翻译的《政治经济学教科书》，采用了期票这个译名。当时，还出版了《〈政治经济学教科书〉译名汇编》，更加推广了期票译法。此后，我国的经济学专著和译著，纷纷使用期票，于是期票就显得占优势。虽然，本票用法受到抑制，但它源远流长，在银行界根深蒂固，约定俗成。在一些重要的工具书中，它仍得到沿用，70年代出版的《辞海》就坚持了这个用法。改革开放以来，随着金融体制的改革，逐步推行了票据承兑和贴现业务。1989年4月，我国银行又实施了以汇票、本票、支票、信用卡为主体的票据结算。1990—1092年中国人民银行总行起草了《中华人民共和国票据法讨论稿》，并经有关方面座谈讨论，形成了第三稿，其中规定了汇票、本票和支票等制度。在此期间出版的涉及银行学、票据法和经济学的专著，无论是介绍国外票据法，或是阐述国内银行信用，大都采用了本票名称。可见，期票改译本票，势在必行，这不仅是有待讨论的学术问题，而且也是贯彻我国即将颁布票据法的需

---

① 《国际金融实务》，1988年黑龙江人民出版社版，第113页。
② 《货币学原理》，1980年台北三民书局版，第408—409页。

要。当然,这不是说,期票一词就根本废止不用了。根据金融业务的活动和金融著作的记载来看,定期的允诺式票据也常称作期票。

关于汇票的含义和译法

根据《英国票据法》的解释,汇票(bill of exchange)是一个(即货物卖主)向另一个(即买主)签发的,要求即期或定期或可确实的将来日期,对指定人或持票人支付一定金额的书面命令。

期票(本票)和汇票是不同的。期票为允诺式票据。出票人允诺在一定日期和地点无条件地支付债权人或持票人一定金额。在这种信用行为中,当事人有二:一、出票人(债务人),二、受款人(债权人)。例如:甲向乙赊购了10000元的棉花,议定半个月付款,甲给乙开出一张以15天为限的期票,到期时甲向乙付款。

汇票是委托式的票据,即债权人向债务人开出的票据,委托他在一定时间无条件地支付一定金额给受款人。在这种信用行为中,当事人有三:一、出票人,二、付款人,三、受款人。例如:甲(棉花商人)向乙(织布业主)赊售了10000元的棉花。乙(织布业主)又向丙(布店老板)赊售了10000元棉织品,乙(织布业主)为了支付棉花货款而向丙(布店老板)开出一张以3个月为期的10000万元的汇票,让丙(布店老板)到期付款给甲(棉花商人)。这张汇票的当事人有三人:乙(织布业主)是开票人,甲(棉花商人)是受款人,丙(布店老板)是付款人。

简言之,汇票和期票可以说有两点主要区别:汇票是三人之间的关系,期票是两人之间的关系;汇票是债权人开出,而由债务人承诺(承兑)才能有效,期票则由债务人开出,并向债权人付款。70年代在翻译《马克思恩格斯全集》第 25 卷和第 26 卷时，对 Wechsel 又作了一番研究，并向外质疑，基于上述认识，才最后确定：Wechsel 以汇票译法为主，兼译票据或期票。

马克思在研究资本主义信用制度时，对汇票的本质和作用作了精辟阐述。马克思在《资本论》中指出，"商业信用的代表是汇票（Wechsel），是一种有一定支付期的债券，是一种延期支付的证书。"从事再生产的资本家利用汇票这个支付手段，可以进行结算。例如：

34. 如果这些**汇票**（Wechsel）通过背书而在商人自己中间再作为支付手段来流通，由一个人转到另一个人，中间没有贴现，那就不过是债权由 A 到 B 的转移，而这绝对不会影响整个的联系。这里发生的只是人的变换。即使在这种场合，**没有货币的介入，也照样可以进行结算**。例如，纺纱业者 A 要向棉花经纪人 B 兑付一张汇票（Wechsel），棉花经纪人 B 要向进口商人 C 兑付一张汇票（Wechsel）。现在如果 C 又出口棉纱（这是十分常见的现象），他就可以凭这张汇票购买 A 的棉纱，纺纱业者 A 又可以用这张由 C 支付而得到的、要经纪人 B 自己兑付的汇票（Wechsel），来偿付经纪人 B。在这里，至多只有差额要用货币支付。①

马克思又指出，票据是建立在信用基础上的支付凭证，它具有信用作用。商人之间的交易，不必支付现金，只须信用为媒介便能完成。例如：

35. 棉花为换取一张汇票（Wechsel）而转移到纺纱业者手中，棉纱为换取一张汇票（Wechsel）而转移到棉织厂主手中，棉布为换取一张汇票而转移到商人手中，然后它再为换取一张汇票（Wechsel）而从

---

① 《马克思恩格斯全集》第 1 版第 25 卷第 542—543 页。

该商人手中转移到出口商人手中,再为换取一张汇票(Wechsel)而从出口商人手中转移到一个在印度经商的商人手中,该印度商人把它出售,用以购买靛蓝等等。在这样转手的时候,棉花已经完成了它转化为棉布的过程,棉布最后运到印度,并同靛蓝交换,靛蓝被运到欧洲,在那里再进入再生产过程。在这里,再生产过程的不同阶段都**以信用为媒介**,纺纱业者没有对棉花支付现金,棉织厂主没有对棉纱支付现金,商人也没有对棉布支付现金等等。在过程的最初几个行为中,商品棉花通过了不同生产阶段,而这种转移是**以信用为媒介的**。①

马克思还指出,票据具有流通作用。它通过背书,可以让与他人,再背书还可转让,从而形成流通工具,发挥流通作用。例如:

36. 汇票或支票所代表的互相的债权,或是由同一个银行家结算,他只是把债权从一个户头划到另一个户头;或是由不同的银行家互相之间进行结算。把800万到1000万的汇票集中在一个汇票经纪人(例如奥维伦—葛尼公司)手里,是在当地扩大这种结算规模的主要手段之一。**流通手段的效力**通过这种节约而提高了。因为单纯结算差额需要的**流通手段量**变小了。②

马克思最后指出,票据有平衡债务的作用。由于票据是建立在信用基础上的支付凭证,它可以通过提示,平衡国际间贸易所发生的债权和债务,从而使它们相互抵消。例如:

37. 伦敦的 A 托 B 向曼彻斯特工厂主 C 购买货物,准备运往东印度 D 那里去。B 凭 C 向 B 开出的以 6 个月为期的汇票向 C 支付。B 也用向 A 开出的以 6 个月为期的汇票使自己得到补偿。货物一经起运,A 又

---

① 《马克思恩格斯全集》第 1 版第 25 卷第 545 页。
② 《马克思恩格斯全集》第 1 版第 25 卷第 590—591 页。

凭提单向 D 开出以 6 个月为期的汇票。①

综上所述不难看出，作为支付手段和流通工具的 Wechsel，具有结算、信用、流通和平衡债务的作用。所举例句中的 Wechsel，是委托式的票据，反映了三者之间的信用关系，英文是 bill of exchange 或 draft，故译汇票，是贴切的。

我们深入研究了 Wechsel 的汇票译法后，还发现有些译为汇票的地方，尚值得商榷。例如：

38．为了简便起见，我们可以把这种支付凭据概括为**汇票**这个总的范畴。这种汇票直到它们期满，支付日到来之前，本身又会作为支付手段来流通；它们形成真正的商业货币。就这种汇票由于债权和债务的平衡而最后互相抵消来说，它们是绝对地作为货币来执行职能的，因为在这种情况下，它们已无须最后转化为货币了。就像生产者和商人的这种互相预付形成信用的真正基础一样，这种预付所用的流通工具，**汇票**，也形成真正的信用货币如银行券等等的基础。真正的信用货币不是以货币流通（不管是金属货币还是国家纸币）为基础，而是以汇票流通为基础。②

39．我们可以再把有价证券分成两部分：一部分是商业证券即**汇票**，它们是流动的，按时到期的，它们的贴现已经成为银行家的基本业务……③

40．银行家资本的这些实际组成部分——货币、汇票、有息证券——决不因为这些不同要素是代表银行家自有的资本，还是代表存款

---

① 《马克思恩格斯全集》第 1 版第 25 卷第 461 页。
② 《马克思恩格斯全集》第 1 版第 25 卷第 450—451 页。
③ 《马克思恩格斯全集》第 1 版第 25 卷第 526 页。

即别人所有的资本，而会发生什么变化。①

以上三例中的汇票，英文虽为 bill of exchange，但应译票据。首先，这个英文名词除通常译为汇票以外，亦可译票据。例如，一些金融专著中提到"英国于1882年颁布施行的《票据法》，或《英国票据法》，"英文就是 Bill Of Exchange Act。如译《汇票法》，就不正确，因为它对汇票、期票（本票）和支票，均作了法律规定。

其次，第38例是讲：作为支付手段的票据（汇票和期票），进入流通，由于它能平衡抵消债权和债务，从而形成信用的真正基础，所以马克思说：真正的信用货币，是以**票据**为基础的，北大教授主编的《中国经济百科全书》中的"信用货币"条目也作这种解释。

第三，《票据结算与票据法》一书的编者，对这个用语的理解也是如此。他们在书中介绍了中外票据的发生和演变后写道："在资本主义社会里，信用已渗透到一切经济领域，商业信用已构成资本主义信用制度的基础，职能资本家不得不借助于**票据**这种信用工具来确定商品所有权让渡以后的债权债务关系，并借以保证在特定期限后收回自己应得的货款。所以马克思说，在信用制度普遍化以后，'商品不是为了取得货币而卖，而是为取得定期支付的凭据而卖。为了简便起见，我们可以把这种支付凭据概括为汇票这个总的范畴'。"（第33页）很明显，作者在这段文字中是把 Wechsel 理解为票据的。

第四，票据外延大，它包括汇票、期票（本票）、支票，和后者是整体和部分的关系，具有概括性，可称之为"总的范畴"。相反，汇票和期票（本票）、支票都是构成票据的要素，一个要素不能概括其他要素。所以，此处汇票改译票据，才是确切的。

---

① 《马克思恩格斯全集》第1版第25卷第526页。

第 39 和 40 例中的汇票，也应改译票据。商业证券不只是商业汇票，也包括商业期票（本票）。银行家的基本业务，也不只是贴现汇票，而且也贴现期票（本票）。货币、票据、有息证券代表了银行家资本的不同组成部分。货币指现金，票据指商业汇票和期票，有息证券指国债、国库券和股票等。所以，不论从《马恩全集》的行文来看，或是从银行信用来看，上述例句中的汇票须改为票据。诸如汇票贴现业务、期票贴现业务（Wechseloperation）、汇票牌价、期票牌价（Wechselkurs）、期票经纪人、汇票经纪人（Wechselmakler），一般情况下亦应照此办理，期票和汇票均译票据为佳。

关于债券的译法

一、国库券的涵义和译法

根据马克思所说，有价证券除商业证券即票据之外，还有公共有价证券，即国债券、国库券、股票等。这里再分析一下国库券的译法。

国库券通常指短期公债的一种，是政府在税收青黄不接或货币短缺时所发行的证券。《马克思恩格斯全集》许多卷中都谈到国库券。它的俄译文为 Вексель Казначейства 和 Казначеcий вексель，中译文多译自俄文本，当时由于没有注意到 Вексель 在此处是证券，债券之意，照搬了期票译法，故译成国库期票。例如：

41. 在有价证券的市场上**国库期票**（Вексель казначейства）仍然继续以 2 厘的贴现率外加一厘附加利息兑现。①

---

① 《马克思恩格斯全集》第 1 版第 9 卷第 345 页。

42. 按低价抛售统一公债，按高价收购**国库期票**（Вексель казначейства）①。

43. 普通国库**期票**（Вексель казначейства）是一种为期12个月的债券，通常在期满时掉换或者偿还，而且期票的利率是随着金融市场上的利率波动的。相反地，**国库债券**（Боны казначейства）规定了几年内一定的利率，这种债券本身就是一种可以用简单的签字转让背书的方式实行转让而不需要买方或卖方出任何附加开支的定期利息。总之，可以称它们为铁路证券（Белезнодрожные Облиации）的仿制品。②

44. 由于实行这个计划，就不得不收回全部正在流通的**国库期票**（Вексель казначейства）和800万英镑的南海公司的债券，这就给公众造成了最大的不便；这个计划还使谁也不愿意要的**国库债券**（Боны казначейства）完全破产。③

45. 格莱斯顿在把自己的预算提交议院审议之前，宣布了实行减少短期国债和长期国债的重要措施。在短期国债方面所采取的措施是，他把**国库期票**（Вексель казначейства）的日息从1.5便士降低到1便士，并且正好是在市场利率提高的时候降低的。由于实行这项措施，格莱斯顿不得不先收回300万**国库期票**（Вексель казначейства），然后再按更高的利率发放出去。他在大量长期国债方面的试验更有意思。他的冠冕堂皇的目的是减少国债。格莱斯顿搞得那样巧妙，以致在财政年度终结时不得不 at par〔按票面价值〕收回800万英镑南海公司债券。这些债券按当时交易所的牌价只值票面价值的85%。同时，格莱斯顿把他新

---

① 《马克思恩格斯全集》第1版第9卷第345页。
② 《马克思恩格斯全集》第1版第10卷第238页。
③ 《马克思恩格斯全集》第1版第11卷第28—29页。

发明的有价证券——**国库债券**（Боны казначейства）抛到交易所去。他争取到议会准许发行为数 3000 万英镑的这种证券。但是他费尽气力才把 40 万英镑的这种债券推销出去。一句话，实行格莱斯顿的减少国债的措施的结果是：长期国债的基本数额增加了，短期国债的利率提高了。①

46. 英格兰银行为了做好准备，除**国库期票**（Вексель казначейства）以外，已经停止发放以任何国家有价证券作抵押的贷款。②

47. 格莱斯顿先生为了筹集他所需要的 600 万英镑，发行了流通期为 4 年、5 年和 6 年的三类国库债券（Боны казначейства）。③

首先，从第 41—47 例句中可以看出，国库期票俄文为 Вексель казначейства 或 казначейский вексель，一般《俄汉词典》未收录，而唯独《俄汉经济辞典》所载 казначейский вексель 译作国库券。马克思所谈的国库期票，大多是英国的公共有价证券，英文对应词为 Exchequer bill《英汉辞海》和《英华大辞典》把它解作：过去英国的一种短期信用券；财政部证券。国库期票的德文是：Schatzkammerscheine、Schatzscheine 等词，这两个复合词是国库证券和国库券之意。与此同时，上述例句中又出现了国库债券，俄译文是 Боны казначейства，英文是 Exchequer Bond，德文是 Schatzkammerbond。Боны 这个词来自法文 Bon，《法汉辞典》阐释为一、用以领取现金和食物的票证；二、国库券为 Bon du Trésor，即国家短期国债代表凭证，和商业票据一样，可以

---

① 《马克思恩格斯全集》第 1 版第 11 卷第 47 页。
② 《马克思恩格斯全集》第 1 版第 12 卷第 70 页。
③ 《马克思恩格斯全集》第 1 版第 10 卷第 238 页。

在法兰西银行贴现。Exchequer bond《英汉辞海》和《英华大辞典》解作：国库债券，即构成短期政府债务一部分的、英国政府的一种有息债券。Bond《德汉词典》解作公债、债券。Schatzkammerbond 自然是国库债券了。

从上述例句来看，格莱斯顿发行了两种政府国库债券：一种是 Exchequer bill（Вексель казначейства），它是"为期12个月的债券"，其利率"随着金融市场上的利率波动"，另一种是 Exehequer bond（Боны казначейства），它是"流通期为4年、5年和6年"的三类国库债券，几年内有固定的利率，通过背书转让时，买方或卖方均不需附加开支定期利息。它们在行文中一同出现时，前者可译国库证券，后者可译国库债券，二者有所区别。（如 Вексель казначейства）单独出现时，可视具体情况，译成国库券或国库证券。

马克思曾写了几篇文章，专门阐述了法国股份银行动产信用公司的信贷投机，其中多次出现的 Bons，都不恰当地译成了本票。例如：

48. 当法国的商业开始萧条的时候，几家铁路公司立即被迫停止营业，而同样的遭遇也威胁着几乎其余所有的铁路公司。为了扭转它们的这种情况，皇帝强迫法兰西银行同铁路公司签订合同，由于合同的关系，法兰西银行实际上变成真正的铁路承包人。法兰西银行应当发放以下列新**本票**（Bons）……准许在1858年发行的**本票**（Bons），其总额为4250万。①

49. 可见，Crédit Mobilier 的这种债券纯粹是仿效**铁路本票**（Eisenbahnbons），即在一定期限内和在一定条件下应当赎回并能带来固定利息的债券（Obligation）。但是也有区别。**铁路本票**（Eisenbahnbons）常

---

① 《马克思恩格斯全集》第1版第12卷第379页。

常以铁路本身作抵押来担保，而Crédit Mobilier的债券（Obligation）以什么来担保呢？Crédit Mobilier是用自己的债券（Obligation）买来无期公债、股票、债券（Obligation）……究竟能得到什么好处呢？得到Crédit Mobilier的债券（obligation）应付的利息同公司放款取得的股票和其他有价证券的利息之间的差额。①

50．因此，铁路本票（Eisenbahnbons）至少有比它大一倍的资本担保，而Crédit Mobilier的债券（Obligation）只有票面额同它相等的资本担保，但是每逢证券交易所的行市下降时，这种资本也必定缩小。由此看来，这些债券（Obligation）的持有者要分担股东的全部风险，却不能分享他们的利润。②

51．〔东印度公司〕着手在印度修筑铁路和架设电报线的时候，曾请求允许它在伦敦市场上发行印度**债券**（Obligation），当时它得到允许发行700万英镑仅以印度国家收入为担保的四厘**本票**（Bons）。在印度起义开始时，这些本票（Bons）还只发行了3894400英镑……③

二、铁路的债券的涵义和译法

从前一部分论述国库债券（国库券）和国库证券来看，无异说明德文Bond、英文Bond、俄文Боны和法文Bon，是对应词，是债券、证券之意。格莱斯顿发行的两种债券Exchequer bill和Exchequer Bond，流通时间和利率尽管不同，但本质上都是政府债券。而第48—51例中，

---

① 《马克思恩格斯全集》第1版第12卷第39页。
② 《马克思恩格斯全集》第1版第12卷第39页。
③ 《马克思恩格斯全集》第1版第12卷第408页。

法兰西银行发行的新本票为 Bons，而铁路公司发行的铁路本票，德文为 Eisenbahnbons，英文为 railway bonds，俄文为 Железнодорожные Боны，都指的是债券之意。Credit Mobilier 发行的债券（obligation）和铁路本票有共同点：前者仿效后者，它们都是"在一定期限内和在一定条件下应当赎回并能带来固定利息的债券。"关于铁路债券，马克思用了两种表达，除了 railway bonds 以外，又称作：railway obligations（第49—50例中译铁路证券）。它"常以铁路本身抵押来担保，""至少有比它大一倍的资本担保"，与铁路债券不同，Credit Mobilier 是用自己的债券买来无期公债、股票、债券以及诸如此类的工业公司的证券作担保，它的债券"只有票面额同它相等的资本担保。"此外，印度发行的本票（Bons）也是债券（Obligations）。所以，这几个例句中的本票（Bons），也应改译债券。

综上所述，国库债券和铁路债券中的 Bons 或 Bonds，不译期票和本票。但不是说，在任何情况下，Bons 或 Bonds 都只能译债券，这要作具体分析。例如，《资本论》中所说阿姆斯特丹银行发行的 Bons，译本票，就很恰当。请看：

52. 阿姆斯特丹银行（1609年），和汉堡银行（1619年）一样，并不标志着现代信用制度发展中的一个时代……银行发行的本票（Bons），事实上只是存入的贵金属铸币和贵金属条块的收据，要有它们的持有人的背书才可以流通。①

53. 银行发行的金券（Bons），事实上不过是存入的已铸贵金属和未铸贵金属的收据……②

---

① 《马克思恩格斯全集》第1版第25卷第681页。
② 郭大力译：《资本论》，人民出版社1966年版，第3卷，第706页。

1609年荷兰市仿效威尼斯的银行制度，成立了阿姆斯特丹银行，它是转账银行兼汇兑银行，对于所存铸币均照金银价格换算佛罗林，成为该行账簿上的货币，并开出收据。然后再应存款人的请求，代其办理转账的支付。所以，马克思说该行的Bons，只是存入贵金属铸币和条块的收据，经背书可以流通。它们是荷兰的早期票据，类似英国昔日的金匠券和今天的本票。所以，郭大力把Bon译为金券，编译局译文定为本票。

金券译法，初看起来觉得挺贴切，但仔细琢磨觉得它容易产生歧义，它可能被理解为金匠券、金证券和金库券。金匠券或金匠票（goldsmith's note），是中世纪英国商人把现金存放在金匠处，而由金匠开出同一价值的票据。金匠券可以是单纯存款证书，也可以是能转让的本票。从涵义上看，Bons译为金匠券，意思是对的，但是人们习惯地总是把金匠券视为英国金匠出具的票据。

金证券（Gold Certificates）是旧时商人把现金存入银行，而由该行开出同一价值的证券，它可以代表现金作贷付之用。这种信用制度，曾盛行了美国。金库券（Treasury note）是根据金库存金作担保所发行的兑换券，它可作流通货币使用。显然，Bons既不是中世纪英国银行的金匠券，也不是美国银行的金证券，更不是以金库作担保的金库券。可见，金券不甚理想。

从我国票据发展史上看，如果用唐宋时票据的称呼飞钱和交子来表达Bons的意思，看来很难被接受。前清时期，我国就出现了本票用法。本票的"本"字，发音和Bon接近。本票除了表达promissory note的涵义外，可视为早期票据。解放前出版的《财政金融大辞典》把本票解释为："银行为代替现金发行票据，或顾客交来现金，请求银行开给票据，银行照票面所载户名金额、期限付款，并无利息者，名之曰本票。"

显然，本票能表明阿姆斯特丹银行货币存款的收据，通过背书可以流通的票据概念。

有待研究的一处译法

上文对期票和汇票的判断标准，已作了概述：一是允诺式票据为期票（本票），委托式票据为汇票；二是 Wechsel（вексель）分不清是期票还是汇票时，可根据英文判定。如为 Promissory Note 时译期票（本票），如为 bill of expromissory note 指的是债券或债据，且不可译期票（本票）。例如：

54.〔商业信用〕的代表是**汇票**，是一种有一定支付期限的债券，是一种延期支付的证书。①

德文：Sein Repräsentant ist der Wechsel, Schuldschein mit bestimmtem Zahlungstermin, document of deferred payment (496)

俄文：Его представителем является вексель, долговое свидетельство с определённым сроком платежа, document of deferred payment (—документ об отсрочке Платежа) (25.Ⅱ.21)

英文：It is represented by the bill of exchange, a promissory note with a definite term of payment, i.e, document of deferred payment. (479)

局外有的人写文章主张把此例译为："它的代表是票据，是定期支付的期票，即延期支付的证书。"他还说"with a definite term of Payment"可能修饰"the bill of exchange"和"a promissory note"，又可译"它的代表是定期支付的汇票和期票，即延期支付的证书"。我觉得这

---

① 《马克思恩格斯全集》第 1 版第 25 卷第 542 页。

两种理解值得商榷。我认为，Wechsel 这里译票据是正确的，上边已说过，不再赘述。既然主张把 Wechsel 译为票据，它已然是"代表"，其中自然包括期票和汇票，为什么这里还要重复谈期票，岂不是画蛇添足吗？再者，第二方案也似欠考虑。当然，把"bill of exchange"和"promissory note"分别译为汇票和期票，按习惯译法来看是可以的。但在这个具体行文中其译法就有些矛盾。姑且把"它的代表"看作"**定期支付的**汇票和期票"，那么为什么它们又是"延期支付的证书"呢？"定期支付"和"延期支付"，是相互排斥的两个对立概念，是不能等同的。因为前者是定期付款，后者是到期时未能如约支付。这句话很重要，是定义性句子，译法必须正确，否则会引起混乱。

我认为译好这句话，一定要处理好 Wechsel 和 Schuldschein 的译法以及有关修饰语的限定关系。Wechel 译票据，已有共识，无需赘述。我的理解是 Schuldschein 的英文 Promissory Note，这两个词在此处是对等的，涵义是一样的。请看例句：

55. 即使在**债券**（Promissory Note）——有价证券——不像国债那样代表纯粹幻想的资本的地方，这种证券的资本价值也纯粹是幻想的。①

56. 对于国家的债权人来说，1. 他持有一张比如说 100 镑的**国债券**（Promissory Note）；2. 他靠这张**国债券**（Promissory Note）有权从国家的收入即年税收中索取一定的金额，比如说 5 镑，或 5%；3. 他可以随意把这张 100 镑的债券（Promissory Note）卖给别人。②

57. **国债**（State's Promissory Note）券出售的可能性，对 A 来说，

---

① 《马克思恩格斯全集》第 1 版第 25 卷第 529 页。
② 《马克思恩格斯全集》第 1 版第 25 卷第 527 页。

代表着本金流回的可能性。①

58. 在卖的场合，商品被放弃了，但它的价值没有被放弃，它以货币的形式或以**债券**（Promissory Note）或支付凭证的形式被收回来。②

以上数例可以看出，凡是 promissory note，德文均为 Schuldschein，俄文均为 доловое обязательство，是债券或债据之意。凡是国债券，英文或是 state's promissory note，或是 promissory note，后者虽无 state's 字样，但"对于国家的债权人来说"，持券人有权从国家的收入中索取一定的金额，很明显此处的债券应是国家发行的债券，即国债券。德文为 Schuldschein auf den Staat，俄文指 долговое обязательство，也可证明译国债券是正确的。可见以上几例中的 promissory note 不属于票据范畴中的期票概念，而是支付凭证意义上的债券之意。显然，主张译"定期支付的期票"或"定期支付的汇票和期票"的人，忽略了 promissory note 有两种意思即期券和债券，以致在应用债券的地方，即错用了期票。

从以上几例来看，《马恩全集》中的第 54 例的译法基本上是正确的。只要把汇票译为票据就完善了。从德文来看，mit bestimmtem Zahlungstermin 是限定 Schuldschein 的，从俄文来看，с оцределенным сроком длатежа 是限定 долговое обязательство 的，而从英文来看，with a definite term of payment 也是限定 promissory note 的，所以"……一种有一定支付期限的债券，"和"一种延期支付的证书"的译法，就颇为妥当。因为这样处理后，整句的行文揭示了票据的本质，它们是债券即支付凭证，有时是定期支付的，有时又是延期支付的票据（汇票或期票）。不知我的意见是否正确，请翻译家们多多指教。

---

① 《马克思恩格斯全集》第 1 版第 25 卷第 527 页。
② 《马克思恩格斯全集》第 1 版第 25 卷第 386 页。

附：

《资本论》提到的银行资本构成部分的简表

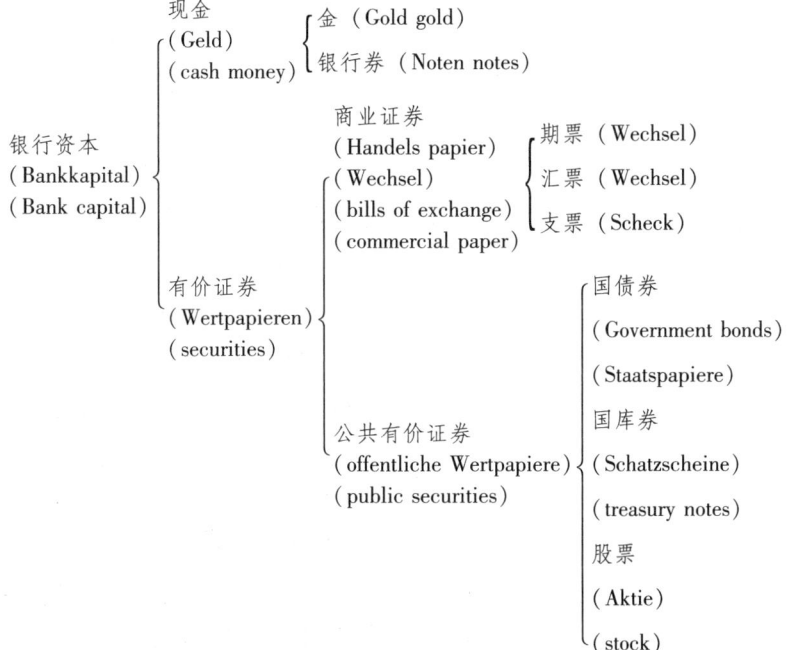

（参照《马克思恩格斯全集》第 1 版第 25 卷第 29 章第 526 页的内容绘制）

汇票的种类简表

汇票（bill of exchange，draft）
- 从出票人上分
  - 银行汇票（Banker's Draft）
  - 商业汇票（Trade Bill）
- 从承兑人上分
  - 商号承兑汇票（Trader's Acceptance Bill）
  - 银行承兑汇票（Banker's Acceptance）
- 从付款时间上分
  - 即期汇票（Sight Bill or Pemand Draft）
  - 远期汇票（Time Bill or Usance Bill）
- 从附属单据上分
  - 光票（Clean Bill）
  - 跟单汇票（Documentary Bill）
- 从使用货币上分
  - 本国货币汇票（Domestic Money Bill）
  - 外国货币汇票（Foreign Money Bill）
- 从承兑地点上分
  - 直接汇票（Direct Bill）
  - 间接汇票（Indirect Bill）
- 从流通领域上分
  - 国内汇票（Domestic Bill）
  - 国际汇票（International Bill）

（根据《国际结算》第39—41页的内容绘制）

票据的种类简表

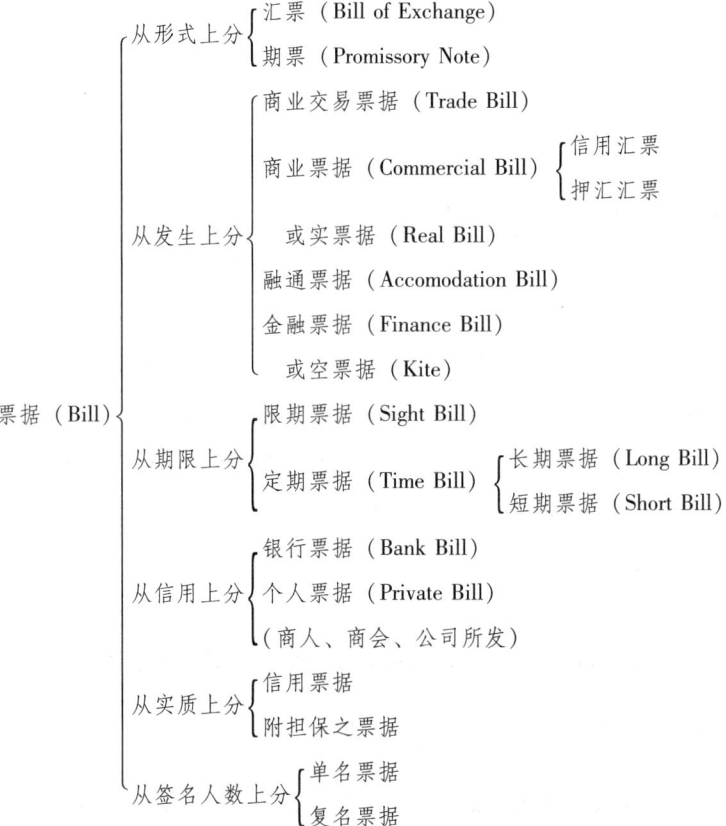

（根据《财政金融大辞典》民国 26 年版第 1002 页的内容绘制）

术语"Verwertung"在马克思经济理论中的意义及其译名[*]

冯文光

马克思在他的经济学著作及其手稿中经常使用"verwertung"一词。这个词译为"价值增殖"的场合居多,但也有不少场合译为"实现"、"价值实现"、"使用"或"利用"等。这个词的含义及其译名有必要进一步深入探讨,因为:一. 这个词的出现率很高;二. 这个词是理解马克思的劳动价值论和剩余价值理论的关键词;三. 马克思在何种意义上使用"verwertung"一词有助于说明马克思的经济理论发展的进程。在《马克思恩格斯全集》中文第 1 版中,有些地方这个词的译名欠妥,涉及了对马克思的经济理论的理解,因此本文提出商榷,以求对这个词的词义有较透彻的理解并在译校时妥善地处理译名。

一、"Verwertung"在马克思经济学著作中的基本含义

基本含义有三类:一. 使用、利用。例如:…so wenig als die Art und Weise, wie der Käufer den Gebrauchswerth einer Waare verwerthet durch das Verhältniß von Kauf und Verkauf überhaupt bestimmt ist. (Ⅱ. 3. 1. S.

---

[*] 本文选自《马克思恩格斯研究》1992 年总第 11 辑。

160)"……活的总劳动时间的量,看来不受这种经济关系本身的性质的限制,就像买者使用商品的使用价值的方法不是由买和卖的一般关系决定的一样……"① 二. 价值实现。例如:…ob der Verwertungsprozeß des Kapitals in der Produktion unmittelbar seine Verwertung in der Zirkulation setzt…(《Grundrisse》S. 3/4),"资本在生产中的价值增殖过程是否直接决定资本在流通中的价值实现……"② 三. 价值增殖。例如:die sich selbst verwerthende Natur des Werths(Ⅱ.3.1.S.26)。"价值自行增殖的本性"③。尽管 Verwertung 的译名各种各样,但归纳起来只有以上这三类含义。1861—1863 年手稿第 1 卷日文版(1987 年大月书店版)中这个词的译名也分为三类。第一类是"增殖"、"价值增殖"、"价值获得的利用";第二类是"利用";第三类是"实现"、"货币化"。英文版④的译名有 utilize,employment,consumtion,realisation 和 valorize,valorisation。英文版在处理 Verwertung 的译名时与俄文第 2 版做法不同,俄文版译为"价值实现"的地方几乎全部改成为"valorize"或"valorisation"("价值增殖"),俄文版译为"利用"的地方相当一部分改译为"valorize"或"valorisation"。英文版几乎完全取消"价值实现"这一译名。

Verwertung 的这三种基本含义之间既有联系又有区别。以下举例说明。例一:工人出卖劳动力,资本家支付劳动力的等价,在这种情况下,工人会说:"…für mich,daß meine Arbeit sich verwerthet hat"(《Grundrisse》S. 228);"……对我的好处是,我的劳动得到了实现"。⑤ 从上下

---

① 《马克思恩格斯全集》第 1 版第 47 卷第 206 页。
② 《马克思恩格斯全集》第 1 版第 46 卷(上)第 394 页。
③ 《马克思恩格斯全集》第 1 版第 47 卷第 29 页。
④ 《马克思恩格斯全集》莫斯科英文版第 30 卷。
⑤ 《马克思恩格斯全集》第 1 版第 46 卷(上)第 284 页。

文看,这里讲的是劳动的价值得到了实现。按理说,应该是劳动力或劳动能力的价值得到了实现,马克思用"劳动"这一术语是顺着资本主义辩护论者的口气说的。因此,这里译为"我的劳动的价值得到了实现"较妥。例二:工人出卖了劳动力之后,购买者就把它当作商品来使用。"sein Gebrauchswerth—seine wirkliche Verwerthung als Gebrauchswerth,d. h. seine Consumtion—die Arbeit selbst ist"(Ⅱ.3.1.S.37)。"它(指劳动能力。——笔者)的使用价值——它作为使用价值的真正实现,即它的消费——是劳动本身。"① 这里把"wirkliche Verwerthung"译为"真正实现",这一译名与"作为使用价值"联系在一起不会造成误解,只能理解为"使用",但最好译为"劳动能力真正作为使用价值被使用"。例三:劳动能力进入生产过程之后,出现了一个过程的二个方面,一方面劳动能力作为使用价值发挥作用,进行实际的劳动过程,另一方面劳动能力作为价值发生价值增殖,表现为资本的自行增殖过程。劳动成了价值增殖的手段。"…auch die Arbeitsmittel nicht mehr als Mittel zur Verwirklichung seiner Arbeit,seine Arbeit vielmehr als Mittel der Verwerthung – d. h. Einsaugen von Arbeit – für die Arbeitsmittel erscheint"(Ⅱ.3.1.S.236)。"劳动能力进行劳动……他不再为自己而是为资本家劳动;而劳动资料也不再是实现他劳动的手段,相反,他的劳动表现为增殖的手段,即对劳动资料来说表现为劳动的吸收。"② 在这段话中,Verwertung 应译为"价值增殖"。在以上三个例子中,Verwertung 的三个含义的区别清楚地显示出来了,与此同时,这三个含义之间的联系也十分清楚地显示出来:既表示劳动力在交换过程中的"价值实现",也

---

① 《马克思恩格斯全集》第 1 版第 47 卷第 41 页。
② 《马克思恩格斯全集》第 1 版第 47 卷第 299 页。

表示劳动力在生产过程中的"使用",还表示资本利用这种劳动力发生的"价值增殖"。

二、英文版处理"Verwertung"的译名原则

莫斯科英文版《马克思恩格斯全集》在《1857—1858年手稿》和《1861—1863年手稿》的各卷中处理 Verwertung 的译名时遵循的一个原则可以归纳如下:凡是与使用价值连用时译为"使用"、"利用"、"用途"、"作为使用价值实现"。以下列出若干实例:

例一:

Cotton, wood and iron have taken on the forms in which they perform these services in the labour process, the one as yarn, the others as the loom. The fact that they have acquired this particular employment of their use value through the agency of previous labour…(Vol, 30. p. 60)

…diese bestimmte Gebrauchsverwertung… vermittelst früher Arbeit erhalten haben…(Ⅱ.3.1.S.53)

"棉花、木材和铁通过过去的劳动……采取了在劳动过程中提供服务,**实现**一定**使用价值**的形式……"①

* 这句话根据英文可以改译为"棉花、木材和铁通过过去的劳动……获得了这种一定的用途……"从上下文的意思看,"一定的用途"指棉花、木材和铁通过过去劳动的中介以棉纱和织机的形式在生产过程中发挥作用。这里讲的是作为使用价值发挥作用,因此英文译为"employment"。

---

① 《马克思恩格斯全集》第1版第47卷第62页。

例二：

…appears to be subject to just as little restriction by the nature of this economic relation itself as the manner in which a buyer utilizes the use value of a commodity is determined by the relation of sale and purchase as such. (Vol. 30. p. 182)

…so wenig als die Art und Weise, wie der Käufer den Gebrauchswerth einer Waare verwerthet durch das Verhältniß von Kauf und Verkauf überhaupt bestimmt ist. (Ⅱ. 3. 1. S. 160)

"换句话说就是：活的剩余劳动量，从而资本用一定的、由劳动能力本身的生产费用决定的物化劳动量交换来的活的总劳动时间的量，看来不受这种经济关系本身的性质的限制，就像买者**使用**商品的使用价值的方法不是由买和卖的一般关系决定的一样，相反，剩余劳动量并不取决于这种经济关系。"①

例三：

Labour capacity…its use value—its **actual realization as a use value**, i. e. its consumption—is labour itself(Vol. 30. p. 42)

Sein Gebrauchswert—seine **wirkliche Verwerthung als Gebrauchswerth**, d. h. seine Consumtion—die Arbeit selbst ist. (Ⅱ. 3. 1. S. 37)

"劳动能力作为**使用价值**……它的使用价值——它作为**使用价值的真正实现**，即它的消费——是劳动本身……"②

* 英文版处理 Verwertung 译名的这一原则基本上与俄文第 2 版的处理原则一致。这个原则比较好理解。这里要补充说明的是，英文版处理

---

① 《马克思恩格斯全集》第 1 版第 47 卷第 206 页。
② 《马克思恩格斯全集》第 1 版第 47 卷第 41 页。

Verwertung与"劳动能力"连用时的译名原则特别明显：只有"劳动能力"作为使用价值的场合，Verwertung才译为"使用"、"实现"；除此以外，Verwertung des Arbeitsvermögens一律译为"劳动能力的价值增殖"。关于这一点，后面在"劳动能力的'价值增殖'还是'使用'"一节还要专门说明。

英文版在处理"Verwerthung"译名时遵循的另一个原则是：在与价值连用或者内容与价值相关的地方译为"valorisation"；在内容涉及同一过程的两个方面即生产过程既是实际劳动过程又是价值增殖过程的场合，"Verwerthung"译为"valorisation"。

例一：

Dem Capitalisten, der den Werth als solchen darstellt, steht der Arbeiter als Arbeitsvermögen schlechthin, als Arbeiter schlechthin gegenüber, so daß der Gegensatz zwischen dem sich selbst **verwerthenden** Werth, der sich selbst **verwerthenden** vergegenständlichten Arbeit und dem…Arbeitsvermögen…(Ⅱ.3.1.S.36)

……工人只是作为劳动能力，只是作为工人同代表价值本身的资本家相对立，因而自行增殖的价值，即自行增殖的物化劳动与创造价值的活的劳动能力之间的对立……①

…between self-valorising value, self-valorising objectified labour…(Vol. 30. p.41)

例二：

Den Normalarbeitstag also nehmen wir als Maaß für die Verbrauchung und Verwerthung des Arbeitsvermögens.(Ⅱ.3.1.S.164)

---

① 《马克思恩格斯全集》第1版第47卷第40页。

因此，我们把正常工作日看作消费和**使用**劳动能力的**尺度**。①
…valorisation…（Vol. 30. p. 186）

*劳动过程同时又是价值增殖过程。因此，工作日既是消费劳动能力的过程，又是劳动能力的价值增殖的过程。马克思在不同的场合表述了同一的思想：劳动过程与价值增殖过程是同一事物的两个方面。《资本论》第1卷第5章的标题是《劳动过程和价值增殖过程》。马克思在这一章中先分析劳动过程，接着分析价值形成过程，后者超过一定的点就成为价值增殖过程。价值增殖过程实际上就是劳动力的价值增殖过程。"劳动力的价值和劳动力在劳动过程中的价值增殖，是两个不同的量。资本家购买劳动力时，正是看中了这个价值额。"② 工作日是劳动能力的消费（劳动过程）和劳动能力的价值增殖（价值增殖过程）的统一。因此，这一例句中把"Verwerthung"译为"使用"不妥。

三、英文版处理"Verwertung"的译名的偏差

英文版与俄文第2版相比，在处理"Verwertung"的译名时做了某些改进，但是正如前面已经指出的那样，也发生了某些偏差。

英文版的偏差主要表现在以下三个方面。一. 在涉及流通（W—G—W）的场合，英文版也都把"Verwertung"译为"valorisation"。马克思说："流通——因为它归结为等价物的一系列交换活动——不可能

---

① 《马克思恩格斯全集》第1版第47卷第211页。
② 《马克思恩格斯全集》第1版第23卷第219页。

增加流通的商品的价值。"① "流通时间不能成为创造价值的积极要素。"② 因此，在涉及等价物交换的场合，"Verwertung"应译为"价值实现"。

例如：

Die **Verwertung** besteht darin, daß jeder sein eignes Produkt gegen aliquote Teile der Produkte der vier andren austauscht und zwar so, daß von dem Surplusprodukt ein Teil für den Konsum des Kapitalisten bestimmt ist, ein Teil sich in Surpluskapital verwandelt, womit neue Arbeit in Bewegung zu setzen. **Die Verwertung** besteht in der realen Möglichkeit größrer Verwertung-Produktion neuer und größrer Werte. (《Grundrisse》S. 346)

"在这里，剩余**价值的实现**在于：每一个资本家用他自己的产品同其他四个资本家的产品的相应部分相交换，而且，一部分剩余产品被用于资本家的消费，另一部分则转化为剩余资本，以便推动新的劳动。剩余**价值的实现**在于更多的增殖价值的现实可能性。"③

The valorisation consists in each capitalist exchanging his own product for…

The valorisation consists in the real possibility of…(Vol. 28. p. 371)

*这里所说的流通 W—G—W 是简单流通。简单流通不创造价值，只实现价值。马克思在很多场合采用 Realisation 一词。作为资本的货币的流通形式 G—W—G 则不同。马克思在《1857—1858 年手稿》中是以 G—W—G 形式来分析资本的价值增殖过程的。Verwertung 在与 G—W—

---

① 《马克思恩格斯全集》第1版第46卷（下）第137页。
② 《马克思恩格斯全集》第1版第46卷（下）第134页。
③ 《马克思恩格斯全集》第1版第46卷（上）第436页。

G 形式连用时应译为"价值增殖"。关于这一点，以后还要在"G—W—G 中的 Verwertung"一节中详细说明。

二. 在涉及固定资本的场合，英文版也都把"Verwertung"译为"valorisation"。固定资本的价值只是随着它的使用价值在生产过程中的消耗转移到产品上。因此谈到固定资本的价值时一般应译为"价值"。

例如：

Der Capitalist hat aber abgesehn von der raschren Verwerthung des Capital fixe surplusprofit…（Ⅱ.3.1.S.202）

如果计件支付报酬，那么工人当然得到他加班时间的份额，并把所花费的一部分剩余劳动时间据为己有。而资本家，撇开固定资本的较快**实现**不说，却获得了超额利润……①

But the capitalist, quite apart from the more rapid **valorisation** of his fixed capital, enjoys…（Vol. 30, p. 224）

＊固定资本的价值逐步转移到产品上。资本的价值增殖包含着固定资本的价值转移，因此这二者不能等同。在《马克思恩格斯全集》第46卷（下）第249页上把"Verwertungsweise des capitals fixe"译为"固定资本的价值的特殊实现方式"，是一个正确的译例。本例句中"Verwertung des capitals fixe"应译为"固定资本的价值的较快实现"。

三. 英文版在应该把"**Verwertung**"译为"价值实现"的地方译为"**utilisation**"。

例如：

Es ist überhaupt charakteristisch für den Tiefsinn, daß das Kapital, welches Lohnarbeit setzt, Arbeit erst in Lohnarbeit und das Arbeitsvermögen in

---

① 《马克思恩格斯全集》第 1 版第 47 卷第 246 页。

eine Ware verwandelt, durchaus durch sein Hereinkommen keinen change in die Verwertung der Arbeit hereinbringt, ebensowenig wie in die Verwertung der aufgehäuften Arbeit. (《Grundrisse》S. 472)

这种深思熟虑最突出的地方就是：确定雇佣劳动的资本，首次把劳动转化为雇佣劳动，把劳动能力转化为商品，资本的加入不会使劳动的**价值实现**发生任何**变化**，也不会使积累劳动的**价值实现**发生任何**变化**。①

…brings about absolutely no CHANGE in the **utilisation** of labour, as little as it does in that of accumulated labour. (Vol. 28, p. 498)

*英文版在这里保留了俄文第2版的译法。（参看俄文第2版第46卷（下）第72页）从上下文看，这段文字涉及的是马尔萨斯的观点。他认为工资是不变的，劳动的价值是不变的，即等于同量物化劳动。资本的加入也不会使劳动的价值实现发生变化。

四、劳动能力的"价值增殖"还是"使用"？

剩余价值的产生是由于工人进入生产过程，他的劳动能力作为使用价值发挥作用，创造出超过自身价值的价值。劳动能力的"Verwertung"译为"价值增殖"还是"使用"，涉及一个重要的理论问题。

例一：

Das Verhältniß, worin vergegenständlichte Arbeit gegen lebendige Arbeit ausgetauscht wird—also der Unterschied zwischen dem Werth des Arbeitsvermögens und der Verwertung dieses Arbeitsvermögens durch den

---

① 《马克思恩格斯全集》第1版第46卷（下）第74页。

Capitalisten—nimmt im Produktionsproceß selbst eine andre Form an. （Ⅱ.3. 1. S. 150, 13）

物化劳动与活劳动交换的比例，即**劳动能力的价值**与资本家对**这一劳动能力的利用**之间的差别……①

The relation in which…hence the difference between the value of labour capacity and the **valorisation** of that labour capacity by the capitalist…（Collected Works, p. 173, Vol. 30）

＊马克思在《资本论》第1卷第5章中指出："劳动力的价值和劳动力在劳动过程中的价值增殖，是两个不同的量。资本家购买劳动力时，正是看中了这个价值差额。"这句话的意思与本例句的意思完全一样。虽然用词略有不同，用了"Verwertung"（价值增殖）和"Wertdifferenz"（价值差额），但是上下文的意思却完全相同。工人出卖自己劳动能力，即包含在劳动力中的过去劳动，获得一天的劳动力维持费，这是劳动力的交换价值。劳动力一天的使用价值归货币所有者所有，后者只支付例如半个工作日就可以维持劳动力一天的生活，但却要劳动力在整个工作日内支出。因此，"劳动力使用一天所创造的价值比劳动力自身一天的价值大一倍"。②本例句的中译文所说的意思是：劳动能力的价值与劳动能力的使用价值是不同的，有差别的。从《资本论》第1卷第5章的相应地方来看，本例句的中译文不妥，"Unterschied"应该是指劳动能力的价值与劳动能力的价值增殖之间的差别。这一句可以译为：物化劳动与活劳动交换的比例，即劳动能力的价值与资本家使这一劳动能力发生的价值增殖之间的差别……

---

① 《马克思恩格斯全集》第1版第47卷第196页。
② 《马克思恩格斯全集》第1版第23卷第219页。

例二：

Wir haben gesehn, daß…die **Verwerthung** des Arbeitsvermögens über seinen Werth hinaus mit dieser dem Gesetz des Waarenaustauschs gemäß vor sich gehenden Operation…nicht in Widerspruch steht…Es scheint daher völlig gleichgültig…in welchem Maasse das Arbeitsvermögen vom Capitalisten verwerthet wird…（Ⅱ.3.1.S.159/160）

"我们看到，资本家按照等价支付劳动能力，以及超出劳动能力的价值**使用**劳动能力，与按照商品交换的规律……进行的这种活动并不矛盾……因此，资本家对劳动能力**使用**到什么程度，或者说，在实际生产过程中把劳动时间延长到什么界限，看起来是完全无关紧要的，就是说，不是由关系本身的性质决定的。"①

We have seen that the capitalist pays labour capacity its equivalent, and that the **valorisation** of labour capacity beyond its value does not stand in contradiction to his operation…Hence the degree to which labour capacity is **valorised** by the capitalist, or the extent to which the duration of labour time in the actual production process is increased, appears to be a matter of complete indifference…（Vol.30.p.182）

* 这段话中的"Verwerthung"应译为"价值增殖"，因为这里讲的是劳动能力超过自身价值的增殖与等价交换规律并不矛盾，因而涉及的是价值，而不是使用价值。这段话中的"verwertet wird"孤立地看既可以指实际劳动过程，也可以指价值增殖过程。英文版把"verwerthet wird"译为"valorised"，很可能是由于考虑到了上下文的一致关系。

例三：

---

① 《马克思恩格斯全集》第1版第47卷第205—206页。

Indeß ist folgendes zu erwägen: Was **Verwerthung** des Arbeitsvermögens (oder wie wir es früher nannten Consumption desselben. Es ist eben die Natur des Arbeitsvermögens, daß der Consum desselben zugleich **Verwerthungsproceß**, Vergegenständlichung von Arbeit) auf Seiten des Capitals, ist auf Seiten des Arbeiters Arbeiten, also Verausgabung von Lebenskraft. Wird die Arbeit über eine gewisse Zeitdauer verlängert—oder das Arbeitsvermögen über einen gewissen Grad hinaus verwerthet—so wird das Arbeitsvermögen temporär oder definitive zerstört, statt sich zu erhalten. (Ⅱ.3.1.S.160,17,21)

"但是，应当考虑：在资本一方是对劳动能力的**使用**（或者正如我们过去所说的劳动能力的消费。劳动能力的消费同时是**价值增殖过程**，是劳动的物化，这正是劳动能力的性质），在工人一方就是劳动，从而就是生命力的消耗。如果劳动超出一定的持续时间而延长，或者说，劳动能力的使用超过一定的程度，那么，劳动能力就不能得到保存……"①

Nevertheless, the following point must be considered: What on capitals is the valorisation of labour capacity (or, as we previously called it, the consumption of labour capacity) it is of the nature of labour capacity that its consumption is at the same time a process of valorisation…valorised… (Vol, 30. p. 182)

＊劳动对工人来说是劳动，对资本家来说是价值增殖过程。这里讲的正是同一过程的这两个方面。如果这里把"Verwertung"译为"使用"，就会取消其中的一个方面，只把劳动过程看作劳动能力的消费和使用，而同一过程的这两个方面是马克思的理论中的一个重要环节。因此这里译为"使用"是不妥的。

---

① 《马克思恩格斯全集》第1版第47卷第206页。

五、Verwirklichung Realisation，Verwertung 的含义的重合和交叉

这三个不同的德文词在马克思的经济学著作中的译名或重合，或交叉，有必要进一步分析弄清它们的异同，以便加深对马克思的原意的理解。

Verwertung。一律译为"实现"。劳动的"实现"指劳动从可能性变为现实性，也就是劳动与劳动资料结合在一起实现自身。在资本主义条件下，工人同生产资料分离了，因而"劳动资料也不再是实现（Verwirklichung）他劳动的手段，相反，他的劳动表现为增殖（Verwertung）的手段，即对劳动资料来说表现为劳动的吸收"。① 雇佣劳动的前提之一是"自由劳动同实现（Verwirklichung）自由劳动的客观条件相分离"。② "在这种分离状态下，不仅劳动不能实现，资本也不能实现。资本通过购置生产资料和劳动力，使之结合在一起，从而劳动和资本都得到了实现。资本通过这种实现必然发生增殖。从这一意义上来说，资本的自行增殖就是资本的实现，反过来说也一样。" "重农学派也懂得，雇佣劳动创造剩余价值就是资本的自行增殖（Selbstverwertung），即资本的实现（Verwirklichung）。"③ 资本主义生产过程的结果不是生产出产品，而是资本，其中以劳动的条件的形式出现的部分与工人相对立，"因此，并不是这些条件在生产过程中作为劳动能力的实现（Verwirkli-

---

① 《马克思恩格斯全集》第 1 版第 47 卷第 299 页。
② 《马克思恩格斯全集》第 1 版第 46 卷（上）第 471 页。
③ 《马克思恩格斯全集》第 1 版第 46 卷（上）第 291 页。

chuns）条件来实现（realisiert werden），而是劳动能力仅仅作为增殖和保存这些条件的价值……的条件从生产过程中出来。"① 在这里，"realisieren"是与"Verwirklichung"等值的。

既然生产资料是实现劳动的条件，那么在劳动与它的条件相结合的意义上也可以说生产资料是使用劳动的条件。例如："……他必须每天从他的产品价值中扣除原材料和劳动资料的价值，以便能够不断地补偿原材料和劳动资料，每天重新支配为**实现**（**使用**）〔Verwirklichung（Anwendung）〕10小时劳动所需要的原材料和劳动资料。"② 在这段话中，"Verwirklichung"与"Anwendung"等值，**实现**（Verwirklichung）10小时劳动等于**使用**（Anwendung）10小时劳动。

Realisation。马克思使用这个德文词有两种场合。一种场合与Verwirklichung等值，另一种场合表示产品被售出，价格变成实在的货币。例如："……商品……它要在交换中才能实现（sich realisieren）为一定的货币额"。③

在表示流通领域中产品被出售这一意义上，"Realisation"与"verwertung"在含义和译名上有交叉。例如，《马克思恩格斯全集》第46卷（上）第436页上的一段话："在这里，剩余价值的实现（Verwertung）在于：每一个资本家用他自己的产品同其他四个资本家的产品的相应部分相交换……剩余价值的实现（Verwertung）在于更多的增殖价值（Verwertung）……"这一段话中前两个"Verwertung"译为"价值实现"，因为这里涉及的是产品交换。马克思在《大纲》中区分了W—

---

① 《马克思恩格斯全集》第1版第46卷（上）第459—460页。
② 《马克思恩格斯全集》第1版第47卷第196—197页。
③ 《马克思恩格斯全集》第1版第46卷（上）第383—384页。

G—W 和 G—W—G，认为前者不是创造价值的因素，后者才是创造价值的因素，但他在这两种场合谈到产品的实现时都使用了"Verwertung"这个词。在这里，"Verwertung"与"Realisation"同义。马克思在《大纲》中谈到产品的实现和价格的实现时有时使用"Realisation"。例如：《马克思恩格斯全集》第46卷（上）第385页："过程的产品在其直接形式上不是价值，而是必须重新进入流通才能实现为（realisiert zu werden）价值"；"现在资本作为商品本身与商品同命运，它能否与货币交换，它的价格能否实现（realisiert wird），这些都是偶然的事情"。

在《大纲》之后，马克思在谈到产品实现时不再用"Verwertung"一词，而是用"Realisation"一词。《1861—1863年手稿》中不再用"Verwertung"来表示产品的实现，而是用"Realisation"，或者形式上不用这一术语，而是用"补偿"、"出售"等等来代替。

Verwertung。这个词的基本含义前面已经论述过。这里要分析的是马克思使用这个术语（包括其动词、分词）的总的概况。我们着重比较《1857—1858年手稿》和《1861—1863年手稿》。在《1857—1858年手稿》中，马克思用这个词表示"价值增殖"、"价值实现"、"使用"，在"价值实现"这一意义上使用"Verwertung"时，也交叉使用"Verwirklichung"和"Realisation"。而在《1861—1863年手稿》中，"Verwertung"这个术语的含义向"价值增殖"或"使用"集中，用于"价值实现"的场合已经很少。在《1861—1863年手稿》之后，马克思基本上只在"价值增殖"意义上使用"Verwertung"。"实现"采用"Realisation"或者说"补偿"、"出售"等，不再在"使用"意义上采用"Verwertung"。英文版《大纲》部分在处理"Verwertung"译名时之所以发生偏差，主要原因就在于没有弄清马克思使用"Verwertung"一词的过程所体现的理论思维过程（后面专门论述），从而把后来的基本上只在"价值增殖"意义上使用"Verwertung"的原则应用于《大纲》和《1861—1863年手稿》。

六、G—W—G 中的"Verwertung"

马克思在《大纲》中区分了两种流通：W—G—W 和 G—W—G。在 W—G—W 的场合，"流通……不可能增加流通的商品价值"①；"流通时间不能成为创造价值的积极要素"②。在 G—W—G 的场合，同一交换价值要成为货币、商品、商品、货币，不仅保存自己，而且会发生价值增殖，"在流通中并且通过流通而使自己永久化和自行增殖（倍增）的货币，就是**资本**"③。后一场合包含了流通的两个要素 W—G—G—W，"流通被包括在资本里面，表现为 G—W—W—G"④，或者说"流通包括**在资本概念之内**"⑤。

W—G—W 有两种情况可以增加价值，一是"重新使用**他人劳动**"⑥，一是"由于重复"⑦。除这两种情况以外，W—G—W 运动只能实现价值。马克思在 W—G—W 的场合有时使用"Verwertung"来表示

---

① 《马克思恩格斯全集》第 1 版第 46 卷（下）第 137 页。
② 《马克思恩格斯全集》第 1 版第 46 卷（下）第 134 页。
③ 《马克思恩格斯全集》第 1 版第 46 卷（下）第 503 页。
④ 《马克思恩格斯全集》第 1 版第 46 卷（下）第 260 页。
⑤ 《马克思恩格斯全集》第 1 版第 46 卷（下）第 144 页。
⑥ 《马克思恩格斯全集》第 1 版第 46 卷（下）第 43 页。
⑦ 《马克思恩格斯全集》第 1 版第 46 卷（下）第 135 页。

"价值实现"。G—W—G"应当表现为生产交换价值的要素"①，它包含W—G和G—W这两种简单流通。但是，尽管W—G和G—W已纳入资本概念，verwertung与它们连用时仍应译为"价值实现"，只有与作为价值增殖过程总体的G—W—G连用时才译为"价值增殖"。

我们在前面已经指出，《大纲》中关于作为价值增殖过程总体的G—W—G的论述与马克思在后来的经济学著作中关于价值增殖过程的分析在用词上有许多不同之处。从这些用词上的不同可以得出如下认识：

一、马克思在《大纲》中是以唯一的形式G—W—G来考察资本的，G是起点，也是终点。《资本章》实际上考察的是作为资本的货币。从这一角度出发，马克思把"货币作为资本"作为《资本章》的副标题就比较容易理解了。

二、马克思在《大纲》中区分了简单流通和由资本决定的流通。前者W—G—W是价值实现过程，后者G—W—G是价值增殖过程。在前一场合，"Verwertung"应译为"价值实现"；在后一场合，"Verwertung"，应译"价值增殖"。

三、《大纲》中的G—W—G作为价值增殖过程总体包含价值的保存、价值的增加和增加了的价值的实现三个过程。不过，这里的"价值实现"属于简单流通。

对上述第三点认识在这里要做一点补充说明。马克思在《大纲》中认为价值保存、价值增殖和价值实现是彼此"外在的过程，在时间上和空间上是分开的过程"②。与此同时，马克思在《大纲》中又认为价

---

① 《马克思恩格斯全集》第1版第46卷（下）第496页。
② 《马克思恩格斯全集》第1版第46卷（上）第385页。

值的保存与价值的增加是合而为一的。这里似乎出现了论述上的矛盾。关于这一矛盾，要在研究价值增殖和价值保存的关系时解决。

下面分别举例说明作为价值增殖过程整体的 G—W—G 流通形式中的"Verwertung"和作为这一过程整体的组成部分的价值实现（属于简单流通）中的"Verwertung"。

第一类例子（价值增殖过程整体）："流通本身不如说应被确立为价值自我保存和自行增殖（sich erhält und verwertet）的过程",① "在流通中**自行增殖**（sich verwertende）**的**，即倍增的价值，是作为目的本身而通过了流通的自为存在的交换价值"②，"交换价值本身通过流通而保存，这同时表现为它的自我增长，而这种增长就是它的自行增殖（Selbstverwertung）"③，"在流通中并且通过流通而使自己永久化和自行增殖（倍增）的货币（verwertende…Geld）"④。

第二类例子（价值增殖过程整体的组成部分）："资本在生产中的价值增殖过程（Verwertungsprozeß）是否直接决定资本在流通中的价值实现（Verwertung）……"⑤ "剩余价值的实现（Verwertung）在于：每一个资本家用他自己的产品同其他四个资本家的产品的相应部分相交换……剩余价值的实现（Verwertung）在于更多的增殖价值（Verwertung）**的现实可能性**……"⑥ "过程的产品在其直接形式上不是价值，而是首先必须重新进入流通才能实现为（realisiert zu werden）价值。因

---

① 《马克思恩格斯全集》第 1 版第 46 卷（下）第 497 页。
② 《马克思恩格斯全集》第 1 版第 46 卷（下）第 497 页。
③ 《马克思恩格斯全集》第 1 版第 46 卷（下）第 501 页。
④ 《马克思恩格斯全集》第 1 版第 46 卷（下）第 503 页。
⑤ 《马克思恩格斯全集》第 1 版第 46 卷（上）第 394 页。
⑥ 《马克思恩格斯全集》第 1 版第 46 卷（上）第 436 页。

此如果说资本作为……价值和新价值被再生产出来，那么，它同时也是作为**非价值**，作为还要通过交换才能实现为价值的东西（zu verwertende）被创造出来。"①

七、价值增殖，价值保存与价值增加（价值倍增）

1. 两种表述方式的形式上的矛盾

马克思在《1857—1858年手稿》和《1861—1863年手稿》中叙述剩余价值理论时采用"价值增殖"（Verwertung）、价值保存（Erhalten des Werts, sich perenieren, verewigen）、价值增加（Vervielfältigung, vermehrung）等术语。马克思的叙述可以概括为二类情况。（一）价值增殖（Verwertung）=价值保存（Erhalten des werts）+价值增加（Vermehrung, Vervielfältigung）。马克思在谈到资本的价值增殖过程时一般采用了这一表述方式。例一："资本要增殖价值（um sich zu verwerten），即保存并增加自己的价值（als Wert zu erhalten und zu vervielfältigen），首先必须从货币形式过渡到使用价值形式"，② 例二："资本是一种会自行再生产的东西，一种靠自身的天性而长久保存和增殖（应译增加。——笔者）的价值（perenierenden und vermehrenden Werts）"；③ 例三："……转化为资本。转化为自行保存和增加的、自行增殖的价值

---

① 《马克思恩格斯全集》第1版第46卷（上）第385页。
② 《马克思恩格斯全集》第1版第46卷（上）第384页。
③ 《马克思恩格斯全集》第1版第46卷（下）第371页。

(in sich erhaltenden und vermehrenden, selbst verwerthenden Werth)";①附带说明一下，这一例句中的"自行增殖的价值"前面应为逗号。（二）马克思在以 G—W—G 这一流通形式表述价值增殖过程时采用的叙述公式是 G—W—G 流通＝价值保存（erhalten, verewigen）＋价值增殖（verwerten）。例一："流通本身不如说应被确立为价值自我保存和自行增殖（sich erhält und verwertet）的过程";② 例二："在流通中并且通过流通而使自己永久化和自行增殖（倍增）的货币（durch sie verewigende und verwertende（vervielfältigende）Geld），就是**资本**";③ 例三："货币被确立为这样一种东西，它使流通表现为货币本身的过程的运动，表现为货币本身作为永久化的和自我增殖的价值（…des sich verewigenden und verwertenden Werts）而实现的运动。"④

从这些例子中可以看到，马克思在表述剩余价值的创造时采用了两种不同的表述方式。不过，马克思有时也把 verwerten 与 vervielfältigen、vermehren 直接等同，这样就造成了一种结果，即前面提到的 G—W—G 流通＝价值保存（erhalten）＋价值增殖（verwerten），也可以表述为＝erhalten＋vervielfältigen，这样，上述两种形式上不同的表述方式似乎就不能成立了。因此，仅仅从文字上来确认这两种不同的表述方式是不够的，还应该从理论表述上来确认这一点。

马克思在写作《大纲》阶段时论述价值增殖有两条思路。一条思路是从劳动力价值的增殖出发，另一条思路是从资本价值的增殖出发。

---

① 《马克思恩格斯全集》第 1 版第 47 卷第 94 页。
② 《马克思恩格斯全集》第 1 版第 46 卷（下）第 497 页。
③ 《马克思恩格斯全集》第 1 版第 46 卷（下）第 503 页。
④ 《马克思恩格斯全集》第 1 版第 46 卷（下）第 505 页。

首先我们从劳动力价值增殖的角度出发来考察。马克思在《1857—1858年手稿》中分析了G—W—G这一价值增殖过程。这一过程分为三个彼此"外在的过程",它们"在时间和空间上是分开的过程"。① 第一个过程是资本"通过交换本身(即同活劳动交换)而保存了自己的价值"②。资本在流通中保存自己,是指它"不断地实现在新的实体中",同时它又不"失掉它的形式规定"③。资本同劳动力这种特殊商品交换,保证了价值会自行保存,因此"资本预先就作为自行保存的交换价值而存在"④。第二个过程是生产过程,创造剩余价值的过程。第一个过程中的价值保存要在第二个过程中实现。资本价值在生产行为中不能只是得到简单保存,因为这"是同资本的概念相矛盾的"⑤。仅仅保存自己价值的资本是不可能保存自己的价值的。这一点不难理解,困难的是"如何能创造出比原先存在的交换价值更高的交换价值"⑥。价值增殖的关键就在于"工人用创造价值的活动交换一个预先决定的价值,而不管自己的活动的结果如何"⑦。如果工人得到一个工作日的工资,而他的一个工作日加在原料和工具上的也只是一个工作日,那么,资本家就没有起到资本的作用。工人必须"超过他作为工人的需要,即超过他维持生命力的直接需要"⑧继续劳动,创造出剩余价值。第三个过程是价值实

---

① 《马克思恩格斯全集》第1版第46卷(上)第385页。
② 《马克思恩格斯全集》第1版第46卷(上)第383页。
③ 《马克思恩格斯全集》第1版第46卷(上)第215页。
④ 《马克思恩格斯全集》第1版第46卷(上)第272页。
⑤ 《马克思恩格斯全集》第1版第46卷(上)第277页。
⑥ 《马克思恩格斯全集》第1版第46卷(上)第279页。
⑦ 《马克思恩格斯全集》第1版第46卷(上)第284页。
⑧ 《马克思恩格斯全集》第1版第46卷(上)第287页。

现过程。资本作为自行保存的交换价值还包含着"资本作为使用价值被消费以后,又要作为商品进入流通并且能够进入流通"①。以上三个过程的统一就是 G—W—G 这一价值增殖过程。简单说,这一过程可以概括为:资本由于同劳动力相交换而预定为能保存自己的价值,这个预先决定的价值的保存在生产行为中得到实现,这是资本价值自行保存的过程,是预定的前提;价值的增殖在于劳动力被使用后不仅创造出自己的等价,而且还发生了价值增殖。因此,从劳动力价值的角度来看,G—W—G 流通的价值增殖 = 资本价值(包括劳动力的价值)的保存(erhalten)+价值增殖(实际上是劳动力价值的增殖 verwerthen)。

其次,我们从资本的价值的角度来考察。资本的价值增殖包括资本的旧价值的保存(erhalten)和资本价值的增大(vermehren)。活劳动由于自己的质而"保存已经物化的劳动量",由于自己的"量的追加"②而使资本的价值增殖。资本的旧价值的保存与新价值的追加决不是"分开的行为",而是同时进行的。马克思在《1857—1858 年手稿》中指出:"对于把自己固定为价值的那个价值来说,增长(vermehren)和保存自己(selbsterhalten)已经合而为一"③。

以上我们概述了《1857—1858 年手稿》中关于价值增殖的两种表述形式和两条思路。现在我们把这两种表述形式和两条思路综合如下:

1. G—W—G 这一价值增殖过程分为价值保存、价值增殖和价值实现三个过程。表述前一个过程时用"保存"(erhalten),表述后两个过程时用"verwerten"。马克思通过这一表述方式强调劳动力商品对资本

---

① 《马克思恩格斯全集》第 1 版第 46 卷(上)第 272 页。
② 《马克思恩格斯全集》第 1 版第 46 卷(上)第 334 页。
③ 《马克思恩格斯全集》第 1 版第 46 卷(下)第 502 页。

价值的保存、增大的作用。但是，随着工人日益成为资本的附件，随着工人在价值创造过程中的能动地位的丧失，劳动力创造价值的过程越来越表现为资本自行增殖的过程。2. 因此，马克思在后来表述资本增殖时一般采用 Verwerten = Erhalten + Vermehren 的表述方式。在这一表述方式中，保存和增加是同时进行的，劳动力一方面转移旧价值，另一方面加进新价值，资本与劳动力的交换以及产品的实现则被当作当然的前提。

但是，由于劳动完全从属于资本，成为资本的一个附件，价值增殖的源泉看不清了。因此，劳动越是成为被动的东西，越是有必要从劳动力价值的角度来分析价值增殖过程。实际上，全部过程的关键就在于劳动力的价值和劳动力的价值增殖之间的差额。资本家看中的也正是这个差额。关于这一点，马克思在《1861—1863年手稿》和《资本论》第1卷中都有详细的论述。

2. 两种表述方式的统一

我们在前面的分析中已经看到，价值增殖过程的表述在《1857—1858年手稿》中是双重的，但是在《1861—1863年手稿》中基本上（除手稿开头部分外）统一为"价值增殖" = 同时的"价值保存" + "价值增加"，在《资本论》第1卷中的表述形式是：价值增殖不外是价值形成过程超过一定点的延长；工人在劳动材料上加进价值的过程（加进劳动的量）就是（通过劳动的质）保存旧价值的过程。显然，《资本论》第1卷的表述方式是最完善的，把前面两部手稿中的表述方式统一起来了。当然，说《资本论》第1卷的表述方式最完善、最统一，并不是等于绝对地说《1857—1858年手稿》中关于价值增殖的提法不完善、不统一。前面提到，《1857—1858年手稿》中关于价值增殖的两种表述方式只是形式上不统一，有矛盾。实际上，《资本论》第1卷中关于价值增殖的提法在这部手稿中也已经出现了，而且尽管表述方式不同，实际内容是一致的。

前面我们从术语本身以及从两个不同的角度出发研究了这个形式上的矛盾。现在要从工人与资本的关系的变化的角度来研究。马克思在《1857—1858年手稿》〔Ⅲ—10〕中分析了包括在资本中的劳动过程。他指出，劳动在与资本交换后进入劳动过程作为资本的使用价值起作用，它是酵母，"使资本发酵"①。在资本（按其内容来说）对劳动的关系中，"资本在劳动面前表现为某种被动的东西，正是资本的被动存在作为特殊实体同作为造形活动的劳动发生关系②。劳动现在被资本占有，成了资本的一个要素，"它现在作为有生产能力的生命力，对资本现存的、因而是死的对象性发生作用"③。在劳动过程中，原料被"劳动改变了，塑形了；劳动工具被消费了，因为它在这个过程中被使用，受到了磨损"④。在资本与劳动的这种关系中，资本被看作物质，"只是被动的东西"⑤。不过，资本的生产过程还有形式规定性的一面，这就是资本把劳动作为使用价值来消费，使自己的价值增殖，使工人越来越贫穷。资本的生产过程和价值增殖过程的结果，"首先是**资本和劳动的关系本身的，资本家和工人的关系本身的**再生产和新生产"⑥。工人生

---

① 《马克思恩格斯全集》第1版第46卷（上）第256页。
② 《马克思恩格斯全集》第1版第46卷（上）第256页。
③ 《马克思恩格斯全集》第1版第46卷（上）第255页。
④ 《马克思恩格斯全集》第1版第46卷（上）第258页。
⑤ 《马克思恩格斯全集》第1版第46卷（上）第263页。
⑥ 《马克思恩格斯全集》第1版第46卷（上）第455页。

产出劳动能力和资本，资本家生产出资本和活劳动能力。作为这种价值增殖结果的劳动能力"只是具有特殊使用价值的**价值**"、"与具有别种使用价值的**各价值相并列**"①。马克思紧接着这句话写道："因此，并不是这些条件在生产过程中作为劳动能力的实现条件来实现，而是劳动能力仅仅作为增殖和保存这些条件的价值（与劳动能力相对立的自为存在的价值）的条件从生产过程中出来。"② 到这里为止，在作为物化劳动的资本与活劳动的关系中，撇开形式规定的方面，从物质方面来看，前者是被动的存在，后者是能动的，或者说劳动能力与劳动条件在生产过程结束后作为并列的价值出现。但是，在《1857—1858年手稿》第Ⅵ笔记本第44页上谈到机器时，提法发生了变化。马克思指出，劳动被包括在机器体系中，"存在于活的（能动的）机器体系中"，"由于活劳动转变为这个机器体系的单纯的活的附件，转变为机器运转的手段，劳动过程便只是作为资本价值增殖过程的一个环节而被包括进价值增殖过程，这一点甚至从物质方面来看，也被肯定了"③。在《1861—1863年手稿》中，马克思进一步分析了资本和劳动的关系的这种变化，分析了劳动对资本的形式从属和实际从属。他指出，随着劳动在实际上从属于资本，资本家和工人之间的关系发生了完全的革命。一切从协作、工场手工业、工厂等社会劳动形式中发展起来的生产力，从而还有科学和自然力，都"表现为**资本的生产力**"。因此，不仅劳动资料作为资本的职能与工人相对立，而且工人的劳动的社会形式也与工人相对立，科学及其应用也作为被并入资本的东西而与工人相对立，于是"工人从属于资

---

① 《马克思恩格斯全集》第1版第46卷（上）第459页。
② 《马克思恩格斯全集》第1版第46卷（上）第459—460页。
③ 《马克思恩格斯全集》第1版第46卷（下）第209页。

本，变成这些社会构成的要素"①。能动者和被动者完全换位了。原来工人是能动的，支配作为生产条件的资本，工人使用劳动条件；现在则是"劳动条件使用工人"②，"工人**被动地从属于**机械本身的运动"③。作为生产过程的结果出现的资本是"能动的价值"④，是"能动地自我确立为创造价值的价值，自我再生产并在其中自行保存的价值"了⑤。正是基于上述认识，马克思在《1861—1863年手稿》中引用《1857—1858年手稿》〔IV—47〕关于劳动能力与劳动的客观条件的关系的那段话时作了修改，修改后的那段话是："并不是这些条件在生产过程中作为劳动能力的实现条件再生产出来，而是仅仅作为增殖和保存这些条件自身的价值（与劳动能力相对立的自为存在的价值）的条件从生产过程中出来"⑥。

我们从上面的论述可以看到：马克思在1858年8—10月写作的《政治经济学批判》第1分册第2章初稿片断⑦中就已经提出资本是能动的价值的论点，在《1861—1863年手稿》中则肯定了资本作为实物的能动作用；劳动能力与资本之间的这种能动地位的转换，对于最终把关于价值增殖过程的两种表述方式统一起来，具有重要的意义。

---

① 《马克思恩格斯全集》第1版第26卷I第420页。
② 《马克思恩格斯全集》第1版第47卷第514页。
③ 《马克思恩格斯全集》第1版第47卷第518页。
④ 《马克思恩格斯全集》第1版第46卷（下）第502页。
⑤ 《马克思恩格斯全集》第1版第46卷（下）第501页。
⑥ 《马克思恩格斯全集》第1版第48卷第99页。
⑦ 参看《马克思恩格斯全集》第1版第46卷（下）第501、502页。

八、理论回顾

对"Verwertung"这个词或者说术语的研究不仅仅涉及确定正确译名,而且也从一个侧面反映了马克思从写作《1857—1858 年手稿》到《资本论》第 1 卷的理论思维过程。因此有必要对前面的叙述做理论上的回顾。

首先我们列出一表,把"价值增殖"分"含义"、"表述形式"、"外延范围"、"能动因素"四个栏,比较《1857—1858 年手稿》、《1861—1863 年手稿》和以后的经济学手稿著作。

	1857—1858 年手稿	1861—1863 年手稿	1861—1863 年手稿以后(以《资本论》第 1 卷为例)
Verwertung 的含义	价值增殖,价格实现,使用	价值增殖,使用(很少在"价值实现"意义上被使用)	价值增殖(很少在"使用"意义上被使用)
Verwertung 的表述形式	G—W—G = Erhalten + Verwerten;Verwerten = Erhalten + Vermehren	Verwerten = Erhalten + Vermehren	Verwerten = Erhalten + Vermehren
Verwertung 的外延范围	G—W—G 增殖过程包括资本与工人的交换,生产过程,产品的实现过程	Verwerten 在生产过程中发生	Verwerten 在生产过程中发生
能动因素	工人是主动因素(手稿后半部分开始转为被动因素)	工人是被动因素(区分形式从属和实际从属)	工人是被动因素

我们从上表中可以得出如下认识:

1. 马克思在《1857—1858年手稿》中尚未把流通领域排除出价值增殖过程。

2. 用劳动二重性的理论说明资本价值增殖的表述是在《资本论》第1卷才获得了最完善的形式。

3. 价值增殖的表述形式的完善化过程与对劳动过程中的能动因素的认识过程不仅有紧密的联系，而且这两个过程是同步发展的。

4. 劳动过程与价值增殖过程的关系是：资本的价值增殖过程越发展，劳动过程越从属于它，工人在劳动过程中就越处于被动地位。

浅谈马克思的"经济的社会形态"概念[*]

卢晓萍

"经济的社会形态"这个概念[①]是历史唯物主义理论所特有的,确切些说,是马克思确立的概念。马克思关于"经济的社会形态"的思想包含在他在各个时期的理论著作中,它指人类社会发展一定阶段上占统治地位的生产关系的总和,又称社会经济结构。但是,在马克思的有关论述中,并不是一开始并且一贯地使用"经济的社会形态"概念的,这个概念的确立,是经历了一个过程的。

马克思关于"经济的社会形态"思想的论述最早可追溯到19世纪40年代,而这个具体概念的确立,也就是它的首次使用,是在50年代末,确切地说是在马克思1859年写的《〈政治经济学批判〉序言》中。在此之前,马克思用于表述经济的社会形态思想所使用的概念有:"交往形式"、"市民社会"、"所有制形式"、"社会结构"、"社会形式"、"具有独特的特征的社会"、"社会形态"等等。

在马克思和恩格斯于1845—1846年间合著的《德意志意识形态》中,在论述生产力和生产关系的辩证法,论述生产关系在社会形成中的

---

[*] 本文选自《马克思恩格斯研究》1994年总第17辑。

① 在《马克思恩格斯全集》中文第1版中,这个概念译作"社会经济形态"。

重要作用时写道："在过去一切历史阶段上受生产力所制约、同时也制约生产力的交往形式，就是**市民社会**"①。1846年，马克思在给巴·瓦·安年柯夫的著名的信中就已经把作为人的共同活动的结果的社会同标志历史阶段的一定的"社会形式"相区别，指出这种社会形式以人的生产力的一定的发展水平为前提，并且以生产、交往和消费的一定的发展阶段为前提。在这个前提下"就会有一定的社会制度、一定的家庭、等级或阶级组织，一句话，就会有一定的市民社会。有一定的市民社会，就会有不过是市民社会的正式表现的一定的政治国家"。② 马克思在这里提到的"市民社会"就是指生产关系总和。这段关于社会形式的论述中显然已经包含了"经济的社会形态"的内容。在1849年发表的《雇佣劳动与资本》中，马克思进一步阐述了他的关于社会发展的历史唯物主义的观点。他指出："**生产关系总合起来就构成为所谓社会关系**，构成为所谓**社会**，并且是构成为一个处于**一定历史发展阶段上**的社会，具有独特的特征的社会。古代社会、封建社会和资产阶级社会都是这样的生产关系的总和，而其中每一个生产关系的总和同时又标志着人类历史发展中的一个特殊阶段"。③ 在这段论述中，"处于一定历史发展阶段上的社会"、"具有独特的特征的社会"是"经济的社会形态"概念的真正内涵。

到了1852年，马克思在他的经济学研究不断加深，历史知识水平不断提高的基础上，遵循他的历史理论的认识方法的内在逻辑，研究了"形态"这一概念，并且在《路易·波拿巴的雾月十八日》这

---

① 《马克思恩格斯全集》第1版第3卷第40页，另参看第79—81页。
② 《马克思恩格斯全集》第1版第27卷第477页。
③ 《马克思恩格斯全集》第1版第6卷第487页。

部历史著作中首次使用了"社会形态"概念，而且是作为资产阶级社会的同义语使用的："一些人粉碎了封建制度的基础，割去了长在这个基础上的封建头脑；另一个人在法国内部创造了一些条件，从而才保证有可能发展自由竞争，经营分成小块的地产，利用解除了桎梏的民族工业生产力，而他在法国境外则到处破坏各种封建的形式，为的是要给法国资产阶级社会在欧洲大陆上创造一个符合时代要求的适当环境。但是，新的社会形态一形成，远古的巨人连同一切复活的罗马古董……就都消失不见了"。① 在这里，马克思把法国的资产阶级社会描述为"新的社会形态"。德国学者汉斯·彼得·雅克认为，这表明马克思使用"社会形态"这一概念来相应地说明社会总体的生成过程和社会总体本身。

经过多年潜心研究资本主义生产之前的各种形式之后，马克思在他1859年撰写的经济学著作《〈政治经济学批判〉序言》中第一次使用了"经济的社会形态"概念，通过它论述了人类社会发展过程中所经历的几个具体的"社会的经济历史类型"②："大体说来，亚细亚的、古代的、封建的和现代资产阶级的生产方式可以看作是经济的社会形态演进的几个时代。"③ 马克思用"经济的社会形态"概念表述各个特定的、与各自不同的生产方式相适应的社会形式。紧接着这一论述，马克思在提到资产阶级关系时又在与"经济的社会形态"相同的意义上使用了"社会形态"概念："因此，人类社会的史前时期就以这种社会形态而告终。"

---

① 《马克思恩格斯全集》第1版第8卷第122页。
② 《马克思恩格斯全集》第1版第24卷第66页。
③ 参看《马克思恩格斯全集》第1版第13卷第9页。

据此，笔者认为，马克思的"经济的社会形态"概念是他自40年代以来论述社会发展形成的思想所使用过的那些概念即：交往形式、市民社会、社会形式、社会形态等的发展和具体化。它在马克思后来完成的经济学巨著《资本论》中得到了进一步阐述，成为马克思把辩证唯物主义运用于研究人类社会，特别是运用于研究经济的社会发展过程而确立的重要科学概念。

"经济的社会形态"的德文原文是 ökonomische Gesellschaftsformation。在《马克思恩格斯全集》中文版中，这个词组被译作"社会经济形态"。这是参考俄文而确定的译法。根据本文上述分析来看，"经济的社会形态"是"社会形态"进一步的更精确的表述。"社会形态"的德文原文是 Gesellschaftsformation。它从外文构词上来讲，是一个复合词，是马克思关于社会发展的理论论述的一个独立的术语。马克思在 Gesellschaftsformation 前面冠以形容词定语 ökonomisch，用来更明确地说明"从社会经济结构方面来看的社会"①，译为"经济的社会形态"②更为贴切，而译为"社会经济形态"容易产生歧义。

马克思在这里使用的原文 Formation 来源于拉丁文 Formătĭo，相当于德文 Gestaltung（构成）和 Anordnung（结构），它有几层含义。从马克思使用的情况我们推断，马克思是从地质学意义上借用这个词的。在地质学上，Formation 的含义有（a）在动物志和植物志方面区别于其他发展史的地球发展史时代；（b）在地球发展的较长时期中形成的岩石层

---

① 《马克思恩格斯全集》第1版第25卷第925页。
② 在《资本论》郭大力、王亚南的译本（1963年人民出版社版第12页）中，这个概念译作"经济的社会形态"。

的层系。① 我们知道，在地球形成和发展的历史中，以层状的沉积岩、变质岩、火山岩为主的成层岩石构成地层，它的结构和形成经历了地球发展的十分复杂而漫长的演变过程，是一种连续不断的自然历史过程。正是在这个意义上，马克思在有关论述中多次用自然界岩石层的结构形成与人类社会发展史上的社会形态和经济的社会形态的形成相类比，并且作了高度的概括：经济的社会形态（ökonomische Gesellschaftsformation）的发展是一种自然历史过程。②

马克思在他的《资本论》的准备著作《经济学手稿（1861—1863年）》中分析各种不同的社会形态的形成时写道："正像各种不同的地质层系（geologischer Formationen）相继更迭一样，在各种不同的经济的社会形态（ökonomische Gesellschaftsformationen）的形成上，不应该相信各个时期是突然出现的，相互截然分开的。在手工业内部，孕育着工场手工业的萌芽，而在有的地方，在个别范围内，为了完成个别过程，已经采用机器了。后面这一点在真正工场手工业时期更是如此……"③此后，他在《资本论》第1卷中论述机器和大工业时，又明确了社会形态发展史与地球发展史的相似之处："社会史上的各个时代，正如地球史上的各个时代一样，是不能划出抽象的严格的界限的"。④

1881年，马克思为回答俄国民粹运动、社会民主主义运动的活动家维·伊·查苏利奇的问题，在谈自己对俄国社会经济发展前景，尤其是对俄国农村公社的命运的看法时，又运用了类似的对比："地球的太

---

① 参看《Duden. Das große Wörterbuch der deutschen Sprache》（6卷本）第2卷 Formation 条的释义。

② 参看《马克思恩格斯全集》第1版第23卷第12页。

③ 参看《马克思恩格斯全集》第1版第47卷第472页。

④ 《马克思恩格斯全集》第1版第23卷第408页。

古结构或原生结构是由一系列不同时期的沉积组成的。古代社会形态也是这样，表现为一系列不同的、标志着依次更迭的时代的阶段。俄国农村公社属于这一链条中最新的类型。"① "把所有的原始公社混为一谈是错误的；正像地质的形成一样，在这些历史的形成中，有一系列原生的、次生的、再次生的等等类型……"② "在古代和现代的西欧的历史运动中，农业公社时期是从公有制到私有制、从圉生形态到次生形态的过渡时期。"③ 上述译例足以说明，"社会形态"有如地球史上构成地层的各种岩石层一样，标志社会发展史上各个特殊的阶段是一个完整的概念。

以上只是我的一点粗浅看法，欢迎批评指正。

---

① 《马克思恩格斯全集》第1版第19卷第444页。
② 《马克思恩格斯全集》第1版第19卷第432页。
③ 《马克思恩格斯全集》第1版第19卷第435页。

对所谓马克思"市民理论"的质疑

——沈越同志《"资产阶级权利"应译为"市民权利"》一文商榷*

刘晡星

沈越同志在《天津社会科学》1986年第4期上发表了《"资产阶级权利"应译为"市民权利"》一文。1986年11月24日《人民日报》摘要刊登了这篇文章,标题改为《"资产阶级权利"的误解和误译》,接着,《新华文摘》1986年第12期又将文章全文转载。沈越同志认为,在马克思恩格斯著作中文版中,由于对德文 Bürger 及其同根词发生误解,造成对这类术语的误译,如 Bürger 除了"市民"这一正确的译法外,有时又被译为"资产者",因而同另一专指"资产者"的 Bourgeois 相混淆,同样,按劳分配中的 bürgerliches Recht 也没有正确地译为"市民权利",而被误译为"资产阶级权利",结果,在理论上导致了严重的谬误,不仅如此,由于对 Bürger 及其同根词的误解和误译,模糊甚至抹杀了马克思的市民理论或市民经济思想。对这个问题,笔者有不同的看法,不揣浅陋,提出来向沈越同志和广大读者请教。

---

* 本文选自《马列主义研究资料》1988年第2辑。

一、几个概念的含义

沈文提出的问题涉及与 Bürger 及其同根词相联系的一系列概念，在讨论前有必要弄清其中一些重要概念的含义。

一般说来，市民等级、市民阶级是一个历史概念，主要是指西欧中世纪脱离了人身依附关系的自由民，亦称中间等级、中等阶级（指其社会地位居于封建地主和农民之间）、第三等级（指其社会地位居于僧侣和贵族之后）。从词源学观点来看，市民等级的德文词（Bürgertum）和法文词（bourgeoisie）一样，可能同晚期拉丁文 burgus（巩固的城市、城堡）有关，但是按其经济地位来说，这个社会等级或阶级主要由商人和手工业者组成。随着工业、商业和航海业的发展，旧式的手工劳动被以分工为基础的协作所排挤，独立的手工业被具有工厂性质的工场手工业所排挤，社会财富和社会权力日益集中到市民等级的上层分子手中，同时，由于资本主义在农业中的发展，地主变成了资本主义农场主，农民中也分化出了富农。于是，便形成了资产阶级。《共产党宣言》中说："从中世纪的农奴中产生了初期城市的城关市民；从这个市民等级中发展出最初的资产阶级分子。""中世纪的城关市民等级和小农等级是现代资产阶级的前身。"① 因此，市民、市民等级（阶级）和资产者、资产阶级是社会历史发展不同时期的不同社会集团，它们分别代表历史发展过程的两个不同阶段，前者逐渐演变、发展成为后者，它们不是广义和狭义的关系，不是前者包括后者的关系。马克思在《哲学的贫困》中说："我们应当把资产阶级的历史分为两个阶段：第一是资产阶级在

---

① 《马克思恩格斯选集》第 1 版第 1 卷第 252、275 页。

封建主义和君主专制的统治下形成为阶级；第二是形成阶级之后，推翻封建主义和君主制度，把旧社会改造成为资产阶级社会。"① 恩格斯在分析欧洲资产阶级的形成过程时写道："资产阶级反对封建制度的长期斗争，在三次大决战中，达到了顶点。"② 这三次大决战，是指16世纪的德国宗教改革、17世纪的英国资产阶级革命和18世纪的法国大革命。马克思也说："虽然在十四和十五世纪，在地中海沿岸的某些城市已经稀疏地出现了资本主义生产的最初萌芽，但是资本主义时代是从16世纪才开始的。"③ 他认为，1648年革命和1789年革命是欧洲范围的革命，它们不仅宣告了欧洲新社会的政治制度的诞生，而且宣告了新社会制度的胜利，资产阶级所有制对封建所有制的胜利。我们应该把封建社会和资本主义社会不同的社会经济结构和阶级划分区别开来。

马克思还指出，在人类历史上有两种极不相同的私有制，一种以生产者自己的劳动为基础，另一种以剥削别人的劳动为基础，以社会生产和剥削别人劳动为基础的资本主义私有制是对以个人自己劳动为基础的分散的私有制的否定。封建社会的市民等级所有制，就独立的手工业生产而言，主要是劳动工具归劳动者所有，也属于以个人劳动为基础的私有制，这种手工业虽然以交换和创造交换价值为基础，但生产的直接目的是保证手工业者和手工业师傅的生存，因而是使用价值，同时它还受封建行会制度和等级制度的束缚，所以恩格斯说，"中世纪的市民阶级所有制还同封建的限制密切交织在一起"④。而资本主义以前的商人阶

---

① 《马克思恩格斯选集》第1版第1卷第159页。
② 《马克思恩格斯全集》第1版第22卷第348页。
③ 《马克思恩格斯全集》第1版第23卷第784页。
④ 《马克思恩格斯全集》第1版第21卷第454页。

层是在流通领域活动，完成的不是生产职能，具有贱买贵卖，掠夺小生产的剩余产品的特点。

可见，与城市居民含义不同的市民、市民等级（阶级），作为历史范畴是同社会历史发展的特定阶段即同资产阶级形成以前的历史阶段相联系的。

"市民社会"是马克思和恩格斯在早期著作中常用的一个术语，这是一个同政治国家（有时也称政治社会）相对应的概念。在18、19世纪西欧资产阶级哲学家、历史学家和经济学家的著作中，市民社会主要表示作为独立个人的社会成员的联合，反映同私人物质利益相联系的社会关系，以区别于由公民身份的个人组成的政治国家。黑格尔认为，市民社会是私人利益体系，国家是普遍利益体系，市民社会从属于国家，国家制约和决定市民社会。马克思在《黑格尔法哲学批判》中批判了黑格尔颠倒国家和市民社会关系的唯心主义国家观，指出市民社会是国家的基础，是产生国家的东西，从而开始了向唯物主义的自觉转变。马克思和恩格斯在早期著作中通常用市民社会这个概念来表示直接从生产和交往中发展起来的社会组织，表示历史上由一定生产力所决定的经济关系即在一定历史发展阶段上的物质生活关系的总和。从这里，我们可以看到作为唯物史观的根本观点的马克思主义关于经济基础和上层建筑的学说的最初形态。因此，他们在《德意志意识形态》中明确指出："在过去一切历史阶段上受生产力所制约、同时也制约生产力的交往形式，就是**市民社会**。""'市民社会'这一用语是在十八世纪产生的，当时财产关系已经摆脱了古代的和中世纪的共同体。真正的资产阶级社会（bürgerliche Gesellschaft）只是随同资产阶级发展起来的；但是这一名称始终标志着直接从生产和交往中发展起来的社会组织，这种社会组织在一切时代都构成国家的基础以及任何其他的观念的上层建筑的基础。"① 在这里,他们已经在两个不同的意义上使用 bürgerliche Gesellschaft 这个术语。后来,他们就用更加准确的术语(如生产关系的总和、生产方式、社会经济结构等)来代替经济基础意义上的"市民社会"。中文表达上,在同政治国家相对应的意义上使用这个术语时,一般译为"市民社会",而在资本主义社会的意义上使用时,则译为"资产阶级社会"。

马克思在早期著作中对市民社会的分析,也是从黑格尔法哲学中所论述的市民社会和政治国家的分离这个前提出发的。他认为,在中世纪的封建社会,市民社会的划分即当时的等级制度本身具有政治性质,市民社会生活和政治生活是同一的。只有政治革命即资产阶级革命才消除了市民社会的政治性质,使市民社会的等级差别完全变成社会差别,从而造成了市民社会和政治国家的分离,一方面把人变成市民社会的成员,即具有私人利益的、利己的、独立的个人,另一方面又把人变成公民、法人,即同现实的人相脱离的抽象的人。因此,马克思说:"政治革命是市民社会的革命。"② 政治革命使人获得政治解放,使人们在法律上处于平等地位,同时废除专制权力,使封建制度趋于瓦解。可见,马克思在这里论述的"市民社会"实质上已经是资产阶级社会。正因为如此,他才着重指出:"被斯密和李嘉图当作出发点的单个的孤立的猎人和渔夫,属于18世纪的缺乏想象力的虚构……实际上,这是对于16世纪以来就作了准备、而在18世纪大踏步走向成熟的'市民社会'

---

① 《马克思恩格斯选集》第1版第1卷第41—42页。
② 《马克思恩格斯全集》第1版第1卷第441页。

的预感。"① 也是由于这个原因,马克思才把不同于公民(citoyen)的私人身份的人称为市民社会的成员(bourgeois)②。

二、《马克思恩格斯全集》中文版真的误译了吗?

在弄清了上述几个概念的含义以后,我们再来谈谈翻译问题。

沈越同志认为,德文 Bürger 只能译为"市民",只有 Bourgeois 才能译为"资产者"。他写道:"在马克思恩格斯著作中文版中,Bürger(tum)、bürgerlich 都被一词两译,除了'市民(等级)'、'市民(阶级)的'这一正确的译法外,有时又被译为'资产者(阶级)'、'资产者(阶级)的',与德文版中另一类专指'资产者(阶级)'的 Bourgeois(ie)相混淆。这样,中文的'资产者(阶级)'一词实际上来源于德文两个意义不同的词。尽管 Bürger(tum)(市民)与 Bourgeois(ie)(资产者)的词义有某种联系,前者的外延较后者大,因而在一定意义上包含了后者(在资本主义社会,资产者是市民的一个部分),马克思也曾经在狭义上(市民中的资产者)使用过它,但是将前者也译为资产者,却抹杀了这两类术语的意义重大的区别,从而在理论上导致了严重的谬误,按劳分配中的'市民权利'被误译就是较典型的一例。"③

从翻译上说,如果外文原著中一词一义的术语在中文中有确切的对应词,原则上确实应该采取一词一译的原则。但是,任何一种语言都有

---

① 《马克思恩格斯全集》第1版第46卷(上)第18页。
② 参看《马克思恩格斯全集》第1版第1卷第437、440页。
③ 《天津社会科学》1986年第4期第30页。

大量的多义词、同义词、近义词，一个词往往又有本义和转义，纯粹的单义词在一种语言的全部词汇中所占的比重并不大，同时还有多种语言手段，可供人们用来表达各种丰富而复杂的思想。这恰好是人类交往发展和文化发达的标志和结果。因此，在翻译中，特别是在社会科学著作和文学著作的翻译中，往往不能采取简单的"对号入座"的办法，而要十分注意吃透原文，考虑原文的语言环境和上下文联系，考虑同一作者使用术语的变化和发展，结合原词的词义来加以判断，才能作出恰当的处理。这既是翻译的"用武之地"，也是它的为难之处。

Bürger 这个德文词并不是单义词，而是一个多义词，由这个词所派生的词更不可能都是清一色的单义词，因此，这些词译成中文当然不一定都是带有"市民"字样的同根词。Bürger 一词主要有四种含义：一、城市或乡镇的居民、市民；二、一国的公民、国民；三、中世纪脱离了人身依附关系的自由民，市民等级（阶层或阶级）、中间等级、第三等级的成员；四、资产者，资产阶级的成员。这些含义在普通的德语词典、德汉词典中都可以查到。例如，德意志民主共和国科学院语言研究所编纂的六卷本《Wörterbuch der deutschen Gegenwartssprache》、西德 G. Wahrig《Deutsches Wörterbuch》、上海译文出版社1983年出版的《德汉词典》对 Bürger（tum）的释义基本上都反映了这个情况。1978年联邦德国威斯巴登出版的12卷本《大布罗克豪斯百科词典》中，在 Bürgerlich 和 Bürgertum 条目中还特别注明在马克思主义著作中这两个词是同 Bougeoisie 即资产阶级相联系的。可见，在民主德国和联邦德国的辞书中，都不认为 Bürger（tum）和 Bourgeois（ie）是"两个意义不同的词"，只不过前者是德文的本族语，后者是来自法文的外来语。只是由于法国大革命对西欧的深刻影响，使 Bourgeoisie 这个法文词成了国际词汇。至于形容词 bürgerlich，马克思和恩格斯在很多场合都是在"资产阶级的"意义上使用的,他们很少使用 bourgeois 这个形容词。如果按照沈越同志的意见,Bürger 和 bürgerlich 只能译为"市民"和"市民的",那么,"资产阶级经济学"只能译为"市民经济学","法国资产阶级革命"只能译为"法国市民革命",《法兰西内战》只能译为《法兰西市民战争》,"资产阶级共和国"只能译为"市民共和国",那是令人费解的。在二、三十年代我国曾经有过这种译法,现在赞成这种译法的人恐怕不会太多。

如果辞书的释义还不能成为定论,那么马克思和恩格斯本人总可以作为我们译文正误的评判人了吧。好在他们都是精通多种语言并有丰富翻译实践经验的翻译家,他们亲自翻译和校订过他们自己著作的许多外文版本。

大家知道,《资本论》第一卷经马克思亲自校订的法文版于1872—1875年出版,译者是约瑟夫·鲁瓦。马克思自己说:这个法译本"扉页上印有**全部经作者校订**的字样,这绝不是毫无意义的空话,因为我确实付出了艰苦的劳动"①。而《资本论》第一卷1887年英文版则由赛米尔·穆尔和爱德华·艾威林翻译,由于马克思已经逝世而经恩格斯亲自审订,最后由他对全文负责②。大概不会有人对这两个版本的权威性表示怀疑。

笔者查找了《资本论》第一卷中文版的序言和前五章中的"资产者(阶级)"术语,并把中文版和德文版、上述的法文版、英文版加以对照,查明在德文版中用 Bürger 及其同根词的地方,法文版和英文版中绝大多数都译为 Bougeois 及其同根词。中文版与法文版不一致的地方有

---

① 《马克思恩格斯全集》第1版第33卷第492页。
② 参看《马克思恩格斯全集》第1版36卷第555页。

一处，即《马克思恩格斯全集》中文版第23卷第57页，中文译为"资产阶级社会"的地方，法文版译为société civile（市民社会）。与英文版不一致的地方有两处，即中文版上书第137和162页，中文译为"资产阶级社会"的地方，英文版译为civil society（市民社会）。具体些说，在《资本论》第一卷第一版序言和第二版跋中共有Bürger及其同根词15处，除英文版有一处、法文版有三处作了相应处理外，中文版和英文版、法文版的译法是一致的。在《马克思恩格斯全集》中文版第23卷第98—99页上，有9处使用了Bürger及其同根词，除法文版删去了第32条注以外，法文版和英文版对德文的理解都同中文版相同。如果说中文版译者误解和误译了马克思的原文，难道经马克思和恩格斯校订的法文版和英文版也误解和误译了马克思的原文吗？

1852年，为了出版马克思的著作《路易·波拿巴的雾月十八日》的英文版，恩格斯曾经让威廉·皮佩尔把该书第一章从德文译成英文。皮佩尔把德文术语bürgerliche Gesellschaft译成英文middle Class Society（中等阶级社会）。对此，恩格斯在1852年9月23日给马克思的信中指出："有教养的英国人不这么说。应当说：'资产阶级社会'（bourgeois—soeiety），或者根据情况说：'商业和工业社会'（commercial and industrial society），并且可以加一个注：我们理解的'资产阶级社会'是指资产阶级、中等阶级、工业和商业资本家阶级在社会和政治方面是统治阶级的社会发展阶段；现在欧洲和美洲的所有文明国家在某种程度上就是处于这种阶段。"① 这是恩格斯对"资产阶级社会"这个概念所作的明确解释。不过引文中的资产阶级、中等阶级、工业和商业资本家阶级指的是同一个阶级。

---

① 《马克思恩格斯全集》第1版第28卷第139页。

1892年，恩格斯为他的著作《社会主义从空想到科学的发展》英文版写了一篇导言，同年，他又自己将导言译成德文发表。这篇文章专门论述了西欧资产阶级的产生和发展。在文章中，恩格斯是把Bürgertum, Mittelklasse 和 Bourgeoisie 三个术语当作同义词来使用的。《马克思恩格斯全集》中文版第22卷第347页上专门加了一个编者注，说明在第347—350页恩格斯把英文 middle class 和 bourgeoisie 都译为德文 Bürgertum，以后有几个地方又把 middle class 译为德文 Bourgeoisie。据我看，在这里恩格斯使用这些术语也许有个倾向性，即在资产阶级掌握政权以前，用 Bürgertum 多些，而在掌握政权以后，用 Bourgeoisie 多些，但是作为形容词差不多全用 bürgerlich。

1885年，马克思用法文写成的《哲学的贫困》出版了德文第一版，是由爱·伯恩施坦和卡·考茨基合译，经恩格斯亲自校订的。在该书中，法文 bourgeoisie 分别译为德文 Bürgertum 和 Bourgeoisie，而法文形容词 bourgeois 差不多全译为 bürgerlich。这个例子再次证明，德文 Bürgertum 和 Bourgeoisie 同样具有法文 bourgeoisie 的含义，而德文 bürgerlich 也具有法文 bourgeois 的含义。

恩格斯逝世后，1896年，马克思女儿劳拉·拉法格出版了恩格斯生前十分关心的《哲学的贫困》法文第二版。该书收入了恩格斯为该书德文版写的序言即《马克思和洛贝尔图斯》和1865年1月24日马克思给约·巴·施韦泽的信即著名的《论蒲鲁东》，新增加的两篇著作中有23处使用了 Bürger 的同根词，而法文版差不多全都译为 bourgeois 的同根词，只有个别地方作了通融处理。沈越同志文章中引用了恩格斯《马克思和洛贝尔图斯》中的一段话："权利的公平和平等，是十八、十九世纪的资产者打算在封建制的不公平、不平等和特权的废墟上建立他们的社会大厦的基石。劳动决定商品价值，劳动产品按照这个价值尺度在权利平等的商品所有者之间自由交换,这些——正如马克思已经证明的——就是现代资产阶级全部政治的、法律的和哲学的意识形态建立于其上的现实基础。"① 沈文认为,这里把 Bürger 和 Bürgertum 译为"资产者"和"资产阶级"是不对的,应译为"市民"和"市民阶级"。但是,在劳拉·拉法格的法文版中,这两个词恰好译为 bourgeois 和 bourgeoisie,就是说,同中文版的理解是一致的。

其次,我们从理论观点的角度也不难判断,马恩著作中有许多地方,Bürger 及其同根词只能理解为"资产者(阶级)",而不能理解为"市民(阶级)"。这样的例子是大量的,单是《共产党宣言》中就不下四、五十处。这里我们只举出其中的几个例子(为了方便,引文中 Bürger 及其同根词的译文加了黑体)。

马克思和恩格斯说:"在**资产阶级**社会里,活的劳动只是增殖已经积累起来的劳动的一种手段。在共产主义社会里,已经积累起来的劳动只是扩大、丰富和提高工人的生活的一种手段。因此,在**资产阶级**社会里是过去支配现在。在共产主义社会里是现在支配过去。""法国革命废除了封建的所有制,代以**资产阶级**的所有制。共产主义的特征并不是要废除一般的所有制,而是要废除**资产阶级**的所有制。""现代的、**资产阶级的**家庭是建筑在什么基础上的呢?是建筑在资本上面,建筑在私人发财上面的。""**资产阶级的**婚姻实际上是公妻制。""德国的**资产阶级**革命只能是无产阶级革命的直接序幕。"② 上述理论观点都是众所周知的,用不着加以解释,人们都能理解。不难看出,如果把引文中的"资产阶级"改为"市民(阶级)",在理论上会产生什么样的谬误和

---

① 《马克思恩格斯全集》第 1 版第 21 卷第 210 页。
② 《马克思恩格斯选集》第 1 版第 1 卷 266、265、268、269、285 页。

混乱。

可见，从三个方面，即从辞书的释义、马克思和恩格斯本人的翻译和理解以及理论观点的角度，都可以说明，认为 Bürger 及其同根词译为"资产者（阶级）"及其同根词就是误解和误译这种观点很难说是有充分根据的。

至于马克思《哥达纲领批判》中使用的 bürgerliches Recht 这个术语，我认为中文版译为"资产阶级权利"是正确的，主要理由有三条：

第一，在《哥达纲领批判》中，"bürgerlich"这个词一共出现了12次，除两处为"资产阶级权利"以外，其余10处现在都译为"资产阶级的"，如"资产阶级经济学家"、"资产阶级的和平和自由同盟"、"关于工资的全部资产阶级见解"、"现代资产阶级社会"、"资产阶级的人民党"、"资产阶级的'信仰自由'"、"'资产阶级的'水平"，等等。这10处现有的译法看来还是确切的，如果改译为"市民（阶级）的"，倒反令人费解和有悖于常理。从同一篇文章用词的统一性来说，另外两处译为"资产阶级权利"是合适的。

第二，据查考，在马恩著作中，除了《哥达纲领批判》以外，bürgerliches Recht 这个术语还出现过三次，分别在《资产阶级和反革命》、《共产党宣言》、《家庭、私有制和国家的起源》这三部著作中①。这三处，除了 Recht 译法不一致以外，bürgerlich 都译为"资产阶级的"，从上下文来看还是比较合适的。考虑到《马克思恩格斯全集》术语的统一，《哥达纲领批判》用"资产阶级的"这种译法是比较可取的。

---

① 见《马克思恩格斯选集》第 1 版第 1 卷第 321、278 页和《马克思恩格斯全集》第 1 版第 21 卷第 85 页。

第三，在我们接触到的《哥达纲领批判》俄、英、法、日等文本中，除了一种纽约版英文本把 bürgerlich 译为 capitalist（资本主义的）以外，其他版本全都把这个形容词译为"资产阶级的"。而且大家知道，列宁在他的著作《国家与革命》中引用《哥达纲领批判》的有关引文时就是把这个词译为"资产阶级的"。很难设想，这些译本都对《哥达纲领批判》作了误解和误译。

顺便指出，民主德国的学者撰写的《马克思和恩格斯论社会主义社会和共产主义社会》一书中写道："如果说马克思在《哥达纲领批判》中联系按劳分配谈到'资产阶级权利'的话，那么在这里他并不是从资产阶级的阶级权利的意义上，而是从一般历史的意义上来使用'资产阶级的'这一概念的。同把不同等的尺度用于不同等的个人的封建权利相反，这里是把同等权利用于不同等的个人。"① 显然，民主德国的理论工作者也把 bürgerliches Recht 理解为同封建权利相对立的资产阶级权利，不过不是就资产阶级的阶级权利而言，即不是就其实际内容而言，而是就其一般历史意义而言。

当然，我并不是说，《马克思恩格斯全集》中文版对 Bürger 及其同根词的译法在每个场合都是无可争议、准确无误的。不，在有些具体场合，这类术语的具体含义往往难于确定，或者同一篇著作中看起来应区别不同的译法而上下文却不好照应。这些地方如何正确处理这类语词，还是值得研究和探讨的。但是，从总体上看，恐怕还不能说，《马克思恩格斯全集》中文版在 Bürger 和 Bourgeois 这两个词或两类词的译法上对原文作了误解和误译。

---

① R. Dlubek, R. Merkel《Marx und Engels über die sozialistische und kommunistische Gesellschaft》1981 年柏林版第 336 页。

三、马克思提出过"市民理论"或"市民经济思想"吗？

沈越同志从马恩著作中文版对 Bürger 及其同根词的误解和误译的观点出发，进一步作出论断，认为马克思在研究商品经济的基础上提出了一种"市民理论"，或者说，"市民经济思想"。他认为，市民的历史和商品经济的历史是一致的，只要存在商品交换和商品流通，就存在市民，市民的经济身份是商品所有者，因此一切商品所有者都是市民，而资产者的经济身份既是资本家又是商品所有者，工人的经济身份既是雇佣劳动者又是商品所有者，就产生了资产者和工人的双重经济身份，资本主义社会就出现了双重经济关系，即使在按马克思设想没有商品经济的社会主义社会，由于劳动者对自己的劳动能力拥有天然特权，仍然存在双重经济关系。但是，"由于误译，使'市民'这一术语在马恩著作中黯然失色，市民经济也自然未能引起人们足够的重视并给予系统的研究。"① 这种论断我认为也是值得商榷的。

首先，沈越同志对所谓"市民理论"的论述在很大程度上是建立在马恩著作中文版误译原文这个论断的基础上的，但是，如前所述，他对中文版误解和误译的看法未免缺乏充分的根据，因此，他关于"市民理论"的论断也就失去了主要的立论基础。

同时，沈越同志对"市民理论"的阐述在理论上也有一些概念混淆和逻辑不清的地方。

首先，他把市民等级或阶级同作为市民社会成员的市民概念混淆起来。如前所述，市民等级或阶级，在马恩著作中，是一个同阶级划分相

---

① 《天津社会科学》1986 年第 4 期第 34 页。

联系的概念，是同一定的所有制、一定的生产方式相适应的，因此，它必然是一个具体的、历史的范畴，它只存在于封建社会的一定发展阶段。而市民社会是同把社会划分为政治领域和社会经济领域相联系的概念，所以恩格斯又把市民社会称为"经济关系的领域"，它不是同一定的生产方式、一定的所有制相联系。沈越同志引用了恩格斯的一段话："奴隶被看作物件，不算是市民社会的成员。无产者被认为是人，是市民社会的成员。"① 马克思和恩格斯把市民社会成员看作是物质生产活动的主体，而对于奴隶主来说，奴隶是会说话的工具，是和牲畜一样的财产，是"活的工作机"，没有独立的人格，所以被看作是物件，不能算作是人，而无产者不同，他有独立的人格，在形式上有选择和任意行动的自由，是生产活动的主体。沈越同志把市民概念抽象化、非历史化，使之成为一个超历史阶段的概念，似乎不符合马克思和恩格斯的原意。

其次，他把简单商品生产和资本主义商品生产混淆起来。简单商品生产和发达的商品生产即通常所说的资本主义商品生产是商品生产或商品经济发展的两个不同发展阶段，它们都是商品经济的特殊形式。简单商品生产一般说来是以劳动者对生产工具的个人所有制和手工劳动为基础的，其发达形式不过是简单协作。而资本主义商品生产则以生产资料私有、雇佣劳动和社会化机器生产为特征。市民等级或阶级是资本主义以前的那个历史时期的简单商品生产的产物，因此，要说市民经济关系，那必然是同劳动者个人所有制相联系的，它不可能成为一般商品经济关系的反映。马克思说："商品生产和商品流通是极不相同的生产方式都具有的现象，尽管它们在范围和作用方面各不相同。因此，只知道

---

① 《马克思恩格斯选集》第 1 版第 1 卷第 213 页。

这些生产方式所共有的抽象的商品流通的范畴，还是根本不能了解这些生产方式的不同特征，也不能对这些生产方式作出判断。"① 据我理解，马克思在这里所说的商品生产和商品流通是指撇开一定生产方式和所有制形式的抽象概念。由商品流通所产生的商品交换关系是任何商品生产或商品经济所共有的现象，在一定条件下可以看作是一般概念。一般寓于具体和特殊。商品交换关系作为一般概念表象了一定的生产方式和所有制关系，并不等于具体的商品交换关系不处在一定的生产方式和一定的所有制关系之中。简单商品流通和资本流通都是商品流通，但其性质有根本的区别。劳动力的买和卖即劳动力和资本的交换虽然也要遵循商品交换的一般规律，但是它所体现的不是简单商品经济关系，而是资本主义经济关系，因为劳动力是特殊的商品，劳动力的买卖是资本主义生产所特有的现象，是资本主义生产方式的起点和前提。马克思说："资本主义时代的特点是，对工人本身来说，劳动力是归他所有的一种商品的形式，他的劳动因而具有雇佣劳动的形式。"② 马克思在许多地方批判了小资产阶级经济学家和资产阶级庸俗经济学家把简单商品生产和资本主义生产混淆起来的错误观点。例如，他在批判蒲鲁东时强调指出："关于公平和正义的空谈，归结起来不过是要用适应于简单交换的所有权关系或法的关系作为尺度，来衡量交换价值的更高发展阶段上的所有权关系和法的关系。"③ 他还指出："亚当·斯密阐述交换价值时还犯有一个错误，他把不发达的交换价值形式硬当作最适当的交换价值形式，而在这种不发达的形式中，交换价值还仅仅表现为生产者为本身生存而

---

① 《马克思恩格斯全集》第1版第23卷第133页注（73）。
② 《马克思恩格斯全集》第1版第23卷第193页注（41）。
③ 《马克思恩格斯全集》第1版第46卷（上）第280页。

创造的使用价值的剩余部分，这种形式只不过是交换价值在它还没有作为一般形式而占支配地位的那种生产体系中交换价值的一种历史表现形式。"① 沈越同志把市民等级或阶级所代表的简单商品生产看作是商品经济的一般形式，把属于一定历史时期的市民经济关系看作是一般商品经济关系，再把这种观点套用到资本主义生产关系中去，认为资本主义社会既存在资本经济关系又存在市民经济关系，显然有悖于马克思的原意。

诚然，资本主义经济关系作为发达的商品经济关系确实体现了商品经济所共有的一般特征，然而资本主义商品经济关系和一般商品关系是一般和特殊、抽象和具体的关系，也不是沈越同志所理解的那种双重经济关系。

综上所述，我认为，马克思既没有提出过超历史阶段的市民等级概念，也没有进行过所谓的双重经济关系分析，因此，他没有提出过沈越同志所说的那种"市民理论"或"市民经济思想"。

---

① 《马克思恩格斯全集》第 1 版第 46 卷（下）第 467 页。

从"个人崇拜"和"个人迷信"的译法谈起*

微 言

党的十一届六中全会通过的《关于建国以来党的若干历史问题的决议》明确规定:"一定要树立党必须由在群众斗争中产生的德才兼备的领袖们实行集体领导的马克思主义观点,禁止任何形式的个人崇拜。"这对于消除个人崇拜给我们党和国家造成的严重后果和改善我们党的领导,具有重大的意义。《决议》中改变了常用的"个人迷信"的提法,代之以"个人崇拜"。这两种说法都与翻译有关。本文想从这两种说法的翻译谈起,介绍一下马克思、恩格斯对个人崇拜的态度,供研究这个问题时参考。

一、两种译法哪个为妥

"个人崇拜"和"个人迷信"是同一个外文词的两种不同的译法。这个词德文为 Personenkultus,俄文为 культ личности,英文为 the personality cult 或 the cult of personality。马克思在批判夸大个人作用、神化

---

* 本文选自《马列著作编译资料》1981 年第 18 辑。

个人的反历史唯物主义的观点时首先使用了 Personenkultus 这个概念①。在1956年苏共二十大批判对斯大林的个人崇拜后，这个用语广泛流行起来。当时译为"个人崇拜"，而且在我们党发表的文章和文件中也采用了这个说法，如在1956年4月发表的《关于无产阶级专政的历史经验》中，在邓小平同志在八大作的《关于修改党的章程的报告》中，用的就是"个人崇拜"。八大以后，一些同志对"个人崇拜"的译法提出意见并建议改译为"个人迷信"。从此"个人迷信"逐渐代替了"个人崇拜"。《马克思恩格斯全集》各卷极大多数是在五十年代末、六十年代和七十年代译成中文的。因此，在马克思和恩格斯的著作中 Personenkultus（俄文 культ личности）按照当时流行的说法译为"个人迷信"，Kultus（俄文 культ）一般译为"迷信"。但是，该词无论译为"个人崇拜"还是译为"个人迷信"，其含义是明确的，就是指不恰当地夸大个人作用，神化个人，把个人当作偶像崇拜。

两种译法哪个更好些呢？这要从原文词意和马克思、恩格斯用来表达的思想谈起。Personenkultus 是由 Person（个人）和 Kultus（崇拜）连起来组成的复合词。德文 Kultus 一词的本来含义是指祭仪、祭礼、祭祀、敬神、礼拜等；转意是崇拜、膜拜（在俄、英等文字中该词的含义基本相同），指把某人或某物作为偶像崇拜。当初译为"个人崇拜"，从直接字义来说，比较符合原文。后来为什么又改译为"个人迷信"呢？从查到的材料看，主要考虑是，汉语中的"崇拜"并没有什么宗教色彩，意思同"崇敬"、"敬仰"差不多，把 Personenkultus（культ личности）译成"个人崇拜"可能会引起一种误解，似乎对那些崇高可敬的人的正当敬仰也应当加以否定。于是，该词改译成了"个人迷

---

① 《马克思恩格斯全集》第1版第34卷第289页。

信"。Kultus 译为"迷信"是从这种崇拜带有宗教色彩和它含有神化个人这层意思引申出来的。"个人迷信"明确表达了神化个人、把个人当作偶像崇拜这个意思,排除了上述可能发生的误解,这是它的可取之处。但是,"迷信",在直接字义上离原文稍远,Kultus 的直接字义并不是"迷信"。"迷信"在各种外文中有一个固定的词,德文为 Aberglaube,俄文为 суеверие,英文为 superstition,这就是我们通常所说的宗教意义上的"迷信"。马克思在批判"个人崇拜"时也曾用 Aberglaube 一词,例如,他在 1877 年给布洛斯的信中阐明"厌恶一切个人迷信"(原文为 Personenkultus)时,同时说到他们早就反对"迷信权威"(原文为 Autoritätsaberglauben)。在这里 Kultus 和 Aberglaube 的意思是相通的,但这毕竟是两个含义并不等同的词,不加区分地都译为"迷信",不尽妥当。其次,由于把"个人崇拜"改译为"个人迷信",在部分同志中也出现了另一种误解,似乎"个人迷信"是必须反对的,而"个人崇拜"是需要的,这种看法在十年内乱时期不乏其例。此外,由于把 Kultus 和 Aberglaube 都译成"迷信",有时使读者在理解马克思的有关论述时把宗教意义上的"迷信"同神化个人意义上的"迷信"混同起来。例如,马克思在《论犹太人问题》中说:"相当长的时期以来,人们一直用迷信来说明历史,而我们现在是用历史来说明迷信。"[①]这句话在批判"个人迷信"的文章中曾被引用过。这里的"迷信",原文是 Aberglaube,这是纯粹宗教意义上的"迷信"。马克思在这里是批判青年黑格尔派颠倒宗教和现实生活之间的关系。引用这句话来批判"个人迷信"不一定合适。

综上所述,"个人崇拜"的译法总的来说比"个人迷信"好些。至

---

① 《马克思恩格斯全集》第 1 版第 1 卷第 425 页。

于过去在改译过程中曾经有过的那种顾虑,是可以避免的。因为,"个人崇拜"已经成了一个专门用语,它有确定的含义,而且在我们党的文件中已有明确的解释,从马克思、恩格斯的有关论述中也可清楚地看到,他们从来都把"个人崇拜"作为违反历史唯物主义的错误观点加以反对的。

二、马克思、恩格斯对"个人崇拜"的态度

马克思、恩格斯从他们制定的唯物史观出发,始终强调人民群众的伟大历史作用,认为人民群众是历史的真正主人,是历史的创造者。他们同宣扬英雄创造历史的唯心史观作了坚持不懈的斗争,一贯坚决反对任何形式的个人崇拜。

在十九世纪四十年代初,马克思、恩格斯在创立唯物史观的过程中,就批判了青年黑格尔派的主要代表鲍威尔兄弟蔑视群众、把自己打扮成救世主的唯心史观,指出:"历史上的活动和思想都是'群众'的思想和活动","历史活动是群众的事业"①。英国唯心主义历史学家卡莱尔鼓吹"英雄崇拜"(Heroenkultus)和"天才崇拜"(Kultus des Genius)。他的这种唯心主义观点也遭到马克思、恩格斯的严厉批判。他们指出:照卡莱尔的看法,"整个历史的过程不是由活生生的人民群众……本身的发展所决定";"历史上产生的阶级差别是自然的差别,人们必须向天生的贵人和贤人屈膝,尊敬这些差别,并承认它们是永恒的自然规律的一部分,一言以蔽之,即应崇拜天才"②。

---

① 《马克思恩格斯全集》第 1 版第 2 卷第 103、104 页。
② 《马克思恩格斯全集》第 1 版第 7 卷第 306、307 页。

他们还批判了拿破仑崇拜。马克思在评论维克多·雨果写的《小拿破仑》时说:"维克多·雨果给侄子起了个绰号叫小拿破仑,于是承认其伯父为大拿破仑了。他的著名的小册子的标题就意味着一种对照,并且是对那种迷信拿破仑的现象(原文为 Napoleonkult,——即拿破仑崇拜。——引者注)表示一定程度的肯定"。接着又指出,小拿破仑正是依靠拿破仑崇拜"巧妙地建立了自己幸福的血腥大厦"①。马克思把拿破仑崇拜的破除称作"一反传统的民众信仰的激烈转变","巨大的精神革命"②。

费尔巴哈的唯物主义曾对德国思想界,包括马克思、恩格斯在内,起过解放作用,很多人一时成了费尔巴哈派,于是出现了费尔巴哈崇拜。这种影响在马克思、恩格斯的早期著作中也有反映。后来他们对自己早年曾经有过的费尔巴哈崇拜作了自我批评。马克思在1867年4月24日给恩格斯的信中谈到《神圣家族》时说:"我愉快而惊异地发现,对于这本书我们是问心无愧的,虽然对费尔巴哈的迷信(原文为 Feuerbachkultus,即费尔巴哈崇拜。——引者注)现在给人造成一种非常滑稽的印象。"③

马克思、恩格斯十分注意防止无产阶级政党内部出现个人崇拜。马克思说:"恩格斯和我最初参加共产主义者秘密团体时的必要条件是:摒弃章程中一切助长迷信权威的东西。"④ 后来当德国工人运动中出现对拉萨尔的个人崇拜时,他们极为愤慨,对这种现象作了无情揭露和严

---

① 《马克思恩格斯全集》第1版第12卷第456页。
② 《马克思恩格斯全集》第1版第16卷第405页。
③ 《马克思恩格斯全集》第1版第31卷第293页。
④ 《马克思恩格斯全集》第1版第34卷第289页。

厉斥责。他们曾为之撰稿的《社会民主党人报》大肆鼓吹拉萨尔崇拜。马克思气愤地说："恩格斯和我都讨厌该报的方针，讨厌它对拉萨尔的阿谀和迷信（原文为 Kultus。——引者注）"①。他们还一再警告该报编辑部"应该尽量认真、尽量迅速地清除自己报纸上幼稚的'偶像崇拜'"②；"要么报纸放弃对拉萨尔的崇拜，要么我们放弃这个报纸"③。但编辑部不顾他们的警告，继续散布对拉萨尔的个人崇拜。他们最后声明同这个报纸断绝关系。他们还不断告诫德国社会民主党的领导一定要清除对拉萨尔的崇拜。恩格斯指出："掩饰拉萨尔的真实面目并把他捧上天的那种神话，绝不能成为党的信念的象征。"④

马克思、恩格斯特别注意防止别人对他们的个人崇拜。这种现象一露头，他们就坚决制止。马克思说："我们两人都把声望看得一钱不值。举一个例子就可以证明：由于厌恶一切个人迷信（原文为 Personenkultus，即个人崇拜。——引者注），在国际存在的时候，我从来都不让公布那许许多多来自各国的、使我厌烦的歌功颂德的东西；我甚至从来也不予答复，偶尔答复，也只是加以斥责。"⑤ 马克思生前，几次有人要为他写传记，要他提供传记材料，马克思都拒绝了。他认为"这种事弊多利少，并且**有损于**科学家的品德"⑥。马克思、恩格斯还反对为他们个人搞公开的庆祝活动。恩格斯说："马克思和我都从来反对为个别人

---

① 《马克思恩格斯全集》第 1 版第 31 卷第 457 页。
② 《马克思恩格斯全集》第 1 版第 31 卷第 51 页。
③ 《马克思恩格斯全集》第 1 版第 31 卷第 441—442 页。
④ 《马克思恩格斯全集》第 1 版第 38 卷第 37 页。
⑤ 《马克思恩格斯全集》第 1 版第 34 卷第 286—289 页。
⑥ 《马克思恩格斯全集》第 1 版第 32 卷第 561 页。

举行任何公开的庆祝活动,除非这样做能够达到某种重大的目的;我们尤其反对在我们生前为我们个人举行庆祝活动。"① 恩格斯还反对为领导人搞隆重接待。1893年9月他回到欧洲大陆旅行,到处受到热情接待,为他举行盛大的欢迎会和宴会。他对这种排场十分反感,提出"下一次我要求有个书面协定,保证我不必在大庭广众之前露面,只作为个人因私事出来旅行。"②

由此可见,马克思、恩格斯始终把"个人崇拜"看成是有害的,违反历史唯物主义的,是要坚决反对的。

但是,马克思、恩格斯反对个人崇拜,并不是否定伟大人物的历史作用,并不是一概不要对革命领袖和杰出人物的正当的崇敬和敬仰。马克思曾引用法国唯物主义者爱尔维修的话说:"每一个社会时代都需要有自己的伟大人物,如果没有这样的人物,它就要创造出这样的人物来。"③ 恩格斯曾把欧洲文艺复兴时代称为"一个需要巨人而且产生了巨人——在思维能力、热情和性格方面,在多才多艺和学识渊博方面的巨人的时代"④。我们从马克思、恩格斯的著作中经常看到,正是他们对历史上各种杰出人物的作用作了实事求是的评价,充分肯定了他们的功绩,也指出了他们的缺点。马克思逝世后,恩格斯高度评价了他对无产阶级解放事业的伟大贡献:"这个天才的头脑不再用他那强有力的思想来哺育两个半球的无产阶级运动了。我们之所以有今天,都应归功于他;现代运动当前所取得的一切成就,都应归功于他的理论的和实践的

---

① 《马克思恩格斯全集》第1版第22卷第309页。
② 《马克思恩格斯全集》第1版第39卷第129页。
③ 《马克思恩格斯选集》第1版第1卷第450页。
④ 《马克思恩格斯选集》第1版第3卷第445页。

活动；没有他，我们至今还会在黑暗中徘徊。"① 这证明马克思主义者是承认革命领袖对历史有着推动作用的。因此，如果在反对个人崇拜时把革命领袖的历史作用否定掉，那是错误的，有害的。

---

① 《马克思恩格斯全集》第 1 版第 35 卷第 457 页。

理想主义还是唯心主义

——兼论"Idealismus"一词的形成和发展及其在马克思主义哲学史中内涵和外延的变迁*

张念东

编者按：本文就"Idealismus"一词的译法提出自己的看法，欢迎展开讨论。

本文的论题既是一个新问题，也是一个老问题。笔者以为，《马克思恩格斯全集》的重新修订出版，是不能绕开这类问题的。《马克思恩格斯全集》中，属于类似的译名问题，特别是重大译名的"多元化"，仅据我的一知半解，就很有那么几个。譬如：尽人皆知的"法"——"法权"——"权力"（Recht），"所有"——"所有制"——"所有权"——"财产"（Eigentum），"制度"——"状况"——"关系"（Verhaeltnis）等等。人们似乎习以为常，有些甚至到了见怪不怪的程度。笔者认为，如果从确保第 2 版译文质量来考虑问题，其实都是应该下些真功夫彻底从"横向"上深究一番的。

---

* 本文选自《马克思恩格斯研究》1990 年总第 3 辑。

一、问题的提出

Idealismus 一词在德语中系单一的哲学术语,从这个词出现的那一天起至今,就外形来说,它没有改动过一个字母,也就是说,它一直沿用原来的"名字"。但是,它的中文译名现在通用的却不止一种,即"理想主义"和"唯心主义",以前还用过"观念论"和"唯心论"等译名,也就是说,Idealismus 的"名字"是"多元化"的。目前,"唯心主义"的译法在我国占统治地位。至于"理想主义",则是在使用"唯心主义"无法贯通文义、无法自圆其说的时候,才出现在译文里。换句话说,它起的只是"替身"的作用。从我国的哲学界来说,现有的哲学词书和教科书中,都没有为"理想主义"安排一席之地,这是十分耐人寻味的现象。

至于人们在什么场合用"理想主义",什么情况下用"唯心主义",迄今尚无定论。

二、对工具书的初探

翻译工作首先要求助于中外文的工具书。笔者带着上述问题,结合工作实践查考了所能找到的各种词典和百科,虽费时不少,但是却没有完全达到预期的目的,只是得到了有关的一堆大同小异的解释。与此同时,愈来愈觉得这种脱离历史发展一味求助字典来解决重大的译名的方法是不成功的,并且极易陷入语言学或语源学的繁琐考据的旋涡之中,这不仅超出了我们的能力,而到头来还是莫衷一是,何况我们还十分缺乏马克思同时代的语言工具书。但是,从另外一个方面来说,这种初探却也小有收益，归纳起来有以下几点：

1. 从我局图书馆现存的上世纪末到本世纪初的几本德语原文字典①来看，"Ideal"同"Idee"是同源的，是你中有我，我中有你的，是有亲缘关系的，如1981年曼海姆版的《Volks-lexikon》就说："自17世纪以后常与'Idee'通用"。把"理想"和"观念"截然分开，乃至在某些领域达到某种程度的对立，这都是本世纪发生的事情。因此，只用现代德语词书来论此一是非，那是很难论清的，同时也是与历史唯物主义的基本观点不相符的；

2. 《中国大百科哲学卷》（下）第91页的有关词条称：Idealismus始创于德国古典哲学家莱布尼茨（1724—1804），他自称是"Idealist"，后来康德也用Idealismus来称谓自己的批判哲学——"先验的Idealismus"。该卷对Idealismus起源的论断的根据是什么，我们不得而知，但是这个结论却与德国人的说法大有出入；②

3. 社会主义国家出版的词书主要强调该词的哲学分类学意义，明确肯定它标示的是哲学史上的两大派别之一，是与"唯物主义"相对立的哲学体系，分类范围不仅涉及德国古典哲学，而且兼容古今中外的各种哲学派别及其代表人物。值得注意的是，一些资本主义国家的大型词书，也不同程度地采用了这种哲学分类法。③

4. 该词的内涵和外延不是一成不变的，也像其他一切事物一样，

---

① 例如：《Deutsches Woerterbuch》Verlag von Alfred Toepelmann Gleseen 1909；《Der Grosse Brochaus》Leipzig 1831；《Deutsches woerterbuch》Leipzig 1896；《Handbuch der Fremdwoerter》Griesbach's verlag 1897 等字典有关 Ideal 的条目。

② 《Deutsches Woerterbuch》1909 中称："Idealist"1732 年始于约·克·哥特谢特（Gottsched）；而"Ideal"则始于18世纪的维兰特（Wieland）。

③ 参看《简明不列颠百科全书》第8卷第190—191页。

有它自己的形成和发展过程。例如：《苏联百科词典》① 就说："Idealismus 产生于2500多年以前；但直到18世纪初，Idealismus 一词才用作表示哲学上两个对立阵营之一的术语。"这个启示很有益处，说明这种哲学划分不是一开始就有的。

三、首创哲学分类法的诗人

前文已经提到，据《中国大百科哲学卷》的意见，该词系德国哲学家莱布尼茨所创，那么是谁第一次把它用于哲学分类的呢？《苏联百科词典》虽然提到了这一分类出现的时间是18世纪，但是可惜没有把问题展开，也没有对论断提供任何证明。无疑，这个论断至少是有疑问的。因为莱布尼茨的生卒年份是1646—1716，康德的生卒年份是1724—1804，而18世纪正值德国古典哲学急剧上升而尚未到达顶峰的时期，当时西方哲学世界，正是德国古典哲学的天下，也就是说，进行哲学分类的时机似乎尚未成熟，何况在哲学史上也找不出任何有关此事的记载。

马克思和恩格斯的哲学著述，从某一时刻开始，明确无误地采用并强调了这种哲学分类法，不过，无论是马克思还是恩格斯，都没有直接告诉读者，他们是受了什么人的启示才发现了这种分类法的，也没有说明，是什么时候正式采用这种分类法的。我想，这也就是后人没有作出有关论断或作了不适当的论断的原因。然而，就这个问题来说，在历史文献中却也不是无端倪、无线索可寻的。

马克思和恩格斯繁忙劳碌的革命生涯，使得他们几乎无暇回顾他们

---

① 《苏联百科词典》系由苏联百科全书出版社1980年版译出。

创立马克思主义新哲学的历史。马克思终其一生，也没有见到自己的力著《资本论》以完璧问世；而恩格斯则只是到了晚年，也就是1886年开始写作《路德维希·费尔巴哈和德国古典哲学的终结》（以下简称《终结》）时，才实现了这一平生宿愿。① 显然，《终结》一文的历史功绩是不容磨灭的，说它培育了整整一代革命家，是绝不过分的。正是在这个以论述马克思主义哲学史为主旨的论文开篇第2段末尾处，恩格斯异乎寻常地提到了伟大诗人亨利希·海涅的名字："在这些教授后面……竟能隐藏着革命吗？……但是不论政府或自由派都没有看到的东西，至少有一个人在1833年已经看到了，这个人就是**亨利希·海涅**。"② 有关的篇末注说："恩格斯指海涅关于德国哲学革命的言论，这些言论包含在海涅的著作**《论德国宗教和哲学的历史》**（以下简称《历史》）中。这部著作发表于1834年，它是对德国精神生活中所发生的事件进行评论（一部分发表于1833年）的继续。海涅的这些言论贯彻了这样的思想：当时由黑格尔哲学总其成的德国哲学革命，是德国即将到来的民主革命的序幕。"③ 这样看来，为了弄清问题，《历史》一文是不可不详加研读的。

这篇文章共分3个部分，其中第1篇主要论述宗教史，也可以说是论述哲学史的伏笔；第2、3篇论述的是哲学史及对德国古典哲学必将导致革命的预言。从海涅对哲学史的论述中可以看出，素以革命诗人著称的海涅，同时也是一位思想深邃的难能可贵的哲人，他有渊博的哲学知识，且对哲学发展史有深刻的见地，对历史的预后有精确的判断。此

---

① 《马克思恩格斯选集》第1版第4卷第207—208页。
② 《马克思恩格斯选集》第1版第4卷第210—211页。
③ 《马克思恩格斯选集》第1版第4卷第550—551页。

外,他以诗人特有的敏感、激情、风趣、精炼之笔,使本来十分枯燥的纯哲学史论述,变得十分耐读,发人深思,引人入胜,这是大可一提的。《历史》一文称得上是一部具有诗情画意的欧洲哲学史。根据该书写作的时间推断,诗人有关的卓越哲学见解的形成时间要大大早于1833年,而当时马克思才不过16岁,恩格斯只有14岁,都还没有成年。

让我们来看一看,诗人在第2篇和第3篇中都说了些什么精彩的东西吧:

"我(请读者注意这个'我'字和下文出现的'我'字。——笔者)这里所论的两个对立的学说是指Idealismus和唯物主义而言。人们,尤其是法国,把这两种学说称之为唯灵主义和感觉主义,可是我们却在另外的意义上使用了唯灵主义和感觉主义这两个名称。

自远古以来,关于人类思维的性质,亦即关于精神的认识的最后根源,关于观念的产生,就存在着两种相反的见解。一种见解主张,我们的观念只能从外界得到……

另外一种相反的见解主张:观念是人们生来就有的,人类的精神里早已存在的东西,它们只不过唤起睡在那里的种种观念。

第一种见解被称为感觉主义,有时也往往被叫作经验主义;另外一种见解被认为是唯灵主义有时也往往被叫作唯理主义。然而,这却容易产生误解,因为在前一篇(指宗教史论述。——笔者)中我已谈到,这两个名称若干年来也被用来表明一切生命现象中都通用的那两大社会体系。因此,我们与其把唯灵主义这一名称加在一方面觊觎唯我独尊的显赫、另一方面又试图践踏(起码是侮辱)物质的那种僭越的精神的头上,与其同时又用感觉主义的名称来称谓那个处心积虑地以给物质正名为己任替感官要求其自身权利而并不否认精神的权利(确切地说就是从不否认精神的至高无上的权利）的反对派，倒不如我考虑到这种情况而把 **Idealismus 和唯物主义**这两个名称用来称谓有关我们的认识本质的见解。因此，一方面，对于把观念说成是生而有之即先验观念的学说，我则称之为 Idealismus；另一方面，对于通过经验、通过感官才产生精神认识即后天观念的学说，我则称之为唯物主义。"①

在这段论述中，我们可以清楚地看出，海涅很可能就是哲学史上破天荒第一次明确提出了两个对立的哲学体系的人，可能就是第一次给哲学上这对立的两极冠以 Idealismus 和唯物主义的名称的人。他在这里详细说明了他（即"我"！）之所以不用法国人惯用的唯灵主义（或唯理主义）与感觉主义来从事哲学分类的原因。显然，他在这里给借用来的 Idealismus 和唯物主义两个概念赋予了思维和存在何者为第一性的新内涵，但是同时却没有给 Idealismus 改姓更名，而是沿用了原名的外形即"名字"，这是我们中国人要特别留意的地方。

首创哲学分类法这件事居然发生在诗人海涅身上，这恐怕是一般研究哲学的人不容易想到的，因此很少有人到诗人那里去找寻哲学史问题的答案。须知，海涅创立的这一哲学分类法要比马克思和恩格斯正式采用此法至少早了十年，这正如《德国——一个冬天的童话》的情形一样，就是没有马克思和恩格斯的影响，它也是会产生的，海涅的发现，完全是独立的。

---

① 参看《海涅选集》，1983 年人民文学出版社版，第 250—251 页。原译文有掉漏和误译，本文有所补正。

四、历史的转折——1844 年

恩格斯的《终结》虽然间接提到了海涅《历史》一文，可惜没有直接告诉我们，他是何时开始研读这篇文章并从中受到启发的。

鲁迅先生说，天才生下来的第一声啼哭，也不就是一首好诗。同样，马克思主义创始人也不是从第一篇文章开始就明确采用 Idealismus 和唯物主义为其哲学分类法的。笔者年来在阅读马克思恩格斯早期著作时，就一直存在一种朦胧的印象：只是《神圣家族》以后的著作，才正式采用海涅的分类法的；只是在这个时候才正式把 Idealismus 和"唯物主义"当成对立的两大哲学体系相提并论的。而这以前的著作虽然多次提到 Idealismus，但是都还不具备典型的哲学分类学的意义，有的地方对种种"主义"的提法甚至给人以过渡性的印象。笔者经过近 9 个月来的集中调查和连续思索，进一步证实这种感觉的大方向是对头的。结论是：**1844 年 8、9 月间是这个过渡期的完成和新分类开始确立的关键时期**。这里仅举几个明显的例子来加以论证。

例1、马克思 1840—1841 年写成的博士论文在献词①中出现过两次 Idealismus："我希望一切怀疑 Idee 的人：都能像我一样幸运地颂扬一位充满青春活力的老人……他深怀着令人坚信不移的、光明灿烂的**理想主义**，唯有这种**理想主义**才知道那能唤起世界上一切心灵的真理……他永远以神一般的精力和刚毅坚定的目光，**透过一切风云变幻，看到那在世人心中燃烧的九重天**。您，我的父亲般的朋友，对于我永远是一个活生生的证据，证明**理想主义**不是幻想，而是真理。"经过去年 5 月我室组

---

① 《马克思恩格斯全集》第 1 版第 40 卷第 187 页。

织的校订会的讨论，多数人意见不同意将原译的"理想主义"改为"唯心主义"，其最直接的原因就是文义不连贯，破坏了原文应有的逻辑性。像这种迫不得已的"绕行"，在翻译实践中屡有发生，尽管"理想主义"不见于我们的哲学词书。这个例子下文还要详细谈到，这里只须指出"唯心主义"在此行不通这一点就足够了。

例2、《摘自〈德法年鉴〉的书信》，《M 致 R》（马克思致卢格，1843年5月）① 多次提到"Idealist"，例如："专制制度的唯一原则就是轻视人类，使人不成其为人……那么一个十足平庸的国王在这样一个现实的环境下又怎么能够成为**理想家**呢？"又如："那些曾无耻地宣称要使人成为人的**理想家**也讲话了……国王的愿望和理想家的心意之间是很容易发生公开冲突的。"《全集》中文版将其均译作"**理想家**"的做法是不妥的。其中"理想"二字的由来，很可能也是前一例中提到的原因所致（因为译成"唯心家"是无人能懂的），但这个"家"字明明是译错了，正确的译法应作"**主义者**"，属哲学用语。该文中心思想是提倡"能思想的"人（实则应译为"精神的"人，"精神"二字乃是德国古典哲学有别于别国哲学的**主要标志**，下文还要专门来谈这个问题），同时去批判只知道充当统治者、主人附庸的"庸人"。文中对与政治庸人相应的哲学家则称之为"实在论者"（这也是哲学翻译中一个"多元化"的名词，似应通译为"现实主义"，因为中文里面"理想"与"现实"是相对的，而"实在"就差了许多，这是一个有连带关系的问题。"现实主义"在中国似乎也属非哲学名词）；对与"精神的人"相应的哲学家则称之为"**理想主义者**"，在这里"**现实**"与"**理想**"是门当户对的两极。

---

① 《马克思恩格斯全集》第1版第1卷第411、413页。

例3、1843年秋马克思写的《论犹太人问题》中有这样一段话："……国家的 Idealismus 的完成同时也是市民社会唯物主义的完成。消灭政治桎梏同时也就粉碎了束缚市民社会利己主义精神的羁绊。政治解放同时也是市场社会从政治中获得解放，甚至是从一切普遍内容的假象中获得解放。"《全集》第1卷把文中的 Idealismus 译成了"唯心主义"，究其用心显然是为了同下文的"唯物主义"相对应。殊不知这样一来反倒找错了对象。这里，译者忽视了这一整段中三句话之间的内在逻辑性：这是三个排比句，意思相近而步步深入。第一句话中 Idealismus 所指的东西，就是第二、三句话的前半部，即指"**消灭政治桎梏**"和"**政治解放**"，这明明指"理想主义"的"理想"，与"唯心"、不"唯心"毫不相干。马克思在这个时期根本还没有确立后来采用的哲学分类法，他的 Idealismus 不是日后中国人（也包括日本人）所谓的"唯心主义"，正像他的"唯物主义"在这里还是"利己主义"及时行乐的代名词一样。

例4、1844年3—8月马克思写的《1844年经济学哲学手稿》，多次提到 Idealismus。但是，只要静下心来细细推敲，就不难发现，这里面的"唯心主义"，其实指的都是"理想主义"（亦即德国古典哲学），只是由于译成"唯心主义"时侥幸没有遇到破坏上下文义的障碍物罢了。例如："——在以批判的形式消逝着的 Idealismus（青年黑格尔主义）做出这一切滑稽可笑的动作之后，这种 Idealismus 甚至丝毫没有暗示现在已经到了同自己的父母即黑格尔辩证法批判地划清界限的时候，甚至也［丝毫］未能表明它对费尔巴哈辩证法的批判态度。"① 这里的 Idealismus 指的是德国古典哲学的顶峰黑格尔哲学及其余响，至于为什

---

① 《马克思恩格斯全集》第1版第42卷第157页。

么笔者认为此处应译为"理想主义",在下文还要谈到,这里暂时不提。又如:"彻底的自然主义或人道主义,既不同于 Idealismus,也不同于唯物主义,同时又是把这二者结合的真理。"① 这句话是在推崇费尔巴哈创立的新哲学(费尔巴哈自称自己的哲学是"自然主义"或"人道主义"),文中的"唯物主义"还未脱去例 3 中的"庸俗"躯壳,还不是费尔巴哈的那种"**真正的唯物主义**";② 而"Idealismus"也还是指的德国古典哲学的代名词。

这里应该指出,从这篇《手稿》开始,马克思的"唯物主义"的含义开始有了质的变化,而 Idealismus 还无显著变化,某种程度上说,它还停留在 1833 年以前的海涅水平上。例如:"我们看到,主观主义和客观主义,**唯灵主义和唯物主义**,活动和受动,只是在社会状态中才失去它们彼此间的对立,并从而失去它们作为这样的对立面的存在"。③

例 5、1844 年 2 月恩格斯在《英国状况。十八世纪》中说:"反对基督教的抽象主观性的斗争把 18 世纪的哲学引向对立的两极;主观和客观对立,自然和精神对立,**唯物主义和唯灵论对立**……培根未能用**他的理性解决 Idealismus 和实在论**(如前所述,这里也应译为'现实主义',现在这个样子是门不当、户不对的。——笔者)的矛盾"。④ 由此看来,直到这个时候,恩格斯也还与 1843 年 5 月的马克思抱有相同的见解(见上文例2),Idealismus 只代表与"现实"相反的那个东西——"理想"。

---

① 《马克思恩格斯全集》第 1 版第 42 卷第 167 页。
② 《马克思恩格斯全集》第 1 版第 42 卷第 158 页。
③ 《马克思恩格斯全集》第 1 版第 42 卷第 127 页。
④ 《马克思恩格斯全集》第 1 版第 1 卷第 657—659 页。

例6、1844年9—11月马克思和恩格斯合写的《神圣家族》，是马克思主义哲学创始人正式采用海涅哲学分类法的里程碑。他们在这部著作中说："**唯物主义**的真理就是唯物主义的对立面——绝对的、即至高无上、无拘无束的Idealismus"。① 像这样明确地、毫不含糊地表明两种哲学体系的对立，这在他们当时的著作中还是第一次。当然，这也再次证明了这样一个规律，即：大凡一种新学说的创立，总要借用前人的概念而赋予新意。在这篇著作问世之前，我们可以明显看出，这两位马克思主义创始人一直急于在哲学史的概念堆里找到适合于表达自己新哲学的词汇，到了这个时候可以说是水到渠成，如愿以偿了。到他们1845年合写《德意志意识形态》的时候，这种海涅式的哲学分类法已经定型，那里第1章的标题赫赫在目：——"**费尔巴哈—唯物主义观点和Idealismus观点的对立**"。我在这里有意用Idealismus来表示这个唯物主义的对立面，是因为它在中国人的文章中被改换了姓名——成了"唯心主义"，而对德国人来说，它还是原来的"Idealismus"。译名"多元化"——这就是造成我们译名上的困惑的祸根。

现在让我们继续回到原来的论题上来。人们也许不禁要问，为什么1844年会成为这一历史的转折点呢？《马克思生平事业年表》告诉我们说：1843年10月底，马克思迁居巴黎，和卢格及莫伊勒一起住在圣日尔曼郊区田凫路38号。同年12月底，马克思通过卢格**结识海涅**，并在居住巴黎的整个期间和他保持亲密的交往。② 这一年8月28日前后至9月6日，恩格斯在从英国赴德途中，在巴黎**第一次会晤马克思并一起度过了10天**，他们两人在理论观点上完全一致并决定合写《神圣家族》，

---

① 《马克思恩格斯全集》第1版第2卷第178页。
② 弗·阿多拉茨基《马克思生平事业年表》1977年三联书店版第33页。

恩格斯在巴黎完成了自己分担的一部分。① 关于革命史上这三颗新星在巴黎会见的描述，可见于各种传记文章，早已成为历史的一段佳话。这里需要指出的是，这次巴黎会见乃是这三位时代先锋的精神荟萃，他们三人之间的思想交流，必然要迸射出新时代的火花。我们可以想见，马克思和恩格斯首先都是哲人，海涅表现在《历史》一书中的渊博哲学史知识和精辟的论点很可能是他们进行思想交流的内容之一，马克思和恩格斯哲学观点的突然骤变，可能就寓于这种必然性之中，否则是无法解释这种历史的巧合的。难怪恩格斯晚年在回顾历史时，首先要追忆这位比马克思年长21岁的思想天才。恩格斯在谈到同时代人对马克思主义哲学史的贡献时是惜墨如金的，除了海涅之外就只有德国工人哲学家狄茨根②一个，而对海涅的崇高评价则是异乎寻常的，其原因大约也就在于此。

五、德国古典哲学的理想性

前面已经过，德国古典哲学的理想性（也就是精神性），是它区别于英国哲学和法国哲学的显著标准，这简直就是为什么要把Idealismus译成"理想主义"的根本原因。关于这一点，可以举出许多例子：

例1、海涅说："德国自古以来就显示出反对唯物主义的倾向，因此，在这半个世纪中成了Idealismus的真正舞台……自从莱布尼茨以来，在德国人中间掀起了一个巨大的哲学研究热潮，德国人唤起了**精**

---

① 弗·阿多拉茨基《马克思生平事业年表》1977年三联书店版第40页。
② 《马克思恩格斯选集》第1版第4卷第239页。

神，并把它引向新的道路。"① 是的，**精神**就是德国古典哲学的主角，而精神就是人，当然不是普通的人，而是理想性的人。著名海涅研究者张玉书教授说："原来德国唯心主义哲学在强调'人'的'自我'的同时，否定了上帝的存在……这是一种精神上的巨大解放，是思想上的伟大革命……"② 这话一点不错，马克思早期著作中触目皆是的"人"字就是明证。可以说，正是这个"人"字，这个新的"理想"，使马克思踏上了立志解放全人类的革命道路。

例2、我国哲学界老前辈贺麟先生对德国古典哲学有高深的造诣，他在论述这个哲学时说："**理想或理想主义不是哲学中可有可无的成分**（——可惜编辑哲学词典和哲学教科书的人没有听取这位老先生的话——笔者），而是哲学自身的一个**本质**规定，没有理想的哲学实难是真正有生命力的哲学……中国的孔孟哲学，**19 世纪的德国唯心论等 Idealismus 都是理想的 Idealismus**……孟子对浩然之气人格的伟大追求，康德的人为自身立法的宏伟气魄，黑格尔冶真善美于一炉的绝对精神，都闪耀着想理主义的光辉。"③ 你看，贺老先生论述得多么好啊！他差一点就要点破本文的论题了。

例3、前文已经说过，翻译实践表明，用"唯心主义"一统天下是行不通的，我们在若干译文的处理上已经悄悄地、部分地向"理想主义"让了步。这里仅举马克思著作中的几个实例来证论这一点：

a. 1837 年 11 月 10—11 日马克思在《给父亲的信》中说："对我

---

① 参看《海涅选集》，1983 年人民文学出版社版，第 253 页。
② 参看《海涅选集》，1983 年人民文学出版社版，第 6—7 页。
③ 贺麟：《辩证法和哲学的理想性》，载于 1988 年《社会科学实践》第 1 期第 61 页。

当时的心情来说，抒情诗必然成为首要的题材，至少也是最愉快最合意的题材。然而它是纯**理想主义**的；其原因在于我的情况和我从前的整个发展。我的天国、我的艺术同我的爱情一样都变成了某种非常遥远的彼岸的东西。"① 人们在这里切不可以为马克思是在专谈诗作中的理想主义。这是因为，他的诗作尽管有时得到后人的赞赏，但是马克思自己十分清楚，他不是个诗的天才。宁可说他精神驰骋的王国是哲学——黑格尔哲学，对此信中交代得十分清楚。②《马克思恩格斯全集》原文版第1部分第1卷前言中也说："马克思当时决不是仅仅在做诗。从他1837年11月10—11日写给父亲的一封内容广泛的信中可以看出，他首先是从事哲学和法学研究……"退一步说，就算这里讲的是艺术意义上的"理想主义"，它与哲学上的理想主义也是共通的。广而言之，政治、经济、宗教、哲学、文学、艺术等等上层建筑领域的各种"主义"很多都是共通的。这在欧洲各种语言的论著中都是如此，只要用心读人家的原文，自然会左右逢源。千万不要再戴上"多元化"的有色眼镜，那样去读，是读不出名堂的。所以，只把"理想主义"归于艺术，而把"唯心主义"、"实在论"归于哲学，这也是造成这些词汇中译名"多元化"弊病的根源之一，严格说来，这种做法也是非科学、不忠实于原文的……

b. 在同一封信中他又说："我从**理想主义**，——顺便提一提，我曾拿它同**康德和费希特的理想主义**比较，并从中吸取营养，——转而向现实本身寻求思想。"③ 这里也是无法用"唯心"来统一的，因为后文

---

① 《马克思恩格斯全集》第1版第40卷第9页。
② 《马克思恩格斯全集》第1版第40卷第10—11页。
③ 《马克思恩格斯全集》第1版第40卷第15页。

与"理想"遥遥相对的是"现实",这是任何想用唯心主义统一译名的人都无可如何的。

c. 同样,马克思博士论文献词①中的"理想"在译法上同样毫无通融的余地。马克思明明是借颂扬这位"老人"的机会在颂扬"理想主义",说它是"坚定不移"的、"光明灿烂"的,是世人心中燃烧着的九重天,断言它"不是幻想"。这只能说明当时的马克思还笃信着以黑格尔为代表的德国古典哲学,笃信这个哲学的理想——"精神"、"人",认为它们是真实的、可以企及的,因此这句话开头提到的"Idee"其实也就是与其同源的"理想"的不同表达方式而已(参见本文第2部分的1.),他认为它们都不是虚幻的,而是真实的。后来,马克思从笃信黑格尔到离开黑格尔,从笃信费尔巴哈又离开费尔巴哈,这是马克思逐步否定"理想"和"理想主义"的过程。社会的实践证明,"精神"和"人"无不浸透着社会性。黑格尔式的"人的自我完善",在社会里是会碰壁的;同样,费尔巴哈式的捧着"爱"的哲学的"人",也是难于在社会立足的。于是,他在1844年用Idealismus在思维和存在之间开掘了一条鸿沟,从此以后,脚踏实地地走上了新的革命道路。自这时开始,"理想"和"理想主义"在他的心目中总的来说都成了典型的贬义词,尽管他实际上在追寻新的理想。但是有一点必须指出:尽管Idealismus的内涵和外延在历史的进程中起了如此巨大的变化,但是,不论是马克思还是恩格斯,谁也没有更动Idealismus的一个字母,也就是说,没有为Idealismus改姓更名。如果原来他像颂扬理想一样地颂扬过Idealismus,那以后他则是像贬低理想(观念)一样地蔑视Idealismus。我们有什么理由一定要令Idealismus改姓"**唯心**"呢!

---

① 《马克思恩格斯全集》第1版第40卷第187页。

例4、让我们再来看看后期恩格斯的《终结》中的一长段话吧！它向我们透露了 Idealismus 在德国人心目中的原型。这段话说："……施达克在找费尔巴哈的 Idealismus 时找错了地方。他说'费尔巴哈是 Idealismus 者，他相信人类的进步……Idealismus 仍旧是一切的基础、根基。在我们看来，实在论（——还是译成"现实性"更切题——笔者）只是在我们追求自己的**理想的意图**时使我们不致误入迷途而已。难道同情、爱以及对真理和正义的热诚不是**理想**的力量吗？'……第一，在这里无非是把对**理想**目的的追求叫做 Idealismus。但这些目的必然地至多是同**康德的 Idealimmus** 及其'绝对命令'有联系，然而连康德都把自己的哲学叫作'先验的 Idealismus'，这决不是因为那里面也讲到过道德的**理想**，而完全是由于别的理由，这理由施达克是会记得的。有一种偏见，认为哲学 Idealismus 的中心就是对道德**理想**的即对社会**理想**的信仰，这种偏见是在哲学之外产生的，是那些……德国庸人中产生的。没有一个人比恰恰是十足的 Idealismus 者黑格尔更尖锐地批评了康德的软弱无力的'绝对命令'……没有一个人比他更辛辣地嘲笑了……沉湎于不能实现的**理想**的庸人倾向……总之，成为'**理想的意图**'，并且通过这种形态变成'**理想的力量**'……并承认'**理想的力量**'对他的影响，就成了 Idealismus 者，那末任何一个发育稍稍正常的人都是天生的 Idealismus 者了……"①这里可能引得长了一些，但是为了说明问题也只能如此，请读者见谅。本来我是想再引下去的。这里面凡是出现 Idealismus 的地方，原译文都实行了"唯心主义"的"一元化"，表面上看似乎没有遇到什么障碍物。但是，如果脑子里带上本文的中心议题，如果大胆地来一个 Idealismus 的"理想主义"的"一元化"，那么立即就会出现奇迹

---

① 《马克思恩格斯选集》第1版第4卷第227—228页。

般的效果——文义更加连贯而通达,使文中一再出现的"理想"二字得到了呼应,从而使原译文的陌生感全部消失。我想,读者不妨一试。

例5、最后,笔者还想列举一个非马克思主义的德国哲学家的例子来作为旁证,这个人就是稍后一些的尼采(1844—1900)。

德国古典哲学由黑格尔推上顶峰之后,其中一支经由费尔巴哈而汇入马克思主义。另一支则经由叔本华(1788—1863)而汇入尼采哲学,世称"唯意志论"。尼采与海涅在对待德国古典哲学的态度上完全相反:海涅对这个哲学崇尚有加,而尼采则是全盘否定。既否定了这个哲学的"理想",也否定这个理想的哲学升华——"理想主义"。例如,尼采说:"——无疑,德国人是**理想主义**者。——德国人有过两次机会,当他们以无比的勇敢和自我克制取得了诚实的、毫不含糊的、完全科学的思维方式的时候,他们也发现了通向'理想'的秘密途径,发现了真理同'理想'之间的和解,从根本上说,也就是发现了摒弃科学、崇尚欺骗之权的公式。**莱布尼茨和康德——是欧洲正直理智的两大障碍物!**——最后,当横跨两个颓废世纪的桥梁上出现了一个更高的天才意志的铁腕人物(指拿破仑。——笔者)——而这个人物出于建立全球政治的目的足以把欧洲构成一个政治、经济统一体的时候,德国人用他们的所谓'自由战争'使欧洲失去了意义……"① 在这里我要强调指出的是:尼采笔下的"理想"和"理想主义"是一支并蒂莲花,无法拆开,而且所占篇幅极大,在他的代表作《权力意志》这一本四、五十万言的书中,哲学批判的主线就是对德国古典哲学的"理想"和"理想主义"的批判,这使人没有丝毫自由选择的余地。这不是尼采在捉弄我们,而是有其内在因由的。

---

① 尼采《看哪这人——自述》第 2 章第 2 节。

六、Idealismus 中译名"多元化"的由来

笔者在上面的议论中，说了许多听来有些过头的话，但是，无论如何我没有苛求于前人的意思。前人有前人的情况，需要具体地历史地加以分析。《格言联璧》有云："不让古人是谓无志"，这话说得极好。

随着历史的发展，无论是"理想主义"还是"唯物主义"的内涵和外延都经历了巨大的变化。首先，1833—1834年海涅借用这两个名词正式确立了新的哲学分类法：10年之后即1844年，马克思和恩格斯以《神圣家族》为始正式把这个方法引进了马克思主义哲学。从这时起，到1886年《终结》明确提出把哲学家"分成了两大阵营"[①] 为止，Idealismus虽然保留（！）了"理想主义"的称号，但是，内涵和外延都发生了质的变化，正像它的对立面"唯物主义"的"脱俗超凡"一样。中国的情形，乃是这条红线的延长。

作为理想主义的"唯心主义"，早年也有过"观念论"、"唯心论"的译法，究其根源恐怕还是来自同我国"一衣带水"的日本。自"明治维新"（1868年）以后，西学大量涌入日本，它对西方哲学理论的译述恐怕也是走在我们的前面的。随着清政府向日本大量派遣留学生，沟通了中日学术交流的渠道，在这个交往当中，中国人借用"同文同种"之便，照搬日文译名也是必不可免的，这正像我们在翻译工作中经常参考日译本一样地合情合理。笔者试用手中仅有的几本独和字典作了一个比较：

1. 昭和四年（1929）片山正雄《独和双解词典》：

[①] 《马克思恩格斯选集》第1版第4卷第220页。

  Idealismus：［哲］①观念论，唯心论；②理想主义。

2. 昭和十年（1935）成濑无极《新独和》：

  Idealismus：［哲］观念论，理想主义。

3. 昭和三十三年（1958）相良守峰《大独和》：

  Idealismus：［哲］观念论，唯心论，理想主义。

从这条线索来看，日本的有关译名是相对稳定的，但却是"多元"的，这可能就是"肇事"之首了。然而，日本人一直把"理想主义"当哲学名词看待，与中国的情形有所不同。

再看看中国的德汉词典：

1949年马荫良《德华标准大字典》基本与日本词典保持一致：

  Idealismus：［哲］①理想主义，②唯心论。

1982年德汉词典编写组《德汉词典》：

  Idealismus：①理想主义，②［哲］唯心主义，唯心论，③［艺］理想主义。

后者在这里又不分青红皂白地把"理想主义"赶出了哲学之门。这一是非我们先不去讲它，但是，开了Idealismus"多元化"之门的看来就是日本的"舶来品"了。而日本在引进西学之前，它的哲学完全是我们中国的"国粹"：诸子百家、孔孟之道、程朱理学等等，应有尽有。《汉语外来词词典》① 关于"唯心论"的来源是这样说的：

  ［源］**日 唯心论 唯心** 〈古代汉语《楞伽经》："由自心执著，心似外境转，彼见非有，是故说唯心"，意译英语 spiritualism，idealism；

关于"唯物论"的来源是这样说的：

  ［源］**日 唯物论**（意译英语 materialism）；

---

① 《汉语外来词词典》1982年上海辞书出版社版。

关于"理念"的来源是这样说的：

［源］日 **理念**（意译德语 Idee）；

关于"观念"的来源是这样说的：

［源］日 **观念**（意译英语 idea，concept）；

关于"理想"的来源是这样说的：

［源］日 **理想**（意译英语 ideal）。

仅从这几个有关的汉译名来源的说明来看，日本人对中国译名的影响之大可见一斑。然而，援用现成的东西固然省事，却有一定冒险性：很容易将错就错，以讹传讹。从另一方面来说，日本人命名的方式是大可讨论一番的。你看"唯心"二字显然是借用中国的佛学用语；而"唯物"呢，是日本人的杜撰（就像"理想"、"观念"、"理念"一样，在《哲学大辞典中国哲学史卷》（1984年上海版）中，是查不出它们的中国血统的）。揣其原因很可能是出于同"唯心"相对仗的原因。但是，如果从"信"字着眼，这里的"唯"字是欠妥的。我们只要略微考察一下哲学史的轨迹，便可发现这位哲学老人一左一右的足印。前后相续的各个流派，纵然各有侧重，却都不是单靠一条腿蹦跳的独脚将军。就拿今天已被我们论定为"唯心主义"典型的黑格尔来说，他完成的哲学的"伟大圆圈"固然武断，固然与辩证法的"螺线"相悖，但是，他从"存在论"开篇的《逻辑学》显然是相当"唯物"的。我想凡是认真读过黑格尔这部大作的人，或是听过张士英教授有关介绍的人，都无法否认这一点。由此看来，如果要把本论题的文章做到底，总有一天是要给"唯心""唯物"动一番大手术的。说不定"理想主义"会同"物质主义"来相对仗，何况德国1931年版德文词典中的 Idealismus 还只是同 Realismus 互为两极，一点不干"唯物主义"的事。

七、"多元化"的危害

大家都知道，翻译的第一要义就是"信"，信就是忠实于原文的本义。孔子说："述而不作"，我看用来说明"信"是很妥当的，这就是说，我们翻译工作者的自由在信字上是有限的，你只能原原本本地"述"，不能随便地、或依照某个模式来"作"。一旦"作"了手脚，特别是在重大的译名上面，就会给后人招致始料不及的困惑。严复说："一名之立，旬月踟蹰"，是指"立名"之难和做学问应抱的严谨态度。然而，从十月革命的一声炮响到如今，73年过去了，比"旬月"不知长了多少倍，可是Idealismus呢，恐怕也还是在"踟蹰"之中吧。

在欧洲人那里，Idealismus并不发生译名"多元化"的问题，这是拉丁拼音文字本身固有特点所决定的。不过，这并不能说明使用中就不存在着矛盾。后世的许多马克思主义学者、研究者，在运用马克思主义创始人1844年以后逐步确立的哲学分类法去分析他们此前的哲学思想时，就产生了类似"同义反复"的毛病。[①] 利用这些人的结论去指导

---

① 例如，弗·梅林说，"这篇论文的真正弱点在于，马克思在文中，正如献词中所宣告的那样，还完全站在唯心主义的立场上。"(《Aus dem literarischen Nachlass von K. Marx und F. Engels》, 1923. S. 55. 参见梅林著《保卫马克思主义》1982年人民出版社版第182页）苏联学者 В. А. 马利宁和 В. И. 申卡卢克认为，马克思感谢冯·威斯特华伦使他确信一种思想。即唯心主义不是幻想，而是真理。但是"献词中的这句话使人们可以认为，在这位年青的博士学位申请人身上蕴藏着有利于相反意见的论据。这种相反意见就是，唯心主义不是真理，而是幻想。博士论文的正文并没有证实在这里表现得如此坚决的对唯心主义，至少是对冯·威斯特华伦所喜欢的先验唯心主义类型的唯心主义的确信。青年马克思所选择的研究对象按其内容来说在客观上是唯物主义的……"(《К. Маркс, Ф. Энгельс и левое гегельянство》, 1986 г. киев, стр. 2) 奥伊泽尔曼在《马克思主义哲学的形成》一书中也有类似的看法（见该书中译本第53—56页）。虽然如此，博士论文献词中的 Idealismus 无论如何也是不能译成"唯心主义"的。

1844年以前的马克思和恩格斯的著作的翻译，就会使人误入歧途，这已为实践所证明。在我们使用方块字"多元化"译名的国度，问题就更其明显。要知道，哲学叙述的禁忌就是"同义反复"。试想：把原文的一个词Idealismus分译为甲、乙、丙、丁，然后再用这派生出的甲乙丙丁互相解释，那会是个什么结果呢——这是不言自明的……

附带说一句："社会主义"、"共产主义"、"剩余价值"等等马克思主义的基本概念，其实都是马克思主义创始人从前人那里借用来的，它们内涵和外延的变化有的比Idealismus还要大得多，甚至倒了一个个儿，但是我们始终也没有因其变而改其"名"。因此，在Idealismus译名的处理上不仅是矛盾的，而且——恕我直言——是强加给德国人的，这是我同德国朋友的交往中，才知道了的。

基于以上原因，我想大胆地、也许是武断地这样说：

"ldealimus"就是"理想主义"。这个名称在德国人那里从来没有改变过。它是地道的哲学语汇，应该在中国哲学语汇中占有应得的一席。是该结束Idealismus译名"多元化"的时候了。我甚至更加武断地预言：其他基本译名的"多元化"也不是"不治之症"，只是我们暂时没有把握其发展的全过程罢了。是耶，非耶，我期待引起争论。

八、现在怎么办

我认为，从实践出发，由近及远地正本清源是可行的。具体来说就是，先彻底查清1844年《神圣家族》以前的所有著作中Idealismus的具体表现，逐一加以甄别，争取向"理想主义"靠拢，使译文文义贯通，译名达到基本一致，并且在《马克思恩格斯全集》第2版的适当部位（例如《神圣家族》中首次出现Idealismus的地方）加上一条像样的注释，具体说明 Idealismus 在马克思主义哲学史中的历史变迁。

至于《神圣家族》以后的著作，我认为，鉴于约定俗成的原因，暂不急于全盘更动。应该对这样一个严肃的课题取谨慎的态度，留有充分的时间和余地去进行学术争论和思考。只要我们对这一问题采取积极的而不是回避的态度，无疑是会使疑团逐步得到澄清的。

1990 年 3 月 6 日最后脱稿

关于 Idealismus 等词在哲学史上的形成和使用情况的考察

——兼论"唯心主义"这个译名*

王若水

《马克思恩格斯研究》1990年第3期上刊登了《理想主义还是唯心主义》一文（作者张念东），提出了这样一个意见：Idealismus 的原意是"理想主义"，译成"唯心主义"是不合适的，今后应逐渐统一用"理想主义"这个译名。

"理想主义"这个译名并不新。就我看到的来说，1931年商务印书馆出版庆泽彭译 W. T. Stace 的《批评的希腊哲学史》，其中就把 idealism 译为"理想主义"；1934年商务印书馆出版胡适、唐擘黄合译的杜威的《哲学的改造》，也采取了"理想主义"这个译名。不过"理想主义"这个译名终于被"唯心主义"取代，其原因总是值得探究的。

张文有一个副题："兼论'Idealismus'一词的形成和发展及其在马克思主义哲学史中内涵和外延的变迁"。编者按语说欢迎展开讨论。我觉得这的确是一个值得讨论的问题，不过我认为文章副题涉及的问题是主要的。把 Idealismus 这个词的形成、使用情况和含义变迁弄清楚了，译名问题就比较好办了。

---

* 本文选自《马克思恩格斯研究》1991年总第6辑。

一 关于 Idealist 一词的最初使用情况

文章作者说,他查阅了许多中外文工具书,只看到《中国大百科全书·哲学》有关词条称:"Idealismus 始创于德国古典哲学家莱布尼茨(1724—1804),他自称是'Idealist'。"作者说:这种论断的根据是什么,不得而知,但是这个结论却与德国人的说法大有出入。又说,按照 1909 年的"Deutsches Woerterbuch"中的说法,Idealist 一词为约·克·哥特谢德(Gottsched)在 1732 年首次使用。

我查了一下《中国大百科全书·哲学》,那上面说的是:"大约在 18 世纪末西欧的哲学语言中开始出现 idealist(唯心主义者)一词,如哥·威·莱布尼茨在《对培尔的思想的答复》一文中就使用了这一名词。"[1] 对照一下,可以发现张文的转述有一些"信息失真"。原文并未说莱布尼茨是 Idealismus 这个词的始创人,也没有说莱布尼茨"自称"是 Idealist,只是说在 Idealist(不是 ldealismus)这个词开始出现时,莱布尼茨也使用过。张文在转述时给莱布尼茨加上"德国古典哲学家"这个头衔并注明他的生卒年代,这也弄错了。如果莱布尼茨生于 1724 年,那么到 1732 年哥特谢德使用 Idealist 这个词时,莱布尼茨才八岁。而其实,1724—1804 年是康德的生卒年份;莱布尼茨的生卒年份是 1646—1716。也就是说,莱布尼茨去世后,哥特谢德才使用这个词。不过,文章作者在下一页上重新提到莱布尼茨的生卒年份是正确的。我不知道这是在哪一个环节上出的差错,造成在同一篇文章中出现两种说法。

---

[1] 《中国大百科全书·哲学》第 911 页。

然而，《中国大百科全书·哲学》也有错误，它以莱布尼茨为例来说明 Idealist 这个词出现于 18 世纪末，实际上莱布尼茨只活到 18 世纪初。

我猜想《中国大百科全书·哲学》上的说法可能是参考了 Paul Edwards 主编的《哲学百科全书》（1967 年美国版）。该书 IDEALISM 这一词条中，有专门一节讲这个词的历史和起源。不过，它说的是 idealist 这个词开始出现于 18 世纪，没有说，"18 世纪末"。它引用了莱布尼茨的《对培尔思想的答复》，并注明此文写于 1702 年。这个时间是 18 世纪初，比哥特谢德要早 30 年。不过，这还不能证明张念东同志根据的那本德语词典的说法是错的；因为词典可能是指 Idealist 这个词在德语中的初次使用，而莱布尼茨虽是德国人，却是使用拉丁文和法文写作的。

《哲学百科全书》是谨慎的，虽然指出了莱布尼茨使用这个词的时间，并没有说这是第一次使用。我查了一下《韦氏九版新大学词典》，其中标明英语 idealist 一词的最早出现时间是 1701 年，比莱布尼茨还早一年。

二 谁最先提出唯心和唯物的分类？

《哲学百科全书》还引证了莱布尼茨《对培尔思想的答复》的原文，这有助于我们对这个问题的了解。书中说：莱布尼茨在这篇文章中批评了"像伊壁鸠鲁和霍布斯那样的一些人，他们相信灵魂是物质的"，而认为在他自己的体系中，把"凡是在伊壁鸠鲁和柏拉图的假设中好的东西，在最伟大的唯物主义者和最伟大的唯心主义者中好的东西结合起来了"（引号中是莱布尼茨的原文）。

《哲学百科全书》接着说:"在这段话中,莱布尼茨清楚地表明,他用'唯心主义者'一词是指这样一些哲学家,他们支持一种反对唯物主义的形而上学,如柏拉图的和他自己的形而上学。"这似乎表明,莱布尼茨是自称 Idealist 了。我对莱布尼茨没有研究,可是我对这种说法是怀疑的;至少,上面的引文不能证明这一点。莱布尼茨说的是把唯物主义者和唯心主义者的好东西结合在他的体系里了,这是把自己放在第三者的地位,并没有说自己是唯心主义者。词条在下面还谈到,莱布尼茨的追随者 C. 沃尔夫(1679—1754)把唯心主义者、唯物主义者和怀疑主义者作为"三个坏的宗派"而加以谴责。这也可以作为一个旁证。如果莱布尼茨自称为"唯心主义者",他的追随者怎么会如此谴责唯心主义呢?当然,我这样说,并不涉及我们是否要同意莱布尼茨不是唯心主义者;这是另一个问题。

在《对培尔思想的答复》中,莱布尼茨并没有简单采取站在唯心主义一边反对唯物主义的做法。他在谈到伊壁鸠鲁的哲学时说,在这种错误的邪说中有"好的和健全的东西",那就是"没有必要去说灵魂改变肉体的冲动"。① 这个观点是莱布尼茨加以吸收了的。在另一篇对培尔的评论中,莱布尼茨说得更明白:"纯粹的唯物主义者如德谟克利特的追随者,同形式主义者如柏拉图派和逍遥学派一样,在有的地方是对的,在另外的地方是错的。""我们必须追随德谟克利特,使机械的身体运动独立于灵魂,同时我们也必须比柏拉图派更进一步,主张所有灵魂的活动是非物质的,并且独立于机器。"②

---

① Leibniz:Philosophical Papers and Letters,translated by L. E. Loemaker, Vol. Ⅱ. p.940.

② Leibniz:Philosophical Writings,translated by Mary Morris,p.131.

莱布尼茨上面这几句话写于1696年，当时他还没有使用"唯心主义者"这个词，而是使用"形式主义者"，但含义是一样的。从这里可以看出，他主要是从身体和灵魂的关系来区分唯心唯物的。莱布尼茨没有把自己称做唯心主义者，因为他心目中的唯心主义局限于古希腊的以柏拉图为代表的那种类型，正如他心目中的唯物主义局限于德谟克利特、伊壁鸠鲁的素朴唯物主义和霍布斯的机械唯物主义一样。但不管怎样，就我们所能见到的材料来说，第一个把唯物主义者和唯心主义者作为两个对立的派别提出的人当是莱布尼茨，而轮不到一百多年后的海涅。

三 莱布尼茨为什么使用 Idealist 这个名词

现在我们再来谈一个问题：莱布尼茨为什么选用了 Idealist 这个名称来称呼柏拉图一派的哲学家呢？

这就牵涉到 Idealist 一词的语源。张文提到，从几本德语原文字典来看，Ideal 同 Idee 是同源的。这是他主张把 Idealismus 译作"理想主义"的一个重要理由。但是，仅仅追溯到这里是不够的。这个词的最早来源是希腊文的 idein，即"看"的意思。它是动词，转成名词 eidos 或 idea 即指所看到的形状（我想也可译成"所见"）。由此转生出"类型""种类"的含义。柏拉图把这个词用到他的哲学体系中，赋予了它专门的含义。在《理想国》中有名的"洞穴之喻"那一段，柏拉图借苏格拉底之口表达了这样的思想：普通人所见到的事物其实只是一些影子，不是真正的实在。这个真正的实在就是 idea，肉眼看不到它，只有灵魂的眼睛才能看到它。这里同样是"看"，同样是"所见"，但这已不是感性和感性对象，而是理性的对象，是抽象的东西了。尽管如此，柏拉图认为它仍是客观存在的,真实的,甚至比感性事物更真实。

Idea 是柏拉图哲学中的中心范畴,这也就是莱布尼茨把柏拉图称作 Idealist 的原因。现在我们通常把柏拉图的 Idea 译作"理念",所以,如果要归本溯源的话,Idealismus 或 idealism 应当译作"理念主义"。严格地说,"理念"这个译名对柏拉图哲学来说并不十分确切,毛病就在那个"念"字容易产生误解。"念"是主观心理上的东西,而柏拉图的 Idea 是独立存在于人的知觉和思想之外的客观的东西。由于这一点,过去有不少中国学者尝试改用别的译名。我记得仅我见到的就有"范型","型式","理型","理式"(朱光潜),"相"(陈康)等;不过这些译名都没有流行开来。柏拉图著作的英译本方面,较早流行的 B. Jowett 译文是采用 Idea 这个译名的,后来的一些译本大抵改译成 Form 了。莱布尼茨把柏拉图派称为"形式主义者",也是有道理的。

四 Idea 一词的多义和"唯心主义"的译名

理念这个词在柏拉图著作中的用法并不完全一致。有时,它是指某一类特殊事物的"共相";如所有的马的共相或理念就是"马性"。有时,它又指某一类事物的"典范"、"样板"或"蓝图";如美的理念即"绝对美",而个别事物的美都是相对的,只不过是美的理念的不完善的摹本。后面这个意义,发展到近代欧洲语言中就变成存在于人心中的计划、意图、观念、思想了。张念东同志谈到的"理想"的含义,就是这样来的。不过 Idea 这个词不是只有这个含义,而是广泛得多,可以泛指思想。毛泽东的一篇哲学文章《人的正确思想是从哪里来的?》,我国的标准英译本就把这里的"思想"译作 ideas。

但是,idea 不仅可以指抽象的思想概念,它还继承了这个词的古义

"见到的形状"。中文通常把这个含义译作"表象"。英国经验主义比较多地采用这个词的这种用法。在这个意义上，idealism 就是指经验主义的唯心主义，或唯心主义的经验主义了。

莱布尼茨只用了"唯心主义者"这个词，没有用"唯心主义"。后面这个词的出现要比前者晚得多，英语中 idealism 这个词的首次使用是在 1796 年。[①] 据《哲学百科全书》，idealism 这个词是在 18 世纪讨论贝克莱哲学时开始使用的。贝克莱本人并没有称他的学说是"唯心主义"（idealism），而是用"非物质主义"（immaterialism）这个词。不过称他的哲学为唯心主义还是比"非物质主义"这个名称更流行。狄德罗在 1749 年说："那些只承认自己的存在和我们自身中彼此更替着的感觉的存在，而不承认其他任何东西的哲学家，叫做唯心主义者。"[②] 他在这里说的"唯心主义者"的含义对贝克莱和休谟也许还是合适的，但显然不适合于柏拉图。换句话说，狄德罗所理解的"唯心主义"和莱布尼茨理解的"唯心主义"，是不同的。如果柏拉图的唯心主义可称为"理念主义"的话，那么贝克莱的唯心主义就是一种经验主义或感觉主义。好在 idealism 一词中的 idea 可以把这两种含义都包括进去，因此就没有必要另创名词了。

那么中文的"唯心主义"这个译名怎样呢？如张文所谈到的，采用"唯心"这个佛学名词来译 idealism 是日本人的首创。《辞源》的"唯心"条解说是："佛教认为，一切诸法（即万事万物）都出自内心，都是心造的；心以外不存在任何东西，故称唯心。《成唯识论》二：'如入（楞伽）伽他中说：由自心执著，心似外境转，彼所见非有，是

[①] Webster's Nineth New Collegiate Dictionary.
[②] 转引自《列宁全集》第 2 版第 18 卷第 27 页。译文有小的改动。

故说唯心'"。《成唯识论》是印度大乘佛教瑜伽行派的经典。瑜伽行派提"万法唯识","三界唯心",主张一切认识的对象都是认识主体(即"识")所变现出来的。这和贝克莱说的"存在即被感知"可以相通。因此,"唯心主义"这个译名是适当的。

当然,由于这里的"心"是指认识的主体,这里的"唯心主义"也是认识论的唯心主义;对柏拉图的本体论的 Idealismus 来说,"唯心"这个佛学名词就不合适。但要找一个更好的适用两者的名词是很困难的。我们可以采取的办法,就是把"心"作最广义的解释,不限于人的主观意识或灵魂,而且也可以指存在于人的意识之外的非物质的东西,那么,"唯心主义"这个名词大体上是讲得通的。柏拉图的"理念"固然是指客观存在的东西,但它并不属于我们生活在其中的物质世界,而且理念是神创造的,这就使我们有充分的理由称之为唯心主义了。

五 德国古典哲学和 Idealismus 这个名称

由于莱布尼茨对唯心主义者作过批评,沃尔夫对唯心主义者作过谴责,特别是由于贝克莱的唯心主义的违反常识而使多数人觉得荒谬,并遭到法国百科全书派的猛烈批判,"唯心主义者"这个词显然带上了贬义。康德在 1781 年的《纯粹理性批判》中曾把自己的哲学称为"先验唯心主义",这个名称马上受到一些人的嘲笑。在 1787 年《纯粹理性批判》出第 2 版时,康德特地增加了一节"否证唯心主义"(补充说一句,康德也是明确反对唯物主义的。)他说,唯心主义是这样一种理论,它"宣称对象在空间中离开我们的存在,或者是可疑的和无法证明的,或者是虚假的和不可能的。"① 在1783年的《未来形而上学导论》中，康德又说，"唯心主义在于主张除了能思的存在体之外没有别的东西，我们以为是在直观里所感知的其他东西都不过是在能思的存在体之内的表象，实际上在外界没有任何对象同它相应。"② 这种对唯心主义的理解和狄德罗的相近，却和莱布尼茨的理解不同。莱布尼茨是从本体论上规定唯心主义的；康德是从认识论上界说唯心主义的。这种变化，反映了近代哲学对认识论问题越来越大的重视。像这种含义的唯心主义，当然是康德不能接受的。他说，他的观点"同那种纯正的唯心主义正好相反"。③ 可是，康德并没有抛弃这个名称，只是想赋予这个名称以新的内容：

"……为了避免一切误解起见，我本来希望给我这种见解起另外一个名称；不过完全改变它又不行。因此请允许我将来把它叫做形式的唯心主义，或者更好一些，把它叫做批判的唯心主义，以便使它同贝克莱的教条主义的唯心主义和笛卡尔的怀疑论的唯心主义又有所区别。"④

康德仍然使用"理念"这个词。哲学史家A. Weber指出，"这个术语来自柏拉图主义，但康德的理念和柏拉图所说的不同，不是离开我们思想而存在的实在。"⑤ 康德的理念是指"纯粹理性的概念"，如"上帝"、"灵魂"、"宇宙"、"绝对"等。康德认为，这些理念并没有相应的客观对象；如果以为它们是代表真实存在的事物，那是超出了经验的

---

① Kant's Critique of Pure Reason, translated by Max Mueller, p.778.
② 《未来形而上学导论》，庞景仁译，1982年商务印书馆版，第50页。
③ 《未来形而上学导论》，庞景仁译，1982年商务印书馆版，第173页。
④ 《未来形而上学导论》，庞景仁译，1982年商务印书馆版，第174—175页。
⑤ History of Philosophy, translated by F. Thilly, p.366.

范围，是不能允许的；过去的形而上学者的迷误就在这里。《纯粹理性批判》也可以说是"理念批判"。但康德并不完全否定理念的价值，他认为它是理性必须设定的理想。理性出于自己的本性不满足于认识相对的、有限的事物，而总是要追求绝对的、无限的、最高和最完整的统一体——理念，这就使人的认识不断前进。

这可以说就是张念东同志文章中说到的德国古典哲学的理想性。可是，如果因为这一点就把康德的整个哲学用"理想主义"来称呼，那是未必妥当的。康德是基于认识论的理由称自己的哲学是 Idealismus 的。他要解决的问题是"先天综合知识如何可能？"他的回答是，它之所以可能，因为它只涉及经验直观，而空间和时间是直观的先天形式。有人诘难说："空间和时间的唯心性［把空间和时间当成唯心的东西］，这会使整个感性世界变成纯粹的假象。"康德反驳说："我的空间和时间的唯心性学说，远远没有把整个感性世界弄成为仅仅是一个假象；反之，它是保证最重要的知识之一（即数学所先天阐述的知识）得以应用于实在的对象上去以及阻止人们去把它当作仅仅是假象的唯一办法。"① "我的这种唯心主义并不涉及事物的存在（虽然按照通常的意义，唯心主义就在于怀疑事物的存在），因为在我的思想里我从来没有怀疑过，而是仅仅涉及事物的感性表象；属于感性表象的首先有时间和空间，关于空间和时间，以及从而关于一切一般现象，我仅仅指出了它们既不是事物（而仅仅是表象样式），也不属于自在之物本身的规定。"②

---

① 康德：《未来形而上学导论》，庞景仁译，1982年商务印书馆版，第55页。
② 康德：《未来形而上学导论》，庞景仁译，1982年商务印书馆版，第56—57页。

由此可见，把康德给自己的哲学的名称译作"理想主义"，是不符合康德原意的。退一步说，即使这种称呼有几分道理，也只适合康德，不适合黑格尔。黑格尔是不同意康德把"理念"解释成可望而不可即的理想的。他说，一般人"一方面大都认理念和理想为幻想"，"另一方面，又认理念与理想为太高尚纯洁，没有现实性"，这是"把理念与现实分离开"了。其实，"哲学所研究的对象是理念，而理念并不会薄弱无力到永远只是应当如此，而不是真实如此的程度。"① 黑格尔哲学同康德哲学的一个重要区别，就是前者认为理念不仅存在于人的思想中，不仅是主观的，而同时又存在于客观现实中。理念具有能动的力量，能够实现自身。这是黑格尔的很重要的思想。黑格尔的名言："凡是合理的都是现实的，凡是现实的都是合理的"，也表达了这个思想。这个思想为恩格斯赞赏。黑格尔批评康德的哲学是"主观唯心主义"。我们说黑格尔哲学是"客观唯心主义"。黑格尔认为自己的哲学把主观性与客观性，理想和现实统一起来了，因而是"绝对唯心主义"。

六　黑格尔、费尔巴哈和海涅论唯心唯物的区分

唯心主义和唯物主义的分类，是和哲学基本问题联系在一起的。恩格斯在《路德维希·费尔巴哈和德国古典哲学的终结》里提出了哲学基本问题，这是人所共知的。恩格斯并不是第一次提出这个问题的，但是他的提法比过去的提法完整。

黑格尔在《哲学史讲演录》中说："中世纪的观点认为思想中的东西与实存的宇宙有差异，近代哲学则把这个差异发展成为对立，并且以

---

① 黑格尔：《小逻辑》，1980年商务印书馆版，第44—45页。

消除这一对立作为自己的任务。""这种最高的分裂,就是思维与存在的对立"。① "从这时起,一切哲学都对这个统一发生兴趣。"②

黑格尔还指出,由于解决这个问题的方式不同,就产生了两个流派:"第一派是实在论。第二派则是唯心论……前一派从经验中抽取出来的东西,这一派则是从先天的思维中抽绎出来的。"③ 这里黑格尔是把"实在论"和"唯心论"对立。他说的实在论,就是我们所谈的经验主义的唯物主义。黑格尔也说过,"经验主义一般以外在的世界为真实……这个基本原则若彻底发挥下去,就会成为后来所叫做的唯物论。"④

费尔巴哈也提过这个问题,他在《宗教本质讲演录》中说:"神是否创造世界,即神对世界的关系如何,这个问题其实就是关于精神对感性、一般或抽象对实在、类对个体的关系问题……这个问题是属于人类认识和哲学上最重要又最困难的问题之一,整个哲学史其实只是在这个问题周围绕圈子,古代哲学中斯多葛派和伊壁鸠鲁派间、柏拉图派和亚里士多德派间、怀疑派和独断派间的争论,中古哲学中唯名论者和实在论者间的争论,以及近代哲学中唯心主义者和实在论或经验主义者间的争论,归根结底都是关于这个问题。"⑤

---

① 黑格尔:《哲学史讲演录》,贺麟、王太庆译,1981年商务印书馆版,第4卷第5页。

② 黑格尔:《哲学史讲演录》,贺麟、王太庆译,1981年商务印书馆版,第4卷第6页。

③ 黑格尔:《哲学史讲演录》,贺麟、王太庆译,1981年商务印书馆版,第4卷第9页。

④ 黑格尔:《小逻辑》,1980年商务印书馆版,第115页。

⑤ 《费尔巴哈哲学著作选集》(下),1984年商务印书馆版,第621—622页。

对照一下，我们可以发现，恩格斯在1888年关于哲学基本问题第一方面的提法非常接近费尔巴哈的上述提法，而他的关于哲学基本问题的第二方面的概括无疑是受到黑格尔的启发（"思维和存在的同一性"就是借用了黑格尔的语言）。恩格斯把思维和存在的关系的两个方面综合在一起了。

哲学基本问题的明确提出，给唯物主义和唯心主义的分类提供了一个普遍适用的标准。有了这个标准，我们就可以把从柏拉图到黑格尔，从贝克莱到马赫的各种派别都归到唯心主义名下；我们也可以把自认为超出唯物和唯心对立的莱布尼茨和马赫定性为唯心主义者；我们还可以说，康德尽管辱骂过唯物主义，但是他坚持物自体的存在，这是他的哲学中唯物主义的一面。

从这方面来考虑，Idealismus/idealism是更加不能译成"理想主义"的。哲学基本问题是思维和存在的关系问题，或心物关系问题，不是理想和现实的关系问题。理想只是思维的一种形式；理想和现实的关系问题是从属于思维和存在关系问题的。

既然"唯心主义"和"唯物主义"的概念早就在哲学史上出现，我们就没有根据说马克思和恩格斯是从海涅那里学到唯心主义和唯物主义分类法的。

在海涅以前，哲学上两大派别的名称早就有了，但是不统一。一派的名称有唯物主义、德谟克利特主义、伊壁鸠鲁主义、经验主义、感觉主义、自然主义、实在论；另一派的名称有唯心主义、柏拉图主义、贝克莱主义、唯理主义，唯灵论。这里面的分类标准也不一致。海涅说，"第一种见解被称为感觉主义，有时也往往被叫做经验主义；另外一种见解被称为唯灵主义，有时也往往被叫做唯理主义。然而这都容易产生一种误解……"① "由于法国的感觉主义者通常是唯物主义者；于是就产生了一种误解，以为感觉主义只起源于唯物主义。其实不然，感觉主义也可以同样作为泛神论的结果而盛行于世……"② "我宁可把唯心主义和唯物主义这两个名称给予有关人类认识性质的哲学见解。对于把观念说成是与生俱来的、观念先于经验的学说，我把它叫做唯心主义。对于通过经验，通过感官才产生精神认识，观念后于经验的学说，我把它叫做唯物主义。"③

海涅上述的话的新地方就在于他主张统一用"唯物主义"和"唯心主义"的名称，以避免混乱和误解。

马克思在1844年4—8月写的《1844年经济学哲学手稿》中还说："彻底的自然主义或人道主义，既不同于唯心主义，也不同于唯物主义，同时又是把这二者结合的真理。"④ 但是他又说，费尔巴哈的伟大功绩之一在于："创立了**真正的唯物主义和现实的科学**"。⑤ 这里既可以看出他受到费尔巴哈的影响，又可以看出他在名词的使用上还不是很固定。到同年9—11月马克思和恩格斯合写的《神圣家族》中，《序言》的第一句话就是："在德国，对**真正的人道主义**说来，没有比**唯灵论即思辨唯心主义**更危险的敌人了。"⑥ 这里仍然是自称"人道主义"。但此书中不再提彻底的人道主义"不同于唯物主义"，而是说，"**费尔巴哈在理论方面体现了和人道主义**相吻合的**唯物主义**，而法国和英国的**社会主义**

---

① 海涅：《论德国宗教和哲学的历史》，1974年商务印书馆版，第58页。
② 海涅：《论德国宗教和哲学的历史》，1974年商务印书馆版，第58页。
③ 海涅：《论德国宗教和哲学的历史》，1974年商务印书馆版，第58页。
④ 《马克思恩格斯全集》第1版第42卷第167页。
⑤ 《马克思恩格斯全集》第1版第42卷第158页。
⑥ 《马克思恩格斯全集》第1版第2卷第7页。

和**共产主义**则在**实践**方面体现了这种唯物主义。"①

只是到 1845 年春，马克思在写《关于费尔巴哈的提纲》的时候，才第一次把自己的世界观称为"新唯物主义"，以后用过"实践唯物主义"、"现代唯物主义"等名称，但再也没有用"人道主义"这个名称。这里面的原因，是一个复杂而聚讼纷纭的问题，本文不准备讨论。在这里我只想说，除了思想的变化外，在"唯物主义"这个名词的选用上，海涅可能是起了作用的。张念东同志的文章让我们注意到这个以往被忽视的问题，这一点应予肯定。

七 关于 Idealismus 等词的其他用法和译名

上面谈到，在名词的使用上海涅有可能影响了马克思和恩格斯。但是，海涅是从认识论上区别唯心唯物的，而恩格斯在《路德维希·费尔巴哈和德国古典哲学的终结》中是从本体论上区别唯心唯物的。在马克思主义以外的西方哲学界，"唯物主义"这个名词也是在本体论上使用的；在认识论的意义上则通常使用"实在论"（Realismus/realism）这个词；而"唯心主义"一词兼有本体论和认识论的含义。因此，在本体论上，他们是把唯心主义和唯物主义相对立；在认识论上，则是把唯心主义和实在论对立。列宁在《唯物主义和经验批判主义》中在本体论和认识论的双重意义上使用"唯物主义"这个词。他承认"实在论"一词的含义是和唯心主义对立的，不过他明确表示自己不用这个词而只使用"唯物主义"。②

---

① 《马克思恩格斯全集》第 1 版第 2 卷第 160 页。
② 《列宁全集》第 2 版第 18 卷第 55 页。

但是，Realismus/realism 在文学艺术上又有它的含义，恩格斯也用过，它是一种创作方法，中文译为"现实主义"，是一个用得很多的概念。与现实主义相对的可以是"浪漫主义"，也可以是"理想主义"。理想主义即 Idealismus/idealism，在这里译成"唯心主义"就行不通了。这是因为中文的"唯心主义"还不能像 Idealismus 涵盖那样广，因此"多元化"的译名是无可奈何的事；"理想主义"的译名有时可以用，但如果来个"一元化"，全部统一用这个名称，由于它的含义窄得多，就更加行不通了。

此外，Idealismus/idealism 又有价值观的含义，指为理想的献身精神，在这种地方也只能译成"理想主义"。张文的主要论据是：Idealismus 一词的本义是"理想主义"，后来才赋予了我们现在使用的"唯心主义"一词的贬义。其实，正好相反，根据本文前面所说的，莱布尼茨作为最早使用 Idealismus 一词的人之一，就是在贬义上使用这个概念的；它是一个本体论的术语，丝毫没有"理想主义"的含义。《韦氏三版新国际英语词典》和《韦氏九版新大学词典》是按历史顺序列出字义的，它们就把哲学唯心主义作为 idealism 一词的第一义，说明这个含义是最早的。

这一点也许可以有争议，因为另一本也是按历史顺序排列字义的《韦氏新世界词典》（大学版第三版）是把"理想主义"作为 idealism 的第一义的。因此，我只得去查最具权威性的《牛津大字典》（1989年第二版）。它详尽列出了各种含义的使用出处和年代。关于 idealism 一词，最初使用是在1796年，指巴门尼德的哲学，当然原义是唯心主义，不是理想主义，直到1892年才以"理想主义"的含义用于文学艺术中。至于 idealist 一词在1701年初次使用也是指唯心主义者；到1805年才用来指文艺中的理想主义者。这证明《韦氏新世界词典》是错了。虽然这只是英语，但我们可以相信德语的情况大致相同。

了解了这一点，我们才可以了解恩格斯在《路德维希·费尔巴哈和德国古典哲学的终结》中对施达克称费尔巴哈为 Idealist 的评论。

施达克说，"费尔巴哈是 Idealist，他相信人类的进步。""Idealismus 仍旧是一切的基础，根基。在我们看来，Realismus 只是在我们追求自己的理想的意图时使我们不致误入迷途而已。难道同情、爱以及对真理和正义的热诚不是理想的力量吗？"①

引文中的 Realismus，《马克思恩格斯全集》译为"实在论"不妥；张念东主张改译为"现实性"，似乎也不确切。我觉得还是译成"现实主义"为好。这不是指文艺中的创作方法，而是指一种讲究实际的精神或者务实的态度（《毛泽东选集》第 4 卷《关于重庆谈判》一文中，毛泽东讲到蒋介石"要实现他的愿望，客观上有很多困难。这样，使他不能不讲讲现实主义。"即是此意。）。那么，Idealist 和 Idealismus 怎样译呢？《马克思恩格斯全集》译为"唯心主义者"和"唯心主义"；张文主张译为"理想主义者"和"理想主义"。究竟怎样译为好，这确实是一个煞费踌躇的问题。

让我们先来看看恩格斯的评论。恩格斯说，"在这里无非是把对理想目的追求叫做 Idealismus。"② 这是符合施达克的原意的；按这个意义说，译成"理想主义'，是妥当的。而且，说费尔巴哈是"理想主义者"也没有错。

那么，恩格斯为什么要批评呢？恩格斯不满意的是，赋予 Idealismus 这种价值观的含义，容易造成混淆和误解。费尔巴哈是反对哲学唯

---

① 《马克思恩格斯全集》第 1 版第 21 卷第 323 页。
② 《马克思恩格斯全集》第 1 版第 21 卷第 323 页。

心主义（Idealismus）的，他不是唯心主义者（Idealist）。现在施达克称费尔巴哈为Idealist，虽然本意不过是说费尔巴哈重视理想，但这个名称容易使人误解为费尔巴哈是主张"思维第一性"的，这不正是费尔巴哈所反对的吗？恩格斯在指出了划分唯心主义和唯物主义的标准后，强调说："除此之外，唯心主义和唯物主义这两个用语本来没有任何别的意思，它们在这里也不能在别的意义上被使用。"① 而施达克恰好是把价值观念和道德理想一类的东西，搀进哲学本体论的问题中了。这样一来，好像"理想"成了唯心主义者的专利品，而唯物主义者都不要理想的了，这正是恩格斯反对的。所以，恩格斯在下面说，认为人类总的说来是沿着进步方向运动的这种信念，"是同唯物主义和唯心主义的对立绝对不相干的。"② 这个话说得斩钉截铁。这里，恩格斯用的词仍是Idealismus，但只能译成"唯心主义"。如果译成"理想主义"，那就成了：对人类进步的信念，同唯物主义和理想主义的对立是绝对不相干的。这岂不是自相矛盾吗？恩格斯指的是主张"思维第一性"的哲学观点，它的确和道德理想不相干。恩格斯举例讲到唯物主义者狄德罗对理想的献身精神。又说，康德把自己的哲学叫做"先验唯心主义"，"这决不是因为那里面也讲到道德的理想，而完全是由于别的理由……"

一个专门的哲学术语，在普及到一般人中去以后其含义往往走了样，这是常有的情况。Idealism变成了"理想主义"，就属于这种情况。恩格斯分析了这种混淆，认为是起源于把Idealismus这个名称去称呼文学艺术领域中对社会理想的信仰，然后又误以为这就是哲学上的Ideal-

---

① 《马克思恩格斯全集》第1版第21卷第316页。
② 《马克思恩格斯全集》第1版第21卷第324页。

ismus 的特征。席勒是康德的信徒,他对这种误用有一定责任。"有一种偏见,认为哲学唯心主义的中心就是对道德理想即对社会理想的信仰,这种偏见是在哲学之外产生的,是在那些把席勒诗歌中符合他们需要的少数哲学上的只言片语背得烂熟的德国庸人中产生的。"①

施达克从价值观的意义上把 ldealist 当作褒义词使用,意思是说费尔巴哈是"理想主义者",主观上是对费尔巴哈的赞扬。恩格斯注意到施达克的这种用法可能引起误解,以为费尔巴哈是本体论意义上的 ldealist,即"唯心主义者",而这个词在恩格斯眼中是一个贬义词。恩格斯否定费尔巴哈是 Idealist,也是对费尔巴哈的维护。这种细微而重要的区别,到了我们要译成中文的时候就作难了。按施达克的原意,译成"理想主义"比较顺畅;按恩格斯所要说明的问题,却非译成"唯心主义"不可。两方面都照顾到的办法是没有的,我认为还是只能译成"唯心主义",另外加译者注作些说明。正像施达克把 Idealismus 和美德联系起来一样,另一方面也可以把 Materialismus 和一种鄙俗的价值观联系起来。恩格斯说,"庸人把唯物主义理解为贪吃、酗酒、娱目、肉欲、虚荣、爱财、吝啬、贪婪、牟利、投机,简言之,即他本人暗中迷恋着的一切龌龊行为。"② 这当然是恩格斯不能接受的。

恩格斯作为一个唯物主义者,既不愿意"唯物主义"这个词被玷污,也不愿意"唯心主义"这个词被美化。不过语言的使用是约定俗成的事,有时也无可奈何。直到现在,德语 Idealist 和英语的 idealist 仍有"理想主义者"的含义,这是褒义;但也可以有一种贬义,指那些空想和脱离实际的人。至于 Materialist/materialist 仍有"实利主义者"、

---

① 《马克思恩格斯全集》第 1 版第 21 卷第 323 页。
② 《马克思恩格斯全集》第 1 版第 21 卷第 324 页。

"追求物质享受者"这样的贬义。但"讲求实际的人"或"务实者"这样的褒义,却让给 Realist/realist 一词了。

现在来谈谈马克思的《博士论文》的献词。这个献词说:"我希望一切怀疑 Idee 的人,都能像我一样幸运地颂扬一位充满青春活力的老人……他深怀着令人坚信不疑的、光明灿烂的 Idealismus,唯有这种 Idealismus 才知道那能唤起世界上一切心灵的真理……您,我的父亲般的朋友,对于我永远是一个活生生的证据,证明 Idealismus 不是幻想,而是真理。"① 这里的 Idealismus,原译"理想主义"。有人建议改为"唯心主义",未通过。如把 Idealismus 译成"理想主义",就不能和第一句中的 Idee 一词相照应,因为 Idee 只能译作"理念"。贺麟译的《博士论文》(人民出版社 1962 年出版)中就是译成"理念"的。可是,上文译成"理念",下文译成"理想主义",就不照应了,而且"理想主义",也太浅太泛,体现不出马克思的思想和黑格尔的关系。我有个建议:在这里,是不是可以译成"理念主义"呢?不要忘了,这是一篇博士论文的题词,而马克思这时还是一个黑格尔式的唯心主义者。马克思在这里表达的思想,其实是来自黑格尔;这只要参阅本文第 5 节所引证黑格尔关于"理念"所说的话就明白了。马克思在这里用的 Idealismus 包含重视理想的含义,但这种理想不是一般的理想,而黑格尔解释的合乎理性的理想,或合理的理想,它也就是理念。这个理念不是仅仅存在于人心中的纯主观的东西,它乃是宇宙的本体。Idealismus 在这里比中文的"理想主义"的内涵要丰富,它具有本体论的意义,即它是唯心主义;但在这里又不是指别的唯心主义而是指黑格尔的唯心主义。马克思认为只有这样的 Idealismus 才不是幻想而是真理。无论是

---

① 《马克思恩格斯全集》第 1 版第 40 卷第 187 页。

"理想主义"还是"唯心主义"的译名都传达不出这样多重的含义；我以为"理念主义"这个译名才是最佳选择。当然，采用这个新译名时，需要在译注中作一些说明。

　　文章拉得太长了，就此搁笔。对这个问题，我虽然花了一些时间，但研究仍是不够的；特别是我的德语水平很低，难免受限制。如果拙文能引起进一步的讨论，那是我最高兴的。

也谈 "auf deutsch heisst" 的译法

——与韦建桦同志商榷*

李俊聪

1989年第2期《马克思恩格斯研究》上发表了韦建桦同志的两篇标题为《词义辨析散论》的文章,我读后不仅增长了见识,而且韦建桦同志的严谨的治学态度也使我深受启发。

不过,在第2篇《词义辨析散论》中对"was auf deutsch heisst"这句译文的修改,我却不敢轻易苟同。

韦建桦同志是在论述"狭义的上下文"时作为一个例子来否定这句话的原来译法的。韦文说:"auf deutsch"一般被理解为"用德语(来说)",在通常情况下这一译法不成问题,可是,如果根据通常的理解来翻译眼前讨论的词组,整个句子在语言和逻辑方面就会出现明显的矛盾和悖谬。

为了便于说明问题,这里首先必须把有关词组所在的上下文转引在这里,然后再来探讨什么译法可能更正确。

恩格斯为英国民歌《布雷的牧师》撰写的译后记中有这样一段话:

"—und warum nicht! Omnia in majorem Dei gloriam (Alles zur groesseren Ehre Gottes), was auf deutsch heisst: Alles, um mehr Steurn und

---

* 本文选自《马克思恩格斯研究》1990年总第3辑。

mehr Soldaten herauszuschlagen."

这句话在《马克思恩格斯全集》第19卷中是这样翻译的：

"为什么不可以这样做呢？Omnia in majorem Dei gloriam（一切为了上帝更大的光荣），用德国话来说，这就是：一切为了收更多的税，拉更多的壮丁。"

韦建桦同志认为，"auf deutsch heisst"在这里译成"用德国话来说"不妥，理由是：

第一，恩格斯既然在括号里已"用德语"将拉丁语的意思说了一通，就用不着再用德语说一遍，否则就是犯了"重复繁冗的修辞错误"；

第二，恩格斯"用德语"所作的两次解释，其语义毫无共同之处，使人感到无所适从；

第三，文中的拉丁文语句为"一切为了上帝更大的光荣"，而恩格斯把它解释成"一切为了收更多的税，拉更多的壮丁"，这样做，恩格斯岂不犯了穿凿附会的考释错误吗？

韦建桦同志在作了大量词义上的考证后得出结论说："由此可见，'auf deutsch heisst'一语应当理解为'说得明白一点，这就是……'或'说穿了，这就是……'从恩格斯原著中的狭义上下文来看，这种理解无论在语言方面，还是逻辑方面都是正确的"（着重号是我加的。——笔者）。

韦建桦同志的考证我是同意的。"auf deutsch heisst"确有"说得明白一点"的意思。这一点我们没有分歧。分歧只在于，在这个具体场合，即"从恩格斯原著中的狭义上下文来看"，它是否只能作这样的理解，而不能作其他理解呢？我的看法相反，根据韦建桦同志提出的"狭义上下文"的原则来判断，这种理解无论在语言方面，还是逻辑方面都是不正确的。只有对这句德语短语作其他理解，才能在语言方面和逻辑方面符合原意。

为了联系上下文来进行分析，我先把上面恩格斯那段话按照韦建桦同志的修改意图订正如下：

"——为什么不可以这样做呢？Omnia in majorem Dei gloriam（一切为了上帝更大的光荣），说得明白一点（或说穿了），这就是：一切为了收更多的税，拉更多的壮丁"。

这个修改方案首先会引起这样的怀疑："一切为了上帝更大的光荣"这句话有什么不"明白"的地方？它还有什么"含蓄意义"没有"说穿"呢？

其次，为什么"说得明白一点"，"一切为了上帝更大的光荣"就是"一切为了收更多的税，拉更多的壮丁"呢？上帝的光荣和收税拉壮丁是风马牛不相及的两件事，怎么能在它们之间划等号呢？

第三，恩格斯引用的那句拉丁话和对它所作的翻译或解释，与开头那句话即"为什么不可以这样做"有什么内在联系呢？

新的修订方案没有回答这三个问题，也回答不了这三个问题。

其实，恩格斯最后那句话不是"用德语"将那句拉丁语的意思"重说一遍"，也不是那句拉丁语的德文译文意思不太清楚，以致恩格斯需要进一步把它"说得明白一点"，更不是要把那句拉丁语加以引申，把它本身没有包含的意思"穿凿附会"地硬塞进去。不，这一切都不是。恩格斯在这里只是套用了这句拉丁话，以便引出下文来。两句话在内容上毫无共同之处，但在形式上却有某些共同之处：前者说一切为了……更大的光荣，后者说，一切为了……更多的税和……更多的壮丁。这种形式上的相同难道是偶然的巧合？

我们知道，在写文章时，作者为了写得更生动一些，有时借用某些成语典故来说明自己的思想，或进一步阐发自己的思想，这种情形，不是古今中外都屡见不鲜吗？例如，我们为了说明"善有善报，恶有恶报"这个论断，往往借用"种瓜得瓜，种豆得豆"这句成语作为它的先导，中间再加上"这就是说"几个字就可以把这两句话联起来了，前后文的意思就豁然贯通了。这里当然不能把瓜和豆直接理解为善和恶，这是不言而喻的。我还可以再举一个例子。为了抨击"一切向钱看"这种资产阶级思想，我也可以套用恩格斯上面引用过的那句拉丁语，我只要把"was auf deutsch heisst"换成"was auf Chinesisch heisst"，然后再加上自己要抨击的内容就行了。为了便于说清问题，我把我的例子全部用中文写出。"'一切为了上帝更大的光荣'，用中国话来说，这就是：一切为了向钱看"。这里当然不能把"用中国话来说"理解为，或解释为"说得更明白一点"，因为"auf Chinesisch"只有一个理解，只有一个解释，那就是"用中国话来说"。那么，为什么不能以此类推把"auf deutsch"译成"用德国话来说"呢？我以为是完全可以的，俄文译者也认为是完全可以的，因为他们也是把"auf deutsch"译成"по-немцки"（用德国话来说）的，然而韦建桦同志却认为是不可以的，以为这样译就错了。那么为什么会产生这样大的分歧呢？根本原因就在于"auf deutsch"还另有一种含义，而"auf Chinesisch"和"по-немцки"则没有别的含义，不会引起任何误解。

所以，对"auf deutsch"应该如何正确理解，就不是单靠词典能够解决的了，而必须根据"狭义的上下文"和"广义的上下文"，或者说"语言生存的环境"来判断了，一句话，必须根据逻辑来判断了。

我们来看一看此处"auf deutsch"的"语言环境"。

恩格斯为英国民歌《布雷的牧师》撰写的译后记是为了揭露俾斯麦的翻云覆雨的卑鄙伎俩，说他"昨天主张贸易自由，今天主张保护关税；昨天主张经营自由，今天主张强制统一；昨天主张文化斗争，今天却扛着飘扬的旗帜向卡诺萨行进（意为投降。——笔者）"。① 这就是说，俾斯麦在德国随心所欲，什么事情都干得出来。恩格斯不是从正面来批判这些丑恶现象，而是用嘲讽、讥笑的口吻来抨击它：这有什么了不起，为什么不可以这样做呢？为了这位德国的"真正的布雷的教皇"② 的权威，在德国什么事情不能干呢？可以干的，正像在基督教世界，为了上帝的光荣，什么事情都可以干一样。因此，那句拉丁语的比喻作用在这里是再明显不过了。如果不是这样来理解的话，那么恩格斯为什么要在这里引用这句拉丁话呢？难道仅仅是为了使德国读者增加一点有关拉丁文的知识吗？显然不是。因此，只能有一个解释：恩格斯在这里是借用这句拉丁文作比喻，通过"auf deutsch"作桥梁，笔锋一转把话题引到德国尖锐的现实问题上来，以达到抨击时弊的目的。我以为这就是恩格斯那段话所包含的真正的思想内容。基于以上的理解，我以为对上面恩格斯那段话只须稍加改动就不会引起任何误解了。

"——为什么不可以这样做呢？Omnia in majorem Dei gloriam（一切为了上帝更大的光荣），用**德国话来说**，这就叫做：一切为了收更多的税，拉更多的壮丁"（顺便说一句，为了更生动，更通俗，拉壮丁不如改成抓壮丁更好）。"用德国话来说，这就叫做"这个译法无论"从语言方面来看，还是从逻辑方面来看"，都更切合原文——"用德国话来说" = "auf deutsch"，"这就叫做" = "das（它相当于原文中的 was）heisst"。这个译法的优点是，读者一看就会明白，后面一句话是一个比喻，它不是前面那句话的直译或意译。它不会给读者造成"一切为

---

① 《马克思恩格斯全集》第 1 版第 19 卷第 343 页。
② 《马克思恩格斯全集》第 1 版第 19 卷第 343 页。

了……光荣"翻译成德文的意思就是"一切为了……税和……壮丁"这样的误解。

如果这个解释能够成立，那么，前面提到的韦建桦同志提出的那三条修改的理由就站不住脚了。

第一，恩格斯并没有犯"重复繁冗的修辞错误"，因为他不是把那句拉丁语译成德语后再用德语去重复它的意思；

第二，至于所谓"恩格斯'用德语'所作的两次解释，其语义毫无共同之处"；其一，恩格斯并未"用德语"作两次解释，不过是一次"用德语"翻译了一句拉丁语，另一次是"用德语"套用了这句拉丁语；其二，正因为是"套用"，而不是"解释"，所以"语义毫无共同之处"自不待言；

第三，恩格斯不是犯了"穿凿附会"的考释错误，而恰恰是利用了"穿凿附会"（严格说来是比喻）的手法，把两种不同的现象罗列在一起，借以达到讽喻德国现实的目的。

不当之处，欢迎批评指正。

"народность"一词应该怎样译?

何宏江 整理

斯大林在他的名著《马克思主义和语言学问题》一书中明确地把历史上形成的人们共同体分成四个阶段：род（氏族）、племя（部落）、народность 和 нация（民族）。其中的"народность"一词究竟应该如何翻译，是一个始终没有得到彻底解决的问题。为了弄清楚究竟应该如何翻译"народность"这个词，我们查了一些辞书和经典著作，对这个词的含义作了初步的探讨。

在俄语中，"народность"不同于"нация"，它是俄语中固有的词（"нация"来自拉丁文的"natio"一词），是由"народ"这个词加上后缀-ность 构成的。这个词随着时代的变化和科学的发展而获得新的含义，这在不同时代出版的辞书中有所反映。

在 1881 年出版的由达里主编的《大俄罗斯语详解词典》"народность"还只有"民族性"这样的词义，并不表示人们共同体的意思。1935 年出版的由乌沙可夫主编的《俄语详解词典》和达里词典不同，认为"народность"的一个词义相当于"народ, нация, национальность"。这就是说，乌沙可夫词典认为，"народность"和

---

* 本文选自《马列著作编译资料》1980 年第 8 辑。

"нация"这两个词在表示"人们共同体"的意思时，在词义上是没有区别的。1958年苏联科学院语言学研究所编辑出版的十七卷本《现代标准俄语词典》对"народность"和"нация"分别作了不同的解释，认为尽管这两个词都表示"人们共同体"的意思，但词义是有差别的。

我们再从几部百科辞书对"народность"这个词的解释来看：

1897年圣彼得堡出版的《百科词典》没有把"народность"和"нация"列为专门的词条。

1930年苏联出版的《苏联小百科全书》只把"нация"列为专条，其解释是："нация 即 национальность，народность…"看来，这部小百科全书认为"нация"和"национальность"、"народность"这三个词的概念是完全相当的。

1939年苏联出版的《苏联大百科全书》第一版，同样只收了"нация"专条，没有收"народность"。但是值得注意的是，这一版的大百科全书对"нация"的解释，已经和1930年出版的小百科全书有所不同。这一版的大百科全书首先引用了斯大林对民族所下的经典性定义之后，解释说："民族不是自古以来就存在的。在资本主义产生之前，人类社会有着人们共同体的其他许多形式——氏族、部落、народность，但是还没有民族。只是随着资本主义的产生，在反对封建割据和闭关自守、反对部落局限性的漫长而持续的斗争过程中现代民族（современные нации）才形成、巩固和固定下来。"从这段解释可以看出，1939年出版的这部大百科全书虽然没有把"народность"列为专门的词条进行解释，但是已经肯定了"народность"和"нация"是有区别的，"нация"随着资本主义的产生而产生，而"народность"却是在"нация"产生之前已经存在了。

五十年代以后苏联出版的各种百科辞书都把"народность"和

"нация"分别列为专条,而且解释了两者的区别。这些辞书对"нация"的解释基本上一致,都是根据斯大林对民族下的定义加以阐述和发挥的,这里就不一一列举了。对于"народность"的解释如下:

1954年出版的《苏联百科词典》说:"народность"是"人种学上人们共同体的形式,在历史上它发生于部落之后、民族(нация)之前"。

1954年出版的《苏联大百科全书》第二版说:"народность 是民族(нация)形成之前在历史上形成的人们共同体。它跟氏族、部落这些共同体的区别在于,народность 已经不是在日益发展的血缘联系的基础上产生的,而是在这些联系的解体过程中产生的。生产力的发展破坏了原始公社制度,导致了私有制和阶级的产生,人们不再按血缘关系特征来划分,于是 народность 这一共同体的新形式代替了部落共同体。народность 形成的开始是和部落联盟的形成及其逐渐聚合时期相一致的。……在 народность 的形成时期,部落语言向 народность 的语言过渡,形成一定的共同的心理素质和文化。народность 还有一定的共同地域和经济联系,但是与民族(нация)相比,这些联系很不发达,很不稳固。……随着资本主义关系的发展,一些 народность 就逐渐变成有着以共同语言、共同心理素质、共同地域和共同经济生活为基础的,具有上述一切特征的稳定的人们共同体,народность 变成了民族(нация)。(下略)"

1974年出版的《苏联大百科全书》第三版对"народность"的解释是:"народность 是民族(нация)以前的人们在历史上形成的语言、地域、经济和文化共同体。народность 的形成开始于部落联盟的聚合时期,表现为各部落逐渐混合,用地域联系代替过去的血缘联系。народность 最早在奴隶占有制时代形成(如古埃及、古希腊的

народность 等）。在欧洲，народность 形成的过程基本上在封建制时期结束（如古俄罗斯、波兰、法兰西等 народность）。这一过程在世界其他地区后来仍然继续进行……在 народность 形成过程中，随着 народность 各部分之间联系的加强，某一民族构成（этнический компонент）（人数较多的或比较发达的）的语言成了 народность 的共同语言，而其他的部落语言变为方言，有的完全消灭了；开始形成有着共同族称（общее са-моназвание）的地域、文化和经济共同体。国家的建立促使 народность 得到巩固，但是在历史发展过程中，народность 在地域和语言上可能和国家不相一致。随着资本主义关系的发展和经济文化联系的加强，народность 变成民族（нация）。"

马克思主义经典作家是怎样使用"народность"这个词的呢？我们查阅了列宁的一部分著作，从已经收集到的一些例句来看，列宁在使用"народность"这个词时，大多数情况下是指不发达的、受压迫的、前资本主义的弱小民族。例如，下面的一个例句就是这样：

① "在讲到民族问题的时候，必须指出俄国民族（национальность）的成分是特别复杂的，在俄国大俄罗斯人仅占百分之四十左右，而其余的多数人口则属于其他民族（народность）。在沙皇制度下，对其他民族（народность）的民族压迫是空前残酷和野蛮的，它使没有充分权利的民族（народность）对君主政体积下了深仇大恨。"①

在一些场合，列宁在同时使用"народность"和"нация"这两个词时，对这两个词的词义是作了区别的，例如：

② "帝国主义列强历来对殖民地的和弱小的民族（колониаль-ные

---

① 《列宁全集》第 1 版第 26 卷第 321—322 页。

и слабые народности）的压迫，使被压迫国家的劳动群众不仅憎恨而且不信任整个压迫民族（угнетающие нации вооб-ще），其中也包括该民族中的无产阶级。"①

但是在另外一些场合，列宁在使用"народность"时，并没有把它和"нация"作严格的区别：

③"被压迫民族（угнетенные нации）的社会党人则应当无条件地为被压迫民族和压迫民族（угнетенные и угнетающие народности）的工人的完全的（包括组织上的）统一而斗争。主张一个民族同另一民族（нация）在法律上分离的思想（鲍威尔和伦纳的所谓'民族文化自治'）是一种反动的思想。"②

在斯大林的早期著作中，"народность"的使用情况也大致相似。有时斯大林把"народность"和"нация"这两个词作了区分：

④"只有把后进的民族和族（запоздалые нации и народности）纳入高度文化的总轨道才能解决高加索的民族问题。"③

有时他并没有把"народность"和"нация"作严格的区别，如：

⑤"决不容许把民族（нация）有权利自由分离的问题和某一民族（нация）在某一时期是否一定要实行分离的问题混为一谈。……我们承认被压迫民族（народность）有分离的权利，有决定自己的政治命运的权利，但这并不是说这样我们就解决了某个民族（нация）在目前是否应当和俄罗斯国家分离的问题。"④

---

① 《列宁选集》第 2 版第 4 卷第 276 页。
② 《列宁选集》第 2 版第 2 卷第 684 页。
③ 《斯大林全集》第 2 卷第 344 页。
④ 《斯大林全集》第 3 卷第 49—50 页。

只有在1950年发表的《马克思主义和语言学问题》一书中，斯大林写道：

⑥"至于语言的发展，从氏族语言到部落语言，从部落语言到 народность 的语言，从 народность 的语言到民族（нация）语言，在发展的各个阶段上，作为人们在社会中交际工具的语言，对社会是统一的、共同的……"①

可见，斯大林在这本书中明确地把"народность"用来指部落之后、民族（нация）之前这一阶段的人们共同体。此后，苏联学术界开始把"народность"和"нация"作为人们共同体的两个不同的阶段来进行研究。正如1966年出版的《苏联历史百科全书》在解释"народность"时所说的那样："народность 是表示处于部落（或部落联盟）和民族（нация）之间的一种人们共同体的术语。народность 作为人们共同体的一种类型是奴隶占有制和封建制社会经济形态所特有的。上述意义的 народность 的概念在资产阶级科学中是没有的。马克思主义奠基人认为，部落和民族之间存在着一个过渡阶段，马克思主义历史科学和民族学科学在研究中根据这一思想分出了 народность 这样一个在历史上形成的人们共同体的类型。народность 的概念在苏联学术界基本上确立于五十年代初，这时出现了第一批研究具体的 народность 的形成过程的著作。"

斯大林关于"народность"是人们共同体的一个阶段的论点的提出，以及苏联学术界对于"народность"理论的研究，在五十年代以及后来出版的各种辞书中有着充分的反映。为什么五十年代以后苏联出版的辞书对"народность"的解释和在此以前出版的辞书有很大的不同，

---

① 参看《马克思主义和语言学问题》人民出版社1971年版第8页。

从这里可以得到解释。

由于五十年代以前还没有把"народность"和"нация"作为两个不同的概念,还没有把这两个词在词义上严格加以区分,因此对当时发表的经典著作和民族学著作中的"народность"一词,可以和"нация"一样,不加区别,都译成"民族"。这样的译法基本上是行得通的。(如《列宁全集》和《斯大林全集》中大多数场合就把"народность"都译成"民族"或和"нация"合译成"民族")。可是把这样的译法用来翻译《马克思主义和语言学问题》一书中的"народность",就显然行不通了,因为在这部著作中"нация"和"народность"是两个不同的概念,如果把这部著作中的这两个词也都译成"民族",那就不但表达不了两者在概念上的区别,连句子都变得不通了。

对于这部著作中的"народность"和"нация"的译法,德文、英文和日文译本都作了适当的处理。

德文译本把"народность"译成völkerschaft,把"нация"译成nation。

英文译本把"народность"译成nationality,把"нация"译成nation。

日文译本把"народность"和"нация"都译成"民族",然后分别加注假名拼音(ナロードノスチ)和(ナーツイヤ)。

从以上德、英、日三种文字的译本来看,尽管由于几种文字本身条件的限制,处理这两个词的译法有所不同,但是这几种译法的处理原则是一样的,那就是:运用不同的语言手段把"народность"和"нация"这两个词加以区别。

现在来看《马克思主义和语言学问题》的中译本是怎样处理

"народность"一词的译名的。五十年代的几个中译本都把"народность"译成"部族",把"нация"译成"民族"。主张采用这个译法的同志认为,这个方案有以下的优点:

1. 由于创造了"部族"这样一个新术语来译"народность",这就把它和"нация"从字面上区别开来了,就这一点来说是符合斯大林的原意的。

2. "部族"这个词是由"部族"的"部"和"民族"的"族"组合成的一个新词,能够体现出是介于部落和民族之间的一个阶段的意思。因此这个词的创造基本上是成功的。

3. 我国史书上一般是单独使用"部"字或"族"字,很少合起来叫做"部族"的。用"部族"来译"народность",不会和中文中固有的概念相混淆。

4. 由于"народность"译成了"部族"这样一个独立的名词,就可以自由地把它和其他的词组合起来,构成不同的词组,如"социалистическая народность"这个词组就可以译成"社会主义部族"。

5. "部族"这个词创造出来以后,是有生命力的,至今在翻译苏联的民族学著作时,经常把"народность"译成"部族",《辞海》也承认了这个译法。因此,只要坚持使用下去,根据约定俗成的原则,这个词是可以通用的。目前使用这个词时,概念上有些混乱,但只要适当加以规范和引导,这种混乱现象是不难克服的。

但是对于"部族"这个译法,也有不少同志持反对的态度,他们认为:

1. 中国史书上"部族"是指"部落"和"氏族"的意思,如《辽史·部族》说:"部落曰部,氏族曰族"。把"народность"译成"部族",容易把它和部落、氏族的概念搞混了。

2. 我国目前的书刊中使用"部族"这个词时，概念相当混乱，如一些新闻稿和图册中常把非洲发展中的国家的一些人们共同体（英文是 tribe，德文是 Stamm，俄文是 племя）译成"部族"，其实应该译成"部落"。如果把《马克思主义和语言学问题》中的"народность"也译成"部族"，那就容易给读者造成"народность"就是"部落"的印象。

3. 日文中有"部族"这个词，但它指的是"部落"的意思。

4. 1954年中国史学界曾发生过关于"汉民族形成问题"的大论战，就是因为把"народность"译成"部族"引起的。当时有人反对范文澜同志主张汉民族形成于秦汉时代的论点，理由是斯大林讲过，资本主义以前没有民族，只有部族，因此鸦片战争以后才有汉民族，在此之前汉族只能是"部族"，不能是民族。只要把"народность"改译成"［资本主义以前的］民族"或"早期民族"，这场论战就解决了。

5. 把"народность"译成"部族"，不利于汉民族和少数民族的团结，因为把"народность"译成了"部族"，少数民族只能叫"部族"，不能叫"民族"了，这是对他们的歧视。如果把"народность"译成"民族"，这个意见也就不会产生了。

1962年后出版的《马克思主义和语言学问题》的中文修订译本，把"народность"改译成"［资本主义以前的］民族（народность）"，把"нация"改译成"［资本主义时期的］民族（нация）"，其用意就是为了避免把"народность"译成"部族"后所引起的问题。但是这样的译法处理并没有根本解决问题，反而又产生了新的矛盾。严格说来，这种译法不是翻译，而是译者的解释，方括号中的文字是译者根据自己的理解擅加上去的，并不是斯大林的原意。译者在译文中加上这样的带方括号的夹注，把自己的理解加进斯大林的文字中去，作为经典著作的翻译来说，是不可取的，这是一。

其次，斯大林在《马克思主义和语言学问题》一书中，是把"народность"和"нация"作为表示两个不同发展阶段的不同概念提出来的，应该用两个不同的词去翻译。把斯大林这部著作中的"народность"和"нация"都译成"民族"，就无法区别这两个不同的概念。

第三，这样的译法处理，行文上也有问题，由于把"народность"和"нация"都译成"民族"，译文中就出现了十分别扭的提法，如："从［资本主义以前的］民族（народность）语言到［资本主义时期的］民族（нация）语言"，这样的表达方法，中国读者是很难接受的。

第四，"［资本主义以前的］民族（народность）"，这不是一个术语。这样一个译者的解释性说法容易造成混乱，往往会使读者误解为资本主义以前的人们共同体都叫"народность"，连氏族、部落也包括进去了。至于把"нация"译成［资本主义时期的］"民族"，也是不科学的，因为社会主义时期的民族，在俄文中也叫"нация"。在《马克思主义和语言学问题》这本书中，斯大林就把苏联的一些民族叫"нация"。像"социалистическая нация"这个词组，总不能译成"社会主义的［资本主义时期的］民族"，同样"социалистическая народность"这个词组也不能译成"社会主义的［资本主义以前的］民族"，这都是显而易见的。

最后，《马克思主义和语言学问题》一书发表后，苏联出版了大量的研究有关"народность"理论的著作，如果不把"народность"一词译成一个固定的中文专门术语，要用解释性的说法来翻译这些专门论著，是难以行得通的。

最近，我们对斯大林的《马克思主义和语言学问题》一书的中译文又一次作了校订。我们曾就如何处理"народность"的译法问题，向有关方面的同志请教，征求意见。很多同志提出了不少设想和方案。如有同志主张把"народность"译"民族"，把"нация"改译"现代民族"。有同志主张把"народность"译成"不发达民族"或"早期民族"，把"нация"译成"现代民族"。也还有同志主张"народность"干脆不译，直接写上俄文，另加脚注说明。但是，这些方案都还存在各自的缺点，不够成熟。

我们考虑到经典著作的翻译是一项十分严肃的工作，译名的处理要慎之又慎，既要科学、准确、符合原意，又要考虑到各方面的因素，使确定下来的译名能够保持稳定，为读者所接受。而"народность"一词，究竟应该如何翻译，还有待更深入一步地探讨，目前还找不到一个为大家所接受的成熟的译法。因此，这次编辑出版《斯大林选集》时，我们对《马克思主义和语言学问题》中的"народность"的译法暂时不作较大的变动，只是将原来译者加的带方括号的夹注全部去掉，"народность"和"нация"仍然都译成"民族"。凡是这两个词在同一句中出现时，就在"民族"一词之后分别附注原文。另外"народность"还在文中单独出现七次，也一律加注原文。我们还加了一条脚注作为说明："俄文'народность'和'нация'一般都译为'民族'。斯大林在本文中把'народность'一词用来专指产生于部落之后的、奴隶社会和封建社会的人们共同体，把'нация'一词用来专指资本主义上升时期和这个时期以后的人们共同体。本文中'народность'译成'民族'，并附注原文；'нация'译成'民族'，一般不附注原文，只是在同句中有'народность'时，才附注原文，以示区别。"

这样一个处理方案表示"народность"的译名问题并没有妥善解决，尚待进一步探讨。

"丘必特的脑袋"还是"雅努斯的脑袋"?[*]

李俊聪

《马克思恩格斯全集》第1卷中有一篇脍炙人口的文章——《评普鲁士最近的书报检查令》。这既是一篇气势磅礴、大义凛然的政论杰作，又是一篇文笔优美、妙语连珠的散文。每次读它都是一种巨大的精神享受。但是其中的一段话，尤其是马克思用的一个典故，译文貌合神离，似是而非，令人百思不得其解。每读到此处，如鲠在喉，颇感不快。

日前，我就这个问题，向目前正在北京收集中文图书资料的德国汉学家汉娜女士请教。承蒙她指点迷津，我才恍然大悟，茅塞顿开。

上面提到的那个典故，出现在马克思揭露普鲁士新的书报检查令中规定作家应"严肃和谦逊地探讨真理"这一虚伪的自由主义提法的那段文字中。为了阐述方便起见，我把这段话的中文译文和与问题有关的部分德文原文抄录如下：

"其次，真理是普遍的，它不属于我一个人，而为大家所有；真理占有我，而不是我占有真理。我只有构成我的精神个体性的**形式**。'风格就是人。'可是实际情形怎么样呢！法律允许我写作，但是我不应当用**自己**的风格去写，而应当用另一种风格去写。我有权利表露自己的精

---

[*] 本文选自《马克思恩格斯研究》1990年总第4辑。

神面貌，但首先应当给它一种**指定的表现方式**！哪一个正直的人不为这种要求脸红而不想尽力把自己的脑袋藏到罗马式长袍里去呢？**在那长袍下面至少能预料有一个丘必特的脑袋**（黑体是我加的。——笔者）。指定的表现方式只不过意味着'强颜欢笑'而已。"①

"…Ich darf das Gesicht meines Geistes zeigen, aber ich muss es vorher in vorgeschriebene Falten legen! Welcher Mann von Ehre wird nicht erroeten ueber diese Zumutung und nicht lieber sein Haupt unter der Toga ver bergen? Wenigstens laesst die Toga einen Jupiterkopf ahnen. Die vorgeschriebenen Falten heissen nichts als:bonne mine a mauvais jeu."②

在这段话中，"Wenigstens laesst die Toga einen Jupiterkopf ahnen"译成"在那长袍下面至少能预料有一个丘必特的脑袋"。从字面上看，这句话没有译错，和原文完全一致。我查了一下俄文版和英文版，它们的译法也完全忠实于原文，没有多大差别。俄文版是：

"По крайней Мере, под тогой можно предполагать голову Юпитера"。

英文版是：

"Under the toga at least one has an inkling of a Jupiter's head"（在罗马式长袍下面你至少可以隐约猜到一个丘必特的脑袋）。

Jupiterkopf 在这两个版本中也都译成"丘必特的脑袋"，没有任何修订，没有任何注释。那么，"丘必特的脑袋"的含义究竟是什么呢？"在那长袍下面至少能预料有一个丘必特的脑袋"又是什么意思呢？它的言外之意是不是说，长袍下面藏着的可能有两个或三个丘必特的脑

---

① 《马克思恩格斯全集》第1版第1卷第7页。

② Gute Mine zum boesen Spiel.

袋，而这又意味着什么？更重要的是，马克思用这个典故究竟想说明什么问题？它和前面的论述有什么内在联系？看来有必要首先对"丘必特的脑袋"作一番研究。

我查阅了各种德文辞书，遗憾的是无论在哪本德文词典或百科全书里都找不到 Jupiterkopf 这个词条。我只好查 Jnpiter 了，看看它的解释能不能给我什么启示，能不能解开"丘必特的脑袋"之谜。我在戈宝权编写的《〈马克思恩格斯选集〉中的希腊罗马神话典故》一书中找到《丘必特》这个词条。内容扼要转述如下：

丘必特是罗马神话中最高的天神，又是司雷电风雨之神，相当于古希腊神话中的宙斯。丘必特这个名字在拉丁文中含有"明亮的天空""天父""天帝"和"天神"之意。他和许多女神结婚，生下了战神、智慧女神、太阳神、月神、爱与美神等等，因此，在罗马神话中他又被称为"众神之父"。

但这位"众神之父"的脑袋有什么与众不同之处？它能给人以什么启迪或暗示，使人能产生什么联想？这些从有关丘必特的词条中得不到任何答案。那么马克思为什么在这篇文章中要使用这个生僻的典故，使人"丈二金刚摸不着头脑"呢？

我向汉娜女士说明了我的困惑。她反复阅读了这段话的原文，沉思片刻后说，马克思在这里有笔误，他想到的是罗马的另一个神雅努斯的头，而笔下出现的却是丘必特的头。雅努斯的头有两副面孔，而丘必特的头只有一副面孔。

我又查阅了刚刚提到的那本有关罗马神话典故的书。在关于雅努斯的词条里是这样说的：雅努斯是罗马神话中的两面神，他的头前后各有一副面孔，同时看着两个不同的方向。

雅努斯的头的这个特点在关于雅努斯的词条里占有突出的位置。提到雅努斯首先想到的就是他的两副面孔，其他的一切特征或属性都是由这特点决定或演绎出来的。马克思在使用"丘必特的脑袋"这个典故时是不是"张冠李戴"，搞错了呢？我们不妨大胆地进行一次"换头术"，把"丘必特的脑袋"换成"雅努斯的脑袋"看看能不能理解马克思想要表达的意思呢？

"……法律允许我写作，但我不应当用自己的风格去写，而应当用另一种风格去写。我有权利表露自己的精神面貌，但首先应当给它一种**指定的表现方式**！哪一个正直的人不为这种要求脸红而不想尽力把自己的脑袋藏到罗马式长袍里去呢？在那长袍下至少可以预料有一个雅努斯的脑袋……"

只要记住雅努斯的脑袋有两副面孔，就不难理解马克思在这里使用这个典故的用意是什么了。下面试用新的理解来分析一下这段话的含义。

按照新的书报检查令的规定，作家有权利写作，但不应用自己的风格去写。你是一个幽默家，可是法律却命令你用严肃的笔调；你是一个激情的人，可是法律却指定你用谦逊的风格；你有权利表现自己的精神面貌，但首先要赋予它一种官方同意的表现方式。这就是说法律表面上允许作家有写作的自由，但骨子里却不允许他自由表达自己的意志。可见，这条法律企图把作家变成一个口是心非、表里不一的两面派，用通俗一点的话来说，就是有两副面孔的人。一个不愿意委曲求全、曲意奉承的正直作家，一个真话不能说，假话又不愿意说的正直作家，面对按官方规定的调子写作的无理要求，怎么不会感到羞愧、害臊、脸红而宁愿把自己的头藏到罗马式长袍里面去呢？这样，可以使人猜想到藏在罗马式长袍里面的至少是一个有两副面孔的脑袋（顺便说一句，"至少可以预料有一个……脑袋"的译法是不恰当的，因为这样译意思不清楚，还容易引起误解，已如上述）。说"至少是"一个有两副面孔的脑袋，那意思是说，一个正直的作家，良心没有泯灭，不愿做违心的事，说违心的话，因此，当他的真面目无法表现出来的时候，他决不让他的假相亮出来招摇惑众，而宁愿把它们两者都藏起来。这样人们可以猜想到，那因感到羞愧、耻辱而藏到罗马式长袍里面去的脑袋至少有两副面孔，而不是只有一副面孔。一副面孔就只能是官方允许亮相的面孔，就只能是经过乔装打扮、涂脂抹粉，失去本来面目的面孔，也就是马克思接下去所说的"强颜欢笑"——按照官方画的框框，定的调子写出来的违背自己意愿的作品。

由此可见，对马克思用的这个典故只能这样来理解，即马克思所说的藏在罗马式长袍里面的只能是雅努斯的脑袋，而不可能是丘必特的脑袋，原因很简单，因为丘必特的脑袋只有一副面孔，而雅努斯的脑袋却有两副面孔。马克思需要借用的正是两副面孔的脑袋这个文学形象，而不是一副面孔的脑袋这个文学形象。

马克思在自己的著作中曾经不止一次得心应手地使用过"雅努斯的头"这个典故。例如，《1848年至1850年的法兰西阶级斗争》中写道："12月20日，**立宪共和国**的雅努斯式的头还只显示出它的**一副**面孔，即行政权力的一面……1849年5月28日，它已显示出它的另一面，即**立法权力**的一面……"①

又如，他在《新的对华战争》一文中讽刺《泰晤士报》的立场时写道："在9月16日，也就是说仅仅在举行内阁会议的前一天，《泰晤士报》做了急剧的转变，悄悄地把它那像雅努斯的两个面孔一样的双重

---

① 《马克思恩格斯全集》第1版第7卷第74页。

指责去掉了一个"。①

可见,马克思始终是在两个面孔这一意义上来使用"雅努斯的脑袋"这个典故的,而没有在两个面孔的意义上使用过"丘必特的脑袋"。因此,在本文开头援引的那段话中,把"丘必特的脑袋"理解为"雅努斯的脑袋"是适宜的、必要的。至于在译文的处理上我们当然无权去纠正马克思的这个笔误,何况其他外文译本也没有这样做。但是,为了帮助读者理解原文的精神,避免走弯路,可不可以把译者研究的结果以译者注的方式奉献给读者呢?我想是可以的,不仅可以,而且应该。

---

① 《马克思恩格斯全集》第1版第13卷第577页。

"丘必特的脑袋"不能随便更换[*]

耿睿勤

李俊聪同志在《马克思恩格斯研究》第4期上发表了一篇文章《"丘必特的脑袋"还是"雅努斯的脑袋"?》,对马克思在《评普鲁士最近的书报检查令》中所使用的"丘必特的脑袋"这一典故,作了大胆的订正,换上了"雅努斯的脑袋"。

大家都知道,丘必特是罗马神话中最高的天神,相当于古希腊神话中全知全能的宙斯,他曾是光明之神,又是司雷电风雨之神,后又成为罗马的保护神,因为他和许多女神结婚,先后生下战神、智慧女神、太阳神、月神和爱与美神等等,又被称为众神之父。马克思在这篇文章中用丘必特的脑袋来比喻真理和光明,是从褒意上使用这一典故的。而雅努斯是罗马神话中的两面神,他的头前后各有一副面孔,同时看着两个不同的方向。马克思经常用雅努斯的头来隐喻两面派和口是心非的人,大多是在提到论敌和政敌的行为时从贬义上使用这个典故的。

《评普鲁士最近的书报检查令》是马克思写的第一篇政论文章。从这篇揭露反动的普鲁士书报检查令、争取出版自由的文章开始了反对君主专制制度的斗争。马克思引用"丘必特的脑袋"的那段话,是针对

---

[*] 本文选自《马克思恩格斯研究》1992年总第8辑。

检查令规定作家应"严肃和谦逊地探讨真理"这一虚伪的自由主义提法的。马克思认为这一规定要求人们注意的不是内容,而是内容以外的某种东西。它一开始就使探讨脱离了真理,使人们把注意力放在法律赋予挑剔权的第三种因素上。而真理探讨者的首要任务是直奔真理,而不是去用官方指定的形式来探讨问题。马克思说:"真理像光一样,它很难谦逊……"① 接下去就是有丘必特的脑袋的那段话:"其次,真理是普遍的,它不属于我一个人,而为大家所有;真理占有我,而不是我占有真理。我只有构成我的精神个体性的**形式**。'风格就是人'。可是实际情况怎样呢!法律允许我写作,但是我不应当用**自己**的风格去写。而应当用另一种风格去写。我有权利表露自己的精神面貌,但首先应当给它一种**指定的表现方式**!哪一个正直的人不为这种要求脸红而不想尽力把自己的脑袋藏到罗马式长袍里去呢?在那长袍下面至少能预料有一个丘必特的脑袋。指定的表现方式只不过意味着'强颜欢笑'而已。"② 从上下文看,马克思所说的"丘必特的脑袋"里装的就是光一样的真理,换句话说,马克思认为在这种情况下正直的作家只好让真理的脑袋藏到罗马式长袍下面。

通读马克思这一篇评论文章,我们可以看到,马克思强调的是"我只有构成我的精神个体性的形式"。为此他还引用了布丰的名言"风格如其人"。也就是说,作品的形式是作者人格的外化。因此,每个人都应有权用自己的表情去表露自己的精神面貌。"指定的表情只不过意味着'强颜欢笑'而已"。在文章的结尾,马克思又引用了塔西佗的一句名言:"当你能够感觉你愿意感觉的东西,能够说出你所感觉到的东西

---

① 《马克思恩格斯全集》第1版第1卷第6页。
② 《马克思恩格斯全集》第1版第1卷第7页。

的时候,这是非常幸福的时候"。① 总之,马克思在这里根本就不需要什么"雅努斯的脑袋",用不着两副面孔,更用不着把一副面孔藏到长袍下面,用另一副面孔去违心地"强颜欢笑"。

---

① 《马克思恩格斯全集》第1版第1卷第31页。

是"丘必特的脑袋",不是"雅努斯的脑袋"!*

晓 鸣

我读完李俊聪的文章后,觉得作者没有根据马克思的写作特点去把握原意,而对有关典故作了牵强附会的解释,论据不充分,缺乏说服力。下面我只阐述一下自己对这个典故是否属于笔误的粗浅看法。

首先,笔者说"马克思使用了生僻的典故,使人'丈二和尚摸不着头脑'。"① 我觉得这个说法欠妥。关于古希腊罗马神话中的众神之父丘必特,中国一些读者可能不太熟悉,但对欧洲人来说是不陌生的,马克思更是极为熟悉。他在自己著作中引用了无数神话人物(包括丘必特),都十分贴切。显然,马克思不会搞错。《评普鲁士最近的书报检查令》写成后,1843年首先在瑞士发表,载于《德国现代哲学和政论界轶文集》。然后,1851年又被编入在伦敦出版的《卡尔·马克思文集》。假如马克思真的有笔误,上述文集的编者阿·卢格和海·贝克尔是会加以订正的。

其次,"丘必特的脑袋",德文原文为 Jupiterkopf,俄译文版为 голова Юпитера,英译文为 Jupiter's head,译法是一致的。上述国家的

---

* 本文选自《马克思恩格斯研究》1992年总第8辑。
① 见本书第732页,引文与原文有差别。

编者和译者，可以说是通晓马恩著作的专家，他们共同采用"丘必特的脑袋"这一译法，也就一致肯定了马克思使用的典故是恰当的。

最后，除了根据原文并参考其他外文确定译法以外，研究马克思的写作手法，是把握原文含义的关键之所在。从修辞学角度来看，关于"丘必特的脑袋"这段话的上下段文句，大量使用了对衬的手法，例如：

"你们赞美大自然悦人心目的千变万化和无穷无尽的丰富宝藏，你们并不要求玫瑰花和紫罗兰散发出同样的芳香，但你们为什么却要求世界上最丰富的东西——精神只能有**一种**存在形式呢？我是一个幽默家，可是法律却命令我用严肃的笔调。我是一个激情的人，可是法律却指定我用谦逊的风格。**没有色彩**就是这种自由唯一许可的色彩。每一滴露水在太阳的照耀下都闪耀着无穷无尽的色彩。但是精神的太阳，无论它照耀着多少个体，无论它照耀着什么事物，却只准产生一种色彩，就是**官方的色彩**！精神的最主要的表现形式是**欢乐、光明**，但你们却要使**阴暗**成为精神的唯一合法的表现形式；精神只准披着黑色的衣服，可是自然界却没有一枝黑色的花朵。"①

马克思在上述句子中用了一正一反的对衬手法。诸如世界上最丰富的东西——一种存在形式；幽默家——严肃的笔调；激情的人——谦逊的风格；无穷无尽的色彩——一种色彩（即官方的色彩）；欢乐、光明——阴暗；披着黑色的衣服——没有一枝黑色的花朵……这些一正一反、对比鲜明的句子，既形象又有力地揭露了书报检查令中所说的"谦逊"的本质——不准自由发表言论，只准按官方要求行事；所谓"谦逊"正是害怕真理的标志，是扼杀真理的手段。

---

① 《马克思恩格斯全集》第1版第1卷第7页。

研究了马克思的写作手法，就不难弄清引用典故"丘必特的脑袋"这段话的含义。例如："真理占有我，而不是我占有真理……法律允许我写作，但是我不应当用**自己的**风格去写，而应当用另一种风格去写，我有权利表露自己的精神面貌，但首先应当给它一种**指定的表现方式**！"① 通过这段文字不难看出，马克思文章的笔调极为生动、鲜明，那些一正一反、针锋相对的句子，恰如一支支利箭射向普鲁士政府。

文章接下去便是"哪一个正直的人不为这种要求脸红而不想尽力把自己的脑袋藏到罗马式长袍里去呢？在那长袍下面至少能预料有一个丘必特的脑袋。"② 原来，在马克思看来，普鲁士政府用"谦逊"和"严肃"的肮脏外衣包裹出来的书报检查令，是丑陋无比的东西，是用"两面的手法"③ 装扮出来的冒牌真理，简直是厚颜无耻，卑鄙下流。凡是正直的人看到法令的要求，都替它脸红，竭力想把自己的脑袋藏到罗马式长袍里去，而长袍里面的脑袋，则预料是丘必特的脑袋，它才是真理的化身！这里马克思用了"脸红""把头藏进长袍""丘必特的脑袋"等递进修辞手法。与书报检查令形成鲜明对比，这里的衬托手法运用得非常巧妙。

如果我的理解有几分道理，那么李俊聪同志的看法就不那么正确了，设想一下：政府法律企图把正直的作家变成一个口是心非、表里不一的两面派时，后者不是针锋相对去抗议、去揭露、去斗争，反而自己感到羞愧、害臊、脸红，宁愿把自己的头藏到罗马式长袍里，还猜想这个头是有两副面孔的雅努斯的头，简直是不可思议。笔者把正直的作家

---

① 《马克思恩格斯全集》第 1 版第 1 卷第 7 页。
② 《马克思恩格斯全集》第 1 版第 1 卷第 7 页。
③ 《马克思恩格斯全集》第 1 版第 1 卷第 18 页。

解释为消极退避、胆小怯懦的人，这不符合马克思写作的原意，一个正直的作家是敢于斗争的，决不会屈服于淫威之下。他在敌对者面前不会自己感到羞愧、耻辱而躲藏起来，而会昂首阔步，大义凛然，因为手中掌握了真理，而真理是无所畏惧的。

关于"孤鸿哀鸣"的译法

晓 鸣

在马克思《路易·波拿巴的雾月十八日》一文中,有一处脚注,译文为:"法国农民一旦对拿破仑帝制复辟感到失望时,就会把对于自己小块土地的信念抛弃;那时奠立在这种小块土地上面的全部国家建筑物,都将会倒塌下来,于是**无产阶级革命就会得到一种合唱,若没有这种合唱,它在一切农民国度中的独唱是不免要变成孤鸿哀鸣的**"。①(《马克思恩格斯选集》第1卷第699页)句中"孤鸿哀鸣"一词原文是Sterbelied,柯伯年本译:哀歌,莫斯科本译:孤鸿哀鸣,我局沿用了后一译法。

有人认为,这一译法不准确,其理由是:原意既没有"孤",又没有"鸿",主张译"天鹅之歌"。从俄文版和英文版来看,这个意见是正确的。俄译文为Лебединая песня,英译文为swan song,是"天鹅之歌"的意思。据传说,天鹅能预感自己的死亡,并在死前发出哀伤感人

---

* 本文选自《马列主义研究资料》1985年第3辑。

① 《马克思恩格斯全集》德文版第204页为:"…erhält *die proletarische Revolution das chor,ohne das ihr Sologesang in allen Bauernnationen zum Sterbelied wird.*"(M.E. 8.204)

的鸣叫，因而以"天鹅之歌"比喻一个人的天才在临终前的闪露，或指作家、作曲家、学者等死前的最后作品，所以又可有"最后的杰作"的意思。但是，马克思原著是用德文写的，我觉得应该根据德文来确定中文译法。

Sterbelied 一词，根据 M. Heyne "Deutsches Wörterbuch"，解作：Sterbegesang；而 Sterbegesang 又解作：Gesang Vor Sterbonden，oder für den Fall des Todes angestimmt（在死者面前唱的歌，或者在临死的场合下唱的歌），是"挽歌"的意思；《双解独和大辞典》也解作：吊歌，挽歌。法译文为 Um chaur Funebre，日译文为弗いの歌，也是"挽歌"的意思。

现译文"孤鸿哀鸣"，一般理解为：失群的孤独的大雁，悲哀地鸣叫着，这和原意不太贴切。而旧译"哀歌"，可理解为"悲歌"，意思也不准确。"天鹅之歌"，德文有同样的词"Schwanen gesang"，马克思并没有使用，而且这一典故中国人很陌生。我觉得译"挽歌"较好。挽歌是哀悼死者的歌，它符合德文原意，在行文中读起来顺畅，同时也能表达出下述含义：无产阶级如得不到农民的支持，革命必遭失败。

关于"资本主义积累的一般规律"的"订正"*

〔日〕佐藤金三郎

问题的由来

苏联《共产党人》杂志于1963年第4期第124页上刊登了经济学副博士M.别洛柯贝托夫《关于马克思〈资本论〉中的一处订正》的一篇短文，引起了人们的注意。该文中说：

"我认为我的职责是，请《共产党人》杂志编辑部把在马克思同意的、1872—1875年的法文版《资本论》中所作的一处重大订正公布于众。……我这里指的是马克思在《资本论》第一卷第二十三章《资本主义积累的一般规律》中提出并发展了的理论上的一个命题，法文版中的这一命题如下：'社会的财富即执行职能的资本越大，它的增长的规模和能力越大，从而无产阶级的绝对数量和他们的劳动生产力越大，产

---

* 本文选自《马列主义研究资料》1982年第6辑。

原题注：本文讨论的问题，是人们长期争论的《资本论》第一卷"资本主义积累的一般规律"中的一个问题。不管我们对本文作者的主张是否赞同，但文章中所列举的大量资料对我们是有参考价值的。作者是大阪市立大学经济学系教授。——编者注

业后备军也就越大。可供支配的劳动力同资本的膨胀力一样，是由同一些原因发展起来的。因此，产业后备军的相对量和财富的力量一同增长。但是同现役劳动军相比，这种后备军越大，常备的过剩人口也就越多，他们的贫困同现役劳动军所受的劳动折磨**成正比**（黑体是别洛柯贝托夫加的）。……这就是资本主义积累的绝对的、一般的规律.'①

关于资本主义积累的绝对的、一般的规律的结论，是马克思主义经济理论的最重要的命题之一，而这一命题的正确性正在由资本主义整个历史所证实。但是，在长达几十年时期中，《资本论》第一卷德文版和国外各版中的上述马克思的这一命题的翻译，没有考虑后来法文版中的订正……而是沿袭了不正确的原文，即'……他们的贫困同他们所受的劳动折磨成反比'。不难想象，这句话改变了马克思的命题的意义，因为实际上马克思指的是现役劳动军所受的劳动折磨的增大和劳动者的贫困的增大不是成反比，而是成**正比**这样一种关系。

……令人十分满意的是，经过半个多世纪不断重复这种不正确之后，终于在《马克思恩格斯全集》的最新版本（俄文第2版）中得到了改正。在1960年出版的《全集》第二十三卷中，按照经作者校订过的法文版，把'同他们所受的劳动折磨成反比'改为'同现役劳动军所受的劳动折磨成正比'。这一点无疑是编辑的功劳。

令人遗憾的是，在《资本论》的其他版本中，在一些教科书和参考书中，这个地方现在仍然是不正确的。"

《共产党人》杂志刊登了别洛柯贝托夫的上述"订正"的短文。由于我对这篇短文有所感触，就问题所在，我亲自查阅了国内外《资本论》诸版本。当然，因为我所参照的版本有限，探讨尚不十分深刻，现

---

① 参看《马克思恩格斯全集》第1版第23卷第707页。——译者注

只能大体报告如下。

正如我们所知,马克思的《资本论》第一卷即《资本的生产过程》这一部分是在1867年出版的,此后在马克思生前,在1872年出版了德文第二版,并于1872—1875年出版了由马克思亲自校订并由鲁瓦翻译的法文版,马克思逝世后,恩格斯接着编辑了德文第三版和第四版,先后于1883年和1890年出版。

我查阅了《资本论》第一卷的以上各种版本,现在就来看一看在1867年发行的德文第一版中,关于"资本积累的绝对的、一般的规律"的定义:

"社会的财富即执行职能的资本越大,它的增长的规模和能力越大,从而工人人口的绝对数量和他们的劳动生产力越大,相对的剩余人口或产业后备军也就越大。可供支配的劳动力同资本的膨胀力一样,是由同一些原因发展起来的。因此,产业后备军的相对量和财富的力量一同增长。**但是同现役劳动军相比,这种后备军越大,常备的剩余人口或他们的贫困同他们所受的劳动折磨成反比的工人阶层也就越多**。最后,工人阶级中贫苦阶层和产业后备军越大,官方认为需要救济的贫民也就越多。这就是资本主义积累的绝对的、一般的规律。"(德文第1版第631页)

问题在于黑体字部分,这部分在马克思生前出的最后的德文版,即1872年发行的第二版中,完全没有改变(德文第2版第670页)。

重要的是1872—1875年发行的、由马克思校订并由鲁瓦翻译的法文版。在这个法文版中,上述德文版原文中的黑体字部分由鲁瓦译为:"……但是同现役劳动军相比,这种后备军越大,常备的过剩人口也就越多,他们的贫困同劳动折磨成正比。"

这个译文乍一看来显然有下面两点与德文版原文不一致。第一、正如别洛柯贝托夫指出的,在鲁瓦的译文中,把德文第一版中的"反比"

"订正"为"正比"。第二、在鲁瓦的译文中，德文第一版中的"常备的剩余人口"之后的"或工人阶层"几个字"脱落了"。关于这个"脱落"的第二点，别洛柯贝托夫没有提起。

从时间顺序来看，在鲁瓦译的这个法文版的基础上，于1883年发行了由恩格斯校订的德文第三版。在这一版中问题的所在如下："……但是同现役劳动军相比，这种后备军越大，常备的过剩人口也就越多，他们的贫困同他们所受的劳动折磨成反比。"（德文第3版第662页）

这一段文字在恩格斯生前编定的最后的德文版，即1890年发行的第四版中，完全没有变动（德文第4版第609页）。如果从表面上来看，把"剩余人口"变成"过剩人口"，这是一种非本质的不同，那么，恩格斯校订过的德文第三版（以及第4版）的原文，同鲁瓦的译文一样，在"脱落""或工人阶层"这几个字这一点上，同德文第一版（以及第2版）的原文不同了。然而，第三版（以及第4版）仍然沿袭了第一版（以及第2版）的"反比"，这又和鲁瓦翻译的法文版译文是不同的。

二

由于对照了《资本论》第一卷的几个基本版本，关于"资本主义积累的绝对的、一般的规律"的公式问题，我认为存在着三种不同的原文和译文：一、德文第一版（以及第2版）原文；二、由马克思校订并由鲁瓦翻译的法文译文；三、由恩格斯编的德文第三版（以及第4版）原文。我基于这一结果，接着对国内外出版的《资本论》第一卷各种版本的原文和译文进行了对比。在这种情况下，我当然以德文为主，把其他版本限制在最小的范围内。我所调查的版本如下（页码是指各版本的有关问题所在之处）：

①普及版。卡尔·考茨基出版（德文）。约·威·迪茨发行。1914年斯图加特版第581页。

②全本。根据1872年第2版（德文）。由卡尔·克尔什出版，并写有序言。古斯塔夫·基朋豪埃尔发行。1932年柏林版第595页。

③弗里德里希·恩格斯编。普及版（德文）。由莫斯科马克思恩格斯列宁研究院审定。维也纳—柏林文学政治出版社发行。1932年莫斯科版第679页。

④弗·恩格斯编。普及版（德文）。1953年柏林迪茨出版社第4版第679页。

⑤《马克思恩格斯全集》第23卷（德文）。德国统一社会党中央委员会马克思列宁主义研究院。1962年柏林迪茨出版社版第673—674页。

⑥《卡尔·马克思经济学著作集》，第1卷（德文）。汉斯—约阿希姆·李伯尔和贝奈狄克特·考茨基出版。1962年斯图加特版第777—778页。

⑦《资本论》。第1卷（英文）。（译自德文第3版，赛·穆尔和爱·艾威林译，恩格斯审定。）1954年莫斯科外文出版局版第644页。

⑧《资本论》（法文）。卡尔·马克思。约·鲁瓦译，全部经作者校订。第1卷第3册。1962年巴黎社会出版社版第87页。

⑨《资本论》第1卷（俄文）。（《马克思恩格斯全集》第2版第23卷）。1960年莫斯科国家政治书籍出版局版第659页。

⑩《资本论》。长谷部文雄译（日文）。第1卷下册。1953年青木书店版第996页。

⑪《资本论》。第1卷第3分册（日文）。1962年角川文库版第122页。

⑫《资本论》。第1卷（日文）。《世界大思想》全集第18卷。1964年河出书房新社版第508页。

⑬《资本论》。向坂逸太郎译。第1卷第4分册（日文）。1950年岩波文库版第147—148页。

⑭《资本论》。《马克思恩格斯全集》刊行委员会译。第1卷第4分册（日文）。1962年国民文库版第195—196页。

⑮《马克思恩格斯全集》。冈崎次郎译。第23卷第2分册（日文）。1965年大月书店版第839页。

我对上述各个版本的原文和译文进行了对比，其要点有二：一、是"反比"还是"正比"，二、"或工人阶层"这几个字是否"脱落"。比较结果如下：

第一、属于德文第一版（以及第2版）的类型（（1）"反比"；(2)没有"脱落"）的有②1932年德文版、⑧1962年法文版、⑩1953年长谷部日译本。

第二、属于由马克思校订、并由鲁瓦翻译的法文版类型（（1）"正比"，(2)"脱落"）的有⑨俄文全集版、⑫1964年长谷部日译本。

第三、属于恩格斯编的德文第三版（以及第4版）的类型（（1）"反比"；(2)"脱落"）的是所有其余版本，即①、③、④、⑤、⑥、⑦、⑪、⑬、⑭、⑮。

由此可见，除少数例外，到目前为止的绝大部分版本均属于第三种类型。而值得注意的是法文最新版⑧，俄文最新版⑨以及长谷部文雄的两种日文译本即青木版⑩和河出书房版⑫。

其中关于俄文最新版（1960年出版的《马克思恩格斯全集》第2版第23卷），已由别洛柯贝托夫的短文说清楚了。该版的编者在该页作了如下注释："原文是'同他们所受的劳动折磨成反比'。现根据原作者校订过的法文版译文订正。"这样,俄文版译文就从第三种类型变成了第二种类型。

其次,我们来看一看法文最新版本,即1962年由社会出版社出版的版本。在这个版本中加了几个字。变动颇大,其译文如下:

"但是同现役劳动军相比,这种后备军越大,常备的过剩人口即**他们的贫困同劳动折磨成反比的多余的人口**也就越多。"

上述黑体字部分是新译文中增加和变动的部分。可见,新译文是非常忠实于德文第一版(以及第2版)的。编者在此处作了如下注释:"这里确为译者之误。德文原文为'同劳动折磨成反比'。"就是说,这个法文版编者认为鲁瓦译文中的"正比""确为"译者鲁瓦"之误",于是新译文根据德文第一版(以及第2版)把"正比"订正为"反比"。这一点与上述俄文新版对原文的"订正"恰好相反。在新译文中还补充了鲁瓦译文中"脱落"的地方,即补译了"即多余的人口"这几个字。总而言之,社会出版社的法文版译文从第二种类型变成了第一种类型。

最后,我们来看一看长谷部文雄的日文译本。在1953年的译本中(青木书店版⑩)译文是:

"但是同现役劳动军相比,这种后备军越大,常备的过剩人口或同他们所受的劳动折磨成反比而穷困的工人阶层﹡也就越多。"

长谷部在上文的星花处加了一个译者注,说明此处是根据第一版的原文翻译的,在以后的版本中"或工人阶层"几个词脱落了。

然而,非常忠实地"根据第一版"进行翻译的长谷部,在1962年的译本中(角川文库版⑪)把从前特意补译进来的"或工人阶层"几个字"脱落"了,而把译文"订正"为,"但是同现役劳动军相比,这种后备军越大,同他们所受的劳动折磨成反比的贫困的常备的过剩人口也就越多。"同时把上面所说的译者注也取消了。

然而，在长谷部的最新译本，即1964年的译本中（河出书房版⑫），译文同上述两版的任何一版都不相同，他将译文"订正"如下：

"但是同现役劳动军相比，这种后备军越大，常备的过剩人口也就越多，他们的贫困同现役劳动军所受的劳动折磨成正比。"在这一版中，在"正比"的地方加了一条译者注："原典中为'反比'。现从（马克思校订过的）法文版。"这条译者注显然同上述的俄文最新版的编者注是一致的。

总而言之，长谷部的译本从上述的第一种类型变成了第二种类型，接着向第二种类型"订正"。

三

我在上面对《资本论》第一卷国内外各种版本的原文和译文进行了对比，通过这一简单的调查可以明显看出，就"资本主义积累的绝对的、一般的规律"这一公式的原文和译文，在《资本论》第一卷的各基本版本中，存在着三种截然不同的类型，这些版本极不统一，这种混乱至今毫无克服。究竟哪一种类型才是正确的呢？如果要我事先得出结论的话，那么我认为，俄文最新版的"订正"是正确的，不过这种"订正"不完全，就是说，部分地不正确。

俄文最新版从根本上说，是以我所说的属于第三种类型的原文即以恩格斯校订过的德文第四版（1890年版）为底本的。德文第四版的原文是："但是同现役劳动军相比，这种后备军越大，**常备的过剩人口**也就越多，**他们的贫困同他们所受的劳动折磨成反比**。"

俄文最新版本改为："……**他们的贫困同现役劳动军所受的劳动折磨成正比**。"就是说，俄文最新版把德文第四版中的"反比""订正"

成"正比"这一点是正确的,然而,忽略了德文第四版中把"或工人阶层"几个字漏掉了,以及把德文第四版中"他们所受的劳动折磨"误译成"现役劳动军所受的劳动折磨",我认为这两点是不正确的。

理由很简单。因为我认为,至少在这个问题上我是以德文第一版(以及第2版)的原文为出发点的,然而,该版中的"反比"显然是"正比"的误记。请看第一版的原文:

"但是同现役劳动军相比,这种后备军越大,常备的剩余人口或工人阶层〔Arbeiterschichten〕也就越多,**他们的**〔deren〕**贫困同他们**〔ihrer〕**所受的劳动折磨成反比**。"

这里的"deren"是指前面的"Arbeiterschichten"(阴性名词复数)"deren"是复数第二格,这一点是非常明显的。然而问题在于代词"ihr"代表什么?是指阴性第三人称单数,还是指第三人称复数,显然是不清楚的。不过,从此处的文章结构来看,从黑体字那部分的主语——"他们的贫困"中的"deren"是指"Arbeitersehichten",是复数这一点来看,"ihr"自然应为复数。如果是这样的话,那么,"deren"以及"ihrer"都应该指"工人阶层"。因此,如果这种解释是正确的话,那么德文版中的黑体字部分就应该翻译成:"工人阶层的贫困同这一工人阶层所受的劳动折磨成反比。"

然而,问题就出在这里的"反比"上面。我认为,这个"反比"显然是"正比"的笔误,因此鲁瓦的法文版的"订正"在这点上是正确的。马克思在这里,即在"工人阶层的贫困"的增大同"工人阶层所受的劳动折磨"的增大之间的关系上,显然认为是正比的关系。这一点可以由《资本论》第一卷第二十三章《资本主义积累的一般规律》中的一段话所证实:"因此,在一极是财富的积累,同时在另一极,即在把自己的产品作为资本来生产的阶级方面,是贫困、劳动折磨、受奴役、无知、粗野和道德堕落的积累。"① 可见，这里的"贫困的积累"同"劳动折磨的积累"显然成正比。

然而俄文最新版中所以把"他们所受的劳动折磨"误译成"现役劳动军所受的劳动折磨"，是跟编者没有注意到德文第四版"脱落"了"或工人阶层"几个字有联系的。俄文最新版的编者大概是像下面这样考虑的：德文第四版中的"反比"显然是"正比"之误。然而问题在于，这里的"deren"以及"ihrer"，特别是后者，究竟是指什么？这里的关系代词"deren"显然是指前面的"常备的过剩人口"〔die Konsolidierte Übervölkerung〕（阴性名词单数），因此，"deren"显然是阴性单数第二格。如果是这样的话，那么代词"ihr"必然是阴性单数第三人称。然而，如果这里的"ihr"是指"常备的过剩人口"，那么"他们所受的劳动折磨"就是指"常备的过剩人口所受的劳动折磨"了，这显然是说不通的。因此就认为这里的"ihr"肯定是指前面一个阴性单数第三人称"现役劳动军"〔die aktive Arbeiterarmee〕。于是这段话在俄文版中就被"订正"为"常备的过剩人口的贫困同现役劳动军所受的劳动折磨成正比。"

可是，俄文最新版的这种解释不但在语法上毫无道理，而且明显地歪曲了马克思的原意。因为上述德文第四版中的"ihr"，就原文来讲，在语法上自然是指"常备的过剩人口"；其次，如我们所知，马克思的原意是指"工人阶层的贫困"的增大和"工人阶层所受的劳动折磨"的增大之间的"正比"关系。

尽管俄文最新版的译文有误，不过是情有可原的。这是因为俄文新版的译文的"订正"——将"反比"译成"正比"——是根据鲁瓦的法文版，如我们所知，该法文版译文把德文版中的"或工人阶层"几个字"漏"译了。因此译成："……常备的过剩人口也就越多，他们的贫困同

---

① 《马克思恩格斯全集》第1版第23卷第708页。

劳动折磨成正比"，于是这里的"正比"不是指"工人阶层的贫困"，而是指"常备的过剩人口的贫困"了。显然这是不对的，应当说这个译文没有正确地表达出马克思的原义。至于1962年的法文最新版中又把"正比"改译成"反比"，这种"订正"错误，在这里就不多说了。

结束语

我的探讨大体如上，如果我的探讨是正确的话，那么可以说，关于"资本主义积累的绝对的、一般的规律"这个公式问题，自德文第一版以来直到目前，尚无一个完善的原文或译文。

这就是说，我应当把我在上面对《资本论》第一卷分成三种类型的各基本版本的原文和译文订正如下：

第一种类型（德文第1版以及第2版）——必须将"反比"订正成"正比"。

第二种类型（鲁瓦的法文版）——必须将所脱落的"或工人阶层"几个字补上。

第三种类型（德文第3版以及第4版）——必须（1）将"反比"订正成"正比"；（2）将所脱落的"或工人阶层"几个字补上。

综上所述，我认为这句话的正确译文应当是："但是同现役劳动军相比，这种后备军越大，常备的过剩人口或同他们所受的劳动折磨成正比而贫困的工人阶层也就越多。"

［原载1966年11月《经济学杂志》（日文）第55卷第5号］

（刘焱 摘译）

《资本论》英文版第一卷中有一处把"资本"译成了"资本主义"[*]

周东华

马克思是否使用过"资本主义"一词这个问题,东西方的学者探讨、考证了整整一个世纪,也没有真正解决这个疑案。笔者在考证此问题的过程中,无意中发现了英文版《资本论》第一卷中有一处把"资本"译成了"资本主义",而这例翻译,直接关系到对马克思是否使用过"资本主义"一词的考证,因此很有指出的必要。

由德文第三版翻译,1886 年首版,纽约 1947 年出版的英文版《资本论》第一卷第 600 页,笔者发现马克思有一处使用"资本主义"一词,其表述为:A writer of the 18th century, often quoted already, the author of the "Essay on Trade and Commerce", only betrays the innermost secret soul of English capitalism, when he declares the historic mission of England to be the forcing down of English wages to the level of the French and the Dutch.[①]

---

[*] 本文选自《马克思恩格斯列宁斯大林研究》2001 年第 4 辑。作者单位:北京大学历史系。

[①] Karl Marx, Capital, A critical analysis of capitalist production, translated from the third German edition by Sammel Moore & Edward Aveling, and edited by Frederick Engels, New York 1947, p. 600.

为避免这里出现的"资本主义"一词是翻译所误,笔者又查对了德文版《资本论》第一卷,上述英文版中的这段话,德文版的表述为:Ein oft von mir zitierter Schriftsteller des 18. Jahrhunderts, der Verfasser des "Essay on Trade and Commerce", verrät nur das innerste Seelengeheimnis des englischen Kapitals, wenn er es für die historische Lebensaufgabe Englands erklärt, den englischen Arbeitslohn auf das französische und holländische Niveau herabzudrücken.①

德文原版与英文译文出现了差别,在排除了印刷错误的情况下,肯定有一个版本出现差错,笔者又查对马克思亲自修订的法文,同样是这段论述,笔者查阅根据马克思亲自修定的法文第一版译出的中文版,其表达为:

我常引用的一个十八世纪著作家、《论手工业和商业》的作者声称,英国的重大历史任务是把英国的工资降低到法国和荷兰的水平,他不过是泄露了英国资本家灵魂深处的秘密。②

通过以上诸种《资本论》不同版本的比较,我们认为英文版中出现的"资本主义"一词是翻译的差错。理由除了不同版本的比较可以作此结论外,有两个佐证。

第一,根据中外学者的研究,"资本主义"话语(英语为Capitalism,法语为Capitalisme,德语为Kapitalismus),在英语中的出现时间为1850—1854年之间;法语中为1842年;德语中绝对不会迟于1870年。布罗代尔在《15—18世纪的物质文明、经济和资本主义》第二卷中根据法语材料,详细考证了"资本主义"最早在法语中出现的时间是

---

① Kark Marx, *Das Kapital*, *Kritik der politischen ökonomie*, Berlin 1984, S. 627.
② 马克思《资本论》,中国社会科学出版社1983年版,第632页。

1753年；最迟不会超过1842年。① 而在英文中，美国的《蓝登书屋英语语言词典》指出：资本主义一词由"capital"加名词后缀"-ism"构成，出现于1850—1855年。② 另据《牛津英语词典》记载，1854年萨克莱在《Newcomes Ⅱ 75》写道：The sense of capitalism sobored and dignified Paul de Florac。③ 德语中该词最迟不会超过1870年，因为阿·谢夫莱在1870年出版了《资本主义和社会主义，特别是对经济活动形式和财产形式的考察》一书④，其题目就使用了"资本主义"名词形式：Kapitalismus。

第二，马克思纵然知道"资本主义"这个词，在马克思的著作中，很少使用该词，目前有据可查的，马克思只在1867年后的手稿中，引用阿·谢夫莱的著作时，才明确使用了该词。这是在《评阿·瓦格纳的〈政治经济学教科书〉（第二版）第一卷》一文中，马克思写道："我的出发点是，劳动力的价值真正被偿付，**而实际上这种情形并不存在**。谢夫莱先生在'**资本主义**等等'中认为，这是'慷慨行为'或诸如此类

---

① 布罗代尔《15至18世纪的物质文明、经济和资本主义》第2卷，顾良译，生活·读书·新知三联书店1993年版，第3、242—243页。

② Stuart Berg Flexner Edited, *The Randomhouse Dictionary of the English Language*, Second Edition, Unabridged, New York: Random House 1987, p. 309.

③ Prepared by J. A. Simpson and E. S. Weiner, *The Oxford English Dictionary*, Vil Ⅱ, second edition, Clarendon Press, Oxford 1989, p. 863.

④ A. Schäffle, *Kapitalismus und Socialismus mit besonderer Rücksicht auf Geschäfts- und Vermögensformen*, Tübingen 1870.

等等。"①

据恩格斯在英文版序言中所说,这段译文由爱德华·艾威林翻译,时间是1886年,根据我们前面提供的佐证,"资本主义"在英文中此时已经出现,因此,翻译差错的可能性是很大的。既然英文版是根据德文版翻译而来的,我们有理由相信德文版所摆的事实:马克思没有使用"资本主义"一词,这是一例翻译差错。

---

① 马克思《评阿·瓦格纳的〈政治经济学教科书〉(第二版)第一卷》,见《马克思恩格斯全集》第1版第19卷第402页。马克思在第651页注251中表明"阿·谢夫莱《资本主义和社会主义,特别是对经济活动形式和财产形式的考察》(A. Schäffle, *Kapitalismus Und Socialimus mit besonderer Rücksicht auf Geschäfts – und Vermögensformen*, Tübingen, 1870)。"

关于马克思喜爱的一句格言[*]

王以铸

在《回忆马克思恩格斯》一书中有一篇马克思在 1865 年填写的《自白》。这虽然是当时流行的一种文字游戏,但对于了解马克思的人格还是有很大的参考价值。特别对于其中的一个比较关键问题:您所喜爱的格言,马克思填写的是一句拉丁语:Nihil humani a me alienum puto。

这句话虽然译成了汉语("人所具有的我都具有"),但是没有加注,有人就把它当作马克思自己的话加以引用,这是不对的。原文明明说这是马克思喜爱的格言,怎么变成马克思自己的话了呢。

这话原来是古罗马著名戏剧家特伦提乌斯(约公元前 190—公元前 159 年)的第三个剧本《折磨自己的人》(最初上演于公元前 163 年 4 月)中的一句台词。

但又有人说这话是由于马克思的引用而有名的,这也不对。这本来就是一句十分著名的话,从发表以来两千多年就不断有人引用它(包括罗马的大政治家西塞罗),差不多每一部拉丁语格言汇编里都可以找到这句话。马克思不过把它重新引用一次而已。圣奥古斯丁(354—430

---

[*] 本文选自《马列主义研究资料》1982 年第 1 辑。

年）就曾提到有一次演《折磨自己的人》，当演员说这句台词时，曾博得全场的喝彩，因为它体现了一种忘我的仁爱精神。

要理解这句话，就得先看一下这话说出时的背景。原来这戏在序曲之后，一开场先是一个名叫美涅德穆斯的花甲老人在自己门前的地里干活，跟着他的邻人克列美斯上场，看见老人自己整天拼死拼活地在地里劳动，觉得奇怪，因为他有许多奴隶，他完全可以指挥奴隶去干这些活，没有自己下地的必要。于是克列美斯把这意思向美涅德穆斯讲了，老人听了很不以为然，下面就是他们的对话（第 1 幕第 1 场）：

美涅德穆斯：也许你的时间太多了，才来管同你毫不相干的闲事吧。

克列美斯：**我是人，凡属人的事情没有一件不是同我息息相关的**（Homo sum; humani nihil a me alienum puto）。你知道，我是在劝你，也可以说我是在向你说教：如果你做的对，我就向你学，如果你做的不对，我就劝你改正。

美涅德穆斯：我是非这么干不可，你自己还是请便吧。

克列美斯：难道一个人非得折磨自己不可么？

……

准此，则马克思借用这句话作自己的格言，无非是说，作为革命者，他对人类的命运不能无动于衷，这正好表达了这样一位革命导师的伟大胸怀。这也是这句话两千年来所以成为名句的原因。但也有人把这话，结合后来对现代迷信的批判，理解为马克思把自己看成是和大家一样的人，而不是神或超人，这当然也有一定的道理，但同马克思引用此话的原意就远了。首先，马克思没有把 Homo sum（我是人）这两个词写上去；其次，马克思虽然有革命导师的崇高威望，受到当时革命者的尊敬和爱戴，但在当时谁也没有把他当作神灵来崇拜，他在当时人心目

761

中和在一百多年后我们心目中其形象是不同的，倒是我们受现代迷信的影响，把几位革命导师搞得都有点神化了，所以以为马克思还有必要强调自己是和大家一样的人而不是神，这其实是同当时的情况不尽符合的。

关于《通告信》中"苏黎世三人团"的译法*

王宏道

马克思和恩格斯于1879年9月17—18日给当时德国社会民主党的领导们写了一封信（即著名的《通告信》），寄给奥·倍倍尔，对于卡·赫希柏格、爱·伯恩施坦和卡·施拉姆有关《社会民主党人报》办报的一些主张和做法，尤其是在他们三人合写的《德国社会主义运动的回顾》一文中所表明的政治态度，提出了严厉的批评。在我们重新校订这封《通告信》时，发现原中译文多次使用的"苏黎世三人团"的译名，与原文不大贴切，受俄译本影响添加了贬抑的色彩。后经我室学术委员会讨论，决定改译为"三个苏黎世人"或"苏黎世的三个人"，同样"三个莱比锡人"或"莱比锡的三个人"（见《〈马克思恩格斯全集〉中文第2版译名通报3》1966.6）。具体说明如下。

一、《通告信》中译成"苏黎世三人团"的德文原文计有：

Die 3 in Zürich Domizilierten（一处）

Die drei Züricher（三处）

Die drei Leute in Zürich（一处）

同时还有一处"莱比锡三人团"的译文，德文原文是：

---

* 本文选自《马克思恩格斯研究》1994年总第18辑。

Die drei Leipziger。

二、上述德文原文的几种表达方式，均属中性，无褒无贬，不具有中译文"三人团"所包含的那种贬责的感情色彩。术人认为它们应分别译为：

住在苏黎世的三个人，或：三个住在苏黎世的人。

三个苏黎世人。

苏黎世的三个人。

同样：三个莱比锡人。

三、原中译文已经将 die 3 in Zürich Domizilierten（一处）译为："住在苏黎世的那三个人"，die drei Züricher（一处）译为："苏黎世的三个人"，die drei Leipziger（一处）译为："莱比锡的三人"。

四、"三人团"译法，主要依据俄译文的 тройка（五处）和 троица（一处）。但 проживающая в Цюрихе тройка（一处）却译为："住在苏黎世的那三个人"。另有"苏黎世的三个人"俄文为：три цюриха，"莱比锡的三人"俄文为：три лейпцига。

五、在1879年9月19日马克思致阿·左尔格的信中，有两处用了 das Trio，一处用了 das Trifolium，中文均译为"三人团"，比较贴切，这个词表达了马克思对三个苏黎世人的贬责和嘲讽。

六、在1879年11月14日恩格斯致倍倍尔的信中，有一处提到 Anspruch der Züricher auf Zensur，中文却译成"苏黎世三人团……"恩格斯用的 Züricher 很简单，就是"苏黎世人"，看不出有"三人团"的意思。对于这些"苏黎世人"，恩格斯只是在1879年12月16日致倍倍尔的信中用过 das Dreigestirn 一词，中译"三人星座"。

七、对比马克思和恩格斯写的上述信件和由恩格斯执笔的《通告信》用语的差别，可以清楚地看到，"三人团"（das Trio）的说法源出于马克思。

八、本人认为，不同的用语，在翻译时应该有所照顾，而不能"千篇一律"。恩格斯没有说什么"三人团"，我们硬要这样译，恐怕就有强加于人之嫌了。

关于"苏黎世三人团"德文原文及俄、中、英译文对照

第19卷

1 德154.3,die 3 in Zürich Domizilierten

  俄163.9,находящаясъ в Цюрихе Тройка

  英257.11,the 3 men domiciled in Zurich

  中176.11,设于苏黎世的三人团

2 德154.4,der drei Leipzigen(复二)

  俄163.10,лейпциской тройки

  英257.22,the three leipzigers

  中176.12,莱比锡三人团

3 德154.8—9,der 3 in Zürich Domizillierten

  俄163.15,Проживающаей в Цюрихе тройки

  英257.17,the 3 men domiciled in Zurich

  中176.14,住在苏黎世的那三个人

4 德154.25,den 3 Leuten in Zürich(复三)

  俄163.24,(с)тремя Цюрихами

  英257.24,(with)three men in Zurich

  中176.19,苏黎世三人团

5 德154.25,Die drei Züricher

  俄163.9,倒10,три цюрихца

  英257.倒8,The Zurich trio

中 177.1,苏黎世的三个人

6 德 155.5—6,der drei Züricher(复二)

俄 164.15,Цюрихской тройки(单二)

英 255.15,the Zurich trio's(powers)

中 177.15,苏黎世三人团

7 德 155.倒 2,die 3 Leipziger

俄 165.5,(между)тремя Лейпцигцами

英 259.8,three Leipzigers

中 178.14,莱比锡的三人

8 德 159.15,(小标题)der drei Züricher(复二)

俄 168.倒 18,цюрихской тройки

英 262.倒 5,the Zurich trio

中 182.10,苏黎世三人团

9 德 161.18,die drei Züricher

俄 170.28,цюрихская троица

英 264.倒 2,the Zurich trio

中 184.倒 6,苏黎世三人团

第 34 卷

1 德 411.7—8,der Züricher Herrn(复二)

Des trio

俄 325.6,…этого трио

无英译文(1879.9.19.马克思致左尔格的信)

中 387.12,苏黎世的先生们……

三人团

2 德 412.10—11,das Trio ※

俄 326.14, трио ✻

无英译文(1879.9.19. 马克思致左尔格的信)

中 338. 倒6—5, 三人团✻✻

3 德 412.17, dem Trifolium…

俄 326.22, троице(单三)

无英译文(1879.9.19. 马克思致左尔格的信)

中 389.1—2, 三人团

4 德 417.9, (Anspruch) der Züricher(auf Zensur)

俄 329. 倒10, (Претензий) цюрцхской тройки(单二)

无英译文(1879.11.14. 恩格斯致倍倍尔的信)

中 393.7, 苏黎三人团(提出的实行检查的要求)

5 德 429.18, das Dreigestirn

俄 340.17, тройное созвезде

无英译文(1879.12.16. 恩格斯致倍倍尔的信)

中 406.9, 三人星座

说明：每例开头的数字分别表明页码和行码，如："155.5—6"表示"第155页第5—6行"，"329.倒10"表示"第329页倒数第10行"。

两段马克思和恩格斯引语的翻译问题[*]

马 哲

乔木同志《关于人道主义和异化问题》一文中的两段马克思和恩格斯引语[①]的翻译问题,中央编译局马恩室曾召开业务讨论会作过研究,现将有关情况简介如下。

一、《社会主义从空想到科学的发展》的那段引文中"经济学"一词的改译问题

恩格斯说:"一切社会变迁和政治变革的终极原因……应当在有关的时代的**经济学**中去寻找。"[②]

这段话1978年在《社会主义从空想到科学的发展》收入中央党校教材时,曾作了修订。当时将这段话中"经济学"改为"经济"。这次改动已在《马列著作编译资料》第1辑上通报过并作了说明。主要考虑是:此处德文"Ökonomie"一词,既可作"经济"解,又可作"经

---

[*] 本文选自《马列主义研究资料》1984年第4辑。
[①] 见《关于人道主义和异化问题》,1984年人民出版社版,第15、11页。
[②] 《马克思恩格斯选集》第1版第3卷第425页。

济学"解。但从理论上看，恩格斯在这里是阐明唯物史观的基本内容，强调社会变迁和政治变革的终极原因不能到人的意识中去寻找，只能到客观现实中，到经济事实中去寻找，因此译"经济"为妥。

另外也查考了其他外文本中的译法。在法文本中此处译为"l'economie"，英文本中译为"economics"。该词在英法文中均有"经济"和"经济学"两种含义。而在《马克思恩格斯全集》俄文第二版中此处该词比较明显地被理解为"经济"。俄文本中对这个词的译法曾有过变化。在 20 世纪 30 年代到 50 年代的俄译本中，多数译为"экономия"。该词在俄文中有"经济学"、"经济"、"节约"等含义，在此处易被理解为"经济学"。但也有个别俄文本中把该词译为"экономика"，如1940 年出版的俄文版《马克思恩格斯文选》（两卷集）和《社会主义从空想到科学的发展》的一个单行本。从 1961 年《马克思恩格斯全集》俄文第二版第十九卷开始直到现在，各种俄译本中均改译为"экономика"。俄文"экономика"虽然也有"经济"和"经济学"两种含义，但在此处把原译"экономия"改译为"экономика"，显然是要突出"经济"这个含义。在日译本中此处均译为"经济"。

最近又就这个问题开了一次业务讨论会，多数同志根据上述理由同意1978 年的修改方案，认为把"经济学"改译为"经济"比较好。会上也有同志认为，这里改译为"经济"并不错，但并不排除一语双关的理解，保留原译"经济学"也未尝不可，也可以说通，因为经济学通过对生产方式和交换方式的解剖揭示社会变革的原因。有的同志还举出马克思在《〈政治经济学批判〉序言》中说的"对市民社会的解剖应该到政治经济学中去寻找"① 这句话来佐证。

二、《关于费尔巴哈的提纲》的那句引语的翻译问题

《提纲》第六条说:"人的本质并不是单个人所固有的抽象物。在其现实性上,它是一切社会关系的总和。"②

朱光潜先生对"在其现实性上"这一词组的译法提出意见,认为德文中"in seiner Wirklichkeit"是个日常口头语,应译"其实"或"实际上"。

讨论会上一致认为,原译是正确的。首先,从文字上来说,"in seiner Wirklichkeit"不是日常口头语。如果德文是"in Wirklichkeit",那就是习惯用语,可译为"其实"、"实际上"。但此处在"Wirklichkeit"(现实,现实性)之前加上一个物主代词"sein"("它的")就不是这个意思了。此处英文为"in its reality",俄文为"всвоей действительности",法文为"dans sa réalité"。在这几种外文译本中,此处在"现实性"之前都加物主代词"它的"。有没有这个物主代词,意思是不一样的。这可从《提纲》第七条中的一个用法得到说明。第七条说:"费尔巴哈没有看到,'宗教感情'本身是社会的产物,而他所分析的抽象的个人,实际上是属于一定的社会形式的。"这一句中的"实际上",德文为"in Wirklichkeit",英文为"in reality",俄文为"в действительности",法文为"en réalité",这里都没有物主代词。特别是在法文中,这两个词组有明显的区别。第六条中用的是"dans sa

---

① 《马克思恩格斯选集》第1版第2卷第82页。
② 《马克思恩格斯选集》第1版第1卷第18页。

réalité",第七条中用的是"en réalité"。如果把前一个词组的物主代词"sa"去掉,这个词组就不能成立了。

其次,从内容来说,马克思在这里用的"现实性"是有内容的,有针对性的。他批判把人的本质说成是"单个人所固有的抽象物",强调从现实性上来理解人的本质。紧接着这句话,马克思说:"费尔巴哈不是对这种现实的本质进行批判……"这里的"这种现实的本质"是同上面说的从其现实性来看的人的本质相呼应的。如果把"在其现实性上"改为"其实"、"实际上",那么"这种现实的本质"的说法就没有着落了。"这种现实的本质"德文为"dieses wirkliche Wesen",英文为"this real essence",俄文是"эта действительная сущность","现实的"这个形容词是从名词"现实性"变来的。

最后,国外一些学者对这一条的解释也可供参考,从他们的解释可以看到,这里的"现实性"是有具体内容的。例如,苏联学者斯莫里雅尼诺夫在《马克思列宁主义哲学和美学中的人的问题》一书中说:"在这一条中,以一般人作为出发点的抽象人道主义的各种看法被驳倒了。马克思关于人的本质是从它的现实性上来谈的,也就是从同历史的联系上来谈的。"[①] 又如,保加利亚学者米涅瓦在谈到马克思关于人的观点的演变时说:"至于在术语方面,那么,我们认为它的新颖之处则反映在把'人的类本质'这一术语转变为'在其现实性中的人的本质'这一术语上……"[②]

[①] 《马克思列宁主义哲学和美学中的人的问题》,1974年列宁格勒版,第31页。

[②] 《马克思恩格斯早期哲学思想研究》,中国社会科学出版社1982年版,第7页。

根据以上情况，大家认为这句话不能按照朱光潜先生的意见改，保留原译为好。

关于《反杜林论》的几处译文

——与刘相安同志商榷*

微 之

《社会科学辑刊》1982年第1期发表了刘相安同志的文章:《关于〈反杜林论〉翻译方面某些差错的商榷》。编者在按语中讲,这些见解"经各方面专家、学者阅审、鉴定,一致认为正确。"这样就给人一个印象,这些意见已是定论。我作为该书译校工作的参加者对刘相安同志指正我们译文中的某些差错表示欢迎和感谢。他提到的几处译文中有些是我们翻译得不准确,例如:单行本第49页最后一行中"变化存在于时间之中并由于时间而存在",应译为"变化存在于时间之中并通过时间而存在";第90页倒数第4行中"耶稣天主教"应译为"耶稣会天主教"。但他的有些意见是值得商榷的。现就刘相安同志指出的若干问题谈谈我的看法。

一、刘相安同志主张将"黑格尔的'在时间以外消失的存在'和后来谢林的'不可追溯的存在'……"(单行本第49页)改译为:"黑格尔的'在时间以外消逝的存在'和**后来新谢林派的**'不可追溯的存在'……

修改的理由之一是,原译不符合德国哲学史的史实,黑格尔在谢林

---

* 本文选自《马列主义研究资料》1982年第6辑。

之后，而不是谢林在黑格尔之后，"不可追溯的存在"是新谢林派的观点，不是谢林的观点。史实究竟怎样呢？谢林（1775—1854）与黑格尔（1770—1831）是同时代人。谢林在1798年至1803年间在耶拿大学任教，而黑格尔在1801年至1807年间也在那里任教，他俩共事过几年，一起出版过《哲学批判杂志》。黑格尔开始拥护过谢林的同一哲学，后来与谢林分手，创立自己的客观唯心主义体系。但黑格尔在1831年先于谢林离开人世。而谢林继续他的哲学生涯，直到1854年去世。谢林在黑格尔去世后公开批判黑格尔哲学及其左翼代表青年黑格尔派。1841年谢林受普鲁士国王邀请，去柏林大学讲课，批判黑格尔，宣扬"启示哲学"。青年黑格尔派同谢林展开了一场激烈的斗争。恩格斯参加了这场斗争，写了《谢林论黑格尔》、《谢林与启示》、《谢林—基督哲学家》三篇著作。恩格斯把谢林晚期的哲学思想称为"新谢林主义"，以区别于谢林前期的哲学思想。谢林前期的唯心主义哲学还有一些辩证因素，受到恩格斯的称赞，而后期他转向神秘主义；公开以信仰代替理性，以神学代替哲学，受到恩格斯的严厉谴责。《反杜林论》中提的"不可追溯的存在"正是谢林晚期宣扬启示哲学时用的一个术语，用以证明上帝的存在。恩格斯在《谢林与启示》这本小册子中分析批判了谢林的"不可追溯的存在"。（参看《马克思恩格斯全集》德文版补卷（下）第204—205页，俄文版第41卷第208—209页）刘相安同志认为，"不可追溯的存在"是新谢林派的观点，而不是谢林的观点，这是不符合历史事实的。恩格斯在《反杜林论》中重提"不可追溯的存在"，在这个概念之前加上一个形容词"Neuschellingsch"直译是"新谢林的"）。这是要说明"不可追溯的存在"这个概念是谢林的，而这个谢林不是"老的"谢林即早期的谢林，而是"新的"谢林，即晚期的谢林。当年翻译时考虑到"新谢林的"说法不习惯，就按意思译成"后来谢林的"。这样译，意思是对的，只是表达形式与原文不同而已。当然，是否有更好的译法可以研究。但无论如何不能译成"新谢林派的"。这样就把谢林的观点变成了别人的观点，况且谢林在世时也不可能有个"新谢林派"。

修改的理由之二，认为几种外文中都有"新谢林派"的意思。其实，外文也不是这个意思。此处德文为 Neuschellingsch，是由 Schelling（谢林）这个人名后面加上词尾 sch 构成的形容词。德文中，人名后面加上词尾 sch 或 isch 构成形容词，表示"某某人的"。此处英译文为 neo-Schellingian，也是 Schelling（谢林）这个人名后面加上词尾 ian 构成的形容词。在英文中，该词可作名词用，也可作形容词用。作名词用时指"谢林派"、"谢林分子"，作形容词用时，则指"谢林的"。刘相安同志举出《最新详解英华大辞典》中对 Hegelian 的解释作为佐证。而该辞典中明确指出，该词作为形容词用时，指"黑格尔哲学的"，作为名词用时指"黑格尔派哲学家"。俄文也同德文。

二、刘相安同志主张将"合乎道德的数学"（单行本第85页）改为"**合乎逻辑的**数学"。理由是"合乎道德的数学"费解，数学本身不存在合乎道德或不合乎道德的问题。他又根据英文 ethical 一词是"合乎伦理的"意思，作出结论说，"合乎伦理的数学，即合乎逻辑的数学"。

这一结论是不正确的。"合乎道德的"同"合乎伦理的"意思相通。把"合乎伦理的"解释为"合乎逻辑的"，意思就错了。"伦理"和"逻辑"是两回事，只有"论理"和"逻辑"才能等同起来。想必刘相安同志混淆了"伦理学"和"论理学"这两个不同概念。

至于恩格斯说的"如此严格合乎道德的数学"，乍看起来似乎费解，数学同道德有什么关系?！但是把上下文联系起来看，是可以理解的。《反杜林论》第九章主要批判杜林的形而上学的道德观。杜林吹嘘他的道德观适用于一切时代，是永恒真理、终极真理。恩格斯列举了数学、天文学、物理学等等方面的例子说明真理的相对性，批判杜林的"永恒道德"、"永恒正义"。数学在没有引入"变数"概念前是常数数学，过去曾被人们看成具有"永恒真理"性质的，像杜林所理解的道德那样，是永恒不变的。恩格斯说的"如此严格合乎道德的数学"就是指这个意思。后来变数的应用，使从前被看成"永恒真理"的常数数学暴露出了自己的缺陷，使"如此严格合乎道德的数学"像夏娃和亚当偷吃上帝的"智慧果"那样"犯了原罪"。"如此严格合乎道德的数学"是含有俏皮味道的说法，而且是同"犯了原罪"相呼应的。

三、刘相安同志主张将"松弛的启蒙道德"（单行本第 90 页）改译为"个性解放的启蒙道德"。这个方案也不妥，与原意有出入。"松弛的"一词德文为 lax，英文为 loose。德文 lax 和英文 loose 的含义相同，即：松懈的、松弛的、松的、不紧的、不受束缚的、不严格的、放荡的。无论在德语还是英语中，该词没有"个性解放"的意思。在《反杜林论》俄文版中，该词译为"自由的"，也是从上述基本词意转译过去的。原译"松弛的启蒙道德"，是符合原意的，说的是启蒙道德不像耶稣会天主教道德那样受种种清规戒律的限制、束缚，它较之前者来说是不严格的、自由的。至于"松弛"的译法能否改进，可以进一步推敲，但改为"个性解放"离原词意就远了。启蒙道德在内容上同个性解放有关，但不能因为有这方面的内容而把原词中没有的含义加进去。这是不符合翻译原则的。

四、《反杜林论》第 85 页上说"……如果光波的相互干扰并不是一种虚构，即我们也绝对没有希望在某个时候亲眼看到这些有趣的东西。"刘相安同志主张把"我们也绝对没有希望在某个时候亲眼看到这些有趣的东西"改译为"我们**现在**也绝对没有希望在某个时候看到……"他认为原译不符合马克思主义的认识论。他根据原文中动词用的是现在时态主张加上"现在"一词,这样才符合马克思主义的认识论。

我的看法不然。第一,从对原文的理解来说。德文是这样的:…so haben wir absolut keine Aussicht, Jemals diese interessanten Dinger mit unsern Augen zusehen。这里动词 haben 用的是现在时态,但后面紧跟着 keine Aussicht. Aussicht 一词的含义是:前景、前途、展望、希望。按德文直译,就是:"我们绝对没有希望(或前景)……"这显然不仅指现在,而且指将来。这句话中还有 jemals 一词,意指"任何时候",这也证明不仅指现在,也指将来。英文译为:We have absolutely no Prospect of everseeing…与德文完全一致。因此原来的译文是符合原意的。刘相安同志主张加"现在"一词,我认为大可不必,加了反而不妥,同"希望"、"某个时候"相矛盾,因为"希望"、"某个时候"都是对将来而言的。

第二,从理论上来说。恩格斯在这里举出人们对光波互相干扰的认识的相对性来反驳杜林鼓吹的终极真理。他肯定光波的相互干扰是人们任何时候都不能**用自己的眼睛**看到的。他强调这一点,照我的理解,是要说明对这种人们用肉眼无法看到的现象的认识更具有相对性,更谈不上有什么终极真理。肯定人们不能用眼睛看到这种现象,并不否认可以借助于科学仪器观察到这种现象,也不会被误解为这种现象是不可知的。因此不能说原译违背马克思主义的认识论。从译文来看,有一处倒是可以考虑改动一下。原译"亲眼看到",不如原文表达得那样明确,可考虑改为"用自己的眼睛看到"。

五、刘相安同志提到书中引自杜林的一段话的译文语法结构不合理，使人费解。这段话的译文是这样的："大家回想一下我们用来促使无限性概念及其批判具有空前影响的那些极端简单的表现形式……由于现代的尖锐化和深化而如此简单地形成的普遍的时空观念的因素"。这段话是按德文原样翻译的。原文前一部分是个完整的句子，意思是清楚的，而后一部分是不完整的，在省略号后面没有主语和谓语，只有"由于现代的尖锐化和深化而如此简单地形成的普遍的时空观念的因素"这一词组。按原文译成中文，的确使人费解，可以考虑参照俄文和英文在省略号后面加上"回想一下"，改译为："……回想一下那些由于现代的尖锐化和深化而如此简单地形成的普遍的时空观念的因素"。这样就完整了，也好读了。

刘相安同志把这段话改成："大家回想一下，我们用那些极端简单的表现方式，来促使无限性概念及其批判，具有空前影响的……而如此普遍的时空观念的因素，是由现代的尖锐化和深化而简单地形成的。"这个方案不符合原意，语法结构也不清楚，读起来仍费解。

以上意见如有错误和不妥之处，请刘相安同志和广大研究工作者批评指正。

《反杜林论》这部被誉为马克思主义百科全书的著作，内容精深渊博，译好确非易事。译者往往受学识水平的限制，对原著内容吃得不透，造成译文不确切甚至错误。为了使这部重要著作的译文精益求精，需要我们翻译工作者和广大研究工作者的共同努力。我们衷心希望广大研究工作者对译文多提意见，以便集思广益，不断改进译文的质量。

对马克思《摩尔根〈古代社会〉一书摘要》一处译文的一点意见*

林 放

在马克思的《路易斯·亨·摩尔根〈古代社会〉一书摘要》中，曾读到马克思所引述的塔西佗的这样一句话："土地是公社公有的……由于土地广大，分配较易进行。**他们每年交换耕地，但他们的土地还是绰绰有余**"。① 这句话令人生疑：既然土地是公有的，怎么会发生商品经济条件下才出现的生产资料"交换"？既然是"土地交换"，则土地总量应当不变，何以又说土地"绰绰有余"？

带着这个问题查阅一下原文。上述引文的后一句话的拉丁文是"Arva per annos mutant, et superest ager"，俄译文是"Пашни они меняют хаждый год, уни х все-гаки еще остается земля."原来，这里的"交换"译自俄文的менять，而后者的本义是"更换"，只有加前置词на的场合通常才译为"交换"。可见，"交换"的译法值得商榷。

进一步查找马克思的有关论据，发现马克思在1868年3月25日给恩格斯的信中曾提到塔西佗的这同一句话。马克思在信中谈到，雅·格林把塔西佗著作的一句拉丁文译错了。马克思指出这句话的意思是"他

---

* 本文选自《马克思恩格斯研究》1989年总第2辑。
① 《马克思恩格斯全集》第1版第45卷第571页。

们更换田地，而仍然保留①**公有地**"，可是格林却译作："他们每年耕种生地，但仍有（荒）地存在。"② 马克思的原话是这样说的："Sie wechseln die Felder, und es bleibt **Gemeindeland** uebrig, uebersetzt Grimm etc.: Sie bauen jedes Jahr neue Aecker, und es bleibt immer noch (**unbehautes**) landuebrig!"(M. E. Bd. 32. S. 43) 俄译文是："Они меняют поля, и, кроме того остается! **обшиннак** земля, Грмм и др. переводят: они возделывают каждый год новые поля, н все же остается еще (**невозделанная**) земля!" (М. Э. Т. 32. СТ. 44)

雅·格林（J. Grimm 1785—1863）是德国历史比较语言学的奠基人之一，写有《德语语法》和《德语史》等著作。这位有才能的语言学家无疑精通拉丁文，为什么竟把简单的拉丁文句译错了呢？马克思说，他的错误是由"麦捷尔等人的影响"造成的。

尤·麦捷尔（J. Moesor 1720—1794）何许人也？据查，此人为德国历史学家，断言德国从未有过公有制，地主所有制古已有之，并将永世长存。格林受到此人思想的"严重束缚"，产生"盲目性"。遂有意把"公有地"译成"荒地"，铸成错误。

经过更仔细的查证，又发现马克思的几处相关论述：

1. 他们每年**更换**（或重新分配）耕地一次，同时还留下充分的公有土地。③

2. 塔西佗著作中谈到**更换**耕地的那个地方，实际上就应当从农学意义上去理解：公社每年耕种另一块土地，将上年的耕地休耕，或令其

---

① "保留"译作"留有"似更好些。——作者注
② 《马克思恩格斯全集》第1版第32卷第52页。
③ 《马克思恩格斯全集》第1版第21卷第160页。

全然荒芜。①

3. ……具有近亲关系的家庭的氏族，一起耕种分配给他们的、年年**更换**的土地……②

4. 凯撒关于每年**更换**耕地的那种说法……③

5. 但是，分配给这些家庭的耕地，期限也只有一年；每隔一年，又要重新进行分配和**更换**。④

至此，问题清楚了。我在文章开头提到的那句话，中译文确实译得不妥。不幸，俄译者的前半句虽然译得无误，后半句的译法却同格林不谋而合，犯了同样性质的错误。在上述译文中，"更换"变"交换"，一字之差，使商品经济的历史提早多少年；"公有地"变"荒地"，同是一字之差，又使公有制从古代历史中被抹掉。我的看法对吗？欢迎指正。

---

① 《马克思恩格斯全集》第1版第21卷第161页。
② 《马克思恩格斯全集》第1版第19卷第355页。
③ 《马克思恩格斯全集》第1版第19卷第486页。
④ 《马克思恩格斯全集》第1版第19卷第355页。

思考与辨析

——《布鲁诺·鲍威尔和早期基督教》校订札记[*]

韦建桦

编者按：做好译文的校订工作，是保证《全集》二版工作达到高水平的重要环节之一。要搞好校订，首先要订正原译中的错误和不确切的地方，保证译名的确切表达和统一，而这就离不开研究。因此，要真正做好校订工作，就必须进行各方面的细致研究。本文提出的意见可以供大家参考。我们希望有更多的同志不断总结译校、资料、编辑等工作的经验，发表意见，交流看法，以推动我们的整个二版工作。

《布鲁诺·鲍威尔和早期基督教》（《马克思恩格斯全集》中文第 1 版第 19 卷第 327—336 页；以下简称《全集》）是恩格斯在 1882 年 4 月写成的一篇历史唯物主义力作，文中涉及宗教学方面的许多问题。在校订这篇文章的过程中，我感到对一些重要概念需要进一步思考和辨析，并通过考索和诠释得出结论，以便重新确定译名。

恩格斯曾经指出："我们最需要的不是干巴巴的几条结论，而是研究。"（《全集》第 1 卷第 642 页）校订工作离不开研究；甚至可以说，校订的过程就是研究的过程。如何把校订和研究结合起来，这是一个非

---

[*] 本文选自《马克思恩格斯研究》1989 年总第 1 辑。

常重要的课题。本文打算通过对恩格斯论及的几个宗教学概念及其译名的分析,对这一课题进行初步探索,并就正于同志们。

一 是"早期基督教"还是"原始基督教"?

恩格斯这篇文章是用德文写成的,原文标题是《Bruno Bauer und das Urchristentum》,其中"Urchristentum"一词在《全集》中文第 1 版中译为"早期基督教"。我认为这种译法不够贴切,建议改译为"原始基督教",理由如下:

第一,"早期基督教"和"原始基督教"是两个既相联系又有区别的概念。"早期基督教"是指"从产生到开始定型化的基督教"(见任继愈主编《宗教词典》1981 年上海辞书出版社版第 400 页)。其下限为公元 5 世纪末,即欧洲中世纪历史即将开始之际。这是学术界比较一致的看法(参看杨真《基督教史纳》1979 年三联版;《中国大百科全书·宗教卷》的"基督教"条;威·华尔克《基督教会史》1970 年版)。而"原始基督教"是指"产生于初期处于原始状态的基督教",即"早期基督教的前期阶段"(见《宗教词典》第 850 页)。

关于"原始基督教"存在时期的下限,各种宗教学著作和辞书的说法不尽一致。例如,民主德国出版的《Lexikon der Geschichte》(Bertelsmann,1978)认为其下限为公元 150 年;《MAYERS NEUES LEXIKON》(1977)持相同意见;WAHRIG 词典认为其下限为公元 200 年;《中国大百科全书·宗教卷》认为其"下限大体可定于二世纪初叶";而《宗教词典》则认为"原始基督教"存在于"一世纪三十年代至六七十年代"。

尽管各家说法存在差异,但有一点是一致的,那就是"早期基督教"是比"原始基督教"的内涵与外延更宽泛的概念;"原始基督教"只是"早期基督教"的一个初始阶段。正如《简明不列颠百科全书》所指出的:"自耶稣出生至基督教成为罗马帝国国教为止的大约五百年,是早期基督教时期",而"原始基督教"存在时期仅为一百年左右。

第二,德文中的"urchristentum"是指"原始基督教",而不是指"早期基督教"。这个词是18世纪以后随着宗教学研究的深入而出现的一个专门术语。在19世纪出版的一些大型德语辞书中,这个词尚未被列入正式词条(例如在格林兄弟词典和1897年版的《MEYERS LEX-IKON》中均未见这一词目)。直到20世纪初,各种语言词典或百科辞书才陆续收录这一术语。从词典或辞书的释文来看,"Urchristentum"是指"早期基督教"的初始阶段,即指"原始基督教"。例如:

MEYERS NEUES LEXIKON(1964):"Urchristentum:die frueheste Zeit der Geschichte des Christentums,vom Wirken der Apostel bis etwa 150."

Lexikon der Geschichte(Bertelsmann,1978):"Urchristentum:die aelteste Zeit des Christentums von den Anfaengen der ersten Gemeinde zu Jerusalem bis etwa 150."

WAhrig(1975):"Urchristentum:die Anfaenge des Christentums bis etwa 200n. Chr."

Duden(1976):"Urchristentum:der Anfang des Christentums in der Zeit des sich allmaehlich verbreitenden chritlichen Glaubens."

第三,恩格斯在《布鲁诺·鲍威尔和早期基督教》、《启示录》(《全集》第21卷第10—16页)和《论早期基督教的历史》(《全集》第21卷第523—552页)这三篇文章中,研究了基督教的起源问题以及基督教之所以能发展成为"世界宗教"的原因。他考察的是"最初的基督徒"的状况以及"形态最不发展时的基督教"的历史。在《布鲁诺·鲍威尔和早期基督教》一文的结尾,恩格斯写道:"结果是:在荒漠中,成千上万的预言家和宣教者那时创立了无数宗教上的新东西,但只有基督教的创始人获得了成功。……而基督教怎样在教派的相互斗争中,在同多神教世界的斗争中,通过自然淘汰逐渐形成为世界宗教,这已由最初三世纪的教会史详细作了说明。"显然,恩格斯是要在文中评介鲍威尔对基督教起源问题的研究成果,并阐述"基督教的创始人"获得成功的历史原因;至于"最初三世纪的教会史",已经不属于他这篇文章研讨的范围。可见,他是严格意义上使用"Urchristentum"一词的。

第四,"Urchristentum"一词的译法,在《全集》中文第 1 版中并不统一。例如,在《大陆上社会改革运动的进展》一文中有这样一段话:

"…die Bauern wollten das gleiche und forderten deshalb die Erneuerung des Urchristentums nicht bloß in der Kirche, sondern auch im gesellschaftlichen Leben."(MEW, Bd. 1, S. 488—489)

中译文是:"农民也希望这样,因此,他们要求不仅在教会生活中,而且在社会生活中,都要恢复基督教的最初做法。"(《全集》第 1 卷第 584 页)

在后来的各卷中,"Urchristentum"一词逐渐统一地译为"早期基督教",可是,与这个词直接相关的名词和形容词的译法却并未统一。例如,"Urchrist"一词被译为"原始基督教徒"(MEW, Bd. 3, S. 120;《全集》第 3 卷第 141 页);"Urchristliche Doktrin"译为"原始基督教义"(MEW, Bd. 7, S. 345;《全集》第 7 卷第 403 页);"Urchristliche Kirchemverfassung"译为"原始基督教会制度"(MEW. Bd. 7, S. 345;《全集》第 7 卷第 403 页);"Urchristlicher Kommunismus"译为"原始

基督教共产主义"（MEW, Bd, 21. S. 220;《全集》第 21 卷第 257 页）；
"Urchristliches Gleichverhaeltnis" 译为"原始基督教的平等关系"
（MEW, Bd, 7, S. 345;《全集》第 403 页），等等。如果上述译法是正确
的，我们就没有理由单单把"Urchristentum"一词译为"早期基督教"。

日文版《马克思恩格斯全集》将"Urchristentum"一词译为"原始
キリスト教"；俄文本将这个词译为"первоначальное христианство"，
这些译法可供我们参考。"Urchristentum"的英文释义为"Primitive
Christianity"（见《德英词典》1907 年 Westermann 版）；而《中国大百
科全书·宗教卷》中"原始基督教"这一条目后面所附的对应的英文，
也正是"primitive Christianity"，可见，"原始基督教"这一译名和术语
已经为学界广泛采用。个别论著虽然使用了另外的译法（例如在《基
督教史纲》一书中，"原始基督教"被称作"初期基督教"），但论者都
严格地将这一概念同"早期基督教"区别开来。

根据上述理由，我建议将"Urchristentum"一词改译为"原始基督
教"以保证译名和用语的科学性。

二 是"不发音的辅音"，还是"要避讳的名字"？

恩格斯在文中谈到犹太教的历史演变时，提到了"犹太人独有的民
族神雅赫维"，并为此加了一条脚注。这条脚注的中译文是：

"艾瓦德已经证明，犹太人在注有元音和标点的手稿中，在雅赫维
（Jahweh）这个名字的不发音的辅音底下，写上了代替它发音的阿特乃
（Adonai）一字中的元音。后来的人就把它读成耶和华（Jehovah）。可
见，这个字不是某位神的名字，而只是一个重大的语法错误，因为这在
希伯来语中简直是不可能的。"（《全集》第 19 卷第 330 页）

这段译文的意思很不清楚，读者至少会提出这样两个问题：一，在"雅赫维（Jahweh）这个名字"中，到底有哪些"不发音的辅音"？犹太人为什么要在这些辅音底下写上"代替它发音的阿特乃（Adonai）一字的元音"？二，"阿特乃（Adonai）一字"到底有什么含义？它"代替"什么"发音"？为什么犹太人写上了这个字中的"元音"以后，"后来的人就把它读成耶和华（Jchovah）"？读者无法弄清这些问题，因而也就不可能理解恩格斯撰写这条脚注的用意。

问题是由误译引起的，而所谓"不发音的辅音"正是问题的症结之所在。我们不妨先看一看德文原文：

"Wie schon Ewald bewiesen, schrieben die Juden in punktierten (mit Vokalen und Lesezeichen versehenen) Handschriften unter die Konsonanten des Namens Jahveh, den auszusprechen verboten war, die Vokale des an seiner Stelle gelesenen Wortes Adonai. Dies lasen die spaeteren dann Jehovah. Dieses Wort ist also nicht der Name eines Gottes, sondern einfach ein grober grammatischer Schnitzer; es ist im Hebräischen einfach unmöglich."（MEW, Bd. 19, S. 299）

很清楚，在第一句话中，定语从属句（"den ausgusprechen verboten war"）的关系代词"den"是指主句中的"名字"（der Name），而绝不可能指主句中的"辅音"（die Konsonanten）。据此，这句话的意思应当是："犹太人在注有元音和标点的手稿中，在雅赫维（Jahweh）这个忌讳说出的名字的辅音底下，写了上这个名字的代称阿特乃（Adonai）一词的元音。"这里并不存在什么"不发音的辅音"。对德文语法的理解错误导致了整句译文的讹误。值得注意的是，俄文译者也犯了同样的错误（见俄文版《马克思恩格斯全集》第309页）。

不过，单从语言角度去考察，我们还是无法把握这段话的全部内容,要弄清这段文字的全部内涵,我们就必须了解古代犹太的宗教史。

古代的犹太人有许多宗教禁忌。他们规定,对于本民族所崇拜的神的名字,必须严格避讳,任何人都不准直呼其名;不得已时可以使用"代称"。据史籍记载,民族神雅赫维有多种"代称"。如"伊罗喜母"(Elohim)、"伊勒"(EL)、"沙代"(Shaddai)等等,其含义为"全知全能者"、"至圣至贤者"或"仁慈的救星"。恩格斯提到的"阿特乃"(Adonai)也是雅赫维的"代称"之一,而且用得最普遍,其含义是"我的主"(参看《DER GROSSE BROCKHAUS》,WIBSBADEN 1977)。陈垣先生在他的名著《史讳举例》中说:"避讳为中国特有之风俗。"(见该书1958年科学出版社版第1页)这一论断似可商榷。至少在古代犹太人那里,避讳是一种常见的习俗、一种具有法律效力的规定,当时任何人对"独一无二"的神都"不容有虚妄的称道"(参见袁定安《犹太教概论》1935年商务版)。著名的"摩西十诫"中也有避讳的规定,"十诫"的第三条明确指出:"不可妄称耶和华的名。"(《圣经》《旧约全书·出埃及记》)

弄清了这一历史背景,我们就容易理解恩格斯提到的史实了。原来,犹太人在经书稿本中提到雅赫维这个民族神时,只写这个名字中的辅音字母JhWh而不记元音符号,诵经时则读成雅赫维的代称"阿特乃"(Adonai)。有时,为了提醒读者注意避讳,犹太人在Jhwh这几个辅音字母下面标上了"阿特乃"(Adonai)一词中的元音字母。于是,经书稿本中就出现了下列字样:

J h W h

A o a i

后人不解其中的奥妙,又不熟悉希伯来文的语音规则,竟将此处上下相对的辅音和元音两两相拼,把那位尊神的名字读成了Jahowaih,后来又演变成了Jehovah,即"耶和华"。基督教徒日日虔诚呼唤的、在《圣经》中重复出现五千余次的上帝的名字"耶和华"原来是长期以来以讹传讹而形成的"一个重大的语法错误"。恩格斯特别提到这一事实,显然是为了挪揄和批判基督教神学。

辨明了上述事实,我们才能有凭有据地修订译文、撰写注释。

三 是"多神教基督徒",还是"非犹太裔基督徒"?

恩格斯在文中分析了基督教教义和伦理学的形成过程。他正确地指出:

"Die Dogmatik entwickelte sich einerseits in Verbindung mit der sich bildenden evangelischen Legende von Jesus, andrerseits im Kampfe zwischen Judenchristen und Heidenchristen."(MEW, Bd. 19, S. 300)

这一重要结论在《全集》第1版中的译文是:

"教义一方面在同逐渐形成的关于耶稣的福音传说的联系中,另一方面是在犹太教基督徒和多神教基督徒之间的斗争中发展起来的。"(《全集》第19卷第330页)

读者只要仔细地推敲一下就不难发现,译文中的"犹太教基督徒"和"多神教基督徒"是不正确的译名,因为这两个译语包含着明显的逻辑矛盾。

所谓"基督徒"就是基督教的信徒。基督教与犹太教尽管在历史和思想渊源方面有一定联系,但毕竟是两种不同的宗教。基督教奉耶稣基督为"救世主",犹太教则尊雅赫维为"唯一真神";基督教是与佛教、伊斯兰教并列的"世界宗教",而犹太教则是各地犹太人信奉的宗教。"犹太教"里不可能有"基督徒";"基督徒"也不可能皈依"犹太教",因此,译文中的"犹太教基督徒"是一个含混不清的概念。

至于"多神教基督徒",那就更不可理解了。世界宗教史告诉我们,基督教从来都是"一神教",即"认为只有一位人格神存在并对其崇拜的宗教"。而"多神教"是"相信并崇拜多位神灵的宗教"(参看《中国大百科全书。宗教卷》)。一个基督徒只能崇奉一位人格神,即"救世主"耶稣基督;如果他像印度教徒、玛雅教徒和道教徒那样,崇拜众多的神灵,那他就不是"基督徒",而是基督教所诅咒的"异端邪魔"了。在古代,"基督教"与"多神教"情同水火、互不相容,发生过多次残酷的斗争。在这种情况下,怎么可能出现什么"多神教基督徒"呢?

所谓"犹太教基督徒",其德文原文是"Judenchristen"。德语辞书对这个词的解释是:"die ersten Christen jued. Herkunft"(参看《DER GROSSE BROCKHAUS》,LEPIZIG 1931),意即"最早的犹太裔基督徒"。据宗教史籍记载,这些"犹太裔基督徒"最初在耶路撒冷和巴勒斯坦建立了原始基督教团体。他们一方面主张把耶稣奉为"弥赛亚"("救世主"),一方面又强调必须遵守犹太古律和仪规,认为只有这样才能获得拯救(参看穆尔《基督教简史》1981年商务版第一章)。"Judenchristen"一词通常译为"犹太裔基督徒",也有一些译者将这个词译为"犹太人基督徒"(参看罗伯逊《基督教的起源》中译本,1958年三联版)。

所谓"多神教基督教",其德文原文是"Heidenchristen",在《DER GROSSE BROCKHAUS》(1979年版)中,这个词的释义是:"die Gesamtheit der nicht aus dem Judenchristentum stammenden Christen",意即"非犹太裔基督徒"。原来,在原始基督教产生时(1世纪30—40年代),最初的信徒都是犹太人。后来,基督教逐渐传到小亚细亚和塞浦路斯一带，许多非犹太人也纷纷皈依基督教，但他们不承认摩西律法，不遵守犹太礼仪和教规。这些人被通称为"Heidenchristen"，在学术著作中，这个词通常译为"非犹太裔基督徒"。

"犹太裔基督徒"与"非犹太裔基督徒"在是否必须恪守犹太传统的问题上存在着重大分歧，结果导致了激烈的冲突。这就是恩格斯在文中提到的那场斗争。最后，"非犹太裔基督徒"（即以保罗为首的"世界派"）战胜了"犹太裔基督徒"（史称"民族派"）。从此，基督教便沿着世界化宗教的方向发展，其教义也在上述斗争中逐渐形成（参看卡·考茨基《基督教的起源》1908年斯图加特版）。

恩格斯在分析基督教形成的过程时，特别强调这一史实，这对于宗教史的研究具有重要的理论价值。当然，要使中国读者理解这一点，就需要有正确的译文；而为了保证译文的正确，首先就必须从语言、历史和理论角度对文中的重要概念进行审察和稽考，纠正诸如"多神教基督徒"一类不确当的译名。这种工作有点近似于中国古代的训诂考据之学，即所谓"小学"或"朴学"，做起来十分艰难，而且往往难免"苛细烦琐"、"咬文嚼字"之讥。然而我觉得，这项工作对于马恩著作译名的确定实在是不可缺少的一环。郭大力同志在1938年撰写的"《资本论》译者跋"中说"名辞的本身，不是我们研究的目标。但没有严密的名辞，决难获得正确的理解。"半个世纪过去了，这位译界前辈的话至今仍值得我们深思。

1989年3月11日完稿

关于《费尔巴哈和德国古典哲学的终结》标题的译法[*]

屏 羽

前一段时期，朱光潜同志在不同的场合对马列著作的中译文提出了不少意见。朱光潜同志是翻译界的老前辈，又是在哲学和美学等方面深有素养的学者，对于朱老先生提出的意见，我们表示衷心的欢迎和感谢。同时我们也认为，有一些翻译上和理论上的问题，可以通过学术讨论，求得正确的认识。在这里，我们仅就《路德维希·费尔巴哈和德国古典哲学的终结》这部著作标题的译法，谈谈自己的看法，与朱光潜同志商榷。

朱光潜同志认为，这部著作标题的中文译法有错误。他在政协委员小组讨论会上说："我们对马克思主义的学习还很落后，包括某些领导同志在内。原因有两点：一是马列著作的中译本错误很多。例如，《费尔巴哈与德国古典哲学的终结》一书，'终结'应译为'结果'、'出路'。因为，德国古典哲学到了马克思时代并没有完了，而是被德国工人阶级所继承。……"[①]

---

[*] 本文选自《马列主义研究资料》1982年第1辑。
[①] 见1980年9月11日《人民日报》。

他在《对〈关于费尔巴哈的提纲〉译文的商榷》一文中提出,《路德维希·费尔巴哈与德国古典哲学的终结》中的"终结","原文 Ausgang 是'出路'或'结果',译'终结'亦误"①。

在一次记者来访中,他又说:"《费尔巴哈与古典哲学的终结》中的 Ausgang,有终结的意思,可是,也有译作 outcome:那就是出口、出路的意思。"②

可见,朱光潜同志认为,第一、"因为,德国古典哲学到了马克思时代并没有完了,而是被德国工人阶级所继承。"第二、"终结"一词的德文"原文 Ausgang 是'出路'或'结果'"。第三、尽管原文 Ausgang 有"终结"的意思,但是有一种英译本译作 outcome。所以,《费尔巴哈和德国古典哲学的终结》这个标题的中译文有错误,"'终结'应译为'结果'、'出路'"。

应该承认,马列著作目前的中译本远不是完美无缺的,其中大有改善的余地。但是,对以前的译文应该采取严肃、慎重的态度,在深入研究的基础上加以改进。朱光潜同志提出"把研究同翻译结合起来","要全面地准确地掌握马列主义基本原理",这是很对的。要翻译好马列著作,除了要有较高的外文和中文水平以外,还要有一定的理论修养和历史知识,要熟悉翻译的对象,了解马恩列思想的发展。但是,在实际工作中,常常难免出现需要和可能之间、客观和主观之间的矛盾。而且我们对马列著作本身也有一个认识过程。所以,搞好马列著作的翻译工作,不断提高译文质量,是经典著作翻译工作者的义务,同时也是理论工作者和广大读者的共同责任。

---

① 见《社会科学战线》杂志 1980 年第 3 期第 36 页。
② 见《新闻战线》杂志 1980 年第 11 期第 42 页。

那么,《路德维希·费尔巴哈和德国古典哲学的终结》这个标题究竟应该怎么译法呢?

一

马列著作的翻译有许多问题牵涉到理解。《费尔巴哈和德国古典哲学的终结》这个标题的译法也是如此。朱光潜同志认为,"因为德国古典哲学到了马克思时代并没有完了,而是被德国工人阶级所继承",所以不能译为"终结"。这里就涉及德国古典哲学同马克思主义的关系。

应该说,德国古典哲学和马克思主义分别属于两个根本不同的时代。德国古典哲学是十八世纪中叶到十九世纪中叶德国资产阶级革命时代的产物,是软弱的德国资产阶级的意识形态。而马克思主义是在十九世纪四十年代产生和发展起来的,它是无产阶级革命运动的理论表现。德国古典哲学从十八世纪五十年代的康德开始,在十九世纪三十年代达到了黑格尔哲学独占统治的最高峰。可是,从1835年大卫·施特劳斯发表《耶稣传》起,就开始了黑格尔学派的解体过程。费尔巴哈作为德国古典哲学的最后一个代表,在十九世纪三十年代末和四十年代初恢复了唯物主义的权威,但是费尔巴哈作为一个哲学家也停留在半路上,他下半截是唯物主义者,上半截是唯心主义者。1848年革命把一切哲学争论都抛到一边。随着1848年革命的失败,德国资产阶级在拒绝了前一时期资产阶级思想家所确立的进步文化思想传统的同时,也抛弃了德国古典哲学的科学成果。黑格尔长期被遗忘了,费尔巴哈也随之销声匿迹了。而这个时期恰好就是马克思主义产生、形成并开始走向成熟的时期。正是在十九世纪四十年代初期和中期,马克思和恩格斯对德国古典哲学作了彻底的批判改造的工作,创立了马克思主义的哲学。马克思主义哲学同德国古典哲学的关系，是批判地继承、辩证地否定即扬弃的关系。正是在1848年，当马克思主义的形成时期最终完成的时候，德国资产阶级古典哲学，包括黑格尔的唯心主义哲学和费尔巴哈的唯物主义哲学，都已经被历史的发展挤到后面去了，或者说，消失了。

关于这一点，恩格斯在《路德维希·费尔巴哈和德国古典哲学的终结》这部著作本身是讲得最清楚不过了。

恩格斯在这部著作的序言中就直截了当地提出了这个问题。他首先引用马克思在《政治经济学批判》序言中那段著名的话说："1845年我们两人在布鲁塞尔决定'共同钻研我们的见解'——特别是由马克思所制定的唯物主义历史观，——'与德国哲学思想体系的见解之间的对立，实际上是把我们从前的哲学信仰清算一下。这个心愿是以批判黑格尔以后的哲学的形式来实现的。……'"① 马克思和恩格斯在这里谈的是《德意志意识形态》这部手稿。他们都认为，通过创作这部手稿，他们清算了自己以前的哲学信仰，实现了他们同德国哲学思想体系的决裂，也就是对德国古典哲学进行了彻底的批判改造，一方面吸收了黑格尔哲学的"合理内核"和费尔巴哈哲学的"基本内核"，另一方面彻底克服了德国古典哲学的根本缺陷。接着，恩格斯谈到了他创作《费尔巴哈和德国古典哲学的终结》这部著作的动机。他说，到十九世纪八十年代，马克思的世界观已经在欧美各国获得了广泛的传播，"另一方面，德国的古典哲学在国外，特别是在英国和斯堪的那维亚各国，好像有点要复活的样子。……因此，我越来越觉得把我们和黑格尔哲学的关系，即我们怎样从这一哲学出发并且怎样同它脱离，做一个简要而有系统的

---

① 《马克思恩格斯选集》第1版第4卷第207页。

说明是很必要的了。"① 在这里，恩格斯谈到德国古典哲学的"复活"，就是指德国古典哲学被马克思主义批判地克服以后，又以"新黑格尔主义"、"新康德主义"的形式表现出来。鉴于这种情况，恩格斯认为有必要说明马克思主义哲学同黑格尔哲学的关系，说明马克思和恩格斯怎样从黑格尔哲学出发又怎样同它脱离，创立自己独立的哲学学说。费尔巴哈哲学是黑格尔哲学和马克思主义哲学的中间环节，它对马克思主义哲学的产生起了某种催化剂的作用。马克思和恩格斯一直没有全面评论过他们同费尔巴哈哲学的关系。恩格斯写这部著作的用意，就是要全面说明马克思主义哲学同黑格尔哲学和费尔巴哈哲学的关系，既说明前者同后两者的联系，又着重说明前者同后两者的本质区别。

在《费尔巴哈和德国古典哲学的终结》的正文中，恩格斯又一再谈到原来意义上的哲学的终结的问题。恩格斯指出，黑格尔由于把自己的哲学体系宣布为绝对真理，他就结束了认识领域和历史领域的发展过程，这样一来，"全部以往所理解的哲学也就终结了"，"总之，哲学在黑格尔那里终结了"②。恩格斯简略地叙述了黑格尔哲学和费尔巴哈哲学的历史命运。一直延续了几十年的黑格尔哲学的胜利进军在十九世纪三十年代达到了顶点，随后就开始了黑格尔学派的解体过程。费尔巴哈使唯物主义重新登上了王座，他突破了黑格尔的哲学体系，并且干脆把它抛在一旁。不过，费尔巴哈并没有批判地克服黑格尔哲学的根本缺陷，他完成不了"使关于社会的科学，即所谓历史科学和哲学科学的总和，同唯物主义的基础协调起来，并在这个基础上加以改造"③ 的任

---

① 《马克思恩格斯选集》第1版第4卷第208页。
② 《马克思恩格斯选集》第1版第4卷第215、216页。
③ 《马克思恩格斯选集》第1版第4卷第226页。

务。"这时,1848年的革命毫不客气地把任何哲学都撇在一旁,正如费尔巴哈把他的黑格尔撇在一旁一样。这样一来,费尔巴哈本人也被挤到后台去了。"①恩格斯甚至在一定意义上把费尔巴哈哲学看作是黑格尔哲学的支脉,看作是黑格尔学派解体过程中出现的一种现象,而在黑格尔学派解体的过程中,却产生了马克思主义哲学,产生了唯物主义历史观。恩格斯强调指出:"这种历史观结束了历史领域内的哲学,正如辩证的自然观使一切自然哲学都成为不必要的和不可能的一样。现在无论在哪一方面,都不再是要从头脑中想出联系,而是要从事实中发现这种联系了。这样,对于已经从自然界和历史中被驱逐出去的哲学来说,要是还留下什么的话,那就只留下一个纯粹思想的领域:关于思维过程本身的规律的学说,即逻辑和辩证法。"②很明显,恩格斯认为,旧哲学,德国古典哲学当然也包括在内,已经从自然界和历史领域中被驱逐出去了,它只对纯粹思想领域还保留有一定的意义,就是说,旧哲学中关于思维的普遍规律的形式逻辑和辩证逻辑仍具有一定的真理性。在这部著作的结尾,恩格斯总结说:"随着1848年革命的爆发,'有教养的'德国抛弃了理论,转入了实践的领域。……在包括哲学在内的历史科学的领域内,那种旧有的在理论上毫无顾忌的精神已随着古典哲学完全消失了;起而代之的是不动脑筋的折衷主义,是对职位和收入的担忧,直到极其卑劣的向上爬的思想。……德国人的理论兴趣,现在只是在工人阶级中还没有衰退,继续存在着。……德国的工人运动是德国古典哲学的继承者。"③可见,恩格斯明确地认为,随着1848年革命的爆发,德国

---

① 《马克思恩格斯选集》第1版第4卷第219页。
② 《马克思恩格斯选集》第1版第4卷第253页。
③ 《马克思恩格斯选集》第1版第4卷第253—254页。

古典哲学就彻底退出了历史舞台。从此，不仅黑格尔体系被人们遗忘了，而且费尔巴哈也由于无法找到从抽象王国通向现实世界的道路，退入了孤寂的隐居生活。只有马克思和恩格斯在彻底克服德国古典哲学的根本缺陷并批判地吸收其合理因素的基础上，创立了崭新的辩证唯物主义和历史唯物主义学说，实现了哲学史上伟大的革命变革。

综上所述，根据恩格斯的原意，从理论上和哲学史的事实来看，《路德维希·费尔巴哈和德国古典哲学的终结》一文标题的中文原译是对的、确切的。

二

从德文原文来看，Ausgang 表示"终结"，是一个常用的词义，并不罕见，在一般的德文词典中都可以找到。例如：在 Warig 的《Deutsehes Wörterbuch》中，在《Der große Duden》第二卷中，在 Ausgang 这个词条下面，都列有 Ende，Schluß，Abschluß，即终结、结尾、结束、结局的词义。

特别值得提出的是，在德意志民主共和国科学院语言研究所主编的《Wörterbuch der deutschen Gegenwartssprache》第一卷中，在 Ausgang 这个词条下的第四个词义是 Ende，其中的第二项为某一段时间、时期的终结或末尾，举例如下：am Ausgang des Mittelalters, dieser Epoche; gegen Ausgang des vorigen Jahrhunderts; Ludwig Feuerbach und der Ausgang der klassischen deutschen Philosophie Engels/Titel①。很明显，在这里，词典的编者把 Ausgang 理解为德国古典哲学作为一个时期，一个历史过程的

---

① 见该书第 1 卷第 322 页。

终结或结束。

还有一个有力的佐证,证明恩格斯是在"终结"这个词义上使用Ausgang 的。大家知道,在 1894 年,巴黎一家杂志《新纪元》第四期和第五期上刊登了恩格斯这部著作的法译文,译者是马克思的女儿劳拉·拉法格,译文曾经由恩格斯亲自审阅。恩格斯十分称赞劳拉的译文,说"她的译文忠实而流畅",甚至说"它读起来比原著还好"①。劳拉法译文的标题是《Ludwig Feuerbach et la fin de la philosophie classique allemande》。法文 fin 的意思是终、末、结尾、终结、结束、终止、完结,它没有出路、出口的意思,一般也不表示结果、结局的意思。

顺便指出,1978 年 11 月中国人民大学出版了成仿吾小组校译的恩格斯这部著作的中译本,标题译为《路德维希·费尔巴哈和德国经典哲学的结局》。这个译本把学术界有了定称的"德国古典哲学"改译为"德国经典哲学",是否有此必要,值得考虑。而把"终结"改译为"结局",虽然意思相距不远,但理解的角度不同,恐怕也不是恩格斯用词的原意。

三

朱光潜同志提出:"希望大家学会一两种西方语言,能够达到自由阅读的程度。多学会一种外国文,就等于多长了一副眼睛。"这种见解是很正确的。特别是翻译工作者,应该注意参考不同的文本,这对于提高译文质量是大有好处的。可惜现在中青年翻译工作者中精通两种以上外文的人不多。我们应该努力学习,不断提高外文水平。翻译中借鉴于

---

① 见《马克思恩格斯全集》第 1 版第 39 卷第 190、225 页。

其他外文，不是坏事，是好事。但是关键在于要作出正确的判断，要善于鉴别和选择。

朱光潜同志提出了一种英译本的译法作为他的见解的佐证。我们查了一下，《路德维希·费尔巴哈和德国古典哲学的终结》这部著作有多种英译本。我们见到的版本中，标题有三种译法。第一种是1903年芝加哥版，译为《Feuerbach. The Roots of the socialist philosophy》，即《费尔巴哈。社会主义哲学的根源》，这个译本太老而标题又离开了原文，可以不谈。第二种译为《Ludwig Feuerbach and the outcome of Classical German Philosophy》，1934年出第一版，1947年在伦敦出了第二版。我们见到了1947年的本子，这是苏联印刷的书，原为苏联外文出版局出版，后改为Lawrence and Wishart LTD出版。朱光潜同志说的可能就是这种本子。英文Outcome含义有二：一是结果、结局、后果、效果，二是出口、出路。我们认为，英译者可能是取"结果"、"结局"的意思，但这种译法不确切。第三种译为《Ludwig Feuerbach and the End of classical German Philosophy》，我们见到的五十年代以来的英译本都采用这种译法，苏联出版的英译本也是如此。我们推测，看来苏联外文出版局自己改正了三四十年代那种版本的英文译法。

法译本除了劳拉·拉法格的译本以外，还有1930年初版、1946年再版的一个巴黎译本以及苏联出的法译本，标题译法完全一样。

西班牙文译本的标题为《Ludwig Feuerbach y el fin de la filosofia clássica Alemana》，和法译文意思相同。

意大利文译为《Ludovico Feuerbach e il punto d'approdo della filosofia classica tedesca》，把Ausgang译为il punto d'approdo，原意为"停泊地"，转义为"目的"、"结果"。

保加利亚文译为《Лидвиг Фойербах и краят на класическата

немка Философия》，塞尔维亚文译为《Ludvig Feuerbach i kraj klasične nemačke filozofije》，Ausgang 都译为终结、结束的意思。

匈牙利文有两种译本，一种译为《Ludwig Feuerbach és a klasszikus nemét filozofia felbomlása》，即《路德维希·费尔巴哈和德国古典哲学的解体》，另一种译为《Ludwig Feuerbach és a német klasszikus filozofia lezuarulása》，即《路德维希·费尔巴哈和德国古典哲学的终结》。

罗马尼亚文译为《Ludwig Feuerbach si stîsîtul filozofiei clasîce germane》；阿尔巴尼亚文译为《Ludwig Feuerbach, dhe mbarimi i filozofisë klasike gjermane》；芬兰文译为《Ludwig Feuerbach ja klassillisen saksalaisen filosofiau loppu》；这三种文字都把 Ausgang 译为"终结"、"结束"的意思。

捷克文译为《Ludvik Feuerbach a vyústeni klasické nemecké filosofie》，Ausgang 译为"汇合处"、"河口"。

波兰文译为《Ludwik Feuerbach i zmierzch klasycznej filozofii niemieckiej》，Ausgang 译为 zmierzch，意为黄昏、衰落、日暮途穷。

日文译为《ルートヴイヒ・フオイエルバッハヒドイツ古典哲学の終結》和《ルドヰッヒ・フオイエルバッハと独逸古典哲学の終末》，和中文原译是一致的。

俄译本主要有两种，一是译为《Кризис Философии классического идеализма в Германии》，即《德国古典唯心主义哲学的危机》，于1889年出版，译文质量较差，另一种译为《Людвиг Фейехрбах и конец классической немецкой Философии》，由普列汉诺夫翻译，1892年出版，后来苏联的本子基本上以这个译本为蓝本加工而成。中译本最初是从俄文转译过来的。苏联除了出版俄译本以外，还由外文出版局出版其他各种文字的译本，前面提到的译为 Outcome 的本子，即为其中之一。

我们在这里引用的其他文字，除说明了的以外，都用各国本国出版的译本。

根据以上各种文字的译法，读者可以自己对中译本的译法作出判断。

"辩证法的要素"第11、12条新译新解

顾锦屏

"辩证法的要素"是列宁所作《黑格尔〈逻辑学〉一书摘要》中的一段重要批语。列宁在这段批语中列举了辩证法的十六条要素,揭示了唯物辩证法的主要内容。这是列宁在1914—1915年期间潜心钻研唯物辩证法,对黑格尔的唯心主义辩证法进行唯物主义改造所取得的重要成果之一。凡是研究列宁哲学思想的同志都十分重视研究他提出的辩证法十六要素。一些哲学工作者对这十六条逐条加以阐释,并从中探索列宁对唯物辩证法科学体系的构想。这些阐释对于广大读者把握列宁的辩证法思想是十分有益的。

但是,在迄今为止的《哲学笔记》的各个译本中,对第11、12两条的翻译都不符合列宁的原稿,因而造成对这两条内容和相互关系的不确切阐释。旧译文为:"(11)人对事物、现象、过程等等的认识从现象到本质、从不甚深刻的本质到更深刻的本质的深化的无限过程。(12)从并存到因果性以及从联系和相互依存的一个形式到另一个更深刻更一般的形式。"① 按照旧译文,第11条中讲的认识的深化过程同第

---

* 本文选自《马克思主义与现实》1991年第1期。
① 《列宁全集》第1版第38卷第239页;《哲学笔记》1990年版第251页。

12条没有直接联系。因此，在阐述列宁哲学思想的某些著作中把第11条解释为"认识的深化"，把第12条解释为"范畴的发展史"或"认识史的总结"。① 显然，对这两条是从两个不同的角度来阐释的。

实际情况怎样呢？这就要看列宁写的原文。在列宁的手稿中，第11、12条本来是一条，俄文为：бесконечный процесс углубления познания человеком вещи, явлений, процессов и т. д. от явлений к сущности и от менее глубокой к более глубокой сущности. От сосуществования к каузальности и от одной ф ормы связи и взаимозависимости к другой, более глубокой, более общей。译成中文为："人对事物、现象、过程等等的认识从现象到本质，从不甚深刻的本质到更深刻的本质，从并存到因果性以及从联系和相互依存的一个形式到另一个更深刻更一般的形式的深化的无限过程。"列宁在写完这一条后，把"от сосуществования к…"（"从并存到……"）前面的逗号改为分号，标上（12），列为两条。尽管原来的一条分成两条，但没有改变第11、12条之间的内在逻辑联系。从文字上看得很清楚，这两条说的都是认识的深化过程。前一条说的是对事物由浅入深、由表及里的认识的深化过程，后一条说的是对事物的因果联系和相互依存关系的认识的深化过程。而旧译文割裂二者的联系，造成了对第12条的不确切的解释。中译文的不确切是由俄文版编者造成的。俄文版编者把列宁手稿中的分号改成句号，这样就在文字上割裂了两条之间的联系，认识的深化过程只同前者有关，而同后者没有联系了。

在《列宁全集》新版第55卷中，我们根据列宁的手稿把这两条改

---

① 参看《列宁思想史》，上海人民出版社版，第312—313页；《列宁传》，河南人民出版社版，第422页。

译为:"(11)人对事物、现象、过程等等认识深化的无限过程,从现象到本质、从不甚深刻的本质到更深刻的本质;(12)从并存到因果性以及从联系和相互依存的一个形式到另一个更深刻更一般的形式。"①新译文恢复了列宁手稿的本来面目,避免了旧译文的误解,并清楚地表明认识深化过程有纵向和横向两个方面。

---

① 《列宁全集》第2版第55卷第191页。

图书在版编目（CIP）数据

经典著作编译研究 / 武锡申
主编. —北京：中央编译出版社，2015.11
（马克思主义研究资料 / 杨金海主编；30）
ISBN 978-7-5117-2861-6

Ⅰ.①经… Ⅱ.①武… Ⅲ.①马列著作-编译-研究
Ⅳ.①A8

中国版本图书馆 CIP 数据核字（2015）第 280502 号

经典著作编译研究

出 版 人：	刘明清
责任编辑：	盛菊艳
责任印制：	尹　珺
装帧设计：	田晗工作室
排版制作：	北京吉浪世纪制版科技有限公司
出版发行：	中央编译出版社
地　　址：	北京西城区车公庄大街乙5号鸿儒大厦B座（100044）
电　　话：	（010）52612345（总编室）　　（010）52612335（编辑室）
	（010）52612316（发行部）　　（010）52612317（网络销售）
	（010）52612346（馆配部）　　（010）55626985（读者服务部）
传　　真：	（010）66515838
经　　销：	全国新华书店
印　　刷：	山东鸿君杰文化发展有限公司
开　　本：	787毫米×1092毫米　1/16
字　　数：	440千字
印　　张：	51.5
版　　次：	2015年11月第1版第1次印刷
定　　价：	310.00元

网　　址：	www.cctphome.com　　邮　箱：cctp@cctphome.com
新浪微博：	@中央编译出版社　　微　信：中央编译出版社（ID：cctphome）
淘宝店铺：	中央编译出版社直销店（http://shop108367160.taobao.com）　（010）52612349

本社常年法律顾问：北京嘉润律师事务所律师　李敬伟　问小牛
凡有印装质量问题，本社负责调换。电话：（010）55626985